사회이론

20일 발행
20일 1쇄

랭크 웹스터
동기
처 · 이용은
相浩
) 나남
1 경기도 파주시 회동길 193
) 955-4601(代)
) 955-4555
-71호(1979.5.12)
http://www.nanam.net
post@nanam.net

-89-300-8843-5
-89-300-8001-9 (세트)

표지에 있습니다.

나남신서 1843

현대 정보

2016년 3월
2016년 3월

지은이 · 프
옮긴이 · 조
본문 캐리커
발행자 · 趙
발행처 · (주
주소 · 1088
전화 · (031
FAX · (031
등록 · 제
홈페이지
전자우편

ISBN 978
ISBN 978

나남
nanam

책값은

나남신서 1843

현대 정보사회 이론

프랭크 웹스터 지음

조동기 옮김

나남
nanam

Theories of the Information Society
4th edition

Copyright ⓒ 2014 by Frank Webster

All Rights Reserved.
Authorised translation from the English language edition published by
Routledge, a member of the Tylor & Francis Group.
Korean language edition published by arrangement with
the Tylor & Francis Group, Inc.

Korean Translation Copyright ⓒ 2014 NANAM Publishing House.

한국어판에 붙여

《현대 정보사회이론》의 새로운 판이 한국어로 번역되어 기쁘게 생각한다. 이 책에 포함된 많은 내용은 서구적 편견에서 쓰인 것으로 볼 수 있는데, 지난 몇십 년 동안 아시아의 재도약에 따라 이러한 편견도 많이 약화되고 있다. 세계 인구의 상당 부분이 거주하며, 그 중요성이 세계 도처에서 감지되고 있는 아시아 지역(한국을 비롯하여 중국, 일본, 인도 등을 포함하는)을 이해하기 위해서는 동양에 대한 재인식과 시각 조정을 위한 리오리엔트(*re-Orient*)가 분명히 요구된다. 저자인 나는 영국 사람으로서 서유럽과 미국적 경험으로부터 많은 영향을 받았기 때문에 한국 독자들의 입장에서는 단점과 누락된 부분이 보일 수도 있다. 나는 한국 독자들이 스스로의 관점에서 이 책에서 논의되는 주제에 대해 철저히 분석하기를 바라며, 영국에서 교육받고 살아 온 저자가 간과한 상황에도 관심을 가지라고 당부하고 싶다.

나는 학계에서 은퇴한 이후 다른 문제에 관심을 가지면서 여생을 보내고 있기 때문에 이 제 4판은 최종판이 될 것이다. 이 책은 1990년대 초반 '정보사회'라는 용어의 확산과 현대생활에서의 '정보적' 문제의 중요성 증가를 이해하고자 구상되고 집필되었다. 정보 관련 용어들이 인기를 얻고 확산되는 것에 대해 처음에는 반가운 생각이 들었지만 '정보시대'가 도래하였다는 확신에 찬 주장을 면밀히 검토할수록 나는 점점 회의적인 시각을 가지게 되었다. 물론 오늘날 변동이 '새로운 규범'이라는 것에는 의심의 여지가 없으며, 이는 뉴미디어, 디지털화, 직업구조 변동 등을 통해 확인된다. 그러나 내가 볼 때 이러한 변동은 새로운 시대의 도래를 예고한다기보다는 돌아가는 바퀴의 역학에 의한 것으로서 기존의 구조를 공고화하는 변동이다.

정보 문제를 중심적으로 논의하는 다양한 영역의 사상가들에게 관심을 가지게 된 이유는, 이 책이 사실상 현재 우리가 살아가는 방식에 대한 탐구이기 때문이다. 그렇기 때문에 이 책은 불가피하게 현대세계의 핵심적 측면을 밝히고자 하는 주요 사상가들에 대한 분석과 비판적 해석이 될 수밖에 없었다. 위르겐 하버마스에서 지그문트 바우만, 다니엘 벨에서 존 어리에 이르는 현대세계에 대한 이해를 추구하는 다양한 사상가들은, 각자의 결론은 매우 다르지만 정보적 문제가 차지하는 역할에 대해 많은 관심을 가졌다.

이러한 사상가들에 대한 논의는 결코 만만찮기 때문에 독자들은 상당한 시간과 노력을 투자할 필요가 있다. 우리 삶의 방식에 대한 이해와 설명이 본래 그러하듯이, 이들의 논의도 복합적이고 도전적인 것이기 때문이다. 만일 달리 생각한다면 그것은 무지하거나 순진하거나 상상력이 부족한 탓일 것이다.

《현대 정보사회이론》 제 4판은 이전 판들에 비해 훨씬 더 철저하게 집필되었다. 지난 20여 년이라는 세월을 거치면서 근본적인 개정이 필요했는데 그 작업이 비로소 이루어진 것이다. 또한 근대성의 주요한 특징으로서 민주화에 대한 논의를 포함시켰다. 본문에서 자세하게 다루겠지만, 여기서는 민주화의 진전 — 중국과 같은 대국이나 북한과 같은 약소 고립국에서 도전받고 있기는 하지만 — 은 현대생활의 중요한 특징 중 하나라는 점을 강조하고자 한다. 정보적 쟁점이 민주화 과정과 밀접하게 관련되어 있지만 인터넷이나 소셜 미디어가 민주주의 확산의 핵심적 동인이라는 사고에 대해서는 경계할 필요가 있다(민주화와 관련하여 기술의 역할은 매우 양면적이어서 다양한 집단이 목소리를 낼 기회를 제공하는 동시에 그에 상응하는 정도의 감시도 증가시킨다). 이러한 문제들을 자세하게 다루는 이 책의 논의가 독자들에게 흥미롭고 자극적인 것이 되길 바란다.

2015년 11월

프랭크 웹스터

제4판 머리말

민주주의, 정보, 그리고 신기술 간의 관계에 대한 새로운 책을 저술하려던 본래의 계획을 바꿔 이 책을 개정하기로 결정하였다. 새로운 책의 핵심 주제 — 건강한 민주주의와 정보적 환경 간의 관계는 무엇인가? — 가 사실 《현대 정보사회이론》에서 지속적으로 다룬 문제들과 밀접하게 관련되기 때문에, 새로운 저술보다는 이 책을 개정하는 쪽을 선택한 것이다. 기본적으로 이 작업은 기술발전이 삶의 방식을 완전히 바꾸어 놓는다는 주장에 대한 탐구를 요구하였다. 최근에는 과거에 인정받지 못했던 사람들의 동원(크라우드 소싱), 온라인 통신의 상호작용 편의성, 의사결정의 분권화 등을 통한 새로운 미디어의 민주화 효과를 주장하는 수많은 예언가들이 등장하였다.

1990년대 초반에는 집안에서 단말기를 통해 거의 모든 쟁점에 대해 편리하게 국민투표에 참여할 수 있다고 주장하면서 전자민주주의를 옹호하는 사람들이 일부 있었다. 그런데 민주주의 확장과 강화에 대한 논평은 새천년에 들어서면서 빠르게 증가하였고, 측정하려는 시도도 다수 이루어졌으며 이제는 주류가 되었다. 인터넷, 블로그, 정부의 온라인 정보공개, 트위터 등이 정치참여에 미치는 영향에 대해 관심 있는 사람들은 수많은 연구와 진지한 학술지를 찾아볼 수 있게 되었다.

이 책은 실제 존재하는 증거의 무시, 과도한 단순화, 희망사항의 제시, 또는 출발점의 오류 등을 근거로 극단적인 것이든 약한 것이든 기술중심주의적 주장에 도전하고자 한다. 1990년대 초반에 초안이 만들어진 이 책의 초판은 기술발전을 토대로 새로운 세계가 만들어지고 있다는 주장을 검토하고자 하였다. 이러한 세계는 새로운 '무중량' 경제, 기존의 행위방식을 뒤엎을 '평등한' 세계, 새롭게 출현하는 '정보사회'에 들어맞는 '지능적 사고'의 시대 등으로 제시되었다. 제 2판과 제 3판도 계속하여 기술의 충격을 강조하는 유사한 주장을 검토하였다. 기술의 영향을 주장하는 그러한 주장은 쉽게 잦아들 것으로 보이지 않았기 때문이었다.

일부 후퇴한 부분도 있지만 '정보사회' 이론가들이 제기하는 주장의 토대가 계속하여 등장한다는 것은 놀라운 일이다. 한때 '정보사회'를 초래한다고 간주된 것은 마이크로 일렉트로닉스 혁명이었다(1979년 당시 영국 수상이었던 제임스 캘러건(James Callaghan)은 마이크로 칩의 등장에 대해 "깨어나야" 한다고 주장했다). 그 후에는 인터넷이 기존의 방식을 뒤엎을 것으로 간주되었고, 보다 최근에는 페이스북이나 트위터 같은 소셜 미디어(*social media*)에 대해 유사한 의견을 제시하는 사람들을 많이 보게 된다. 캘러건 경이 목소리를 내던 때에 나는 20대였는데, 60대인 지금에도 유사한 메시지를 듣는다는 것은 놀라운 일이다. 새로운 혁신은 기술적 예언이라는 불꽃을 점화하는 것처럼 보인다. 즉 이러한 기술이 모든 것을 변화시킬 것이라는 주장이 그것이다.

지난 몇 년 동안 새로운 기술이 가져다주는 잠재적인 선물로 민주주의의 활성화를 언급하는 사람들이 많아졌다. 나는 민주화가 우리 시대의 주요한 특징이라는 점에 대해서는 전적으로 인정하며, "가장 널리 수용되는 지배구조 형태로서의 민주주의 출현을 강조하지 않을 수 없다"는 아마르티아 센(Amartya Sen)의 주장을 명심하고 있다. 이러한 인식과 관행이 출현하는 과정은 놀라운 것이다. 현안에 대해 미치는 영향[2003년 이라크 침공 시 토니 블레어(Tony Blair)의 타국의 문제에 대한 '자유적 개입주의' 옹호에서부터 그 전쟁이 '내 이름으로' 수행되어서는 안 된다는 반대자들의 목소리까지]이라는 측면뿐만 아니라, 역사적으로 새로운 형태이자 거의 보편적으로 수용된다는 점에서도 그렇다.

민주화에 대한 내 자신의 관심사라는 측면에서 볼 때, 새로운 기술이 민주주의를 발전시키거나 심지어는 근본적으로 형성한다고 주장하는 사람들의 발언에 특히 많은 관심을 가진다는 것은 당연한 일이다. 이러한 견해는 순진한 기술주의자나 환상에 젖은 미래주의자뿐만 아니라, 기성 정당에 대한 정치적 참여의 쇠퇴를 우려하거나 정치인들의 책임을 요구하는 진지한 학자들 사이에서도 나오고 있다. 나는 민주주의가 컴퓨터 단말기나 트위터 계정으로부터 나온다는 것을 받아들일 수 없었기 때문에, 민주주의가 표현되고 재(再)개념화하는 복합적인 사회적, 정치적, 경제적, 기술적 환경에 대한 연구에 착수하였다.

이 연구를 진행하면서 나는 《현대 정보사회이론》의 이전 판에서 다루었던 쟁점으로 되돌아가곤 하였다. 기술과 민주주의를 연결하는 시도들에 대해 탐탁찮게 여겼다. 경험적 증거는 이러한 종류의 연관보다는 더 심층적인 사고를 요구하였지만, 이러한 연관은 인과적 고리의 의미도 담고 있었다. 즉 기술이 사회/정치에 충격을 가하여 우리 삶의 방식을 바꾼다는 것이다. 이러한 입장을 지지하는 사람들은 기술적 충격이 때로는 불행하거나 실망스러운 것이라고 인정한다(대부분의 경우 이들은 그러한 충격을 긍정적인 것으로 본다). 그러나 그들은 항상 기술의 영향평가로부터 시작하는 것이 올바른 출발점이라고 간주한다.

나는 이러한 방식을 받아들이지 않는다. 이 책의 저술도 동일한 입장에서 이루어졌다. 정보 자체(어떻게 측정하든, 즉 흔히 기술이지만 화이트칼라 노동자든 정보가 만들어 내는 수익이든 상관없이)가 새로운 사회질서를 가져온다는 가정에서 분석에 착수해야 한다는 것을 수용할 수 없었다. 물론 우리는 수많은 정보가 만들어지고, 전달되고, 저장된다는 것을 알 수 있지만, 이것이 새로운 유형의 사회를 예고한다는 주장은 비판적 검토를 절실하게 요구하였다. 마치 결론(정보의 증가)이 변동 자체의 설명, 즉 원인으로 치환되는 것처럼 보였다.

오늘날 우리는 수많은 민주주의 사회를 찾아볼 수 있다. 나아가서 우리는 민주주의 개념이 변화하는 것도 목도하고 있다(예컨대 영국에서 한 세대도 안 되는 사이에, 차이에 대한 관용 — 생활양식, 성 지향, 종교 등 — 이 민주주의 지표로 널리 간주되리라고 누가 상상했겠는가?). 그리고 컴퓨터 통신기술이 크게 발전한 것도 분명하다. 그러나 기술발전의 영향으로 민주주의가 발전(간혹 쇠퇴)했다는 주장은, 세계의 민주화 진전을 이해하는 최선의 방법이 아니라고 본다. 이러한 접근은 기술중심주의적 사고에 젖은 것이며, 절박하고 중요하기 때문에 진지한 검토를 요구하는 문제에 대한 명백한 오도이다.

제 4판을 위해 출판사에서 연락을 취한 시점은, 8년이 지난 원고를 수정해야 하는 동시에 민주화, 정보, 기술에 관한 관심사를 통합하는 새로운 판이 요구되는 때였다. 이 기회에 나는 기존의 장을 철저하게 수정하고 새로운 장도 추가하고 싶었다. 아마도 새롭게 추가된 내용 중에서 가장 중요한 부분은 제 10장의 프리드리히 하이에크와 그의 친시장주의 추종자들에 대한 논의일 것이다. 내가 하이에크주의자로 전향한 것은 아니지만, 하이에크 사상의 세속적 중요성과 그의 지적 탁월성을 고려할 때 이전 판에서 그에 대한 논의를 누락한 것은 매우 아쉬운 부분이었다. 자본주의는 현재 설득력 있는 지적 도전을 받지 않고 있기 때문에(비록 여전히 냉담하고 잔인하며, 불안정하고 변덕스럽지만), 20세기에 가장 널리 알려진 자본주의 예찬가라 할 수 있는 사상가에 대해 진지하게 검토할 필요가 있다. 하이에크가 민주주의(비록 그가 민주주의에 대해 회의적이고 자유를 더 중요하게 여기기는 하였지만) 뿐만 아니라 정보에 대해서도 많은 논의를 하였다는 점도 이 책에 그를 포함시킨 또 다른 이유이다.

나는 또한 이 책에 포함된 다수의 이론과 이론가들에 대해서 많은 독자들이 충분한 이해를 갖추고 있지 않다는 것을 알기 때문에, 이론적 주장들에 대한 자세한 설명을 제시하고자 하였다. 그러나 이전 판에 비해 나의 주장과 결론을 보다 분명하게 제시하였을 뿐만 아니라 더 비판적으로 논의하였다. 내가 반대하는 사람들에 대해 믿을 만한 설명을 제시하는 동시에 특정 입장을 옹호하는 것은 결코 쉬운 일은 아니지만, 나의 의견 제시는 가급적 자제하였고, 필요한 경우 해당 장의 마지막 부분, 또는 대부분은 이 책의 마지막 장(제 13장)에서 직접적으로 제시하였다.

프랭크 웹스터

옮긴이 머리말

오늘날 우리는 사회생활의 거의 모든 영역에서 정보통신기술을 일상적으로 활용하는 시대에 살고 있다. 하루가 멀다 하고 새로운 정보통신기술이 출현하는 정보시대에 성찰적 사회과학자들이 제기하게 되는 질문은 거역할 수 없는 물결 속에서의 인간의 위치에 대한 것이다. 즉 혁명적인 기술발전 과정에서 우리 인간은 어디에 위치하고 어디로 향하는가 하는 것이다. 과학기술과 사회 간의 관계를 지속적으로 탐구해온 영국의 사회학자 프랭크 웹스터(Frank Webster) 교수의 역작인 이 책에서도 바로 이러한 질문에 대한 체계적 탐구가 이루어진다.

현대사회에서 정보의 역할을 논의하는 주요 사회이론가들을 비판적으로 검토하는 《현대 정보사회이론》은 그동안 기술발전과 사회변동 추세 그리고 사회과학의 이론적 성과를 바탕으로 여러 차례 수정되었다. 첫 번째 개정판에서는 '정보사회' 관련 논의의 초점이 기술적 측면에서 노동활동이나 상징적 조작과 같은 보다 연성적 측면으로 변화된 사회적 분위기에 발맞추어 장의 순서가 전면적으로 재배열되었고, 도시 문제를 중심으로 다루었던 카스텔에 대한 논의도 정보자본주의에 대한 논의로 대체되었다. 두 번째 개정판에서는 인터넷의 일상화와 휴대전화의 급속한 확산, 신자유주의의 공고화와 새로운 경제규범의 형성 등과 같은 사회경제적 변화, 그리고 카스텔의 3부작 《정보시대》의 출간이라는 사회이론 측면의 변화를 반영하여 각 장의 논의가 심화되고 확장되었다.

이 세 번째 개정판(영문 제 4판)에서 가장 중요한 변화는 민주주의와 정보적 발전 간의 관계에 대한 심층적 논의이다. 민주주의가 표현되고 재개념화되는 복합적인 환경에 대해 탐구하는 새로운 장이 추가되었고, 기존의 내용도 대폭 수정되었다. 민주주의 발전을 위한 시장의 역할을 강조하는 하이에크주의자들에 대한 논의와 이동성 관점을 바탕으로 한 공동체 형성과 정치사회적 참여에 대한 논의가 새롭게 추가되었다. 하버마스의 공공영역 개념과 공적 서비스 제도를 중심으로 논의되었던 정보와 민주주의에 대한 논의도 민주주의 개념 변화와 민주주의 발전을 위한 공적 서비스 제도의 역할에 대한 논의를 중심으로 전면적으로 수정·확대되었다.

그밖에도 네트워크 사회와 관련된 카스텔에 대한 기존 논의에 매개(*intermediation*)의 중요성과 정치사회적 동원에 대한 논의가 추가되었고, 시장논리와 정보 불평등에 대한 논의에는 자본주의 활동의 상징적 환경을 지원하는 미디어 기업에 대한 논의가 추가되었다. 감시의 양면성과 관련된 기든스에 대한 논의에서도 상징투쟁과 인식관리, 감시의 위험에 대한 논의가 강화되었다. 결론에서도 정보기술과 민주주의 발전에 대한 저자의 분명한 입장이 제시되었으며, 민주주의를 위한 정치적 공공영역의 필요성과 감시의 양면성 등에 대한 논의가 추가되었다.

제 1장 서론에서는 이 책의 핵심적 논제가 제시되는데, 그것은 일견 새로운 현상으로 보이는 정보적 발전이 과거와의 연속성 또는 단절성을 얼마나 가지고 있는지를 검토하는 것이다. 저자는 정보의 폭발적 성장으로 특징되는 현 시기를 바라보는 입장에 따라 현대사회이론을 두 가지 진영으로 구분한다. 하나는 현 시기의 새로움을 주장하면서 '정보사회'라는 새로운 유형의 사회를 설정하는 입장이고, 다른 하나는 과거와의 연속성을 보다 강조하면서 기존 관계의 '정보화'를 주장하는 입장이다. 연속성과 변동(단절) 중에서 어느 측면을 더 중요시할 것인가의 문제는 정보의 개념규정에서 어떠한 측면을 우선시하느냐에 따라 달라지기 때문에 개념규정의 문제는 매우 중요한 쟁점이라 할 수 있다.

제 2장에서는 정보와 정보사회를 둘러싼 개념적 혼란을 검토하기 위해 '정보사회'의 정의에서 흔히 사용되는 5가지 기준에 대해 논의한다. ① 정보통신기술상의 변화를 중요시하는 기술적 정의, ② 경제적 가치의 크기를 중요시하는 경제적 정의, ③ 직업구조상의 외형적 변화에 초점을 두는 직업적 정의, ④ 통신망의 확산에 따른 시공간의 재구성적 측면에 관심을 두는 공간적 정의, ⑤ 일상생활에서의 의미와 상징의 증가에 주목하는 문화적 정의 등이 그것이다. 저자는 이러한 정의가 나름대로의 매력은 가지고 있지만, 판별을 위한 척도의 측면에서는 충분히 발전되지 못했거나 엄밀성이 부족한 것으로 평가한다.

제 3장에서 저자는 정보와 관련된 대부분의 개념이 가진 부정확성과 척도의 문제를 지적하면서, '정보사회'에 대한 올바른 이해를 위해서는 질적 잣대가 필요하다고 주장한다. 저자는 정보의 내용은 도외시하고

외형적 변화를 기준으로 질적인 사회변동을 판단하는 '정보사회' 시나리오를 거부한다. 대신에 양적으로는 소규모이지만 사회체계의 질적인 변화를 가져오는 핵심적 사고의 중요성을 강조한다. '정보사회'를 올바로 평가하기 위해서는 정보의 의미와 질을 반드시 고려해야 한다는 것이다. 이와 함께 현대사회의 규정적 특성으로 간주될 수 있지만 '정보사회' 이론가들은 크게 주목하지 않는 이론적 지식의 중요성을 강조한다.

제 4장의 논의대상은 '정보사회'에 대한 가장 선구적인 이론화라고 할 수 있는 다니엘 벨(Daniel Bell)의 '탈(脫) 산업사회론'이다. 저자는 일찍이 정보와 지식의 발전에 대한 체계적 개념화를 시도했던 벨의 업적과 자질을 높이 평가하면서도, 벨의 주장이 이론적 및 방법론적으로 중대한 오류를 내포하고 있으며, 그의 탈산업사회론은 기술결정론으로 쉽게 경도될 수 있다고 주장한다. 서비스부문의 고용 증가와 그에 따른 정보직업의 팽창이 새로운 '탈산업사회'의 주요 특징이 된다는 벨의 주장에 대해, 저자는 사회를 독립적으로 분리된 영역으로 구분하고 한 부분에서의 변화가 다른 부분으로 확산되어 간다는 벨의 논지는 지지될 수 없다는 것을 보여 준다. 아울러 저자는 벨의 '이론적 지식'이라는 개념은 많은 설득력을 가졌음에도 불구하고, 양적 변화를 강조하는 벨의 분석에서 충분히 발전되지 못했다고 진단한다.

제 5장에서는 조절학파의 갈래인 탈(脫) 포드주의 이론과 유연전문화론에 대해 논의한다. 탈포드주의 이론은 포드주의 축적체제가 세계화와 대규모 구조조정을 거치면서 규모 축소와 수직적 해체, 대량생산의 쇠퇴, 생산과 소비의 유연성 등을 특징으로 하는 탈포드주의로 변화된다고 주장한다. 유연전문화론은 이에서 더 나아가 유연전문화된

생산과 노동, 차별화된 소비양식의 확산에 따라 생활방식이 광범위하게 향상된다고 주장한다. 대대적인 변동이 진행되어 왔다는 이러한 주장에 반해, 저자는 시장원리의 우세, 상품생산, 임금노동, 사유제도 등을 근거로 자본주의적 연속성이 유지되고 있다고 결론 내린다. 정보는 자본주의의 유지에 핵심적 역할을 담당하기 때문에 경제의 세계화, 관리의 효율화, 노동의 자동화 등에서 정보가 필수적으로 요구되며, 이러한 기능을 통해 자본주의가 존속된다는 것이다.

제 6장에서는 마누엘 카스텔(Manuel Castells)의 네트워크 사회와 정보자본주의를 논의하는데, 저자는 카스텔의 3부작 《정보시대》(*The Information Age*)를 현대사회의 향방과 동학을 분석하는 걸작으로 평가한다. 저자는 또한 현대사회의 매개의 중요성과 관련하여 네트워크 사회의 저항과 지배의 역학에 대한 카스텔의 분석에 대해서도 높이 평가한다. 그러나 정보자본주의 사회에서 지속되는 계급 불평등에 대한 과소평가, 정보시대의 단절적 성격 강조, 정보 개념 자체에 대한 혼란, 그리고 논의 전반에 흐르는 기술중심주의적 사고 등을 비판적으로 분석한다. 저자는 카스텔의 '정보자본주의'나 '정보적 발전양식'의 개념은 결국 정보의 역할과 중요성에 대한 보수주의적 사고와 유사하고 나아가 기술결정론으로 빠질 위험이 있다고 주장한다.

제 7장에서는 현대 세계의 역동성과 유동성을 강조하는 이동성(*mobilities*)의 관점에서, 그 핵심적 현상인 시공 축약과 다양한 통로를 이용한 사람, 물자, 정보의 이동에 대해 논의한다. 저자는 이동성 패러다임이 현대생활의 특성을 기술하는 데는 유용하지만 이동의 발생 원인에 대한 설명력이 부족하다고 비판한다. 또한 출입통제 공동체 성장과 국경통제의 강화 등과 같이 이동을 제약하는 비이동성에 주목할 필

요가 있다고 주장한다. 저자는 통신망을 통해 개인들이 다양한 관계를 유지할 수 있다는 '연결망 개인화'는 자기중심주의로 경도되어 공동체 문제를 외면하는 결과를 초래할 수 있다고 비판한다. 또한 디지털 미디어를 통한 정치적 동원의 경우 실제적인 영향력이 거의 없고, 민주주의에 요구되는 논쟁을 회피하게 만듦으로써 사고의 양극화를 초래할 위험이 있다고 주장한다.

제 8장에서는 자본주의가 정보적 영역의 발전과 현대적 활용에서 지배적 영향을 미친다는 허버트 쉴러(Herbert Schiller)의 주장을 검토한다. 저자는 쉴러의 저작이 '기술적 가능성'이 아니라 현실적이고 실제적인 세계로부터 출발하여, 정보와 자본주의의 연관성에 대한 중요한 이해를 제공하는 것으로 평가한다. 쉴러는 현대사회에서 정보의 중요성을 인정하면서도 정보와 통신이 질적으로 새로운 것이 아니라 자본주의 활동의 오래된 기본 요소이며, 따라서 정보적 발전을 이해하는 데 중요한 개념은 기업, 시장원리, 권력 불평등이라고 주장한다. 저자는 쉴러의 이러한 개념이 미디어 기업의 역할, '정보시대'에도 지속되는 사회적 불평등, 소비주의 확산, 기술의 구현과정에 절대적 영향력을 미치는 사회적 세력을 이해하는 데 유용하다고 주장한다.

제 9장에서는 하버마스(Jürgen Habermas)의 공공영역 개념을 중심으로 정보와 민주주의 간의 관계를 검토한다. 이 개정판에서 크게 수정되고 확장된 부분으로, 오락성 정보의 만연에 따른 민주주의적 결핍의 문제, 다양성과 관용을 강조하는 민주주의 개념의 변화, 공공영역의 역사적 변화에 대한 하버마스의 논의, 오늘날의 공적 서비스 제도가 직면한 문제 등에 대해 논의한다. 저자는 정부나 기업의 조직적인 정보관리로 인해 양질의 정보공급을 필요로 하는 공공영역이 쇠퇴하고

있지만 공적 서비스 제도에 대한 공적 지원은 점점 정당화되기 어렵다고 진단한다. 반면에 차이에 대한 존중과 관용의 측면에서 민주주의가 재개념화하는 오늘날에는 제한된 의미의 '정치적 공공영역'과 관련된 정보적 환경의 균형회복을 위해서는 공적 서비스 제도에 대한 국가적 지원이 필요하다고 주장한다.

제 10장에서는 자본주의가 사람들의 정보적 필요를 가장 잘 충족한다고 보는 친시장주의 이론가에 대해 논의하는데, 특히 프리드리히 하이에크(Friedrich von Hayek)가 중요한 논의대상이다. 친시장주의자들이 볼 때 자본주의는 수요와 공급 간 조화를 보장하는 정보체계이며, 국가의 개입은 자유(*liberty*)라는 가치를 훼손하는 결과를 초래한다. 이러한 하이에크의 논지를 공유하는 신 하이에크주의자들의 주장도 논의된다. 이들은 위키피디아, 블로그, 크라우드 소싱(*crowdsourcing*) 등과 같이 이용자들이 직접 참여하는 탈중개(*disintermediation*) 현상에 주목한다. 또 다른 친시장주의자인 후쿠야마는 '정보사회'의 전개는 개인주의 증가와 사회적 자본의 감소에 따른 사회적 무질서로 이어질 수 있다고 주장한다.

제 11장의 논의대상은 근대성의 출현과정에서 정보의 역할에 주목한 앤서니 기든스(Anthony Giddens)의 주장이다. 기든스는 '정보사회'의 기원은 전쟁과 같은 절박한 상황의 필요에 따라 국민국가가 행하는 감시활동에서 발견된다고 주장한다. 즉 '국민국가는 그 형성부터 정보사회였다'는 것이다. 여기서 감시는 '근대성의 역설'로 이해되는데, 즉 국민국가의 형성과 운영에 필수적으로 요구되면서도, 차별화된 생활양식의 창출에 필요한 통제, 책임성, 선택의 여지를 제고시킬 수도 있는 정찰의 필요성에 따른 당연한 결과로 간주된다. 저자는 정보전에서

의 '인식관리'와 상징투쟁의 중요성, 보편주의와 '인권체제'의 등장에 따른 인식관리의 어려움, 국가와 기업의 감시의 확장에 따른 위험에 대해서도 논의한다.

제 12장에서는 정보적 발전을 탈근대주의와 관련시켜 논의한다. 저자는 다분히 불분명하고 혼란스러운 탈근대주의라는 개념에 대해 자세히 설명하는데, 탈근대성을 유동성, 회의주의와 아이러니, 관계의 불안정성 등과 같은 현대사회의 특징을 잘 포착하는 유용한 개념으로 간주한다. 그러나 저자는 탈근대주의 학자들이 제기하는 기호와 비진정성, 정보와 지식에 대한 수행성 기준, 전자매개 정보 등에 대한 논의는 오늘날의 '정보시대'를 이해하는 유용한 쟁점이기는 하지만, 이를 근거로 새로운 역사적 단계로의 진입을 주장해서는 안 된다고 비판한다. 이와는 달리 탈근대주의를 사회경제적 변동에 수반되는 일종의 조건이나 자본주의의 내적 논리에 따른 결과로 해석하는 입장에서 보면, 탈근대적 조건은 과거 추세의 가속화로 이해될 수 있다는 것이다.

제 13장은 결론으로서, 저자는 그 통용성에도 불구하고 '정보사회'라는 개념은 심각한 결함을 안고 있으며, 새로운 사회의 출현을 주장하는 시나리오는 현대 세계의 핵심적 추세를 포착하지 못한다고 평가한다. 정보와 민주주의에 대해 저자는 정보와 정보기술을 민주주의를 활성화하는 독립변수로 간주하는 기술중심주의를 거부한다. 그러나 건강한 민주주의와 관련하여 힘의 균형을 위한 '정치적 공공영역'에 대한 공적 지원의 필요성과 현대적 감시의 양면성을 강조한다.

저자는 '정보기술혁명'과 '정보시대'를 제대로 이해하기 위해서는 '정보사회'에 대한 추상적 척도를 거부하고 역사적 흐름과 실제 세계를 바탕으로 접근해야 하며, 이런 측면에서 비판이론이나 역사사회학이 다른 이론들보다 더 설득력 있다고 주장한다. 정보적 발달은 과거로부터 지속된 추세의 가속화라는 측면에서 '정보화'(*informatization*)로 이해되어야 한다는 것이다.

역사적 선행요인과 연속성의 관점에서 볼 때 '정보폭발'은 과거와 단절된 새로운 현상이 아니라, 자본주의의 지속 및 확장 역사에서 필연적으로 나타난 현상이다. 이러한 입장에 있는 이론가들은 정보가 이전보다 더 중심적인 역할을 수행하고 있다는 점을 인정하지만, 정보화가 일차적으로 '기존의 그리고 연속적인 관계의 표현이자 결과'라는 점을 중요시한다. 반면에 역사적 연속성보다 변동의 우세를 주장하는 이론가들은 정보적 발전이 과거와의 체계적 단절을 보여 주는 것이라고 주장한다. 이러한 입장은 사회변동의 핵심적 요인들을 탈사회화하고 자율적 기제라는 특권을 부여함으로써 기술결정론으로 빠지기 쉽다.

저자에 따르면 정보적 발전은 자본주의의 역사와 압력이라는 맥락 속에서 가장 잘 평가될 수 있는데, 이는 많은 다양성에도 불구하고 '사업문명'이 지배하는 세계는 공통된 원리를 통해 통합된다는 점을 강조한다. 시장기제, 수익성, 임금노동, 지불능력 원칙 등의 이용증가에서 잘 드러나듯이, 오늘날의 세계경제는 자본주의적 행동방식의 확장과 성장을 표현한다는 것이다. 저자가 결론적으로 논의하는 또 다른 쟁점은 이론적 지식이다. 저자가 볼 때 이론적 지식은 우리의 미래를 결정할 수 있는 잠재력을 제공하기 때문에 우리 시대를 과거와 구별해 주는 중요한 특징이다.

다양한 지능형 장치들이 일상적으로 활용되는 오늘날에는 기술중심주의적 사고에 대한 경계가 더 많이 요구된다. 그런데 '정보사회'에 대한 미래주의적 주장이 쉽게 수용되고, 심지어는 일부 사회과학자들 사이에서조차 '정보혁명'의 새로움과 놀라움에 대한 무비판적 수용이 심심찮게 이루어지는 것이 우리의 현실이다. 이러한 상황에서는 '정보사회' 이론가들에 대한 저자의 회의주의는 쉽게 수용되기 어려울 수도 있고, 비현실적인 주장이나 심지어는 단순한 궤변으로 보일 수도 있다. 그러나 기술이 만연한 시대에는 당연시되는 가정들에 대한 건전한 비판과 회의를 추구하는 사회과학이 필수적으로 요구된다는 점에서, 정보적 영역에 대한 저자의 비판적 분석은 유용한 통찰력을 제공해 준다.

《현대 정보사회이론》의 진정한 가치는 바로 이러한 관점에서 정보적 쟁점을 탐구하는 훌륭한 길잡이가 된다는 것이다. 이 책은 특히 사회학, 정치학, 커뮤니케이션학, 문화연구, 정보과학, 문헌정보학 분야의 학생들에게 정보시대를 이해하는 매우 유용한 지침을 제공할 것이다. 이 책은 다양한 이론과 이론가들이 논의되기 때문에 현대사회이론에 대해 어느 정도의 이해를 갖춘 대학 3, 4학년 이상의 학생들에게 적합할 것이다. 그렇지만 저자의 자세하고 체계적인 설명 덕분에 정보적 쟁점에 관심이 있는 사람은 누구나 별다른 어려움 없이 책의 내용을 이해할 수 있을 것이다.

이 번역본은 프랭크 웹스터의 *The Theories of Information Society* (London : Routledge, 2014) 제 4판을 원본으로 삼았다. 거의 8년 만에 나온 새로운 내용을 최대한 빨리 우리말로 옮기고 싶었으나 여러 가지 사정으로 예상보다 많이 늦게 출간하게 되었다. 오랜 기간 빠져들었던 웹스터의 《현대 정보사회이론》이 더 충실하고 온전한 형태로 세상에 나오게 되었다는 점을 작은 위안으로 삼고자 한다.

번역본 원고의 교정과 윤문 과정에서 동국대 사회학과 석사과정 정민주 양을 비롯하여 학사과정 이주영, 정지원 양이 많은 도움을 주었고, 번역서에 추가된 캐리커처는 미술학과 석사과정 한국화전공 이용은 양이 맡아서 애를 써주었다. 또한 최종적으로 세심한 교정과 윤문을 담당한 민광호 과장, 멋진 표지 디자인을 연출한 이필숙 실장, 원활한 출판이 가능하도록 다양한 방면으로 애써 준 김태헌 실장과 방순영 이사님을 비롯한 나남출판의 여러분들께 깊은 감사를 전한다. 특히 사회과학 분야 출판에서 오롯한 사명감으로 20년 가까이 초판부터 한결같이 옮긴이의 고행에 동반자가 되어 준 조상호 회장님께 심심한 감사를 드린다. 이 모든 사람들의 도움이 없었다면 이 번역본은 아직도 세상에 나오지 못했을 것이다. 물론 이 모든 노력에도 불구하고 미진한 부분이 있다면 그것은 전적으로 옮긴이의 잘못이다.

2016년 3월

조 동 기

현대
정보사회
이론

차례

제4장 탈산업사회 105

다니엘 벨을 중심으로

제5장 조절학파 165

제6장 네트워크 사회 241

마누엘 카스텔을 중심으로

제7장 이동성 303

제8장 정보와 시장체계 329

허버트 쉴러를 중심으로

제9장 정보와 민주주의 I 425

하버마스, 공공영역, 공적 서비스 제도

제12장 정보와 탈근대성 649

제13장 '정보사회'를 넘어서 723

제1장

서론

대부분의 사람들은 한 번쯤은 다음과 같은 질문을 스스로에게 해볼 것이다. 우리가 살아가는 사회는 어떤 유형의 사회인가? 우리 세계에서 일어나는 일들을 어떤 방법으로 이해할 수 있는가? 그리고 우리는 어디로 향하고 있는가? 이는 매우 복합적이고 가변적인 상황의 주요한 형태를 확인하는 작업과 관련되기 때문에, 위압적이고 때로는 우리를 당황스럽게 만드는 질문이다. 일부 사람들은 혼란스러움을 솔직하게 인정하고 쉽게 답변을 포기한다. 어떤 사람들은 논쟁에 휩싸이는 것을 피해서, 우리는 우리가 선택하는 것만 보게 된다는 편리한 (그리고 안일한) 믿음을 가지기도 한다.

다행스럽게도 대부분의 사람들은 세계에서 일어나는 일을 이해하려고 지속적으로 노력하며, 그런 과정에서 '자본주의', '산업주의', '전체주의', '자유민주주의'와 같은 용어를 사용한다. 우리는 대부분 이에 대해 들어 본 적이 있으며, 사건이나 급격한 변동, 중요한 역사적 활동 또는 사회적 · 경제적 · 정치적 변동의 경향을 설명하고자 할 때에는 우리 스스로도 이러한 용어를 사용하게 된다.

아마 특정한 사례에 이러한 명칭을 적용하고자 하는 경우, 그 적합성에 대해 다른 사람들과 논쟁을 벌일 수도 있다. 심지어 우리는 이런 용어의 정확한 의미에 대해서도 논쟁할 수 있다. 예컨대 러시아가 공산주의에서 상당히 탈피했다는 것에 대해 많은 사람들이 동의할 수도 있겠지만, 그러한 변화가 완전한 자본주의 사회로의 이행으로 정확하게 간주될 수 있는지에 대해서는 논쟁의 여지가 있을 수 있다. 또한 중국에서의 시장 확산에 대해서는 대부분의 분석가들이 인정하지만, 명령식 공산당 체제가 지속되기 때문에 서유럽과 유사한 방식으로 중국을 설명하기는 곤란하다. '전(前) 산업주의', '출현적 민주주의', '선진 자본주의', '권위주의적 민중주의', '국가자본주의' 등과 같이 일반화하는 용어들을 엄밀하게 정의할 필요성이 언제나 존재한다.

그러나 이리한 정교화의 필요성에도 불구하고 이들 개념을 거부할 수 있다고 생각하는 사람은 드물 것이고, 사실 일부 사람들은 이러한 개념을 선호한다. 그 분명한 이유는 이러한 종류의 용어가 방대하고 조잡하며 수정이 필요하고 오해를 불러일으킨다 하더라도, 우리는 이를 통해 우리가 사는 세계나 그 이전 세계가 지니는 본질적 요소들을 확인하고 이해할 수 있기 때문이다. 다양한 사회와 상황이 가진 가장 중요한 특징을 이해해야 하는 우리로서는, 불가피하게 이러한 거대 개념(*grand concepts*)을 채택할 수밖에 없어 보인다. 거대한 쟁점에 대해서는 거대한 용어가 필요한 것이다.

이 책의 출발점은 표면적으로는 현대사회를 이해하는 새로운 방식의 등장이다. 40여 년 전부터 논자들이 '정보'(*information*)를 현대사회의 중요한 특징으로 언급하기 시작했다. 정보를 우선시하는 이러한 입장은 수십 년 동안 지배력을 유지해 왔고, 상상력에 대한 그 열의는 식을 기미가 거의 없어 보인다. 최근에는 사회생활의 '정보화'에 많은 관심이 집중된다. 우리가 '정보사회'에 진입하고 있다거나, 새로운 '정보양식'이 지배적이라거나, 우리 사회가 이제 '전자사회'(*e-society*)라거나, 우리는 정보에 의해 주도되는 '무중량 경제'(*weightless economy*)에 적응해야 한다거나, 우리가 '세계 정보경제'로 이행했다는 말을 듣게 된다. 많은 논자들은 여기에서 더 나아가 미국, 영국, 일본, 독일 그리고 이와 유사한 생활양식을 가진 국가를 '정보사회'로 간주한다. 유럽연합에서는 정치가, 기업지도자 그리고 정책 입안가들이 '정보사회'의 이념을 굳건하게 믿으면서, 유럽연합이 '세계 정보사회'에 신속하게 대응함으로써 1970년대 초반에 '정보사회'의 개념을 수용한 일본의 경로를 따라야 한다고 주장한다(Duff, 2000).

'정보사회'가 정확히 무엇을 의미하는지에 대해서는 논쟁이 있어 왔다. 어떤 사람들은 그것을 매우 전문화한 관심사회(*caring society*)의 출현으로 보는 반면, 다른 사람들은 시민활동에 대한 통제 강화로 생각한다. 어떤 사람들은 지식에 쉽게 접근할 수 있는 고학력 공중(*public*)의 출현을 예고한다고 주장하는 반면, 다른 사람들은 하찮은 일의 홍수, 선정주의 그리고 사람을 오도하는 선동(*propaganda*)을 의미한다고 말한다. 정치경제학자들의 논의 속에서 그것은 발상이 빠른 지식 기업가들에게 유리한 새로운 '전자경제'(*e-economy*)로 간주되며, 보다 문화적으로 민감한 문헌에서는 상상력과 창의력이 환영받는 '사이버공간', 즉 장소가 없는 '가상현실'로 여겨진다.

이러한 다양한 견해 중에서도 가장 특징적인 것은, 서로 대립적이기는 하지만 모든 학자들이 '정보'에 대해서 특수한 무엇이 있다는 것을 인정한다는 점이다. 정보시대에 관한 방대하고 점점 늘어나는 문헌에서, '정보'가 현대사회에서 특별한 관련성을 지닌다는 점을 제외하면, 정보의 주된 특성이나 의미에 대해서는 의견의 일치를 거의 찾아보기 힘들다. 현재 가용한 저작들은 특히 논쟁적이고 근본적으로 상이한 가정과 결론을 담고 있지만, '정보'의 특별한 중요성에 대해서는 의견대립이 없다.

1990년대 초반에 쓴 이 책의 초판에 대한 발상은 바로 '정보'의 통용에 대한 호기심에서 나왔다. 다양한 분야의 사람들이 이 시대의 특징을 밝히기 위한 또 하나의 거대한 개념을 제시하는 것처럼 보였다. 그러나 동시에 사상가들은 이 정보가 어떠한 형태를 띠는지, 현상적으로 왜 현재 체계에 중심적인 것인지, 그리고 사회적 · 경제적 · 정치적 관계에 어떠한 영향을 미치는지에 대해서는 매우 상이한 해석을 내리고 있었다.

이러한 나의 호기심은 그대로 지속되었다. 그것은 특히 분석가들 사이에서 정보의 축적이 초래할 결과에 대해 다양한 견해가 존재하듯이, 정보에 대한 관심이 지속되고, 어떤 면에서는 더 늘어났기 때문이다. 내가 이 책의 초판을 집필할 동안에는 논의가 주로 기술적 변화에 의해 자극받은 것처럼 보였다. 1970년대 말과 1980년대 초에 예고된 '마이크로 일렉트로닉스 혁명'에 따라 정보기술(IT)이 우리에게 초래할 결과에 대한 여러 가지 견해가 등장했다. 노동의 종말, 여가사회의 도래, 완전자동화 공장 등이 그 예이다. 1990년대 말과 2000년대에 완전고용이 회복되면서 이러한 주제는 인기를 다소 잃었지만, 기술 주도적 변동에 대한 이러한 열광은 그대로 지속되고 있다.

1990년대 들어 인터넷이 널리 보급되면서, 그와 관련된 또 다른 쟁점이 부상하였다. 그것은 정보통신기술(ICTs)이 초래한 '정보고속도로'와 사이버 사회에 주목하는 것이었는데, 많이 논의되는 주제는 전자민주주의, 가상관계, 상호작용성, 개인화, 사이보그, 온라인 공동체였다. 많은 논평들은 사람들의 행동방식에서의 근본적 변화에 대한 전망을 자아내는 뉴미디어의 속도와 다용도성에 주목하였다.

이에 따라 2004년 12월 26일 쓰나미(*tsunmi*)가 동남아시아의 많은 지역을 휩쓸었을 때, 전화는 불통이었지만 이메일과 인터넷이 실종자를 찾아내는 수단으로 즉시 활용되었다. 그리고 2005년 7월 7일 테러주의자들이 런던의 지하철과 버스를 폭파했을 때, 전화 시스템은 작동하지 않았지만(아마도 보안상의 이유 때문이었을 것 같은데), 사람들은 곧바로 인터넷을 통해 뉴스를 얻고 상호지원을 추구했으며, 휴대전화 카메라들은 전통적 미디어를 대신해서 참사현장에 대한 생생한 사진을 제공했다.

보다 최근에는 '소셜 미디어'에 대한 관심이 폭발하였다. 여기서 소셜 미디어는 이용자들이 정보를 소비하는 동시에 생산하기도 하는〔이에 따라 '생비자'(*prosumer*)라는 신조어가 만들어짐〕 블로그, 사회연결망 서비스, 위키, 인터넷 토론방 등과 같은 것을 아우르는 포괄적 용어이다. 사용이 편리한 프로그램을 이용한 컴퓨터 소통의 활용이 늘어남에 따라, '크라우드 소싱'의 잠재력에 대한 과감한 주장도 등장하고 있다. '언제 어디서나 항상' 연결해 주는 기술이 과거에 단절되었던 사람들을 뭉치도록 하는 잠재력을 가졌다는 인식이 확산됨에 따라, 일부에서는 투자유형〔소액금융(*microfinancing*)〕, 마케팅(온라인 쇼핑), 심지어는 정치적 참여도 근본적인 변화를 경험할 것으로 전망한다.

실제로 2011년 이집트, 튀니지, 리비아, 사우디아라비아와 구 아랍연합공화국(United Arab Republic: 현재의 이집트와 시리아 - 옮긴이 주)에서 점화된 '아랍의 봄'(*Arab Spring*)을 휴대전화, 비디오카메라, 인터넷 등과 같은 기술의 결과로 보는 사람들도 있다. 이들은 이러한 기술들이 트위터(Twitter), 레딧(Reddit), 유튜브(YouTube), 페이스북(Facebook) 등과 같은 소셜 미디어의 '지원'을 받아 통합되는 측면을 주목한 것이다(Shirky, 2008; Howard, 2011; Castells, 2012 참조).

한편 2011년 여름 런던에서 발생한 도시폭동에 대한 즉각적인 논평이 올라왔다. 이에 따르면 이 폭동의 폭력성과 효율성은 불만이 많고 범죄적인 도시 청년들이 블랙베리 메신저(Blackberry Messenger) 휴대폰을 이용하여 쉽게 연결하고 함께 모이는 능력을 갖췄기 때문에 가능한 것이었다(Halliday, 2011). 〈이코노미스트〉(*Economist*, 2011. 8. 13.) 지가 "블랙베리 폭동"이라는 제목을 붙인(Adams, 2011 참조) 이러한 폭동은, 난설된 사람들을 능숙하게 결집하고 그에 따라 그들의 능력[선한 것이든 악한 것이든(Dunleavy et al., 2012 참조)]을 증대하는 소셜 미디어의 역량을 보여 주는 생생한 예이다.

일부에서는 기술로부터 이른바 정보의 보다 연성적 측면으로 논의 대상을 이동시키는 변화도 일어났다. 지도적인 정치가와 지식인들 사이에서 적응력과 지속적 재훈련이 규범이 되는 사회를 이끄는 자질을 가장 잘 갖춘 '정보노동'이나 '상징적 분석가'에 대한 관심이 커지고 있다. 이런 측면에서 볼 때, '정보사회'에서 핵심 주자는 새롭고 세계화된 경제에도 생존할 수 있는 정보적 능력을 갖추어 주는 일류 교육을 받은 사람이다. 주식거래자, 관리자, 소프트웨어 엔지니어, 미디어 제작자, 그리고 창조산업(*creative industry*)에 관련된 모든 사람들이 바로 '정보사회'에서 핵심 주자로 간주된다. 정보에 대한 일반적 관심의 지속과 더불어 '기술에서 사람으로'라는 이러한 분석 초점의 변화에 영향을 받아서, 이 책의 제 4판을 만들게 되었다.

나는 정보의 중요성에 대한 상이한 해석에 관심을 집중하고자 하는데, 그 이유는 우리가 나중에 보게 되듯이 비록 정보의 중요성과 역할에 대한 해석이 매우 다르고, 실제로 그 참조 용어들을 더 자세히 검토함에 따라 외견상 공통된 주제 — 정보 — 에 대한 합의마저 점점 줄어들고 있기는 하지만, 이렇게 함으로써 공통된 관심영역을 자세하게 검토할 수 있기 때문이다.

'정보사회'의 다양한 모습을 검토하려는 이 책은 우리가 현대사회에서 정보를 이해하도록 도와주는 주요 이론들을 면밀하게 검토하는 방식으로 구성되어 있다. 이러한 이유 때문에 개념 규정의 문제를 분석하는 제 2장과 제 3장(그 결과는 이 책 전반에 걸쳐 영향을 끼치고 있음) 다음에 이어지는 각 장에서는 특정 이론 및 그 대표적 주창자, 그리고 그 강점과 약점을 대안적 이론분석과 경험적 증거의 측면에서 평가하려고 시도하였다. 사상가와 이론을 중심으로 하는 이러한 방식은 문제점을 가지고 있다. 가령 인터넷과 온라인-오프라인 관계, 이라크 전에서의 정보흐름, 파일공유의 확산에 따른 음악의 소비, 미디어가 확산된 시대에서의 정치 등에 대해 알고자 하는 독자들은 이 책에서는 이러한 쟁점들이 독자적으로 다루어진 부분을 찾지 못할 것이다. 이러한 주제가 때로는 상당히 길게 이 책에 포함되어 있기는 하지만, 그것은 주요 사상가와 이론을 중심으로 구성된 각 상에 동합되어 있다. 일부 독자들은 이 부분에 대해 의아해하면서 이 책을 추상적 이론가의 저작으로 치부해 버릴지도 모르겠다.

나는 잘못을 (일부) 인정한다. 책을 읽어 나감에 따라 독자들은, 정보에 특별한 강조점을 두는 다니엘 벨의 탈산업사회에 대한 개념화(제 4장), 우리가 포드주의로부터 이제는 정보처리에 성패가 달린 탈포드주의로 이행하는 과정에 살고 있다는 주장(제 5장), '네트워크 사회'에서 작동하는 '정보자본주의'에 대한 마누엘 카스텔의 영향력 있는 견해(제 6장), '이동성'(*mobilities*) — 정보뿐만 아니라 사람과 물자의 — 을 우리 시대의 규정적 특징으로 간주하는 다수의 사상가들, 특히 존 어리의 견해(John Urry) (제 7장), 선진 자본주의의 정보에 대한 요구와 조작에 관한 허버트 쉴러의 견해(제 8장), '공공영역'(*public sphere*)이 축소되고 그와 함께 정보의 충실성(*integrity*)이 약화되고 있다는 위르겐 하바마스의 논의(제 9장), 오직 시장만이 성공적 경제와 자유주의 사회에서 요구되는 정보를 보장할 수 있다고 보는 프리드리히 하이에크의 견해(제 10장), 감시와 통제의 목적으로 수집된 정보가 수행하는 역할에 주목하는 '성찰적 근대화'에 관한 앤서니 기든스의 견해(제 11장), 그리고 현대사회에서 기호의 폭증에 특별한 관심을 두는 장 보드리야르(Jean Baudrillard)와 지그문트 바우만(Zygmunt Bauman)의 탈근대주의와 탈근대성 논의(제 12장) 등과 접하게 될 것이다.

독자들은 사회학, 철학, 경제학, 지리학 등과 같은 다양한 분야에 걸친 사상가들과 그에 관련된 이론들이 현대 사회과학에서 핵심적 논쟁이 되고 있다는 것을 쉽게 알게 될 것이다. 물론 사회사상가들이 우리가 사는 세계를 이해하고 설명하는 데 열중하고 있다는 점, 그리고 현대 세계의 중요한 특징 중 하나가 정보영역에서의 변화라는 점을 고려하면 이것은 그리 놀라운 일이 아니다. 매스미디어의 변화, 삶에 대한 매개(*mediation*)의 중요성(뉴스 서비스를 통해 세계에서 일어나는 일에 대한 지식을 얻는 것에서부터, 문자메시지나 휴대전화의 일상적 이용에 이르기까지), 정보통신기술의 확산, 새로운 유형의 일, 그리고 심지어 교육체계와 서비스의 변화 등을 포함하는 방대한 정보영역에 대해 충분한 관심을 기울이지 않고서 세계의 상태를 설명하려는 시도는 분명 올바르지 못한 것이다.

또 다른 것도 인정해야겠다. 즉 이 책이 현대 사회과학에서 출발하기 때문에 일부 독자들에게는 적어도 일부 내용이 어려울 수 있다는 점에 유의해야 한다는 것이다. 철학에 조예가 깊은 사람들에게조차도 위르겐 하버마스의 논의는 어려운 것이고, 다니엘 벨은 일부 대중화된 저작을 제외하면 그를 이해하려면 상당한 노력이 요구되는 정교하고 난해한 사회학자이며, 탈근대주의 사상가들은 (화가 날 정도로) 표현이 불분명하기로 유명하다. 따라서 이러한 측면에서 혼란스러워하는 사람들이 상당히 많을 것이다.

정보시대에 관심이 있는 사람들은 생소하고 이해하기 어려워 보이는 사회이론가들과 접한다는 것이 곤혹스러울 수도 있다. 그들은 기술영역에서 급격하고 혁명적이기까지 한 발전에 상응하는 사회·경제적 결과에 대한 직접적 설명을 원한다. 이러한 욕구를 충족하는 보급판 서적도 많이 있다. 현대생활의 가장 두드러진 특징을 밝히려는 야심을 가지고 역사와 일련의 다른 '이론가들' — 그들 중 많은 사람은 오래전에 작고한 — 에게 자주 의지하는 '이론', 그중에서도 '거대이론'은 혼란과 당혹스러움만 가중시키기 때문에 논의 속에 포함하지 않았고, 또 그렇게 해서도 안 된다.

여기서 나의 '이론적' 출발점의 가치를 밝혀야 할 것이다. '정보시대'에 관한 경솔한 주장에 대해 반론을 제시하기 위해, 나는 의도적으로 주요 사회이론가들과의 만남을 통해 정보를 이해하려는 접근방법을 취했다. 이러한 경솔한 주장의 거의 대부분은 '실용적' 남성들(그리고 일부 여성들)로부터 나온다. 이들은 '정보기술혁명'에 감명을 받거나, 인터넷을 보고 열광하거나, 이메일이 없는 생활을 상상하지 못하거나, 블로그에 도취되거나, 순식간에 '퍼트리는' 트위터의 즉각성에 놀라거나, 현실을 능가하는 '가상현실'에 현혹되어, 예상 가능하거나 심지어는 불가피하게 뒤따를 사회·경제적 결과를 쉽게 말할 수 있다고 생각하는 사람들이다. 이러한 틀에서 볼 때 일이 변형되고, 교육이 획기적으로 바뀌고, 기업조직이 재활성화하고, 민주주의가 재평가되는 변화는 모두 '정보혁명'으로 인한 것이다(Morozov, 2013 참조).

이러한 접근은 '정보사회'에 관한 많은 견해에 영향을 미쳐 왔고, 앞으로도 미칠 것이다. 《강력한 마이크로》(*The Mighty Micro*), 《연결망 사회》(*The Wired Society*), 《디지털이다》(*Being Digital*), 《미래세계》(*What Will Be*) 등과 같은 보급판 서적, '컴퓨터 혁명의 사회적 영향'을 검토하는 대학 강좌, 수많은 정치 및 기업 강연, 그리고 '정보시대'의 도래에 따라 삶의 측면에서 나타날 대변혁을 대비하라고 수용자들에게 주의를 환기하는 수많은 언론 등이 그 예들이다.

물론 이러한 논의는 '이론'에 대한 우려를 전혀 하지 않으면서도 '실제 세계'를 다루는 매력적인 직접성을 가지고 있다. 이론은 느리게 돌아가는 회상, 먼지 쌓인 책장, 탈속적이고 과보호된 '상아탑' 등을 떠올리게 한다. 학문적 사색과 상관없이 중대한 변동이 발생하는 현 시점에서는 이론의 역할이 거의 없다. 컴퓨터 통신체계 개발 경험이 있고 온갖 체험을 통해 사업세계에 대해 잘 아는 전문 실행가의 분석을 읽는 것이 훨씬 더 도움이 된다. 우리가 구글 책임자 에릭 슈미트(Eric

Schmidt)와 제러드 코언(Jared Cohen)에게 눈을 돌리게 되는(그리고 저술할 자격을 부여하는) 것도 바로 이런 이유 때문이고, 그에 따라 그들의 저작 《새로운 디지털 시대》(*The New Digital Age*, 2013)도 — 책의 부제를 인용하자면 — 다름 아닌 "사람, 국가, 비즈니스의 미래"에 대해 진단할 수 있는 권위를 가지게 된다.

나는 지금까지 거의 25년 동안 사회학 교수였고, 그 기간 동안 정보적 주제에 대해 전문적으로 연구하고 저술하였다. 나는 신문이나 방송으로부터 컴퓨터게임에 대한 아동의 취약성, 소아성애자 집단의 인터넷 이용, 블로그가 정치변화에 미치는 영향, 온라인 교수법이 교육에 미치는 영향, 컴퓨터 연애가 관계에 미치는 영향 등에 대해 '전문가' 의견을 부탁하는 수많은 요청을 받았지만 이러한 요청을 대부분 거절하였다. 그러면서도 내가 소속 기관(대학 당국은 늘 뭔가를 내세우고자 한다)이나 심지어는 어려움에 처한 사회학 분야('사회학자인 당신이 나서서 우리 학문의 가치를 보여 줄 좋은 기회가 아닌가')의 기대에 어긋나는 행동을 한다는 느낌을 지울 수가 없었다.

문제는 '정보사회'에서 일어나는 것을 제대로 이해하고자 한다면 이런 것에서 시작해서는 안 된다고 내가 확신한다는 것이다. 변동을 꾀하기 위한 정책 개발에 관여하기 때문에, 나는 현 시점에 많은 관심을 가지고 있다. 그러나 기사로서의 매력을 지니거나 주어진 시점에서 현실적 관련성을 가지는 문제 제기는, 실용적이기는 하겠지만 정보혁명을 평가하는 최선의 방법은 아니다. 특히 그러한 방식은 변동의 원인에 대한 의심스러운 가정에서 출발하기 때문이다.

나는 이론을 고려할 시간이 거의 없는 '실용적' 사람들을 경계할 필요가 있다고 생각한다. 그들은 이론을 부정하는 경우가 많지만, 그럼에도 불구하고 그들의 관점에는 이론이 개입되어 있다. '인터넷이 가족에 미치는 영향이 무엇인가?'라든가, '정보통신기술로 인해 사라지는 직업은 무엇인가?'라는 등의 질문을 받게 되면, 연구자들은 판단력이 흐려져 변동과정에서 차지하는 정보의 역할에 대해 충분히 이해하지 못하게 된다. 왜냐하면 그러한 질문은 (강력히 부인하는 경우에도) 일정한 이론적 출발점을 가정하기 때문이다. 나중에 이에 대해 좀더 자세하게 거론하기로 하고, 여기서는 케인스(J. M. Keynes)의 저서 《고용, 이자 및 화폐의 일반이론》(*General Theory of Employment, Interest and Money*, 1936)의 마지막 단락에 나와 있는 조언을 권하고자 한다.

> 우리는 자신은 어떠한 지적인 영향도 받지 않았다고 믿는 실용적인 사람들을 경계해야 한다. (왜냐하면 그들은) 대개 일부 한물간 경제학자의 노예들이기 때문이다.

물론 케인스는, 실용적인 사람에게 '명백한' 것이 아니면 받아들이지 않았던 당시의 정통과 달리, 경제에 대한 대안적 이론모형을 가지고 있었다. 케인스 주장의 일부는 다시 언급할 가치가 있다. 왜냐하면 그것은 오늘날의 '긴축' 시대에 특별한 의의를 가지기 때문이다. 우리는 2009년 이래 경제가 적자 상태에 있고, 성장이 있는 경우에도 최소한의 성장만 이룩하였다는 것에 대해 모두 동의할 수 있다. 실용적인 사람들은 부채를 안게 되면 지출을 줄인다. 왜냐하면 수입을 초과하여 생활을 유지할 수는 없다는 것을 알기 때문이다. 이러한 전략이 2010년 이래 영국 및 여타 국가 정부가 취해 온 것이다. 부채는 오로지 저축을 통해서만 해결될 수 있다는 사실이 명백하기 때문에 이러한 정책은 광범위한 지지를 받는다. 이러한 정책의 대중적 인기(그 영향이 유쾌하지 못한 곳에서조차)는 대부분 국민경제가 가계경제와 유사하다는 상식적 사고에 기반한다. 가구원이 실직하여 가계 수입에 문제가 생기면 이전처럼 소비할 여력이 없어지고, 그에 따라 감소된 수입 내에서 살아갈 수 있도록 의복비를 삭감한다. 이는 단순한 실용적 해결방식이기 때문에 실제 세계에서 이론은 그 역할이 거의 없는 것으로 보인다.

그러나 국민경제는 가계경제와 분명히 같지 않다. 이는 모든 경제학개론 강의에서 가르쳐 주는 내용이다. 예컨대 국민경제의 공적 지출 감축은 많은 사람들이 일자리를 잃게 만드는데, 이는 다시 세수가 줄어들고, 복지비용이 급상승하고, 국가채무 문제가 악화된다는 것을 의미한다. 거시경제가 가계경제와 유사하지 않다는 바로 그 이유 때문에 우리는 하향적 악순환 고리를 쉽게 설정할 수 있다. 여기서 케인스 경제학을 굳이 공부하지 않아도 실용적 논리에 한계가 있다는 것을 제대로 알 수 있다. 이러한 한계는 이론을 통해 드러날 수 있으며, 이론은 또한 그러한 한계에 대한 대안적 정책을 제시할 수도 있다.

대안적인 출발점에서 정보에 접근하는 방법, 즉 '현대사회이론'(적어도 경험적 증거와 결합된 이론)이 추구하는 목표 중 하나는, 정보에 대한 사회적 충격(*impact*) 접근법은 현재 무엇이 일어나고 있고 미래에는 어떤 일들이 발생할지를 이해하고자 하는 사람들에게는 절망적일 정도로 단순할 뿐만 아니라, 분명히 그들을 오도하고 있음을 보여 주는 것이다. 또 다른 목표는, 사회이론이 적어도 경험적 증거와 결합되어 훨씬 더 풍부하고, 따라서 정보영역에서의 최근 변화를 이해하고 설명하는 데도 궁극적으로 더 실제적이고 유용한 방법임을 보여 주는 것이다.

이 책에서 논의되는 대부분의 사상가들이 정보화 추세를 직접적으로 언급하기는 하지만 모든 사람이 그렇지는 않다. 한편으로 다니엘 벨과 허버트 쉴러는 — 매우 상이한 방식으로, 그리고 훌륭한 통찰력으로 — 정보와 통신 문제가 제 2차 세계대전 후의 세계변화의 핵심에 놓여 있다고 오랫동안 주장했다. 그런 반면에 내가 보기에는 정보영역에 대한 직접적 관심을 비교적 적게 표명하는 위르겐 하버마스나 앤서니 기든스와 같은 사람도 있다. 이것은 정보를 이해하는 데 그들이 도움이 되지 않는다거나 그들이 정보를 중요한 것으로 간주하지 않기 때문이 아니다. 그보다는 그들의 논쟁 용어들이 정보에 관한 나의 초점과 다르기 때문이다. 이러한 이유 때문에 공공영역에 관한 하버마스의 개념에 대한 논의나 포드주의에서 탈포드주의로의 이행을 둘러싼 논의들로부터 출발하여, 별 부담 없이 정보 문제에 대한 보다 직접적인 나의 관심으로 논의를 이끌었다. 내가 하고자 하는 바는 특정 사회이론에 대한 완전한 해설을 제시하는 것이 아니라, 최선의 가용수단으로 정보영역의 중요성을 이해하고자 하는 것이기 때문에, 이러한 방법이 정당하지 못하다고 생각하지는 않는다.

이 책 전반에 걸쳐 '정보사회'의 개념 자체에 대한 추궁조의 회의적 견해가 제시되어 있다는 점도 언급할 필요가 있다. 몇몇 논평자들은 《현대 정보사회이론》의 이전 판들이 '정보사회' 개념에 대해 너무 비판적이기 때문에 그것에 대해 책 한 권을 쓸 이유가 없지 않느냐고 불평하였다. 이 점에 대해서는 제 13장에서 다시 거론하기로 하고, 여기서는 현재의 사고에 막대한 영향력을 행사하는 용어에 대해, 설사 그것에 중대한 단점이 있다는 것을 발견했다고 할지라도, 면밀히 검토하는 것은 적절하다는 점을 언급하고자 한다.

'정보사회'라는 개념은 오도적일 수도 있지만 교육적 측면에서는 가치가 있을 수 있다(Cortada, 2007). 그러나 중요한 문제는 '정보사회' 개념이 과거와 현재의 변동 내용, 변동 방식 등에 대한 일련의 가정을 포함함에도 불구하고, 다양한 영역에서 아무런 문제제기 없이 사용된다는 것이다. 이 책의 제목을 선택하는 과정에서 나는 이러한 현상에 대한 인식으로부터 용기를 얻었는데, 그 이유는 이러한 제목이 적어도 사람들이 포괄적으로나마 이 책이 무엇에 관한 것인가를 쉽게 알 수 있도록 해주기 때문이다.

그럼에도 불구하고 나는 이 책을 통해 새로운 '정보사회'의 도래를 주장하는 사람들이 가진 자신감을 일부 흔들어 놓기를 진정으로 바란다. 나는 다양한 형태로 나타나는 '정보사회' 개념에 대해, 비록 그 유용성은 일부 인정하지만, 그것의 정확성과 타당성에 대해 문제를 제기할 것이다. 따라서 독자들은, 내가 이 용어에 대해 비판적이기는 하지만, 종종 오늘날 우리가 살아가는 방식을 이해하는 데 도움이 되는 개념으로 간주 — 단서를 붙여서 — 한다는 점에 주목할 필요가 있다.

제 2장과 제 3장에서 '정보사회' 개념을 면밀히 검토하였고, 이를 통해 독자들은 이 용어와 관련된 중요한 개념적 문제를 보게 되겠지만, 우선 이 책에서 고려하는 사상가들을 갈라놓는 중요한 분계(*divide*)에 대하여 주의를 환기하고자 한다. 한편으로는 '정보사회'라는 개념에 동의하는 사람들이 있고, 다른 한편으로는 단지 기존 관계의 '정보화'(*informatization*)만이 있다고 주장하는 사람들이 있다. 상이한 용어는 정보영역에서 무슨 일이 벌어지는지를 이해하는 최선의 방식을 보여주기 때문에, 이러한 구분이 단순히 학문적인 것만이 아니라는 점이 분명해질 것이다.

다음에 접할 다양한 해석을 둘러싼 견해의 분화를 강조하는 것이 중요하다. 한편에는 최근에 우리가 지금까지 존재했던 사회와의 차이에 의해 특징되는 '정보사회'의 출현을 목도하고 있다고 주장하는 사람들이 있다. 이들 모두가 '정보사회'라는 용어를 좋아하는 것은 아니지만, 그들이 현 시기가 특별하고 상이한 것이어서 사회변동에서 전환점을 이룬다고 주장하는 한 이에 대한 동조자로 간주할 수 있다고 본다. 다른 한편에는 정보가 현대사회에서 특별한 의미를 지니게 되었다는 것에 대해서는 기꺼이 동의하지만, 현 시기의 핵심적 특징은 과거와의 연속성에 있다고 주장하는 사람들이 위치한다.

'정보사회' 이론가들과 정보화를 기존 사회체계의 부차적 특징으로 고려하는 이론가들 간의 차이는 정도의 문제로서, 사상가들이 연속선상의 어느 한 곳에 위치하는 것으로 볼 수도 있지만, 변화를 강조하는 쪽과 연속을 강조하는 쪽의 양극이 존재한다는 점만은 부인할 수 없다.

이 책에서 다니엘 벨의 '탈산업사회론', 자본주의가 모든 사람들을 위한 적절한 정보를 보장하는 최적의 수단이라는 하이에크의 주장, 장 프랑수아 리오타르(Jean-François Lyotard)의 '탈근대주의', 위르겐 하버마스의 '공공영역' 등과 같은 사상가와 그 이론을 논의하면서, 나는 현대사회의 '정보'에 관한 다양한 시각들을 고려하고자 한다. 화이트칼라 노동자의 역할, 오래된 지적 사상의 쇠퇴, 감시의 확산, 일상생활의 조직화 증대, 시민사회의 약화 등에 관한 논의를 통해, 우리는 각 이론들이 정보의 발달을 이해하는 데 나름대로 독특한 기여를 한다는 점을 보게 될 것이다. 이러한 해석의 차이를 검토하고 비판하는 것이 이 책의 목적이다.

그럼에도 불구하고 이러한 차이들에는 무시해서는 안 될 하나의 선이 존재한다. '정보사회' 개념을 지지하는 사람들과 '정보화'를 기존 관계의 연속으로 보는 사람들 간의 분리가 그것이다. 그 한편에는 과거로부터 새로운 종류의 사회가 출현했다고 주장하는 사람들이 있다. 이 편에 놓일 수 있는 이론은 다음과 같다.

- 탈산업사회주의(다니엘 벨과 그 추종자들)
- 탈근대주의(예: 장 보드리야르, 마크 포스터, 폴 비릴리오)
- 유연전문화(예: 마이클 피오레, 찰스 사벨, 래리 허쉬혼)
- 정보적 발전양식(마누엘 카스텔)

다른 편에는 연속성을 강조하는 사람들이 있다. 여기에는 다음과 같은 이론가들이 포함된다.

- 신 마르크스주의(예: 허버트 쉴러)
- 조절학파 이론(예: 미셸 아글리에타, 알랭 리피에츠)
- 유연적 축적(데이비드 하비)
- 성찰적 근대화(앤서니 기든스)
- 공공영역(위르겐 하버마스, 니콜라스 간햄)

후자에 속한 이론가들 중에서 정보가 현대사회에서 핵심적 중요성을 가진다는 점을 부인하는 사람은 없지만, 전자의 이론가들과는 달리 이들은 정보의 형식과 기능은 오래된 기존의 원칙과 관행에 종속적인 것이라고 주장한다. 이 책을 읽으면서 독자들은 어떠한 접근이 가장 설득력 있는가를 판단할 기회를 갖게 될 것이다.

제2장

‘정보사회’의 정의

우리가 정보와 관련된 오늘날의 추세와 쟁점들을 이해하는 다양한 접근을 올바로 평가하고자 한다면, 이러한 논쟁에 참가하는 사람들이 제시하는 개념 정의에 관심을 기울일 필요가 있다. 특히 ‘정보사회’라는 용어를 사용하는 사람들이 이 개념으로 의미하고자 하는 바가 무엇인지 먼저 검토하는 것이 매우 유익하다고 생각한다. 이 개념의 사용을 옹호하는 사람들의 주장과 현 시기가 새로움에 의해 특징지어진다는 그들의 단언은 철저한 분석을 필요로 하는데, 그 필요성은 현상이 유지되고 있다는 시나리오에 대한 것보다 더 절박하다.

1. 기준

'정보사회'에 관한 문헌을 읽는 독자들을 놀라게 하는 것은, 많은 저술가들이 자기 주제에 대한 불명확한 개념정의를 가지고 작업한다는 점이다. 그들은 우리가 '정보사회'에 살고 있다는 것은 너무나 분명하기 때문에, 그 개념이 의미하는 바를 정확하게 밝혀낼 필요가 없다고 경솔하게 생각한다. '정보사회'의 특정 측면에 대해 많은 글을 쓰면서도, 자신들의 조작적 기준에 대해서는 놀라울 정도로 모호하다. 정보의 변화를 이해하고자 하는 의욕이 강한 나머지, 그들은 다양한 형태의 경제적 생산, 새로운 형태의 사회적 상호작용, 혁신적 생산과정 등의 관점에서 이러한 변화를 해석하기에 급급하다. 그러나 그렇게 함으로써 그들은 오늘날 정보가 점점 더 중요해지는 방식과 이유를 밝혀내지 못하고 있다. 많은 학자들로 하여금 정보가 이 시대의 핵심에 있다고 생각하게 만드는 이유는 정보의 어떤 측면인가?

내가 볼 때 '정보사회'에 대한 개념 정의는 ① 기술적(*technological*), ② 경제적(*economic*), ③ 직업적(*occupational*), ④ 공간적(*spatial*), ⑤ 문화적(*cultural*) 등 5가지로 구별할 수 있는데, 각각은 새로운 것을 식별하는 기준을 제시한다.

특정 시나리오를 제시하는 과정에서 이론가들에 따라 강조하는 요인이 다르다는 점은 앞으로 보게 될 것이지만, 이들 개념이 상호 배타적일 필요는 물론 없다. 그러나 이러한 개념들이 공유하는 것은, 정보의 양적 변화가 질적으로 새로운 종류의 사회체계, 즉 '정보사회'를 만들어 낸다는 것에 대한 확신이다. 이렇게 각 정의는 거의 동일한 방식으로 논리를 전개한다. 즉 오늘날 더 많은 정보가 존재하며, 따라서 우리는 '정보사회'에 들어섰다는 것이다. 앞으로 보게 되겠지만, 결론으로부터 원인을 도출(더 많은 정보가 존재한다. 따라서 이것이 '정보사회'를 초래한다) 하는 이러한 사후적(*ex post facto*) 사유에는 중대한 문제가 있다.

'정보사회'에 대한 여섯 번째 정의가 있는데, 그 주요 주장은 오늘날 '더 많은 정보가 존재한다'는 것이 아니라(더 많은 것은 분명하다), 우리 삶의 방식을 바꿀 만큼 '정보의 성격이 변했다'고 간주한다는 점에서 독특하다. 여기서 주장하는 것은 이론적 지식/정보가 오늘날 우리가 행동하는 방식의 핵심에 있다는 것이다. 이러한 정의는 유일하게 질적인 것으로, 내가 보기에는 '정보사회'라는 명칭의 적합성에 대한 가장 설득력 있는 주장이 될 수 있지만, 제 3장에서도 이에 대해 더 자세하게 논의하는데, '정보사회' 주창자들은 크게 좋아하지 않는 개념정의이다. 이러한 개념들 각각에 대해 좀더 자세하게 검토해 보자.

1) 기술적 정의

기술적 개념화는 1970년대 후반부터 등장한 일련의 혁신에 토대를 두고 있다. 신기술은 새로운 시대를 보여 주는 가장 가시적 지표 중 하나이며, 따라서 흔히 '정보사회'의 도래를 예고하는 것으로 간주된다. 시기마다 논평자들의 주목을 받은 구체적인 기술은 다양하며, 일부는 더 우수한 기술에 의해 대체되기도 하고[예: 콤팩트디스크(CD)], 또 다른 기술은 나중에 획기적인 것으로 밝혀지기도 했다(예: 메인프레임 컴퓨터). 이러한 기술에는 유선방송과 위성방송, 비디오게임, 개인용 컴퓨터(PCs), 온라인 정보 서비스, 랩톱 컴퓨터, 컴퓨터 네트워크, 월드와이드웹, 스마트폰 등이 포함된다. 일반적인 주장을 간단하게 정리하면, 많은 기술혁신은 그 영향이 매우 크기 때문에 사회 환경의 재구성으로 이어질 수밖에 없다는 것이다.

미래주의를 자극하는 것이 구체적 신기술에 대한 열광이 아니라면, 그 원인은 과정과 일반적 기술에 대한 인식이다. 즉 디지털화와 마이크로 일렉트로닉스가 자동차의 작동에서부터 정보의 저장과 검색에 이르기까지 우리가 활용하는 거의 모든 것을 혁명적으로 변화시키는 것으로 간주된다. 이러한 것들은 구체적이지 않다는 이점을 가지고 있어서 미래주의자들이 더 많은 여지를 가지고 예측할 수 있게 해주지만, 변동의 주요 원인에 대한 기술주의적 개념은 여전히 남아 있다.

새로운 기술이 체계적 사회변동을 초래하는 것으로 간주될 만큼 중요하다는 주장이 제시된 시기는 3단계로 나누어 볼 수 있다.

1970년대 말과 1980년대 초의 첫 번째 시기에 논평자들은 우리의 생활방식을 혁명적으로 변화시키는 '강력한 마이크로'(*mighty micro*)의 능력에 대해 흥분했는데(Evans, 1979; Martin, 1978), 가장 흥분한 사람은 세계적 미래주의자 앨빈 토플러(Alvin Toffler, 1980)였다. 그의 주장에 따르면, 세계는 긴 시간에 걸쳐 3개의 기술혁신 파동에 따라 결정적으로 형성되었는데, 각각의 파동은 거대한 파도처럼 거부할 수 없는 것이었다. 첫 번째는 농업혁명이었고, 두 번째는 산업혁명이었다. 세 번째가 현재 우리를 삼키고 있고 새로운 삶의 방식을 예고하는(파도를 타기만 하면 괜찮을 것이라고 토플러는 주장한다) 정보혁명이다.

두 번째 시기는 1990년대 중반에 시작되었는데, 많은 논평자들은 정보통신기술의 결합에 따라 매우 중대한 변화가 나타나서 우리가 새로운 유형의 사회로 진입하고 있다고 믿었다. 새로운 유형의 사회가 출현하고 있다는 대부분의 추측을 자극한 것은 바로 컴퓨터 통신기술(이메일, 데이터 및 문자통신, 온라인 정보교환 등)의 확산이었다(Negroponte, 1995; Gates, 1995; Dertouzos, 1997). 특히 인터넷의 급속한 성장이 많은 논평을 자극하였다. 미디어는 사람들이 익숙해지게 될 정보 '고속도로'의 도래에 대해 일상적으로 보도하였다. 권위적인 목소리도 점점 높아져서 다음과 같이 선언하였다.

> 통신의 발전에 따라 새로운 질서가 … 방심하는 세계에 강요된다. 이른바 **정보고속도로** 속에서 미래가 탄생하고 있다. … 이러한 고속도로를 지나치는 사람은 몰락을 맞게 된다(Angell, 1995: 10).

이러한 설명 속에서는 인터넷 기술, 특히 광대역 인터넷의 급속한 채택에 대한 논의가 많이 이루어졌다. 이러한 기술을 이용하면 — 휴대전화의 무선연결을 통해 인터넷에 접속하는 — 일반 전화통신을 방해하지 않고도 지속적 통신이 가능하기 때문이다. 이러한 측면은 언제 어디서나 이용자들이 네트워크와 항상 '접촉'할 수 있는 '초공간적 연결성'의 세계를 예견하는 사람들을 흥분시켰다(Connors, 1993).

세 번째 시기는 2005년경부터 퇴조한 두 번째 단계를 대체하는 것이었는데, 이 단계에서는 '소셜 미디어'가 관심의 초점이 되었다. 논평자들은 '스마트폰'〔특히 변화를 주도한 아이폰(iPhone)〕, 랩톱 컴퓨터, 아이패드 등의 기술에 집중하면서, 이를 페이스북, 마이스페이스, 트위터 등과 같은 사이트의 현저한 출현에 대한 인식과 결합시켰다. 이에 따라 이들은 접근이 용이하고 사용자 친화적이며 급속히 확산되는 이러한 기술의 놀라운 일상성을 중요시하였다. 이러한 추세를 목도하면서 논평자들은 기성 사회질서의 현저한 변동의 핵심 원인은 **상호작용성, 투명성, 유연성**이라고 선언하였다. 바로 뒤를 이어 '크라우드 소싱'의 민주적 영향, '탈(脫) 중개'가 기존 판매체계에 대해 제기하는 도전, 위키피디아 — 전문가들의 참여가 없이도 관심 있는 누구나 수정할 수 있게 개방함으로써 내용의 진실성과 신뢰성이 유지되는 — 의 놀라움, 개인별 온라인 강좌시대 도래에 따른 교육의 변화 등에 대한 선언이 이루어졌다(Shirky, 2008, 2010; Anderson, 2006; Surowiecki, 2004).

대부분의 학술 분석가들도, 미래주의자나 정치인들의 과장된 언어를 피하기는 하지만, 근본적으로는 유사한 접근을 채택한다(Feather, 1998; Hill, 1999). 예컨대 일본에서는 1960년대부터 '정보사회'의 성장을 측정하려는 시도가 있었다(Duff et al., 1996). 1975년에 일본 우정성(MPT)은 정교한 기법을 사용하여 정보의 양(즉 전화 통화의 수)과 매체(즉 통신장비의 확산)의 변화를 추적하는 센서스를 시작했다(Ito, 1991, 1994). 영국에서는 높이 인정받는 한 학파가 변동에 대한 네오슘페터적 접근을 고안했다. 이 연구자들은 주요한 기술혁신은 '창조적 파괴'를 초래한다는 슘페터의 주장과 경제발전에 대한 콘드라티예프(N. Kondratiev)의 '장기파동'(*long waves*) 이론을 결합하여, 정보통신기술이 새로운 시대의 도래를 나타낸다고 주장한다(Freeman, 1987). 이들은 새로운 시대의 초기 단계에는 불편한 것들이 많지만, 장기적으로는 경제적으로 이로운 것이라고 본다(Gordon, 2012 참조).

이러한 새로운 '기술경제적 패러다임'이 21세기 초반 그 성숙기를 맞이할 것으로 추정되는 '정보시대'를 구성하는 것이다(Hall and Preston, 1988; Preston, 2001).

상식적으로 '정보사회'에 대한 이러한 기술적 정의가 실제로 적합하게 보인다는 것을 인정해야 한다. 요컨대 '일련의 혁신'(Landes, 1969) — 증기기관, 내연기관, 전기, 비행선 — 이 '산업사회'의 핵심적 특징으로 간주될 수 있다면, 정보통신기술의 거대한 발전을 새로운 유형의 사회에 대한 증거로 받아들이지 않을 이유가 없다. 나이스빗(John Naisbitt)이 말하듯이, "컴퓨터 기술과 정보시대의 관계는 기계화와 산업혁명의 관계와 동일한 것이다"(Naisbitt, 1984: 28). 이것이 타당하지 않을 이유가 없다.

이러한 기술이 새로운 사회를 구별하는 특징으로서 타당하다는 것이 분명해 보일 수도 있지만, 조금만 더 천착해 보면 대부분의 논의에서 기술이라는 것이 매우 모호하다는 데 놀라지 않을 수 없다. 경험적 척도에 대한 질문을 해보자. 이 사회에는 지금 얼마나 많은 정보통신기술이 있으며, 이들 기술이 '정보사회'로 옮아가는 데 얼마나 기여하고 있는가? '정보사회'가 되기 위해서는 얼마나 많은 정보기술이 필요한가? 유용한 척도에 대한 질문을 통해 우리는 기술을 강조하는 대부분의 사람들이 실제적이거나 검증 가능한 척도를 제시해 줄 수 없다는 것을 쉽게 깨닫게 된다. 정보통신기술은 도처에 있는 것처럼 보이지만 아무 곳에도 없는 것과 같다.

측정이 갖는 문제점과, 그와 관련된 것으로 '정보시대'에 진입했다고 판단할 수 있는 기술발달의 정도를 결정하는 문제는, 새로운 유형의 사회에 대한 납득할 만한 개념화를 위해서 분명히 핵심적인 것이다. 그러나 '정보사회' 지지자들은 흔히 이런 문제를 소홀히 취급한다. 즉 그들은 새로운 기술을 선언하고, 신기술의 도래는 저절로 '정보사회'를 예고하는 것으로 아무런 의심 없이 가정한다(결론이 원인이 된다). 놀랍게도 정보통신기술이 '정보사회'의 주요 지표라고 주장하는 다른 학자들도 이러한 쟁점을 간과한다. 그들은 기술혁신을 일반적 개념으로 기술하는 데 만족하며, 이것만으로도 새로운 사회를 구분하는 것이 충분하다고 가정한다.

이 문제를 보다 직설적으로 진술해 보자. '정보사회'란 모든 사람들이 PC를 소유한 사회인가? 만일 그렇다면 이때의 PC는 특수한 성능을 가진 것인가? 또는 이 PC는 독립형인가, 아니면 네트워크 PC인가? 아이폰이나 블랙베리(BlackBerry)의 보급률이 '정보사회'의 더 적절한 지표는 아닌가? '정보사회'란 거의 대부분의 사람들이 디지털 TV를 소유한 시기인가? 각 개인의 정보기술 채택은 부차적 문제고, 조직체의 정보통신기술 수용이 핵심적 척도가 아닌가? 정말로 효과적인 척도는 개인의 소유가 아니라 제도적 채택이 아닌가? 나아가서 여기서 기술로 간주되는 것은 정확히 무엇인가?

하드웨어와 관련해서는 애매성이 비교적 적겠지만, 최근 들어 소프트웨어 기술이 '정보사회'에 대한 대리(*proxy*) 측정치로 간주되고 있다. 예컨대 2007년에 출발한 트위터는 1년도 지나지 않아 10억 번째 트윗에 도달하였고, 페이스북은 시작한 지 8년 후인 2012년 말에 10억 명의 이용자를 달성하였다. 이러한 수치는 하드웨어가 아닌 인터넷상 서비스의 놀라운 성장을 보여 주는 것이다. 새로운 사회에 대한 이러한 지표는 얼마나 우수해야 하며, 기술적 측정치는 이러한 소프트웨어 발전을 포함해야 하는가?

이러한 질문을 하다 보면, '정보사회'에 대한 기술적 정의는 표면적으로 아무리 자명해 보일지라도 결코 단순하지 않다는 것을 알 수 있다. 정보통신기술 채택이 '정보사회'의 특징이라고 주장하는 사람들은 그들이 의미하는 바에 대해 정확히 할 필요가 있는 것이다.

'정보사회'의 기술적 정의에 대한 또 다른 반론은 매우 자주 제기되는 것이다. 비판가들은 주어진 시점에서 기술이 먼저 개발되어 그것이 사회에 충격을 가함으로써(*impact*) 사람들이 새로운 기술에 적응할 수밖에 없도록 한다는 주장에 반대한다. 이러한 관점에서 볼 때 기술은 다른 모든 것에 앞서는 특권을 가지며, 따라서 증기시대, 자동차시대, 원자시대 등과 같이 전체 사회 세계를 특징짓는다(Dickson, 1974).

여기에서 핵심적 반론은 단지 이것이 피할 수 없는 기술결정론 — 기술이 일차적 사회원동력으로 간주된다는 점에서 — 이며, 따라서 변동과정에 대한 과도한 단순화라는 것만은 아니다(Morozov, 2013). 이 점도 중요하지만 더욱 중요한 것은, 이것이 기술혁신의 사회적, 경제적, 정치적 차원을 완전히 분리된 영역으로 전락시킨다는 점이다. 이러한 차원들은 자기지속적인 것으로 보이는 — 비록 사회의 모든 측면에 영향을 미치기는 하지만 — 선도기술로부터 생겨나고, 또한 그에 종속적이다. 이러한 견지에서 보면, 기술은 사회 외부로부터 일종의 침입 요소(*invasive element*)로 등장하며, 그 발전과정에서 사회적인 것과는 접촉이 없었음에도 불구하고 일단 사회에 충격을 가하면 엄청난 사회적 결과를 초래한다.

그러나 기술이 이처럼 사회적 영역으로부터 동떨어진 것이 아니라는 것이 증명되고 있다. 반대로 기술은 사회적 영역의 필수적 요소이다. 예컨대 연구개발에 대한 의사결정은 우선순위를 나타내며, 이러한 가치판단에 따라 특정 유형의 기술이 개발된다(예컨대 20세기 서구에서는 군사적 개발이 건강연구보다 훨씬 더 많은 자금을 지원받았다. 당연한 결과로, 흔한 감기에 대한 치료법 등의 개발이 지연된 반면 최신예 무기

체계가 등장하였다).

많은 연구들이 기술이 어떻게 사회적 가치를 함축하는지를 보여 준다. 예컨대 뉴욕에 있는 다리의 건축설계를 보면, 자가용 승용차 소유자들이 모여 사는 특정 지역에 대중교통체계가 접근할 수 없도록 그 높이가 설정되었음을 알 수 있다. 또한 자동차 제조를 통해서는 사유제적 가치, 선호하는 가족 규모(전형적으로 2명의 성인과 2명의 아동), 환경에 대한 태도(오염을 수반하는 재생 불가능 에너지의 대량소비), 지위상징〔포르쉐(Porsche), 벤츠(Mercedes-Benz), 스코다(Skoda: 현재는 폭스바겐의 자회사가 된 체코의 자동차 브랜드 - 옮긴이 주) 등과 같은 고급 자동차〕, 그리고 공적이기보다는 사적인 교통체계가 드러난다. 또한 주택 건축도 단지 생활하는 공간이 아니라 생활방식, 위신 및 권력관계, 선호하는 생활양식을 표현함으로써 사회적 가치를 반영한다.

이렇다고 할 때, 비사회적 현상(기술)으로 간주되는 것이 어떻게 사회적 세계를 규정한다고 주장할 수 있는가? 그것은 단순할 뿐만 아니라(우리는 기본적 요인이면 아무것이나 사회의 명칭으로 사용할 수 있다—산소 사회, 물 사회, 감자 시대 등) 오류이며(기술은 사실 사회의 내재적 부분이다), 따라서 사회변동 과정에서 정보통신기술의 독립적이고 우월적인 역할은 의문스러운 것이다.

2) 경제적 정의

경제적 접근은 정보적 활동의 경제적 가치 증가를 도식화한다. 국민총생산(GNP)에서 정보적 활동에 의해 설명되는 비율의 증가를 도식화할 수 있다면, 논리적으로 정보경제의 달성을 선언할 수 있는 지점을 찾아낼 수 있다. 경제활동의 더 큰 부분이 생계형 농업이나 공장 제조업보다는 정보활동에 의해 수행된다면, 그에 따라 우리는 '정보사회'를 거론할 수 있다(Jonscher, 1999).

이는 원리적으로는 간단하지만 실제로는 매우 복합적인 과제인데, 그 선구적 연구는 대부분 프린스턴대학의 프리츠 매클럽(Fritz Machlup, 1902~1983)에 의해 이루어졌다(Machlup, 1962). 교육, 법률, 출판, 미디어, 컴퓨터 제조 등과 같은 정보산업을 확인하고 그 경제적 가치의 변동을 추정하는 그의 연구는 마크 포랫(Marc Porat, 1977b)에 의해 정교화되었다.

포랫은 경제의 1차 정보부문과 2차 정보부문을 구별하는데, 전자는 확인 가능한 시장가격이 있어서 경제적 평가가 용이한 반면, 후자는 가격을 매기기는 어렵지만 그럼에도 불구하고 기업이나 국가기구의 정보적 활동(예컨대 회사의 인사부서나 기업의 연구개발 부문)과 관련되어 있어서 현대의 모든 조직체에 필수적인 것이다. 이러한 방법으로 포랫은 두 개의 정보부문을 밝혀내고 그 내용을 명확히 하기 위해 경제의 비정보부문을 분리해 낸 후, 국가경제통계를 재분류하여 미국 국민총생산의 거의 절반이 이들 두 정보부문에 의해 설명된다고 주장했다. 이에 따르면, "미국의 경제는 현재 정보에 기반해 있다". 따라서 미국은 "정보재 및 서비스 생산자, 그리고 공적 및 사적(2차 정보부문) 관료제가 경제활동의 주요 부분인 '정보사회'"인 것이다(Porat, 1978: 32).

정보의 경제적 중요성에 대한 이러한 수량화는 매우 대단한 성과이다. '정보사회'의 출현을 확신한 학자들이 새로운 시대로의 진입으로 이어지는 정보활동의 상승곡선에 대한 권위 있는 증거로서 매클럽과 특히 포랫을 흔히 거론한다는 것은 놀라운 일이 아니다. 그러나 정보

경제학적 접근에도 문제점들이 있다(Monk, 1989: 39~63). 중요한 문제 중 하나는, 객관적 증거물이라고 할 수 있는 많은 통계표의 배후에는, 범주를 구성하는 방식이나 어떤 것이 정보부문에 포함되고 어떤 것이 배제되어야 하는가에 대한 숨겨진 해석과 가치판단이 상당히 많이 개입되어 있다는 것이다.

이런 측면에서 특히 놀라운 것은, 매클럽과 포랫은 모두 내용상의 차이에도 불구하고 정보의 경제적 가치를 과장하는, 정보부문에 대한 포괄적 범주를 만들어 낸다는 것이다. 이러한 범주의 타당성을 문제 삼을 합당한 근거가 있다. 예컨대 매클럽은 자신의 '지식산업' 속에 '정보빌딩의 건설'을 포함시키는데, 이는 아마도 대학이나 도서관 같은 빌딩은 커피나 차를 저장하는 빌딩과는 다르다는 근거 때문인 것으로 보인다. 그런데 건축 당시의 목적과 달라진 많은 빌딩(대학의 많은 학과가 애초에 가정집이었거나 심지어 창고였던 건물에 입주해 있다)을 어떻게 분류할 것인가?

또한 포랫은 비정보적 기업활동에 포함된 '의사기업'(*quasi-firm*)을 밝혀내는 데 많은 노력을 기울인다. 그러나 석유화학 회사의 연구개발이 정보활동과 관련된다는 타당한 가정에서 볼 때, 통계적 목적으로 이러한 활동을 제조업으로부터 분리하는 것이 수용될 수 있는가? 연구개발 분야와 생산 분야는 밀접하게 관련되어 있기 때문에 이들 활동 간의 구분이 분명하지 않은 경우가 대부분이며, 수학적 연유로 이를 분리하는 것은 그 역할에 충실하지 못한 것이다. 더 일반적으로는 '2차 정보부문'을 검토하는 과정에서 포랫은 사실 모든 산업을 정보적 영역과 비정보적 영역으로 분리한다. 그러나 '사고'와 '활동' 간의 그러한 분리를 수용하기는 매우 어렵다. 컴퓨터 수치제어 시스템의 작동이나 생산의 중요한 요소라고 할 수 있는 라인 관리기능은 어디로 분류해야 하는가? 여기서 제기되는 문제는 포랫이 '2차 정보부문'과 '비정보적' 영역을 구분하기 위해 산업을 자의적으로 분리한다는 점이다. 이러한 반론 때문에 매클럽과 포랫의 연구결과가 무의미해지는 것은 아니지만, 두 사람의 연구결과는 통계표를 작성하는 과정에서 불가피하게 가치판단이 개입된다는 것을 재확인해 준다. 그리하여 이러한 반론은 정보경제의 출현이라는 견해에 대한 회의주의를 지지한다.

또 다른 문제는 집합적 자료가 불가피하게 매우 상이한 경제활동을 동질화한다는 것이다. 광고와 텔레비전의 경제적 가치 상승이 '정보사회'의 지표라고 말할 수도 있지만, 우리는 정보활동을 질적 기준에서 분리해 내야 한다. 모든 것에 가격표를 붙이려는 정보경제학자들의 열정은, 정보부문에서 실제적으로 매우 가치 있는 차원을 밝혀내지 못하는 불행한 결과를 초래했다. '정보사회'에 대한 양적 지표와 질적 지표를 구별하려는 이러한 탐구는 매클럽과 포랫에 의해서는 추구되지 않는다. 그러나 〈선〉(*Sun*) 지의 발행부수 수백만 부가 〈파이낸셜타임스〉(*Financial Times*) 지의 발행부수 25만 부와 동일하게 — 경제적으로는 분명히 더 많은 가치를 가지고 있지만 더 정보적이라고 볼 수는 없다 — 취급될 수 없다는 것은 분명하다. 이러한 구분은, 나중에 다시 논의하겠지만, GNP에 의해 측정되는 정보활동이 매우 큰 비중을 차지하면서도 경제적, 사회적 그리고 정치적 생활의 발전에는 거의 영향을 미치지 못하는 사회가 가능하다는 것을 말해 준다. 하루 종일 이미지만 소비하며 집에서 TV만 보거나 디즈니식의 즐거움을 추구하는 사람들의 국가는 어떤 사회인가?

3) 직업적 정의

직업적 접근은 사회학자들이 가장 선호하는 것이다. 이것은 또한 가장 중요한 '탈(脫) 산업사회' 이론가인 다니엘 벨(Daniel Bell, 1973)의 연구와도 밀접하게 관련되어 있다('탈산업사회'라는 용어는 '정보사회'와 거의 동일하며, 벨의 저작에서도 그렇게 사용된다). 여기서는 시간에 걸친 직업구조 변화의 유형이 검토된다. 다수의 직업이 정보노동에서 발견되는 경우 '정보사회'가 성취된다는 것이 그의 주장이다. 제조업부문의 고용 쇠퇴와 서비스부문의 고용 증가는, 육체노동이 소멸되고 그 자리를 화이트칼라 노동이 대신 채우는 것으로 해석된다. 비(非) 육체노동의 원료가 정보이므로(근력과 손재주, 기계적 특성을 가지는 육체노동과는 반대로), 정보노동의 실질적 증가는 '정보사회'의 도래를 알리는 것으로 간주될 수 있다는 것이다.

이에 대한 명백한 증거가 존재한다. 즉 오늘날 서유럽, 일본, 북아메리카 노동력 중 70%가 넘는 비율이 서비스부문에서 발견되며, 화이트칼라 직업이 이제 다수를 차지한다는 것이다. 이러한 근거만으로도 우리가 '정보사회'에 살고 있다는 주장이 그럴듯하게 보일 수 있는데, 이는 "〔직업의〕 지배적 집단이 정보노동자로 구성"(Bell, 1979: 183)되기 때문이다.

'정보사회'의 표식으로서 직업적 변동에 대한 강조는, 최근 들어 한때 지배적이었던 기술에 대한 관심을 대체하고 있다. '정보사회'에 대한 이러한 개념화는, 새로운 시대를 구별 짓는 것은 바로 정보통신기술이라고 주장하는 입장과는 매우 다르다는 점도 주목할 필요가 있다. 직업적 변동에 초점을 맞추는 것은 정보기술의 영향력보다는 정보 자체의 변형적 능력을 강조하는 것이다. 이때 정보는 직업에서 활용되고 발생되며, 교육과 경험을 통해 사람들에게 체화된다.

찰스 레드베터(Charles Leadbeater, 1999)는 현 시대에서 기본적인 것은 정보라는 통찰을 강조하기 위한 문구를 자신의 저서 제목으로 달았다. "밑천 없이 살아가기"(*living on thin air*)는 한때 세상물정을 잘 아는 사람들이 땀 흘리며 돈 버는 것을 싫어하는 사람들에게 해주는 흔한 훈계였다. 그러나 그러한 충고는 이제 시대에 맞지 않는 것이 되었는데, 레드베터의 주장에 따르면 정보시대 사람들이 생계를 마련하는 방법이 바로 이것이기 때문이다. 《밑천 없이 살아가기》(1999)는 '현명한 사고', '창의성', '통신망'을 발전시키고 활용할 수 있는 능력 배양 등이 실제로 새로운 '무중량' 경제의 핵심이라고 선언하는데(Coyne, 1997; Dertouzos, 1997), 이는 부의 생산이 육체적 노력이 아니라 "아이디어, 지식, 숙련, 재능, 창의성"에서 나오기 때문이다(Leadbeater, 1999: 18). 그의 책에서 강조하는 성공적인 예에는 디자이너, 중개자, 이미지 창조가, 음악가, 생명기술자, 유전공학자, 틈새시장 개척자 등 풍부한 사례가 포함된다.

레드베터는 많은 학자들이 당연한 것으로 간주하는 내용을 대중적인 글로 엮어 내었다. 로버트 라이시(Robert Reich, 1992), 피터 드러커(Peter Drucker, 1993), 마누엘 카스텔(Manuel Castells, 1996~1998)과 같이 많은 영향력 있는 저술가들이, 오늘날의 경제는 정보를 처리하는 능력을 주된 특징으로 하는 사람들에 의해 주도되고 또 활력을 받는다고 주장한다. '상징적 분석가', '지식 전문가', '정보노동자' 등과 같이 선호되는 용어는 다양하지만, 변하지 않는 하나의 메시지가 있다. 그것은 오늘날의 유력주자는 정보를 창조하고 활용하는 것과 관련된 노동을 하는 사람이라는 것이다.

직관적으로는 광부가 산업사회에 속하는 것과 마찬가지로 여행안내원은 '정보사회'에 속하는 것처럼 보이지만, 사실 직업을 분리된 범주로 분류하는 것은 상당한 신중함을 요하는 판단의 문제이다. 최종 산물 — '정보노동자'의 정확한 비율을 보여 주는 직설적 통계 수치 — 은 연구자들이 범주를 구성하고 사람들을 특정 범주로 할당하는 복합적 과정을 은폐한다. 포랫이 적고 있듯이 "어떤 직업이 주로 상징의 처리와 관련되어 있다고 주장하는 경우 … 그것은 정도의 구분이지 종류의 구분은 아니다"(Porat, 1977a: 3).

예컨대 철도 신호원은 선로와 시간표, 역할과 일정 등에 대한 지식을 가지고 있어야 한다. 그는 또한 동일한 노선에 있는 다른 신호원, 역무원 및 기관사 등과 통신을 해야 하고, 자신이 담당하는 객차와 다른 객차 간의 '구역을 알아야' 하며, 자신의 지역을 통과하는 모든 교통에 대해 정확하고 포괄적인 기록을 남겨야 한다. 반면에 현대적 장비가 등장한 이래 레버를 당기는 육체적 힘은 거의 필요로 하지 않는다(Strangleman, 2004). 그러나 철도 신호원은 의심할 여지 없이 '산업시대'의 육체노동자이다.

그와는 반대로 자신이 교육받은 제품 이외의 다른 제품에 대해서는 아는 바가 거의 없는 복사기 수리공은, 무덥고 먼지가 많고 쾌적하지 못한 환경에서 일해야 하고, 무거운 기계를 움직이고 손상된 부품을 교체할 수 있는 상당한 정도의 힘을 필요로 하기도 한다. 그러나 이들 모두 분명히 '정보노동자'로 분류되는데, 이는 새로운 시대의 기계를 다루는 그들의 노동이 포랫의 해석에 들어맞기 때문이다. 여기서 지적되어야 할 논점은 간단하다. 즉 직업이 어디로 가장 적절하게 범주화되어야 하는가에 대한 연구자의 인식의 결과인 단정적 수치들에 대해 회의적일 필요가 있다는 것이다.

이러한 동질화의 중요한 결과는 전략적으로 핵심적인 정보직업을 밝혀내지 못한다는 것이다. 이러한 방법론은 더 많은 양의 정보노동이 발생하는 것에 대한 전체적 모습을 제공하기는 하지만, 정보노동의 가장 중요한 차원을 분별해 낼 수 있는 어떠한 방법도 제시하지 않는다. 정보노동에 대한 양적 척도의 추구는, 특정 유형의 정보노동 증가가 사회생활에 독특한 결과를 초래할 수 있다는 가능성을 숨긴다. 이러한 구분은 특히 직업적 척도와 관련성이 높은데, 일부 논평자들은 '전문직의 우세'라는 관점에서 '정보사회'를 규정하려 하고(Bell, 1973), 또 일부는 '조직화된 지식'을 지배하는 엘리트 '기술구조'(*technostructure*)의 현저성 증가를 강조하는 반면(Galbraith, 1972), 다른 일부는 전략적으로 핵심적인 정보직업이라는 대안적 원인을 강조한다.

한 사회에서 '정보노동자'의 수를 계산하는 것은 이들 간의 위계관계 — 그리고 이와 관련된 권력 및 위신의 차이 — 에 대해서는 아무것도 말해 주지 않는다. 예컨대 핵심 쟁점은 컴퓨터와 통신 엔지니어들의 성장이라는 주장이 제기될 수 있는데, 그 이유는 이들이 기술혁신의 속도에 결정적 영향력을 행사할 수 있기 때문이다. 그러나 인구 고령화, 가족해체의 가속화 그리고 청소년 비행 문제를 다루는 사회복지사들이 비슷한 정도 또는 훨씬 능가하는 정도로 팽창하는 것은 '정보사회'와는 아무런 상관이 없다. 그럼에도 불구하고 사회복지사들은 정보통신기술 공학자들과 함께 '정보노동자'로 분류된다.

아마도 사회사학자 해럴드 퍼킨(Harold Perkin)이 수행한 연구를 검토해 봄으로써, '정보노동자' 집단을 질적으로 구분할 필요성에 대하여 더 잘 이해할 수 있을 것이다. 《전문가 사회의 도래》(*The Rise of Professional Society*, 1989) 라는 저작에서 퍼킨은 1880년 이후의 영국 역사는 대체로 "교육에 의해 창조되고 비자격자의 배제 … 에 의해 제고되는 인간자본"을 이용하여 통치하는 '전문가'들의 우세화로 기록될 수 있다고 주장한다(p. 2). 퍼킨은 인정된 전문성이 '전후사회의 조직원리'가 되었으며(p. 406), 전문가들은 과거에 지배적이었던 집단(노동계급, 자본주의적 기업가 그리고 토지귀족) 과 낡은 이상(협동과 연대, 재산과 시장, 가부장적 신사) 을 서비스, 자격 그리고 효율성이라는 전문가적 에토스로 대체하고 있다고 주장한다. 사적 부문에 있는 전문가들과 공적 부문에 있는 전문가들 사이에 치열한 논쟁이 있는 것은 사실이지만, 퍼킨은 이것이 중요한 참여로부터 비전문가들을 결정적으로 배제하고 기본적인 가정(특히 훈련된 전문성의 우세와 능력에 기초한 보상) 을 공유하는, '전문가 사회' 내부의 대결전이라고 주장한다.

'새로운 계급'에 대한 앨빈 굴드너(Alvin Gouldner) 의 논의는 퍼킨의 주장에 흥미로운 보충을 해준다. 굴드너는 20세기 들어서 팽창한 새로운 유형의 노동자를 밝혀내는데, 이 '새로운 계급'은 "지식인과 기술적 인텔리겐치아(*intelligentsia*)"로 구성된다(1978: 153). 이들은 부분적으로는 자기본위적인 동시에 때로는 권력집단에 종속적이며, 기성 기업가나 정당 지도자의 통제에 저항할 수도 있다.

이러한 잠재적 권력에도 불구하고 '새로운 계급' 자체는 여러 가지로 분화되어 있다. 핵심적 분화는 대개는 기술주의적이고 동조적인 사람들과, 그 성향이 비판적이고 해방적인 인본주의 지식인 사이에서 나타난다. 대체로 이러한 차이는 퍼킨이 공적 영역과 사적 영역 전문가들 사이에서 확인하였던 갈등에서 표현된다. 예컨대 우리는 사적 영역의 회계사는 보수적인 반면에 인본주의 지식인들은 급진적인 경향이 있다는 것을 발견할 수 있다.

여기서 내가 주장하는 바의 요점은 굴드너와 퍼킨 모두 전체 사회에 대해 각별히 중요한 결과를 가지는 정보노동 영역에서의 독특한 변화를 확인하고 있다는 것이다. 굴드너의 '새로운 계급'은 사회변동의 방향을 논의하고 논쟁하는 데 필요한 개념들을 제공하는 반면에, 퍼킨이 볼 때 전문가들은 사회적 문제를 조직화하기 위한 새로운 아이디어를 창출해 낸다. 이러한 사상가들에게서 '정보사회'의 지표를 찾고자 한다면 특정 집단의 질적 기여에 관심을 갖게 될 것이다. 우리가 이러한 해석에 동의하든 하지 않든 간에, '정보노동자' 수에 근거한 '정보사회'의 개념화에 대한 도전은 분명히 드러난다. 퍼킨이나 굴드너 같은 사상가들에게는 양적 변화는 주된 쟁점이 아니다. 사실 그들이 강조하는 집단의 비율이 증가하기는 했지만, 여전히 분명한 소수이다.

4) 공간적 정의

'정보사회'에 대한 공간적 개념은 사회학과 경제학에 의존하기도 하지만, 그 핵심은 지리학자들의 공간에 대한 독특한 강조와 관련되어 있다. 여기서 강조되는 것은 지역을 연결하고 시간과 공간의 조직화에 중대한 영향을 미치는 정보통신망(*network*)이다. 최근 들어 정보통신망이 사회적 조직화의 두드러진 특징이 됨에 따라, 이것은 '정보사회'에 대한 특히 인기 있는 지표가 되고 있다.

이 접근은 대개 사무실, 마을, 지역, 대륙, 심지어 세계 전체의 내부 및 외부에서 상이한 장소를 연결하는 정보통신망의 중요성을 강조한다. 송전망이 전국적으로 퍼져 그것에 연결된 개인은 누구나 전기를 이용할 수 있듯이, '연결망 사회'(*wired society*)가 국가적 및 국제적 차원에서 작동하면서 가정, 상점, 대학, 사무실 — 심지어 랩톱 컴퓨터와 모뎀을 갖추고 이동하는 개인 — 에 대한 '정보 송수관'(Barron and Curnow, 1979)을 제공한다.

우리 모두는 점점 더 통신망에 연결되고 있으며, 통신망 자체의 범위와 성능도 기하급수적으로 확장되고 있다(Urry, 2000). 우리는 상점이나 식당의 전자 계산대, 대륙 건너편의 데이터에 대한 접속, 동료와의 이메일 교환, 인터넷을 통한 정보 교환 등과 같이 여러 수준에서 통신망을 접하게 된다. 이러한 영역의 '사이버공간'을 개인적으로 경험하지 못했을 수도 있지만, 정보 송수관은 국제금융, 국제기관, 기업관계의 수준에서는 훨씬 더 활발하게 작동하고 있다.

여기서 호평을 받는 한 가지 아이디어는, 전자 고속도로의 발전에 따라 정보의 흐름에 대한 새로운 상조가 등장했다는 것인데(Castells, 1996), 이는 시간-공간 관계의 근본적 변화로 이어진다. '네트워크 사회'에서는 시간과 거리의 제약이 급격히 약화되어, 기업은 물론이고 개인까지도 세계적 차원의 문제를 효과적으로 관리할 수 있게 되었다. 학술 연구자들은 더 이상 멀리 있는 의회도서관을 찾아갈 필요 없이 인터넷을 통해 자료를 검색해 볼 수 있다. 기업의 경우도 컴퓨터 통신망을 통해 멀리 떨어져서도 일상적이고 체계적인 감독을 할 수 있기 때문에, 관리자들이 해외에 있는 매장을 둘러보기 위해 장거리 여행을 할 필요가 없게 되었다. 많은 주장들 가운데 핵심적인 것은, 정보통신망은 사회질서의 대대적 변형을 예고하고 있어서, 충분히 혁명적 변동으로 간주될 수 있을 정도라는 것이다.

정보통신망이 현대사회의 중요한 특징이라는 점은 누구도 부인하기 힘들다. 위성을 이용하여 지구상 어디에서든 직접 통신이 가능하고, 로스앤젤레스, 도쿄 그리고 파리에 있는 데이터베이스를 옥스퍼드에서 접근할 수 있으며, 팩스와 컴퓨터 통신은 현대 기업활동의 일상적 부분이 되었다. 오늘날 뉴스보도는 즉각적으로 이루어지며, 랩톱 컴퓨터와 위성 영상전화를 이용하여 아주 먼 오지에서도 전송이 이루어질 수 있다. 개인들은 다른 사람들과 온라인으로 연결됨으로써 신체적으로 대면하지 않고서도 실시간 관계를 지속할 수 있다(Wellman, 2001; http://www.chass.utonto.ca/~wellman).

그러나 우리는 여전히 다음과 같은 의문을 가지게 된다. 즉 "왜 분석가들은 통신망의 등장을 근거로 사회를 '정보사회'로 범주화하려고 하는가?"라는 것이다. 이러한 의문을 제기할 때 우리는 다시 개념의 부정확성 문제와 접하게 된다. 예컨대 규모가 어느 정도일 때 통신망으로 볼 수 있는가? 전화로 대화하는 두 사람이나, 패킷 교환을 통하여 방대한 자료를 송신하는 컴퓨터는 모두 통신망인가? 사무실 전체가 '연결'되거나 가정에 있는 컴퓨터가 인근 은행이나 상점과 통신하는 경우는 어떤가? 실제로 '무엇이 통신망을 구성하는가?'라는 질문은 매우 중요한 것이며, 이것은 다양한 수준의 통신망을 어떻게 구분할 것인가의 문제뿐만 아니라, '통신망/정보사회'에 진입했다고 할 수 있는 시점을 어떻게 잡을 것인가의 문제를 제기한다.

이것은 또한 우리가 '정보사회'에 대한 기술적 정의 — 즉 통신망이 기술적 체계로 정의되고 있는가? — 를 사용하는지, 아니면 보다 적절한 초점이 일부 이론가들이 현대의 특징이라고 간주하는 정보의 흐름에 주어져야 하는지에 대한 문제를 제기한다. 전자의 경우, 우리는 종합정보통신망(ISDN)의 확산을 하나의 지표로 간주할 수 있지만, 이것을 어떻게 지표화할 것인가에 관해 어떤 지침을 제공한 학자는 거의 없다. 그리고 후자의 경우에는, 논리적으로 정보 흐름의 속도와 양이 어느 정도 되어야 새로운 사회의 지표로 볼 수 있는지에 대해 문제가 제기될 수 있다.

마지막으로, 정보통신망이 매우 오래전부터 존재해 왔다는 주장도 가능하다. 적어도 초기의 우편제도부터 전보와 전화시설에 이르기까지, 이러한 정보통신망의 구축 없이는 대부분의 경제적, 사회적 그리고 정치적 생활은 상상하기 힘든 것이었다. 이러한 장기적 의존성과 점진적(가속화되기는 했지만) 발전에도 불구하고, 1980년대 들어와 논자들이 '정보사회'라는 관점에서 논의하기 시작한 이유는 무엇인가?

5) 문화적 정의

'정보사회'에 대한 마지막 개념은 가장 쉽게 인정되는 것이라고 할 수 있지만, 한편으로는 측정이 가장 적게 이루어지는 것이기도 하다. 일상생활을 통해 우리는 사회적 순환에서 정보가 엄청나게 증가했다는 것을 알고 있다. 과거 어느 때보다 더 많은 정보가 존재하는 것이다.

영국에서 텔레비전은 1950년대 중반부터 확산되었고, 현재는 거의 전일방송이 실시되고 있다. 애초에는 단일 채널에서 시작된 것이 지금은 5개 채널로 확장되었고, 디지털 방송에 따라 더 많은 채널이 등장할 것으로 예상된다. 텔레비전은 영상기술, 유선 및 위성채널 그리고 컴퓨터 정보 서비스의 통합을 통해 발전했다. 개인용 컴퓨터, 인터넷 접속, 휴대용 컴퓨터는 끊임없는 확장을 잘 보여 준다. 10년 전보다도 훨씬 더 많은 라디오 주파수가 지역적, 국가적 및 국제적 차원에서 사용되고 있다. 라디오는 더 이상 거실에 고정된 것이 아니고 가정, 자동차, 사무실 등으로 확산되었으며, 워크맨의 등장으로 어느 곳에서나 이용 가능하게 되었다. 영화는 오랫동안 사람들의 정보환경에서 중요한 부분이었지만 오늘날 그 어느 때보다도 확산되어, 극장에서뿐 아니라 텔레비전 방송에서 볼 수도 있고, 비디오 가게에서 빌려 볼 수도 있으며, 슈퍼마켓에서 값싸게 구입할 수도 있다. 거리마다 간판이나 점포 진열품 등과 같은 광고물이 놓여 있다. 모든 기차역이나 버스정류장에서 고전에서부터 교양, 자기계발, 통속소설에 이르기까지 전례 없이 다양한 주제와 부수를 자랑하는 도서와 저렴한 잡지를 구입할 수 있다는 것에 놀라지 않을 수 없다. 더욱이 오디오테이프, CD 그리고 라디오 방송은 모두 손쉽게 이용할 수 있는 음악, 시, 드라마, 유머, 교육을 일반인들에게 점점 더 많이 제공하고 있다. 신문은 광범위하게 이용되고 있으며 상당수의 새로운 신문이 무료로 배달되기도 한다. 정크메일(*junk mail*)도 매일 배달된다.

이러한 모든 것은 우리가 미디어로 가득 찬 사회에 살고 있다는 것을 말해 주지만, 우리 사회의 정보적 측면들은 여기서 열거된 것보다 훨씬 더 철저하게 침투하고 있다. 이는 새로운 미디어가 우리 주위를 감싸고 있으며, 우리가 반응할 수도 있고 하지 않을 수도 있는 메시지를 우리에게 제시해 준다는 것을 암시한다. 그러나 사실 정보적 환경은 이것이 제시하는 것보다 우리의 일상생활에 훨씬 더 깊이 침투하고 있고, 따라서 우리의 더 많은 부분을 구성한다. 예컨대 착용하는 의상, 머리와 얼굴의 스타일 등 오늘날 우리가 자신의 이미지를 가꾸는 바로 그 방식이 갖는 정보적 차원을 생각해 보자. 패션의 복잡성, 즉 일상적 표현을 위해 자신을 꾸미는 방식의 미묘함에 대해 잠시만 생각해 보면, 오늘날의 사회적 교제는 과거보다 더 많은 정보적 내용을 포함한다는 것을 깨닫게 된다. 신체를 장식하는 것은 오래전부터 존재했으며, 의상과 화장은 지위, 권력, 소속을 보여 주는 중요한 방식이었다. 그러나 현대에는 의상과 신체의 상징적 중요성이 급격하게 증대되었다는 것이 분명하다. 수세기 동안 대다수 사람들의 복장이었던 시골풍을 특징짓는 단조로움과, 1950년대 산업노동자들이 일터 내·외부에서 입었던 복장의 유사성을 고려하면, 그 이후 의상과 신체양식(향에서부터 헤어스타일에 이르기까지)에서 나타난 의미의 폭발은 대단한 것이다. 값싸고 유행에 맞는 의류의 증가, 그것을 구매할 수 있는 여력, 유사한(또는 상이한) 생활양식과 문화를 가진 사람들과의 접촉 증가 등은 모두 우리 신체마저도 정보적 내용으로 가득하다는 것을 잘 보여 준다.

현대 문화는 과거 어느 때보다도 더 많은 정보로 가득 차 있다. 우리는 미디어가 편재한 환경 속에 살고 있으며, 이는 곧 삶이란 본질적으로 '상징화'에 대한 것, 즉 우리 자신과 다른 사람들에 대한 메시지의 교환과 수용 — 또는 교환하려고 노력하거나 수용을 거부하는 — 에 대한 것임을 의미한다. 많은 논자들이 우리가 '정보사회'로 진입했다고 인식하는 것도 바로 이러한 의미화의 폭발적 증가에 대한 인정을 바탕으로 한다. 이들 논자들은 이러한 발전을 양적 개념으로 측정하려는 시도는 거의 하지 않지만, 대신에 과거 그 어느 때보다 더 풍부한 기호의 바다 속에 놓인 우리들 삶의 '명백함'으로부터 출발한다.

역설적으로 일부 논자들이 이른바 '기호의 죽음'을 선언하는 이유도 바로 이러한 정보의 폭발 때문인지 모른다. 우리들 도처에서 기호가 쇄도하고, 우리 자신을 기호로 꾸미며, 어디로 가든 기호를 피할 수 없는데, 그 결과는 이상하게도 의미의 붕괴이다. 장 보드리야르가 말하듯이, "정보가 더 많아질수록 의미는 더 적어진다"(Jean Baudrillard, 1983a: 95). 이러한 견해에 따르면, 과거에는 기호가 준거를 가지고 있었다(예컨대 의상은 주어진 지위를, 정치적 발언은 특정한 철학을 나타냈다). 그러나 오늘날의 탈근대주의 시대에 우리는 내용을 상실한 기호의 복잡한 그물망 속에 갇혀 있다. 기호는 너무 많은 방향에서 생겨나고, 너무 다양하고, 급변하고, 모순적이기 때문에 상징할 수 있는 힘을 상실하고 있다. 더욱이 수용자들은 창조적이고, 자의식적이며, 성찰적이기 때문에 모든 기호를 회의적이고 장난기 어린 눈으로 바라보며, 그에 따라 기호가 원래 의도한 의미는 쉽게 반전되고, 재해석되고, 굴절된다. 사람들이 직접적 경험을 통해 얻는 지식이 적어짐에 따라 기호가 더 이상 사물이나 사람을 직접적으로 대표하는 것이 아니라는 것이 분명해졌다. 기호가 그 자체로부터 분리된 어떤 '실체'를 표현하는 것이라는 관념은 신뢰성을 잃어 가고 있다. 기호는 자기준거적이다. 즉 기호 — 모사(*simulation*) — 만이 있을 뿐이다. 보드리야르의 용어를 빌리자면 기호는 '극사실'(*hyper-reality*)이다.

사람들은 이러한 상황을 잘 알고 있으며, 어떤 효과를 위해 치장하는 사람들을 비웃으며 모든 것은 술책으로 간주한다. 사람들은 능숙한 홍보를 통해 자신의 이미지와 미디어를 '관리'하는 정치가들에게 회의적이다. 사람들은 모든 것은 정보관리와 조작의 문제라는 것을 알고 있으며, 진실이라는 것이 더 이상 존재하지 않는다는 점을 인정하기 때문에 어떤 진실한 기호를 갈구하지 않는다. 이러한 관점에서 우리는 '볼거리'(*spectacle*)의 시대에 들어섰다고 할 수 있다. 여기서는 사람들이 기호의 인공성을 깨닫고("최근 기자회견장에 있는 영국 수상일 뿐이다", "뉴스가 만들어 낸 것이다", "사나이답게 보이려고 한다"), 자신들을 구성하기 위해 사용하는 기호의 비(非)진정성을 인정한다("나는 단지 얼굴화장을 한 것이다", "그때 나는 '걱정하는 부모'의 역할을 수행했다").

그 결과 기호는 그 의미를 상실하고, 사람들은 접하게 되는 기호로부터 자신이 좋아하는 것만 받아들일 뿐이다(대개는 기호가 당초에 제시될 때와는 매우 상이한 의미로). 그러고 나서 자신의 가정, 일 그리고 자아를 위해 기호를 함께 묶는다. 사람들은 인공성을 즐겁게 맞이하여 어떤 특별한 의미를 전하지 않는 대신, 모방과 혼성에서 '즐거움'을 끌어내 상이한 이미지를 '장난스럽게' 혼합하기도 한다. 이러한 '정보사회'에서는 "의미의 덩어리는 서로 교환되지만 아무런 의미를 가지고 있지 않다"(Poster, 1990: 63).

경험적으로 볼 때, '정보사회'에 대한 이러한 견해는 아주 쉽게 인식되기는 하지만, 새로운 사회에 대한 정의로서는 우리가 지금까지 살펴본 것들보다 훨씬 더 불안정한 것이다. 최근 몇 년 동안의 의미화 증대를 측정할 수 있는 기준이 없는 상황에서, 마크 포스터(Mark Poster, 1990) 같은 탈근대주의 학자들이 어떻게 현대를 새로운 '정보양식'에 의해 특징지어지는 것으로 묘사하는지 이해하기 힘들다. 우리는 더 많은 상징적 상호작용이 진행된다는 느낌 외에는 현대사회의 특징을 알 수가 없다. 예컨대 1920년대와 현재를 구분할 수 있는 것은 순전히 차이(*difference*)의 정도 문제일 뿐, 그 이외에는 어떠한 근거도 존재하지 않는다. 나중에 보게 되겠지만(제 12장), '탈근대적 조건'에 대해서 고심하는 사람들은 현대의 문화에 대해 흥미로운 것들을 말하고 있지만, '정보사회'에 대한 분명한 개념을 설정하는 점에서는 한심할 정도로 문제가 많다.

2. 결론

이 장에서는 '정보사회'를 정의하는 다양한 기준에 대해 살펴보았다. '정보사회'를 확인할 수 있다고 주장하는 많은 논자들이 그것을 측정할 수 있는 기준을 제시 — 대개는 각자의 접근에 암시적으로 드러나기는 하지만 — 하려는 노력을 하지 않는다는 점을 언급할 필요가 있다. 어떤 논자들은 직업상의 변동을 강조하기도 하고, 대부분의 다른 논자들은 기술을 중심적으로 다룬다. 또 다른 논자들은 예컨대 상시적인 미디어 콘텐츠의 성장을 강조하기도 한다. 그러나 이들이 사용하는 개념 정의는 그 표면적인 매력에도 불구하고 충분히 발전되지 못했거나 엄밀성을 결여하였다(또는 양자 모두). 기술적, 경제적, 직업적, 공간적, 문화적 기준에 상관없이, 우리는 무엇이 '정보사회'를 구성하며, 어떻게 그것을 판별하는가에 대해 매우 의문스러운 개념만 접하게 된다. 그렇다면 우리는 '정보사회' 개념에 대한 비판적 검토를 더 진행할 필요가 있다.

제3장

정보의 질

제 2장에서 '정보사회'가 도래하였고 이에 대한 증거는 자명하다고 믿는 사람들에게 문제점이 존재한다는 것을 확인하였다. '정보사회'라는 개념은 현대사회의 특징을 탐구하는 데에는 발견적(*heuristic*) 도구로서의 일정한 가치를 가지고는 있지만, 규정적 개념으로 받아들이기에는 너무 부정확하다. 나는 비록 이 책에서 이 개념을 종종 사용하고, 현대사회에서 정보가 중요한 역할을 담당한다는 것을 시종일관 인정하고는 있지만, 위와 같은 이유 때문에 '정보사회' 시나리오에 대해서는 의문을 표하며, 정보가 우리 시대의 주된 특징이라고 보는 견해에 대해서도 회의적이다.

그러나 여기서는 '정보사회'라는 말이 가진 더 많은 문제를 제기하고자 한다. 첫 번째 문제는 앞에서 이미 암시한 대로 양적 척도와 질적 척도에 관한 것이다. 앞에서 주로 지적한 것은 양적 접근법이 일상적이고 비핵심적인 정보활동과 전략적으로 보다 중요한 정보활동을 구별하지 못하기 때문에 그러한 동질화가 잘못되었다는 것이었다. 예컨대 사무실 관리자와 최고 경영자를 혼합하는 것은 말이 안 되는데, 이는 통속소설과 연구논문을 동일하게 보는 것과 마찬가지이기 때문이다. 여기서 나는 '정보사회'가 과거에 존재했던 다른 유형의 사회와 단절을 보이는지 여부의 문제와 관련해 질과 양의 쟁점을 다시 거론하고자 한다.

'정보사회'에 관한 대부분의 정의는 양적 척도를 갖고 있으며(화이트칼라 노동자의 수, GNP 중에서 정보가 차지하는 비중 등), 이러한 척도로 측정된 정보가 지배적이 되는 어떤 불특정 시점에 이르면 우리는 '정보사회'로 진입하게 된다고 가정한다. 그러나 순환되고 저장되는 정보의 양이 많아졌다는 것만 가지고 새로운 사회라고 규정할 만한 분명한 근거는 없다. 따라서 단지 더 많은 정보가 있다고 해서 근본적으로 새로운 사회가 되었다고 주장하는 사람들을 이해하기 힘들다.

이에 반하여, 질적으로 다른 질서와 기능을 가진 정보를 찾아내는 것이 가능한 사회는 새로운 유형의 사회로 명명할 수 있다. 나아가 이러한 규정은 대다수의 노동력이 정보직업에 종사해야 한다거나 경제적 생산의 일정 부분이 정보활동으로부터 나와야 한다는 조건을 필요로 하지 않는다. 예컨대 소수의 '정보 전문가들'이 결정적 힘을 가진 '정보사회'를 설정하는 것이 이론적으로 가능하다. 웰스(H. G. Wells, 1866~1946)의 과학소설만(그리고 과학과 기술에 대한 그의 논픽션을 포함하여) 읽어 봐도, 지식 엘리트(*knowledge elite*)가 지배하고 경제적 수요를 초과하는 대다수 사람들이 실업에 시달리는 사회를 이해할 수 있다. 직업적 유형과 같은 양적 척도로는 이러한 사회는 '정보사회'의 지위를 갖추지 못하지만, 권력구조와 사회변동의 방향 설정에서 정보가 결정적 역할을 수행하기 때문에 우리는 그것을 '정보사회'로 보아야 할 것이다.

여기서의 논점은, 단순히 정보가 많다는 것을 측정하는 양적 척도 — 단순히 더 많은 정보 — 그 자체로는 과거 사회와의 단절을 확인할 수 없는 반면에, 소규모이지만 결정적인 질적 변화는 체계상의 단절을 표현하는 것으로 보는 것이 적어도 이론적으로는 가능하다는 것이다. 예컨대 1970년에 비해 오늘날에 훨씬 더 많은 자동차가 있다는 이유만으로 우리는 '자동차 사회'를 논할 수 없다. 그런데 다니엘 벨의 '탈산업주의'든, 마누엘 카스텔의 '정보적 발전양식'이든, 아니면 마크 포스터의 '정보양식'이든 상관없이, '정보사회' 이론가들이 강조하고자 하는 것은 체계적 변동이다.

이러한 비판은 비직관적으로 보일 수 있다. 매우 많은 사람들이 정보통신기술의 지속적 혁신은 우리의 생활에 매우 직접적인 영향을 미치기 때문에 그러한 혁신이 '정보사회'의 도래를 보여 주는 것이 틀림없다고 주장한다. 그들의 주장에 따르면, 이러한 기술이 새롭고 중요하다는 것은 너무나 자명하기 때문에 새로운 시대를 예고하는 것이 분명하다는 것이다. 유사한 논리에 따르면 우리 주변에 과거 어느 때보다 더 많은 기호가 존재한다는 사실은 우리가 새로운 세계로 진입하고 있음을 의미하는 것이 틀림없다. 우리는 식품에 대해 잠시 생각해 봄으로써 이러한 사고방식이 갖는 문제점을 더 잘 이해할 수 있다.

식품이 생활에 필수적이라는 점에 대해서는 독자들도 동의할 것이다. 대체적으로만 분석해 봐도 오늘날 우리는 선조들 — 심지어는 불과 50년 전의 — 은 상상하기 힘들었을 정도로 풍부하고 다양한 식품을 접한다. 슈퍼마켓, 냉장설비, 현대적 수송수단은 우리가 매우 방대한 규모의 식품을 전례 없는 방식으로 접할 수 있다는 것을 의미한다. 오늘날 식품매장은 일반적으로 세계 도처에서 생산되는 수천 가지의 상품을 구비하고 있으며, 신선한 과일과 꽃을 연중 내내 판매한다.

이러한 양적 증가와 함께 부가적으로 언급되어야 할 것은, 이러한 식품이 과거 어느 때보다도 현저하게 저렴하다는 점이다. 우리는 부모 세대보다도 훨씬 더 적은 비용으로 먹고 마실 수 있다(영국에서 일반적인 가구는 소득의 10%를 음식료품을 위해 지출하지만, 1950년의 경우 그 비율은 25%였다). 오늘날 매우 저렴한 실질가격으로 구매할 수 있는 식품의 이러한 풍요는 인류 역사상 처음으로 적어도 선진국에 사는 거의 모든 사람들은 자신들의 먹거리 — 오늘은 이탈리아 음식, 내일은 인도 음식, 점심에는 채식, 저녁에는 중국 음식 등 — 를 선택할 수 있다는 것을 의미한다. 인류 역사상 대부분의 사람들은 자신들이 구할 수 있는 것을 먹었고, 이러한 식생활은 매우 일상적인 것이었다. 그러나 오늘날에는 농업경영, 공장농법, 자동화, 유전공학, 세계화, 농약 등에 힘입어(Lang and Headsman, 2004 참조), 우리 개개인은 매우 저렴한 비용으로 풍부한 식품을 얻을 수 있다(이에 따라 선진국에서는 당뇨병, 심장병 등과 같은 비만 및 관련 질병이 중대한 건강 문제가 되었다).

내가 주장하는 결론은 단순하다. 즉 식품이 의문의 여지 없이 생활뿐만 아니라 안녕과 감각적 경험(그리고 건강)에 대해서도 필수적이고 최근에 우리는 엄청나게 저렴한 비용으로 식품을 접할 수 있지만, 우리가 '식품사회'에 살고 있다거나 이러한 식품의 풍요가 과거와의 체계적 단절을 보여 준다고 주장하는 사람은 아무도 없다는 것이다. 그런데 정보는 왜 그렇게 상이하게 인식되는지에 대해 질문할 필요가 있다.

특히 이상한 것은, '정보사회'를 새로운 유형의 사회로 간주하는 많은 사람들이, 순환되는 정보의 양이나 정보직업에 종사하는 사람들의 수 등을 계산함으로써 질적 변화가 정의될 수 있다고 가정한다는 것이다. 여기서의 가정은 정보의 급속한 증가에 따라 새로운 사회가 도래한다는 것이다. 이러한 정보 증가의 상당 부분이 오늘날 삶의 방식에 없어서는 안 된다는 점은 인정한다. 예컨대 발전된 컴퓨터 통신설비 없이 우리의 생활방식을 지속할 수 있다고 주장하는 사람은 없을 것이다. 그러나 우리는 어떤 현상의 필수불가결성과, 그 현상이 새로운 사회질서를 규정하는 자격을 혼동해서는 안 된다. 식품은 유용한 반례인데, 식품은 삶에 대해 정보보다 더 필수적이라는 것은 분명하지만 현대 사회의 성격을 규정하는 요인으로 거론되지는 않았다. 결국 문제시되어야 할 것은, 양적 증가가 — 어떤 미지의 방식으로 — 사회체계의 질적 변화로 이어진다는 주장이다.

로작(Theodore Roszak, 1986)은 '정보사회' 이론을 비판하는 과정에서 이러한 역설에 대한 흥미로운 통찰을 제공한다. 그의 분석은 정보를 질적으로 구분하는 것을 중요시하는데, 그것은 우리가 일상적으로 하듯이 자료, 지식, 경험 그리고 지혜와 같은 현상을 차별화하는 것을 포함한다. 확실히 이러한 개념들 자체로는 잘 정의된 것이 아니지만 — 어떤 사람의 지식 획득(가령 학위)이 다른 사람의 정보(예컨대 한 대학의 졸업 통과율)가 될 수 있다 — 일상적 삶에서는 필수적인 부분이다. 우리가 일상생활을 영위하기 위해서는, 지식이 조직화된 정보(예컨대 개념틀, 입증된 이론)를 활용하고, 자료가 단어나 숫자와 같은 원료 요소를 내포하며, 지혜가 판별과 평가를 가능하도록 해주는 것이 필수적이다. 이들 용어 간의 경계는 불분명하지만 이러한 관계는 반드시 존재해야 한다.

로작의 견해에서 보면, 오늘날의 '정보 숭배'는 실제 삶의 내용이라고 할 수 있는 이러한 질적 구분을 파괴하는 기능을 수행한다. 이러한 파괴는 정보가 순전히 양적인 것이고 통계적으로 측정되어야 한다고 주장함으로써 발생한다. 그러나 정보산업의 경제적 가치, 정보활동에 소비되는 GNP 비율, 정보직업에 속하는 국민소득의 비율 등을 계산하는 과정에서 정보의 질적 차원(정보가 유용한가?, 정보가 참인가 거짓인가? 등)이 배제된다. "정보이론가들에게는 사실, 판단, 천박한 글귀, 심오한 교훈, 숭고한 진리 또는 저속한 외설물 등과 같이 전하는 내용은 중요하지 않다"(Roszak, 1986: 14). 정보가 동질화되고 계산할 수 있는 것으로 만들어짐으로써 이러한 질적 쟁점이 배제된다. "정보는 상호교환에 대한 순전히 양적인 척도가 되어 버린다"(p. 11).

로작이 보기에 놀라운 것은, 정보에 대한 이러한 양적 척도는 정보가 많아짐에 따라 사회생활이 크게 변화된다는 주장을 수반한다는 것이다. 사람들이 일상생활에서 행하는 질적 구분을 무시함으로써 정보활동에 관한 엄청난 통계치를 만들어 낸 후, '정보사회' 이론가들은 이러한 추세가 사람들의 전체 삶을 질적으로 변화시킬 것이라고 주장한다. 로작이 볼 때 이는 '정보'의 신화 담론이다(Roszak, 1986). 정보라는 용어는 재료 간의 차이를 은폐하며 모든 정보를 하나의 큰 항아리에 넣음으로써, 그 결과로 무미건조한 국을 얻었다는 것을 인정하는 대신 만병통치약을 얻었다는 삐뚤어진 주장이 계속된다. 그가 말하듯이 정보는 논쟁의 소지가 매우 적기 때문에, 변화를 수용하기를 원하는 사람들에게 매우 유용한 것이다.

> 정보는 안정된 중립성의 느낌을 준다. 그것은 단순하고 확실한 사실을 유용하게 축적한 것이다. 이러한 결백한 외양 때문에, 정보는 실재를 가능

한 한 노출시키지 않으려는 기술주의적·정치적 쟁점화를 위한 완벽한 출발점이 된다. 요컨대 정보에 반대하는 주장을 하는 사람이 어디 있겠는가? (Roszak, 1986: 19)

로작은 정보에 대한 이러한 사고방식에 절대 반대한다. 컴퓨터의 보급, 신기술의 자료처리 능력, 그리고 디지털화된 통신망 건설 등에 대한 수많은 통계표를 접한 결과, 사람들은 정보가 사회체계에 필수적이라고 쉽게 믿게 된다. 이러한 통계표가 매우 많기 때문에, 우리가 전혀 새로운 유형의 체계에 진입했다고 주장하는 '정보사회' 이론가들의 주장에 동의하기 쉽다. 그러나 '더 많은 양의 정보는 새로운 유형의 사회'라는 주장에 반대하며 로작은 문명화 과정에서 중심을 차지하는 '핵심적 사고'(p. 91) 는 정보에 기반을 둔 것이 결코 아니라고 주장한다. '모든 사람은 평등하게 창조되었다', '옳든 그르든 나의 조국', '자기 식대로 살아가고 남의 삶에 참견하지 말자', '우리는 모두 창조주의 자식이다', 그리고 '남들이 자신에게 해주기를 바라는 대로 남에게 행하라' 등과 같은 원칙들은 우리 사회의 중심적 사고들이지만 모두 정보 이전에 생겨난 것이다. 로작이 이와 같은 '핵심적 사고'가 반드시 옳다고 주장하는 것은 아니다(사실 많은 것은 올바르지 못하다. 예컨대 '모든 유대인은 부자다', '모든 여성은 순종적이다', '흑인들은 타고난 운동능력을 가지고 있다' 등). 그가 강조하는 것은, 사고와 그에 필수적으로 수반되는 질적 활동이 정보에 대한 양적 접근에 앞선다는 것이다.

사회에서 차지하는 사고의 중요성을 과소평가하기 쉽다. 사고는 기술, 생산성 증가, 금융시장에서의 수조 달러 거래 등과 같은 문제와 비교해 볼 때 비현실적이고 중요하지 않은 것으로 보일 수 있다. 그러나

로작의 언급을 염두에 두면서 다음과 같은 사고에 대해 생각해 보자.

> 우리는 다음과 같은 진리가 자명하다고 믿는다. 즉 모든 사람은 평등하게 창조되었고, 우리는 창조주로부터 양도할 수 없는 일정한 권리를 부여받았으며, 이러한 권리에는 생명, 자유, 행복의 추구가 포함된다〔미국 〈독립선언문〉, 1776. 7. 4〕.

이러한 말은 세계 도처에서 되풀이되었고, 특히 미국 역사에서 그러했는데, '모든 사람은 평등하게 창조되었다'는 사고는, 그와 상반되는 현실을 접한 많은 사람들에게 활력과 영감을 주었다. 에이브러햄 링컨(Abraham Lincoln)은 수천 명의 생명이 희생된 3일간의 전투(그리고 그 후 지금까지 미국의 모든 전사자 수보다 더 많은 생명이 희생된 시민전쟁—당시 약 60만 명이 사망) 후에 게티스버그(Gettysburg) 광장에서 이 말을 상기시켰다. 에이브러햄 링컨은 짤막한 연설을 마무리 지으면서 1776년의 사고(*idea*)를 환기시켰다.

> 80년하고도 7년 전, 우리 선조들은 이 대륙에 자유 속에서 구상되고 모든 사람은 평등하게 창조되었다는 명제를 신봉하는 새로운 나라를 건설했습니다. … 여기 모인 우리는 굳게 믿고 있습니다. 전사자들은 헛되이 죽지 않았다는 것을, 우리나라는 창조주의 가호 속에 새로운 자유를 만들어 내리라는 것을, 그리고 국민에 의한, 국민을 위한, 국민의 정부는 지구상에서 사라지지 않는다는 것을〔에이브러햄 링컨, 〈게티스버그 연설〉, 1863. 11. 19〕.

100년 후에 워싱턴의 링컨기념관에서 마틴 루터 킹(Martin Luther King)은 링컨의 사고를 상기시켰다. 미국의 일부 주(州)에서 흑인들이 구타를 당하거나 심지어 사형(*lynch*)을 당하는 시점에서, 전국 텔레비전 방송을 통해 시민운동에 참여한 많은 군중에게 연설하면서 루터 킹은 다음과 같이 선언했다.

> 나에겐 꿈이 있습니다. 언젠가 이 나라에서, '우리 모두가 평등하게 창조되었다는 진실이 자명한 것으로 믿는다'는 신조의 참된 의미가 살아나고 지속될 것이라는 꿈이 있습니다. … 언젠가 조지아 주의 붉은 언덕에서 과거 노예의 자손과 과거 노예주인의 자손이 함께 형제애를 나누게 될 것이라는 꿈이 있습니다. … 나의 어린 자식 4명이 언젠가는 피부의 색깔이 아니라 인물의 됨됨이에 따라 평가받는 나라에서 살게 될 것이라는 꿈이 있습니다(Martin Luther King, 1963. 8. 28).

이러한 사고는 버락 오마바(Barak Obama)도 이어받았는데, 그는 2008년 성공적인 선거운동을 수행하여 미국 최초의 흑인 대통령이 되었다. 오바마의 신체적 외모와 혈통(케냐 출신 흑인 아버지와 캔자스 출신 백인 어머니) 때문에 선거과정에서 인종이 중요한 요인으로 작용하여, 그는 자신들이 지속적으로 경험해 온 불의를 인정하고 해결해 줄 것으로 기대하는 유색인종들로부터 압도적인 지지를 받은 반면에 일부 백인 유권자들로부터는 우려와 분노의 대상이 되었다.

공화당 반대파들은 선거 이득을 위해 이러한 긴장을 건드릴 것으로 예상되었다. 예상대로 그들은 오바마가 다니는 시카고의 교회 목사이자 오바마 부부 결혼식의 주례자였던 제러마이어 라이트(Jeremiah

Wright)가 미국은 아프리카계 시민들을 제대로 대우하지 못하였다고 주장하는 한 연설에서 선동적인 발언('빌어먹을 미국')을 하자 그것을 바로 이용하였다. 즉각적인 미디어 후폭풍이 일어났다. 라이트에 대한 많은 적대적인 논평이 이루어졌고, 연설의 선동적인 부분이 반복적으로 방송되었으며, 대통령 후보자가 그러한 친구를 가지는 것이 적절한지 또는 후보자 자신도 그러한 견해를 지지하는 것은 아닌지에 대해 많은 의문이 제기되었다.

이는 오바마에게 매우 어려운 상황이었다. 자신을 지지하는 핵심적 유권자층은 미국에 대한 라이트의 실망감을 공유하겠지만, 많은 다른 애국자들(그리고 백인들)은 우려스럽고 불쾌하게 느낄 수도 있었다. 오바마는 대통령이 되기 위해서는 결정적으로 중요한 집단을 진정시키면서도 소수 지지자들 또한 고려할 필요가 있었다.

오바마는 2008년 3월 18일 필라델피아에서 행한 연설에서 이 문제를 직접적으로 거론하였다. 당시 상원의원이었던 오바마는 아프리카계 미국인들의 분노와 좌절을 인정하는 동시에 백인 유권자들도 달래려고 애를 썼다. 그는 의도적으로 링컨의 게티스버그 연설을 상기시킴으로써(그의 연설은 링컨을 따라서 '200년하고도 21년 전에'로 시작하였다) 그렇게 하였다. 그는 "우리 국민이 보다 완전한 연합을 만들기 위하여"라는 1787년 미국헌법 목적을 인용하고, 미국의 역사에 흠이 있긴 하지만 그럼에도 불구하고 역경 속에서 국민들이 함께 어울려 개선하려고 노력하였다는 견해를 제시하면서, "우리 연방은 결코 완벽하지는 않지만, 더 완벽해질 수 있다는 것을 대대손손 보여 주었다"고 주장하였다. 이론의 여지 없이 오바마의 '더 완벽한 연방' 연설은 자신의 대통령 선거운동에서 인종갈등의 쟁점을 해결한 획기적인 언급이었다. 우리의 논의와 연관시켜 보자면 이 사례는 사회를 구성하는 과정에서 사고가 차지하는 중요성을 잘 보여 주는데, '정보사회' 이론가들은 이런 측면을 무시하는 것으로 보인다.

현대 세계에서 '모든 사람이 평등하게 창조되었다'(실제로는 평등하지 않다는 것을 보여 주는 수많은 정보가 발견될지라도) 거나 실패하더라도 국가는 그런 이상을 실현하기 위해 노력해야 한다는 이러한 주장보다 더 강력한 사고는 없을 것이다. 이러한 사고는 민주주의에 대한 호소에 중심적인 것인데, 민주주의는 충족되기 어려운 정치적 이상이지만 3세기 전까지만 해도 상상하기조차 어려운 것이었다. 모든 사람이 평등하다는 주장에 근거하는 민주주의는 대부분의 인류 역사에서 믿기 어려운 것이었지만 오늘날에는 보편적으로 받아들여지는 유일한 정치적 신조가 되었다.

민주주의 위한 투쟁 — 오늘날 지속되는 투쟁은 물론이고 특히 19세기와 20세기에 많은 진전을 이루어낸 — 에서 미국 건국자들의 사고는 선거, 참정권, 비밀투표를 요구하는 사람들에게 필수적인 지지가 되었다. 이런 부류의 사고가 수많이 축적된 정보보다도 더 사회에 근본적인 것이라고 주장하는 로작은 분명히 옳다. 그가 반대하는 것은, '정보사회' 이론가들이 정보가 많아짐에 따라 우리가 살아가는 사회가 근본적으로 변화되었다는 (잘못된) 사고를 몰래 들여오면서 이러한 사고의 중요성을 반전시켜 버리는 것이다.

1. 정보란 무엇인가?

통계적 척도에 대한 로작의 비판에 따라, 우리는 '정보사회'에 대한 접근들의 가장 중요한 특징을 검토해 볼 필요가 있다. 그 이유는 그가 정보를 논의하는 데 질적 판단을 재도입할 것을 주장하기 때문이다. 로작은 다음과 같은 질문들을 제시한다. 즉 더 많은 정보 가용성이 반드시 사람들을 정보에 더 밝은 존재로 만드는가? 어떤 종류의 정보가 만들어지고 저장되며, 그러한 정보가 전체 사회에 대하여 지니는 가치는 무엇인가? 어떤 종류의 정보직업이 확산되고 있으며, 그 이유는 무엇 때문이며 또 무엇을 위해서인가?

여기서 제시되는 것은 우리가 정보의 의미를 검토해야 한다는 점이다. 그리고 이것은 분명히 정보에 대한 상식적 이해이다. 결국 정보에 대한 개념 중 제일 먼저 떠오르는 것은 의미론적인(*semantic*) 것이다. 즉 정보는 의미가 있으며 주제를 가지고 있다. 정보는 또한 사물이나 사람에 대한 지침이나 지시이다. 이와 같은 정보 개념을 '정보사회'를 정의하는 데 사용하고자 하는 경우 우리는 정보의 이러한 특징들을 논의하게 된다. 우리는 특정한 종류의 쟁점, 특정한 분야, 특정한 경제적 과정에 대한 정보가 새로운 시기를 구성하는 것이라고 말한다. 그러나 '정보사회' 이론가들은 바로 이러한 상식적인 정보 개념을 폐기한다. 정보가 의미론적 내용을 가지고 있다는 사고를 포기하는 것이다.

우리가 검토한 '정보사회'의 정의에서는 정보가 비의미적 방식으로 인식된다. 즉 정보의 증대에 대한 양적 증거를 찾는 과정에서 많은 이론가들은 섀넌과 위버(Claude Shannon and Warren Weaver, 1949)의 정보이론에서 제시되는 고전적 개념으로 정보를 인식한다. 이들은 일상 언어에서 사용되는 의미론적 개념과는 뚜렷이 구별되는 독특한 정의를 사용한다. 이러한 이론에서는 정보가 '비트'(*bits*)로 측정될 수 있는 양이며, 상징이 발생할 확률의 관점에서 정의된다. 이 개념은 커뮤니케이션 공학자들로부터 나온 것이고 상징의 저장과 전송에 관심이 있는 그들에게 유용한 것으로서, 그 최소단위는 켜짐/꺼짐(예/아니오 또는 0/1)이다.

이러한 접근을 취함으로써 난처한 정보 개념을 수학적으로 처리할 수 있지만, 그 대가는 마찬가지로 난처한 — 그러나 결정적인 — 의미의 쟁점과 의미에 필수적인 정보의 질 문제를 배제한다. 일상생활에서 정보를 주고받을 때 우리의 주요 관심사는 그 의미와 가치이다. 정보가 중요한지, 정확한지, 엉터리인지, 흥미로운지, 적절한지 또는 도움이 되는지 등을 따지게 된다. 그러나 정보의 폭발을 측정하는 많은 척도의 기저에 놓인 정보이론의 관점에서는 이러한 차원은 무관하다. 정보는 그 내용과는 상관없이 정의되며, 에너지나 물질과 마찬가지로 물리적 요소로 간주된다. '정보사회'에 대한 가장 헌신적인 사람들 중 하나는 다음과 같이 말한다.

> 정보는 존재한다. 그 존재가 인식될 필요는 없다. 그 존재가 이해될 필요도 없다. 정보를 해석하는 데 지능은 필요 없다. 정보가 존재하기 위한 의미를 가질 필요도 없다. 정보는 존재하는 것이다(Stonier, 1990: 21).

사실 이러한 관점에서 볼 때 의미로 가득 찬 메시지와 순전히 무의미한 메시지는 동일한 것이다. 로작이 말하듯이 여기서 "정보는 의미론적 내용에 관계없이 송신자와 수신자를 연결하는 채널을 통해 전달되기 위해 부호화된 모든 것을 지칭하는 것이다”(Roszak, 1986: 13). 이러한 개념을 사용하면 정보를 양화(量化) 시킬 수는 있지만, 그 의미와 질을 포기하는 대가를 치러야 한다.

정보에 대한 이러한 개념이 ‘정보사회’에 대한 기술적·공간적 접근(여기서는 저장되고, 처리되고, 전송되는 양이 지표의 일종이다)에 적절한 것이라면, 이와 유사한 의미의 탈락이 경제적 정의에서도 발견된다. 여기서는 정보가 ‘비트’의 관점에서 정의되지는 않지만, 의미론적 성질은 상실되고 가격이라는 공통분모에 의해 치환되어 버린다(Arrow, 1979). 정보공학자들의 일차적 관심은 ‘예/아니오’라는 상징의 수이고, 정보경제학자들에게 그것은 시장가치이다. 그러나 경제학자들이 정보의 개념화 대신 측정으로 관심을 돌림에 따라 상실된 것은 정보의 다양한 의미에서 발생하는 이질성이다. “교육, 연구 그리고 예술 같은 것에 가격표를 붙이려는 노력”(Machlup, 1980: 23)은 불가피하게 정보가 가진 의미론적 질(質)을 버리게 된다. 불딩(Kenneth Boulding)은 1960년대 중반에 다음과 같이 말했다.

> 정보의 내용으로부터 완전히 추상적인 … 비트는 전화통신 공학자들에게는 아주 유용한 것이지만 … 사회체계 이론가들의 목적을 위해서는 다른 척도가 요구된다. 이 척도는 의미를 고려하는 것이어야 하는데, 예컨대 십대들의 농담에 대해서는 낮은 비중을 부여하는 반면에, 러시아 정부와 미국 정부 간의 직통전화 내용에 대해서는 큰 비중을 부여하는 것이어야 한다(Boulding, 1966: 3).

이렇게 볼 때 경제학자들이 정보의 본질이라고 할 수 있는 질의 문제에 대해 비용과 가격에 기초하여 잘해야 '질적 추측의 일종'(*ibid.*) 인 양적 접근을 제시하는 것은 참으로 이상하다고 할 수 있다. 매클럽의 용어를 빌리자면 '평가할 수 없는 것에 대해 값을 매기는 것'은 정보의 내용을 돈의 잣대로 대체한다는 것을 의미한다. 그렇게 함으로써 인상적인 통계치를 만들어 낼 수는 있지만, 그 과정에서 정보가 어떤 것에 관한 것이라는 사고를 상실하게 된다(Maasoumi, 1987).

마지막으로, 문화가 본질적으로 의미에 대한 것이고 사람들이 살아가는 방식과 이유에 대한 것임에도 불구하고, 탈근대주의 추종자들이 상징의 비준거적 특성을 찬양함으로써, 이들의 입장이 정보에 대한 경제적 접근 및 의사소통이론과 일치를 보인다는 것은 놀라운 일이다. 여기서도 사람들은 그 팽창이 너무 거대하여 의미론적으로는 그 내용을 상실한 정보의 풍부함에 대해 매료된다. 상징들은 이제 도처에 있으며, 항상 만들어지는 만큼 그 의미가 '내파'(*implode*) 되어 의미하는 기능을 상실한다.

가장 주목해야 할 것은 '정보사회' 이론가들이 정보의 증가에 대한 양적 척도를 만들기 위해 정보의 개념에서 의미를 버리고 나서는, 정보의 경제적 가치, 생산되는 규모 또는 단순히 주위에 나도는 상징의 양이 증가했다고 해서 사회가 크게 의미 있는 변화를 경험하게 된다고 주장한다는 사실이다. 다시 말해, 정보는 비사회적 관점에서 평가되며(정보는 존재할 뿐이다) 우리는 그 사회적 결과에 적응해야 한다. 현상은 사회와 동떨어져서 전개되지만(특히 기술과 과학) 그 속에는 엄청난 사회적 결과를 포함한다는 주장을 종종 접하는 사회학자들에게는, 위와 같은 것은 익숙한 상황이라고 할 수 있다. 이것은 사회변동에 대한 분석으로서는 분명히 적절하지 못하다(Woolgar, 1985).

의심의 여지 없이 일반적인 개념으로 정보의 확산을 양화할 수 있다는 것은 일정한 유용성을 가지고 있기는 하지만, 양적 증가 결과 사회가 근본적으로 변동했다는 것을 확신시키기에는 확실히 부족하다. '정보사회'가 무엇이고 다른 사회와 어떻게 다른지 — 또는 같은지 — 를 올바로 평가하기 위해서는, 우리는 분명히 정보의 의미와 질을 검토해야 한다. 어떤 종류의 정보가 증가하였고, 누가 어떤 정보를 어떤 목적에서 만들어 냈으며, 어떤 결과가 나타났는지를 검토해야 하는 것이다. 우리가 보게 되겠지만, 이러한 의문에서 출발하여 정보의 의미와 질의 문제를 집요하게 다루고자 하는 학자들은 비의미론적이고 양적인 척도를 중요시하는 사람들과는 현저하게 다른 해석을 내린다. 이들은 새로운 사회로의 이행에 대하여 매우 회의적이다. 오늘날 더 많은 정보가 있다는 것은 받아들이지만, 이것을 그 내용과 별도로 고려하는 것을 거부하기 때문에(항상 어떤 정보인가를 묻는다), 정보의 생산이 '정보사회'로의 이행을 초래하였다는 주장에 동의하기를 거부한다.

2. 정보와 알기

이 문제를 제기하는 또 다른 방식은 정보를 갖는 것(*having information*)과 알게 되는 것(*being informed*) 간의 구별을 고려하는 것이다. 알게 되는 것은 우리가 정보를 가지는 것을 전제로 하며, 이것은 많은 정보에 대한 접근성을 갖는 것보다 훨씬 큰 조건이다. 이 구별을 염두에 두면, 정보의 현저한 증가에 영향을 받아서 이러한 증가가 새로운 — 그리고 일반적으로 더 나은 — 시대를 보여 주는 것이라고 확신하는 듯한 사람들에 대해 회의를 품게 된다.

예컨대 19세기와 오늘날의 정치지도자들을 비교해 보자. 19세기 정치지도자들의 독서는 일부 고전철학, 성경, 셰익스피어 등에 국한되었고 교육도 흔히 적절하지 못하거나 단순한 내용만 받았다. 상상할 수 있는 모든 정보자원을 손에 쥐고, 불필요한 정보격차가 생기지 않도록 가려내고 분류하는 수천 명의 직원을 고용하고 있으며, 프린스턴대학을 졸업한 조지 부시(George W. Bush, 2000~2008년 미국 대통령)와는 대조적으로, 존 애덤스(John Adams, 1797~1801년 미국 대통령)나 조지 워싱턴(George Washington, 1789~1797년 미국 대통령), 에이브러햄 링컨(Abraham Lincoln, 1861~1865년 미국 대통령) 등은 정보적으로 빈곤해 보인다. 부시 전 대통령은 7천만 쪽에 달하는 문서 자료, 2천만 개의 이메일 자료, 400만 개의 사진 자료, 80테라바이트(*terabytes*) 상당의 전자 기록을 자랑하는 전용 도서관과 박물관을 댈러스(Dallas)에 가지고 있다(http://www.georgewbushlibrary.smu.edu). 이와 비교하면 애덤스, 워싱턴, 링컨은 정보적으로 극빈자라 할 수 있다. 그러나 이들이 부시 전 미국 대통령만큼 잘 알지 못했다고 — 이것이 이해와 판단에 관한 것이라고 할 때 — 누가 주장할 수 있겠는가?

3. 정보의 질

정보가 의미를 지니고 있다는 것을 강조하면 정보의 질과 관련된 문제가 제기되며, 이는 다시 우리가 '정보사회'에 진입하였다고 주장하는 사람들을 비판적으로 바라보도록 만든다. 거의 예외 없이 이 사회는 더 우수하고 더 지능적이며, 사람들이 정교한 기술을 활용할 수 있고 엄청나게 많은 정보를 즉각적으로 이용할 수 있는 사회로 제시된다. 물론 정보가 과거보다 훨씬 더 많아졌다는 것은 분명하지만, 그렇다고 이에 따라 반드시 발전이 이루어졌다고 가정해서는 안 된다. 수많은 사상가들이 이러한 주장에 대해 의문을 제기하여 왔기 때문에 우리는 다수의 '정보사회' 시나리오에 대해 선뜻 지지하기를 망설이게 된다.

제 8장에서는 '정크 푸드'라고 할 수 있는 '쓰레기 정보'를 통렬하게 비판하면서 묵살하는 허버트 쉴러와 만나게 된다. 전자가 몸에 좋지 않듯이 후자는 정신에 좋지 않다. 쓸모없는 연예기사, 교묘한 상술, 하찮은 것들로 가득 차 있기 때문이다. 다른 학자들은 '우매한 세대'(Bauerlein, 2009)나, 도피주의적 게임이나 페이스북 잡담과 같은 인터넷 순환고리(Jacoby, 2008)에 빠진 수용자의 기억상실증에 대해 우려를 표명한다. 충격적인 정도의 무지(제 2차 세계대전의 연합국과 추축국을 구별하지 못하거나 정부의 주요 기구를 나열하지 못하거나 화학의 주기율표에 대해 알지 못하는 등)가 인기 연예인의 삶이나 TV 드라마의 구성에 대한 풍부한 지식과 공존하고 있다.

위키피디아나 구글에서 쉽게 정보를 검색하면서도 그 중요성에 대한 이해는 부족한 젊은 사람의 이미지는, 내용을 자세하게 읽고 정리

— 이를 통해 심층적인 이해와 평가가 이루어질 수 있는 — 하는 성실한 사람의 모습과 대조된다. 예컨대 인터넷에서 마우스를 몇 번만 클릭해도 《햄릿》(*Hamlet*)의 줄거리는 알 수 있겠지만, 천천히 정독함으로써 인물, 주제와의 연관성, 양식과 언어 등에 대해 훨씬 더 잘 파악할 수 있다. 독자들은 정독을 통해 그 작품에 대해, 의식 속에 가라앉을 정도로 보다 심층적인 기억을 할 수 있게 된다. 물론 그러한 정독을 위해서는 시간과 노력이 많이 요구되지만, 인터넷과 포화 미디어의 세계가 피상적이고 파편화된 정보 조각을 과도하게 많이 제공하는 것은 학습과 정신에 심각한 결과를 초래할 수도 있기 때문에 중대한 문제가 아닐 수 없다. 인터넷에서 정보는 그 질이 아니라 인기도에 따라 거래된다. 예컨대 구글의 검색 알고리즘은 정보의 학술적 가치, 정확성, 동료 평가 결과가 아니라 조회수를 기준으로 순위를 매긴다. '구글 검색'은 정보를 찾는 청소년들이 맨 처음 이용하는 단계가 되었기 때문에, 우리는 권위 있고 검증된 정보의 이러한 퇴조에 대해 우려해야 한다(Keen, 2008).

자신의 논쟁적 저작인 《피상적인 것들》(*The Shallows*, 2010)에서 니콜라스 카(Nicholas Carr)는 디지털 정보에 대한 우려의 또 다른 측면을 제기한다. 그는 다음과 같이 말한다.

> 나는 예전과 같은 방식으로 사고하지 않는다. … 책이나 장편 논문에 빠져드는 것이 쉬웠지만 … 지금은 두세 쪽만 넘어가도 벌써 집중도가 흐려진다. 조바심을 내거나 흐름을 놓치고 다른 할 일이 없나를 찾기 시작한다. … 과거에는 자연스러웠던 정독이 이제는 일종의 투쟁이 되고 있다(pp. 5~6).

이러한 능력의 상실에 대한 결정적인 증거는 없겠지만, 대학 교수들 사이에서 네트워크 세대 학생들이 정독이나 심독(*deep reading*)을 싫어하는 대신 간단하고 읽기 쉬운 항목 나열식 요점 정리를 선호한다는 말을 흔히 듣게 된다(Benton, 2008; Richel, 2010; Birkerts, 1994 참조). 더욱이 인터넷 활용에 대한 지금까지의 연구결과는 거의 모든 사람들이 피상적인 '스쳐 읽기', '듬성듬성 읽기', '훑어 읽기'를 한다는 것을 보여 준다. 이런 사람들은 흔히 구글 검색을 통해 자료를 찾은 후 서두와 결론을 서둘러 읽고 나서 본문을 훑으면서 '요점'만 파악하고자 한다(Nicholas and Rowlands, 2008).

오늘날 우리가 접하는 엄청나게 방대한 양의 정보를 통해 사람들이 주어진 쟁점에 대한 다양한 시각에 노출됨으로써, 익숙하지 않은 새로운 방식으로 사고할 수 있다는 반론이 제기될 수 있다. 관점의 다양성이 피상성을 보상할 수도 있다는 것이다. 불행하게도 연구결과에 따르면 아무리 다양한 정보가 있다고 하더라도 인터넷 이용자들은 익숙한 것을 선호하며, 상상력을 추구하는 여행은 시도하지 않는다. 사람들은 '고치 치기'(*cocooning*)를 하는 경향이 있어서, 자신의 사고와 정체성을 외부적 도전으로부터 차단된 영역에 숨기고자 한다(Sunstein, 2006). 나아가서 정보 과부하의 문제(새로운 것은 아니지만 최근의 기술 발전에 따라 크게 악화된)는 일상성 유지를 위해서라도 사람들이 상당히 많은 양의 정보를 무시할 수밖에 없다는 것을 말해 준다. 가장 편리한 편집 방법은 자신이 인정하는 것만 포함하고 불편하거나 도전적인 것은 배제하는 것이다.

더욱이 대안적 정보와 접촉한다고 해도 수용자들의 생각이 바뀌지 않는다는 주장을 뒷받침하는 증거도 존재한다. 실제로 믿음이 사실을 지배하게 되면서 의견 대립이 발생하는 경우, 사람들은 사실이 잘못되었다거나 '내가 옳다는 것은 확실하다'고 주장하면서 저항하거나 자기 입장을 고수한다(Nyhan and Reifer, 2010, 2012). 유사한 쟁점을 검토한 마누엘 카스텔(Castells, 2009)도 이러한 결론을 내린다. 즉 사회변동에 영향을 미치고자 하는 사람은 정보의 우수성(더 완벽하거나, 더 깊은 연구의 결과이거나, 더 많은 증거를 바탕으로 한)을 근거로 다른 사람의 견해를 바꾸려고 시도해서는 안 된다는 것이다. 왜냐하면 그것은 무의미한 것이기 때문이다. 그보다는 설득하고자 하는 대상이 보유하고 있는 감정의 틀—어린 시기부터 고정되어 거의 변경할 수 없는—을 거론하는 것이 더 좋다(Castells, 2009: 137~192). '정보사회'를 개념화하는 과정에서 더 많은 정보만으로 그러한 사회가 가능하다고 보는 입장을 거부해야 할 이유가 분명히 존재하는 것이다.

4. 이론적 지식

정보의 의미에 대해 깊이 생각할 필요가 없으면서도, 우리가 '정보사회'에 들어섰다고 주장할 수 있는 또 다른 주장이 있다. 더욱이 이 주장은, 정보가 활용되는 방식에서 결정적인 질적 변화가 일어났기 때문에, 직업의 확대나 경제적 성장같이 정보의 확산에 대한 양적 측정을 필요로 하지 않는다. 여기서 '정보사회'는, 이전과는 달리 이론적 지식이 핵심적 중요성을 차지하는 사회로 정의된다. 다소 이질적인 이론가들을 통일시키는 주제는, 이러한 '정보사회'에서는(지식이 정보 덩어리보다는 훨씬 더 많은 것을 의미한다는 분명한 이유 때문에 지식사회라는 용어가 선호될 수도 있지만), 이론을 우선시하는 방식으로 문제가 조직되고 배치된다는 것이다. 이론적 지식에 대한 이러한 우선순위는 '정보사회' 이론에서는 거의 다루어지지 않지만, 현대생활의 특징적 측면이 될 만큼 매우 중요한 것이다. 이 책에서 나는 이에 대해 간헐적으로 언급할 것이기에(특히 제 4·6·11장 및 13장에서), 여기서는 짤막하게 논의하고자 한다.

이론적 지식이라는 것은 추상적이고 일반화할 수 있으며 다양한 미디어로 부호화할 수 있는 지식을 의미한다. 주어진 상황에 대한 직접적 적용성이 없다는 측면에서 추상적이고, 특정한 상황을 훨씬 초월하는 관련성을 가진다는 점에서 일반화가 가능하며, 책·논문·텔레비전·교과과정 등과 같은 다양한 방식으로 제시될 수 있다. 우리는 실용적이고 상황적인 지식이 지배적이었던 이전 시기와는 현저한 대조를 이루며, 이론적 지식이 현대사회에서 핵심적 역할을 수행하게 되었다고 주장할 수 있다. 예컨대 산업혁명의 수행자들을 고려하면, 이들은 다니엘 벨이 '솜씨 좋은 수선공'(*talented tinkerers*)으로 언급한 사람들로서, "자신들의 활동 대상 기저에 놓인 과학이나 기본원리에 대해서는 무관심했다"(Bell, 1973: 20). 에이브러햄 다비(Abraham Darby)의 용광로 개발, 조지 스티븐슨(George Stephenson)의 기관차, 제임스 와트(James Watt)의 증기기관, 매슈 볼턴(Matthew Boulton)의 공학혁신, 그리고 대체로 1750년에서 1850년 사이에 이루어진 다른 많은 발명은 발로 뛰어다닌 혁신가나 기업가, 즉 자신들이 직면한 실제적 문제를 실용적 방식으로 해결하고자 했던 사람들이 만든 것이다. 비록 19세기 끝 무렵에 과학에 기초한 기술들이 산업의 방향을 잡기 시작했지만, 한 세기 전까지도 이와 같은 상황은 크게 변함이 없었다.

> 인간생활의 방대한 영역은 단지 경험, 실험, 숙련, 단련된 상식, 그리고 무엇보다도 가용한 최선의 실행기법과 기술에 대한 지식의 체계적 확산 등에 의해 지속적으로 지배되었다. 이는 농업, 건축, 의학, 그리고 사람들에게 필수품과 사치품을 제공한 매우 다양한 범위의 활동에 대해서도 분명한 사실이었다(Hobsbawm, 1994: 525).

이와는 대조적으로, 오늘날의 혁신은 대개 과학과 기술영역에서 알려진 원리로부터 출발한다(비록 이러한 원리가 단지 소수의 전문가들만 이해하는 것일 수도 있지만). 이러한 이론적 원리는 교과서에 수록되고, 인간게놈 프로젝트(*Human Genome Project*)와 같은 유전학적 진보나 정보통신기술 및 관련 소프트웨어의 토대가 되는 물리학이나 수학의 출발점이다. 항공공학, 플라스틱공학, 의학, 약학 등의 다양한 분야는 오늘날의 생활에서 이론적 지식이 토대가 되는 영역을 잘 보여 준다.

이론적 지식의 우세가 첨단 혁신에만 국한되어 있다고 생각해서는 안 된다. 사실 이론이 발전의 선결요건이 되지 않는 기술적 응용을 생각하기는 힘들다. 예컨대 도로 보수, 주택 건설, 하수도 처리, 자동차 제조 등은 재료의 내구성, 구조적 원리, 독소, 에너지 소비 등과 같은 많은 이론적 원리를 전제로 한다. 이러한 지식은 교과서로 공식화되고 특히 교육과정을 통해 전달되는데, 이는 전문화로 인해 대부분의 사람들이 자신의 전문분야 이외의 이론적 지식에 대해서는 알지 못한다는 것을 의미한다. 그럼에도 불구하고, 오늘날 전자레인지, CD 플레이어, 디지털 시계 등과 같은 일상적 기술에 대한 이러한 이론의 엄청난 중요성을 인식하지 못하는 사람은 아무도 없다. 물론 건축가, 수도기술자, 기계공 등은 실용적인 사람들로 인식하는 것이 옳다. 그러나 이들이 이론적 지식을 배워서 자신들의 실용적 작업에 통합시켰다는(그리고 이론적 지식을 통합하는 검증, 측정, 설계와 같은 지능형 기술로 보완하면서) 사실을 간과해서는 안 된다.

이론적 지식의 우세는 오늘날 과학과 기술의 영역을 훨씬 넘어서까지 미치고 있다. 예컨대 정치를 생각하면, 이론적 지식이 대부분의 정책과 논쟁의 핵심에 있다는 것을 알 수 있다. 확실히 정치는 '가능성의 예술'이며 우발성에 대응할 수 있어야 하지만, 교통 · 환경 · 경제 등 어떤 영역을 보더라도, 이론(비용-혜택 분석모형, 환경적 지속가능성의 개념, 인플레이션과 고용의 관계에 대한 논제)에 부여된 핵심적 역할을 접하게 된다. 그 모든 영역에서 이론적 지식을 구별 짓는 기준(추상, 일반화 가능성, 부호화)이 충족된다. 이러한 이론적 지식은 핵물리학이나 생화학 법칙과 같은 속성은 부족할 수도 있지만, 그와 유사한 기반 위에서 작용하며, 따라서 현대생활의 방대한 영역에 침투하고 있다는 사실을 부인하기 어렵다.

사실 이론적 지식이 현대생활의 거의 모든 측면에 들어가 있다는 주장이 제기될 수 있다. 예컨대 니코 스테어(Nico Stehr, 1994)는 집안 실내장식 설계에서부터 신체를 건강하게 유지하기 위한 운동방식 결정에 이르기까지 우리가 행하는 모든 것에 있어 이론적 지식이 핵심적이라고 주장한다. 이 개념은 기든스의 '성찰적 근대화'라는 개념을 반영하는데, 이는 우리가 살아가는 방식을 구성하는 기반으로서의 사회적 성찰 및 자기성찰의 고양으로 특징되는 시기를 지칭한다. 만일 우리가 점점 더 (자연이나 전통이 하라는 대로 하는 것이 아니라) 위험에 대한 평가를 기초로 해서 내리는 의사결정과 성찰을 기반으로 우리가 살아가는 세계를 만들어 내는 것이 사실이라면, 당연히 우리의 성찰을 특징짓는 이론적 지식에 지대한 중요성이 부여될 것이다.

예컨대 선진사회에 사는 사람들은 대체로 영아 사망률의 유형뿐만 아니라, 인구학(점점 고령화되며, 인구성장은 주로 세계의 남부에서 일어난다는 것)과 피임 및 출산율의 유형에 대해서도 잘 알고 있다. 그러한 지식이 이론적인 이유는 그것이 추상적이고, 일반화가 가능하고, 전문가들에 의해 수집되고 분석되며, 다양한 미디어의 형태로 확산되기 때문이다. 이러한 이론적 지식은 바로 응용할 수는 없지만, 의심의 여지 없이, 개인의 계획(펜션 예약에서부터 출산 계획에 이르기까지) 뿐만 아니라 사회정책 모두를 규정한다. 이러한 측면에서 이론적 지식은 우리가 사는 세계에 대한 규정적 특징이 된다.

이론적 지식을 양적으로 측정할 수 있는 방식을 생각하기란 어렵다. 대학 졸업자나 학술지의 증가와 같은 근사치로는 결코 충분하지 않다. 그럼에도 불구하고 이론적 지식은 '정보사회'의 두드러진 특징으로 간주될 수 있는데, 이는 그것이 삶이 영위되는 방식에 대해 공리적이며 또한 우리의 선조들이 살아 온 방식 — 고정된 삶의 장소, 상대적 무지, 자연의 힘에 의해 제약을 받았던 — 과는 대조를 이루기 때문이다. 앞에서 언급했듯이, 이론적 지식에 관심을 가지는 '정보사회' 이론가는 없다. 이들 이론가들은 쉽게 측정될 수 있지만, 이론과는 느슨하게만 연관되어 있는 기술적 · 경제적 · 직업적 현상에 훨씬 더 많은 관심을 가졌다. 더욱이, 이론적 지식이 우월적 지위를 가지게 된 것은 최근 10년 동안이라는 것을 확실하게 주장하기는 어렵다. 그보다는 이론적 지식을 근대성 자체에 내재한 결과로 간주하는 것이 더 설득력 있다. 이러한 과정은 특히 20세기 후반기 동안 가속화했고, 기든스가 오늘날의 '고도 근대성'(*high modernity*) 이라 부르는 것으로 이어지는 것이다.

5. 결론

본 장과 제 2장에서는 '정보사회'라는 개념의 타당성에 대해 의문을 제기했다. 한편으로 우리는 '정보사회'의 출현을 측정하려는 다양한 기준과 접하였다. 아래에서 보게 되겠지만, 상이한 기준을 사용하면서도 우리가 '정보사회'에 이미 진입했거나 진입하려 한다고 주장하는 학자들이 있다. 어떤 개념의 옹호자들이 매우 다른 방식으로 그 개념을 분석한다면, 우리는 그에 대한 신뢰감을 갖기 힘들다. 나아가서 이러한 기준들 — 기술에서부터 직업적 변화와 공간적 특성에 이르는 — 은 첫눈에는 설명력이 있는 것처럼 보이지만, 실제로는 모호하고 부정확하며 그 자체로는 '정보사회'가 도래했는지 또는 앞으로 언제 도래할 것인지를 밝혀내지 못한다. 어떤 척도 — 소비, 저장, 전송, 변형 등 — 로 측정하든 지난 10여 년 동안 정보폭발이 진행되어 왔다는 사실을 부정하는 사람은 없을 것이다(Hilbert, 2012 참조). 그러나 정보가 더 많은 것 자체는 새로운 유형의 사회 출현에 대한 지표가 될 수 없다.

다른 한편으로, 그리고 이것으로 인해 우리는 '정보사회' 시나리오에 대해 매우 회의적이 될 수밖에 없는데(당분간 포괄적인 생활의 '정보화'가 진행되었다는 것을 의심하지는 않을지라도), '정보사회'를 주장하는 사람들은 정보의 확산에 대한 양적 척도를 추구하는 것에서 출발하여, 이러한 변화가 사회적 조직화에서의 질적 변화를 표현하는 것이라는 주장으로 자꾸만 옮겨 간다. 이와 동일한 절차가 '정보사회' 주창자들이 사용하는 정보 개념에서도 잘 드러나는데, 그들이 비의미론적 정의를 지지하는 것과 관련되어 있다. 이런 것들 — 많은 '비트', 많은 경제적 가치 등 — 은 쉽게 양화할 수 있으며, 따라서 분석가는 의미와 가치에 대해 요구되는 질적 문제에 대해 분석하지 않아도 된다. 그러나 그렇게 함으로써 그들은 단어에 대한 상식적 정의라는 바람에 대항하여 날갯짓을 하며, 정보를 내용이 결여된 것으로 인식한다. 앞으로 보겠지만, 이러한 방식으로 정보영역의 변화를 설명하려는 학자들은, 정보의 폭발은 인정하면서도 정보의 의미와 목적의 문제를 결코 도외시하지 않는 학자들과는 근본적으로 다르다.

마지막으로, 이론적 지식의 우세가 '정보사회'를 특징짓는 더 흥미로운 측면이라는 주장도 제기되어 왔다. 이것은 양적 측정에 적합하지 않을 뿐만 아니라, 그 중요성을 평가하기 위해 정보의 의미에 대한 세밀한 분석을 필요로 하지도 않는다. 이론적 지식은 전적으로 새로운 것으로 간주되기는 매우 어렵지만, 그 중요성이 증대되었다는 주장과 현대생활의 규정적 특성이 될 정도로 많이 확산되었다는 주장은 가능하다. 다음에서 나는 '정보사회' 이론가들은 이 중요한 현상에 대해 거의 주목하지 않는다는 점을 강조하면서, 필요할 때마다 이에 대해 언급할 것이다.

제4장

탈산업사회

다니엘 벨을 중심으로

새로운 유형의 사회가 출현하고 있다는 견해들 중에서, '정보사회'에 대한 특성 규정으로 가장 잘 알려진(그리고 그럴 만한 가치가 있는) 것은 다니엘 벨(Daniel Bell, 1919~2011)의 탈(脫)산업사회론이다. '정보사회'와 '탈산업사회'(*post-industrial society*)는 일반적으로 동의어로 사용된다. 정보시대는 탈산업사회를 표현하는 것으로 제시되며, 탈산업사회는 넓게는 '정보사회'로 간주된다. 그리고 벨 교수가 1950년대 말부터 '탈산업사회'라는 용어를 사용하기는 하였지만, 1980년 무렵에 컴퓨터와 통신기술의 발달에 대한 관심이 고조되면서 미래학에 대한 열의의 물결이 일기 시작하자, 그는 '탈산업'이라는 접두사 대신에 '정보'와 '지식'이라는 용어를 사용하였다는 점을 언급할 필요가 있다.

그럼에도 불구하고 다니엘 벨은 탈산업사회에 관심을 갖기 시작할 때부터, 출현하는 새로운 사회체계에 대한 정보와 지식의 중심적 역할을 강조하였다.[1] 소론의 형태로는 훨씬 더 일찍 등장하였지만 책으로는 1973년에 처음 출간된 《탈산업사회의 도래》(*The Coming of Post-Industrial Society*) 는 태동하는 미래에 대한 정교한 사회학적 분석으로서, 1970년대 말과 1980년대 초에 선진국에서 일어난 폭발적 기술변동에 매우 잘 어울리는 것이었다. 갑작스레 등장하여 사무실, 산업과정, 학교 그리고 가정으로 급속하게 퍼져나간 — 컴퓨터는 도처에 있는 것처럼 보였다 — 경이로운 마이크로 일렉트로닉스 기술에 직면하여, 이러한 변화들이 초래하는 사회적 결과를 이해하고자 하는 타당하고도 절박한 탐구가 생겨났다. 다니엘 벨의 방대한 저작인 《탈산업사회의 도래》 속에 들어 있는 이른바 기성 모형(*ready-made model*) 을 감안할 때, 아주 많은 논평자들이 그 책을 직접 구입하였다는 사실에 놀라서는 안 될 것이다. 벨이 "탈산업사회의 개념을 구체적이거나 특정한 사회에 대한 묘사로서가 아니라 분석적 구성체로서"(Bell, 1973: 483) 제안하였다는 것은 큰 문제가 되지 않았다. 탈산업사회는, 특히 언론인들과 대중적 저작가들에게는, 앞으로 도래할 사회에 대한 묘사로서 아주 옳은 것처럼 보였다.

벨은 특히 컴퓨터 통신기술이 초래할 혼란을 예견한 듯하다. 실제로 그는 일찍이 이러한 정보기술의 총체적 확대의 필요성에 대하여 글을 썼는데, 그의 진단이 실현된 것처럼 보였다. 당연히 그는 좋은 평가를

1) 벨은 개념적으로 정보와 지식을 다음과 같이 구분한다. 즉 정보는 "넓은 의미에서 자료처리"를 뜻하고, 지식은 "사실이나 견해에 대한 진술이 조직화된 체계로서 사유된 판단이나 실험결과를 제시하며, 통신매체를 통하여 체계적 형태로 다른 사람들에게 전달되는 것"이다(Bell, 1979: 168). 앞으로 우리가 보게 되겠지만, 비록 그의 이론화 작업은 '지식'이라는 용어의 특정한 의미에 달려 있기는 하지만, 실제적으로 그는 탈산업사회를 논의하면서 두 용어를 서로 바꾸어 가며 사용한다.

받게 되었고, 그러한 상황에서 벨이 '정보혁명'이라는 유행어를 사용하기 시작했다는 것은 놀라운 바가 아니다. 탈산업사회의 사회학을 선구적으로 개척한 그의 업적을 고려할 때 이는 용납될 수 있는 발상이다.

더욱이, 1980년대 말에 '강력한 마이크로'에 대한 흥분은 다소 가라앉았고, 이에 따라 미래학에 대한 관심도 수그러들었지만, 1990년대 인터넷과 월드와이드웹의 급속하고도 가속적인 발전은 새 천년의 열기와 더불어 미래를 예측하는 것에 대한 관심을 부활시켰다. 빌 게이츠(Bill Gates) 같은 사람들이 더 존경을 받는 시대에, 10년 동안 벨의 이름이 거명되는 빈도는 높지 않았지만 토대 인물은 여전히 다니엘 벨이라 할 수 있으며, 그는 받아야 할 마땅할 인정을 받지 못하고 있다. 벨의 전망, 개념, 분석은 이 주제에 대한 대부분의 사고를 위한 길을 밝혀 주었다.

한 세대가 훨씬 넘게 공개적 검토의 대상이었던 개념에서 흠을 찾아내기란 어렵지 않다. 사회과학이론이 10년 동안 지속되는 경우가 거의 없다는 점을 고려할 때, 다니엘 벨이 지속적으로 중요한 논쟁을 위한 조건을 제시하고 있다는 것은 부러워할 만한 업적이다. '정보시대'를 개념화하려는 모든 시도가 여전히 그의 《탈산업사회의 도래》로 되돌아가야 한다는 사실은 벨의 강력한 상상력과 지성을 단적으로 보여 준다. 《탈산업사회의 도래》는 학문적으로 진정한 걸작이다. 벨에 대한 가장 날카로운 비판가인 크리샨 쿠마르(Krishan Kumar, 1978)도 이것을 인정하였는데, 그는 탈산업주의 이론을 "미래학 분야에서 … 다른 어떤 것보다 더 지적으로 대담하고 탄탄한" 것으로 묘사하였다(p. 7). 1960년대에 변동의 방향에 대해 언급한 다른 사회과학자들도 있었고, 이들 중 상당수는 미래를 전망하면서 전문성, 기술, 지식을 강조하였다. 그러나 벨처럼 체계적이고 실질적인 설명을 제시한 사람은 아무도 없었다. 또한 벨의 탈산업주의 이론은 정보와 발전하는 정보기술을 파악하려는 첫 번째 시도로서 원칙을 구축하였고, 이러한 선구적 노력은 오늘날에도 여전히 효력을 가지고 있다(Touraine, 1971 참조).

다니엘 벨은 최정상급의 사상가이다(Jumonville, 1991; Liebowitz, 1985; Waters, 1996). 그는 《이데올로기의 종언》(*The End of Ideology*, 1961)에서부터 독창적인 《자본주의의 문화적 모순》(*The Cultural Contradictions of Capitalism*, 1976), 그리고 《탈산업사회의 도래》에 이르기까지 매우 영향력 있는 수많은 저작을 남겼다.

벨을 제대로 평가하기 위해서는 그의 지적 스타일과 관심사, 그리고 그의 저작이 만들어진 역사적 맥락에 대해서도 어느 정도 이해할 필요가 있다고 본다. 우선 벨이 탈산업사회에 대한 이론을 만들어 낸 것은 사실이지만 그는 비현실적 모형을 만드는 관념적 이론가는 아니다. 복잡하고 추상적인 모형을 창출하는 이론가라는 측면에서 보자면 벨은 이론가는 아닌 것이다. 반대로 벨의 접근은 실제 세계와 밀접하게 연관되어 있으며, 그는 실제로 발생하는 바에 대한 면밀한 분석을 토대로 한 이론화 — 즉 일반화 가능한 진술의 창출 — 를 추구하는 사람이다. 이러한 방식으로 그의 이론과 실제적 분석은 밀접하게 연관되어 있다. 이 점에 대해 놀랄 필요는 없다. 벨은 자신의 성장배경과 인생역정으로 인하여 세계에 대한 이해, 나아가 세계의 변화에 대한 관심을 가지게 되었다.

뉴욕 시의 빈곤한 가정에서 폴란드인 이민자 부모 사이에 태어나 8개월째에 아버지를 잃은 벨은(Bell, 1991) 10대 초반부터 정치에 참여했다. 그 후에는 노동 문제를 다루는 기자가 되었고, 컬럼비아대학에

다니엘 벨 Daniel Bell, 1919~2011

탈산업사회론을 주창한 미국의 사회학자로, 20세기 후반 미국의 대표적 지성 중 한 사람이다. 《탈산업사회의 도래》, 《이데올로기의 종언》, 《자본주의의 문화적 모순》 등의 저서가 있으며, 스스로를 경제적 사회주의자, 사회적 자유주의자, 문화적 보수주의자로 평가하였다.

자리 잡으면서 이른바 가장 영향력 있는 '뉴욕 지성인' 중 한 사람이 되었다. 그들 중에는 시모어 립셋(Seymour Martin Lipset), 어빙 하우(Irving Howe), 시드니 훅(Sidney Hook) 등과 같은 명사들이 포함되었다(Bloom, 1986).

이러한 특성은 편협한 학문 이력과는 어울리지 않는다. 비록 그는 하버드대학에서 교수직을 얻었지만 전문적 사회학계 내에 안주하지 않았다. 그는 언론인으로 출발하여 종국에는 대학에서 자리를 잡았다. 미국에서 박사학위는 학문적 지위를 얻는 데 필수적이며 전문가적 성취에 대한 증거가 되는데, 벨은 그것 하나만을 위해 공부한 것은 아니었다. 그는 이전에 쓴 여러 편의 글을 모아서 학위 논문을 만들었고 컬럼비아대학에서 자리도 얻을 수 있었다. 그 후 그는 자신의 학위논문을 《이데올로기의 종언》으로 출판하였는데, 그것은 매우 영향력 있는 책이었다. 더구나 그가 제기하는 질문은 너무나 방대하고 다루기 힘들 뿐만 아니라 너무나 포괄적이고 야심찬 것이어서, 세심하게 설계된 연구절차를 통해 주류 사회학의 인정을 받기에는 적합하지 않았다. 형식적으로 볼 때 벨은 사회학자로서는 대단한 성취를 한 사람이 아닌데, 조사연구 자료를 토대로 한 교차표 검정보다는 성경이나 셰익스피어를 참조하는 것을 선호했다.

그는 저작을 많이 냈지만 출판은 주로 주류 학계 외부에서 했다. 심사된 논문이 실리는 학술지 대신 벨은 〈디센트〉(*Dissent*), 〈뉴 리더〉(*New Leader*), 〈퍼블릭 인터레스트〉(*Public Interest*) 등과 같이 정책 수립가들과 여론 지도자들에게 영향력을 미칠 수 있는 매체를 선호했다. 그가 만일 오늘날의 영국에서 저작을 낸다고 가정하면, 그의 많은 저작은 대부분 〈사회학 연구〉(*Sociological Review*) 보다는 〈프로스펙트〉(*Prospect*), 〈뉴 레프트 리뷰〉(*New Left Review*), 〈런던 리뷰 오브 북스〉(*London Review of Books*) 등에 실릴 것이다.

이것이 당파적이라는 이유로 벨을 무시할 수도 있다는 것을 의미하지는 않는다. 그가 정치적으로 활발하게 참여하기는 했지만, 이것이 그가 훌륭한 학문적 저작에 필요한 공평함을 결여했다는 것을 뜻하지는 않는다. 그보다는 그의 저작이 현실 세계, 특히 우리가 변화시키고자 하는 영역을 이해하려는 절박한 열망을 반영한다는 것을 의미한다. 이러한 속성은 거대한 쟁점을 다루려는 그의 의욕에서도 나타난다. 벨은 현대 사회의 가장 중요한 특징, 현대 사회변동의 특징적 요소와 주요 원천을 밝히려는 의도를 가지고 연구에 착수한다. 이것이 바로 그의 이론화의 관심, 즉 현대생활의 주요 형태를 조망하려는 야심이다. 전문적 사회학의 관점에서 볼 때 벨은 이러한 측면 때문에 주류와는 다소 동떨어진 사회학자이며, 내가 볼 때 같은 이유로 벨은 동료 사회학자들로부터 인정을 제대로 받지 못하고 있다.

한편으로 이러한 거대 문제에 대한 그의 관심은 관리 가능한 주제 — 예컨대 소프트웨어 개발이나 실험실 내에서 과학자들 간의 상호작용 등에 대한 사례연구 — 를 연구하는 사회학자들로부터 자신을 멀어지게 만들었다. 이들 사회학자들이 볼 때, 특정 현상의 복합성과 가변성에 대한 자세한 설명이 필요한 상황인데, 벨은 너무 성급하게 일반화하고 다소 정교하지 못한 설명을 제시하는 경향이 있다(Webster, 2005).

다른 한편으로 이론이 현실 세계에 밀접하게 관여해야 한다는 벨의 확신은, 사회학 이론은 오염의 위험 없이 체계적으로 정교화될 수 있도록 실제적 문제들로부터 분리되어야 한다는 일부 사회학자들의 생각과는 대립되는 것이었다. 대부분의 사회학자들이 그의 거시적 접근에 대해 회의적일 때, 그리고 사회학 이론이 철학을 지향하는 시기에 《탈산업사회의 도래》가 출간된 것은 벨의 불운이었다(Mouzelis, 1995). 그 결과 사회학계 내에서는 벨에 대한 적대적 반응이 일반화되었다. 일부 사람들은 과도한 단순화와 정치적 당파성 때문에 그를 공격하였고, 다른 일부 사람들 — 사회학 이론은 매우 추상적이어야 한다고(추상적일수록 더 좋다고) 생각하는 — 은 그의 이론적 주장이 경험적 차원과 너무 밀접하게 연관되어 있다고 비판하였다.

바로 이러한 것들이 《탈산업사회의 도래》가 당시에 출현하던 사회적 추세를 거론하고 학계 외부의 많은 사람들에게 영향을 주었음에도 불구하고, 1970년대 초기에 출간된 이후 빨리 절판된 이유인지도 모른다. 내가 볼 때, 거대한 그림을 그리려는 다니엘 벨의 확고한 의지와 이론 구성과 실제세계 분석 간의 끊을 수 없는 연결을 주장하는 그의 입장은, 전문적 학계에서는 자주 경시되지만 사회학의 훌륭한 전통 중 하나를 보여 준다. 이러한 점은 벨이 그와 유사하게 주류 학계에서 유행하지 않는 접근 때문에 제대로 평가받지 못한 랄프 밀리반드(Ralph Miliband, 1924~1994), 랄프 다렌도르프(Ralph Dahrendorf, 1929~2009) 등과 공유하는 것이다.

내가 다니엘 벨을 매우 존경하며 그가 — 그리고 그가 표방하는 사회학적 방법이 — 마땅히 얻어야 할 인정을 제대로 받지 못했다고 생각한다는 점이 앞으로 더욱 분명해질 것이다. '정보사회'의 이해에 대한 그의 공헌은 초기에 다소 주목을 받기는 했지만 쉽게 주변으로 밀려났다. 이 장에서 나는 탈산업사회론에 초점을 맞추고, 그를 존경하지만, 그 이론에 대해 날카로운 비판을 해보고자 한다. 나는 탈산업사회론은 지지될 수 없으며, 이를 증명할 수 있는 권위 있는 사회과학적 증거가 존재한다고 주장한다. 그의 탈산업사회론이 정확하지 못하다는 주장이 벨의 연구를 존경하는 것과 불일치하는 것은 아니다. 내가 볼 때 그는 올바른 문제를 적절한 방식으로 제기하였다. 그런 의미에서 그는 항상 타당하며 또 도발적이다.

그렇다면 왜 벨의 탈산업사회 개념이 많은 '정보사회' 주창자들 사이에서 매력을 지니고 있는지에 대해 질문할 필요가 있다. '정보사회'에 관한 천박한 논평자들은 자주 탈산업주의에 대한 벨의 이미지를 끌어들이는데, 이들은 "이는 탈산업주의적 '정보사회'이다. 상세한 설명은 하버드대학의 저명한 교수 다니엘 벨의 500쪽짜리 책을 참조하라"고 말한다. 현 시대의 성격과 방향에 대하여 과장된 명제를 제시하지만 진지한 관심의 대상이 되지 못하는 논문, 서적 또는 텔레비전 특집물 등은 이러한 호소를 통하여 권위와 통찰, 그리고 중량감을 부여받을 수 있다. 이에 따라 탈산업사회론이 지지될 수 없는 견해라는 것을 증명하려면 우리가 사는 조건에 대한 보다 대중적인 논평의 내용을 문제 삼으면 된다.

그러나 사회학적 분석에서 실수했다고 벨을 비난한다면 이는 정당하지 못한 것이며, 그가 속한 집단 때문에 그를 외면한다면 더더욱 값어치가 없는 것이다. 다니엘 벨은 대수롭지 않은 사상가들이 그의 꽁무니를 따라다니는 것에 대해 아무것도 할 수 없지만, 그의 사회학적 오해에 대해서 자세하게 살펴보기 전에, 우리는 먼저 정보가 더 중요한 역할을 수행하게 된 사회의 유형에 대해 우리가 진지하게 생각할 수 있도록 해준 그의 능력에 찬사를 보내야 할 것이다. 탈산업사회는 부적절하게 개념화되었고, 경험적으로도 문제가 있으며, 모순적이고 일관성이 없지만, 그의 가장 잘 알려진 저작 《탈산업사회의 도래》는, 조지 오웰(George Orwell)의 표현을 빌리자면, '좋게 나쁜 책'이다. 대중적 서적을 통해 많은 독자들을 사로잡은 앨빈 토플러, 니콜라스 네그로폰테, 존 나이스빗 같은 미래학자들은 단순히 나쁜 책을 만들어 낸다. 즉 그들의 책은 거의 모든 측면에서 지적으로 가볍고, 독창성이 없으며, 분석적으로 서투르고 미숙하다. 반면에 다니엘 벨은 '좋게 나쁜' 책을 만들어 낸다. 물론 그의 책에도 잘못된 부분이 많이 있지만 그 품질만은 인정해야 한다. 즉 그것은 학문적으로 풍부하고, 대담하게 구성되었으며, 매우 대단하면서도 독창적인 성취물이다.

벨은 우리가 새로운 체계, 즉 탈산업사회로 진입하고 있다고 주장한다. 탈산업사회는 몇 가지 두드러진 특징이 있는데, 그것은 특히 정보의 늘어난 출현과 높아진 가치라 할 수 있다. 앞으로 보게 되겠지만, 다니엘 벨은 탈산업사회를 위해서는 정보와 지식이 양과 질 양면에서 결정적으로 중요하다고 주장한다. 한편으로 볼 때 탈산업주의의 특징은 사용되는 정보의 양적 증가로 이어진다. 그러나 다른 한편으로 벨은 탈산업사회에서는 질적 변화가 나타나며, 이는 그가 '이론적 지식'이라 부르는 것이 현저히 증가하는 과정에서 잘 드러난다고 주장한다. 다시 말해서, 탈산업사회에서는 단지 정보가 많이 있는 것만이 아니라 과거와는 다른 종류의 정보와 지식이 사용된다는 것이다. 이러한 특징이 있기 때문에, 벨의 '탈산업주의'론이 '정보사회'의 출현을 설명하고자 하는 사람들에게 호소력을 가지게 되는 이유를 쉽게 이해할 수 있을 것이다.

나의 견해로는 사회적, 경제적 그리고 정치적 문제에서 정보가 수행하는 역할이 증대했다는 그의 인식은 전적으로 올바른 것으로 보인다. 그러나 다니엘 벨은 이것을 새로운 유형의 사회, 즉 '탈산업' 시대를 나타내는 것으로 해석한다는 점에서 중대한 오류를 범하고 있다. 사실 실질적인 사회적 추세의 관점에서 검토하면 탈산업사회론은 지지될 수 없다. 즉 그의 '분석적 개념'을 실제 세계의 내용과 비교하면 적용될 수 없다는 것을 알 수 있다. 나아가서 그것은 단지 특정한 이론적 출발점과 방법론적 접근을 채택하였지만, 실제적 사회관계를 검토하면 오류로 나타나는 일종의 '이념형'(*ideal type*)적 구성물이다. 요컨대 그의 전체 구상은, 아래에서 드러나듯이, 경험적, 이론적 및 방법론적으로 중대한 오류를 내포한다. 벨에 대한 과감한 비판을 하면서 나는 독자들이 직접 벨의 저작을 읽어 보라고 촉구하지 않을 수 없다. 그의 저작에는 오류가 있겠지만 그의 야심과 연구업적은 개방적 사고를 지닌 사람에게는 반드시 영감을 줄 것이다.

1. 신 진화론

다니엘 벨은 미국이 탈산업사회라고 하는 새로운 체계로 이어지는 경로를 따라 세계를 이끌어 간다고 주장한다. 그는 탈산업사회의 발전이 불가피한 역사의 산물이라고 직설적으로 주장하지는 않지만, 전(前)산업사회에서 산업사회를 거쳐 탈산업사회로 이동해 가는 흔적을 추적하는 것이 가능하다고 생각한다. 여기에는 독특한 역사발전 과정이 기술되어 있으며, 이는 분명히 일종의 연대기라고 할 수 있다.

확실히 벨의 개념을 역사적 시기에 적용하는 것은 어렵지 않다. 예컨대 18세기 초반의 영국은 전산업사회, 즉 농업사회였고, 19세기 말엽에는 분명한 산업사회, 즉 제조업이 중요시되는 사회였다. 21세기에 진입함에 따라 탈산업주의의 징후들이 곳곳에 드러나는 사회, 즉 서비스가 지배하는 사회가 되었다. 벨의 설명을 보면 역사의 동력기는 완전한 탈산업사회를 향해 끊임없이 진행되도록 자동적으로 설정되어 있다는 견해를 거부하기 힘들다. 실제로 벨은 그러한 방향에 대해 충분히 확신하고 있어서 1970년대 초에 탈산업주의가 "21세기의 미국, 일본, 소련, 서유럽의 사회구조에서 … 주요 특성이 될 것이다"(Bell, 1973: x) 라고 주장하였다.

사회과학계에서 진화론적 사고는, 부침의 경향이 있지만, 대체로 호응을 얻지 못하였다. 사회적 다원주의가 그렇듯이, 우리가(어쩌다가 세계에서 가장 잘 사는 나라에 살게 된 저작자들) 우리보다 행운이 적은 다른 모든 나라들이 열망하고 지향하는 사회에 살고 있다는 독선적 태도를 보이기 때문에 진화론을 방어하기는 어렵다. 그것은 역겨울 정도로 자만에 찬 것으로 보일 수 있고, 지적으로도 많은 문제를 안고 있다. 그중에서도 서로 관련되어 있고 특히 언급할 가치가 있는 두 가지 문제가 있다. 첫 번째는 역사주의의 오류(역사의 근간이 되는 법칙이나 추세를 밝혀 낼 수 있고, 그에 따라 미래를 예측하는 것이 가능하다고 보는 사고)이고, 두 번째는 목적론적 사고(어떤 궁극적 목적을 향해 사회가 변화한다는 관념)의 문제이다. 현대적 개념으로 표현하자면 진화론 — 비평가들은 벨을 진화론자로 간주한다 — 은 역사적으로 서유럽, 일본 그리고 특히 미국의 발전방향에는 뚜렷한 추세가 나타난다고 주장한다. 이러한 사고에 따르면 사람들은 아무것도 할 필요가 없으며, 자신들의 사회에서 발견되는 문제 — 불의, 불평등, 인간 존재의 불안정성이나 냉혹함 등 — 에 대해 걱정할 필요도 없다. 그 이유는 역사의 논리가 사람들이 더 살기 좋고 바람직한 질서를 향해 상승적 변화를 계속해

갈 수 있도록 보장해 주기 때문이다.

다니엘 벨은 이러한 지적에 무너지기에는 너무 정교하고 생각이 빠른 사람이다. 사실 그가 이러한 문제 및 그와 관련된 문제, 그리고 반복적으로 제기되는 사회과학적 단점(우리가 보게 되겠지만 기술결정론이나 기술주의적 가정 등과 같은)을 경계한다는 것은 그의 저작의 특징이다. 부정하는 것만으로 무죄가 인정되는 것은 아니지만, 그는 이러한 비난을 즉시 반박한다.[2] 사회의 근원적 추세로 인하여, 우리가 불가피하게 '탈산업주의'로 이동해 간다는 생각을 거부하는 것이 어려운 것과 마찬가지로, 탈산업사회가 과거 어떤 유형의 사회보다도 우월한 사회라는 결론을 피하기가 어렵다는 것이 나의 견해이다. 탈산업사회에 대한 벨의 설명을 검토하면, 독자들은 진화론적 전제에 대한 이러한 헌신을 스스로 가늠하게 될 것이다.

2. 분리된 영역들

그러기 전에 우선 다니엘 벨의 저작에서 근본적이고 중요한 이론 및 방법론적 요체를 살펴보자. 탈산업사회는 정치나 문화가 아닌 사회구조상의 변동을 통해 출현한다. 그러한 변동은 거의 대부분 정치와 문화적 영역에 대하여 "문제를 제기"하게 마련이다(Bell, 1973: 13). 그러

2) 존 골드소프(John Goldthorpe)는 1971년 "역사주의자들의 주장은 공개적으로 지지될 수 없거나 실제적으로 부정될 수 있음에도 불구하고"(1971: 263) 사회과학자들 사이에서 나타나는 '역사주의의 재강조' 경향에 대해 불평하면서, 벨을 직접적으로 비판하였다.

나 벨은 변동을 어느 한 영역에서 기인하여 사회의 다른 모든 차원에 영향을 미치는 것으로 볼 수 없다는 점을 강조한다. 그의 견해에 따르면, 선진사회들은 "근본적으로 분절적이다"(Bell, 1980: 329). 즉 사회구조, 정치 그리고 문화 같은 독립적 '영역들'이 존재하며, 이들은 서로 간에 자율성을 가지고 있어서 한 영역에서 발생한 것이 다른 것에 영향을 주는 것으로 가정될 수 없다는 것이다. 예컨대 경제에서 어떤 변화가 일어나면 그것은 분명히 정치인들에게 기회나 난국을 가져다 줄 것이다. 그러나 벨은 그것이 자동적으로 대응을 야기하지는 않는다고 주장한다. 즉 사회구조의 영역(경제를 포함하는)과 정치는 매우 독립적이라는 것이다.

다른 말로 표현하면, 벨은 반총체주의자(*anti-holist*)로서 사회가 "단일한 체계로 분석될 수 있을 만큼 유기적이거나 통합되어 있지 않다"고 계속하여 주장한다(Bell, 1973: 114). 그는 자본주의를 사회의 모든 부분에 침투하는 어떤 것으로 인식하는 좌파 이론이나 사회가 질서와 평형을 향해 통합된 방식으로 기능한다고 믿는 보수주의 이론에 상관없이 모든 전체적/총체적 사회이론을 단호히 거부한다. 이러한 접근에 반하여 벨은 현대사회를 사회구조, 정치 그리고 문화의 3가지 영역으로 구분한다. 그러나 이러한 구분은 외견상 임의적으로, 그리고 아무런 명확한 이유 없이 이루어진다(왜 3개의 영역만인가? 법, 가족 또는 교육은 왜 분리된 영역이 되지 못하는가?). 앞에서 언급했듯이, 벨 교수는 현대 세계에서의 '분리된 영역'의 존재에 대해 논리적 근거를 제시하지 않는다. 즉 분리된 영역은 단지 존재하며, 그 사실을 인정하지 않는 사회과학자는 오류라는 것이다.

독자들은 내가 이것을 현상적으로 난해하게 만드는 것에 대해 다소 당황스러워할 수도 있다. 사회가 분리된 영역으로 구분된다고 하는 벨의 주장을 왜 문제 삼는가? 그 이유는, 앞으로 보게 되겠지만, 이 주장이 벨의 사상의 몇 가지 측면에 절대적으로 중요하기 때문이다. 첫째, 분리된 영역을 설정함으로써 그는 현상적으로 모순된 견해들을 동시에 주장할 수 있게 된다. 자주 반복되는 벨의 주장, 즉 "나는 문화에서는 보수주의자이고, 경제학에서는 사회주의자이며, 정치학에서는 자유주의자"(Bell, 1976: xi) 라는 주장은, 각각에 대해 다양한 견해를 가질 수 있는 3개의 자율적 영역이 존재한다는 것에 대한 그의 확신을 전제로 한다. 문화가 경제로부터 독립적이고, 경제가 정치로부터 독립적이라는 식의 입장을 견지할 수 있는 한, 벨은 일관성을 결여한 혼동되고 모순적인 사상가가 아니라, 3가지 모든 영역에서 신뢰성 있는 것처럼 보일 수 있다.

둘째, 영역을 근본적으로 구분함으로써 벨은 한 영역에서의 발전이 다른 영역에 어느 정도까지 영향을 미치는가 하는 까다로운 질문을 회피할 수 있다. 그는 한 영역에서의 사건이 다른 영역에 '문제'를 제기할 수도 있다는 것은 인정하지만, 더 이상은 언급하지 않고 자신의 관심사는 특정한 하나의 영역에만 있다고 결론 내린다. 그러나 이것은 분명히 받아들여질 수 없는 것이다. 벨이 각 영역은 분리되어 있다고 주장하기 때문에, 영역 간의 관계를 명시해야 하는 까다로운 쟁점을 이론적 및 방법론적 가정의 문제로 되돌림으로써 피할 수 있는 것이다.

셋째, 벨은 자신의 출발점을 정당화해 주는 어떠한 증거나 논거를 제시하지 않는다(Ross, 1974: 332~334). 사람들의 일상생활세계에서의 문제들은 불가피하게 문화, 정치 그리고 사회구조들 간의 상호관계 속에서 제기되기 때문에, 벨이 영역들 간의 '근본적 분절'을 주장하는 것은 적어도 도피적이며 심하게는 지적 사기라고 할 수 있다. 물론 대상을 포괄적인 범주로 갈라놓는 것에 대해 경계할 수 있지만, 부분의 근본적 독립성을 주장하는 반박은 기껏해야 순진한 것이다. 문화가 사회구조로부터 어느 정도는 자율적이라는 것은 의심의 여지가 없지만, 예컨대 시장관행이 영화나 텔레비전 프로그램의 제작과 배포에 침투하는 방식이나, 계급관계가 교육적 성취에 영향을 미치는 방식, 그리고 특정 유형의 독자들이 선호하는 작가 등과 같은 문제는 무시될 수 없다. 지적 정직성은 상대적으로 독립적인 부분들 간의 이러한 상호연관의 특성에 대한 검토를 요구한다.

넷째, 탈산업사회에 대한 벨의 설명이 가지는 가장 두드러진 특징 중 하나는, 한때는 사회 전반에 걸쳐 유지되었으나 이제는 파괴되고 있는 '공통가치체계'(Bell, 1973: 12)의 붕괴를 보여 준다는 것이다. 실제로 그는 "우리 시대에는 세 영역 간의 분절이 점점 더 증가하고 있다"고 주장한다(p. 13). 시사적인 저작 《자본주의의 문화적 모순》을 조직하는 주제는, 과거에는 통합되어 있었던 문화적 에토스와 사회구조적 요구(벨은 투자와 검약을 권장함으로써 사회경제적 발전의 요구에 부응한 것은 건전하고 자제하며 열심히 일하는 19세기 청교도의 특성 구조라고 주장한다)의 분열이다. 나아가서 《탈산업사회의 도래》에서 벨은 전문직 종사자의 증가와 같이 정치에 중요한 영향을 미치는 문화나 사회구조의 추세를 강조한다(일반적인 질문: 전문직 종사자들이 지배할 것인가?). 그러한 쟁점에 관심을 기울이면서 벨은 분명 영역 간의 분절이 아니라 그 상호연관성을 강조한다. 한때 통합되었던 문화와 사회구조가 왜 분리되었으며, 그 다른 측면으로서, 얼마나 많은 연관이 그대로 남아 있는가? 만일 한 영역에서의 발전이 다른 영역에 실제로 영향을 미친다면, 그 본질은 도대체 무엇인가?

비판가 피터 스타인펠스(Peter Steinfels)가 주장하듯이,

> 3가지 영역이 복잡하게 상호 관련되어 있다는 것은 분명할 뿐만 아니라, 벨의 관심을 크게 끄는 것도 바로 그 상호관계이다. 3가지 영역에 대한 분석적 분리에도 불구하고, 그는 전체로서의 사회라는 개념으로부터 벗어날 수 없다. 그것은 그의 글에서 자꾸만 되살아나고 명시적으로 표명되지 않는 경우에는 암시되며, 그가 불안해하는 바로 그 대상이다. … 〔이러하다면〕 벨은 영역의 분화이론뿐만 아니라 영역 간 관계이론도 필요로 한다. … 그것은 한 영역에 좌우되는 단순한 결정론일 필요가 없다. … 그것은 상호작용의 범위, 방향, 그리고 양식을 어느 정도 명시할 필요가 있다(Steinfels, 1979: 169).

3. 탈산업사회

내가 탈산업사회에 대한 벨의 설명을 요약하여 제시하는 동안 독자들은 벨의 출발 원칙을 명심해야 하는데, 그것은 사회구조가 근본적으로 정치와 분리되어 있다는 것이다. 결정적으로 탈산업사회는 단지 사회구조상의 변동으로부터 출현한다. 여기에는 경제, 직업구조, 계층구조 등이 포함되지만 정치나 문화적 쟁점은 제외된다. 이렇게 볼 때 《탈산업사회의 도래》는 사회의 단지 한 분야에서 일어나는 변동에 대한 설명이다. 따라서 그 누구도 이러한 변동이 가장 중대한 부분이라고 가정해서는 안 된다고 벨은 말한다.

벨은 일정한 단계에서 지배적 고용(*employment*) 양식에 따라 결정되

는 사회에 대한 유형론을 제시한다. 그의 견해에 따르면, 가장 일반적인 노동의 유형이 그 사회를 규정하는 특징이 된다. 그리하여 벨은 전(前)산업사회에서는 농업노동이 거의 모든 부분에 편재하였고, 산업사회에서는 공장노동이 일반적이었으며, 탈산업사회에서 지배적인 것은 서비스노동이라고 주장한다.

생산력 증가를 변동의 열쇠로 간주하면서 벨은 왜 이러한 변화들이 일어나야 했는지를 설명한다. 한 사회에서 다른 사회로 이행하는 데 결정적 요인은 '합리화'(효율성) 원칙의 적용에 따라 '더 적은 것으로 더 많은 것을' 얻는 것이 가능해지는 것이다. 전산업사회에서는 모든 사람이 단지 생계수단을 얻기 위해서 토지를 경작해야 했다. 그러나 모든 사람이 토지를 경작하지 않고도 전체 인구를 부양하는 것이 가능해짐에 따라(예컨대 개량된 농법, 윤작, 가축사육 등을 통해), 일부 사람들이 농장을 떠나는 것이 가능하게 되었고, 그들은 필요한 식량 공급에 대한 걱정을 하지 않고도 다른 일을 할 수 있게 된 것이다.

이에 따라 그들은 도시와 마을을 전전하면서 점점 증가하는 공장에 노동력을 제공하는 대신, 자신들의 식량은 그 나라에서 생산된 잉여에서 구매하게 된다. 이러한 과정이 지속되어 점점 소수 인구에 의해 생산되는 농업 잉여가 증가함에 따라(농업이 기법과 기술의 측면에서 합리화되면서 더 적은 농업노동자로 더 많이 생산하게 된다), 대부분의 사람들이 농경으로부터 벗어나서 성장하는 공장에서 일하는 것이 가능하게 되었다. 농업에서 이러한 과정은 끊임없이 지속되어 오늘날에는 극소수만이 농업에 종사하지만, 콤바인, 공장형 농장, 유전공학 등과 같은 고도기술에 힘입어 생산성은 크게 증가했다. 과거 영국에서는 거의 대부분의 사람들이 생계유지의 필요 때문에 농업에 매달려야 했지만, 오늘날에는 3% 미만의 노동력이 국가 전체 식량의 절반 이상을 공급한다.

이러한 과정이 진행됨에 따라 우리는 산업노동이 지배적인 산업사회로 진입하게 된다. 그리고 '더 적은 것으로 더 많은 것을'이라는 원칙이 이 사회를 지배하게 된다. 그리하여 점점 더 효과적인 기술을 공장에 적용하고, 그에 따라 생산성이 지속적으로 증가함에 따라 산업사회는 번창하게 된다. 증기동력은 육체노동의 필요성을 감소시키면서도 산출은 증가시킨다. 전기는 조립라인을 가동할 수 있게 한다. 산업화의 역사는 엄청난 생산력의 증가를 가능케 해준 이러한 기계화와 자동화의 행진으로 서술될 수 있다. 불굴의 논리는 점점 더 적은 수의 노동자로 더 많은 산출을 얻는 것이다.

생산성이 급상승함에 따라 공장에서 잉여가 발생하며, 이러한 잉여로 인하여 교육, 병원, 오락, 공휴일 등과 같이 과거에는 상상하기조차 힘들었던 사치품들을 소비하는 것이 가능하게 되었다. 한편 산업적으로 생산된 부의 이러한 소비는 서비스업, 즉 산업사회의 풍요에 따라 새롭게 생겨나고 충족할 수 있게 된 욕구를 만족시키기 위한 직업에서의 고용기회를 창출한다. 공업이 더 많은 부를 생산하고 기술혁신 덕분에 더 적은 수의 노동자를 필요로 하게 됨에 따라('더 적은 것으로 더 많은 것을'이라는 친숙한 추동력), 더 많은 서비스가 발생하며 더 많은 사람이 공장을 떠나 서비스 영역에서 고용기회를 찾게 된다.

이러한 과정이 지속됨에 따라 — 벨은 '탈산업사회로 진입하게 됨'에 따라 그것은 지속된다고 주장한다 — 다음과 같은 분명한 결과가 나타난다.

- 산업노동자의 감소로, 궁극적으로는 극소수의 사람만이 공장에서

일하게 되는 상황('로봇 공장', '완전 자동화'의 시대)의 도래

- 산업노동자의 이러한 감소에 수반되는 것으로서, 계속되는 합리화에 따른 연속적이고 지속적인 산업적 산출의 증가
- 사람들이 새롭게 만들어 내거나 충족하고 싶은 욕구(병원시설에서 마사지에 이르는 모든 것)에 쓰일 수 있는, 산업적 산출에서 이전된 부의 지속적 증가
- 산업적 직업에 고용된 사람들의 지속적 방출
- 늘어난 부가 창출하는 새로운 욕구의 실현을 추구하는 서비스업에서의 끊임없는 새로운 취업기회 공급(즉 사람들이 부유해짐에 따라 그것을 소비할 새로운 대상을 발견하게 되고, 이것은 서비스노동자를 필요로 함)

벨의 탈산업주의에 대한 확인은 친숙한 경험적 사회과학을 바탕으로 한다. 일찍이는 1940년에 콜린 클라크(Colin Clark)에 의해 구체화되고, 나중에는 빅터 푹스(Victor Fuchs, 1968) 같은 사람에 의해 양화되었듯이, 1차 산업(크게 보아 농업과 추출산업)과 2차 산업(제조업)의 현저한 감소와 그에 대한 반작용으로 나타난 3차 산업, 즉 서비스부문 일자리의 팽창이 있었다는 것은 부인할 수 없는 사실이다. 잠시 후에 보겠지만, 벨에게는 '서비스사회'도 탈산업적이다.

그러나 이것을 더 자세하게 설명하기 전에, 서비스부문 고용은 실제로 부문 간의 고용이동에 대한 오래된 역사의 종말이라는 점이 강조되어야 한다. 이것의 배후에 놓인 논리는 분명하다. 즉 '더 적은 것으로 더 많은 것을'이라는 에토스가 처음에는 농업, 그리고 나중에는 공업을 자동화함으로써, 농지와 산업노동자 계급을 제거하는 동시에 부의 증

가를 가능케 하였다는 것이다. 벨과 같은 사상가들이 볼 때 이러한 잉여는 긍정적 발전이다. 왜냐하면 '산업사회' 시대의 정점에 다다름에 따라 잉여는 먼저 유쾌하지 못한 육체노동을 제거하고, 동시에 급진적 정치도 철폐하기 때문이다. 여기서 급진적 정치란 보다 정확하게 말하면 마르크스주의적 정치선동인데, 벨은 프롤레타리아가 사라지고 있는데 어떻게 계급투쟁이 일어날 수 있겠는가 라고 반문한다. 마찬가지로 자동화는 노동자 계급을 철폐하면서도 사회 전체로는 부의 지속적 팽창을 가능케 하였다. 이러한 추가적 자원을 공급받는 사회는 크리스티안 엥겔(Christian Engel)의 공리에 따라 행동하여 늘어난 자원의 소비대상이 되는 새로운 욕구를 개발한다.[3)]

앞에서 언급했듯이, 이에 따라 서비스부문 고용이 늘어난다. 사회가 부유해짐에 따라 새로운 욕구가 개발되는 것이다. 이것은 호텔, 관광, 정신의학과 같은 서비스의 지속적 성장을 가져온다. 욕구는 완전히 충족될 수는 없다는 점에 주목할 필요가 있다. 쓸 돈이 있는 한, 사람들은 마사지, 참여 스포츠, 정신치료 등과 같은 추가적인 욕구와, 당연히 더 많은 여가(생산성 증가가 지속되는 한 노동시간이 감소될 것이다)를 만들어 낼 것이고, 이는 다시 피트니스 트레이너, 프로 골프선수, 수영 강사와 같은 일자리를 창출할 것이다. 이러한 원리는 개인적

---

3) 크리스티안 엥겔의 공리에 따르면 국가의 부가 증대됨에 따라 가정에서 식품에 지출되는 돈의 비율이 줄어들기 시작하고, 한계증가분은 처음에는 내구재(의복, 주택, 자동차)에, 그리고 다음에는 사치품, 여가 등에 쓰인다. 그리하여 사람들의 활동 지평이 확대되고 새로운 욕구와 기호가 발전됨에 따라 제 3의 부문, 즉 음식점, 호텔, 자동차 서비스, 여행, 오락, 스포츠 등과 같은 개인 서비스가 성장하기 시작한다(Bell, 1973: 128).

차원과 사회적 차원 모두에서 타당하다. 개인이 부유해지면, 예컨대 집안일을 하는 청소부를 필요로 하고, 정규적으로 외식을 하며, 자녀를 돌볼 사람을 고용하고, 장거리 휴가 여행을 떠나게 된다. 사회적 수준에서 부가 증가하면 전체 아동 및 연령 집단을 위한 교육, 국민들을 위한 의료 서비스 등이 요구된다. 욕구의 충족은 끝이 없다.

부가 증가하는 한 개인과 정치인들은 여분의 부를 흡수할 수 있는 욕구를 만들어 낼 것이다. 예컨대 부유한 개인은 운전기사, 개인 트레이너, 심지어는 의상 컨설턴트를 원하게 된다. 마찬가지로 부유한 사회는 연금과 고령자 돌봄에 엄청난 돈을 투자할 것이고, 기대수명과 사회에 대한 의존성은 지속적으로 증가할 것이다. 나아가서 서비스 고용은 자동화하기가 특히 어렵다는 독특한 특징을 가지고 있다. 대인적이고 대체로 무형적인 것이기 때문에(치료사, 조언가, 상담사 등) 기계를 통한 생산성 향상은 실제로 불가능하다. 사회사업가나 간호사 또는 교사를 어떻게 자동화할 수 있겠는가?

간단히 말해서, 농업과 공업에서 생산성이 증가하고 더 많은 부가 생성됨에 따라 서비스도 증가할 것이지만, 서비스직업이 자동화될 것이라는 두려움은 많지 않다. 이런 이유 때문에 전산업시대와 산업시대에 걸쳐 결정적 영향력을 행사했던 진화적 과정은 우리가 성숙된 탈산업사회에 진입함에 따라 그 힘을 상실한다. 탈산업사회의 도래와 더불어 기술혁신으로 인한 직무 재배치의 역사는 종말을 맞이하고, 그에 따라 고용이 안정되는 것이다.

4. 정보의 역할

부의 지속적 증가에 따라 서비스직이 지배적이 된다는 것을 받아들인다고 하더라도, 정보의 역할에 대한 의문은 계속 남는다. 벨이 "탈산업사회는 정보사회"(Bell, 1973: 467) 라고 하고, '서비스 경제'가 탈산업주의의 도래를 표시한다고 과감하게 공언하는 이유는 무엇인가? 그의 이론화 속에서 정보의 위치를 이해하는 것은 어렵지 않다. 벨은 몇 가지 상호 관련된 경험적 사실을 이용하여 이를 설명한다. 결정적으로 그것은 상이한 시대에서의 생활 특성과 관련된다. 전(前) 산업사회에서 생활은 "사람들이 순전히 근력으로 하게 되는 … 자연에 대한 게임"이었다(Bell, 1973: 126). "기술적이고 합리화된" 존재양식 속에서 "기계가 지배적이었던" 산업사회에서의 생활은 "인공적 자연에 대한 게임이었다"(p. 126). 이러한 두 사회와는 달리 "서비스에 기반한 탈산업사회"에서의 생활은 "사람들 간의 게임이다"(p. 127). 이제 "중요한 것은 근력이나 에너지가 아니라 정보이다"(p. 127).

다시 말하면, 토지로부터 생계수단을 얻어내기 위해 애써야 했고, 근력과 전통적 방법에 의존해 일했던 전(前) 산업사회나, 기계의 생산에 의존해야 했던 산업사회와는 달리 서비스/탈산업사회의 출현으로 대부분의 경우 노동의 재료는 정보가 되었다. 결국 '사람 간의 게임'은 정보가 기본적 자원이 되는 게임이 된다. 금융가는 돈거래만 하고, 심리치료사는 환자와 대화만 하고, 광고 대행업자는 이미지와 상징을 만들어 내고 전달하며, 교사는 지식 전수만 한다. 서비스노동은 분명히 정보노동이다. 결국 서비스 고용의 지배는 정보의 양적 증가로 이어지게 된다.

이것을 벨의 후기 개념으로 서술하자면, 노동의 3가지 유형, 즉 '추출', '제조', '정보활동'으로 구분하는 것이 가능하다(Bell, 1979: 178). 이들 간의 균형은 역사적으로 변화했으며, 탈산업사회에서 "지배적인 직업집단은 정보노동자로 구성된다"(p. 183). 보다 일상적인 용어로 표현하자면 선진국에서는 광업, 조선, 토목 분야의 일자리는 더 이상 존재하지 않고, 제조업에는 매우 적은 일자리만 있으며, 농업 분야에는 그보다 더 적은 일자리만 존재한다. 반면 오락에서부터 보건에 이르는 서비스분야에서는 일자리가 창출된다.

그러나 다니엘 벨은 여기에서 더 나아가 다음과 같은 몇 가지 이유로 탈산업사회를 특히 살기 좋은 곳으로 묘사한다. 먼저, 정보노동은 대부분 화이트칼라 고용인데, 이것은 물건보다는 사람을 다루는 것이기 때문에 지금까지보다 더 높은 직업만족을 가져다 줄 수 있다는 것이다. 둘째로, 서비스부문에서는 전문직이 번창하여, 벨의 주장에 따르면, 1980년대 말에는 노동력의 30% 이상이 전문직으로 구성된다(Bell, 1989: 168). 이것은 탈산업사회에서 "중심적인 사람"은 "전문직 종사자이다"라는 것을 의미하는데, 이는 전문직업인들이 "교육과 훈련을 통해 탈산업사회에서 점점 더 많이 요구되는 기술을 제공할 수 있기 때문이다"(1973: 127). 셋째로, "탈산업사회의 핵심은 전문기술 서비스직"(Bell, 1987: 33), 즉 "탈산업사회에서 핵심 집단을 형성하는 이는 과학자와 엔지니어들이다"(1973: 17). 넷째로, "탈산업사회에 결정적인 것"은 특정한 영역의 서비스이다. 이것은 의료, 교육, 연구 그리고 정부에 종사하는 전문직업인들로 구성되는데, 이러한 분야는 "대학, 연구단체, 전문직종 그리고 정부"와 같이 "새로운 인텔리겐치아의 증가"

가 두드러지는 영역이다(p. 15).

전문직 활동이 늘어나면서 지식인들에게 더 많은 역할이 부여되고, 자격요건에 더 많은 중요성이 부과되며 대인(*person-to-person*) 고용이 늘어나게 된다. 이것은 매우 매력적인 전망을 제시하여 줄 뿐만 아니라, 정보/지식의 역할도 상승시킨다. 이에 대해서는 다시 언급하겠지만, 여기서는 벨이 탈산업사회의 긍정적 특징에 대해 더 많은 논의를 하고 있다는 것에 주목할 필요가 있다. 그가 볼 때 전문직의 증가는, 그 활동과정에서 더 많은 정보가 만들어지기 때문에, 과거보다 순환되는 정보가 엄청나게 더 많다는 것뿐만 아니라 사회가 중요한 질적 변화를 겪는다는 것도 의미한다. 이렇게 되는 이유 중 하나는 지식 전문가로서 전문직 종사자들은 계획하는 성향이 있다는 것이다. 이러한 성향이 사회의 지배적 특성이 됨에 따라 자유방임주의적 변덕스러움을 대체하게 된다. 전문직 종사자들은 미래를 무정부적 자유시장에 맡겨 놓지 않고 '보이지 않는 손'을 예측과 전략 그리고 계획으로 대체할 것이기 때문에, 탈산업사회는 보다 의도적이고 자의식적인 발전경로를 따르게 되며, 그에 따라 과거에는 상상할 수 없었던 방식으로 자신의 운명을 통제할 수 있게 된다.[4)]

---

4) 이 시점에서 회의적인 사람들은 물리학, 수학, 경제학 등의 분야 학위를 가진 고학력 졸업자의 역할에 대한 질문을 유보할 필요가 있다. 이들은 1987년 폭발적인 탈규제 이후 대도시의 은행과 금융사로 대규모로 진출하였으며, 그들의 모험투자는 '카지노 자본주의'를 만들어 냈고(Strange, 1997, 1998) — 그리고 파생상품(*derivatives*), 위험분산(*hedges*), 재정거래(*arbitrage*) 등을 위한 복잡한 수학 모형을 개발 — 우리가 아직도 논쟁하고 있는 2008년의 위기를 초래하는 과정에서 많은 역할을 하였다 (Lanchester, 2010; Lewis, 2011). 한때 런던금융위원회 수장이었던 어데어 터너 (Adair Turner, 2009)가 이러한 활동의 일부를 '사회적으로 무용지물'로 묘사하였다

두 번째 질적 변화는, 서비스가 전문직 종사자들에 의해 행해지는 '사람들 간의 게임'이기 때문에 이러한 관계의 특성이 전면으로 부각된다는 사실과 관련된다. 학자들은 개별 학생으로 인하여 생기는 이익과 손실에 관심 갖지 않는다. 중요한 것은 젊은 학생들의 지식, 인격 그리고 숙련의 발달이다. 의사는 환자를 일정 정도의 수입으로 간주하지 않는다. 나아가 논리적으로 볼 때, 전문직 종사자들이 가진 지식의 영향력이 커지는 이러한 대인지향적 사회는 관심(*caring*)사회로 발전한다. '탈산업'사회에서는 사람들이 단위(*units*: 관심이 기계와 돈에 있었던 시대에 산업노동자들이 맞이했던 바로 그 운명)로 취급되지 않으며, 고객의 욕구를 전제로 하는 전문직 종사자들의 대인지향적 서비스에서 득을 본다. 관심에 대한 이러한 욕구와 계획에 대한 요구는 탈산업사회에서 '새로운 의식'으로 이어지는데, 이는 '공동사회'(Bell, 1973: 220)에서와 같이 개인보다는 공동체를(p. 128) 준거점으로 삼게 된다고 벨은 주장한다.

환경, 노인보호, 인격교육 등과 같은 관심사는 모두 경제적 산출이나 경쟁의 문제보다 우선시되며, 전문직 종사자들의 전문지식과 우선순위 덕분에 역점을 두고 다루어진다. 이것은 '경제화'(*economizing*: 자기 이익을 위한 보상의 극대화) 에토스에서 '사회화'(*sociologizing*) 생활양식("보다 의식 있는 방식으로 … '공적 이해'에 대한 분명한 개념에 기초해서 사회의 필요성을 판단하려는 노력")(1973: 283)으로의 변화라고 벨은 주장한다.

여기에서 독자들은 '탈산업'사회론이 진화론적 가정을 한다는 비판

는 점도 언급할 필요가 있다.

에 대한 언급을 상기할 것이다. 내가 보기에는 탈산업사회가 그 전의 사회보다 발전단계상으로 한 단계 높은, 그리고 생산력을 증가시킬 여력이 있는 모든 사회가 지향하는 우월한 유형의 사회라는 결론을 피하기는 힘들 것 같다.

5. 지적 보수주의

이러한 모든 것들 속에서 분명한 것은 정보노동이 증가하고 지식기반 자격을 바탕으로 활동하는 전문직업이 더 많아지는 것을 근거로 하여, 다니엘 벨은 산업사회와 '탈산업'사회 간의 분명한 단절을 확인한다는 것이다. 과거보다 더 많은 정보가 있다는 것과 정보의 사용이 급상승하고 있다는 것에 대해서는 논쟁의 여지가 없지만, '탈산업주의'가 이전의 사회로부터 체계적 단절을 나타내는 것이라는 벨의 주장에는 많은 문제가 있다.

하나의 문제는 벨이 새로운 유형의 사회에 관한 이론을 구성하면서 그 근거로 삼고 있는 불안정한 토대에 관한 것이다. 전문직의 증가—매우 현저한 것이라고 할지라도—를 근거로 새로운 사회가 도래하였다고 결론을 내려야 할 본질적 이유가 없다. 예컨대 산업적 소유형태가 그대로 남아 있고 경제를 움직이는 추동력도 변하지 않았다면, 그 체계—직업은 별도로—가 변하지 않았다고 주장하는 것은 지극히 논리적인 것이다. 스위스와 같은 나라가 은행과 금융에 크게 의존한다고 해서 직업이 이와는 다르게 분포된 노르웨이나 스페인 같은 나라와 근본적으로 다르다고 주장한 사람은 아무도 없었다. 표면적 특성이 어떻게 나타나든 그것에 상관없이 모두 자본주의라는 것은 분명하다.

그렇지만 이에 대하여 벨과 그의 동조자들은 두 가지 반응을 나타낸다. 첫 번째는 체계적 단절이라고 결론짓기 위해서는 어느 정도의 변동이 있어야 하는가의 문제와 관련된다. 이에 대하여 유일하게 솔직한 대답은 그것이 판단과 논리적 주장의 문제라는 것이다(그리고 잠시 후에 나는 '체계적 연속성'이라고 판단하는 이유를 제시할 것이다). 둘째로, 분리된 '영역'의 분석에 헌신적으로 집착하는 벨은 한 축에 있어서의 변동은, 관련되어 있지 않은 다른 차원에서는 연속성이 존재하더라도, 새로운 사회질서를 나타낸다고 응답할 수 있다는 것이다. 이리하여 직업적 및 정보적 발달에 의해 입증되듯이 분명한 '탈산업'사회가 존재한다는 것에 대한 그의 헌신이 지지될 수 있다. 나는 바로 아래에서 그의 반총체주의는 옹호될 수 없는 것이며, 분명한 체계상의 연속성이 존재한다는 것을 증명하는 것이 가능하다고 주장함으로써, 이러한 반응에 대하여 반론을 제기하고자 한다.

그러나 이러한 좀더 실제적인 논의로 넘어가기 전에, 새로운 '탈산업'시대가 출현하고 있다는 생각을 의심하게 만드는 또 다른 이유를 말하겠다. 이는 벨이 낡은 체계에서 새로운 체계로의 이행에 대한 설명으로서 제시하는 이유들을 검토함으로써 탐구될 수 있다. '왜 이러한 변동이 일어나게 되는가?'라는 질문에 대하여 벨은 사회과학적 연구에서 매우 흔한 주장을 내세운다. 근본적으로 새로운 체계가 출현하고 있다는 그의 주장의 타당성에 회의를 갖게 된 이유도 바로 이러한 지적 보수주의 때문이다.

이에 대해 좀더 자세하게 설명해 보자. 앞에서 보았듯이, 벨에 따르면 변동의 원인은 근로자들이 농업과 공업으로부터 서비스업으로 이동하는 것을 가능케 해주는 생산성 증가이다. 생산성 증가는 더 적은 수의 농부와 노동자가 더 많은 식량과 재화를 생산할 수 있게 해준 기술혁신에 따라 일어난다. 벨이 "기술은 … 생산성 증가의 기반이고, 생산성은 경제적 생활을 변형시키고 있다"(1973: 191) 라고 말하듯이, 생산성 증가가 있어야 모든 서비스직이 유지될 수 있기 때문에 탈산업사회의 기반이 되는 것은 바로 이러한 생산성이다.

여기서 특히 주목되는 것은 이러한 설명은 널리 알려진 사회학적 설명의 한 방식이라는 점인데, 즉 사회과학에서 크게 의심을 받고 있는 '기술결정론'을 표현한다는 것이다. 이것은 두 가지 매우 의심스러운 의미를 포함한다. 하나는 기술이 사회변동의 결정적 동인이라는 것이고, 다른 하나는 기술이 엄청난 사회적 영향을 미침에도 불구하고 그 자체는 사회세계와 동떨어진 것이라는 점이다. 비평가들은 도대체 사람, 자본, 정치, 계급, 이해 등은 어떤 역할을 하느냐고 반문한다(Webster and Robins, 1986, 제 2장). 기술이 변화의 동인이면서도 사회적 관계에 의해 영향을 받지 않는다는 주장이 참일 수 있거나 가능한가? 연구개발(R&D) 예산을 결정하는 가치와 권력은 어떻게 되는 것인가? 혁신에 투자하는 기업의 우선순위는 어떠한가? 저러한 사업이 아니라 이러한 사업을 택하는 정부의 선호는 어떠한가?

여기서 기술결정론에 대한 자세한 반론보다 더 중요한 것은, 벨의 '지적 보수주의'가 가지고 있는 보다 일반적인 특성을 제대로 평가하는 것이다. 기술이 변동의 동력이라는 이 오래된 명제〔적어도 18세기 말엽 산업화의 초기단계에 대한 저작을 냈던 생시몽(Saint-Simon)과 오귀스트 콩트(Auguste Comte)까지 거슬러 올라갈 수 있는〕의 제시는 거의 모든 사회학 입문서에서 심하게 비판받고 있다. 기술결정론은 사회사상사에서 뿌리가 깊은 것이기 때문에, 사람들은 '탈산업주의'의 새로움을 강조하는 벨의 주장에 대해 의구심을 갖게 된다.

나아가 그의 견해 중 다른 내용도 이러한 의구심을 증폭시킨다. 그것은 그가 막스 베버(Max Weber) — 19세기 말과 20세기 초 자신의 주위에서 일어나는 산업적 변동에 관하여 연구를 했던 고전사회학의 주요 선구자 — 에 크게 의존하고 있다는 것, 특히 베버를 '합리화'에 관한 주요 사상가로 해석한다는 점이다. 벨은 베버가 "서구사회의 핵심은 합리화"라고 생각했다고 주장하는데(Bell, 1973: 67), 벨의 용어로 이는 '더 적은 것으로 더 많은 것을'이라는 에토스의 성장을 의미하며, 보다 일상적인 용어로 표현하면 "기능적 효율의 정신과 측정이라는 법칙, 즉 물적 자원뿐 아니라 모든 생활에 대한 '경제화' 태도(극대화, 적정화, 최소비용)의 확산"(p. 67)을 의미한다. 다르게 표현하면 생산성의 증가, 즉 새로운 기술의 응용은 근본적으로 볼 때 모두 '합리화'의 문제이다. 벨 교수가 볼 때 "사회구조의 주된 원칙은 경제화(*economizing*), 즉 최소비용, 대체성, 적정화, 극대화 등과 같은 원칙에 따라 자원을 분배하는 방식이다"(p. 12, 강조는 원문대로).

다시 말하지만 여기서 우리가 발견하는 것은 매우 잘 알려진 — 그리고 심하게 도전받는 — 변동에 대한 설명이다(Janowitz, 1974 참조). 그리고 그것은 생산성이 기술혁신으로부터 유래한다는 그의 주장에도 깔려 있다. 벨은 그렇지 않다고 말하면서, 기술결정론이라는 비난을 명시적으로 거부한다. 그러나 그가 이렇게 주장할 수 있는 것은 단지 훨씬 더 근본적이고 결정적인 변동의 원인 — 합리화, 즉 '더 적은 것으로 더 많은 것을'이라는 감추어진 동학 — 이 존재하기 때문이다. 대표적인 벨 비판가인 크리샨 쿠마르(Krishan Kumar)가 적절하게 지적하듯이, 벨의 탈산업사회의 거의 모든 측면은 서구 산업사회에서의 잔인한 '합리화' 과정에 대한 베버의 설명을 확장하고 정교화한 것으로 간주될 수 있다(Kumar, 1978: 235). 새로운 유형의 사회에로의 급격한 사회변동을 만족스럽게 설명하면서도 지적으로 보수적일 수 있다는 주장은 반박될 수 있다. 그런 주장이 가능하기는 하겠지만, 내가 볼 때 벨의 시나리오는 그렇지 않다. 왜냐하면 그가 베버로부터 많은 것을 빌려왔고 구식의 기술결정론에 의지하고 있다는 것을 통해, 우리가 그의 저작에서 주목하게 되는 것은 과거와의 단절이 아니라 바로 연속성을 강조하는 주장에 대한 재(再)진술이기 때문이다.

산업주의의 출현과 방향을 탐색하는 것이 주요 관심사였던 19세기 사회과학자들이 주로 다루었던 주제에 의존함으로써, 벨은 탈산업사회가 새로운 것이라는 그의 주장을 약화시키고 있다. 고전적 사회이론가들이 산업주의의 발달을 이해하기 위해 개발한 논지를 빌려서 그것이 실제로는 새로운 탈산업사회의 출현을 설명한다고 주장하는 것은 적어도 이상한 것이다. 크리샨 쿠마르는 다음과 같이 설득력 있게 언급한다.

> 탈산업사회론자들은 자신들의 지적 빚을 인식하는 것이 중요하다는 점을 깨닫지 못한다. 산업주의에 대한 고전적 분석에 매우 크게, 그리고 매우 중요하게 의존함으로써, 자신들이 새로운 유형의 사회로의 이행을 설명하는 것이 매우 어렵게 된다는 점을 알지 못하는 것 같다. 새로운 사회가 고전적 산업주의의 핵심적인, 말하자면, 규정적인 과정의 지속으로 특징지어진다면, 그 사회의 새로움은 어디에 존재한다는 말인가? (Kumar, 1978: 237)

'합리화'의 역할을 강조함으로써 벨은 몇 갈래의 잘 닦인 길을 걷게 되지만, 길목마다 동료 사회과학자들이 만든 커다란 경고신호들이 세워져 있다. 이러한 경고 중에 두드러진 것은, 모든 산업사회가 "'더 적은 것으로 더 많은 것'을 얻고, 더욱 '합리적인' 행위노선을 선택하는 것을 목적으로 하는 기능적 효율성의 원칙에 입각하여 조직화된다"고 주장함으로써(Bell, 1973: 75~76), 벨은 불가피하게 정치, 문화 그리고 역사의 차이를 무시하는, 또는 적어도 이러한 '합리화'에 종속시키는, 발전의 수렴이론(*convergence theory*)을 지지한다는 것이다(Kleinberg, 1973). 그는 "모든 산업사회에는 공통된 특성이 있다. 기술이 동일하며, 한 분야의 기술적 및 공학적 지식(그리고 이것을 가르치는 학교)도 동일하며, 직업과 기술에 대한 분류도 대체로 비슷하다"고 주장한다(Bell, 1973: 75). 이렇게 함으로써 벨은 필연적으로 모든 사회는 결국에는 탈산업사회에 이르게 되는 동일한 발전과정을 따르도록 되어 있다고 주장하게 된다.

이와 관련된 다른 문제는 서비스부문의 지속적 확장(이것은 다시 '사회화' 또는 공동체 의식을 발생시킨다)이 가능하기 위해서는 사회구조로부터의 생산성 증가(산업사회의 '경제화' 방식)가 유지되어야 한다는 그의 견해를 조정하는 과정에서 발생한다. 벨은 서비스부문의 확장이 탈산업사회의 가장 주된 특징이 될 것이고, 이에 따라 단순한 경제적 산출에 대해서는 회의적 전망이 나타나게 될 것이라고 주장하는 동시에, 탈산업사회를 유지하기 위해 경제가 확장되어야 한다는 주장을 함으로써 우리를 혼란스럽게 만들고 있다. 서비스노동자가 많아지고 '더 적은 것으로 더 많은 것을'이 중요시되고 있지만 우리는 아직도 '산업사회'에 처해 있다는 것인가, 아니면 우리가 이러한 차원을 넘어섰다는 것인가? 이에 답하는 과정에서 우리가 주목해야 할 것은 만일 벨이 전망하는 '탈산업적' 변동이 가능하기 위해서 자동화되고 생산성 있는 산업체계가 지속적으로 유지되고 발전해야 한다면, 탈산업사회에 대해 논의하는 것은 거의 불가능하다는 것이다.

6. 탈산업적 서비스사회?

나는 산업주의의 주요 특징을 개념화하기 위해 개발된 사회학으로부터 많은 것을 이어받은 탈산업주의 이론에 회의적이다. 나는 또한 전문직의 증가 — 그리고 그와 함께하는 모든 정보적 활동의 증가 — 가 근본적으로 새로운 사회를 나타내야 할 필연적 이유가 존재하지 않는다는 근거에서, 탈산업사회에 대한 회의를 표현하였다. 그러나 벨 교수의 '탈산업사회론'을 거부해야 할 훨씬 더 결정적인 이유가 존재한다.

이것은 벨이 탈산업사회 출현의 주요 징후로 간주하는 것, 즉 서비스업의 성장에 대한 자세한 분석을 통해서 이해할 수 있다. 다음에서 나는 과거와의 단절을 나타내는 것이라는 벨의 가정과는 정반대로, 서비스업의 팽창이 가진 기존 관계와의 연속성을 증명해 보이려고 한다. 이 작업은 가장 권위 있는 주창자들의 이름을 따서 거셔니-마일스 비판(*Gershuny and Miles critique*)이라 부르는 것을 검토함으로써 이루어지는데, 이를 통해 우리는 '탈산업사회' 개념이 옹호될 수 없는 것이라는 점을 다시 한 번 보게 될 것이다.

요약하자면, 벨 교수는 '탈산업주의'의 도래에 대한 명백한 증거로서 경제에서 공업과 농업부문이 감소하는 반면에 서비스부문이 확장되어 왔다는 부인할 수 없는 사실을 인용한다. 논리적으로 서비스업이 지속적으로 성장하고 특히 그 내부에서 전문직이 특히 빠르게 확대된다고 할 때, 농업과 공업에서의 효율성의 향상으로 인한 생산성 증가의 결과 충분한 부가 생산될 수 있다면, 궁극적으로는 거의 모든 사람이 서비스업에 종사하게 될 것이다. 다른 부문에서 부가 생겨나는 한, 적어도 원칙적으로는, 서비스의 확장에는 끝이 없을 것인데, 그 이유는 사람들이 자신의 부를 소비할 수 있는 방식을 끊임없이 추구하고, 창출되는 직업은 대인지향적인 것이어서 자동화의 영향을 받지 않기 때문이다.

이것은 분명히 역사적 검토를 통해 도출한 벨의 결론이다. 그가 인용하는 통계치를 보면 1947년 미국 노동력의 절반 이상이 '재화 생산' 부문에, 그리고 49%가 서비스부문에 종사하였고, 1980년에는 그 수치가 각각 32%와 68%로 변화했다는 것을 알 수 있다(Bell, 1973: 132). 이러한 발전경로는 일련의 자료에 의해 입증되었는데, 모든 자료는 전체 고용 중에서 차지하는 서비스부문의 비율이 확대되어 대체로 전체 노동력의 70% 이상을 차지한다는 것을 보여 준다. 이렇게 볼 때, 벨 교수가 이전 사회를 토대로 형성되는 새로운 '탈산업주의' 사회를 인식하는 것이 가능한 것처럼 보인다.

여기서 적용되는 논리를 이해하는 것이 중요하다. 벨은 고용구조를 1차, 2차, 3차(크게 보자면 농업, 제조업, 서비스업)라는 3개의 독립된 영역으로 구분한다. 그러나 그는 또한 다음과 같은 방식으로 그들을 결정적으로 연결한다. 즉 그는 농업과 제조업이 자원을 생산하고 서비스업이 그것을 소비하기 때문에, 서비스는 다른 두 부문으로부터 나오는 산출에 의존한다고 주장한다. 보다 일반적인 말로 표현하면, 그는 사회에서 부를 창조하는 부문은 부를 소비하는 영역을 보조해야 한다고 가정한다. 이것은 물론 매우 친숙한 묘책이다. 예컨대, 학교와 병원은 공업에 의해 창조된 부에서 '우리가 사용할 여유가 있는' 부분만을 소비해야 한다.

중요한 점은, 벨이 고용구조를 3개의 다른 부문으로 분류하는 것을 단순히 '탈산업'사회의 등장에 대한 지표로만 삼는 것이 아니라는 사실이다. 그는 통계학적 범주의 토대가 되는 원인론, 즉 인과성에 대한 이론을 이용한다. 이것은 종종 분명하게 진술되지는 않지만 항상 존재하는 것으로서, 1차 부문과 2차 부문에서의 생산성 증가가 서비스가 지배적인 '탈산업'시대로의 '변형과정을 움직이는 동력'이라는 가정이다(Browning and Singelmann, 1978: 485). 벨 교수에게는 불행하게도, 이러한 가정은 잘못되었다.

첫 번째의 문제는 내가 볼 때 상대적으로 덜 중요한 것인데, 발전단계에 대한 벨의 견해 — 부가 충분히 확대되어 처음에는 대부분의 제조업 고용, 그리고 나중에는 서비스부문 고용을 가능하게 해줌으로써, 전산업사회에서 산업사회를 거쳐 최종적으로 탈산업사회에 이르는 — 가 역사적으로 거만하다는 것이다. 오늘날에는 구조적 불균형의 상징으로 간주되는 제 3세계 국가들의 '과잉 3차 산업화'(*over-tertiarization*)가 서비스부문을 위한 공업적 기반이 있어야 할 역사적 필요성은 없다는 것을 보여 주듯이, 벨에 대한 보다 설득력 있는 반례로서 선진사회가 공업생산부문에 대한 대다수 고용으로부터 서비스부문에 대한 대다수 고용으로 발전했다는 견해를 지지할 만한 증거는 거의 없다. 가장 두드러진 변화는 공장 고용으로부터 서비스 고용으로의 이행이 아니라, 농업에서 서비스업으로의 이행이었다. 더욱이 역사적으로 가장 산업화된 나라인 영국에서조차 제조업 분야에 종사하는 노동력의 비중은 매우 안정되어, 1840년부터 1980년까지 45~50%를 유지하였다. 이 비중이 1/3 이하로 급격히 감소하게 된 것은 1990년대의 불황과 정부정책에 따른 제조업 붕괴, 그리고 노동력의 여성화가 결합되어 나타난 결과였다.

이 모든 것은 한 부문에서 다른 부문으로의 진화적 이행에 대한 논의가 적어도 의문스럽다는 것을 말해 준다. 잉글랜드를 제외하고는 시대를 막론하고 대부분의 인구가 산업노동에 종사하는 나라는 없었으며, 잉글랜드에서조차 고용구조가 순차적으로 이행했다는 주장을 지지하기는 힘들다. 확실히 '탈산업'사회론은 일종의 '목마 넘기'(*leapfrog*) 식 설명을 제시함으로써, 농업에서 서비스업으로의 고용 이전이라는 보다 일반적 관행을 설명할 수 있었다.

다시 말해서, 자동화가 엄청난 속도로 진행되어 사회가 한 세대 정도 안에 전산업사회에서 탈산업사회로 도약할 수도 있다는 것인데, 그 이유는 농업과 공업 양 부문의 생산성 증가가 무한하기 때문이다. 이 경우 '재화에서 서비스로'라는 벨의 주제에 의구심을 가지면서도, 서비스부문의 확장이 다른 두 부문의 생산성 증가에서 생겨난다는 중심적 견해를 견지하는 것이 가능하다.

벨에 대한 두 번째 비판은 매우 설득력 있는 것인데, 이는 서비스부문의 확장에 대한 전제요건으로서 농업과 공업부문에서 부가 창조되어야 한다는 그의 주장에 대한 것이다. 이러한 비판의 출발점은 '서비스업'이 경제부문별 고용유형을 검토하는 데 관심이 있는 통계학자들이 만들어낸 잔여범주라는 것이다. 이 범주는 '1차나 2차 부문으로 분류될 수 없는 모든 것'을 말하며, "부동산과 안마시술, 수송과 컴퓨터 매장, 행정과 대중오락 등과 같은 이질적인 산업을 포함하는 잡동사니 가방"으로 기술되었다(Jones, 1980: 147). 서비스업의 일반성과 잔여적 구성을 강조하면서 지적하고자 하는 바는, 3차 산업을 다른 부문으로부터 분리시키는 분류적 편의는 매우 오도된 것이라는 점이다. 오도된 것은 제조업과 농업의 결과로부터 분리되는 — 그러면서도 그에 의존하는 — '서비스'업이라는 범주에 대한 사회적 구성이다. 이렇게 함으로써 벨은 피상적으로 1차 및 2차 부문에서의 생산성 증가를 기반으로 해서 서비스부문이 팽창한다고 주장한다. 그러나 서비스부문이 사회의 다른 부문과 분리되어 있으면서도 그에 의존하는 것으로 간주되는 것은 개념적 수준에서만 가능하다.

조너선 거셔니(Jonathan Gershuny)와 이언 마일스(Ian Miles)를 따라 '서비스업'의 의미를 더 탐색해 보면 이것이 분명해진다. 역설적으로, 서비스업으로 충만한 '탈산업'사회에 관한 벨의 이론 어느 곳에서도 서비스에 대한 분명한 정의를 찾아볼 수 없다. 벨의 논의 전반에 걸쳐 서비스부문은 제조부문과 대조되고 있으며, 탈산업사회는 '재화에서 서비스로'의 변환과 함께 도래하는 것으로 주장되고 있지만, 무엇이 서비스인가는 분명히 밝히지 않고 있다. 그러나,

> 그것은 재화의 속성과 대조해 봄으로써 분명해진다. 재화는 물질적이고, 영속적이며, 사람들이 기계를 이용하여 만들며, 판매되거나 나중에는 자신의 의지대로 사용할 수 있는 사람들에게 분배되는 것이다. 대조적으로 유추해 볼 때, 서비스는 비물질적이고, 비영속적이며, 사람들이 사람들을 위해 만들어 내는 것이다(Gershuny, 1978: 56).

탈산업사회를 독특한 발전단계로 간주하는 벨의 전체 이론은, 서비스노동이 재화 생산에 반대되는 것으로 인식되어야 한다는 것을 전제로 한다. 그 이유는 대부분의 사람이 물건을 제조하는 일에 고용되는 '산업'사회로부터 탈산업사회를 구별하는 것은 서비스의 공급('사람들 간의 게임', 정보적이고 무형적인 것으로 인식되는)이기 때문이다. 사회가 비물질적 서비스를 제공할 수 있을 만큼 충분한 부를 축적했을 때 산업사회에서 벗어나게 된다는 것이 벨의 주장이다. 서비스의 확대는 대부분의 노동력을 고용하고, 재화를 생산하지 않는 대신 다른 부문에서 생산된 자원을 소비하는 서비스직업을 발생시킨다는 것이다.

서비스노동의 내용(즉 부문의 범주화가 아닌 직업이라는 관점에서의 서비스) 및 3차 부문과 다른 산업부문 간의 실제적 관계를 검토함으로써, 사회와 사회변동에 대한 이러한 모형이 가진 가정을 문제 삼을 수 있다. 보다 상세히 검토하면 서비스직 — 그 산출이 비물질적이거나 비영속적인(Gershuny and Miles, 1983: 47) 직업으로 정의되는 — 은 서비스업 부문에 국한되지 않는다는 것이 분명하다. 은행이나 진자공장에서 일하는 회계원은 하는 일은 거의 다르지 않음에도 불구하고 서비스업 또는 제조업부문에 속하는 것으로 분류될 수 있다. 비슷하게 교육대학이나 건축현장에서 일하는 목수도 두 부문 중 어느 하나로 분류될 수 있다. 이것이 의미하는 바는 산업분류라는 것이 수행되는 일의 유형을 효과적으로 밝혀내지 못하며, 서비스부문에도 많은 재화 생산자가 있을 수 있고, 1차 및 2차 부문에도 많은 비재화 생산자가 있을 수 있다는 것이다. 사실 거셔니와 마일스는 서비스직 증가의 절반 이상은 부문 간 이동보다는 '부문 내 3차화'의 결과로 나타나는 것으로 계산한다(Gershuny and Miles, 1983: 125).

예컨대, 한 제조업체가 마케팅, 교육 또는 인사 등을 위해 화이트칼라 직원을 늘릴 경우 그 회사는 판매방법을 개선하고, 근로자를 보다 효과적으로 교육하거나 또는 보다 신중하게 직원을 선발함으로써 효과적 경영을 유지하기 위해 서비스노동자를 채용한다. 이 각각은 특정 분야 내부에서의 분업 증가를 표현하는 것으로 서비스직의 수를 증가시키게 된다. 그러나 가장 중요한 것은, 이러한 예를 통해 우리는 벨이 서비스부문을 공업적 기반에 의지하는 일종의 기생부문으로 제시하는 것을 거부하게 된다는 것이다. 만일 여러 부문에 걸쳐 동일한 직업을 발견하는 경우(모든 종류의 관리자, 사무원, 법률가 등), 한 부문에서는 그 일부가 생산직이고 다른 부문에서는 다른 곳에서 생산된 자원을 소비하기만 한다는 주장을 결코 할 수 없다. 우리는 한 부문은 전적으로 생산적이고 다른 부문은 소비에만 관련된다고 주장하는 부문 구분의 가치에 대하여 의문을 가질 수밖에 없다.

분리된 부문이라는 관점에서 사회를 고려하는 방법의 유용성에 대해 분명 의문을 갖게 되지만, 그러한 방법을 확실하게 거부하기 위해서는 서비스부문 그 자체를 더 자세하게 살펴보아야 한다. 우리가 목격하는 것은 서비스부문 노동자의 상당히 많은 부분이, 공업에 의해 생겨난 부를 소비하는 일이 아니라 부의 생산을 도와주는 일에 종사한다는 점이다. 거셔니는 "서비스부문에서 고용증가는 … 대개 분업의 과정을 표현하는 것"(1978: 92)이라고 주장하면서, "2차 부문과 3차 부문 간의 체계적 연결"(Kumar, 1978: 204)이 존재하고, (그렇기 때문에) 벨과 같은 방식으로 영역 간을 뚜렷하게 구별하려는 것은 어리석다는 점을 깨닫게 해준다.

예컨대 브라우닝과 싱겔만은 금융이나 보험과 같이 대체로 '증대하는 분업을 반영'하는 '생산자 서비스업'을 밝혀냈다(H. L. Browning and J. Singelmann, 1978: 30). 서비스업을 생산활동과 분명하게 분리되는 것으로 인식하는 것은 이론적인 눈가리개를 착용하는 경우에만 가능하다. 다음과 같은 거셔니의 주장은 서비스업을 '재화 생산부문'의 생산성에서 기인하는 것으로 보는 모든 이론을 뒤집는다.

> 3차 산업에 대하여 가장 중요한 점은, 그것이 직접적으로 물질적 재화를 생산하지는 않지만 그 중 많은 부분은 넓은 의미에서 생산과정에 밀접히 연관되어 있다는 것이다. 예컨대, 유통산업 그 자체는 물질적 재화를 생산하지 않지만 물건을 만드는 데 절대적인 과정이다. 생산물이 판매될 수 없다면 생산되지 않을 것이다. 마찬가지로 금융업과 보험업의 대부분은 재화의 생산이나 구매를 도와주는 것과 관련되어 있다. … 1971년의 경우 노동인구의 거의 절반이 3차 산업에 종사하였지만, 그 중 1/4 미만인 23.1%만이 서비스의 최종 소비와 관련된 일에 종사했다(Gershuny, 1977: 109~110).

생산하지 않고 자원을 소비하는 전형적인 벨의 서비스업으로 보이는 교육조차도 노동력의 체계적 훈련, 생산성 향상과 관리자의 효과적 공급을 위한 연구활동 수행, 기업체를 위한 기술자와 외국어 능통자의 적절한 공급 등에 대한 사회 전반의 필요에 따라 증가된 것이다.

중요한 점은, 사회를 부를 창조하는 부문과 부를 소비하는 부문으로, 또는 더 분명하게 벨의 '탈산업사회'론과 같이 재화 '생산부문과 서비스부문'으로 나누는 것은 '과도한 단순화'라는 것이다(Perkin, 1989: 501). 이것은 그러한 방식으로 생각하도록 하는 상식적 편견을 조장하

는데, 역사가 해럴드 퍼킨(Harold Perkin)이 매우 유사한 사안과 관련하여 통렬하게 주장하듯이,

> 매우 많은 기업체의 간부들이 견지하는 생각, 즉 사적 부문이 부를 생산하고 공적 부문은 그것을 소비한다는 견해는 분명히 잘못된 것이다. 공적 부문이 교육과 의료 서비스를 통해서 사적 부문이 의존하는 대부분의 기술을 생산하고 유지한다는 주장도 마찬가지로 타당하다. 복잡하고 상호의존적인 사회에서 이러한 주장이나 그 반론은 똥 묻은 개가 겨 묻은 개를 나무라는 것처럼 철없고 도움이 되지 않는 것이다(Perskin, 1989: 502).

7. 서비스업과 제조업

따라서 서비스업이 다른 노동활동(고용부문은 말할 것도 없고)과 쉽게 구별될 수 있다는 생각은 잘못된 것이다. 거셔니와 마일스의 연구를 토대로 이러한 비판을 더 진전시키는 것이 가능하다. 《새로운 서비스 경제》(*The New Service Economy*, 1983)라는 그들의 책에 제시되는 몇 가지 명제에서 거셔니와 마일스는 엥겔의 공리로 눈을 돌림으로써, 벨이 서비스부문 고용의 성장을 설명하면서 의지하는 사후적 논리를 우리에게 상기시켜 준다.

반복하자면, 벨은 오늘날에 와서 서비스부문 고용이 늘어났다는 논쟁의 여지가 없는 사실에서 출발하여, 이러한 결론으로부터 거슬러 올라가, 사람들이 부를 축적함에 따라 추가적 소득을 서비스에 소비하게 된다는 엥겔의 법칙으로부터 서비스의 팽창을 연역한다. 벨의 주장에

따르면, 오늘날 서비스업 종사자 수가 훨씬 늘어났기 때문에 사람들이 서비스에 더 많이 지출하는 것이 틀림없다는 것이다. 얼핏 보면 이것이 그럴듯해 보인다. 그러나 이것은 잘못된 것이고, 벨이 서비스노동자들이 실제로 행하는 바를 보지 못함으로써 생겨난 오류이다. 앞에서 보았듯이, 서비스노동의 상당수는 더 효과적인 재화 생산을 추구하는 분업상의 차별화에 의해 설명될 수 있다.

벨의 설명이 가진 다른 하나의 큰 문제는 사람들이 서비스에 대한 필요를 충족하기 위해 서비스노동자를 고용하기보다는 재화에 투자할 수도 있다는 점을 고려하지 않는다는 것이다. 벨의 주장에 회의적인 거셔니와 마일스는 엥겔의 공리를 뒤집어서 이러한 명제에 도달하게 된다. 증가된 부가 욕구를 충족하는 개인 서비스에 대한 추가적 지출로 이어지기보다는, 서비스노동자의 상대적 비용이 증가하고 아울러 저렴한 서비스 대체상품이 이용 가능해짐에 따라 서비스 수요의 충족은 사람을 고용함으로써가 아니라 재화의 구입을 통해서 이루어질 수 있다는 것이다. 좀더 직접적으로 표현하면, 사람들은 생활수준이 향상됨에 따라 서비스를 원하게 되지만(엥겔의 공리대로), 그 서비스를 자기 스스로 행할 수 있도록 해주고 비용이 적당한 서비스 대체상품을 시장에서 구입할 수 있는 상황에서 다른 사람을 고용해서 그 서비스를 충족하는 대가를 치르려 하지는 않는다는 것이다.

예컨대, 사람들은 집안을 청소할 편리한 방법을 원하지만, 임금을 지불하면서까지 가정부에게 그 일을 시키는 것은 원치 않기 때문에 진공청소기를 구입하여 스스로 청소를 한다. 또는 자기 집을 주기적으로 치장하는 것도 원하지만, 돈을 주면서 전문 페인트업자에게 부탁하는 것은 원하지 않기 때문에 자작용(DIY: *Do-It-Yourself*) 장비를 구입하여 자신의 집을 칠한다.

거셔니와 마일스는 엥겔의 공리가 여전히 유효하고 사람들이 서비스를 원한다는 것에는 동의하지만, 그 서비스를 충족하기 위해 다른 사람을 고용하는 것은 기계를 구입하는 것과 비교해서 가격 측면에서 우위가 없다고 본다. 이에 따라 이러한 재화 형태의 서비스를 요구하는 소비자들은 "서비스제품의 혁신을 위한 압력을 행사할 수 있으며" (Gershuny and Miles, 1983: 42), 이는 서비스에 대한 수요가 제조업 그 자체에 영향을 미친다는 것을 의미한다. 자동차산업이나 가전산업 같은 경우가 서비스노동자의 고용을 통해서보다는 재화를 이용하여 서비스 욕구를 충족하는 추세를 잘 보여 주는 것이라고 할 수 있다.

거셔니(Gershuny, 1978)는 방대한 경험적 자료를 이용하여, 서비스 대체상품의 확산은 '셀프서비스 경제'의 성장 — 벨의 '탈산업 서비스사회'에 대한 반대 — 을 의미하며, 이러한 경제는 서비스부문과 서비스직 고용으로 지속적으로 침투해 들어간다고 주장한다. 그는 다음과 같이 말한다.

> 지난 25년간의 … 고용과 소비양식의 변화를 자세하게 검토하면, '서비스 경제'의 점차적 출현이 아니라 정반대의 경우를 보여 준다. 〔벨의〕 독단적 견해에 따르면 서비스 소비부문에서 상당한 증가가 예상되지만 … 우리가 실제로 발견하는 것은 전체에서 서비스 소비가 차지하는 비중의 현저한 감소이다. 서비스를 구입하는 대신에 점점 더 많은 가구는, 소비자 스스로가 서비스할 수 있게 해주는 내구재를 구입 — 실제는 그에 대한 투자를 — 하는 것으로 보인다(Gershuny, 1978: 8).

더 나아가, 이러한 서비스 대체상품은 "전체 산업구조상에서 중요한 변동의 원천을 형성"한다(Gershuny and Miles, 1983: 121). "서비스 생산의 산업화"(p. 84)는 우리가 이 책에서 만나게 되는 다른 논자들이 '소비자 자본주의'(*consumer capitalism*)라고 칭하는 것의 한 지표이다. 소비자 자본주의하에서는 재화 및 서비스의 생산과 소비가 밀접하게 연결된 것으로 간주된다. 그리고 이들 논자들은 다니엘 벨의 이론적·방법론적 가정에 대한 반복되는 비판을 뒷받침한다. 즉 사회를 뚜렷이 구별되는 영역으로 나눌 수 있다고 보는 것은 터무니없다는 것이다. 역사적 기록을 보면 "1950년대와 1960년대의 기간 동안 서방경제에서는 특정 영역의 서비스 기능, 즉 수송·가내서비스 및 오락의 공급방식에서의 사회적·기술적 혁신의 결과가 지배적이었다"(Gershuny and Miles, 1983: 121). 다시 말해서, 전후 사회에서 '공업'부문이 서비스 노동자에게 지불할 부(또는 재화)의 양을 결정하기는커녕, 공업의 주요 활동은 소비자들의 분명한 수요에 부응하여 서비스노동자를 대체할 수 있는 서비스 대체상품을 제조하는 것이었다. 벨의 이론은 이것을 설명할 수가 없는데, 그 이유는 타당한 설명이 되기 위해서는 애초부터 사회의 분리된 영역에 대한 주장을 포기해야 하기 때문이다.

거셔니의 비판은 벨의 탈산업사회 개념을 거부해야 한다는 것을 의미한다. 그리고 이러한 거부는 포괄적이어야 하는데, 벨의 반(反)총체주의적 주장(사회는 근본적으로 분절되어 있는 것이 아니라 정교하게 연관되어 있기 때문에)에서부터 진화적 단계를 거쳐 '서비스 경제'로 향해 간다는 그의 일반적인 사회변동론에 이르기까지 모든 것을 거부해야 한다. 탈산업사회의 출현에 대한 그의 설명은 잘못 이해한 것이고, '관심'사회(*caring society*)에 대한 그의 묘사는 설득력이 없으며, 독립적인 고용부문을 밝혀낼 수 있다는(그러면서도 인과적으로 연관되어 서비스업이 재화 생산부문에 의존한다는) 그의 주장도 잘못된 것이다.

우리는 서비스부문 고용의 성장, 화이트칼라 노동의 증가, 그리고 전문직의 확대 — 벨이 특히 강조하는 것들 — 가 '탈산업' 시대를 예고하는 것이 아니라는 견해를 견지할 수밖에 없다. 벨의 주장과는 반대로, 이러한 각 추세는 기존의 상호의존적 사회경제체계의 연속성이라는 측면에서 설명될 수 있다. 나아가서 이러한 변화와 변동이 정보와 정보활동의 증가로 이어지는 것은 사실이지만, 이에서 더 나아가 '탈산업 정보사회'가 출현했다고 주장하는 것은 오류이다.

이 마지막 언급에 한 가지 결론을 추가하고자 한다. 현대사회에서는 이전에 비해 훨씬 더 많은 정보노동이 수행된다는 것에는 충분히 동의할 수 있다. 어쨌거나 이것이 이 책의 출발점이다. 우리가 보았듯이 벨은 정보영역의 고용 증가를 확장하는 서비스부문에서 발견되는 대인적 직업의 증가와 연결시킨다. 그러나 벨과는 반대로, 실제 경제는 통합된 것이고, 서비스부문이 재화 생산부문에서 나오는 자원을 소비하는 것이 아니라, 많은 서비스직업은 재화 생산활동을 지원하기 위해 확장되었다는 점을 증명하는 것은 어려운 일이 아니었다. 그렇다면 현재 상황에서 정보 및 정보노동이 가지는 의미에 대한 의문이 제기된다.

여기서의 주장은 일반적인 상업적 업무에서 정보적 활동에 주어지는 중요성의 증가를 우리가 목격할 수 있다는 것이었다. 일부 논평자들은 오늘날 경제 — 단순히 농업과 제조업만이 아니라 GNP에 기여하는 모든(어쩌면 더 많은) 기업활동을 통합하는 포괄적인 — 는 정보가 특히 절박하게 필요하다고 주장한다. 이러한 필요는 벨이 많이 강조하는 소비자 서비스에서 요구되는 것보다 훨씬 더 긴급하고 절실한 것이다. 다시 말해서, 생산자 서비스(은행, 광고, R&D, 온라인 정보 서비스, 컴퓨터 소프트웨어 공급, 경영 컨설팅 등과 같은 정보노동)는 현재 수준의 경제활동에서 핵심적이라는 것이다. 거셔니가 증명하듯이, 최근 몇십 년 동안 정보의 중요성 증가를 촉진한 것은 광범한 경제활동을 지원하기 위해 개발된, 바로 이 생산자 서비스라고 할 수 있다. 정치경제학자 빌 멜로디(Bill Melody)도 동일한 생각을 하면서 다음과 같이 적었다.

> 대부분의 정보재와 서비스는 소비자가 아니라 제조업에 의해 활용된다. … 우리는 정보가 현대 경제의 거의 모든 생산활동에 대해 근본적이라는 것을 인식할 필요가 있다. 이러한 정보의 역할 변화는 모든 산업의 구조조정과 세계 정보경제 창출의 배후에 놓인 것이다(Melody, 1991: 2).

이어지는 장에서 우리는 '탈산업적 서비스사회'의 시나리오를 거부하면서, 20세기 말에 들어서 정보와 정보활동이 경제적, 사회적, 그리고 특히 정치적 문제에서 전략적으로 더 중요한 역할을 수행하는 것으로 변화되었다는 점에 깊이 공감하는 다른 사상가들을 만날 것이다.

8. 이론적 지식

벨의 '탈산업' 모형의 기조는 불안정하다. 따라서 벨이 '탈산업'사회와 '정보'사회를 동일시하는 것도 지지될 수 없다. 즉 전문직, 화이트칼라 그리고 서비스노동이 탈산업사회를 표현하는 것이라는 그의 주장이 잘못된 것이기 때문에, '탈산업주의'가 '정보시대'에 대한 적절한 설명이라는 그의 주장도 폐기되어야 한다. 무엇보다도 이전 사회와의 단절을 보여 주는 아무런 징후가 없으며, 실제로는 그 정반대 현상이 나타나고 있다. 크리샨 쿠마르가 주장하듯이, "탈산업사회론자들이 강조하는 추세들은 산업주의 발생 당시부터 나타난 경향의 연장이고 강화이자 명료화이다"(Kumar, 1978: 232).

따라서 우리는 정보에 대한 현재의 관심사를 이해하는 방식으로서의 '탈산업주의'라는 견해는 거부해야만 한다. 선진사회에서 훨씬 더 많은 양의 정보가 발생하고 있다는 부정할 수 없는 사실에도 불구하고, 그 자체가 새로운 종류의 사회를 발생시킨다는 주장을 하기에는 불충분하다. 서비스직의 증가를 새로운 유형의 사회 등장에 대한 증거라고 주장할 수 없는 것과 마찬가지로, 정보의 증가 자체가 새로운 사회를 표현한다고 주장하는 것은 충분하지 않다.

그러나 우리가 정보의 증가 그 자체만으로 벨이 예상하는 바와 같은 방식으로 새로운 종류의 사회를 만들어 낸다는 것을 받아들이지 않는다 하더라도, 정보에 관한 그의 견해 중에는 관심을 가지고 검토해야 할 다른 요인들도 있다. '탈산업'사회를 기술하면서 벨은 서비스부문 고용의 증가에 따른 정보의 성장만을 보는 것이 아니다. 탈산업사회에서 정보는 질적으로 독특한 다른 특성을 지니고 있다. 그것은 사회의 '중심적 원리'로서 벨이 '이론적 지식'(*theoretical knowledge*)이라고 부르는 것이다. 전문직 종사자의 확산이 '이론적 지식'을 사용하고 그것을 만드는 사람의 수를 증가시키는 것은 분명하지만, 여기서 고려되는 것은 단지 양적인 — 그래서 상대적으로 쉽게 측정할 수 있는(법률가, 과학자 등의 수와 같이) — 현상이 아니다. 이론적 지식은 탈산업사회를 다른 체계와 구별해 주면서 중대한 영향을 미치는 탈산업사회의 특징이다. 탈산업사회에 대한 '이론적 지식'의 중요성은, 적어도 원칙적으로는, 직업이나 노동에서의 주요한 성격 변화를 필요로 하지 않기 때문에, 이것이 어떻게 탈산업사회에 대한 벨의 다른 논의들(직업적 변화, 부문의 이동 등)과 어울리게 되는지조차 분명하지가 않다.

그러나 이론적 지식은 생활의 모든 측면에 엄청나게 중요한 영향을 미친다. 벨의 주장은 "오늘날에 와서 근본적으로 새로운 것은 이론적 지식의 부호화, 그리고 그것이 새로운 지식과 경제적 재화 및 용역의 혁신에 대하여 가지는 중요성"(Bell, 1989: 189)이라는 것이다. 이러한 특징 때문에 벨은,

> 탈산업사회를 지식사회로 묘사하는데, [그 이유는] 혁신의 원천이 점점 더 연구와 개발로부터 파생[그리고 보다 직접적으로는 이론적(강조는 원문대로) 지식의 중요성으로 인하여 과학과 기술 간에 새로운 관계가 존재한다]되기 때문이다(Bell, 1973: 212).

'이론적 지식'의 구성인자는 탈산업사회와 '산업사회'를 대조함으로써 더 잘 이해될 수 있다. 과거에 혁신은 실제적 문제에 직면하여 경험적이고 시행착오적인 방법으로 해결책을 찾고자 하였던 '재능 있는 아마추어'에 의해 주로 이루어졌다. 예컨대 철도 기관차를 개발한 조지 스티븐슨(George Stephenson)을 생각해 보자. 그는 쉽게 접근할 수 있는 탄광의 갱도에서 멀리 떨어져 있는 강으로 석탄을 운반해야 하는 어려움에 직면했고, 그에 대응해 증기에 의해 동력을 얻으면서 궤도를 따라 움직이는 기관차를 발명하게 된다. 또한 우리가 아는 제임스 와

트(James Watt)의 증기기관도 토머스 뉴코먼(Thomas Newcomen)의 초기 모형을 개선하려는 그의 노력을 통해 개발된 것이다. 그리고 20세기 초엽에 헨리 포드(Henry Ford)라는 솜씨 좋은 수선공은 공식적인 공학교육의 도움 없이 단지 끊임없는 호기심과 부러워할 만한 실제적인 숙련도만 가지고 자동차산업의 발전을 선도하였다.

이와 대조적으로 탈산업사회는 "경험주의에 대한 이론의 우위, 그리고 상이하고 다양한 영역의 경험을 설명하는 데 사용될 수 있는 추상적 상징체계로의 지식의 부호화"에 의해 특징된다(Bell, 1973: 20). 이는 오늘날의 혁신은 알려진 이론적 원리를 전제로 한다는 것을 의미한다. 예컨대 컴퓨터 과학은 이진 수학의 원리를 제공한 "계산 가능한 수에 관하여"(On Computable Numbers, 1937)라는 앨런 튜링(Alan Turing)의 독창적 논문에서 출발하고, '마이크로 일렉트로닉스 혁명'을 가능케 한 집적회로의 엄청난 축소화는 이미 알려진 물리학의 원리에 근거한 것이었다. 또한 유전공학의 잠재적으로 가공할 만한 성과는 인간게놈 프로젝트(*Human Genome Project*)의 야심찬 추구를 통해 인간의 유전자 구성을 식별하고 부호화한 것에서 비롯되었다. 벨이 적었듯이 탈산업사회에서의 생산은 "생산에 선행하는 이론적 작업에 일차적으로 의존한다"(Bell, 1973: 25).

여기에서 주장하는 바는, 오늘날 이론은 단지 기술혁신의 영역뿐만 아니라 사회적 및 경제적 문제에서도 그 중요성이 강조된다는 것이다. 예컨대 정부는 경제에 대한 이론적 모형에 근거하여 정책을 도입한다. 이러한 모형은 다양하지만 — 케인스 이론, 통화주의, 공급중시론 등 — 그것은 모두 장관이 긴급 시에 내리게 되는 일상적 결정의 토대가 되는 이론적 틀이다. 다른 분야의 예로서, 사회문제에서 이론의 중요성을 생각해 보자. 교육과 의료정책을 입안하는 경우 전문가들은 가족 구조의 변화, 생활양식의 변화 그리고 인구학적 추세 등에 관한 이론적 모형에 기초해서 결정을 내리게 된다. 영국 등의 국가에서 진행되는 21세기 중반의 연금지급 문제를 둘러싼 정책개발과 최근의 논쟁은 연령구조, 수명, 고용 및 인구이동 유형 등에 대한 모형과 전망을 바탕으로 한 것이다.

여기서 환경 문제 해결을 위한 현대적 정책에 대해 생각해 보는 것이 도움이 된다. 이러한 정책들이 특히 절박한 문제(해양 오일유출, 사막화 등)에 대한 단순한 대응이 아니라는 것은 쉽게 분명해진다. 환경정책이 그런 경우와 관련되기도 하지만, 그것은 생태계의 지속가능성에 대한 이론적 모형을 토대로 발전된 제안이기도 하다. 따라서 예컨대 환경에 대한 논쟁에 사용되는 정보는 인구성장, 어획고, 오존층의 상태 등에 대한 이론적 전망을 통해 나온다. 실제적 정책은 이러한 종류의 이론적 모형을 토대로 하는 경우에만 가능하다. 예컨대 현저하게 건조하거나 더운 영국의 여름에 대한 적절한 대책은 지구온난화의 장기적 전망과 영향이라는 맥락 속에서만 수립될 수 있다.

물론 이러한 이론적 모형이 현재 단계에서는 불완전하고 제대로 다듬어지지 않은 것일 수도 있다. 그러나 이러한 예들은 우리가 이론적 지식이 절대적 의미에서 '진실'일 필요는 없지만, 우리의 삶에서 그것이 결정적 역할을 수행한다는 것을 제대로 평가할 수 있게 도와준다. 여기서 사용되는 이론적 지식은 종종 부정확할 수밖에 없지만, 이것 때문에 이론적 지식이 행위의 전제조건이라는 주장이 결코 약화되지는 않는다. 과거에는 행위가 실제적 문제(기술적 문제, 사회적 장벽)에 대한 반응이었던 반면에, 오늘날에는 생활의 대부분이 행위에 대한 이론, 즉 추상적이고 일반화할 수 있는 원리를 기초로 해서 조직화된다.

벨은 이러한 변화가 중요한 의미를 가지고 있다고 생각한다. 아마도 가장 중요한 것은 모든 영역에서 이론의 우세로 말미암아 탈산업사회는 과거 사회보다 훨씬 높은 정도로 미래를 계획하고 그에 따라 통제하는 능력을 갖게 되었다는 점이다. 이러한 능력은 물론 생활을 조직하고 조정하려는 전문직 종사자들의 성향과 일치하는 것이다. 더욱이 정보기술의 도래에 따라 이론은 보다 다양한 용도로 사용된다. 컴퓨터화는 '조직화된 복합성'의 관리를 가능케 해줄 뿐만 아니라, 프로그래밍을 통해 지식(법칙, 절차 등)을 통합하고 그에 따라 이론적 지식에 기초한 혁신을 촉진하는 '지능적 기술'(Bell, 1973: 29)의 창출도 가능케 해준다.

예컨대 MRI(Magnetic Resonance Imaging, 자기공명영상) 촬영기는 의료적 진단에 핵심적인 장비이다. 이러한 장비는 자성(*magnetization*) 물리학의 원리와 인간 신체에 대한 원자핵 원리를 바탕으로 개발되었다. 물리학 교수 피터 맨스필드(Peter Mansfield) 경은 방사선 전문의들이 실제로 유용하게 사용할 수 있는 MRI 촬영기 개발을 위한 수학적 공식을 발전시킨 공로로 노벨상을 수상하였다. 한 번에 수천 장의 이미지를 촬영하는 장비에 맨스필드의 수학공식이 통합되어 있기 때문에, 신체의 질병과 기형 진단을 전문으로 하는 방사선 전문의들은 수학이나 물리학에 대한 훈련을 받을 필요가 없다. 그들의 이론적 지식은 의학 영역에 존재한다. MRI 촬영기가 다른 분야의 '지적 기술'을 통합해 주기 때문에 방사선 전문의들은 자기 분야에만 집중할 수 있게 된 것이다.

이러한 '이론적 지식의 우세'는 분명히 흥미로운 생각으로서, 정보/

지식을 축으로 하는 새로운 유형의 사회에 대한 정의를 분명히 제공해 준다. 과거처럼 실제적 필요가 아니라 이론이 발전을 촉발하는 위치에 있다면, 그러한 지식은 새로운 유형의 사회를 예고하는 것으로 간주될 수 있다. 또한 우리가 여기서 논의하는 것은 화이트칼라 노동의 증가나 생산된 정보량의 증가가 아니라, 새롭고도 근본적인 사회생활의 원리이다.

그럼에도 불구하고 이 개념과 관련하여 제기되는 주요한 문제는 이론적 지식이라는 것을 정확하게 정의하는 것이다(Kumar, 1978: 219~230). 이론은 추상적이고 일반화 가능한 규칙·법칙·절차와 관련되며, 이에 따라 이론의 발전, 특히 과학적 지식의 진보는 교과서의 형태로 부호화됨으로써, 미래의 실행가들이 배우고, 그리하여 실제적 업무에 통합된다는 의견에는 충분히 동의할 수 있다. 이러한 원칙은 혁신의 선두에 있는 연구개발 프로젝트의 핵심에 놓여 있는 것으로 충분히 간주될 수 있을 뿐만 아니라, 건축·공학·건설·식품처리, 심지어 의상 디자인과 같은 다양한 영역의 전문직에도 분명히 드러나는 것이기도 하다.

그러나 이론적 지식의 개념을 확장하여 훨씬 더 방대한 영역, 즉 지식기반 사회에 대한 증거로 간주될 수 있는 모든 것을 포괄하려는 사람도 있을 수 있다. 예컨대 법률, 사회복지 사업, 회계 등의 분야에서의 많은 화이트칼라 종사자의 교육도 현대 세계의 지식의 우세에 대한 증거로 간주할 수 있다. 사실, 고등교육 전체 또는 상당 부분이 이론적 지식의 전수에 관계된 것이라고 주장하는 것도 가능하다. 적어도 영국의 경우에 '지식사회'에서 성공적으로 기능하는 많은 수의 사람들을 공급할 사회적 필요에 따라, 고등교육의 대중화(해당 연령대의 약 30%가

대학에 진학)가 급속히 진행되었다는 것은 상식적인 이해라 할 수 있다. 화학이나 물리학과 같은 학문분야에서 설명되는 이론적 지식의 중요성에는 다양한 차이가 분명 존재하지만, 의심할 여지 없이 이러한 지식은 부호화되고 또한 대개는 실제적 응용으로부터 추상화되어 전달되며 일반화도 가능하다.

우리가 '지식사회'에 살고 있다고 제안하는 니코 스테어(Nico Stehr, 1994)는 오늘날에는 지식이 우리가 살아가는 방식을 구성한다고 주장하면서, 이론에 대한 정의를 크게 확장한다. 신기술의 설계에서부터 모든 제품의 생산, 우리 삶의 방식에 대한 이해 — 우리의 위치를 이해할 수 있게 도와주는 방대한 지식의 저장고에 의존하는 경우처럼 — 에 이르기까지 이론적 지식에 대한 의존은 이제 우리가 행하는 사실상 모든 것에서 중심적이다.

여기서 우리는 이론적 지식의 개념을 크게 확장시키는데, 언급할 가치가 있는 사회이론가 앤서니 기든스의 업적에서 발견되는 주제를 스테어가 반영하는 한에서 이는 유용한 것이다(기든스에 대해서는 이 책 제11장에서 더 자세하게 논의한다). 스테어는 지식의 발달에 대한 3단계 유형론을 제시한다. 유의미한(*meaningful*) 지식(이해의 증진을 위한 계몽주의의 지식 이념), 생산적(*productive*) 지식(산업에 적용되는 지식), 행위(*action*) 지식(지능형 장치의 도입 등으로 지식이 생산과 밀접하게 연결되고 사람들의 일상생활의 수행에 영향을 미치는 단계)이 그것이다. 이 마지막 형태의 지식은 자신이 '후기 근대적'(*late modern*) 존재양식의 강화된 성찰성(*intensified reflexivity*)으로 부르는 것에 대한 기든스의 강조와 유사한 것으로 보인다.

기든스가 여기서 강조하는 것은 근대성은 사람들이 점점 더 자연과 제약적 형태의 공동체의 구속으로부터 벗어나는 역사라는 것이다. 즉 사람들이 '운명'의 문제로서 으레 하는 대로 해야 했던 시대에서, 개인과 집단이 '제조된 불확실성'이라는 환경 속에서 자신과 집단의 운명에 대해 선택하는 시대로의 변화에 대한 역사라는 것이다. 다시 말해서 세계는 점점 더, 고정되고 불변적인 한계에 따라 제약을 받는 것이 아니라, 가변적이고 인간의 의사결정에 따라 달라지는 것으로 인식되고 있다. 이에 대한 전제요건은 개인의 자기심문과 집합적 심문, 즉 성찰성의 고양이다. 그러나 이것이 어떤 자기몰입의 경향으로 인식되어서는 안 된다. 반대로 성찰성은 매우 다양한 영역으로부터 유래되는 사고, 정보, 이론에 대한 공개성을 전제로 하며, 여건과 사람들의 의사결정에 따라 점검되고 통합될 수 있는 것이기도 하다.

여기서의 핵심 논점은 행위자와 제도의 강화된 성찰성으로 특징되는 '탈전통'(Giddens, 1994) 사회가 정보와 지식에 기초한다는 것이다. 물론 이러한 정보와 지식의 일부는 지방적이고 특수하지만(성찰하는 개인의 생애, 판매와 재고를 세밀하게 검토하는 회사 등), 상당한 정도는 또한 추상적이며, 특히 전자적 미디어 및 교육제도와 같은 다른 제도로부터 나온다. 우리가 성찰성이 이전보다 훨씬 더 중요해진 '고도 근대성'(*high modernity*)의 세계에 살고 있다는 기든스의 주장을 수용한다면, 이것을 현대생활에서 정보와 지식의 중요성이 고양되는 것으로 인식할 수 있다. 조직체와 개인 모두를 위한 선택의 세계는 자세하고 풍부한 정보의 가용성과 창출에 의존한다. 현 시기가 사회적 조건과 물적 조건을 만들어 내는 토대인 강화된 성찰성의 시대라는 기든스의 주장을 따른다면, 이러한 성찰성은 복합적이고 심층적인 정보환경을 유지할 것이고 또 필요로 할 것이다. 그것은 다니엘 벨이 제안한 것과 동일한 종류의 이론적 지식은 아닐 수도 있지만, 그것이 추상적이고 부호화된 이상 광범한 지식의 범주 속에 포함될 수 있을 것이다.

그럼에도 불구하고 이 용어로 '정보사회'의 새로움을 묘사하기를 주저할 이유가 존재한다. 특히 기든스 자신이 그렇게 하는 것을 거부한다. 그는 "강화된 성찰성의 세계는 현명한 사람들의 세계"(Giddens, 1994: 7)라는 점을 강조하는 한편, 이것을 장기적 추세의 연장이 아닌 다른 어떤 것으로 간주하는 것을 꺼리는 것처럼 보인다. 오늘날의 생활은 분명히 더 정보 집약적이지만, 이것만으로는 새로운 종류의 사회를 나타내는 것이라는 주장을 정당화하기엔 충분하지 못하다.

또한 기든스도 '이론적 지식'의 새로움에 대해 의문을 제기했다. 그는 "'이론적 지식'의 응용에는 현상적으로 새로운 것은 아무것도 없다. … 사실 … 기술의 합리성은 … 처음부터 이전 형태의 사회질서로부터 산업주의를 차별화한 일차적 요인이다"(Giddens, 1981: 262)고 주장하였다. 그렇다면 이론적 지식이 지배하는 오늘날의 사회를 새로운 것으로 규정하는 관점이 안고 있는 문제로 되돌아가게 된다.

기든스의 반론은 또한 다음과 같은 핵심 문제를 제기한다. '이론적 지식'으로 의미하고자 하는 바가 정확히 무엇인가? 위의 인용문을 통해 볼 때 기든스가, 목적적(목표지향적) 행위(관료적 구조의 성장에서 가장 잘 드러나는)의 토대가 되는 형식 합리성에 대한 고전 사회학자 막스 베버의 개념이 이론적 지식의 정의에도 적용될 수 있다고 보는 것은 분명하다. 결국 그것은 참여자가 추상적 지식(체계가 어떻게 작동하는가)을 구사할 것을 요구할 뿐만 아니라, 추상적이고 부호화될 수 있는 원리, 규칙 그리고 규정(전체 관료적 기제)과도 관련되어 있다. 이런 관점에서 본다면 이론적 지식은 관료제의 작동방식에 대한 규칙과 절차를 학습하는 것에 지나지 않는다. 그렇다면 우리는 이것의 특별히 새로운 측면이 무엇인가를 묻게 된다. 새로운 측면이 없다면, 지식에 대한 탈산업사회론의 강조는 산업주의의 우선순위의 연장이자 가속화이며, 우리는 다시금 탈산업사회의 새로움에 대한 의문을 제기하게 된다.

이는 이론적 지식이라는 용어의 부정확함에 대한 광범한 불평으로 이어진다. 예컨대 '이론적 지식의 우세'가 교과서에 쓰인 이미 알려진 과학적 원리(물의 끓는점, 원소의 전도율, 화학적 반응 등)를 지칭하는 경우와, '이론'이 인플레이션과 고용, 빈곤과 기대수명, 사회계층과 교육기회 등과 같은 관계에 대한 가설적 모형을 포함하는 것으로 해석되는 경우는 전혀 다른 문제이다. 이러한 이론적 지식은 물리학의 법칙과는 정도의 차이만 나는 것으로 볼 수도 있지만, 그럼에도 불구하고 그 차이는 중요한 것이다. '이론'이 현대생활에서 기존의 원리〔독성, 안전역(*safety margin*) 등〕를 토대로 지속적으로 (재)조직화하는 활동에 대한 체계적 관찰에 기초하여 상하수도 체계, 항공교통 통제, 전화통신망 등과 같은 서비스를 작동시키는 전문가 체계(*expert systems*)의 우세로 인식하는 경우는 또 다른 문제이다. 다른 방식으로, 만일 이론적 지식이 제도뿐만 아니라 개인들 사이의 훨씬 강화된 성찰성 — 개인이나 제도가 미래의 행위노선을 결정하는 토대로서 — 을 향한 추세로 이해된다면 이는 또 다른 정의이다. 마지막으로 이론적 지식의 증가가 졸업증명서의 확산으로 표현되는 경우 — 흔한 전략인데 — 에는 중요한 차이가 있는 또 다른 정의가 도입되는 것이다. 이론의 우세를 향한 변화가 최근 역사의 현저한 특징으로 보이기는 하지만, 위와 같은 부정확함 때문에 우리는 '정보사회'를 구별하는 확실한 수단으로서의 이론적 지식에 대해 경계하게 된다.

9. 결론

몇 년 전부터 다니엘 벨은 '탈산업사회'를 대신하여 '정보사회'라는 개념을 사용하기 시작했다. 그러나 그 과정에서 그는 분석개념을 크게 바꾸지 않았다. 사실상 그의 '정보사회'는 '탈산업사회'와 동일한 것이다. 그러나 우리가 이 장에서 살펴보았듯이 그의 분석은 지지될 수 없다.

의문의 여지 없이 정보와 지식 — 그리고 '정보폭발'에 수반되는 모든 기술적 체계 — 이 양적으로 증대했다. 현대사회에서 일상생활을 꾸려갈 때, 정보와 지식이 중심이 되었다는 것도 쉽게 인정할 수 있다. 그럼에도 불구하고 이것이 과거로부터 현재를 뚜렷이 구별해 주는 새로운 유형의 사회, 즉 '탈산업사회'를 보여 주는 것이라는 견해에 대한 설득력 있는 증거나 논거는 찾아볼 수 없다. 이러한 비판이 타당하다면, 정보영역에서의 발전이 '탈산업사회'의 도래를 표현하는 것이라는 모든 논의는 거부되어야 한다.

사회를 독립적 영역으로 분화하고 경제를 독특한 고용부문으로 구분하는 다니엘 벨의 입장 — 그의 탈산업주의 모형의 전체 구조를 지지하는 데 필수적인 원리 — 은 보다 자세한 검토 결과 지지될 수 없다는 것이 밝혀졌다. 서비스업, 화이트칼라 노동, 전문직이 성장하였고, 정보의 수집 · 저장 · 처리에 대한 이들의 관심도 늘어났다. 그러나 이들의 성장을 '재화 생산'부문에서 창조되어 독립적인 소비의 영역으로 흘러가는 부의 축적에 따른 것이라고 해석할 근거는 없다. 그와는 반대로 서비스업이 확장되어 기존의 상호 관련된 경제(그리고 보다 넓은 정치적 · 문화적 관계)를 영속화하고 공고화해 왔다. 새로운 '탈산업' 사회는 존재하지 않는다. 서비스직의 성장 및 그와 관련된 발전은 과거와 현재의 연속성을 강조한다.

동일한 이유에서, 현재와 이전 시기 간의 차이에 놀란 수많은 열성적 지지자들의 출발점이 되는 정보 및 정보노동자의 증가도 새로운 사회체계를 보여 주는 것으로 간주될 수 없다. 크리샨 쿠마르가 솔직하게 지적하듯이, "정보기술, 나아가서 정보혁명의 증대되는 중요성을 받아들이는 것과 새로운 산업혁명, 새로운 종류의 사회, 새로운 시대의 개념을 받아들이는 것은 완전히 다른 문제이다"(Kumar, 1992: 52).

'이론적 지식'에 대한 벨의 강조는 분석적으로는(실제적으로는 아니지만) 위에서 언급한 보다 양적인 변화와 구별될 수 있는 것으로서, 그의 탈산업주의론의 '제조업에서 서비스업으로'라는 주제보다는 더 많은 설득력을 가지고 있다. 사회활동의 계획과 통제에 대해 중대한 영향을 미치는 질적 변화로서, 그것은 사회변동과 현대사회에서의 정보/지식의 잠재적 중요성에 관심을 가지고 있는 사람들에게는 흥미로운 사고이다. 벨의 저작 속에서는 충분히 발전되지 못했고 직업적 변화를 강조하는 그의 관심에서 특이하게도 부차적인 것이지만, 직관적으로 이론적 지식은 설득력이 있다. 벨의 저작 속에서 그것은 적용하기에 너무 모호하며 명확한 경우에도 그 새로움과 중요성에 대한 중대한 의문이 제기될 수 있다. 그럼에도 불구하고, 내가 볼 때 이론적 지식은 우리가 오늘날 '정보사회'에 살고 있다는 주장에 대한 가장 흥미롭고 설득력 있는 논거이며, 바로 이러한 이유로 제 11장과 제 13장에서 이론적 지식에 대해 다시 검토한다.

우리가 정보와 정보활동이 일상적 조직화와 대부분의 노동에서 필수적 부분을 구성하는 세계에 살고 있다는 사실은 여전히 남아 있다.

어떤 척도로 측정하더라도 정보의 크기와 범위는 극적으로 확대되었다. 이에 따라 사회과학자들은 이러한 발전을 해석하고 설명하려고 노력한다. 우리가 여기서 내리는 결론은 이러한 변화가 벨 교수의 '탈산업적' 개념으로는 해석될 수 없다는 것이다. '정보사회'를 '탈산업사회'로 명명하려는 벨의 야심은 이루어지지 않을 것이다. 오늘날 정보의 확산과 중요성을 이해하고자 한다면, 다른 곳을 참고해야만 한다.

제5장

조절학파

각 세대는 자신들의 시대가 전례 없는 상황이라고 믿는 경향이 있다. 물론 각 시기는 역사적으로 고유하기 때문에 그러한 측면들도 있을 것이다. 그러나 이런 차원을 넘어서 우리가 '제 2의 산업혁명'을 통과하여 '정보사회'로 진입하고 있다는 주장에 대해서는 회의적일 필요가 있다. 우리가 그런 도발적인 주장을 접하는 경우 제대로 된 역사에 대해 읽고 생각해 보면 우리 시대만이 불안, 동요, 혁신의 시대가 아니라는 것을 쉽게 발견하게 된다. 그렇다고 이것이 우리가 변화에 대해 무감각해야 한다는 것을 의미하는 것은 아니다. 오늘날에도 주목할 만한 변화가 진행되고 있으며, 과장을 피하고자 노력하는 와중에서도 그러한 변화에 대해 인식할 필요가 있다. 기존 관계에 주요한 변화가 일어나고 있으며, 그 변화의 속도 또한 역사상 어느 때보다도 빠르다는 인식이 광범위하게 확산되어 있다.

직업의 경우를 생각해 보자. 얼마 전까지만 해도 영국 남웨일스나 북동부 노동자 계급의 젊은이들은 그들 아버지의 뒤를 이어 탄광에서 일하게 되리라는 것을 자신 있게(열성은 없었지만) 예상할 수 있었다. 그러나 이 지역 탄광업은 1960년대와 1970년대에 걸쳐 감소하다가 1980년대 말에 완전히 사라졌다. 이제 이들이 가질 수 있는 직업은 국가가 창출한 '정부직'(*govvies*)이나 관광, 소매업 그리고 개인 서비스 같은 분야이다. 이 지역의 지형과 분위기는 재구성되어 과거의 쓰레기 무덤이 잘 가꿔진 숲으로 변했고, 코크스 연료 타는 냄새가 나던 솥의 독특한 향기가 사라진 지도 오래되었다(Kynaston, 2007). 사실 고유한 정체성으로 영국의 특징적인 부분이었던(그리고 한 세기 전에는 전체 노동력의 5%나 차지했던) 광부와 같은 직업은 스피탈필드(Spitalfields: 영국 런던 근처에 있는 한 지역 - 옮긴이 주)의 비단 직조공과 마찬가지로 거의 시대에 뒤떨어진 것이 되었다.

2007년 말에 서구는 약 10년이 넘는 성장기를 마감하며 1930년대 이래 가장 깊은 불황에 빠져들었다. 손쉬운 대출과 의심스러운 금융 관행으로 만든 금융 거품이 꺼지면서 할부금융회사들이 붕괴하거나 강제 합병되었다〔노던락(Northern Rock), 리먼브라더스(Lehman Brothers), 메릴린치(Merrill Lynch) 등〕. 국가적 경계를 넘어서, 특히 유럽에서는 '긴축'정책이 실행되었는데, 이는 대규모 정리해고, 공공지출 감축, 연금 축소를 의미하였다. 실업은 아일랜드, 스페인, 그리스와 같은 성장기에 있는 주변부 국가에서 특히 심각하였다. 다양한 저항운동이 발생하였는데, 특히 느슨하게 연결된 점령운동(*occupy movement*)과 이민자를 표적으로 하고 민족주의를 강하게 외치는 네오파쇼주의 정당의 출현이 주목할 만하다. 기성 정당과 금융자본주의 관행에 대한 뚜렷한 불만이 존재하는 것이다.

정치적으로 볼 때, 1945년 이후 우리는 두 진영으로 갈라진 세계에 익숙했다. 그러나 1989년에 20세기의 가장 중대한 정치적 격변들이 세계 도처에서 공산주의 체제의 붕괴를 초래함으로써 두 진영 간의 분화는 끝이 났다(권위주의적 공산주의와 시장경제를 기묘하게 결합한 중국은 여전히 대표적 예외로 남아 있다). 정치무대에서 외형상 고착물이었던 것이 몇 달 만에 사라져 버린 것이다. 소련이 붕괴되었고 구 유고슬라비아도 갈라진 반면에 동독과 서독은 재결합했다. 우크라이나, 불가리아, 에스토니아 같은 새로운 '이행적' 경제는 엄청난 격변과 불확실성을 경험하고 있으며, 장기적 미래에 대해서 아무도 확신할 수 없지만, 몇 년 전의 과거로 되돌아간다는 것은 상상할 수 없게 되었다.

사회적으로 영국 본토에서 우리는 간헐적이기는 하지만 주요한 소요를 경험하곤 했다. 이러한 소요는 런던, 리버풀, 버밍엄, 브래드포드, 비스트롤 등과 같은 도심에서 발생했으며, 경찰에 대한 공격, 방화, 약탈 등을 특징으로 하였다. 매우 인종주의적면서 특히 격렬한 소요가 2011년 8월에 런던과 일부 다른 지역에서 발생하였다. 언제 또다시 그러한 불법적 폭동이 일어날지 장담할 수는 없지만, 미래에 언젠가는 그리고 어디에서든 그러한 폭동이 반복해서 일어날 수 있다는 것에는 의심의 여지가 없다. 파리〔2005년 외곽지역(banlieu)이 수 주 동안 소요에 휩싸였고 작은 규모지만 2007, 2009, 2012년에도 반복해서 소요가 발생한 곳〕나 로스앤젤레스(1990년대에 간헐적 소요가 발생하여 십여 명의 목숨과 엄청난 재산적 피해가 초래된 곳) 같이 멀리 떨어진 장소에서도 이와 유사한 폭동이 발생하고 있다. 이보다 덜 극적이기는 하지만 마찬가지로 불안정한 것으로, 우리는 친밀한 관계에서의 불안정한 변동을 경험하고 있다. 모든 것은 가족 형태의 변화(사회학자들이 동성애

관계, 동거, 재혼을 아우르기 위해 '선택 가족'이라 부르는 것) 와 자신들의 자녀(그리고 점점 일반적으로는 양자녀) 가 잘되도록 하기 위해 무엇을 할 것인가에 대한 부모의 일상적 불안에 반영되고 있다. 도덕 수호자들은 '기본으로 돌아가라'고 외칠 수도 있지만, 도시의 무법성이 쉽게 중단된다거나 아이들을 다 '키우면' '죽음이 서로를 갈라놓을 때까지'와 같은 결혼관계를 부활시킬 수 있다고 생각하는 사람은 거의 없다.

우리는 이 모든 변혁을 쉽게 인정하게 된다. 이는 특히 과거 어느 때보다도 더 집중적이고 확산적인 미디어를 통해 일상생활에서 그러한 혼란을 깨닫게 되었기 때문이다. 우리는 매일 텔레비전을 통해 정치적 불안정, 경제 문제, 불안한 사회적 쟁점 등에 대해 접한다. 모든 가정이 텔레비전을 가지고 있고, 라디오, 신문, 잡지, 무가지 등이 텔레비전을 보완하기 때문에, 사회가 급격하게 그리고 점점 더 가속적으로 변하고 있다는 것에 대해 사람들이 동의하는 것은 크게 놀라운 바가 아니다. 이러한 변동이 무엇을 의미하는지는 물론 매우 논쟁적인 것이지만, 변동 자체의 규모와 속도에 대해서는 논쟁의 여지가 없다.

사람들이 주로 미디어를 통하여 이러한 변화를 알게 된다는 사실은 변혁의 한 핵심적 측면이 정보와, 그리고 당연히 그것을 다루고 처리하고 활용하는 기술이라는 점을 보여 준다. 정보를 수집하고 처리하는 새로운 방식이 등장함에 따라 매스미디어 그 자체가 근본적 변화를 겪었다. 가벼운 비디오카메라를 이용하여 과거에는 쉽게 들어가기 힘들었던 지역에 접근할 수 있게 됐고, 국제위성 연결을 통해서 수천 마일 떨어진 곳에서도 단 몇 분 안에 화면을 얻는 것이 가능하게 되었다. 전 세계는 베를린 장벽이 무너진 순간, 1992년과 1996년 사이에 구 유고슬라비아가 분해된 사건, 2001년 9월에 민항기 납치범들이 뉴욕의 쌍

둥이빌딩을 폭파한 순간, 2003년 이라크에 대한 '충격과 공포' 전쟁 과정을 지켜 볼 수 있었다. 상징적 환경의 엄청난 확대(서적, 소책자, 라디오, 텔레비전, 비디오, 인터넷 등)는 또한 성관계, 만족감, 장애 등과 관련된 쟁점에 대한 정보가 이전보다 더 광범위하게 활용된다는 점과, 그런 정보는 불가피하게 우리 의식 속으로 들어온다는 것을 의미한다.

그러나 지금의 변화에서 정보는 수용자들이 접하게 되는 메시지의 증가 문제 이상의 중요성을 지닌다. 오늘날에는 새로운 직업 중 상당수가 이른바 정보적으로 포화되어 있어서, 육체적 숙련도나 노력보다는 말하고 쓰고 안내하는 등의 일을 필요로 한다. 이를 극명하게 보여주는 예로, 전직 석탄광부였던 사람이 이제는 산업박물관이나 블랙컨트리 생활박물관(Black Country Living Museum)에 고용되어 재구성된 탄광으로 방문객들을 안내하는 경우를 들 수 있다.

정보통신기술이 변혁 그 자체의 핵심적 요소라는 인식도 확산되었다. 공장노동에 대한 컴퓨터의 활용은 곧 그 공장에서는 일자리가 많이 생기지 않는다는 것과, 앞으로 상당수의 일자리는 컴퓨터화한 장비에 대한 익숙함을 전제로 한다는 것을 의미한다. 더욱이 컴퓨터화는 현재의 변화를 가속하고, 끊임없는 변화와 그에 따른 노동력의 지속적인 적응의 필요성을 예고한다. 나아가서 국제적인 통신의 발달은 세계 어디에 있든 전화, 인터넷 카페, 컴퓨터 단말기 등만 있으면 힘 안 들이고 친구나 친척들과 대단히 만족스런 교신을 할 수 있다는 것뿐만 아니라, 정치적 및 경제적 전략이 지구적 요인에 대한 감수성을 가지고 개발되고 추진되어야 한다는 것을 의미한다.

어느 정도의 정보와 정보기술이 현재 진행되는 엄청난 변동의 원인인지 또는 단순한 상관물인지를 판단하는 것은 어려운 일이다. 그러나 변화가 심층적이고, 광범위한 영역에서 나타나며, 최근에는 가속화되고, 그 과정에서 정보가 절대적인 부분이라는 견해에 반대하는 사람은 아무도 없을 것이다.

더욱이 변동은 사건이나 긴급사태를 수습하는 문제보다 훨씬 더 많은 것을 포함한다. 우리가 현재 직면한 상황보다 더 도전적이었던 시기를 회상하기란 어렵지 않다. 예컨대 오늘날 대부분의 사람들에게 1939~1945년과 같은 불확실성과 격변은 모든 것을 절망 속으로 빠뜨릴 것이다. 그렇지만 중요한 차이가 있다면, 그것은 분명 변동이란 것이 단지 여러 종류의 위기와 접하는 문제만이 아니라, 우리의 생활방식에 대한 거의 일상적인 도전의 문제라는 것이다.

그리하여 제 2차 세계대전 이후 국가들이 과거보다 나아지려는 목표를 가지고 재건을 추진할 수도 있었지만, 실제로는 대체로 대부분의 사람들에게 친숙한 세계의 창출을 추구했다. 공장이 재가동되었고 과거의 일자리들이 다시 생겨났으며 과거의 관습이 되풀이되었다. 그러나 과거에는 안정적이었던 일자리의 소멸에서부터 새로운 종의 복제까지, 국가 정체성에 대한 신뢰의 문제에서부터 거의 모든 건강 및 안전에 대한 경고까지, 종교적 신념에 대한 공격에서부터 도덕적 가치에 대한 의문시까지, 오늘날의 변동의 속도와 범위는 모든 측면에서 우리에게 도전을 제기하고 있다.

이러한 변동의 주요 형태를 이해하려는 많은 시도들이 있으며, 그중 일부는 우리가 이미 접해 보았고 다른 것들은 뒤에서 논의한다. 일부 논자는 우리가 산업사회에서 탈산업사회로의 변화를 경험하고 있다고 보는데, 다니엘 벨과 같은 사람들은 이것이 제조업 중심 사회에서 서비스 중심 사회로의 이행과 관련 있다고 주장한다. 지그문트 바우만과 같은 많은 사람들에게 그것은 근대적 세계에서 탈근대적 세계로의 변화를 나타낸다. 스콧 래시와 존 어리가 볼 때, 그것은 조직화된 자본주의로부터 비조직화된 자본주의로의 이행을 나타낸다(Scott Lash and John Urry, 1987). 한편 프랜시스 후쿠야마(Francis Fukuyama)에게는 그것이 '역사의 종말', 즉 실패한 집단주의적 실험에 대한 시장경제의 승리를 보여 주는 것이다(Fukuyama, 1992). 이들 논자들은 저마다 강조점이 다르고 그에 따라 그 의미와 중요성에 대해서도 현저하게 다른 해석을 내리고 있지만, 거의 동일한 현상에 대한 설명을 시도하고 있다(Fisher, 2010).

이 책의 핵심적 주제를 다시 한 번 언급하자면 다음과 같다. 다니엘 벨이나 앨빈 토플러 같은 저술가들은 우리가 새로운 유형의 사회인 '정보사회'에 진입하고 있다는 점을 강조한다. 이 장에서 우리가 접하게 되는 대부분의 사상가들도 변동을 인정하기는 하지만 그러한 변동이 자본주의의 변형이라는 점을 강조하면서, 자본주의가 21세기까지 연속성을 유지하도록 하는 과정에서 정보가 핵심적 역할을 담당하기는 하였지만, 친숙한 관행과 원리는 그대로 영향력을 발휘하고 있다는 것에 주목한다. 당연한 말이지만 이는 단순한 학술적 논쟁 이상의 문제이다. 만일 우리가 현저하게 상이한 사회에 살고 있다는 주장이 우세하게 되면 — 우리가 다니엘 벨을 통해 보았듯이 — 비판이나 변동을 위한 운동은 타당성을 잃게 된다. 반대로 우리가 자본주의가 일차적 요인이라는 것을 인정하게 되면 분석과 행위에 대한 친숙한 용어가 효력을 유지하게 된다(비록 이런 것들이 자본주의에 대한 찬성일 수도 있고 반대일 수도 있겠지만).

여기서 나는 적어도 분석적 근거에서 두 개의 상호 관련된 진영으로 나눌 수 있는 사상가들에 대해 논의를 집중하고자 한다. 그 한 진영에서는 현대의 발달을 이해하기 위해서는 포드주의(*Fordism*) 에서 탈포드주의(*post-Fordism*) 〔일부 논자들에게는 신포드주의(*neo-Fordism*)〕 시대로의 이행이라는 관점이 필요하다고 주장하고, 다른 한 진영에서는 우리가 대량생산의 시대를 지나 유연전문화(*flexible specialization*) 가 지배적인 시기로 진입하고 있다고 주장한다. 내가 볼 때 이러한 접근들은 현대의 사회적 · 경제적 · 정치적 변동을 설명하는 가장 체계적이고 영향력 있는 접근 중 일부에 속한다.

이러한 두 학파 내부에서 뚜렷한 의견 차이가 있다는 점에 주목할 필요가 있으며, 아래에서 나는, 나의 분석틀을 유지하면서도, 논평자들 사이의 이러한 다양성의 일부를 보여 줄 것이다. 포드주의에서 탈포드주의로의 의도적 이행에 대한 나의 논의는 이른바 조절학파(*Regulation School*) 이론에서 유래하는 견해에 초점을 맞추고자 한다. 이 학파의 주요 창시자는 경제학자 알랭 리피에츠(Alain Lipietz, 1987), 미셸 아글리에타(Michel Aglietta, 1979), 로버트 보이어(Robert Boyer, 1990) 등이다. 그렇지만 나는 몇몇 독립적인 분석가들도 포함시킬 것이다. 유연전문화에 관한 이론가들에 대해서는 나는 가장 영향력 있는 출판물인 마이클 피오레와 찰스 사벨의 《제 2의 산업분화》(*The Second Industrial Divide*, Michael Piore and Charles Sabel, 1984) 에 관심을 집중하고자 한다.

이 모든 이론가들의 불일치와 다양성을 충분히 제시하는 것은 이 한 장에서 다루기에는 너무나 방대한 작업이기 때문에, 나는 불가피하게 포괄적 검토라고 할 수 있는 것에 대한 단순화된 설명을 제시할 것이다. 그에 따라 다음에서 나는 특히 변동과정 및 이러한 설명에서 차지하는 정보의 역할과 중요성에 관심을 가질 것이다. 이렇게 하는 것은 정보가 이 책의 주제라는 명백한 이유 때문이기도 하지만, 앞으로 보게 되겠지만 제시되는 이행을 설명하는 이 모든 이론에서 정보가 핵심적 위치를 차지하기 때문이기도 하고, 또한 이렇게 함으로써 현 시대에서 정보의 중요성과 특수한 형태에 대해 제대로 평가할 수 있기 때문이기도 하다.

1. 조절학파 이론

조절학파가 제기하는 근본 질문은 '자본주의가 그 연속성을 어떻게 보장하는가?' 하는 것이다. 즉 성공적인 이윤의 성취와 지속적인 자본의 팽창을 전제로 하는 체계가 어떻게 안정을 이루어 내는가? 라는 문제이다(Boyer and Saillard, 2002). 이것을 조절학파 이론가들이 선호하는 용어로 표현하자면, '자본주의적 축적이 어떻게 보장되는가?'이다. 그들은 자본주의는 스스로 균형을 찾아가는 경향이 있다는 주장을 즉각 거부하며, 사회질서를 유지하기 위해서는 시장의 '보이지 않는 손'보다 훨씬 더 많은 것이 요구된다고 주장한다. 물론 다음과 같은 주장도 가능하다. 즉 항시적으로 움직이는 모든 체계는 본질적으로 불안정하며 자본주의도 분명 그러한 체제의 하나이기 때문에, 동적 경제에서 안정성의 뿌리를 찾으려는 조절학파의 탐구는 어딘가 이상하고 심지어 잘못되었다는 것이다(Sayer and Walker, 1992).

조절학파 이론가들도 불안정성이 자본주의의 본질적 요소라는 점은 인정한다. 그리하여 이들은 근로자들은 언제나 고용주가 주려는 것보다 더 많은 것을 원한다는 점, 기업 간 경쟁은 혁신을 위한 항구적 필요가 존재한다는 것을 의미한다는 점, 기업의 인수합병이 경제생활의 핵심 요소라는 점 등을 기꺼이 인정한다. 그러나 그들은 이러한 긴장의 원천에도 불구하고 자본주의가 어떻게 지속하는가 라는 문제를 계속하여 제기한다. 다시 말해서 조절학파는 변화 속에서 연속성을 확보할 수 있도록 불안정성이 관리되고 규제되는 방식을 밝혀내려고 한다. 이러한 문제를 거론한다는 면에서 볼 때, 이는 신고전학파의 일반경제균형이론에 대한 대안을 제시하고자 하는 시도로 간주될 수 있다.[1)]

조절학파 사상가들은 주어진 한 시점에서의 지배적인 축적체제(*regime of accumulation*)를 검토하려고 한다. 그들에 따르면 이것은 곧 지배적인 생산의 조직화, 소득이 분배되는 방식, 경제의 다양한 부문들이 조정되는 방식 그리고 소비가 이루어지는 방식 등을 밝혀내는 것이다. 그들은 1970년대 중반 무렵부터 지속된 우리에게 다소 친숙한 위기들(불경기, 실업, 도산, 해고 등)은 제 2차 세계대전 이후 오랫동안 안정성을 보장했던 축적체제를 대신할 새로운 축적체제를 형성함으로써 해결될 수 있었다고 주장한다. 이에 따르면 1945년부터 1970년대 중반까지 지배적이었던 포드주의 축적체제는 지속할 수 없게 되었으며, 서

1) 이러한 문제들을 공유하는 한, 마르크스주의 저작에서 많은 개념과 통찰력을 도출함으로써 외견상으로는 자본주의에 대한 비판이론인 조절학파 이론은 보수주의적 분석틀과 오히려 산뜻하게 들어맞는다. 자본주의가 어떻게, 그리고 왜 지속해 가는가를 설명하고자 한다면, 그것은 자본주의가 혁명을 통해 사회주의적 질서로 대체될 것이라는 마르크스주의 논제를 부정하는 것과 동일한 것이 아닌가? 분명히 조절학파 이론은 다소 기능주의적 설명을 제시하는데, 자본주의하에서 어떻게 질서가 유지되는가를 분석하면서 그 체계의 너덜너덜해진 모서리 부분은 누락한다.

서히 그리고 상당한 파괴를 동반하면서 향후 자본주의 기업활동의 건강을 재형성하고 지속시킬 것으로 예상되는 탈포드주의(*post-Fordist*) 체제에 길을 내주고 있다.

다음에서 나는 포드주의와 탈포드주의 축적체제를 대비하는 데 논의를 집중하고자 한다. 불가피하게 이것은 조절양식(*model of regulation*) — 법조문에서부터 교육정책에 이르는 다양한 사회통제 방식 — 에 주어지는 많은 관심을 무시하게 될 것인바, 독자들은 이러한 배제를 인식하고 있어야 한다(Hirsch, 1991). 특히 1980년대의 탈포드주의 체제를 구성하려는 시도에 대하여 읽으면서 독자들은 이 시기 영국에서 나타난 통제기제 — 대처 수상(1979~1991)의 노동운동에 대한 단호한 공격, 그리고 학교 및 고등교육의 구조와 교과과정의 근본적 개혁에서부터 지방정부의 구조개혁에 이르는 — 에 대해 숙고하게 될 것이다(Kavanagh, 1990).

2. 포드주의 축적체제, 1945~1973년

조절학파 이론가들은 이 시기가 포드주의-케인스주의 시대로 특징될 수 있으며, 몇 가지 상호 연결된 특징들이 전체 체계가 균형을 유지할 수 있도록 보장했다고 주장한다. 간단히 말해서, 이 기간은 대량생산과 소비가 적절한 균형을 이루었던 시기로서, 국가의 경제 문제 개입이 그러한 조화가 이루어지도록 도와주었고, 정부의 복지정책은 사회적 안정성의 유지뿐만 아니라 이러한 균형을 지원하였다는 것이다.

포드(Ford)가 대중소비가 가능한 가격으로 상품을 생산한 생산기술의 선구자였고, 동시에 상품 구매를 촉진하는 (상대적으로) 높은 임금을 지급하는 선두주자였기 때문에, 그의 이름은 전체적인 체제를 지칭하는 데 사용되었다. 그러나 포드의 방식이 모든 곳에서 동일한 방법으로 구축되었다고 주장하는 것은 오류일 것이다(Meyer, 1981). 오히려 이 용어는 포드 기업이 특히 제 2차 세계대전 후기에 그 절정을 이루면서 선진 자본주의 기업활동의 많은 핵심적 요소들을 표현하는 원형(*archetype*)이었다는 것을 의미한다. 마찬가지로 케인스는 그의 정책이 산업 문제에 대한 국가의 개입과 가장 밀접한 관련이 있는 경제학자이기 때문에, 케인스적이라는 용어도 전범적으로(*paradigmatically*) 이해되어야 하며, 상이한 국가의 정부들이 통일된 방식으로 정책을 실행했다고 주장하는 것은 아니다.

포드주의-케인스주의 시대에는 몇 가지 중요한 특징이 있다. 여기서는 중요한 것들을 차례대로 검토하고자 한다.

1) 대량생산

상품의 대량생산이 일상적인 것이었다. 공학, 전자제품 그리고 자동차 같은 분야에서는 공통된 과정(조립라인 체계)에 따라 제조되고 거의 차별화되지 않는 양식으로 대량생산된 표준화된 상품이 특징적으로 발견되었다(냉장고, 청소기, 텔레비전, 의류 등). 전형적인 제조공장은 대규모였는데, 큰 것으로는 미국 디트로이트(Detroit) 포드 공장의 경우 한 공장이 4만 명의 근로자를 고용했고, 영국 옥스퍼드(Oxford) 카울리(Cowley)와 버밍엄(Birmingham) 롱브리지(Longbridge)에 있는 자동차 공장들도 1960년대 말에 각각 2만 5천 명이 넘는 근로자를 고용했다. 그리고 모든 곳에서 비용효율이 높은 대량생산은 크기에 좌우되는 규모의 경제를 필요로 했기 때문에, 수백 명 또는 수천 명의 근로자를 고용하는 공장이 전형적이었다. 영국에서는 1963년경 민간부문 제조업에 종사하는 전체 노동력의 1/3이 적어도 1만 명 이상의 근로자를 가진 조직체에 고용되었고, 제조업 인구의 70% 이상이 500명 이상의 고용인을 둔 회사에서 일하였다(Westergaard and Resler, 1975: 151~152). 이에 따라 해당 지역 — 대개는 도시의 특정 구역이었지만 때로는 전체 도시 — 에서 생산되는 상품 종류에 따라 인식되는 독특한 지역성이 발전했다. 예컨대 더비(Derby)는 철도 및 롤스로이스(Rolls-Royce) 공장으로, 쇼튼(Shotton), 코비(Corby), 콘셋(Consett)은 철강제품으로, 쉴던(Shildon)과 스윈던(Swindon)은 철도건설로, 콘벤트리(Conventry)는 자동차로, 그리고 버밍엄(Birmingham)은 다양한 공업기업으로 유명했다.

2) 산업노동자

이 기간 내내 고용구조에서 지배적 집단은 산업노동자였다. 이들은 제조업과 일부 추출산업에 고용된 남성 블루칼라 노동자들로서, 정치적 성향과 태도에 반영되어 나타나는 강한 지역적·계급적 연대를 가지고 있었다. 1951년 영국 노동력의 거의 70%를 구성한 남성 육체노동자들은 20년이 지난 후에도 여전히 전체 노동력의 거의 60%를 차지하였다(Harrison, 1984: 381). 또한 1960년대 초에는 고용의 약 60%가 광업에서부터 화학적 생산에 이르는 다양한 산업활동을 포괄하는 영역에 분포해 있었고, 제조업 하나만으로도 43%의 일자리를 구성하였다

(Gershuny and Miles, 1983: 20).

산업에서는 많은 노동자가 노동조합으로 조직되었고 대부분의 사용자들도 그것을 인정함으로써, 노동조합이 노사관계를 다루는 제도적 장치의 역할을 담당했다. 지역적 수준에서 이것은 합의된 협상절차를 통해 나타났고, 전국적 수준에서는 사용자 대표, 노조 지도자 그리고 정치인이 공동 관심사를 협의하기 위해 정규적으로 만나는 조합주의 (*corporatism*) 경향에 반영되어 있었다(Middlemas, 1979). 이는 영국 수상 관저에서 '맥주와 샌드위치' 회의가 정례적으로 개최되고, 수상과 노조 지도자들이 사회계약법을 제정한 1960년대에 절정을 이루었다.

무엇보다도 자본주의 역사상 가장 장기간의 것이라고 할 수 있는 이 시기의 호황은 지속적인 경제성장과 그에 따른 완전고용을 의미하였다. 일부 분야를 제외하면 영국에서 실업은 거의 사라져서 1950년대와 1960년대 초반 동안에는 실업률이 2% 내외를 유지했다. 새로운 일자리를 찾기 위해 일시적으로 노동을 하지 않는 사람들로 주로 구성되는 이러한 '마찰적 실업'(*frictional unemployment*)은 대부분의 사람들에게 안정성, 확실성 그리고 자신감이 존재한다는 것을 의미했다.

3) 대중소비

이 기간에 대중소비가 일반화했다. 이것은 (상대적으로) 높고 점점 상승하는 임금, 소비재 가격의 실질적 감소,[2] 완전고용, 할부판매의 급속

2) 아서 마윅(Arthur Marwick, 1982: 118)은 1955년과 1969년 사이에 주당 평균소득이 130% 증가했다는 것을 보여 주었다. 같은 기간 동안 소비자 물가는 단지 63%만

한 확산,[3] 신용판매 시설, 그리고 당연히 광고, 유행, 텔레비전 및 유사한 종류의 전시와 설득의 증가에 수반되는 자극에 의해 촉진되었다.

미국에 비해 다소 지체된 영국에서도, 일반 사람들이 그때까지는 희소했거나 상상할 수 없었던 소비재 — 화장실 및 개인 위생용품에서부터 세련되고 유행에 맞는 의류, 진공청소기, 재단된 카펫, 냉장고, 라디오와 텔레비전, 자동차에 이르기까지 — 를 사용할 수 있게 되었다. 1970년경에는 가구의 90%가 텔레비전 수상기를, 70%가 냉장고를, 그리고 60% 이상이 세탁기를 보유했다. 자동차 보유 대수는 1950년 230만 대에서 1970년에는 1,180만 대로 증가하여 영국 가구의 절반 이상이 자동차를 소유했다(Central Statistical Office, 1983).

가장 중요한 것은, 이러한 대중소비가 공급되는 상품을 노동자들이 이용할 수 있었기 때문에 가능했다는 점이다. 이는 상품의 최대시장은 바로 사회의 압도적 다수를 구성하는 노동자들이었기 때문이다. 노동자들이 시장으로의 진입을 성취함에 따라, 사람들이 '과거 어느 때보다 풍족하게 되었다'는 당시 수상 해럴드 맥밀런(Harold Macmillan)의 슬로건이 진실이었음을 입증하였다. 그럴 수밖에 없었던 것이, 그 이전 시대에는 대부분의 사람들이 적정가격으로 구입할 수 있는 소비재가 없었기 때문이다(대표적인 예외는 물론 맥주와 담배였다).

그러나 이보다 더 중요한 것은 대중소비가 지속적이고 안정된 대량생산의 축이 되었다는 점이다. 다시 말해서, 이 시기 동안 완만하고 지속

상승하였다. 나아가서 식료품 및 기타 생필품의 가격이 차츰 상승하였지만, 자동차, 텔레비전 그리고 세탁기 같은 많은 소비재는 실제로 더 저렴해졌다.

3) 에릭 홉스봄(Eric Hobsbawm, 1968: 225)은 1957년과 1964년 사이에 영국 국민 전체의 할부대금이 300% 증가했다는 것을 보여 준다.

적인 상품의 대중소비는 생산기반의 확대를 위한 전제조건이 되었고, 이는 다시 완전고용을 보장했다. 포드주의 시대에 경제의 건강은 점점 더 소비자 구매력(그리고 장기대여 및 신용구매)에 의해 결정되었다. 간단히 말하면 '소비가 미덕'이 된 것이다. 이는 놀라운 변화인데, 그 이전에는 빈곤과 고용 불안정성에 대한 두려움 때문에 많은 사람들이 '빚지기'를 꺼려했기 때문이다(Kynaston, 2007; Ewen, 1976 참조).

결정적으로 중요한 점은 대중소비와 대량생산 간에 일정한 조정, 즉 일정한 상호균형이 이루어졌다는 것이다. 이것은 소비의 지속적 성장이 급격한 소비자 확대를 위한 완전고용과 일자리를 지원하는 일종의 선순환(*virtuous circle*)으로 간주될 만한 것을 제공하였다. 이것이 지속되도록 하기 위하여 판매와 설계기술의 전체 구조 — 매년 신형 자동차 생산, 광고산업의 등장, 매장의 새로운 진열방식, 구형 제품의 교환판매, 용이한 구매조건 등 — 가 발전하였다. 그러나 가장 중요한 것은 완전고용과 지속적인 실질소득 향상에 대한 확신이었다. 소비자 수요가 강하게 나타나는 한(그리고 국가는 이렇게 되도록 자주 개입하였다) 경제는 활력을 지탱할 수 있었다.

4) 국민국가와 국내 소수독점

이 기간에는 국민국가가 경제활동의 중심이었고 이러한 영토 내에서 영역들은 일반적으로 전국적인 소수독점에 의해 지배되었다. 다시 말해서, 산업계에는 전자, 의류, 소매 또는 공학 등에 상관없이 각 분야별로 서너 개의 지배적 회사가 나타났다. 이와 동일한 선상에서 1963년에는 영국 제조업의 5개 선두기업이 모든 거래분야에서 판매량의

60% 이상을 차지하였다(Westergaard and Resler, 1975: 152). 보다 일반적으로는 1960년 영국에서 100대 기업이 모든 제조업 산출의 1/3을 차지함으로써 대기업의 장악력을 드러냈다. 또한 토착회사가 국내시장을 확실히 장악했는데, 1968년 말까지도 제조업은 산출량 기준으로 87%가 영국기업의 것이었다.

이에 비추어 볼 때 영국의 산업은 비교적 안전한 기반을 가지고 있었다는 것을 알 수 있다. 영국의 산업은 국내시장의 대부분을 통제하고 있었으며, 경쟁자가 거의 없었고, 또한 서서히 성장하는 안전한 시장에 참여하고 있었으며, 수직적·수평적 통합이 차차 이루어져서 이해관계에 대한 통제와 조정을 극대화할 수 있게 되었다.

5) 계획

많은 것의 토대가 된 것은 계획에 대한 인정된 역할이었다(Addison, 1975). 이는 복지국가의 성장에서 가장 생생하게 드러났지만, 국가의 경제개입(케인스주의적 정책)의 정당성에 대한 광범위한 합의에서도 표출되었다. 예컨대 중요한 것으로 영국에서 제 2차 세계대전 이후 에너지 공급과 통신의 많은 분야에서 진행된 국유화 물결이 1950년대에 보수당에 의해 거절당한 분야는 철강산업뿐이었다. 석탄, 가스, 전기 등의 다른 분야에서는 정당에 상관없이 수용되었다. 조절학파 이론가들의 주장에 따르면, 이런 종류의 합의는 국가가 제공한 교육과 보건이 특히 자신들에게 큰 이익이라고 생각한 많은 사람들에게 압도적 지지를 받았을 뿐만 아니라, 생활의 많은 영역에서 광범위한 계획을 뒷받침함으로써 포드주의 체제 전체를 통하여 안정성 유지에 기여하였다.

포드주의 축적체제에 대한 이러한 설명은 일반화를 많이 포함하는데, 이 중 상당 부분은 비판가들이 반대할 수 있는 것들이다. 예컨대 영국의 전후 10년 기간을 안정과 번영의 시기로 묘사하는 것은 빈곤, 갈등, 경제적 불확실성 등과 같은 고질적 문제를 과소평가하는 것이다. 1950년대와 1960년대를 살았던 많은 사람들은 이 시기가 신용대부에 대한 금기가 없어진 시기라거나 영국 산업이 국제경쟁으로부터 자유로웠던 시기로 묘사되는 것에 의아해할 것이다(Sandbrook, 2005, 2006). 더욱이 포드주의에 대한 묘사는 전후 북미와 서유럽의 특수한 경험을 너무 쉽게 일반화한다. 예건대, 이것이 말레이시아, 일본, 심지어 이탈리아와 그리스에 어떻게 적용될 수 있는가는 논쟁의 여지가 있는 문제이다.

또한 시기 구분의 문제도 논쟁적이다. 즉 정확히 언제가 포드주의의 시대였는가? 앞에서 보았듯이 헨리 포드는 1920년대에 공장을 설립하였는데, 포드주의 개념은 마르크스주의자인 안도니오 그람시(Antonio Gramsci)가 1930년대 초에 쓴 글(Gramsci, 1971: 277~318)에서 처음 사용되었다는 점을 기억할 필요가 있다. 일반적으로 영국은 포드주의 선도국인 미국에 비해 지체되었다고 주장하기는 하지만, 시기를 고정하는 것은(왜 1945년 이후인가?) 현저하게 상이한 형태의 국가개입이 있는 국가들에 동일한 명칭을 부여하는 것만큼이나(예컨대 프랑스와 자유방임적인 미국을 비교해 보라) 난처한 문제이다.

나중에 조절학파에 대한 더 많은 비판을 제기하겠지만, 여기서는 포드주의 특징에 대한 이러한 묘사의 전반적인 정확성에 대해 논의하고자 한다. 1970년대의 주요한 사회적·경제적 추세와 사건의 일부를 검토해 봄으로써, 우리는 포드주의 축적체제에 대한 묘사를 더욱 잘 평가할 수 있을 것이다. 포드주의 체제가 더 이상 지속 가능하지 않다는 것을 보여 주는 변화가 일어난다는 인식이 등장한 것은 바로 뚜렷한 불황과 1973년의 대규모 유가 인상이라는 충격의 와중이었다. 포드주의적 조건을 손상시킨 추세에 따라 예고된 탈포드주의가 이 기간에 등장하기 시작하였다. 앞으로 보게 되겠지만, 이러한 변화의 폭풍 중심에는 정보를 처리하고 저장하며 활용하는 방식이 자리 잡고 있었다.

3. 세계화

포드주의의 붕괴를 가져온 가장 중요한 요인 중 하나는 흔히 탈포드주의 시대의 특징으로 간주되는 세계화(*globalization*)이다. 이 용어는 최근에 와서 정치인이나 사업가들뿐만 아니라 사회과학자들 사이에서도 가장 빈번하게 사용되는 용어 중 하나라고 해야 할 것이다(Held et al., 1999; Steger, 2003). 이것은 장기적 현상으로서 아직 완성된 것은 아니지만 1970년대부터 가속화된 것이다. 이 용어는 단지 사안(*affairs*)의 국제화, 즉 자율적인 국민국가 간의 상호작용 증가만을 의미하는 것은 아니다. 세계화는 이보다 훨씬 더 많은 것을 의미한다. 그것은 세계 사회경제 생활의 통합 증대와 아울러 인간관계에서 상호의존과 상호침투의 증가를 보여 주는 것이다. 세계화를 주로 시장, 화폐 그리고 기업조직의 통합에서 드러나는 경제적 문제로 인식하려는 경향이 존재한다. 그러나 세계화는 이러한 경제적 문제이기도 하지만, 또한 사회적·문화적·정치적 조건으로서, 예컨대 인구이동 및 관광활동의 폭발적 증가, 혼합된 음악 양식, 그리고 생존에 대한 위협과 도전에 대처하는 세계적 정치전략에 대한 관심의 고조 등에서도 분명히 드러난다.

세계화를 선도한 사회형태인 자본주의는 스스로 엄청나게 성공적이라는 것을 증명했다. 그 범위가 세계에 미치고, 동시에 개인적인 삶의 영역에까지 깊숙이 침투하고 있다. 자본주의 활동은 오늘날 전 세계적이며(과거에는 고립된 지역이었던 구소련이나 중국에까지 급속하게 확산되면서), 동시에 아동보육, 개인위생, 그리고 식료품 보급과 같은 일상적인 영역에까지 침투했다. 또한 자본주의는 이러한 과정에서 전 세계를 관계의 망으로 묶음으로써, 어떤 나라는 커피와 술을 수입하고, 어떤 나라는 텔레비전과 의류를 수입하는 등 모든 활동이 세계를 통합하는 상호연결에 의해 이루어지게 한다. 아주 단순하게 말하면, 개인적 생활경험이 아무리 국지적이고 특수하게 보일지라도 세계가 그러한 관계가 형성되는 맥락을 제공하는 것이다(Wolf, 2005; Bhagwati, 2004).

더욱이 세계화 과정에서 결정적인 것은 이에 주요 토대를 제공한 초국적 기업(*Transnational Corporation*)의 확장이다. 확실히 초국적 기업은 20세기 대부분의 중요한 특징이며, 예컨대 포드자동차 회사의 경우 제2차 세계대전 훨씬 이전부터 국제적으로 확장되었다. 그러나 최근 10여 년 동안의 초국적 기업의 특히 빠른 성장과 확산, 그리고 딕킨이 "생산, 분배, 소비의 세계적 연결망"(Dicken, 2011: 429~430)이라 부르는 것을 제대로 평가하는 것이 중요하다.

오늘날에는 5만 개가 넘는 초국적 기업이 존재한다. 1950년에는 북미 초국적 기업의 압도적 다수가 6개 이하의 국가에만 자회사를 가지고 있었으나, 오늘날에는 그 정도의 제한된 규모로 운영되는 초국적 기업은 극소수에 불과하다(Dicken, 2003: 50).

초국적 기업의 규모와 범위를 파악하는 것은 어려운 일이지만, 국가와 기업의 부의 규모를 기준으로 100위까지 순위를 매기면, 그중 절반 이상을 초국적 기업이 차지한다는 사실을 통해 부분적으로 추정할 수 있다. 사실 재정적 측면에서 최대 초국적 기업보다 더 큰 국가는 20여 개 정도밖에 안 된다. 경제지 〈포춘〉(*Fortune*)의 통계에 의하면 제너럴모터스(GM: 2012년 수익 1,500억 달러), IBM(1,070억 달러), 로열 더치 셸(Royal Dutch Shell: 4,840억 달러), BP(3,860억 달러), 시티그룹(Citigroup: 1,030억 달러), 그리고 제너럴일렉트릭(GE: 1,470억 달러) 등과 같은 초국적 기업은 "세계경제의 지배적 세력"이며(Dicken, 1992: 49), 전체 초국적 기업은 세계 총생산의 25%와 국제무역의 대부분을 차지한다(Held et al., 1999: 282).

또한 이들 기업은 매우 집중되어 있어서, 대규모 초국적 기업들이 주어진 모든 부문의 활동에서 가장 큰 부분을 차지한다. 예컨대 피터 딕킨(Peter Dicken, 1992)은 세계시장 경제에서 전체 공업 및 농업생산의 20% 이상을 공급하는 600개의 초국적 기업으로만 구성된 '빌리언 달러 클럽'(*billion dollar club*)을 밝혀냈는데, 이들 거대기업 내부에서도 "단지 74개 초국적 기업이 총 판매량의 절반을 차지했다"(p. 49).

초국적 기업에 의해 발전되고 구성되는 — 통제되지는 않을지라도 — 세계화는 몇 가지 특히 중요한 특징을 가지고 있다. 그중 두드러지는 것은 다음과 같다.

1) 시장의 세계화

이것은 주요 기업들이 전 세계에 걸쳐 있는 시장이 참여하려는 자원과 의지를 가진 모든 경제적 주체에게 개방되어 있다는 가정을 바탕으로 활동한다는 것을 의미한다. 물론 순전히 국제적 전략만 가지고 활동하는 초국적 기업은 거의 없다. 여기서 우리는 초국적 기업이 '초공간적'(*placeless*) 이라는 주장이 과장되었다는 점을 지적할 수 있다. 이는 대부분의 초국적 기업의 자산과 고용이 '본국'에서 높은 비율을 차지하기 때문이다. 그러나 장소를 초월하는 추세는 뚜렷하다. 외국인 자산, 판매유형, 고용분포를 측정하는 '초국적 지수'를 시간에 걸쳐 계산해 보면 지속적 상향이동이 드러난다(Dicken, 2011: 165).

세계화는 오늘날 시장이 과거 어느 때보다 방대하며, 점점 더 국제적 활동을 지원할 만한 거대 자원을 가진 기업영역으로 국한됨을 의미한다(Barnet and Müller, 1975). 그러나 역설적으로, 활동영역을 세계적으로 넓힐 수 있는 자원을 가진 거대기업들이 서로 싸운다는 이유 때문에 오늘날의 시장은 중요한 점에서 과거보다 더 치열한 경쟁상태에 있다. 과거에는 국내시장이 토착기업의 소수독점에 의해 지배되었지만, 해를 거듭할수록 이 시장은 점점 국외기업에게 침범당하고 있다(그리고 물론 활성적인 토착기업도 다른 시장을 공략하기 위해 자기 나라 밖으로 진출하였다). 국제무대로 진출하는 이러한 새로운 도전자들은 과거보다 규모가 더 커지기도 하였지만 동시에 더 취약하기도 하다.

이러한 과정에 대한 증거가 여러 곳에서 발견되고 있다. 예컨대 자동차 산업은 오늘날 국제적 수준에서 가동되고 있어서 차량이 세계 도처의 시장에서 판매되고 있다. 이것은 과거의 국내적 시장전략이 더 이상 안전하지 못하다는 것을 뜻하는데, 2005년 초 영국의 마지막 주요 자동차 제조업체인 로버(Rover)의 붕괴에서 잘 드러난다. 로버는 브리티시 에어로스페이스(British Aerospace)의 자회사로 유지되다가 한때는 일본 혼다(Honda)가 관여했고, 나중에는 독일 BMW에 의해 매입되었다. 모든 것이 실패하여 BMW가 발을 뺀 지 수년 만에 생산이 사실상 중단되었다. 1960년대 말에 로버의 전신인 브리티시 레이랜드 사(British Leyland Corporation)는 세계 제 4위의 자동차 제조업체였다. 거의 동일한 특징이 석유화학, 제약, 컴퓨터, 통신장비 그리고 가전에서도 나타난다. 사실 오늘날 거의 모든 곳에서 시장은 점점 더 세계적인 것이 되고 있다.

이러한 세계시장은 대략 3개의 주요 지역, 즉 북미, 유럽 그리고 극동으로 나누어지며, 이는 세계의 나머지 시장은 투자수익률 전망이 매우 좋지 않기 때문이라는 점을 부인할 수 없다. 당연히 이 모든 지역에서 초국적 기업들이 광범위하게 영향을 미치고 있다. 나아가서 이러한 3분법적 분류는 시장의 세계화가 뜻하는 다른 것을 상기시킨다.

내가 여기서 언급하고자 하는 것은 지난 한 세대 안에 이루어진 원형적 세계기업의 출현인데, 그것은 바로 (자신들이 투자하는 국가 이외에는) 국가적 뿌리를 가지고 있지 않다고 공언하는 일본의 복합체들이다. 혼다(2012년 수익 1,060억 달러), 파나소닉(990억 달러), 히타치(1,220억 달러), 토요타(2,350억 달러) 그리고 소니(820억 달러) 등과 같은 복합체는 자사 상품을 위한 독특한 세계전략을 가지고 있다. 지난 몇 년 동안 이들 기업은 자동차, 가전 그리고 최근에는 정보통신기술 분야에서 서방 기업의 지배에 대한 중대한 위협이라는 것을 보여 주었다. 자동차, 사무장비, 텔레비전, 비디오 또는 컴퓨터 할 것 없이 일본의 도전은 과거에는 비교적(적어도 한동안은) 안정되었던 경제질서에 엄청난 충격을 가해 왔다.

2) 생산의 세계화

기업이 점점 세계시장에 관여하게 되면서, 기업은 사업을 세계적 차원에서 조정해야 한다. 세계적 생산전략은 그러한 과정의 핵심적 특징이다. 예컨대 초국적 기업은 흔히 본사는 뉴욕에, 설계시설은 버지니아에, 제조공장은 극동에, 조립시설은 더블린에 두면서, 판촉활동은 런던의 사무실에서 조정할 수 있다. 이는 과장된 사례일 수도 있지만, 세계화라는 무자비한 논리는 초국적 기업들이 자신들의 비교우위를 최대화하기 위해 그러한 전략을 수립해야 한다는 것이다.

이러한 과정에서, 시장의 세계화와 마찬가지로 정보의 문제가 전면에 떠오르게 되는데, 그것은 정교한 정보 서비스 없이는 시장전략과 세계 도처에 흩어진 제조시설이 조직화될 수 없기 때문이다. 이 점에 대해서는 나중에 다시 언급하겠지만, 여기서는 생산의 세계화는 또한 "생산체계의 다양한 부분들을 함께 연결시키는", 딕킨(Dicken, 1992)이 '순환활동'(*circulation activities*)이라고 부르는 것(p. 5)의 성장을 촉진한다는 점을 지적하고자 한다. 즉 생산의 세계화에 대한 필수조건은 "출현 중인 세계적 하부구조"(Dicken, 1992: 5)를 제공하는 광고, 은행, 보험 그리고 자문 서비스 등과 같은 정보 서비스의 세계화였다. 예컨대 아메리칸 익스프레스(American Express), 시티코프(Citicorp), 뱅크 오브 아메리카(Bank of America), 그리고 로이드(Lloyds) 등의 기업은 세계적으로 진출하여, 그 구조와 지향이 매우 유사한 기업들의 생산활동을 지원한다.

3) 금융의 세계화

세계화의 중요한 측면은 은행이나 보험회사 같은 정보 서비스의 세계적 확산이다. 이것은 금융 세계화의 일면을 보여 주지만, 금융의 세계화는 그보다 훨씬 더 많은 것을 지칭하는데, 즉 점점 더 통합된 세계금융시장의 발달이 그것이다. 정교한 정보통신기술 체계가 이용 가능할 뿐만 아니라 주식시장에 대한 규제가 완화되고 외환통제가 철폐됨에 따라, 오늘날 우리는 지속적인 실시간 화폐정보의 유통과 주식, 채권 그리고 통화의 종일 거래를 위한 설비를 갖추게 되었다. 이러한 발전은 국제 금융거래의 속도와 양을 크게 증가시켰고, 화폐시장에 대한 국민경제의 취약성을 부각하는 결과를 초래하였다.

이러한 정보유통의 규모와 속도는 놀라운 것이다. 예컨대 윌 허턴(Will Hutton, 1994)은 오늘날 외환 회전율은 국민경제의 규모를 왜소화하고, 무역거래(수입과 수출의 차원에서 국민경제활동을 측정하는 전통적 방법)가 상대적으로 작게 나타나도록 한다고 주장하였다. 그리하여 그는 "1993년 세계 상품거래의 전체 수준은 미국 국내총생산(GDP)의 2/3 수준이다. 외환시장에서의 회전율은 2주도 안 걸려 동일한 총액 — 국가 간 파생상품, 채권 그리고 주식시장을 제외하고도 — 에 도달하게 될 것이다"(p. 13) 라고 주장하였다.

역사적 관점에서 조이스 콜코(Joyce Kolko, 1988)는 20세기 후반기 동안 외환거래의 기하급수적 성장을 추적하였다. 이러한 추세는 가속화되었는데, 지난 10년 동안 2배가 되어 2013년에는 하루 4조 달러에 달했다. 예컨대 미국의 '어음교환 은행 간 지불체계'(Clearing House Interbank Payments System: 미국의 약 50개 금융사와 은행이 참여하는 협력체) 를 통한 거래가 하루 평균 1조 달러를 훨씬 넘어서고 있다. 이러한 규모의 하루 거래량은 스웨덴의 2011년 국내총생산의 2배가 넘는 것이고, 아일랜드 국내총생산의 5배이며, 캐나다와 스페인의 국내총생산과 비슷한 규모이다. 이것이 국가 정부에 미치는 영향을 과소평가하기는 어렵다.

피터 딕킨(Dicken, 2011) 은 '금융화'(*financialization*) 가 확산되어 "주식 문화에 대한 압도적 우선시를 바탕으로 가치체계 속에 만연되는데, 이러한 조건에서는 '주주 가치'와 수익률이 경제활동의 모든 측면에서 중심이 되어 다른 모든 관심을 사실상 배제시킨다"(p. 59) 는 점을 강조한다. 금융화는 급속한 속도로, 때로는 무리와 같이 한꺼번에 대량으로 확산되는 현상이다. 한 국가에서 이러한 시장의 신뢰가 상실되면 정부는 즉각적으로 '신뢰'를 회복하는 조치를 취해야 하며, 그렇지 않으면 그 국가의 화폐가 붕괴하는 위험에 처하게 된다.

4) 커뮤니케이션의 세계화

세계화의 또 다른 차원은 다른 특징들과 밀접하게 연관된 것으로, 전 지구상으로 뻗어 가는 커뮤니케이션 네트워크의 확산이다. 여기에는 분명히 — 위성체계, 통신시설 등과 같은 — 기술적 차원이 존재하며, 이에 대해서는 다시 거론하겠지만 여기서 나는 이전 장들에서 논의된 현상에 관심을 두고자 한다. 그것은 곧 지구상을 포괄하면서 대체로 미디어 초국적 기업에 의해 조직화되는 상징적 환경의 구성이다.

이것은 중요한 사회적 · 문화적 의미가 있지만, 여기서는 사람들에게 공통된 이미지를 제공하는 정보영역의 등장만을 강조하고자 한다.

예컨대 미국에서 만들어진 영화들은 세계 도처에서 개봉되는 곳마다 압도적으로 많은 관객을 동원하였다. 세계적으로 역대 상위 20위 안에 든 영화는 모두 미국 영화이다.

〈아바타〉(2009), 〈007스카이폴〉(2012), 〈타이타닉〉(1997), 〈반지의 제왕: 왕의 귀환〉(2003), 〈해리포터와 죽음의 성물〉(2010 및 2011년의 속편), 〈캐리비안의 해적〉(2001 및 2006년의 속편), 〈스타워즈 1〉(1999), 〈쥬라기 공원〉(1993) 등이 그중 상위에 있고, 〈포레스트 검프〉(1994), 〈미션 임파서블〉(2011), 〈맘마미아〉(2008), 〈맨 인 블랙〉(1997)이 중간에 위치하며, 〈알라딘〉(1992)과 〈인디아나 존스: 크리스탈 해골의 왕국〉(2008)이 그 아래에 위치한다. 이 중에서 6억 달러 미만의 수익을 올린 영화는 없으며, 〈아바타〉와 〈타이타닉〉의 경우는 20억 달러가 넘는 수익을 올렸다. 이 영화들은 독일, 영국, 이탈리아, 프랑스, 스페인, 오스트레일리아, 미국 등에서, 그러니까 극장이 있는 거의 모든 곳에서 최고의 흥행을 기록하였다.

이러한 것들은 반응과 성향에서 매우 다양한 관객들에게 공통된 상징적 영역을 제공한다. 오늘날의 텔레비전 프로그램, 통신사 또는 패션산업에 대해서도 거의 동일한 논의가 이루어질 수 있다. 분명히 각국가 기반 미디어도 매우 중요한 것으로 남아 있지만(Tunstall, 2010), 세계화에 따라 전 세계적으로 공유되는 상징적 공간이 만들어지고 있다는 것도 사실이다.

특정한 사람들이나 장소에 대해 이것이 초래할 결과에 대한 진술을 아무리 엄격하게 제한하고자 하더라도, 이러한 커뮤니케이션의 세계화가 세계경제 체제의 기능에서 중요한 역할을 담당한다는 것은 분명하다. 정확히 말하자면, 미국 텔레비전 드라마를 보는 사람들이 드라마에서 묘사되는 생활양식을 따르게 된다거나, 거기에 나오는 광고가 사람들을 성공적으로 설득한다고 분명하게 말할 수는 없다. 또한 영화에 등장하는 디자인이 관객들의 열망을 자극한다거나, 로스앤젤레스나 런던에서 만들어지는 록 음악 때문에 세계의 젊은이들이 그 연주자들의 의상이나 음식을 추구하게 된다는 것도 확실치 않다. 그리고 이러한 세계적 이미지는 다양한 문화적 요인들을 통합하기 때문에 그 지향이 일방향적이 아니라는 점에 대해서는 논쟁의 여지가 없다. 이런 관점에서는 울프 한너즈(Ulf Hannerz, 1996)의 '나이지리아식 쿵푸'(Nigerian Kung Fu)에 대한 묘사가 적절한 예이다.

그러나 우리가 분명히 포기할 수 없는 견해는 이러한 상징적 환경을 토대로 하지 않고서 세계 경제력의 큰 부분이 지속되리라고 상상하는 것은 불가능하다는 것이다. 이러한 상징적 환경은 그 자체만으로는 설득하는 데 충분치 않지만, 그것은 대부분의 상업적 활동에 필요한 것이다. 이런 점에서 커뮤니케이션의 세계화는 그 자체가 주요한 표현 중 하나인 세계시장체제에서 지원적 — 때에 따라서는 긴장적이거나 모순적인 — 역할을 수행한다고 결론 내릴 수 있다.

상품과, 심지어 기업까지도 미디어산업을 통해 선전되는 이미지와 결합하는 '브랜드화'라는 현대 마케팅 전략의 중요성을 고려할 때 다른 결론을 내리기란 어렵다. 이런 측면에서 나이키, 캘빈클라인, 버진(Virgin: 한 영국 회사의 종합 브랜드 - 옮긴이 주)에 대한 상징의 중요성을 생각해 보자. 이러한 브랜드들은 때에 따라서는 세계적 미디어에 의해 손상되거나 훼손되기도 하지만, 세계적 미디어가 없다면 그런 브랜드는 아무런 전망이 없다는 것에 대해서는 논쟁의 여지가 없다.

5) 정보 하부구조

세계화의 각 차원은 세계적 활동에 수반되는 긴장이나 부담에 대처하기 위한 정보적 하부구조를 필요로 하는 동시에 그것에 기여한다. 다시 말해, 세계화가 지속적으로 확산됨에 따라 정보처리 방식과 정보의 흐름이 제자리를 잡아 가고 있다. 이러한 정보적 하부구조의 주된 요소는 다음과 같다.

- 은행, 금융, 보험 그리고 광고와 같은 서비스의 세계적 확산과 팽창은 세계화의 필수적 구성요소이다. 이러한 서비스 없이는 초국적 기업이 활동할 수 없을 것이다. 정보는 당연히 그들의 관심사이고, 그 활동의 핵심적 부분이다. 즉 시장, 소비자, 지역, 경제, 위험, 투자유형, 세제 등에 관한 정보는 기업활동에 반드시 필요한 것이다. 이러한 서비스는 정보를 수집할 뿐만 아니라, 분석, 시기적절한 대응 또는 대조를 통해 가치를 부가함으로써 정보를 만들어 내고 분배하기도 한다.
- 세계화는 컴퓨터와 통신기술의 형성과 발달을 필요로 한다. 최근 몇 년 동안 우리는 정보기술의 급속한 보급과 혁신 — 팩스에서 국제컴퓨터 네트워크까지 — 을 목격했는데, 이런 것들은 세계적 기업활동의 조정을 위한 필수조건이다.
- 이러한 정보적 하부구조에 따라 정보저장 및 정보유통이 매우 놀라운 속도로 성장하였다(Cukier, 2010). 예컨대 경제지 〈포춘〉(1993. 12. 3: 37)은 1981년과 1991년 사이에 미국을 오가는 국제전화 통화량이 500% 증가하였다(5억에서 25억으로)고 보도했다. 2002년을 기준으로 세계 전화(10억 대가 넘는)는 거의 40조 분 동안 통화된 것으로 추

정되는데(Lyman and Varian, 2003), 이는 지구상의 모든 사람들이 10시간 이상 통화했다는 것을 의미한다(물론 대부분의 통화가 부유한 지역에서 이루어지지만). 다른 분야에서도 국제적 정보고속도로를 이용한 금융거래량이 엄청나게 증가하고 있다(이것이 부유국의 주요 도시에 매우 집중되기는 하지만). 정보의 성장에 대한 측정을 시도한 라이만과 배리언(Lyman and Varian, 2003)의 선구적인 연구를 재분석한 보우니와 로렌트(Bounie and Laurent, 2012)는 2003년과 2008년 사이에 전 세계적으로 저장된 정보가 75% 증가하였다고 추정한다. 직설적으로 보면 이는 1,800만 테라바이트(*terabytes*)에서 3,100만 테라바이트로 증가한 것이다. 이 수치는 우리 대부분은 제대로 감을 잡을 수 없을 만큼 방대한 것인데, 8비트(*bits*)로 구성되는 1바이트(*byte*)만으로도 한 문자를 충분히 표현할 수 있다. 1메가바이트(*megabyte*)는 1천만, 즉 10의 6승 바이트로 구성되고, 1테라바이트는 10의 12승, 즉 1조 바이트로 구성된다. 미국 사람들이 흔히 말하듯이 "이해가 안 되면" 경탄을 하게 된다.

4. 포드주의의 종말인가?

세계화는 포드주의가 점점 더 유지되기 힘들다는 것을 의미했다. 이렇게 될 수밖에 없는 이유는 포드주의의 조직체적 가정 — 국민국가 — 이 초국적 기업의 국제적 확산과 세계를 가로지르는 끊임없는 정보의 흐름에 따라 타격을 입었기 때문이다. 포드주의는 국민국가의 주권, 주어진 영토 내에서 정책을 입안하고 수행할 수 있는 정부의 능력, 국내

기업의 외국 경쟁기업으로부터의 상대적 자유, 그리고 국민적 기업으로의 정체성이 갖는 실용성 등에 기반을 두고 있었다. 그러나 세계화된 시장, 활발한 외환거래 그리고 전 세계에 지점을 가진 기업 등이 확산되면서 오늘날에는 이러한 조건들이 점점 더 드물어지고 있다.

법률과 치안에서부터 교육과 복지에 이르기까지 생활의 상당히 많은 부분에서 국가가 여전히 중요하고 사람들의 정체성을 구성하는 결정적 요소로 남아 있지만, 적어도 경제적으로 볼 때는 국가의 관련성이 점점 감소하고 있다. 이를 보여 주는 특히 중요한 두 가지 지표가 있다. 그 하나는 초국적 기업이 현저하게 성장함에 따라 주어진 국가가 소유하는 바에 대한 경계가 불분명해진다는 것이다. 예컨대, 어느 정도에서 우리는 제너럴일렉트릭 사(GEC, 최근까지 영국에서 주요 전자회사였던)나 히타치를 특정 국가의 자산으로 간주할 수 있겠는가? 이러한 기업들은 국가적 명칭이 있기는 하지만, 생산과 투자의 매우 많은 부분이 외국에서 이루어지기 때문에 미국이나 일본 것이라고 분명하게 말하기는 어렵다. 한 예로, 이르게는 1970년 초에 이미 영국에서는 고도기술(컴퓨터, 전자 등)과 광고가 많이 되는 소비재(면도기, 커피, 시리얼 등) 제조능력의 50% 이상을 외국기업의 자회사가 차지했다(Pollard, 1983). 영국 선더랜드(Sunderland)에 있는 닛산, 포츠머스(Portsmouth)에 있는 IBM, 또는 런던에 있는 질레트(Gillette) 같은 기업은 영국, 일본, 미국 중 어디에 속하는가? 영국 50대 제조회사의 생산 중 약 절반이 국외에서 발생하는데, 이는 '국내' 산업을 지원하려는 정부의 전략을 어렵게 만든다.

세계적 기업에 국가적 정체성을 부여하는 문제의 어려움을 여실히 보여 주는 한 예는, 1998년 단일한 유럽 항공방위 업체를 만들려는 영국 정부의 노력에 대한 GEC의 대응이다. GEC 대변인은 "우리는 미국 6위의 초국적 회사다. 우리는 영국적으로 보이지 않기 위해 애쓰고 있다"(*Guardian*, 1998. 6. 1) 면서 그러한 제안을 거절하였다. GEC가 폐업하고 영국항공(British Aerospace)과 합병되어 2000년에 군수산업체 BAE 시스템즈(BAE Systems)가 만들어졌고, 얼마 지나지 않아서 GEC의 나머지 대부분은 에릭슨으로 넘어갔다는 점에서 이러한 언급의 많은 부분은 진실이다.

그런데 다음과 같은 당혹스러운 질문이 동시에 제기될 수 있다. 즉 이러한 초국적 기업은 누구를 대상으로 활동하는가? 만일 기업이 이른바 자신들의 '본국'(*state of origin*) 외부에서 상당한 투자를 하는 경우, 이 기업은 누구에게 대응하고 있는가? 이것은 상당히 불명확한 쟁점이라고 할 수 있는 소유의 문제를 제기한다. 그러나 오늘날과 같은 세계적 주식거래 시대에는 초국적 기업이 특정 국가 사람에 의해 전적으로 소유되지는 않는다고 분명하게 말할 수 있다. 사적 기업이 주로 그 주주에 대하여 반응하는 한, 이러한 국제적 소유는 필연적으로 특정한 국민국가에 의해 개발된 '국가이익'이나 전략의 개념을 쓸모없는 것으로 만든다.

국민국가 그리고 포드주의 체제가 손상을 입는 두 번째 방식은 세계의 경제적 맥락에서 이루어지는 활동에 따라 발생하는 압력에 따른 것이다(Sklair, 1990 참조). 투자자들과 초국적 기업이 전 세계에 걸쳐 자신들의 투자자본에 대한 최대한 높은 수익률을 추구함에 따라 기업의 의사결정에 대한 국민국가의 관련성이 점점 줄어드는 현실에서 개별 국가는 세계체제에 참여하고 공조해야 한다는 엄청난 압력에 부딪힌다. 토니 블레어 영국 수상이 단도직입적으로 말했듯이(Blair, 2005),

"사람들이 세계화를 멈추고 그에 대해 논쟁해야 한다는 말을 많이 하는데, 차라리 왜 여름 다음에 가을이 와야 하는지에 대해 논쟁하는 것이 더 좋을 것이다". 이것이 가장 분명하게 드러나는 곳은 금융거래 영역이라 할 수 있는데, 정부가 어떤 변칙적인 것을 시도할 경우 오늘날 국민국가는 특히 통화와 투자에 대해 취약하다. 세계경제의 통합과 상호침투에 따라 국가가 국제적 환경에 조화될 수 있도록 스스로를 변형시켜야 한다. 그 결과 개별 국가는 "자본주의의 새로운 국제적 현실 속에서 그 완전성을 유지하는 것이 매우 힘들게 되었다"(Scott and Storper, 1986: 7).

오늘날 대부분의 국가는 다소 열성적으로 초국적 기업이 투자하기를 바라고 있다. 그러나 이것이 가능하기 위한 전제조건은 기업이해의 우선순위를 따라야 한다는 것인데, 이들의 우선순위는 시장관행에 충실하면서도 (이것이 자신들의 이익을 극대화하는 한) 특정 영토에 제한되지 않는 것이다. 이리하여 자국의 국가정책을 결정하는 특정 국가의 자유는 외국인 투자자들에 대한 지원의 필요성 때문에 제약받게 된다.

거기에다 세계 금융시장의 통합 결과, 투자자와 거래자들이 동요나 취약함을 감지하게 될 때마다 개별 국가는 자신의 화폐 주권에 대한 도전을 받는다. 이는 곧 정치적 선택과 정부의 자율성이 빼앗기고 있다는 것을 의미하는데, 그 이유는

> 익명의 세계 자본시장이 지배하게 되고 정부의 신용가치 및 내실에 대한 세계 자본시장 판단이 궁극적으로 주요한 요인 — 이것은 국가 유권자들의 선택보다 훨씬 더 중요하다 — 이기 때문이다. 많은 국가가 굴복하는 대상은 바로 이런 것들이다. 만일 국가가 시장이 인정하는 정책에 … 복종

하지 않으면, 그들의 외채와 통화는 팔려 나갈 것이고, 이에 따라 원하지 않는 정책긴축(*policy-tightening*)을 해야 할 것이다(Hutton, 1994: 13).

1960년대 중반 당시 노동당 수상이었던 해럴드 윌슨(Harold Wilson)은 정체를 알 수 없는 '투기적 금융업자'(*gnomes of Zurich*)에 대하여 불평을 토로하였는데, 이들의 영화(*sterling*)에 대한 투자로 인해 영국 정부는 파운드를 평가절하하고 공공지출을 감축해야 했다. 이러한 경험은 흔히 국가의 정책을 제한할 수 있는 금융가들의 권력에 대한 예로 인용된다. 그러나 훨씬 더 많은 제약을 가하는 것은 훨씬 더 많이 통합되고 전자적으로 연결된 오늘날 금융센터의 압력이다.

5. 탈포드주의

이러한 추세 — 국제적 기업전략을 개발해야 하는 절박한 필요, 초국적 거대기업들 간의 전례 없는 경쟁 심화, 금융 문제의 세계화에 따른 국가주권의 훼손 — 는 1970년대에 선진 자본주의가 겪었던 불황과 함께 새로운 축적체제의 창출을 자극하였다. 25년간의 안정 후에 포드주의는 종국에 이른 것이다. 새로운 상황은 근본적인 변화를 필요로 했다. 특히 과거에 누렸던 지속적 팽창을 유지하고 자신들이 처한 새로운 환경에 잘 적응하기 위해서는 기업조직의 철저한 구조조정(*restructuring*)을 통해 변화를 일구어 내야만 했다.

이러한 구조조정의 중요한 한 측면은 조직화된 노동에 대한 공격이었는데, 특히 영국과 미국에서는 초기에는 노동조합을 대상으로 하다가 나중에는 집단주의적 사고로까지 확장되었다. 노동부문이 공격을 받게 된 것은 한 차원에서는 그 전통적 관행이 심층적 변화에 방해가 되었기 때문이지만, 다른 차원에서는 노동이 포드주의 시대의 보다 일반적인, 둔중하고 쉽사리 변하지 않는다는 특성의 징후였기 때문이다. 우리가 앞으로 보게 되겠지만 세계화와 지속되는 경제적 불확실성은 반응의 신속성과 융통성을 요구하게 되었는데, 이것은 포드주의 시대의 고정되고 둔감한 방식이 제공할 수 없는 것이었다.

따라서 중대한 변화의 전제조건은 노동조합운동을 무력화하는 노사관계 정책이었다. 미국에서는 이것이 상대적으로 용이하였는데, 1980년대 초반 레이건(Ronald Reagan) 대통령이 항공교통 관제사들을 참패시킨 후에는 변화에 대한 저항이 거의 없었다. 영국에서는 보다 강력한 노동운동이 존재했지만, 그것도 여러 가지 수단에 의해 패배를 맞게 되었다. 이러한 수단에는 쟁의의 효과를 약화시키고 노동조합의 재정적 책임을 강화시킨 입법, 1979년과 1981년 사이에 200% 이상 증가한 전례 없이 높은 실업률을 감수하려는 의향, 가장 잘 조직화된 노동계급이 속하였던 제조업의 여지없는 파괴, 산업과 구조를 근본적으로 변화시키는 제안을 저지하려는 시도 — 대표적인 것으로 광부들이 1984년과 1985년 동안 벌인 장기적이고 강렬한 파업 — 를 실패로 만든 강력한 정부의 대응 등이 포함된다. 이와 밀접한 관련이 있는 것이 노동력을 축소하려는 움직임이었는데, 이것은 정체된 시장에 대한 기업의 당연한 반응이었지만 두 가지 점에서 더 오래 지속되는 것이었다. 하나는 좋은 말로는 '규모축소'(*downsizing*)라고 하는 것으로 1990년대가 지나서도 계속되었고, 많은 성공적 기업들은 '일자리 없는 성장'을 할 수 있다는 것을 스스로 보여 주었다.

두 번째 특징은 흔히 탈포드주의 조직화의 독특한 측면으로 간주되는 것이다. 여기에서 주장되는 바는 기업이 점점 수직적으로 해체되기 시작했다는 것인데, 이것은 단일한 조직 안에서 가능한 한 많은 것을 생산하기보다는(그리하여 수직적 통합을 추구하기보다는) 회사의 다양한 요구를 위해 외부와 계약하는 경향이 커졌다는 것을 의미한다. 이러한 외주(*outsourcing*) 전략은 규모축소와 잘 어울리는데, 이는 중앙조직체에서 상대적으로 적은 인력을 필요로 하고 과잉이 있을 경우 처분하기가 쉽기 때문이다(직원을 방출하는 대신에 계약을 갱신하지 않으면 된다).

수직적 해체는 분산된 활동을 조정하고 통제할 수 있을 정도로 정교한 통신과 컴퓨터 설비라는 적절한 하부구조가 있을 때에만 실행이 가능하다는 것이 분명해질 것이다. 이런 것이 없다면 베네통이나 더바디샵(The Body Shop) 같은 회사는 지정된 지역을 책임지는 수백 개의 지리적으로 분산된 지점들의 업무를 어떻게 조정할 수 있겠는가? 이러한 하부구조— 기술적인 것은 물론이고 필수적 정보 서비스를 제공하는 인력도 필요로 한다—는 몇 가지 이유로 탈포드주의의 본질적 구성요소로 간주되는데, 그것은 모두 이 새로운 체제에서의 정보의 증대된 역할을 강조한다. 나는 이미 탈포드주의의 전조가 된 세계화를 논의하는 과정에서 이의 주요 측면에 대해 주의를 환기시켰다. 그러나 이러한 정보적 하부구조의 몇몇 특징은 강조할 필요가 있다.

① 그것은 세계화된 생산과 판매전략을 조정하는 데 필수적인 것이다. 최근 몇 년간 일부 논자들은 우리가 신국제분업(Fröbel et al., 1980 참조)의 확산을 목격하고 있다고 주장하여 왔는데, 이러한 분업은 세계적으로 확산된 생산·분배·판매를 관리하고, 10여 개의 국제적 지

역에 분산된 자회사를 조정할 수 있는 초국적 기업에 의해 감독받는(*overseen*) 것이었다. 조직체가 내부에 많은 수의 직원을 고용하지 않고서도 공급자와 분배자에 대한 지속적 감독을 가능하게 하는 컴퓨터화된 통신에 의존하는 외주와 마찬가지로, 세계적 기업전략도 정교한 정보통신망의 기반 위에서만 실행 가능한 것이다. 더 나아가 위에서 잠시 언급한 구조조정 과정은 그 모든 차원에서, 특히 '세계적 선택'에서〔생산은 마닐라로, 부품공급은 프라하로 옮기고, 판매는 모스크바에서, 그리고 일부 설비는 코크(Cork: 아일랜드의 남부해안에 위치한 도시 - 옮긴이 주)에서 이용하는 등〕, "정보기술, 특히 통신의 발달 없이는 상상조차 할 수 없는 것이었다"(Henderson, 1989: 3).

② 그것은 세계화된 경제의 필수적 부분인 세계 금융거래의 처리와 그에 따른 정보 서비스에 결정적으로 중요하다. 신뢰성 있고 강력한 정보통신망 없이는 주식거래, 주식시장 교환, 은행 간 및 은행-고객 간 커뮤니케이션, 그리고 그에 관련된 활동은 유지될 수 없고, 이에 따라 탈포드주의 축적체제도 불가능할 것이다.

③ 그것은 점점 더 경쟁이 치열해지는 상황에서 경쟁력을 높이는 과정에 필수적인 요소이다. 경쟁에 이기는 것은 물론이고, 뒤처지지 않기 위해서도 기업은 새로운 기술의 선두에 서야 한다. 한때 영국 산업성 장관이었던 패트릭 젠킨(Patrick Jenkin)의 말로 표현하자면, 선택은 "자동화 아니면 파산"이다. 그러나 경쟁력을 향상시켜야 하는 압력은 공장에서 최신의 컴퓨터화된 기술을 가지는 것보다 훨씬 더 먼 부분까지 미친다. 통신망을 개발하고 적절하게 이용하는 것도 마찬가지로 중요하다. 이러한 통신망은 조직체 내부 그리고 조직 간에는 효능을 증가시킬 것이고, 자회사와 공급자 간에는 취약점을 해소하고 강점이

축적되게 할 것이며, 시장에서는 기회를 포착할 수 있게 해줄 것이다. 점점 더 성공적인 기업이 갖추어야 할 것은, 공장의 자동화율을 높이고 최상의 상품을 제공하는 것뿐만 아니라, 내부운영, 실제적 및 잠재적 소비자 등 기업활동에 유관한 모든 것에 대한 훌륭한 데이터베이스를 제공하고, 보유한 정보를 신속하게 처리할 수 있는 최신 통신망을 보유하는 것으로 보인다.

데이비드 하비(David Harvey, 1989b)는 이러한 과정의 총합에 따라 그가 '시공축약'(*time-space compression*, p. 284)이라고 부르는 것이 초래된다고 본다. 이것은 수세기 동안 진행되었지만 1970년대 초 이후에 특히 강화된 것으로, 이에 따라 과거의 공간적 제약이 크게 감소하고(정보통신망으로 인해 기업은 엄청난 거리를 두고서도 자신들의 이해관계를 조정할 수 있게 되었다) 시간적 제약도 줄어들고 있다(세계통신망 시대에는 실시간 거래가 점점 더 표준이 되고 있다). 과거에는 아주 멀리 떨어져 있고, 가려면 오랜 시간이 소요되었던 장소도—한 세기 전에 영국과 미국, 아니면 런던과 파리를 오가는 데 얼마나 많은 시간이 걸렸는가를 생각해 보라—오늘날에는 정보통신기술을 통해 즉시, 그리고 지속적으로 연결할 수 있다. 시공축약의 중요한 요소가 신속한 교통수단의 확산이었다는 것은 확실히 타당한 주장인데, 특히 단지 몇십 년 만에 대륙 간 거리를 극적으로 단축한 항공교통의 확산이 중요하였다. 그러나 훨씬 더 중요한 것은 시간적 제약에 대해 걱정을 비교적 적게 하면서도 분산된 업무를 지속적으로 그리고 세밀하게 관리할 수 있게 해주는 복합적이고 융통성 있는 정보통신망의 형성이었다. 일반적인 슈퍼마켓에서 전 세계로부터 반입되는 부패하기 쉬운 과일과 채소를 1년 내내 구매할 수 있다는 것을 고려하면, 20세기 말의 생활에서 '시공축약'이 의미하는 바를 제대로 평가할 수 있을 것이다. 마이크로 칩, 냉장고, 의류 그리고 심지어 서적에 대해서도 거의 동일한 상상력을 적용할 수 있다. 훨씬 더 놀라운 것은 고객이나 기업 본사와 멀리 떨어졌지만 비용이 적게 들고 감독이 쉽다는 요인 때문에 스코틀랜드, 바하마, 방갈로르(Bangalore: 인도 카르나타카 주의 주도 - 옮긴이 주) 등과 같은 다양한 지역에서 콜센터(*call center*)가 증가하고 있다는 점이다.

이러한 특징은 각각 탈포드주의에 대한 설명에서 항상 강조되는 하나의 속성, 즉 유연성(*flexibility*)을 보여 준다. 사상가들이 구체적인 것에 대해서는 많은 이견을 보이겠지만, 유연성 — 다양한 개념규정으로 — 이 빠른 속도로 규범이 되고 있다는 주장에는 일치가 존재한다. 이것은 둔중하고 구조화되고 표준화된 것을 특징으로 하는 포드주의 체제에서 지배적이었던 상황과는 뚜렷한 대조를 보이는 것으로 가정된다. 흔히 유연성의 특징으로 간주되는 것들을 검토해 보자. 이 과정에서 때때로 포드주의는 이러한 특징과 반대되는 성격을 가진 것으로 주장된다는 것을 기억할 필요가 있다.

조절학파 이론에 영향을 받은 대부분의 이론가들에게 '유연적 축적'(Harvey, 1989b: 147) 체제는 다음과 같은 3가지 측면에서 그 이전의 체제와 상이하다.

① 새로운 노동자 유연성이 존재한다. 다시 말해서, 탈포드주의 노동자들은 엄격한 업무지침도 없으며, 과거에 평생직업에 대해 가졌던 태도도 희석되었다. '관할권 분쟁'이나 '한번 조립공은 영원한 조립공'이었던 시대와는 대조적으로, 오늘날에는 적응성이 중심적 속성이고

'다중숙련'(*multi-skilling*)이 표준이다. '평생훈련'의 이미지가 제시되며, 이 '새로운 시대'에서는 변동이 연속적인 것이고, 따라서 노동자들은 무엇보다도 '유연적'이어야 한다는 인식이 출현하고 있다(McGregor and Sproull, 1992 참조). 업무와 훈련에 대한 지향은 이러한 유연성의 단지 한 측면에 불과하다. 왜냐하면 임금 유연성(합의된 조합 또는 전국적 기준에 따라 임금을 지급하기보다는 개인이 실행한 바에 따라 지급하는 경향), 노동 유연성(몇 년마다 업무를 변경할 수 있도록 준비된 것으로, 이를 위해 일정기간을 계약으로 고용되는 것이 점점 더 일반화하고 있다), 그리고 시간 유연성['탄력근로제'(*flexi-time*) 그리고 교대근무—종종 주말을 포함하는—에 대한 압력과 같은 시간제 고용(*part-time*)이 빠르게 성장하고 있다]도 있기 때문이다.

② 생산의 유연성이 존재한다. 여기서 주장되는 바는 정보통신망으로 인해 '적시'(*Just-in-Time*) 체제와 같이 보다 융통성 있고 비용 절감적인 생산이 확신되고, 이에 따라 포드주의 방식이 시대에 뒤떨어지고 있다는 것이다. 적시체제는 실제 주문이 들어올 때까지 기다렸다가 공장에서 제조하는 것으로, 창고비용이나 재고상품으로 인한 비용을 절감할 수 있다. 이러한 체제가 잘 기능하기 위해서는 민첩하게 반응할 수 있도록 생산이 유연적이어야 하는데, 그 이유는 상품을 주문한 소비자들이 오래 기다리지 않을 것이기 때문이다. 그런데 이러한 유연성은 시장경쟁에서 많은 이점을 가져다주기 때문에 기업은 이를 뒷받침해 줄 정보체계에 투자할 수밖에 없다. 유연생산의 또 다른 한 형태는 위에서 언급한 수직적 해체 추세이다. 하청을 광범하게 활용함으로써 기업은 자신의 직원을 해고해야 하는 부담 없이도 공급자와 상품을 무리 없이 바꾸는 선택을 할 수 있게 된다.

③ 소비의 유연성이 존재한다. 여기서 주장되는 바는 전자기술로 인하여 공장은 획일적인 포드주의 시대보다 더욱 많은 다양성을 갖는다는 것이다. 오늘날에는 단기적 생산도 비용대비 효과가 높은데, 이는 컴퓨터화로 인해 조립라인이 전례 없는 융통성을 갖게 됐기 때문이다. 더욱이 소비자들이 포드주의 상품의 획일성에 등을 돌리고, 자신들의 독특한 생활양식과 성향을 표현할 수 있는 차이를 추구한다. 이러한 논지에 따르면 정보통신 하부구조 덕분에 소비자들의 바람(*desire*)이 드디어 충족될 수 있게 되었으며, 탈포드주의 시대에는 상품이 점점 더 개성화한다.

유연성의 이러한 요소들이 실제에서는 어느 정도 혼합된다는 점을 이해할 필요가 있다. 전형적인 탈포드주의 조직체의 경우, 소비자의 주문이 접수되면, 그 개인의 선택사항을 충족할 수 있도록 구체적인 주문사항들이 프로그램되어 있고, 다중숙련된 노동력이 준비되어 있는 공장으로 전달되어 융통성 있고 신속하게 필요한 제품을 만들어 낸다. 이 전체 과정은 각 단계마다 정보의 처리, 응용 및 분배에 의존한다는 점도 주목할 필요가 있다. 주문단계에서 공급단계에 이르기까지 신속하고 융통성 있고 정교한 정보통신망이 모든 것에 대한 필수조건이다.

이러한 추세에 따라 우리는 탈포드주의 시대에는 대량생산의 쇠퇴를 목격하게 된다. 거대하고 중앙집중적인 공장 대신에 등장한 것은 한 작업장에 기껏해야 몇백 명만이 고용되는, 세계적으로 분산된 — 그러면서도 고도기술 설비를 갖춘 — 공장들이다. 세계적으로 확산되어 있지만, 이를 조직화하는 모기업은 과거보다 훨씬 더 많은 지역을 통제할 수 있다. 대도시 중심에서 초국적 기업이 국제적으로 재조직화할 수 있는 기회로 인해 이러한 추세가 강화되었다. 그에 따라 흔히 생산은 해외나 도시 외곽으로 옮겨지고, 대도시에서는 금융 · 보험 그리고 사업 서비스부문의 직업이 번창했는데(영국에서 1970년대 이후 이들 직업이 두 배 이상 증가하였다), 그 이유는 이들 직업이 도시의 중심지역에서 결정적인 정보 서비스를 제공하기 때문이다.

이러한 것들이 예고하는 바는 영국과 같은 국가에서 가용한 직종의 중대한 변화이다. 남성 공업노동자는 시대에 뒤처지고, 서비스분야에서 일정 기간 계약 고용되는 시간제 여성노동자들이 이들을 대체한다. 1970년경부터 제조업에 속한 직업은 "점진적이고 현상적으로는 돌이킬 수 없이"(Pollard, 1983: 281) 쇠퇴했고, '유연적 노동력'에 진입한 사람들은 특히 여성들이었다(Hakim, 1987). 1990년대를 기준으로 서비스업이 70% 가까이를 차지했고, 이들 중 상당 부분은 여성들에 의해 수행된 반면에, 전체 직업의 약 1/4이 조금 넘는 정도가 제조업에 속했다. 이와 관련된 것으로 노동조합 가입자 수에서 큰 감소가 나타나는데, 이는 새로운 유형의 노동자를 조직하는 데 노동조합의 효용이 분명히 떨어졌다는 것을 보여 준다.

나아가서 많은 조직체에서는 정규직 근로자로 구성된 핵심 집단만 유지하는 규모축소와, 거대한 주변적 노동자층(불안정한 고용상태를 가진 시간제 근로자들)을 기반으로 유연성을 증가시키는 양상이 나타나고 있다. 이러한 노동자층은 '임시 노동력'(*contingency workforce*)으로(여건이 호의적일 때는 고용되고 그렇지 않을 때는 해고되는 노동자) 묘사되는데, 이것이 미국 노동시장의 25%를 차지하는 것으로 추정된다. 노동 내부에서도 유연성 있고 정보지향적인 노동자가 점점 더 강조되는데,

구조조정 및 세계화와 함께 그 수가 늘어나는 상위의 관리집단뿐만 아니라 하위직의 경우에도 '정보적 일자리'가 사무직, 판매직 그리고 비서 영역에서 증가하고 있다.

탈포드주의의 출현은 지리적 영역도 변화시켜서 과거에는 노동이나 계급 그리고 정치적 전망에서 구별됐던 지역들을 붕괴시키고 있다. 제조업의 쇠퇴와 서비스 관련 직업의 증가는 성별 변화를 보여 주는 동시에 (제조업이 주로 분포되었던 - 옮긴이 주) 북부에서의 기회의 이전을 보여 주는 것이기도 하다. 이러한 유형은 미국에서 더욱 뚜렷하게 나타나, '러스트벨트(rustbelt: 미국 중서부와 북동지역의 철강산업 중심지 - 옮긴이 주)에서 선벨트(sunbelt: 미국 남부의 동서로 뻗은 온난지대 - 옮긴이 주)로'라는 변화 추세가 많이 드러나며, 영국에서도 직업과 기업이 남부지역에서 증가한 반면에 다른 지역에서는 상대적 쇠퇴를 보이고 있다.

이에 수반되어 나타나는 것이 정치적, 사회적 태도의 급격한 변화이다. 대량의 산업노동자, 그들의 연대적 노동조합 그리고 집단적 주장은 탈포드주의 시민들에게 거의 호소력을 가지지 못한다. 그 대신 개인주의와 '시장의 마력'에 대한 열의가 되살아나서 전후시대의 평판이 나빠진 계획을 대체한다. 심지어 케네스 모건(Kenneth Morgan, 1990)은 "영국의 공공생활에서 최고의 불상사가 있다면 … 그것은 바로 계획의 에토스"(p. 509)라고 주장하는데, 이는 이 '신시대'에 진행되는 변동의 급속함과 자유방임적 운영과 맞물려 나타난 것으로 보이는 하나의 이데올로기이다.

사실 오늘날에는 계급의 언어마저도 그 중요성을 상실한 것으로 보인다. 오랫동안 사회과학자들의 중요한 개념이었지만('계급만 말해 주면 정치, 노동, 교육 … 성적 습관까지도 알아낼 것이다'), 오늘날에는 계급구성, 갈등, 불평등에 대한 관심이 현저하게 줄어들었다. 이 모든 것은 1960년대, 앨런 실리토(Allan Sillitoe: 노동자 생활을 주로 묘사한 영국의 소설가 - 옮긴이 주), 황량한 북부 공업지대 등과 같이 구식이고 시대에 뒤떨어진 것을 상기시키는 것처럼 보인다. 일류 사회학자들은 계급이 여전히 중요하다는 것을 지속적으로 보여 주지만, 그들도 바로 이전 세대의 언어가 오늘날의 영국과 같은 불평등 사회의 다양성과 가치를 포착하지 못하는 상황을 설명하는 데 어려움을 겪는다(Savage et al., 2005).

확실히 지성계에서는 도시 내부의 빈민가나 고립된 지역에 거주하는 것으로 간주되는 하류층(*underclass*)에 대한 관심이 있기는 하지만, 그들은 대부분의 사회로부터 격리되고, 법규를 준수하는 사람들에게 거슬릴 때도 있지만 재산을 소유하고 자기중심적이고 직업지향적인 대부분의 사람들과는 동떨어진, 분리되고 자기지속적인 소집단으로 간주된다. 매우 흥미롭게도 영국의 계급에 대한 보다 유력한 최근의 일부 연구가, 계급이 여전히 중요하다는 것을 열성적으로 주장하는 매우 보수적인 학자들에 의해 수행되었다. 그렇지만 그들의 분석은 거의 대부분 체제 주변에 있으면서 탈산업사회와는 상관없고 동정, 두려움, 경멸의 대상이 되는 부랑자와 외국인을 대상으로 한다(Darlymple, 2005; Mount, 2004).

오늘날에는 차이나는 생활양식의 관점에서 대부분의 사람들을 이해해야 한다는 주장이 흔히 제기된다. 탈포드주의 체제에서는 계급범주화, 그리고 그와 관련된 일반적 문화(노동계급 남성: 노동, 공동체, 집단, 동료, 막노동, 축구, 경마, 술 …)는 차별화된 생활방식에 대한 고려와 생산의 선택 · 기호 · 고객맞춤에 자리를 내준다. 개인과 사회집단 모두에서 통일성과 동질성이 사라지고 다양성으로 대체되고 있다.

일부 논자들은 이것이 사람들의 정체성 파편화와 안정감과 만족감 상실을 초래한다고 주장하는 반면에, 다른 논자들은 이것을 새로운 경험과 기회를 열어 주고 '탈중심화된' 자아의 발달을 촉진하며 감동을 일으키는 민주적 힘으로 인식한다. 그러나 이에 대한 시각의 차이에 상관없이 탈포드주의 조건에 대해서는 의견의 일치가 나타난다. 즉 새로운 개인주의가 등장하고 있다는 것인데, 이것은 다양한 생활양식에 대한 인정이고, 다른 태도와 행위의 차원을 예측하는 요인이나 정치 및 산업전선을 위해 사람들을 동원하는 기반으로서의 계급이 영향력을 상실했다는 것에 대한 인식이다. 실제로 소비(그것도 점점 더 가정중심적 소비)가 정체성을 규정하는 주요 인자가 되면서, 사람들이 노동자로서 비교적 동질적인 지역에서 살아가는 것에 기반을 둔 계급의 개념을 대체하여 왔다(Kynaston, 2009: 221).

여기서도 우리는 탈포드주의 체제에서 정보와 정보의 순환이 얼마나 적절한 역할을 담당하는지를 잘 평가할 수 있다. 포드주의가 생산으로부터 소비지향적 체제로 변화함에 따라, 대중적 산업노동자들이 쇠퇴할 뿐만 아니라 보다 개인주의적이고 소비지향적인 개인이 출현하고 있다. 정보는 이들의 생활 속에서 당연히 보다 큰 역할을 담당하게 되는데, 그것은 첫 번째는 소비자가 자신이 이용 가능한 소비대상을 찾아내야 하기 때문이고, 두 번째는 개인화된 현대에서는 사람들이 소비를 통해 자신을 표현하기를 원하기 때문이다. 이 두 가지 요인은 모두 정보의 발달을 촉진하는데, 전자는 광고와 재화 및 용역의 판촉에 관련되어 있고(소비자에게 접근하기 위한 정보), 후자는 소비의 상징적 차원과 관련된 것으로, 사람들이 자신에 대해 주장하기 위해 대상 및 관계를 이용하고 그에 따라 더 많은 정보를 만들어 내기 때문이다.

6. 라이시주의

이러한 사고의 대부분은 로버트 라이시(Robert Reich)의 저작《국가의 일: 21세기 자본주의를 위한 대비》(*The Work of Nations: Preparing Ourselves for 21st Century Capitalism*, 1991)에 종합되어 있다. 이 책이 중요한 것은 1990년대에 형성된 새로운 탈포드주의적 합의를 설득력 있게 강조했기 때문만이 아니라,[4] 당시에 새롭게 출범한 미국 클린턴 행정부에서 1992년부터 1996년까지 노동성 장관으로 기용될 예정이었고, 당시에 등장한 신노동당 및 보다 일반적으로는 '제 3의 길' 정치사상에 특히 많은 영향을 끼친 학자가 쓴 것이었기 때문이기도 하다. 20세기 말에는 영국 신노동당의 정책이 라이시주의(*Reichism*) 적이라고 정확히 묘사될 만큼 라이시의 영향이 컸다. 여기서의 주장은 최근의 발전, 특히 세계화는 정보를 처리하고 분석하고 분배하는 데에 정보통신기술보다는 사람들의 능력에 더 많은 부담을 주어 왔다는 것이다.

이러한 흥미로운 주장은 경제적 행위의 근본 규칙이 변화되었다는 라이시의 주장과 관련된다. 라이시는 과거에는 기업의 생산이 국가 내

---

4) 다른 관련된 사상가인 레스터 서로(Lester Thurow, 1996), 톰 프리드먼(Tom Friedman, 2005), 그리고 이 책의 제 6장에서 논의하는 마누엘 카스텔(Manuel Castells, 1996~1998)도 이러한 새로운 사고를 형성하였다.

로버트 라이시 Robert Bernard Reich, 1946~

미국의 신경제를 주도한 정치경제학자로, 클린턴 행정부에서 노동부장관을 역임하였다. 주요 저서로는 《국가의 일》, 《슈퍼자본주의》, 《위기는 왜 반복되는가》 등이 있으며, 21세기 세계 경제의 변화를 예리하게 분석한 석학으로 평가받는다.

부에 집중되었기 때문에 미국 기업에 이득이 되는 것은 미국에도 이득이 되는 것이었지만(따라서 미국 사람들에게 일자리를 제공하였지만), 세계화는 이러한 만족스러운 상황을 변화시키고 있다고 주장한다.

오늘날에는 어떤 나라의 국민경제라고 정확하게 지칭하는 것이 더 이상 가능하지 않다. 자본과 생산의 유동성이 증가됨에 따라, 오늘날에는 "미국 경제라는 사고 자체가 무의미해지고 있으며, 미국 기업, 미국 자본, 미국 상품, 미국 기술이라는 것도 마찬가지다"(Reich, 1991: 8). 이제 경제는 국가적 경계와는 상관없이 작동하고 있으며, 라이시가 다양하고 분산된 이해당사자들이 소유하는 기업들 간의 관계 내지는 기업 내부의 관계, 심지어 여러 기업에 걸친 관계의 '세계적 웹'(*global web*) 이라고 묘사하는 것에 의해 묶인다.

세계화의 압력을 받아 기업은 수직적으로 해체되고, 관료제 차원의 탈층화가 진행되고 있다. 이러한 과정의 경험적 증거는 '재설계된' 기업에서 중간관리층을 제거하는 많은 '규모축소' 사례에서 찾아볼 수 있다. 원만한 조직운영을 위해 뚜렷한 명령의 위계와 더불어 규칙과 절차가 필수적이기 때문에 관료제적 조직화가 효율성의 선결요건이라는 경영학과 사회학의 오래된 신조는 파괴되었다. 세계화된 경제는 그러한 부담스러운 조직체가 감당하기에는 너무 빨리 변하며, 관료제의 사치스러운 층들을 허용하기에는 너무나 경쟁이 치열하다. 그 결과 이러한 새로운 세계(다음에서 더 논의됨)에서 생존하고 성공할 수 있는 사람들에게로 권위가 상승이동되면서 관료제적 위계가 제거되고 있다.

대량생산에서 고가치 생산과 서비스로의 변화가 일어나고 있다. 이것은 차별화, 혁신, 그리고 일반적으로 경제적 문제에 대한, 그리고 보다 구체적으로는 노동에 대한 지식의 기여를 촉진한다. 그 이유는 전문화된 시장이 지속적으로 추구되고, 새로운 상품이 계속 개발되며, 상품의 상징적 중요성과 기술적 정교함이 지속적으로 증가하고 있기 때문이다.

포드주의 시대의 대량생산은 세계화되고 점점 더 전문화된 시장에서 유연적인 고객맞춤화 — 시장의 요구와 감각에 민감한 — 에 자리를 내주고 있다. 상품은 점점 더 지식과 정보 집약적이 되고 있다. 예컨대, 티셔츠에 표현된 디자인(그리고 동반된 마케팅 전략)이 그것을 제조하는 데 실제로 사용된 원료보다 더 값어치가 있다. 또한 세계적 시장에서의 운영은 세계적 차원에서 틈새시장을 찾아내거나, 기회를 제때에 포착하거나, 회계나 관리기술을 통해 비용을 절감할 수 있는 주자들에게 혜택을 주고 있다. 이 모든 것들은 상품과 서비스에 대한 부가가치를 가장 많이 창출할 수 있는 사람들의 기여를 우선시한다. 조립할 수 있는 단순 능력은 더 이상 충분하지 않으며, 결정적 요인은 재화의 가치를 증식하거나 조직의 성공에 기여하는 능력이다. 보다 일반적으로 고가치를 향한 이러한 변화는 생명공학, 미디어 제작, 컴퓨터 소프트웨어 등과 같은, 레스터 서로(Lester Thurow, 1996)가 '두뇌력 산업'이라 부르는 영역의 기여를 증대시키고 있다. 그것은 이러한 산업이 저임금 노동력이 풍부하지만 그것만으로는 오늘날 요구되는 것보다 저렴한 가격으로(한번 설계되고 개발되면 생산비용은 최소한이기 때문에) 정교한 신상품을 제공할 수 없는 세계경제에서 가장 확실한 선택이기 때문이다.

이러한 요인들이 결합되어 특정 유형의 직업을 우선시하는 경향을 초래한다. 이들은 세계적 통신망에서 관리하고 운영하는 사람, 디자인 능력을 제공할 수 있는 사람, 과학적 우수성·창조적 능력·금융적 통찰력 · 효과적 광고 등을 통해 재화와 서비스에 높은 부가가치를 창출할 수 있는 사람이다.

로버트 라이시(Reich, 1991)가 볼 때 이들은 전체 직업의 20% 남짓을 차지하는, 그가 '상징적 분석가'(*symbolic analyst*)로 부르는 사람들로서 '기업 네트워크'를 유지하고 발전시키는 사람들이다. 이들은 '관리적 사고에 끊임없이 관여하는'(p. 85) 사람들이고, 21세기에 성공을 위해 필수적인 '지적자본'(*intellectual capital*)을 보유한 사람들이다. 상징적 분석가들은 "상징을 조작함으로써 문제를 해결하고, 식별하고, 조정"하며(p. 178), 추상 · 세계적 사고 · 실험 · 협업을 강조하는 직업을 대표하는 사람들이다. 이들은 은행 · 법률 · 공학 · 컴퓨터 · 회계 · 미디어 · 관리 · 학계 등과 같은 직업에 종사하는 문제 해결사, 문제 식별가, 전략 구상가들이다.

이 모든 직업에 공통된 것은 그것들이 정보적이라는 것이다. 물론 그들이 특정 영역에 대한 전문성을 가지고 있지만, 지속적이고 급격한 변동이 진행되는 세계에서 움직이고 있다는 이유 때문에 그들의 가장 위대한 장점은 높은 수준의 유연성, 즉 자신들의 일반적 능력을 새로운 상황에 맞게 적응시키는 능력이다. 정보노동자는 항상 재훈련할 수 있고, 자기 분야의 최신 사고에 주의를 기울이고, 유동적인 시장 변화를 세심하게 그리고 꾸준히 관찰하며, 소비자의 변화를 주목하면서 끊임없이 제품을 개선할 수 있다.

이런 자질을 갖춘 상징적 분석가들은 고정된 기업 관료제의 영구적 지위를 차지하지 않는 경향이 있으며, 효율성을 위해 광범위한 네트워크와 새로운 지식을 활용하면서, 단기적 자문 단위로 프로젝트에서 프로젝트로 이동해 다닌다. 정보노동자들은 연구 프로젝트 간의 이동,

판매 계약 간의 이동, 미디어 과제 간의 이동 등에 의해 특징된다. 그것은 기업체의 승인을 받는 관료제적 이력이 아니라, 자기가 설계한 '포트폴리오' 이력을 특징으로 한다(Handy, 1995).

일부에게는 이런 것들이 안정감 없고 사회적 파편화가 점차 증가하는 세계로 보일 수도 있지만(Hutton, 1995), 이러한 발전에 대해 보다 긍정적인 입장도 존재한다. 예컨대 다른 곳에서 페카 하이마넨(Pekka Himanen, 2001)은 '해커 윤리'를 산업자본주의를 형성한 수많은 사람들에게 동기를 부여했던 청교도 노동윤리의 현대판으로 간주한다. 과거에 일부 사람들이 신의 이름으로 노동에 전적으로 헌신하고 산업을 발전시켰듯이, 오늘날의 '해커 윤리'는 개방적이고 비위계적인 반문화적(*countercultural*) 전망과, 최신기술을 이용해 혁신과 변화를 만들어 내려는 목적에 — 이를 위해 '해커들'은 소프트웨어, 장치, 새로운 컴퓨터게임을 만드는 데 맹목적으로 헌신할 것이다 — 대한 헌신을 결합한다. 이와 관련된 것이 오늘날 성공적인 '평탄'(*flat*) 조직이 근로자들에게 힘을 부여해 자율성에 대한 만족감을 준다는 프랜시스 후쿠야마(Francis Fukuyama, 1997)의 주장이다. 그는 또한 조직에 대한 헌신은 점차 감소할 수 있지만, 고숙련 자유계약직 종사자들이 특정 프로젝트와 관련해 유사한 사람들과 결합한다는 사실은 그들 간에 충성심이라는 윤리적 및 직업적 유대가 존재하기 때문에, 실제로는 '사회적 자본'을 촉진할 수도 있다고 본다. 톰 프리드먼(Tom Friedman, 2005)도 '평탄' 조직의 출현에 대해 논의하면서 이러한 입장을 취하는데, 그가 볼 때 그것은 사람들에게 독립성을 주고 그에 따라 유사한 사람들 간의 헌신을 촉진하는 것이다.

1997년부터 2007년까지 영국 수상을 지낸 토니 블레어도 이러한 긍정적 해석을 상당히 많이 공유하면서 자신의 낙관주의를 자주 표현했다. 그는(Blair, 2005) "급속한 세계화 시대에는 무엇이 좋은 성과를 내는가에 대해 논쟁의 여지가 없다. 즉 경쟁력을 유지하기 위해 끊임없이 변화할 준비가 되어 있는 개방된 자유주의 경제가 답이다"라고 말했다. 이러한 세계화된 세계에서 블레어 수상은 저임금으로 경쟁하는 것을 거부하고, "자유롭게만 한다면 영국이 풍부하게 가진 지식, 기술, 창의성, 〔그리고〕 재능"이 경쟁력의 원천이 될 것으로 확신한다. 주요 정치인에게서 이보다 더 라이시주의적인 주장을 기대하기는 어려울 것이다.

7. 탈포드주의의 문제점

오랜 기간 포드주의/탈포드주의 이론은 지성계에서 큰 관심을 끌었다. 일부의 관심은 영국에서 좌파가 선거에서 지지를 얻지 못하는 명백한 무능함을 설명하려는 시도에서 나왔다. 유권자들은 지속적으로(1979년, 1983년, 1987년 그리고 1992년) 집단주의적 주장을 지지하기를 거부하면서 노동당의 구시대적 이미지에 반감을 가졌다. 이러한 실패를 설명할 수 있는 마땅한 이유가 필요했다. 즉 1945년부터 1970년대까지는 사람들이 노동당을 자주 지지하였는데, 무엇이 변했는가를 밝힐 필요가 있었던 것이다. 보다 일반적으로는 많은 논자들이 이전과는 근본적으로 상이한 어떤 것이 등장하고 있다고 주장할 만큼 급속한 변화—전통산업에서의 대규모 과잉, 새로운 직업, 새로운 기술의 등장, 급격한 외환율 변동 등—가 진행되고 있다는 인식이 확산되었다. 아마 당연한 것이겠지만 '신시대'(*New Times*, 1988)를 강조하는 많은 글이 출판되었다.

그러나 불행하게도 가장 큰 문제는 바로 탈포드주의 개념이 제시하는 '신시대'에 대한 이러한 강조이다. 그 주장은 사회가 철저하고 체계적인 변화를 경험하고 있다는 것이다. 사실 탈포드주의의 특성이 과거와는 현저하게 다른 것으로 제시되는 경우 어떤 다른 결론이 나올 수 있겠는가? 사실상 모든 척도상으로—생산활동, 계급구조, 소비방식, 노동관계, 심지어 자아의 개념까지—탈포드주의의 특징은 포드주의 시대와의 단절을 나타내는 방식으로 제시된다(Hall and Jacques, 1989).

바로 이런 이유 때문에 우리는 탈포드주의와 제4장에서 검토한 다니엘 벨의 보수적인 탈산업사회론 사이에 묘한 일치를 발견한다. 사용되는 개념들이 매우 다른 지적 전통을 가지고 있음에도 불구하고, 두 입장은 모두 현재를 과거와 구별하면서 새로 등장하는 시대를 묘사하는 데 두드러진 관심을 보인다. 심지어 크리샨 쿠마르(Kumar, 1992)는 매우 유사한 주제와 추세에 관심을 갖는다는 측면에서 탈포드주의를 "탈산업사회론의 한 유형"(p. 47)으로 간주하기도 한다.

이에 반하여 다음을 상기하는 것이 좋을 듯하다. 즉 사유재산, 시장원리 그리고 기업의 우선순위가 지배적이고—이런 것들이 적어도 탈포드주의의 한 갈래인 조절학파에서는 인정되기 때문에—매우 익숙한 형태의 자본주의가 여전히 관건이라는 것이다. 따라서 변동보다는 연속성을 우선시하는 것을 강조하는 신포드주의(*neo-Fordism*)라는 용어가 더 적절한 것이라는 주장이 제기될 수 있다. 이러한 주장에 따르면, 신포드주의는 자본주의의 대체보다는 그것을 재형성하고 강화하려는 노력이라는 것이다.

대부분의 반론—적어도 이 이론의 주요한 입장에 대한—은 연속성보다는 변동을 강조하는 경향이 있는 개념에 관한 것이다. 이러한 개념은 이분법적 대립(포드주의 아니면 탈포드주의)을 너무 쉽게 인정하는 입장을 초래할 수 있는데, 이러한 이분법은 역사적 과정을 과도하게 단순화하고 과거로부터 지속적으로 존재하는 자본주의 관계를 과소평가하는 것이다. 탈(脫)포드주의 이론에 대한 보다 설득력 있는 비판의 일부는 다음과 같다.

• 포드주의에 대한 묘사는 1945년과 1973년 사이에 결코 존재하지 않았던 균형을 주장한다(Kynaston, 2009). 예컨대 영국에서 1950년과 1970년대 중반 사이에 농민의 1/3이 일자리를 잃었는데, 이것은 농업의 지평에서는 매우 다른 특징이었지만 이를 근거로 중대한 사회변동 이론을 제기한 사람은 아무도 없었다.

사실 노동자 계급이 소멸하고 있기 때문에 계급정치는 시대에 뒤떨어진 것이라는 탈포드주의자들의 주장에 대해, 영국을 제외한 모든 국가에서 산업노동자(육체노동자로 간주되는) 계급은 언제나 소수였다는 사실(영국에서도 다수를 차지한 것은 짧은 기간이었다)과 육체노동은 근대 역사 대부분의 기간 동안 주로 농업노동자들에 의해 수행되었다는 사실을 명심할 필요가 있다. 예컨대 영국에서는 19세기 중반 농업노동자가 직업 인구의 25%를 차지하였는데, 이는 광업, 운수, 건축 그리고 공학에 종사하는 사람들을 합한 것보다 많은 것이었다(Hobsbawm, 1968: 283, 279). 이후 농업부문의 지속적 감소(현재는 전체 고용의 3% 미만을 차지한다)는 노동자 계급(즉 육체노동자)의 역사가 일부 직업은 성장하고 일부는 감소하는 등 길고 긴 재구성의 역사라는 사실을 잘 보여 준다(Miliband, 1985).

이렇게 볼 때, 우리는 화이트칼라 노동의 점차적 성장이 노동계급의 종말을 보여 준다고 결론 내리는 논자들에 대하여 회의를 품게 된다. 이것은 개념정의의 기준에 따라 상당히 좌우되는 문제이다. 비육체노동자군의 성장은 분명히 독특한 특성을 갖기는 하지만, 이들과 오늘날의 산업노동자들 간의 차이가 19세기 말엽 농업노동자들과 공업적 장인들 간의 차이보다 확연히 큰 것으로 가정하는 것은 너무 서투른 일이다. 나아가서 육체노동 직업 내부에서의 이러한 분화를 고려할 때, 포드주의적 유형론이 제시하는 것과 같은 노동자 계급의 단일성이 존재했던 시기는 결코 없었다는 것을 상기하게 될 것이다. 어쨌든 투표 성향만 보아도 우리는 1950년대의 영국은 유권자의 압도적 다수가 육체노동자였다는 사실에도 불구하고 보수당이 지속적으로 지배한 시기라는 것을 알 수 있다.

요컨대 육체노동자와 노동자 계급을 동일시하고 또 단일한 전망을 갖는 것으로 보는 것은 상당 부분 지식인들의 구성물에 지나지 않는다는 점도 명심할 필요가 있다. 그것은 현실적으로는 존재하지 않는 일치를 함축할 수도 있으며, 노동자 계급과 화이트칼라(그리고 중간계급까지?) 노동 사이에 메울 수 없는 간극이 존재한다는 것을 암시할 수도 있다. 마지막으로 우리는 이러한 문제들을 염두에 두면서, 1990년대의 '탈포드주의'에서 육체노동이 결코 사라지지 않고 있다는 사실도 기억할 필요가 있다. 오늘날의 영국에서 육체노동자는 여전히 전체 노동력의 절반에 가깝다.

• 탈포드주의는 공장노동의 쇠퇴와 금융이나 여가 같은 서비스직으

로의 이동을 크게 강조한다. 이것은 경험적으로 부정할 수 없는 사실이지만, 우리가 제 4장에서 보았듯이 그것이 실제로 중대한 변화를 나타내는 것이라고 주장하기는 힘들다. 그와는 반대로 많은 서비스직의 확산은 보다 효율적인 자본주의적 활동을 위해 도입된 분업에 의해 설명될 수 있다.

• 소비에 대한 탈포드주의의 강조는 많은 반대에 부딪히고 있다. 그 중에서도 중요한 것은 다음과 같다. ① 소비가 긴 역사를 가지고 있다는 경험적 사실은 그것의 새로움을 주장하는 탈포드주의 이론에 대해 의문을 던지게 한다. 소비는 적어도 18세기 후반, 즉 산업기술이 소비재를 대규모로 생산하기 시작할 때부터 관심의 대상이 되어 왔다(McKendrick et al., 1982). 장기적 관점에서 볼 때 최근의 발전은 추세의 가속화를 나타내는 것일 수는 있지만 '생산에서 소비로의' 근본적 변화를 나타내는 것으로 보기는 힘들다. ② 소비의 특징이 사람들 사이의 개성화(*individuation*)의 증가(차이에 대한 강조), 그리고 그에 따라 고객의 기호에 맞는 상품을 생산할 수 있는 제조업자의 능력이라는 주장은 문제의 소지가 있다.

이에 대해서는 많은 반론이 제기되었다. 그중에서 중요한 것은 대중소비와 대량생산이 줄어들지 않고 계속된다는 것이다. 1960년대에는 이것이 텔레비전이나 자동차의 형태로 나타난 반면에, 오늘날에는 자동차는 물론이고 비디오, CD 플레이어, 가정용 컴퓨터, 식기세척기, 조립식 부엌, 조립식 가구 등과 같은 것으로 나타나는데, 이들은 대량생산되는 소비재의 최신 세대를 보여 주는 것이다(적어도 부분적으로는 다른 영역의 시장포화에 따라 촉진된). 물론 오늘날에는 더 많은 소비재가 존재하지만, 그것들은 분명 대중소비자들을 위한 대량생산이라는 전통 속에서 존재한다. 이것들은 모두 구매자들의 상당한 동질성을 전제로 하는 표준화된 상품들이다(경우에 따라서는 모듈별로 설계된).

나아가서 대중소비가 개인주의에 적대적이라는 탈포드주의의 주장(단순하고 지루한 1950년대의 이미지가 항상 거론된다)은 믿기 어렵다. 그 이유는 대량생산된 상품을 개인성(*individuality*)에 대한 감각을 강화하는 방식으로 사용하는 것 — 한 세대 전에 그러했던 것처럼 — 이 절대적으로 가능하기 때문이다. 예컨대 사람들은 대량생산된 의류의 조합 중에서 다양한 선택을 하여 개인성을 증가시키는 독특한 방식으로 혼합할 수 있다. 사실 소비재의 모듈화(*modularization*)는 생산기업가들의 의도적 전략으로서, 지속적 대량생산의 틀 내에서 소비자들의 선택에 대한 요구를 처리하고자 하는 노력이다. 여기서 이케아(IKEA)나 베네통을 생각해 볼 수 있다.

• 대량생산이 압도적인 것으로 남아 있다는 경험적 사실 때문에 우리는 기업부문의 조직화를 책임지는 주체에 대해 고려할 필요가 있다. 여기서 탈포드주의 이론이 지속적으로 제시하는 주장 중 하나는 현대에는 유연성이 강조됨으로써 소규모의 유동성이 강하고 혁신적인 조직이 소비자들의 욕구에 보다 잘 대응할 수 있기 때문에 시장에 성공적으로 진입하고 대기업 경쟁자를 이길 수 있는 기회를 갖는다는 것이다.

이에 대하여 다음과 같은 사실을 다시 한 번 강조할 필요가 있다. 즉 지난 50여 년간의 역사는 오래전에 형성된 대기업들의 지속적 확장과 거대화로 점철되었다는 것이다. 세계화의 주된 특징 중 하나는 초국적 기업의 지속적 우세였으며, 이들은 활동을 하는 곳마다 시장의 대부분을 차지한다. 경제적 중요성을 가진 모든 시장의 주도적 부문 — 컴퓨터, 자동차, 통신, 백색가전, 오디오, 과일 등 어떤 것이든 — 에 대한 모든 검토는 이러한 점을 입증하게 될 것이다. 사실 특히 인상적인 것은 20세기 초반에 주도적이었던 기업들 대부분이 오늘날의 세계화된 경제의 선두에서 지속적으로 자신들의 우세한 입지를 유지하는 방식이다. 이러한 기업의 대표적 예는 포드, 제너럴일렉트릭, 셸 오일, 지멘스, 프록터 앤 갬블, 다임러-벤츠, 코카콜라, 켈로그, IBM, ICI(Imperial Chemical Industries: 영국 최대의 화학공업 기업 - 옮긴이 주), 코닥, 필립스, 제너럴모터스, 그리고 피아트 등이 있다. 물론 구글, 페이스북, 마이크로소프트는 새로운 거대기업이기는 하지만, 이러한 증거들이 보여 주는 바는 전후(나아가서 전전) 역사에는 근본적 연속성이 존재한다는 것이며(중간에 명칭이 변하거나 통합되었던 것이 분리되기는 하였지만), 그렇기 때문에 우리는 쉽게 '탈'(*post*) 발전을 선언해서는 안 된다.

나아가서 이러한 거대기업들이 그 생산활동에서 소비자들의 다양성에 대응할 수 없나거나, 심지어 그것을 만들어 낼 수 없다는 주장을 뒷받침해 주는 증거는 거의 없다. 보다 다양한 판매와 함께 새로운 기술의 채택이 의미하는 바는 초국적 기업이 "다양한 것을 대량생산하는 데 매우 능숙하다"는 것이다(Curry, 1993: 110). 많은 탈포드주의 이론의 잘못된 가정 중 하나는 세계적 기업은 국지적이고 특수한 요구에 신속하게 대응하는 능력이 부족하다는 것이다. 그러나 세계적 활동범위와 국지적 대응성 간에는 논리적으로 아무런 대립이 존재하지 않으며(Harrison, 1994), 그에 따라 맥도널드나 뉴스코퍼레이션 같은 기업은 '세방화'(*glocalization*) 전략을 추구하여 왔다. 사실 민첩한 기업가들은 적절한 정보기반과 통신망을 이용하여 세계적으로 흩어진 소비자들을 표적으로 한 판매활동을 효과적으로 전개할 수 있다. 그리하여 세세주의와 국지적 대응성은 케빈 로빈스(Kevin Robins, 1991b)가 "유연한 초국적"(p. 27) 기업이라 부르는 방식으로 조화를 이루게 된다.

우리는 또한 초국적 기업은 소규모 기업이 가질 수 없는 특히 강력한 형태의 유연성을 갖는다는 점에 주목할 필요가 있다. 그것은 초국적 기업이 혁신적 제품이나 틈새시장을 개척함으로써 전망이 있다는 것을 보여 준 소규모의 매우 기업가적인 회사를 매입할 수 있는 자원을 가지고 있다는 것이다.

탈포드주의에 대한 더 많은 비판들이 있으며, 그중에서도 가장 중요한 것은 포드주의 — 자본주의 기업들에 대한 정확한 묘사로 간주되는 한 — 가 중대한 도전을 받고 있다는 것을 부정하는 것이다.

8. 유연전문화

탈포드주의 개념들에 대한 이러한 비판이 중요한 내용을 담고 있기는 하지만, 이에 대해서는 적어도 조절학파에 영향을 받은 이론가들은 언제나 대응할 수 있다. 이들이 내세우는 것은 고려의 대상이 되는 것은 전적으로 새로운 체계가 아니라 자본주의적 축적체제의 변종이라는 점이다. 이들의 분석에서 발견되는 모호성과 불확실성 — 어느 정도가 연속성이고 어느 정도가 변화인가? — 에 대하여 불평이 제기될 수도 있지만, 대부분의 저자들은 자본주의 동학(動學)에 관심이 있는 포괄적인 마르크스주의 시각으로부터 자신의 설명을 이끌어내기 때문에, 자본주의 관계는 지속되고 있으며 확인되는 모든 것은 또 다른 자본주의적 기업양식이라는 비난에 대한 방어는 항상 존재하는 것이다.

그러나 적어도 하나의 영향력 있는 학파는 보다 구체적인 입장에서 출발하여 실제로 과거와의 결정적 단절을 주장하는 탈포드주의의 한 변형을 제시한다. 일(학계의 용어로는 '노동과정')에 초점을 맞춘 마이클 피오레와 찰스 사벨(Piore and Sabel, 1984)의 저작은 유연전문화/생산이 확산됨에 따라 생활방식의 광범위한 향상이라는 전망이 제공되었다고 주장한다. 더욱이 이러한 이론화는 탈포드주의 노동상황에서의 정보/지식의 역할을 특별히 강조하기 때문에, 보다 일반적인 조절학파 이론과 구별해 독립된 검토를 해볼 필요가 있다.

이 주장에 따르면, 대량생산이 지배적이었던 포드주의 시대에 표준화된 상품의 대량생산은 기계장비 전문화와 그에 따른 노동 전문화를 필요로 했고, 후자는 불가피하게 낮은 숙련도를 특징으로 했다. 대규모 공장의 조립라인 이미지를 상상해 보면 이런 상황을 쉽게 이해할 수 있다. 여기서는 테일러주의적 기술(엄격한 시간과 움직임, 위계적 감독, 경영진에 의해 협소하게 정의된 단순노동으로 제한된 기능공들의 활동)이 지배적이었고, 전형적으로 반숙련 및 비숙련 노동이 요구되었다.

다음에서 설명하는 이유들 때문에 피오레와 사벨은 "우리는 제 2의 산업시대를 살아가고" 있으며, 이 시기는 19세기 말 대량생산을 가져온 제 1의 시기에 상응하는 것이라고 주장한다. 최근에는 '유연전문화'가 나타나서 포드주의 시대의 단순한 저숙련노동과 근본적인 단절을 예고한다는 것이다. 그들에 따르면 이것은 노동자들의 숙련을 향상시킬 것이며, 상품생산에서도 더 많은 다양성을 가져다 줄 것이다. 이러한 유연성은 새로운 시대의 근간으로, 이탈리아의 에밀리아-로마그나(Emilia-Romagna) 지역에서 이미 진행되고 있다(Sabel, 1982). 그들은 이것이 무의미한 노동의 종말과 변화하는 시장기회에 신속하게 대처할 수 있는 소규모의 협업적 기업활동을 통해 수공업 같은 생산으로 되돌아가는 것을 예고한다고 본다. 피오레와 사벨은 심지어 '요먼 민주주의'(*yeoman democracy*)의 부활을 상상하기도 한다(Piore and Sabel, 1984: 305).

유연전문화의 출현을 설명하는 3가지 주된 이유가 제시되고 있다. 첫째, 1960년대와 1970년대 초의 노동 불안으로 인해 기업들은 하청의 정도를 높이고 기업 내 생산설비를 줄임으로써 그 활동을 분권화하게 되었다는 주장이다. 이것은 기술적으로 정교한 소규모 기업의 확산을 촉진했는데, 이들 기업은 흔히 대기업의 구조조정 전략에 따라 배출된, 근로의욕이 강하고 고급기술을 보유하고 있으며 적응성이 있는 사람들에 의해 만들어졌다. 둘째, 시장수요의 변화가 두드러지고 있어서 소비자들의 기호가 현저한 차별화를 보이고 있다는 것이다. 이러한 변화는 유연전문화에 잘 적응한 고급 소량생산 시장구조에 기회를 제공했다. 셋째, 새로운 기술로 인해 소규모 기업들이 경쟁력 있는 생산성을 갖추게 되었다는 것인데, 그 이유는 기술력 있는 기업들이 최신 컴퓨터의 유연성 덕분에 자신들의 다용도성(*versatility*)을 최대화하기 시작함으로써 규모의 경제가 가지는 이점이 감소했기 때문이다.

그러나 이보다 더 중요한 것은 새로운 기술이 적절한 프로그램을 통해 엄청난 유연성을 발휘할 수 있기 때문에 민첩한 소규모 기업의 경쟁력을 높여 줌과 동시에 기존 기술을 향상시켜 주었다는 것이다. 그것은 새로운 기술이 '생산과정에 대한 인간의 통제를 회복'시켜 주기 때문이다(Piore and Sabel, 1984: 261).

여기서의 목적을 위해서는 유연전문화에 대한 두 가지 요점만 제시할 필요가 있다. 첫째, 유연전문화라는 관념을 지지하는 견해의 엄청난 다양성에 관한 것이다. 자본주의의 발전은 노동의 점진적 탈숙련화를 초래한다는, 한때 인기 있었던 해리 브레이버만(Harry Braverman, 1974)의 주장(Penn, 1990)에 대한 일반화된 반응처럼 보이는 것 속에서, 일부 이론가들은 이제 유연전문화가 노동자들의 기술을 향상시켜 줄 수 있는 새로운 시대의 도래를 예고하는 것으로 본다.

영국에서 이러한 사상가들은 경제학자 존 애킨슨(John Atkinson, 1984)에서 폴 허스트(Paul Hirst)와 조너선 자이틀린(Jonathan Zeitlin)에 이른다. '유연적 기업'에 대한 애킨슨의 초기 연구는 위협적 경쟁과 불경기에 대한 대응으로서 유연적 노동력을 강조했던 정치 및 기업 지도자들의 의견과 일치하였다(Atkinson and Meager, 1986). 마르크스주의 전통에서 출발한 허스트와 자이틀린은 노동자와 고용주 사이에 필요한 '최소한의 신뢰'를 제공해 주는 '협력과 협조'라는 호의적 양상이 존재하는 곳이면 어디서나 유연전문화가 형성될 수 있다고 주장한다(Hirst and Zeitlin, 1991: 447).

마찬가지로 구미에서도 다양한 영역의 대표자들이 있는데, 여기에는 '탈산업적 발전들'이 기술수준의 향상을 가져온다고 보는 프레드 블록(Fred Block, 1990: 103)과 같은 급진적 비평가와, 최근의 발전에서 '중대한 재숙련화'의 전망을 찾아내는 하버드 경영대학의 소샤나 주보프(Soshana Zuboff, 1988: 57) 같은 사람이 포함된다.

두 번째 요점은 몇 가지 점에서 정보가 유연전문화 과정에서 중심적 역할을 담당하는 것으로 간주된다는 것이다. 먼저 많은 저자들이 그렇게 하듯이 생산노동에 초점을 둘 경우, 정보기술은 유연성을 향상시키고 표현하는 주요한 요인이라고 주장할 수 있다. 새로운 기술은 '지능적'이어서, 그 주된 특징이 상당한 양의 복잡한 정보를 통합한다는 것이다. 그리하여 새로운 기술을 유도해 가는 프로그램은 기술의 특정한 기능이라기보다는 그 기본적 구성요소이다. 비용효과적인 소규모 일괄생산방식, 상품의 주문생산화, 그리고 제조과정의 신속한 변화 등을 가능케 하는 유연성의 정도를 결정하는 것은 바로 이러한 정보의 투입이다. 나아가서 노동과정 그 자체에서 유연성을 제공하는 것도 바로 이러한 정보요소인데, 이는 일을 수행하기 위해서 당연히 기능공은 '다숙련적'이고 적응성이 있어야 하고 따라서 더 유연해야 하기 때문이다(이는 그 자체로 정보의 역할을 강조한다). 과거에는 노동자들이 평생 동안 몇몇 업무만 배우면 되었지만, 정보기술시대에는 새로운 기술이 도입되는 것에(또는 프로그램이 재작성되는 것에) 맞추어 자신의 기술을 향상시킬 준비를 해야 한다. 이러한 '숙련의 폭'(Block, 1990: 96)은 노동자들이 일상적으로 교육과 재교육을 받아야 한다는 것을 의미하는데, 이것은 완전히 정보적인 과제이다.

정보가 중요해진 또 다른 방식도 프로그램 가능한 기술에 더욱 의존함으로써 생기는 것이다. 생산용 기계류가 매우 정교하다는 사실 때문에 노동자들은 그 운영과정에서 생겨나기 마련인 문제에 대처하기 위해서 체계 전반에 대한 정보/지식을 가지고 있어야 한다. 이리하여 정보기술은 정규적 재교육을 촉진할 뿐 아니라, 노동자들이 그 내부 작동원리에 대해서도 이해할 것을 요구한다. 이러한 방식으로 노동자들은 사실 '정보노동자'가 된다. 래리 허쉬혼(Larry Hirschhorn, 1984)의 용어를 사용하자면 이들은 "예측할 수 없는 사고에 제대로 대응하기 위해서 전체 생산과정에 대해 이해하고 개관할 수 있어야" 하는 "탈(脫)산업노동자"이다(p. 2). 공장에서의 정보기술은 "탈산업기술"(p. 15)인데, 이것은 조립노동이 요구했던 육체노동이나 그 단순함을 제거하기도 하지만 "정보기술의 불완전성과 불연속성으로 인하여 더 많은 동원과 경계심을 요구"하기도 한다. 따라서 "예기치 않은 시스템 실패에 대처할 수 있는 노동자들을 준비시키기 위해서 교육이 제도화되어야" 하는데, 시스템의 실패는 시스템 전반에 대한 이해와 지속적인 '준비와 학습' 상태를 필요로 한다. 이러한 방식으로 우리는 "노동자들이 생산과정에서 통제받는 요소로부터 그러한 통제를 행하는 위치로 옮아가게 된다"는 것을 예견할 수 있다(pp. 72~73). 그 결과 노동자는 '교육받은 노동'(Block and Hirschhorn, 1979: 369)의 일부가 되며, 정보기술에 따라 어쩔 수 없이 '유동적이고 유연한 생애'(p. 379)를 보내게 된다.

나아가서 유연전문화는 노동 설계에 대한 노동자들의 참여를 촉진하기도 한다. 다시 말해서 생산의 컴퓨터화는 기능공들에게 "인공두뇌적 피드백"(Hirschhorn, 1984: 40)을 제공하여 시스템을 적절한 방식으로 재(再) 프로그래밍할 수 있게 해준다. 여기서 우리가 만나게 되는 노동자는 정보적으로 민감하고 발전된 기술을 활용하여 생산의 전 과정에서 무엇이 일어나는지를 알고 있으며, 전반적 시스템 향상을 위해 지능적으로 대응할 수 있는 집단이다. 이것이 바로 소샤나 주보프(Zuboff, 1988)가 일컫는 성찰성(*reflexivity*)인데, 이것은 정보통신기술을 다루는 과정, 즉 그녀가 '지적 기술'을 발생시키는 것으로 간주하는 '정보화'(*informating*) 과정(p. 10)에서 유래한다.

래시와 어리(Lash and Urry, 1994)는 이러한 성찰성 요소에 더 많은 중요성을 부여하면서 정보통신기술보다는 정보 그 자체를 더욱 강조한다. 그러면서도 생산과 관련되지 않은 노동영역에 대한 광범위한 관심을 보인다. 그들의 견해에 따르면 우리는 '성찰적 축적'의 시대를 살고 있는데, 여기서는 노동자들이(그리고 고용주들이) 점점 더 자기감시적으로 변하고, 소비자들의 요구, 시장판매 그리고 급속한 기술혁신에 대하여 최대한 신속하게, 그리고 효율적으로 대처할 수 있다는 전제하에서 경제활동이 이루어진다. 이러한 상황에서 정보는 중심적 무대를 차지하게 되는데, 그 이유는 바로 정보가 모든 것을 이끌어 가는 필수적 성찰과정의 구성요소이고, 성찰의 과정은 또한 생산과정, 생산물 그리고 판매에 대한 지속적 감시를 바탕으로 이루어지는 계속적인 의사결정과 개선의 문제이기 때문이다(Thrift, 2005).

더욱이 설계(*design*) 요소가 대부분의 제조과정에서 중심적인 것이 되었고, 동시에 주로 그리고 압도적으로 상징적인 노동이 폭발적으로 증가함에 따라(예컨대 문화산업) 상품의 생산은 상징과 점점 더 결합되고 있다. 래시와 어리에 따르면(Lash and Urry, 1994), 이러한 변화는 자동차산업에서 분명히 드러나지만(이 분야에서 대부분의 혁신은 좁은 의미의 기술적 세련화보다는 설계의 문제이다), 음악산업, 텔레비전 프로그램 제작, 출판 등과 같이 정보가 노동의 모든 면에 스며들면서 급속히 확장하는 문화산업에 훨씬 더 많이 확산되어 있다(pp. 200~222).

여기서의 주장은 '모양 좋은' 의류나 가구의 제조 또는 관광이나 오락의 영역 할 것 없이, 그 정보적 차원이 전면에 드러남에 따라 노동은 '설계 집약성'의 특징을 점점 드러낸다는 것이다. 나아가 노동이 주로 단순화된 공장생산의 문제라는 인식에 반대하여, 래시와 어리는 상품생산조차도 보다 넓은 발전에 의해 영향을 받게 되는 방식을 강조한다. 이러한 발전은 상품에 문화적 주제를 통합하고[상품은 '미학적이 되고'(*aestheticised*) 있다], 정보기술산업과 같은 선구적 분야에 '대학'과 같은 에토스를 불어넣기 위해 노동관계 속으로 침투하는 것이다.

스콧 래시(Scott Lash, 2002)는 이러한 추세를 '제조의 논리'에서 '정보의 논리'로의 이행이라는 보다 큰 맥락 속에 자리매김한다. 여기서 후자는 불확실성을 강조하며 '탈조직화'와 더불어 살아야 할 필요성을 제기하는데, 이러한 '탈조직화'는 지식 집약적 혁신을 중심으로 전개되는 불안정한 경제, 그리고 그와 마찬가지로 불안정한 문화에 수반된다. 이것은 우리가 '역정보의 정보사회'(*disinformed Information Society*)에서 산다는 것과 같은 것인데, 이러한 사회는 급격한 변동과 순간성, 우리가 행하는 모든 것에서 고정성의 결여로 특징되는 것으로, 정보는 우리의 역량을 강화하는 동시에 해를 주는 것이 된다.

래시는 이러한 혼란스러운 상황 속에서 노동은 다음과 같은 두 가지 중 하나의 형태를 취할 수 있다고 본다. 즉 혁신이 공장 작업현장에 도입되고 기능공들이 그 과정에서 보다 큰 역할을 할 수 있게 되거나(허쉬혼의 방식대로), 또는 노동이 작업현장을 완전히 우회하여 '전문관리 노동자들'(p. 122)이 그 기능을 수행하는 것인데, 이것은 이미 고도기술 그리고 고급 생산자 및 소비자 서비스에서 나타나고 있다. 래시는 이러한 환경에서는 근본적으로 상이한 사회가 출현할 것으로 예상한다. 정보경제에 적응하지 못하고 높은 실업률을 특징으로 하는 '정체 지역'(*dead zone*)이 존재할 수 있다. 이러한 지역은 치안이 대체로 잘 유지되고 일부 공통된 생활방식을 가짐에 따라 전망이 전통적이라는 점에서 전통문화를 따르는 '길들여진 지역'(*tame zone*)이다. 래시가 볼 때 그 반대쪽에는 지식 집약적이고 혁신적인 노동관행을 통해 경제적으로 번창하는 '활력 지역'(*live zone*)이 존재한다. 그렇지만 이러한 지역은 동시에 기존의 문화적으로 '길들여진 지역'에도 연결되어 있다〔예컨대 영국의 지방에서 런던 시로 통근하는 법률가와 회계사들의 보수적인 아비투스(*habitus*)〕.

그러나 래시의 관점에서는 패션, 음악, 미디어 등의 정보적 활동에 관여하면서 상업적으로 활기찬 '활력 지역'이 존재할 수 있다. 이러한 지역은 급진적인 문화적 전망을 채택함으로써 혁신적이고 도전적인 생활양식을 특징으로 하는 '야생 지역'〔*wild zone*: 예컨대 캠던(Camden)이나 이슬링턴(Islington)과 같이 런던 도심에서 발견되는 지역〕이다. 이에 반해 경제적으로 성공적이지 못하고 공통가치 및 행위의 붕괴와 더불어 저임금의 불안정한 일자리가 존재하는 '야생 지역'에서는 해체되고 전투적인 문화영역을 발견할 수도 있을 것이다. 이러한 변화하는 세계 속에서는 출현하는 문화적 형태가 어떤 것이든 간에, '유연전문화'를 보여 주는 고숙련 정보노동에 최선의 전망이 존재한다는 점에 대해서는 의문의 여지가 거의 없다.

9. 웹 관계

여기서 우리는 로버트 라이시(Reich, 1991)의 저작을 떠올리게 되는데, 그것은 '상징적 분석가들'이 경제의 핵심적 추동자이자 혁신의 조직자들이라는 라이시의 주장이 유연전문화라는 개념과 쉽게 연결되기 때문이다. 라이시는 '상징적 분석가들' — 정보시대에 사고, 분석, 계획을 행하는 사람들 — 은 특정한 기업적 위계 속이 아니라, '세계적 웹'(*global webs*) 속에 위치한 것으로 가장 잘 이해되는 노동방식을 신뢰하고 발전시킨다고 주장한다. 이러한 사고는 다른 많은 영향력 있는 사회과학자들에 의해 지지 받았는데, 제 6장에서 다루게 될 마누엘 카스텔이 그 대표적인 사람이다.

라이시의 주장은 노동이 점점 더 수직적 관계보다는 수평적 관계의 문제라는 것이다. 포드주의 시대에는 대부분의 사람들이 회사에서 일하면서 해마다 승진 사다리 위로 올라가고, 충성심의 대가로 확실한 임금상승과 퇴직 후의 연금을 보장받았다. 그러나 오늘날에는 기업들이 효율성 증진뿐만 아니라 비용절감을 이유로(그리고 정보통신기술이 이것을 가능하게 하기 때문에) 기업적 위계의 층을 허물고 있으며, 그러한 과정에서 필연적으로 혁신을 지도하고 시행하는 사람들이 힘을 얻었다(그리고 그에 따라 이들이 시장에서 우세를 점하게 되었다). 이들은 교육을 많이 받았고, 숙련도가 높으며, 대체로 관료제적 고상함에 대해서는 크게 관심이 없다. 그들은 회사가 아닌(효율성과 경쟁력을 찾는 과정에서 상당한 충성심을 박탈해 왔다) 그들이 일하게 된 프로젝트에 충성심을 갖는다. 또한 그들의 정체성은 동일한 분야에서 일하는 동료들 — 지리적으로 넓은 곳에 존재하는 — 과 훨씬 더 일치한다. 연봉 인상이나 휴가보다는 동료들로부터의 칭찬이 핵심적 동기부여 요인이다.

더욱이, 일상적 실행과정에서 그들은 상당히 멀리 떨어져 있는 동료들 간의 연결망에 크게 의존한다. '웹'상에 있는 한 그들은 프로젝트를 위해 신속하게 함께 모일 수 있다. 경쟁우위를 위해서 유연성이 필수가 되는 세계에서 신속하게 행동할 수 있고, 일련의 성공적 프로젝트로 검증되는 성취기록을 가진 이들 정보 전문가들의 가치가 높아지고 있다(회사가 장기적으로 그들에게 제공할 수 있는 것은 거의 없지만). 상층 소프트웨어 공학자, 학계 연구자, 언론인 등의 노동관행을 생각해 보면, 이러한 현상을 쉽게 평가할 수 있다. 그런 사람들의 최우선 순위가 특정 회사나 대학, 또는 신문인 경우는 거의 없으며, 대개는 동료들의 존경심이다. 그들의 주된 관심사는 작업 중인 소프트웨어, 연구과제, 뉴스기사 등이며, 이를 위해 그들 간 연결망의 전문성을 일상적으로 활용한다. 이러한 근로자들은 동료들로부터 배우거나 다음 프로젝트를 탐색하면서 규칙적으로 스스로를 재(再)숙련시키며, 프로젝트 단위로 옮겨 다닌다. 간단히 말해서 그들은 최고로 우수한 유연전문가들이다.

유연전문화에 대한 이러한 견해는 정보 집약적이고 지금까지보다 더 높은 기술수준을 갖는 노동을 제시함으로써 충분한 설득력을 지닌다. 지속적으로 학습하는 노동자에 대한 견해는 상당한 신뢰성을 얻고 있는 '유연성'의 이미지를 연상시킨다. 이보다 더 많은 관심을 끄는 것은 우리가 문화산업에서 전문화된 근로자를 확인할 수 있다는 것인데, 이들은 새로운 '견해'나 '양식'에 대한 시도나 탐색을 열심히 추구하고, 항상 정보를 성찰적 방식으로 다루는 한편, 지속적 혁신을 통해 시장기회를 찾는다. 자기계발서나 여행안내서의 저자, 채널 4(Channel 4: 영국에서 BBC 1·2, ITV에 이어 네 번째로 창설된 TV 방송 - 옮긴이 주)에 고용된 프로듀서, 경영 자문가 등은 모두 이런 유형의 전문직 종사자이다. 앞에서 보았듯이 이러한 직업에 종사하는 사람들은 청교도 노동윤리를 연상시키는 방식으로 행위한다고 주장할 수 있는데, 이러한 사람들을 동기부여하는 데 금전적 보상은 적절하지 못하다(Himanen, 2001).

그러나 '유연전문화'론은 신랄한 비판을 많이 받아야만 했다. 이러한 비판 중에 두드러진 것은 다음과 같다.

첫째, 일부 옹호자들에게서 명시적 부인에도 불구하고, 기술결정론의 흔적이 강하게 나타난다. 컴퓨터의 인공두뇌적 능력을 강조하는 허쉬혼(Hirschhorn, 1984) 같은 사람은 진보된 기술이 고도숙련에 대한 필요를 초래한다고 가정하는 입장으로 매우 쉽게 빠질 수 있다. 허쉬혼의 견해에 따르면, '산업기술'은 '초문화적'인 것으로서 불가피하게 "모든 곳의 사회생활을 동일한 방식으로 형성하며"(p. 15), 유연성을 가져오는 '탈산업기술'(원문 그대로)에 의해서만 붕괴되는(그리고 해방되는) 것이다.

둘째, '유연전문화'는 대량생산과 반대되는 것으로, 그리고 이에 따라 부분적으로는 대기업 조직의 지속적 지배와도 반대되는 것으로 제시된다. 그러나 몇 가지 이유로 인하여 그 진실성을 의심하게 된다. 그 중 하나는 이미 검토한 바 있는데, 그것은 이러한 주장이 거대기업들의 유연적 활동을 과소평가한다는 것이다. 이들 기업은 새로운 노동방식, 다양성을 향상시켜 주는 새로운 기술, 대량생산 방식을 계속 유지할 수 있으면서도 생산의 차별화를 상당한 정도로 가능하게 해주는 모듈 생산을 쉽게 도입할 수 있다. 마이클 사벨(Michael Sabel, 1982)이 스스로 인정하듯이, "기존의 기업은 근본적 운영원리를 희생시키지 않고도 변화하는 수요를 충족할 수 있다"(p. 194). 대규모 자동차 제조업체에 대한 사례 연구들은 이러한 가능성을 보여 준다. 예컨대 닛산(Nissan)은 선더랜드(Sunderland)에 새로운 유연적 생산공장을 건설했지만, 소속된 노동력에 대한 밀접한 통제를 수반하는 노사관계를 계속 유지했다(Garrahan and Stewart, 1992). 또한 나이키(Nike)에 대한 연구는(Vanderbilt, 1998) 생산은 철저하게 포드주의적이어서 운동복의 70%를 중국과 인도네시아에서 생산하고, 조직화와 마케팅 — 결정적 정보노동일 뿐 아니라 '부가가치'적인 — 은 미국에 두면서 부가적 혜택을 얻고 있다고 결론 내린다.

1994년에 설립되어 스마트하고 유연성 높은 기업의 정수를 보여 주는 아마존(Amazon)은 물품을 거대한 창고에 보관하고 주문은 드론(*drone*)처럼 움직이는 직원에 의해 처리한다(Williams, 2013). 정해진 통로를 따라 휴대용 컴퓨터(채집원들의 속도와 일정 감독 기능도 하는)에 제시된 물품을 찾아오는 '채집원'은 교대근무마다 7~15마일을 걸으며, 임의적인 '방출'(정리해고) 대상이 되기 쉽다(O'Connor, 2013). 키스 그린트(Keith Grint, 1991)가 주장하듯이, 유연생산과 대중생산의 대비가 함축하는 것과 같은 결정적 차이의 관점에서 변동을 개념화하는 것은 현명하지 못하다. 그보다는 "우리가 경험하는 것은 … 한 생산방식에 의한 다른 방식의 대체가 아니라 다른 종류의 시장을 위해 운영되는 병렬적이고 나란한 체계의 발전이다"(p. 298).

셋째, 또 다른 반론은 유연전문화에 대한 의심할 수 없는 예들에도 불구하고 선진국들의 경제 전반에 대량생산이 여전히 지배적으로 남아 있다는 것이다. 따라서 현저한 변화에 대한 모든 주장은 경험적으로 오류이다. 또 다른 반론은 유연성에 대해 새로운 것이 거의 없다는 것인데, 그 이유는 유연성이라는 것은 자본주의 초기부터 자본주의적 기업의 특징이었기 때문이다(Pollert, 1988: 45~46). 19세기에도 세분화된 시장을 충족하기 위한 전문화된 기업의 예가 무수히 많이 존재했음에도 불구하고, 의류산업(*rag trade*)이나 장난감 생산(Mayhew, 1971 참조)을 유연전문화의 예로 제시한 사람은 아무도 없었다. 이와 관련된 것으로, 열성적 주창자들은 유연전문화를 긍정적 용어로 제시하지만, 그것은 일부에서 '분절된 노동'(*segmented labor*)이라 부르는 현상의 재출현으로 해석될 수 있다. 다시 말해서, 경쟁력 있고 기술이 많으며 유연성 있는 근로자들의 집단이 존재하는 것은 사실이지만, 이보다 훨씬 더 취약하고(그리하여 유연적인) '주변적인' 사람들도 존재하는데, 이들은 임시적으로 또는 단기계약으로 일하는 시간제 노동자들이다(Gordon et al., 1982). 정확하게 얼마나 많이 늘어났는가에 대한 부분적 의문이 있기는 하지만, 이러한 '주변적' 집단이 최근 몇 년간 증가한 것으로 보이며, 이들은 확실히 오랫동안 자본주의 기업의 특징이 되어 왔다.

넷째, 탈포드주의에 따라 자발적이고 신속하게 적응하고 쉽게 처분될 수 있는 노동력이 출현하고 있다는 견해에 대한 중대한 반론은 직업의 재직기간이 줄어들지 않고 있다는 사실이다. '임시' 근로자와 단기계약에 대한 일화적 증거가 상당히 많이 존재하기는 하지만(Sennet, 1998 참조), 보다 체계적인 자료는 1980년대와 1990년대 동안 대부분의 사람들의 실제적 재직기간이 증가하였다는 것을 보여 준다(Bowers and Martin, 2000). 이것은 불확실성의 시대에 사람들이 쉽게 이직하지 않기 때문일 수도 있고, 아니면 주어진 조직에서 사람들이 능숙하게 변화하기 때문일 수도 있다. 다른 한편으로는, 언론인(실제로 고용안정성이 거의 없는 것으로 보이는)과 학자들이 자신들의 경험과 견해를 전체 사회에 적용하면서 유연전문화에 대한 전체 이론이 지나치게 부풀려진 것일 수도 있다.

마지막으로, 가장 날카로운 비판은 애너 폴러트(Anna Pollert, 1988, 1990)가 제기했는데, 그녀는 '유연성'의 모호성과 잡동사니 속성에 대해 비판한다. 이러한 유연성을 좀더 쉽게 검증할 수 있는 요소로 나누어 보면(고용의 유연성, 숙련의 유연성, 시간의 유연성, 생산의 유연성 등), 그 힘과 독창성을 많이 잃어버린다는 것이다(비록 유연적이라고 주장되는 것은 다름 아닌 노동자인 것처럼 항상 보이기는 하지만).

10. 결론

이 장에서는 축적체제가 포드주의에서 탈포드주의로 변화되었다는 주장과 이와 관련된 것으로 유연전문화로 인해 대량생산이 밀려났다는 주장에 대해 검토하였다. 이러한 논쟁의 현황을 정리하는 것은 어려운데, 그 이유는 대부분의 주장이 모호하고 불확실하며, 우리가 체계적 변화를 경험하게 되는지, 또는 출현 중인 것을 기존 자본주의 관계의 연속으로 보는 것이 타당한지에 대해 직접적으로 진술하기를 꺼리기 때문이다.

내가 볼 때 분명한 것은, 사회관계에서 우리가 대대적 변화를 경험하고 있다는 주장에 대하여 회의적이 될 필요가 있다는 점이다. 자본주의적 연속성을 나타내는 특징들은 이 점을 너무나 설득력 있게 보여준다. 시장원리의 우세성, 상품생산, 임금노동, 사적 소유 그리고 기업조직들이 지속적으로 존재하면서 먼 과거와의 연결을 만들고 있다. 그럼에도 불구하고, 자본주의가 경제적·사회적 조절의 동적 형태라는 가정에서 볼 때, 우리가 전후(*post-war*) 기간에 일어난 지향에서의 유의미한 변화, 새로운 형태의 노동조직, 직업유형의 변화 등과 같은 것을 일부 관찰할 수 있다는 점은 논쟁의 여지가 없을 정도로 확실하다. 그러나 우리는 이러한 변화를 인정하는 데에서 더 나아가 우리가 체계적 단절을 목격하고 있다고 주장하는 오류를 범해서는 안 된다. 우리가 경험하고 있는 것은 봉건주의에 의한 노예제의 대체, 또는 포드주의에서 탈포드주의로의 이행보다도 더 중대한 보다 최근의 변화, 즉 공산주의 체제의 붕괴와 이를 시장 기반 체제로 대체하려는 시도 등에 상응할 만한 것은 결코 아니다.

이러한 검토와는 별도로 다음과 같은 전후 자본주의 조직화의 몇 가지 주요한 변화는 명심할 필요가 있다고 믿는다.

- 1970년대에 자본주의 사회를 강타한 심각한 불황으로 인해 조직의 구조조정이 진행될 수밖에 없었고, 이에 따라 불가피하게 격변과 불안정성이 초래되었다.
- 세계화 과정은 다양한 측면에서 지속되며 가속되고 있어서 기업이 과거의 상태로 남아 있을 수 없게 만들고, 기업이 직면해야 하는 도전과 기회를 던져 준다.
- 세계화 과정 동안 초국적 기업은 규모, 범위 그리고 활동영역 면에서 역사적으로 유례가 없을 정도로 확대되었다. 이에 따라 초국적 기업이 세계경제에서 주된 역할을 담당하고 있다.
- 탈포드주의에 표현된 변동의 성공에 대해서는 2008년 서방 경제의 금융위기와 뒤이은 불황/경기침체에 대한 대응에서 엿볼 수 있다. 위기의 심각성과 폭풍의 중심에서 드러난 은행가와 금융가에 대한 명시적인 분노에도 불구하고 대안을 제시하지 못하는 무능함은 놀라울 정도이다.

이러한 변화들이 결합되어 자본주의 활동의 주요한 변동을 촉진하고 특히 변동 그 자체의 가속화를 가져와서 기업이 생산, 판매 그리고 적어도 어느 정도는 소비에 대해 보다 유연적 전략을 취하도록 만들었다. 그리고 이러한 발달과 변동 그 자체의 관리에 절대적으로 중요했던 것은 — 공장이나 사무실 수준에서부터 세계적 기업활동에 이르기까지 — 정보였다.

정보가 이러한 변화를 초래하지 않았을 수도 있지만, 오늘날 정보는 자본주의적 이해 및 활동의 유지와 적응성에서 더욱 핵심적 역할을 담당하고 있다는 것은 논쟁의 여지가 없다. 결론으로서, 정보가 결정적으로 기여하는 바를 일부 정리해 보면 다음과 같다.

- 정보의 흐름은 세계화된 경제, 특히 분산된 활동을 통합하고 지원하는 금융 및 서비스 네트워크를 위한 전제조건이다.
- 정보는 초국적 기업이 조직 내부 및 외부를 관리하고 통제하는 데에 중심적이다.
- 정보는 출현하고 있는 세계지방주의(*global localism*) 현상에서 결정적으로 중요한 것인데, 세계지방주의(다른 말로 세방화로 알려진)를 통해 국제적 쟁점과 이해가 지방적인 것과 연계되고 관리된다.

정보는 노동관행에서 더 핵심적인 역할을 수행하는데, 이는 컴퓨터화가 광범위한 영향을 미치기 때문이기도 하고, 동시에 많은 직업의 정보 집약도가 현저하게 증가되었기 때문이기도 하다. 오늘날 대부분의 활동에 대한 조직화, 계획, 실행은 정보 전문가, 즉 라이시가 말하는 '상징적 분석가'를 요구하며, 또한 그들의 행위는 다른 모든 사람들에게 중요한 영향을 미친다.

제6장

네트워크 사회

마누엘 카스텔을 중심으로

마누엘 카스텔(Manuel Castells)은 한 세대가 넘게 정보 문제에 대한 저명한 학자로 인정받아 왔다. 1996년과 1998년 사이에 초판이 출간된 카스텔의 3부작 《정보시대》(*The Information Age*)는 그가 '네트워크 사회'라 부르는 것에 대한 체계적인 이해를 제시한다. 《정보시대》는 수차례 재판되었고, 20개가 넘는 언어로 번역되었다. 서평가들은 카스텔의 저작을 사회사상의 고전과 같은 반열에 올려놓기도 한다. 그의 해박한 연구, 그리고 경험적 자료와 대담한 이론화의 놀라운 결합능력에 대해 감탄하는 많은 사람들은 카스텔을 칼 마르크스, 막스 베버, 에밀 뒤르껭을 계승할 적임자로 간주한다.

《정보시대》는 '정보자본주의'(*informational capitalism*)의 사회적, 경제적, 정치적 성격에 대한 철저한 설명을 제시하는데, 이에 대해서는 다음에서 논의할 것이다. 출간의 중간 시기 동안에도 마누엘 카스텔은 이전의 분석을 기반으로 하여 연구를 계속 진행하였다. 이 과정에서 그는 특히 미디어와 매개 일반에 대한 더 자세한 검토를 수행하였는데, 미디어와 매개는 '네트워크 사회'의 필수적인 상징적 차원으로 오늘날의 생활에서 매우 중요한 역할을 수행한다(종일 방송, 정치의 미디어 포화, 웹기반 뉴스 서비스의 상시 이용 가능 등을 생각해 보라).

이 과정에서도 카스텔은 권력관계(누가 어떤 상황에서 무엇을 어떻게 획득하는가에 대한)에 대한 자신의 오래된 관심을 유지한다. 핵심적 관심사는 미디어 출현이 오늘날 진행되는 거의 모든 것에 대해 미치는 영향이다. 즉 미디어는 만연해 있어서 권력이 행사되고 충돌하고 동원되는 장(場)이다. 지배와 저항의 역학을 이해하고자 하기 때문에 카스텔은 미디어에 대해 많은 관심을 가졌다. 그는 상층에 있는 사람들이 미디어를 어떻게 이용하는지, 그리고 하층에 있는 사람들이 미디어를 어떻게 수용하는지를 검토한다. 그의 저서 《커뮤니케이션 권력》(*Communication Power*, 2009)은 특히, 위(*above*)로부터(기성 정당과 이해관심), 아래(*below*)로부터(목표 날성을 위해 뉴미디어와 전통미디어를 이용하는 반항적 사회운동), 외부(*beyond*)로부터(미디어가 점점 더 국경을 초월하여 흘러가는 경우 외부 미디어도 국내 정치에 영향력을 미치게 된다)의 상징적 정치의 필수적인 역할에 주목한다. 사회운동을 오랫동안 연구한 학자인 카스텔은 가장 최근에 '분노와 희망의 네트워크'에 관심을 돌렸다. 이에 따라 아랍의 봄(Arab Spring), 긴축 반대 시위, 미국 내외부에서의 점령운동(*Occupy Movement*: 사회경제적 불평등에 항의하는 월가점령운동이 국제적으로 확산되어 발생하는 사회운동 - 옮긴이 주) 등에 관심을 가졌다. 이러한 '대중 자기소통'을 위한 기회를 포착하는 '수평적' 네트워크에 대한 그의 분석은 사실상, 상호작용 능력과 대규모 잠재적 도달범위를 가진 새로운 기술을 통해 민주화 기회를 발견하는 수

마누엘 카스텔 Manuel Castells, 1942~

네트워크 사회와 정보자본주의를 주창한 스페인 태생의 사회학자이다. 《네트워크 사회의 도래》, 《정체성 권력》, 《커뮤니케이션 권력》 등의 저서가 있으며, 현대 사회과학계에서 네트워크 사회의 정치사회적 변화를 가장 체계적으로 분석한 학자로 평가받는다.

많은 논평에 대해 다룬다. 이러한 주제에 대한 카스텔의 논의에 대해서는 이 장 후반부에서 보다 직접적으로 다루겠지만, 그 반향은 아주 커서 이 책 전반에 걸쳐 반복적으로 나타난다.

정보의 역할과 특성을 검토하고자 하는 사람은 누구나 마누엘 카스텔의 저작을 읽어야 한다. 이러한 과제에 착수하는 데 《정보시대》 3부작보다 더 좋은 것은 없다. 1942년 스페인 바르셀로나 프랑코 주의 가정에서 태어난 좌익 급진주의 학생 카스텔은 20세에 프랑코의 독재를 피해 망명길에 오른다. 그는 프랑스 파리로 가서 박사학위를 마치고 파리대학에서 가르치게 되는데, 여기서 그는 1968년의 대사건(1968년 프랑스 파리에서 대학생을 중심으로 전개된 사회운동 - 옮긴이 주)에 휩쓸렸으며, 1972년 독창적이고 영향력 있는 저작 《도시문제》(*The Urban Question*)를 출간한다. 이 책은 그 당시 인기 있던 루이 알튀세(Louis Althusser)의 구조주의적 마르크스주의의 영향을 받은 것이었다. 카스텔은 1979년에 미국 캘리포니아대학(버클리)으로 가서 20년 동안 도시사회학과 교수직을 역임하였다. 그 이후 그는 스페인 바르셀로나로 되돌아가 카탈로니아(Catalonia) 개방대학 교수로 재직 중이다〔미국에서의 직위도 여전히 유지하고 있는데, 로스앤젤레스에 있는 서던캘리포니아대학(USC) 교수직이다〕.

마누엘 카스텔의 명성은 도시화에 대한 분석가로서 오래전에 형성된 것이다. 그러나 《정보시대》는 도시에 관한 그의 초기 업적을 종합하고 확장하며, 사실상 현대문명의 일반적 특성에 대한 설명을 제시한다. 이 저작은 또한 청년기 마르크스주의에서 탈마르크스주의 사회과학이라 할 수 있는 것으로의 장기적 이행을 보여 주는 것이기도 하다. 이는 카스텔이 급진주의를 포기했다고 말하는 것이 아니다. 그는 여전히 정치에 열정적이며 완고한 사회민주주의자이다.[1] 스페인에서 그가 연구하였던 시위 '분노한 사람들'(*indignados*: 2010년 봄 스페인의 젊은 층이 주도한 시위 - 옮긴이 주)에 대한 그의 언급에는 뚜렷한 흥분이 존재한다. 그의 고백에 따르면 그는 "즉각적으로 그 시위의 가치와 방식에 연결되었고", 물리적으로 참여할 수도 있었지만 자신의 "노구 때문에 도로 위에서의 취침을 쉽게 결정할 수 없었다"(Castells, 2012: xi). 사실 앙가주(*engagé*)의 속성은 그의 지적 업적을 이끄는데, 이는 밀스(C. Wright Mills), 다렌도르프(Ralph Dahrendorf), 벨 등과 같은 다양한 사회분석가들과 공유하는 것이다. 물론 당파성이 우수한 연구를 수행하는 데 충분하다고 생각해서는 안 되지만, 나는 깊은 관심이나 헌신은 가장 우수한 사회과학자의 특성이라고 생각하는 편이다.

카스텔은 여전히 정치적으로 열정적이지만, 《정보시대》가 그의 초기 저작 《도시와 민초》(*The City and the Grassroots*, 1983)에 나타난 마르크스주의에 대한 비판을 수용하여 정교화하였다는 점에서 카스텔은 여전히 탈마르크스주의자이다. 그의 탈마르크스주의적 색채는 다양한

1) 2005년의 한 인터뷰에서 카스텔은 이에 대해 자세히 설명했다. "나는 사실 정치적으로 가장 활동적인 시기인 1975년과 1979년 사이에 마르크스주의자가 되는 것을 그만두었고 스페인의 정치적 이행에 관여했다. … 나는 내가 관심을 가지고 있던 대부분의 문제가 마르크스주의를 통해 이해될 수 없다는 것을 깨달았을 때 마르크스주의자가 되기를 포기했다. 가령 나는 마르크스주의를 통해 성별문제나 도시 사회운동을 이해할 수 없었다. … 마르크스주의를 떠나면서 나는 더 정치적이 되었다. 나는 훌륭하지만 현실과는 관련 없는 영역을 가진 파리의 살롱을 떠나 내 자신의 주장에 의존하기 시작했다. … 나는 마르크스주의로부터 벗어나서 성장했다. 나는 더 이상 마르크스주의자가 아니다. 내가 볼 때 계급은 오늘날의 사회변동을 이해하는 가장 비효율적인 방식이다"(Castells, 2005: 137).

방식으로 드러난다. 급진적 정치변동이 노동계급으로부터 나올 가능성은 낮다는 믿음(프롤레타리아가 변동의 특권적 대행자라는 것은 이제 환상이다), 목표로서의 공산주의에 대한 회의 또는 심지어 반감, 현대에는 여권주의와 같은 정체성 정치가 매우 중요하며 이런 것들은 계급으로 설명할 수 없다는 확신, 지식인들의 정치적 조언에 대한 곱지 않은 인식 등이 그 예이다(Castells, 1998: 64, 359).

그러나 마르크스주의는 여전히 그의 사고에 영향을 미치고 있다. 앞으로 보게 되겠지만, 이러한 측면은 특히 '생산양식'과 같은 마르크스주의 개념에 대한 의존이나 자본주의의 역할이 강조되어야 한다는 그의 주장에서 잘 드러난다. 마르크스주의의 영향은 3부작 《정보시대》의 구성에서 찾아볼 수 있다. 제 1권은 '정보시대'의 토대를 제공하는 기술, 경제, 노동과정과 같은 구조적 문제를 강조한다. 제 2권의 주요 관심은 '네트워크 사회'의 사회학인데, 특히 이러한 근본적 변화에 대응하여 등장하고 새로운 환경을 적극적으로 이용하는 사회운동이다. 제 3권은 정치를 명시적으로 다루는데, 사회적 통합과 배제가 일차적 관심이며, 구소련에서부터 유럽의 미래, 환태평양권의 등장, 세계 범죄 연결망의 의미 등과 같은 주제를 다룬다.

이러한 절차와 우선순위는 구조적 특성에서 사회세력을 거쳐 최종적으로 정치 문제로 옮겨 가는 마르크스주의 방법론을 보여 준다. 마르크스주의 방법론이 《정보시대》의 조직화 틀을 제공하며, 나중에 보게 되겠지만, 이것은 또한 변동의 주요 원인에 대한 카스텔의 견해를 밝히는 통찰력을 제공하기도 한다. 경제와 기술의 문제에 일차적 중요성이 부여되고 그 다음으로 의식과 정치 문제가 뒤따른다.

마르크스주의 흔적은 현대 세계를 설명하는 총체주의적 관점에 대한 카스텔의 헌신에서도 잘 드러난다. 그의 접근은 세계의 움직임을 제대로 설명하기 위해서는 가장 중요한 사회적, 경제적, 정치적 특징을 서로 연관된 요소로 검토해야 한다는 가정을 가지고 있다. 그렇다고 카스텔이 전체의 운영에 기여하는 부분의 역할에 대한 기능적 설명을 제시한다고 말하는 것은 아니다. 전혀 그렇지 않다. 그의 접근은 부분들의 연관성 — 물론 이들은 때로는 서로 모순적 관계이며, 바로 그러한 대립적 속성이 변동에 대한 중요한 기여 요인이 되기도 하지만 — 을 강조한다.

'큰 그림', 즉 굵은 붓과 질감을 바로 보여 주는 현대문명의 초상화를 추구하는 카스텔은 유행에 맞지 않는다. 오늘날에는 '대서사'(*grand narratives*)에 대한 회의주의가 퍼져 있고, 특수성과 차이에 대한 설명이 열성적으로 추구된다. 이뿐만 아니라 카스텔은 우리가 사는 세계의 가장 중요한 특징을 밝히는 것을 두려워하지 않는다. 이런 측면에서 그는 마르크스주의 전통과 잘 어울리는(비록 그가 마르크스주의의 우선순위를 반드시 공유하는 것은 아니지만) 반면에 푸코식 탈구조주의 사고와는 어울리지 않는다(사회의 현저한 특성에 대한 언급은 그러한 특성의 선별이 저자가 특정 '담론'에 빠져 있다는 것이 반영된 결과에 지나지 않는다는 비난을 쉽게 받는다). 따라서 카스텔이 네트워크 사회의 윤곽과 그것들이 서로 연관되는 방식에 대해 묘사하는 경우, 그는 정통 탈근대주의라는 물결을 거슬러서 수영하는 셈이다.

다음에서 나는 《정보시대》에 나타난 카스텔 사상의 주요 요소들을 나열하고자 한다〔도시 차원에 대한 논의에 대해서는 Webster(1995) 제 9장을 참조할 것〕. 이러한 시도는 불가피하게 몇몇 추상적이고 이론적인 주장으로 환원될 것이기 때문에 그의 업적에 대한 일종의 잘못된 제시가 될 수 있다는 점을 강조하고자 한다. 카스텔 연구의 가장 인상적 특성이 경험적 자료라는 것은 너무나 분명하다. 이는 카스텔이 단순히 자료를 쌓아가면서 상황을 기술한다는 것을 의미하는 것이 아니다. 카스텔은 이론적으로도 매우 정교하지만, 경험적 증거를 매우 중요시한다. 그는 사실을 무시하고 고집스럽게 이론에 집착하지 않는다. 카스텔은 (Castells, 2000a) '가처분 이론'(*disposable theory*)을 옹호하는데, 이는 대부분 최근 사회과학과 인문학을 지배하고 있는, 추상적 이론화를 과도하게 강조하는 분위기에 대한 대응이다. 이러한 경향에 대응하여 카스텔의 연구는 세계 도처로부터 수집된 방대한 양의 경험적 자료를 포함한다. 그는 이러한 경험적 증거를 매우 일관된 분석틀 속에서 제시한다. 1989년 이후 러시아의 '야생 자본주의'(*wild capitalism*), 북아메리카의 도시 빈민지역, 유럽연합의 복잡한 문제 등 분석대상에 상관없이 그는 언제나 실제적 추세와 사건을 고려하고 분석에 포함시키려고 노력한다.

1. 연속성인가, 변동인가?

카스텔의 핵심 주장은 '정보시대'는 '새로운 사회'의 등장을 예고한다는 것인데(Castells, 2000c: 693), 이 새로운 사회는 네트워크의 발전 — 정보통신기술(ICT)에 의해 가능해진 — 에 따라 등장했고, 정보의 흐름이 우선시되는 사회이다. 이에 대해서는 잠시 후에 다시 언급하겠지만, 여기서는 카스텔이 단도직입적으로 '정보사회'의 등장을 주장하는 것은 아니라는 점을 명심할 필요가 있다. 그가 보기에 모든 사회는 정보를 이용하였고, 따라서 현 시기의 특성에 관한 한 '정보사회'라는 용어는 분석적 가치가 거의 없다(Castells, 2000d: 21).

카스텔은 현 시기를 설명하기 위해 '정보자본주의'(*informational capitalism*)라는 개념을 사용한다. 이 개념에서 형용사와 명사 모두 중요하다. 우선 형용사를 통해 그는 전적으로 새로운 관계의 등장을 보여주는 발전 경향에 주목한다. 카스텔에게 중요한 개념인 정보주의(*informationalism*)는 "지식에 대한 지식의 작용 자체가 생산성의 주요 원천"(Castells, 1996: 17)이라는 것을 보여 주며, 이는 '새로운 사회'뿐만 아니라 '새로운 경제'의 등장을 예고하는 것이다. 다음으로 자본주의라는 명사를 그대로 유지함으로써 카스텔은 친숙한 형태의 경제관계(이윤추구, 사적 소유, 시장원칙 등)가 지배적이라는 점을 주장한다. 사실 그는 여기에서 더 나아가 '정보자본주의'는 특히 냉혹하고 약탈적인 자본주의 형태라고 주장한다. 그 이유는 '정보자본주의'가 네트워크를 통해 엄청난 유연성과 세계적 범위(두 가지 모두 이전 시기의 자본주의에서는 결여됨)를 통합하기 때문이다(Castells, 1998: 338).

이 책은 '정보사회'의 개념을 통해 체계적 변동을 강조하는 이론가들과, 현대의 가장 두드러진 특징은 과거와의 연속성이라고 주장하는 이론가들을 구분하는 것에 많은 관심을 가진다. 이러한 구도에서 카스텔이 어디에 위치하는가에 대한 궁금증이 생길 수 있다. 그는 심층적 변동을 강조하는 듯 보이기도 하고, 동시에 자본주의가 지속되고 있을 뿐 아니라 과거보다 더 대담하고 견고하다는 점을 강조하기도 한다. 또한 카스텔은 현 시기에서 자본주의가 주도적 역할을 한다는 것을 인식하고 있으며(이는 곧 자본주의적 관계가 지속되거나 확대된다는 것을 의미한다), 동시에 '네트워크 사회'의 형성에 따라 근본적 변화가 일어나고 있고 앞으로는 이러한 네트워크가 모든 사회적 조직화에 필수적인 부분이 될 것이라는 견해도 내세운다. 그가 적었듯이 우리는 "분명히 자본주의적이지만 새로운 종류의 자본주의"(Castells, 2009: 33) 사회를 접하고 있다. 오늘날의 세계에서 자본주의가 가장 현저한 특징이라는 견해(연속성)와 일차적 중요성을 가지는 것은 정보주의라는 견해(변동) 간의 해소되지 않는 이러한 긴장이 카스텔의 역작에 흐르는 것이다.

카스텔(Castells, 2004a)도 이러한 쟁점을 의식하고 있다. 그는 "정보와 지식이 사회의 모든 측면에서 매우 결정적이지 않았던 사회를 알지 못하기" 때문에 "우리 사회를 정보사회나 지식사회로 부르는" 사람들은 "다소 과장된" 것으로 생각하고 거부한다. 그리하여 그는 '정보사회'라는 개념을 주저 없이 버린다. 그는 정보를 우선시하는 입장과 거리를 두게 되는데, 심지어 '정보자본주의'라는 용어도 자신의 저작에서 점점 덜 드러낸다. 그러면서도 카스텔은 '네트워크 사회'의 출현은 진정으로 새로운 사회를 표현하는 것이라고 명백하게 진술한다. 그리하여 그는 "우리가 '정보사회'에 있는 것은 아니지만 … 우리는 네트워크 사회에 살고 있으며" 이는 "근본적이고 형태학적인 사회 변형"(Castells, 2004a)이라고 주장한다. 여기서 연속성과 변동은 다소 불편하게 자리를 같이 한다.

2. 네트워크 사회

카스텔은 우리가 '정보시대'로의 변동을 경험하고 있다고 주장하는데, 그는 이 '정보시대'의 핵심적 특성은 사람-제도-국가를 연결하는 네트워크의 확산이라고 본다. 이러한 변동의 결과는 다양하지만 가장 주목할 만한 것은 네트워크 사회가 지구적 차원에서 증대되는 통합과 두드러진 사회적 분리 간의 간극을 더 크게 만든다는 것이다. 카스텔의 관심은 세계화가 사람과 과정을 통합하는 방식을 검토하는 동시에, 그와 관련된 파편화와 해체를 평가하는 것이다. 이것이 그의 3부작에 통일된 주제를 제공한다.

카스텔에 따르면 '정보시대'의 출발은 1970년대, 즉 '전후 정착'(완전고용, 생활수준 향상, 국가 복지체계 등)이라 지칭되는 시기의 종말을 보여 주는 자본주의의 위기시대로 거슬러 올라간다. 자본주의 위기는 구조조정의 시기를 촉진했는데, 이는 침체에 빠져 있고 이전보다 더 치열한 경쟁에 직면한 기업들이 이를 통해 이윤창출을 추구했기 때문이다. 그런데 이러한 구조조정 과정은 정보통신기술의 발전과 밀접한 관련이 있는 현상으로서, 카스텔이 정보적 발전양식이라 부르는 것의 출현과 동시적으로 발생한다.

자본주의의 구조조정은 핵심적 측면에서 볼 때, 성공적 기업활동을 위한 새로운 수단을 찾는 과정에서 신기술을 따라잡고 정보통신기술을 활용하는 문제이다. 특히 1970년대 이후 새로운 형태의 자본주의(카스텔이 '정보자본주의'라 부르는)가 등장하여, 공장 내부에서부터(새로운 작업방식) 세계적 시장에 이르기까지 그 운용을 위해 정보통신망을 활용하고 있다. 더욱이 이는 세계화라는 장기적이며, 지속적으로 가속화되는 과정과 밀접하게 연관되어 있다. 결국 '네트워크 사회'는 전 세계에서 공간적 제약 없이 자본주의 활동이 이루어지는 사회로서, 이는 정교한 정보통신기술과 분리해 생각할 수 없는 것이다.

많은 논자들은 세계적인 정보통신망 확산이 국민국가의 종말을 예고한다고 주장하는데, 이는 전자적 흐름이 국경과 상관없고 따라서 마케팅 · 생산 · 분배가 점점 국가적 경계를 뛰어넘어 발생하기 때문이다. 카스텔의 저작 여러 곳에서 이러한 경향에 대한 인지가 보이지만, 그는 네트워크가 국민국가의 종말을 의미하는 것은 아니라고 믿는다. 일부 측면에서 국민국가가 약화되고 세계시장 속에 편입되기는 하겠지만, 그 역할은 중요하게 지속될 것이라고 주장한다. 그 주된 이유는 세계적 통합이 주된 추세이기는 하지만, 그에 상응하여 참여자들의 적응성을 극대화하려는 요구도 동시에 존재하기 때문이다. "창조적 무질서가 … 신경제를 특징짓는" 오늘날의 세계에서는 시상상황과 기회가 빈번하고도 급격하게 변화하는 것이 지배적 경향이다. 이러한 '끊임없이 변화하는 기하학'(Castells, 1996: 147)에 대응하기 위해서 정부는 상황을 판단하여 기회를 포착해야 하는(그리고 비난을 떠안아야 하는) 책임이 있다. 따라서 정보흐름이라는 세계적 소용돌이 속에 어쩔 수 없이 편입될 수밖에 없지만, 그럼에도 불구하고 국민국가는 중요한 역할을 수행한다.

카스텔은 최근 지구적으로 통합된 세계에서 승자와 패자에 대해 어지러울 정도로 많이 논의하는데, 특히 남미, 구소련 국가, 인종분리 철폐 이후의 남아프리카 등에서 나타나는 결과의 다양성을 강조한다. 여기서 핵심 논지는 남 · 북과 같은 전통적 용어가 적절히 설명하지 못하고 오히려 혼란을 야기하는 가변적 세계 환경에서 나타나는 차이를 주목할 필요가 있다는 것이다. 이는 이러한 차이가 오늘날의 세계에서 정부의 적절한 전략에 따라 상당히 다른 결과가 나타날 수 있다는 것을 보여 주기 때문이다. 일본과 싱가포르에서처럼 효과적인 정부 정책이 성공으로 이어진 경우도 있는 반면에, 아프리카 대부분의 국가에서 나타나는 '약탈 정부'로 인해 자이레와 우간다 같은 국가들은 세계 네트워크 사회의 변방으로 밀려나서 '구걸의 정치경제학'으로 겨우 유지되는 국가로 전락했다(Castells, 1996: 114).

최근의 국제분업은 다양하지만 일반적인 방향은 분명하며, 다음과 같은 4가지 형태로 나타난다고 한다(Castells, 1996: 147). ① 고가치 생산국(정보노동에 기초)으로, 북미, 서유럽, 일본에 집중된 지역, ② 대량 생산국(저임금 노동에 기초)으로, 중국이 특히 중요한 지역, ③ 원자재 생산국(자연자원에 기초)으로, 석유 및 가스 생산이 중요한 지역, ④ 잉여노동 생산국(저가치 노동으로 전락)으로, 자본과 자원이 거의 없고 정부가 불안정하며 하부구조가 빈약한 지역 등이 그것이다.

3. 네트워크 기업

우리는 현재 자본주의와 '정보혁명'의 결합에 따라 출현한 '네트워크 사회'라는 새로운 시기에 들어섰다. 카스텔은 세계화가 중요하기는 하지만, 네트워크 사회가 단순히 세계화만의 문제는 아니라고 생각한다. '네트워크 사회'는 또한 조직의 형태도 근본적으로 변화시키고 있다. 이는 네트워크의 성장에 따라 이루어진 지구적 통합으로 인해 조직운영의 탈관료제화가 진행되기 때문이다. 카스텔이 강조하는 것은 기업이 초국적 거대조직이기는 하지만 위계구조가 무너지고, 권력이 네트워크를 통해 실제적으로 활동하는 정보노동자로 이동한다는 것이다. 이들 노동자들은 여기저기서 거래를 성사시키고 틈새시장을 찾아내는 프로젝트를 수행하며, 자신들을 일시적으로 고용하는 특정 기업보다는 자신들과 유사한 사람들에 대한 헌신도가 더 높은 사람들이다.

카스텔이 '네트워크 사회'에서의 초국적 기업의 출현을 알지 못하는 것은 아니지만, 그는 초국적 기업도 다른 모든 것과 마찬가지로 '네트워크 사회'에서 중대한 위기를 맞고 있기 때문에, 스스로 변화하지 않으면 붕괴의 위험을 감수해야 한다고 주장한다. 결국 카스텔이 볼 때, 초국적 기업은 수직적 통합의 존재에서 수평적 기업으로의 변형을 위해 해체되는 존재로 변하고 있다(Castells, 1996: 166). 카스텔은 '네트워크 사회'에서는 모든 것이 지구적 시장에서의 대응속도와 적응성의 문제이기 때문에, 다른 어떤 것보다도 중요한 것이 네트워크라고 주장한다. 다시 말해, 형식적 의미에서 기업이 아무리 집중화되고 위계적으로 조직화되더라도, 제품과 서비스를 제시간에 적정가격에 전달하는 것은 회사 내부 및 외부의 행위자들이 의해 끊임없이 만들어지는 네트워크라는 것이다. 요컨대 오늘날 우리가 경험하는 것은 "기업의 네트워크로의 변형"(p. 115)으로서, 특정한 상황이나 참여자에 따라 전략적 제휴가 맺어지거나 해체되며, 토요타식 경영방식에서 이야기하는 '파이브 제로'(*five zeroes*), 즉 무결점·무해(기술적 결함 부재)·무지연·무서류·무재고가 성공을 보장하는 영역이다.

카스텔이 주장하는 바는 초국적 기업이 지속적으로 존재하지만, 그 성격이 근본적으로 변화했다는 것이다. 중심부 도시에서 내리는 중앙집권적 명령에 따라 계획되고 운영되던 세계적 제국의 시대는 지나갔다. 정보경제에서 "대기업은 더 이상 독립적이거나 자족적인 존재가 아니다"(Castells, 1996: 163). 이제 대기업은 "분권화, 참여, 협동에 기초해 스스로 프로그램하고 스스로 통제하는 단위"(p. 166)인 네트워크에 대한 접근을 가진 사람들에게 권력을 이양해야 한다. 그리하여 "경쟁의 세계화에 따라 대기업이 다향적 네트워크의 연결로 해체"(p. 193)된다.

이 모든 것에서 매우 강한 탈(脫) 포드주의론의 색채가 드러나며, 탈포드주의론의 핵심 용어인 '유연성'이 카스텔 저서의 여러 곳에서 반복된다. 카스텔이 명시적으로 포드주의 문헌을 언급하는 경우는 거의 없지만, 그는 오늘날의 기업 패러다임의 전형을 보여 주는 기업은 '시스코'(Cisco)라는 도발적 주장을 한다(Castells, 2000b). 시스코의 경우 기업활동의 80%가 웹사이트를 통해 이루어질 정도로 웹사이트가 기업 운영의 중심이 되는 회사이다. 카스텔이 볼 때 포드(Ford) 사의 거대한 제조공장, 표준화된 생산공정, 위계적 관리구조는 산업자본주의 시대를 요약적으로 보여 주는 반면에, 시스코는 '정보시대'의 전형적인 '네트워크 기업'이다(Castells, 2000e: 180~184).

이러한 관점은 현대 관리이론을 잘 보여 주는 것으로, 〈파이낸셜타임스〉 지면을 통해 자주 접할 수 있다. 분명 세계경제는 빠르게 전개되며, 거의 모든 사람에게 불안정하고 위험한 것이다. 이러한 상황이 초래된 것은 세계화 과정과 밀접한 관련이 있다. 과거에는 (보호된 국내시장으로 인해) 상대적으로 경쟁에서 자유로웠던 기업이 세계화에 따라 세계적 차원의 극심한 경쟁상황 속에 빠져들었기 때문이다. 그런데 카스텔이 주장하는 바는 훨씬 더 단순하면서도 중대한 것이다. 그는

"네트워크의 논리가 네트워크의 권력자보다 더 강력하다"라고 과감하게 주장한다(Castells, 1996: 193). 이는 정보통신기술의 발달에 따라 세계 기업의 효용이 크게 감소했고, 네트워크화의 측면에서 기업가적이고 효과적인 개인과 조직의 영향력을 극적으로 증대시켰다는 것을 보여 주는 일종의 격언과 같은 것이다. 이들은 실제적으로는 기업에 고용되지만, 새로운 기술의 발달에 따라 기업주에 속했던 권력이 네트워크를 움직이는 이들에게로 이전되고 있다.

카스텔은 나아가서 그가 "정보주의 정신"(Castells, 1996: 195)이라고 부르는 것을 극찬하기까지 한다. 여기서 그는 칼뱅주의 신학이 자본주의 발전과 '선택적 친화성'이 있다—'청교도 윤리'와 '자본주의 정신'의 결합—는 막스 베버(Max Weber)의 유명한 주장을 빌려와 오늘날에도 그와 유사한 요소가 작용한다고 주장한다. 자본주의가 여전히 존재하지만 "이전과는 매우 다른 새로운 형태"로서(p. 198), 그 중심에는 이 '정보주의 정신'이 놓여 있다는 것이다. 이러한 '정보주의 정신'에 대한 카스텔의 묘사는 정보교환을 즐겨 하고, 네트워크에 매우 효과적으로 연결되어 있어서 세상을 주도할 수 있는 '사이버공간' 참여자들을 연상시킨다. 카스텔은 '창조적 파괴'(슘페터의 용어를 쓰자면)의 물결 속에 세계 도처의 생활과 사건을 근본적으로 변화시키는 네트워크를 통한 의사결정 능력에 놀라는 듯하다.

카스텔은 그러한 의사결정을 하는 사람들은 자신들의 고용주뿐만 아니라 네트워크에 재능이 있는 모든 사람들에게 해답을 줄 수 있는 새로운 유형의 사람들일 수밖에 없다고 주장한다. 카스텔이 이러한 새로운 상태를 묘사하면서 "네트워크 기업으로 이루어진 사이버공간에서 슘페터가 베버를 만나는"(Castells, 1996: 199) 곳이라며, 급격한 변동, 창조성, 개인적 충동의 절묘한 결합을 연상시키는 사람들을 거론하는 것은 놀라운 일이 아니다. 카스텔의 공저자인 페카 하이마넨(Pekka Himanen, 2001)은 이러한 논제를 확장하여, 오늘날에는 '해커 윤리'가 분명히 드러나고 있으며 이는 동기부여된 사람들이 매우 헌신적으로 추구하는 모험과 무법성의 결합이라고 주장한다.

카스텔은 또한 노동관행과 고용구조에서 나타나는 변화에 대해서도 상당한 관심을 기울인다. 장황한 개념정의와 통계분석의 결론은 카스텔이 보기에 정보노동이 사회 전반에 크게 확산되었으며, 과거의 노동보다 대체로 더 만족도가 높으며, 과거보다 훨씬 더 개인화되어 있다는 것이다. 또한 '네트워크 사회'의 변화된 환경은 사람들이 정보자본주의의 '전반적 변동성' 속에서 생존하기 위해서는 자신들이 현재 하고 있거나 장차 하게 될 것으로 예상되는 일에서 나타나는 '유연'함에 적응해야 한다는 것을 의미한다고 카스텔은 말한다.

4. 정보자본주의의 문화적 결과

《네트워크 사회의 도래》(*The Rise of the Network Society*, 1996) 중반부터 논의의 중심은 기술변동의 문화적 결과에 대한 것으로 변하는데, 이 주제는 카스텔이 《커뮤니케이션 권력》(2009)이라는 최근의 저작에서 자세하게 다루는 것이다. 3부작 《정보시대》에서 카스텔은 통신망에 존재하는 콘텐츠(포르노그래피, 폭력적 이미지, 정치적 극단주의)에 대해서는 크게 우려하지 않는다. 카스텔은 텔레비전이 인쇄시대의 종말과 새로운 문화형태로의 교체를 예고한다는 통찰력을 제시한 마셜

맥루한(Marshall Mcluhan)의 유산을 이어받아 보다 심층적인 정보통신기술의 영향을 인지하고 있다. 그가 주장하는 바는 오늘날의 정치에서 TV의 가장 중요한 측면은 보도의 자세한 내용이 아니라 정치인이 되기 위해서는 TV에 출연해야 한다는 사실인 것처럼, 오늘날 '네트워크 사회'의 가장 중요한 점은 네트워크에 어떤 것이 떠도는가가 아니라 네트워크에 대한 접근 자체라는 것이다. 카스텔은 네트워크에 접속할 수 없다면 '네트워크 사회'에서 온전한 역할을 수행할 수 없고, 따라서 회복할 수 없을 정도로 주변화될 것이라고 주장한다.

나아가서 그는 컴퓨터 네트워크는 개인화와 상호작용을 가능하게 하기 때문에, TV로 집약되는 매스커뮤니케이션 체계(동질화된 수용자에게 전달하는 집중화된 생산)의 종말을 예고한다고 본다. 네트워크 사회는 수용자를 개별화하고(그에 따라 이질성을 제공) 연결된 사람들끼리 상호작용할 수 있게 한다는 점에서 차이가 난다. 이에 따라 과거에는 미디어에 접근할 수 없었던 사람들의 역량이 강화될 수 있는데, 이는 카스텔이 '대중 자기소통'(Castells, 2009)이라 부르는 것을 가능하게 해주는 급진적인 변형이다. 물론 네트워크에 대한 접근이 없다면 이러한 전망은 무의미한 것이고, 접근의 부정은 특히 가혹한 형태의 사회적 배제의 경험이다. 따라서 가장 중요한 문화적 영향은 네트워크에 대한 접속의 문제이며, 사람들이 정보에 접근하고 그것을 창출하며, 자신이 필요할 때는 언제나 누구하고도 상호작용할 수 있어야 한다는 것이다.

카스텔은 인터넷의 확산 이전에 나타난 일부 기술발전의 결과에 대해 우려하는데, 이는 일부 기술이 과거 그가 확인했던 사회적 파편화라는 일반적 경향을 악화시키기 때문이다. 최근 추세를 예로 들면, 유선방송과 위성방송은 표적 시청자들에게 주문에 따라 미리 선정된 프로그램을 제공함으로써, 가령 스포츠 채널을 좋아하는 사람과 음악 채널을 좋아하는 사람을 분리시키는 방식으로 도입되었다. 이러한 이유로 카스텔은 맥루한의 유명한 경구를 도치시켜 '메시지는 매체다'라는 주장을 한다. 이는 전송내용이 세분화된 시청자들의 요구에 달려 있기 때문이다. 이 모든 것이 TV 자원의 세계적 통합과 함께 진행되고 있다. 가장 극적인 예는 머독(Rupert Murdoch)의 뉴스코퍼레이션(News Corporation)인데, 맞춤형의 다양한 프로그램과 채널을 시장성 있게 구성된 이질적 시청자들에게 제공한다. 카스텔은 이러한 기술의 도입에 따라 점점 더 가정중심적이 되는 것—특히 오락적 관심사가 지배하는 영역에서—을 우려한다. 그럼에도 불구하고, 그리고 역설적으로, 기업의 집중과 병행하여 나타나는 이러한 소비자(브랜드) 문화의 확산은 보다 다양화된—비록 오락 위주지만—프로그램을 가져올 수 있는데, 이는 "자본은 지구적이지만 정체성은 지방적이거나 민족적"이기 때문이다(Castells, 2009: 72).

그러나 기술적 영역에서 발생하는 이 모든 것에 대한 반대 현상도 나타나고 있다. 카스텔이 볼 때 인터넷은 "기술적, 문화적으로 배태된 상호작용성과 개인화라는 속성"을 가지고 있다(Castells, 1996: 358). 그리하여 인터넷은 사람들을 분리하는 것이 아니라 서로 연결하고 콘텐츠의 다양성 증진에 기여하는 전자 공동체의 형성을 가능하게 한다. 나아가서 카스텔(Castells, 1996)은 "인터넷이 전자 광장을 확대할 것"(p. 357)이라고 주장하면서 "상호작용성 사회"(p. 358)의 도래를 선언한다. 이러한 발전의 결과는 다층적이어서, "세계 커뮤니케이션 체계에서 권력, 자본, 생산의 증대되는 집중에도 불구하고 커뮤니케이션의 실제적 콘텐츠와 형식은 점점 다양화하고 있다"(Castells, 2009: 136). 이러한 새로운 상황에서는 그 영향이 다양하고 심지어는 모순적이기 때문에 많은 것들이 아직 가능성으로 남아 있다.

카스텔은 《네트워크 사회의 도래》의 두 번째 판(Castells, 2000d)에서 새로운 기술의 '숭고한 목표'와는 반대되는 '평범한 구현'을 인정하면서 초기의 낙관주의를 다소 조절한다(p. 398). 심지어 그는 대부분의 블로그 활동을 적절하게 묘사하는 과정에서 '전자적 자폐증'을 인정하기도 한다(Castells, 2009: 66). 우리는 일상적으로 이메일과 인터넷을 사용하며, 이는 관심을 공유하는 사람들과 접촉하는 데에 매우 도움이 되지만 결국은 편지를 쓰는 간편한 방식이나 가까운 세탁소를 알아보는 수단에 지나지 않는다. 진정한 공동체 의식은 제한적 커뮤니케이션의 문제가 아니다. 왜냐하면 진정한 공동체는 — 정보통신기술에 따라 가능해진 공동체 회복은 미래주의자들이 좋아하는 주제 — 사람의 전체와 연결되는 것이지 많은 가상적 관계를 구성하는 구체적인 '조각'과 연결되는 것은 아니기 때문이다. 음악 애호가 게시판, 전문가들의 메일 리스트, 기업 간 커뮤니케이션, 온라인 구매 등은 관심이 사라지면 쉽게 끝내 버릴 수 있는 것이다(Talbott, 1995). 실제로 스위치의 간단한 조작으로 경험할 수 있는 다른 사람과의 온라인 관계에는 뭔가 불안정한 것이 있다. 그러한 피상적이고 자기중심적인 연결은 '공동체'라는 용어와는 어울리지 않는데, 공동체란 적어도 실제 장소에서 실시간으로 다른 사람들과 만나는 것과 관련된 것이기 때문이다. 실제적 공동체도 물론 사람들의 견해를 확신시켜 주거나 편견을 조장할 수도 있지만, 전자적으로 쉽게 회피할 수 있는 온라인 관계와는 달리 행위와 믿음에 대해 문제를 제기할 수도 있다(Gray, 1997).

심리치료사이자 학자인 셰리 터클(Sherry Turkle, 2010)은 한때 자아의 지평을 확대해 주는 컴퓨터의 가능성에 대한 열렬한 지지자였지만, 의뢰인들에 대한 수년간의 숙고 후에 지금은 지지를 주저하고 있다. 그녀는 인터넷이 '홀로 함께'라는 상황을 초래하는 것으로 간주하는데, 이는 가족 성원들이 식사시간에 가까이 앉아 있으면서도 각자의 사적인 전자적 연결망 속에 고립되고 격리되어 있는 상황이다. 그들은 페이스북을 통해 학교 수업에 대한 의견을 열심히 주고받을 수 있지만 자기 바로 옆에 앉아 있는 형제자매나 부모는 망각하는 것이다.

자신의 미국인 연구대상에서 발견한 내용에 대한 터클의 묘사는 흥미로운 것이기는 하지만, 카스텔의 기획에 비하면 그녀의 연구는 매우 제한적이다. 카스텔은 터클의 연구결과를 인정하겠지만, 동시에 네트워크 사회의 다층적인 성격을 우리에게 상기시키고자 할 것이다. 즉 가상적 영역에서 우리는 동시에 더 개인화되고, 더 다양한 정보를 활용하며, 다른 사람들과 더 많이 연결될 수 있다는 것이다. 인터넷의 문화적 결과는 다차원적이고 복합적이며, 아직 불확실하게 남아 있다.

맥루한의 유산을 이어받아 카스텔은 "네트워크 시스템에 대한 참여의 대가로 치러야 하는 것은 그 논리와 언어, 진입방식, 암호화와 해독 등에 적응하는 것"(Castells, 1996: 374)이라고 주장한다. 카스텔은 정보통신기술의 문화적 효과가 가장 중요하다고 믿는다. 그는 멀티미디어를 통한 텍스트, 오디오, 영상자료의 혼합과 '네트워크 사회'에서의 삶을 포착하는 '실제적 가상성'에 대해 글을 쓰기도 한다. 그는 네트워크에서 — 심지어는 우리가 다른 사람들과 상호작용하는 영역에서도 — 확장되는 미디어가 우리가 경험하는 모든 것이라고 주장한다. 그리하여 그것은 "실재 자체가 … 완전히 포착되고 가상적 이미지 환경 속에 침몰되는 것으로서, 이는 가상의 세계이며 외양이 단지 경험이 교환되는 스크린상에 있는 것이 아니라 외양 자체가 경험되는"(Castells, 1996: 373) 일종의 시스템이다. 오늘날에는 생활의 매개가 확산되어 경험의 매우 많은 부분이 기술을 통해서 이루어진다는 이러한 논의에는 중요한 함의가 있다. 장소, 사람, 사건에 대한 우리의 지식은 분명 이러한 성격을 지니고 있다.

카스텔은 가상세계라는 새로운 문화적 조건의 예로서, 댄 퀘일(Dan Quayle)의 경험과 관련된 TV 드라마와 정치적 쟁점의 혼종(混種)에 대해 설명한다. 1992년 미국 대통령 선거운동에서 당시 부통령이었던 퀘일은 한 TV 드라마에 나오는 인물을 이용하여 '가족 가치'를 옹호하는 그의 주장을 보여 주고자 했다. 댄 퀘일의 연설 이후에 그 드라마는 다음 방송에서 퀘일의 간섭에 대한 내용을 포함함으로써 이에 응수했다. 사실과 허구의 경계가 희미해지는 것처럼 보이는데, 카스텔은 이것이 뉴미디어의 산물이라 할 수 있는 '실제적 가상성'의 한 예라고 주장한다. 내가 볼 때 이것은 새로운 상황이 도래했다고 설득하기에는 부족한 사례이다. 약 200년 전 찰스 디킨스(Charles Dickens)는 《올리버 트위스트》(*Oliver Twist*)나 《픽윅 클럽의 기록》(*Pickwick Papers*)과 같은 연작소설을 통해 거의 동일한 것을 이미 했으며, 일상생활의 많은 경험들도 실제적인 것을 탐색하기 위한 허구적 설정에 의존하는 것과 관련된다("저 사람은 스크루지 같은 면이 있어", "여기는 포드스냅주의(*Podsnappery*: 포드스냅은 디킨스의 소설 《우리 서로의 친구》에서 영국의 금융 자본가를 대표하는 국수주의 인물이다 - 옮긴이 주)가 아니야", "그는 정말 유라이어(Uriah Heep: 디킨스의 소설 《데이비드 코퍼필드》에 등장하는 고뇌형 인물 - 옮긴이 주) 같아").

허구는 사회적 실재에 대해 말하는 방식을 제공하며, 따라서 사실과 우화 간의 선명한 구분은 희미해 보일 수 있다. 이러한 것들은 이미 오랫동안 진행됐는데, 멀티미디어나 심지어 TV가 확산되기 훨씬 이전부터 그러했다. 새로운 문화적 형태도 사람들이 수용할 수도 있고 그렇지 않을 수도 있는 이와 유사한 표상을 제공하는데, 우리는 사람들이 문학적인 것과 사실적인 것을 큰 어려움 없이 구별해 낼 것이라고 확신할 수 있다(Slouka, 1995).

5. 흐름의 공간

카스텔의 초기 저작 《정보도시》(*The Informational City*, 1989)를 읽은 독자들에게는 그의 '흐름의 공간'에 대한 견해가 매우 친숙하게 들릴 것이다. 《정보시대》에서도 그는 '장소의 공간'과 '흐름의 공간' 사이를 구분하는데, '네트워크 사회'에서는 후자가 더 강조된다. 오늘날 정보흐름이 사회적 조직화에 중심적인 것이 되면서, 이질적이고 멀리 떨어진 장소가 매우 역동적인 부문도 연결하는 "국제 네트워크에 점점 통합될 수 있다"(Castells, 1996: 381). 카스텔은 지역이나 지방이 중요하기는 하지만, 우리는 이제 기존의 관계를 흔들어 놓는 '지리적 불연속성'(p. 393)을 경험하고 있다고 주장한다. 새로운 '혁신 환경'이 특정 장소의 성쇠를 결정하겠지만, 모든 것은 결국 '네트워크 사회'로 통합되어 갈 것이다.

도시(그중에서도 광역 네트워크의 '연결점'이 되는 도시)는 특별한 중요성을 가지면서 고유한 특성을 드러낸다. "세계도시는 장소가 아니라 정보흐름이 이루어지는 과정”(Castells, 1996: 386) 이라고 주장하면서, 카스텔은 거대 도시(도쿄나 뭄바이 등과 같은) 는 “물리적으로나 사회적으로, 전 세계적으로 연결된 동시에 지방적으로는 단절된 ‘성장 엔진’”(Castells, 1996: 409) 이며, 이는 대부분의 방문자들에게 분명한 특징이라고 말한다. 카스텔은 네트워크에서 핵심적 역할을 수행하는 ‘지배적 관리 엘리트’(p. 415) 에 대해 흥미로운 논의를 한다. 그들은 세계주의자들인 동시에 집단으로서의 응집성을 위해 지역적 연결도 유지해야만 하는데, 이는 심각한 심리적 긴장의 요인이 된다. 그들은 지구적 연결과 생활양식(유사한 종류의 호텔, 유흥 등) 을 가지며, 자신들이 거주하는 도시 내부에서는 다른 사람들과 분리되는 특성을 지니면서 주변의 ‘위험 계층’으로부터 자신들을 보호하기 위해 정교한 기술 시스템을 이용하기도 한다. 그들의 엘리트로서의 지위와 세계적 연관에도 불구하고 카스텔은 이들을 계급으로 묘사하지는 않는다. 반대로 그는 다음에서 언급되는 “얼굴 없는 집합적 자본가”(Castells, 1996: 474) 는 있지만 “지구적 자본가 계급이란 것은 없다”(p. 122~123) 고 말한다.

6. 초시간적 시간

카스텔은 ‘초시간적 시간’(*timeless time*) 의 개념을 도입하면서, ‘네트워크 사회’가 시간의 한계를 점점 더 멀리 거슬러 올라가는 ‘영원한 우주’의 창출을 추구한다는 것을 강조하기 위해 널리 알려진 근대사회에서의 시공축약에 관한 논의를 이어 간다. 카스텔은 시간이 “전자적으로 관리되는 세계 자본시장”에 따라 지속적으로 조작되며(Castells, 1996:

437), 그에 따라 시간의 효과적 이용을 극대화하기 위해 노동시간이 점점 영향을 받는 방식('탄력시간제') 을 효과적으로 보여 준다.

나아가서 '네트워크 사회'는 "생활양식의 경계 흐리기"(Castells, 1996: 445) 를 초래하는데, 여기서는 "주기성의 붕괴"(p. 446) 가 특징적으로 나타나며 그에 따라 생물학적 생애단계가 조작된다. 그리하여 50세 여성이 아이를 출산하기도 하고, (초저온 연구 등을 통해) "삶에서 죽음을 없애려는"(p. 454) 진지한 시도가 이루어지기도 한다. 또한 운동기법, 약물, 성형 등을 통한 노화에 대한 저항과 더불어 '60대는 신 40대'라는 주장이나 '섹시한' 80대에 대한 대화를 접하기도 한다. 여기서 유전공학적 발전을 고려하게 되는데, 카스텔은 이것도 정보통신 문제와 연결하며, 이 모든 것은 초시간성의 문화를 촉진하는 데 기여한다.

카스텔은 '즉시전'(*instant wars*) 을 언급하는데, 이는 매우 발전된 기술을 이용하는 강대국들이 짧고도 결정적인 순간에 시도하는 것으로, 세계 미디어에 의해서 다듬어진 형태로 전 세계에 전파된다. 1991년과 2003년의 이라크 전, 1999년 나토군에 의한 세르비아 진압, 2001년 말 아프가니스탄에 대한 신속한 침공과 탈레반 신정주의 타도를 접하게 되면서 대부분의 사람들은 '정보전'(Tumber and Webster, 2006) 의 등장에 대해 잘 알고 있다(아프가니스탄 침공의 경우, 비대칭 전에서 열세 진영이 특징적으로 사용하는 자살 공격과 노변 폭발물을 통해 NATO 점령군에게 사상자 피해를 입힐 수 있었던 지방 세력에 의해, 10년이 넘게 사기 소모적 저항이 이어졌다).

그러나 카스텔은 재래식 전쟁의 종말에 대해 이보다 더 많은 것을 말한다. 그는 적어도 유럽 사람들에게는 전쟁 참가가 대부분의 역사에서 핵심적 통과의례였다는 것을 상기시키는데, 전쟁이 당사자에게는 생명의 유한성을 확인하는 잊을 수 없는 과정이었고 살아남은 사람들에게는 언제나 준거점이 되었다고 주장한다. 그러한 시대는 지나갔고 '초시간적 시간'의 숭배 속에 우리는 영원한 현재를 살아가게 되었다. 나아가 카스텔은(Castells, 1996) '네트워크 사회' 속에서 즉각적 커뮤니케이션에 대한 강조를 확인하는데, 이러한 커뮤니케이션을 통해 우리는 하이퍼미디어의 형태 — 역사적 맥락 없이 역사에 침투하는 — 로 제시되는 세계 도처의 정보를 접할 수 있으며, 그에 따라 우리는 "초시간적 정신적 지형"(p. 463)에 노출되어 있다. 이 모든 것은 '체제적 동요'(p. 464), 지속적 즉각성, 연속성의 결여, 자발성 등을 야기하는 '네트워크 사회'의 문화 속에서 함께 나타나는 것이다.

7. 정체성과 사회운동

《정보시대》 제 2권의 강조점은 '네트워크 사회'의 형성에 대한 것에서 집합적 정체성에 대한 관심으로 이동한다. 사람들은 자신을 어떻게 바라보는가? 사람들은 인식된 이해관계 속에서 어떻게 동원되는가? 사람들은 현재와 미래의 삶을 어떻게 바라보는가? 카스텔의 초점은 개인적인 것이 아닌 공유된 정체성인데, 이는 그가 집합적 정체성이 여전히 매우 중요하다고 생각하기 때문이다. 여기서 중심 주제는 사회운동인데, 카스텔에 따르면 사회운동은 "사회의 제도와 가치를 변화시키는 의도적인 집합적 행위"(Castells, 1997a: 3)이자, 사람들에게 자신들의 정체성을 위한 핵심적 요소를 제공하는 것이다. 다시 말해서 제 2권의 관심은 현대사회에서의 정치와 생활의 사회학이라 할 수 있다.

핵심적 주장은 전통이 붕괴된 상황에서 어떻게 정체성이 만들어지는가에 관련된 것이다. 예컨대 카스텔은 국민국가 및 그와 관련된 정당화 제도들이(특히 의료보험이나 연금과 같은 복지 제공) '네트워크 사회'의 세계화 추세에 따라 도전받고 있다고 주장한다. 그는 국민국가 내의 다양한 세력들 간의 합의를 바탕으로 일종의 안정성이 이루어졌던 시기를 상기시킨다. 노동조합은 사용자들과 타협하였고, 정부는 국민경제에 대해 효과적인 정책을 수행하였고, 무엇보다도 복지 수단 — 학교, 병원, 주택 등 — 은 수용가능성이 더 높은 시장관계를 만들어 내었다. 이러한 환경에서 사람들은 국가, 계급체계, '우리의 생활양식'을 반영하는 제도에 따라 정체성을 형성하고 수용하였다.

그러나 세계화되고 있고 매우 경쟁적인 네트워크 사회는 많은 것들을 뒤집고 있다. 그리하여 공공지출(따라서 세금도)을 축소해야 한다는 압력에 따라 '복지국가'가 위협을 받고, 달러, 유로, 엔의 형태로 실시간 거래가 지속되는 시대에 국민경제에 대한 통제가 매우 어렵게 되었으며, 정치적 민주주의 자체도 세계적이고 불손하며 스캔들에 집착하는 정보통신 미디어에 의해 매개되는 '정보 정치'의 성장에 따라 속살을 드러내고 있다. 전통적으로 국내적 쟁점에 대해 관심을 가졌던 노동운동은 국제적 경쟁과 자본의 즉각적 이동의 환경 속에서 입지가 심각하게 약화되었음을 깨닫고 있다. 과거에는 소중한 혜택이었던 직업연금, 고용안정성, 임금인상 합의 등은 이제 취약하고 보잘것없어 보인다.

흥미롭게도 카스텔은 국민국가가 국민들을 효과적으로 감시하는 새로운 기술을 이용할 수조차 없다고 생각한다. 왜냐하면 국가 자체도 준자율적 지역의(심지어 도시의) 도전을 받고, 시민들은 멀리 떨어진 다른 사람들과 쉽게 연결될 수 있으며, 세계적이면서도 차별화된 미디어가 정치인들의 음모를 드러내기 때문이다. 예컨대 이탈리아의 최장수 수상이었던 실비오 베를루스코니(Silvio Berlusconi)의 흥망을 고려해 보자. 베를루스코니는 1994년 처음으로 자신의 보수당 '포르차 이탈리아'(Forza Italia)의 당수로 수상되었다. 이전에 — 그의 지도력은 지속되었지만 — 그는 미디어셋(Mediaset)이라는 대규모 미디어 소유회사를 만들었는데, 이는 3개의 방송망을 가진 이탈리아에서 가장 큰 민영 방송이다. 이를 통해 베를루스코니는 이탈리아 텔레비전 방송의 압도적 다수에 영향력을 행사하였고, 나중에 이를(광고와 홍보에 대한 많은 관심과 더불어) 이용하여 자신의 정치를 홍보하였다. 이러한 엄청난 자원에도 불구하고 베를루스코니는 탈세, 미성년자와의 성관계, 마피아와의 연루설, 경찰과 판사에 대한 뇌물 공여, 돈세탁, 미성년자의 매춘 유혹 등의 혐의로 반복적인 폭로와 수사의 대상이 되었다. 그의 첫 번째 행정부는 부패혐의에 대한 수사로 곤란을 겪었다. 이러한 추문에도 불구하고 베를루스코니는 2001년, 2008년, 그리고 2011년에 다시 수상이 되었는데, 마지막에는 자신의 새로운 정당인 '자유의 사람들'(People of Freedom)이 함께하였다.

그러나 그는 자신의 미디어 제국조차도 상대적으로 저지할 수 없는 업무나 화려한 성생활에 대한 폭로로 지속적으로 수사의 대상이 되었다. 2012년 말에 그는 탈세혐의로 4년 징역형(나중에 1년으로 감형)을 선고받았다(현재 항소 중). 2013년에는 자신의 정치적 경쟁자에 대한 불법 전화도청 내용을 자신의 동생이 소유한 신문에 유출한 혐의와 2005년의 은행 추문과 관련하여 12개월의 형이 추가되었다. 미성년자와의 성관계 혐의에 대해서는 아직도 재판이 진행 중인데, 무거운 구금

형이 선고될 수도 있다. 이탈리아 외부에서 베를루스코니는 섹스중독자와 부패한 어릿광대로 널리 알려졌으며, 친기업 성향인 〈이코노미스트〉(*Economist*, 2001)의 말에 따르면 "형편없고 악질적이기까지 한 실패자"이다. 국내적으로 그는 대규모 미디어 사업을 장악하고 있지만 반대도 존재한다. 이탈리아 국경을 벗어나면 그는 성과 추문을 먹고 사는 미디어 산업에게 횡재나 다름없는 존재다. 통신망 기술의 확산에 따라 — 이러한 발전을 '빅브라더'(Big Brother)의 출현으로 해석하면서 — 오웰적인(*Orwellian*) 국가가 등장할 것이라고 우려하는 사람들은 이탈리아의 사례를 보면서 "우리 사회는 질서 잡힌 감옥이 아니라 무질서한 정글"(Castells, 1997a: 300)이라는 카스텔의 진단에 더 두려워하게 될지도 모른다. 이것은 시민들이 끊임없이 '감시되는' 전망보다는 덜 무서운 것이지만, 여기서 우리는 모든 것은 근원이 없고 불확실하며, 전통이 붕괴되고, 과거의 확실성이 영원히 사라진다는 것을 깨닫게 될 수도 있다(Lyon, 2007, 2009 참조).

카스텔은 정체성이 행위를 통해 형성되며, '네트워크 사회'는 저항의 운동과 심지어 기획(*project*) 정체성을 촉진할 것이라고 생각한다. 이에 따라 우리는 다양한 종류의 저항운동에 대한 분석을 접하게 된다〔멕시코의 사파티스타(Zapatistas), 미국의 신 우파 패트리어트(Patriots), 일본의 옴진리교 광신, 이슬람의 종교적 근본주의, 구소련의 인종민족주의, 카탈로니아 등에서의 영토분쟁 등〕. 카스텔은 이러한 저항운동을 지지하지도 반대하지도 않지만, 이를 통해 새롭고도 강화된 거대한 압력에 맞서는 집합적 정체성 형성의 증거를 찾아낸다.

예시적으로 보여 주기 위해 카스텔은 기획지향적 환경운동과 여권(女權) 운동을 자세히 묘사하는데, 이들 운동의 영향은 엄청났고 앞으로도 분명히 지속될 것이다. 이들 운동이 '정보시대'의 스트레스와 긴장에 대한 단순한 반응으로 간주될 수 없다는 점도 주목할 필요가 있다. 왜냐하면 이들 운동은 스스로 '네트워크 사회'에서 이용 가능한 수단들을 적극적으로 채택해 조직화와 자신들의 견해를 전파하는 데에 활용하기 때문이다. 이들은 지역적으로 운동을 벌이지만, 이러한 사회운동은 정보통신기술을 능숙하게 활용하며, 그들의 전망, 지향, 연결은 초국적(超國的) 이다.

여권(女權) 운동에 대한 카스텔의 분석은 인류사회에서 수세기 동안 규범이 되었던 가부장제가 4가지 관련된 이유 때문에 불가피하게 쇠퇴일로에 있다는 것을 보여 준다. ① 여성들의 노동력 참여가 점차 증가한다는 사실로서, 이는 정보노동의 확산과 '네트워크 사회'에서의 '유연성'에 대한 강조와 밀접하게 관련된다. ② 다양한 유전공학적 발전에서 보여 주듯이 여성의 생물학적 신체에 대한 통제력도 높아져서 여성들이 재생산의 제약으로부터 자유롭게 되었다는 것이다. ③ 물론 다양한 형태로 나타나는 여권주의 운동이다. ④ 정보통신기술의 확산에 따라 "세계 도처에서 여성들의 목소리를 담는 하이퍼퀼트(*hyperquilt*)"의 형성이 가능해졌다는 것이다(Castells, 1996: 137).

이러한 4가지 요인들이 결합되어 엄청난 힘을 만들어 내면서 수세기 동안 지속된 성적 규범에 도전하고, 공적 영역뿐만 아니라 사적 영역에서도 "이성애적(*heterosexual*) 규범을 … 붕괴시키고" 있다. 카스텔은 세계 도처에서 자신들의 삶을 변화시키기 위해 행동하고, 그러한 투쟁을 통해 "사회제도의 탈(脫) 성별화"(p. 202) 를 진행하면서 새로운 정체성을 발전시키는 사람들을 "실천적 여권주의자"(p. 200) 라 부른다.

8. 매개

최근 저작인 《커뮤니케이션 권력》(2009)과 《분노와 희망의 네트워크》(*Networks of Outrage and Hope*, 2012)에서 마누엘 카스텔은 사회운동에 대한 연구를 확장하여 매개(*mediation*)에 대한 분석을 자신의 중심적인 관심대상으로 삼고 있다. 《분노와 희망의 네트워크》는 아랍의 봄, 점령운동, 긴축반대 운동에 초점을 맞추어 저항운동을 더 면밀하게 검토한다. 이러한 분석은 신속하게 이루어졌고 주제의 성격상 시의성이 빨리 떨어지기는 하지만 네트워크 사회에 대한 자신의 일반적 접근과 일치하는 통찰력으로 가득 차 있다.

《커뮤니케이션 권력》은 더 학술적이고 야심차다. 그것은 급증하는 미디어 분야 — 이 분야에서는 카스텔의 연구가 확실하게 많은 영향을 미치고 있다 — 를 보여 준다. 이 책은 현시대의 정치를 다루며 따라서 조직적 운동에 대해 많은 논의를 한다. 그 주된 관심사는 권력으로, 그것이 어떻게 창출되고 어떤 영향을 미치는가에 대한 것이다. 카스텔은 강제에 의한 권력행사로부터 설득에 의한 권력실현으로의 이행이 진행되었다고 주장한다. 따라서 권력관계를 검토하는 데서는 설득의 수단 — 광의로는 미디어 — 이 매우 중요하다. 《커뮤니케이션 권력》은 네트워크에 대한 그의 일반적인 개념 속에서 검토되고 있어서 우리가 이제 매개된 세계에 살고 있으며 정치도 그 속에서 이루어진다는 사실을 충분히 인정하고 있다. 단도직입적으로 표현하면 네트워크 사회에서 "정치는 일차적으로 미디어 정치이다"(Castells, 2009: 194). 실제로 그는 미디어 과정에 관여되지 않는 정치는 주변으로 밀려나는 운명에 처할 수밖에 없다는 것을 반복적으로 언급한다. 이는 결국 오늘날의 정치와 정치활동은 철저하게 상징적일 수밖에 없다는 것을 의미한다.

카스텔의 주된 관심사는 저항과 지배의 역학인데, 처음부터 권력은 전혀 일방적이지 않다는 것을 인식하고 있다. 오늘날 이는 설득의 권력이 당연시될 수 없다는 것을 의미하는데, 설득 과정에는 언제나 역정보와 반대의견이 존재하기 때문이다. 이를 언급하면서 카스텔은 수직적 관계(상부의 권력자가 명령을 내릴 수 있는)가 지속되기는 하지만 더 많은 수평적 관계도 드러나고 있다는 자신의 견해를 강조한다. 정치의 경우, 이는 기존의 기업과 국가 세력은 더 효과적으로 설득하기 위한 자신들의 활동(홍보, 신중한 누설, 효과적 어구, 사진 촬영, 후보의 외모 단장 등)을 전문화할 수 있는 모든 수단을 이용하지만, 그러한 활동을 방해할 수 있는 반대세력도 존재한다는 것을 의미한다. 중요한 세력 중 하나는 특히 뉴스 가치가 높고 매출에도 기여한다는 이유로 추문(醜聞)에 지속적 관심을 가지는 제도화된 미디어이다(Thompson, 2000).

여기에는 적어도 두 가지 요인이 작용한다. 첫 번째는 수용자들이 메시지를 있는 그대로 수용하지는 않는다는 것이다. 사람들은 메시지를 해석하고 다른 곳에서 수집한 가치와 의미를 부여하기도 한다. 미디어 연구에서 이는 진부한 주장인데, 카스텔은 '적극적 수용자' 이론을 승인하는 것에서 더 나아가 자신에게 전달되는 것을 해석할 뿐만 아니라 메시지와 상호작용하면서 도전, 확대, 거부, 포용하는 '창의적 수용자'(Castells, 2009: 132) 개념을 고안한다. 이 견해를 발전시켜 카스텔은 수용자를 설득하려고 착수하는 사람들이 직면하는 장애요인에 대해 많이 논의한다. 논쟁에서는 가장 강력한 증거를 제시하는 편이 이긴다는 상식적 생각은 오류로 간주된다. 사실만으로 충분하지 않으며 수사적(*rhetorical*) 능력도 마찬가지다. 왜냐하면 수용자들은 인생 초기에 형성된 깊은 감정을 바탕으로 선별적으로 인식하기 때문이다. 카스텔은 성공을 추구하는 모든 조직적 운동이, 미디어 수용자들 사이의 이러한 느낌(*feelings*)의 일차적 중요성을 출발점으로 삼아야 한다고 주장한다. 이는 후보와 대변인에 대한 신뢰, 그리고 심층적 가치와 믿음에 대한 호소가 가장 강력한 요인이기 때문이다. 따라서 인격, 감정, 기질이 결정적 요인으로서 실질적 문제를 압도하게 된다.

두 번째 요인은 창의적 수용자의 특징에 바탕을 두기는 하지만, 인터넷의 성장 및 확장과 관련되어 있다. 이는 카스텔이 '대중 자기소통'이라 부르는 것을 가능하게 해주는 것으로, 잠재적으로 대규모 수용자들에게 도달하거나 강력한 세력을 만들도록 규합시키는 메시지를 보낼 수 있는 소규모 집단이나 개인의 능력이다.

예컨대 2013년 4월에 있었던 마거릿 대처 남작(Baroness Margaret Thatcher)의 장례식에 대해 생각해 보자. 영국의 최장수 수상이었던 그녀의 부음에 정치인들과 미디어는 마땅한 엄숙함과 경의를 표하였다. 수상 직(1979~1991)을 수행하는 동안 대처가 강인하고 확고한 지도자였다는 것은 의심의 여지가 없다. 그러나 군 의장대가 참여하고〔장례식의 규모나 특히 국왕의 참여 등을 고려할 때 사실상의 국장(國葬)〕정부가 비용을 지불하는 장례진행은 그녀가 국가지도자로서 모든 사람들의 인정을 받는 인물이었다는 점을 제시하는 것처럼 보였다. 20세기 영국 수상 중에서 국장으로 장례식을 치른 유일한 사례는 1965년 초 윈스턴 처칠 경의 장례였다. 이러한 예외적인 대우는 제 2차 세계대전 동안 나라 전체가 위기에 처했을 때 그가 발휘한 뛰어난 지도력에 대한 인정을 보여 주는 것이었다.

곧바로 트위터에서는 대처 남작에 대한 동일한 정도의 장례가 적절한가를 문제 삼는 언급이 돌기 시작하였다. 얼마 지나지 않아 부정적 언급이 대세를 이루었다. 많은 언급은 '트루 블루'(True Blue: 보수주의자라는 의미 - 옮긴이 주) 라는 장례식 행사 명칭이 장례식이 보수당의 정치선동으로 가득 차 있음을 보여 준다고 주장하였고, 다른 언급은 세금으로 치러지는 장례비용(1천만 파운드라는 추정치가 제시됨) 에 대해 비판하였다. 더 많은 언급은 대처의 불화 야기, 정책의 희생자(특히 북부의 산업지역), 2008년의 재정위기를 야기한 런던 시정부 민영화 과정에서의 그녀의 역할 등을 떠올렸다. 한 트위터의 시위 결과 〈오즈의 마법사〉에 나오는 〈딩동, 마녀가 죽었다〉라는 음악이 싱글 음원 다운로드 순위에서 2위에 오르기까지 했다. 공유 영역(*public domain*) 에서 제기된 이러한 의혹에 대해 TV 뉴스와 일부 신문에서 보도하였다. 대처 유가족이 장례비용을 분담하기로 하고 장례가 예정대로 진행되었지만 시위는 계속 이어졌고(경찰의 강력한 저지와 참가자 체포에도 불구하고), 대처 여사와 그녀의 확고한 친시장 정책이 모든 사람에게 수용되었다는 보든 생각은 파기되었다. 여건과 상관없이 반대는 존재했겠지만 인터넷의 우수한 활용성은 분산된 개인들이 신속하게 토론을 진행하고 주류 미디어 보도를 이끌어 내는 '목소리'를 창출할 수 있다는 것을 의미하였다.

블로그, 웹사이트, 이메일 등에서 잘 드러나는 이러한 발전은 초기에는 약하게 보이는 운동의 역량을 강화시켜 줄 수 있다. 왜냐하면 상징적 영역에 대한 접근이 과거보다 훨씬 더 용이해졌고 이전에는 파편화되었던 목소리가 통합될 수 있기 때문이다. 이런 방식으로 인터넷은 위계적인 제도화된 세력으로부터 나오는 메시지에 대응할 수 있게 해

주고 나아가서는 메시지를 발송할 수 있게 하는 수평적 형태의 권력 부상을 가능하게 해준다. 예컨대 갈등의 시기에 국가기관은 '정보전의 승리'를 위해 많은 준비를 하고 연습도 하지만, 자신들의 메시지가 설득의 효과를 내도록 보장할 수는 없다. 여타 제도적 미디어가 전적으로 일치하는 보도를 하는 것도 아니고(특히 통신사의 경우 그 신뢰성 유지를 위해 필수적 요소인 자율성이 존재한다), 반전 운동가들도 군부 시각에 도전하는 반박자료를 준비하여 자신들의 의견을 제시할 것으로 충분히 예상할 수 있다(Gillan et al., 2008).

9. 계층화의 새로운 형태

카스텔은 네트워크 사회가 과거의 계층화 형태를 붕괴시켜 근본적으로 새로운 형태의 불평등이 초래되고 있다고 주장한다. 우리는 앞에서, 관료들에게는 좋지 않은 소식이지만 나머지 사람들에게 힘을 주는 수평적 기업의 발전에 대한 주장과, 세계적 차원에서 정보시대는 조직적이기는 하지만 지도적 자본가 계급이 없는 자본주의를 초래한다는 주장을 살펴보았다. 정보자본주의하에서 계층화는 그 형태와 영향이 근본적으로 다르기 때문에 더 논의할 필요가 있다. 이러한 새로운 형태의 계층화에 따라 권력관계, 자원분배, 미래전망 등에서의 변화가 수반된다. 무엇보다도 20세기 마지막까지 정치적 동맹(그리고 다른 많은 거의)의 토대가 되었던 노동과 자본 간의 분리의 축이 현상적으로 소멸되었다.

지배계급에 의해 지도되는 자본주의 대신에 우리는 이제 '자본가 없는 자본주의'를 갖게 되었다. 오늘날에는 네트워크 지향의 숙련된 '정보노동자'가 자본주의 운영을 책임지고 있다. 이 집단이 사회에서 핵심적 힘이 되면서 기술의 설계에서부터 기업변화를 관리하고 법 개정 청원을 주도하는 일에 이르기까지 거의 모든 것을 책임지고 있다. 이러한 집단의 예로 런던 시의 화폐거래 딜러, 지적재산권을 부여받을 수 있도록 해주는 기업변호사, 세금부담을 줄이는 방안에 대해 조언해 주는 고위 회계사, 이윤이 생기는 거래를 발굴하는 다양한 벤처 자본가, 다국적 제약회사에서 일하는 연구원, 지도력을 전국적으로 인정받는 최고경영가 등을 생각해 볼 수 있다. 구체적인 사항은 다양하지만 그러한 집단이 공유하는 것은 엘리트 교육, 뛰어난 연결망 능력, 다양한 영역에서의 인정된 성취이다.

그 결과 육체노동자(카스텔은 '일반노동자'라 부른다)는 정보자본주의에서 점점 쓸모없고 불안정한 존재가 된다. 이들은 자신들에게 변화를 요구하는 혁신적이고 부를 창출하는 세력으로서의 정보노동자들뿐만 아니라, 변화에 대처하기 어렵게 만드는 그들 스스로의 고징성 때문에 지속적으로 위협받는다. 이러한 일반노동자들은 전형적으로 남성들이며, 사회학자들이(그리고 다른 사람들도) '노동계급'이라 부르는, 그 존속기간이 얼마 남지 않은 집단을 대표한다. 나아가 결정적인 사회적 분리는 정보자본주의 외곽으로 내몰린 사람들, 즉 저(低)숙련자와 교육을 제대로 받지 못한 사람들과 관련된다. 그들은 잘해야 보수가 적고 불안정한 고용기회를 찾을 수 있고, 최악의 경우에는 조직범죄 집단의 일부로 들어가게 된다.

이러한 새로운 분리가 발생함에 따라 기존의 동원형태가 붕괴된다. 과거의 계급체계가 변화되면서 계급정치는 쓸모없게 되며, 네트워크 사회의 변화된 상황과 현 시기를 특징짓는 생활양식과 정체성 정치를 잘 활용하는 사회운동이 계급정치를 대신하게 된다. 이러한 새로운 운동의 지도자들은 정보시대에서 효과적 동원을 위해 필요한 미디어 및 조직화 기술을 보유하고 있다.

비록 카스텔이 다른 현대 사상가들과 직접적으로 관련시켜 자신의 분석을 제시하는 것을 꺼리지만(앤서니 기든스, 알랭 뚜렌, 다니엘 벨 등은 지나가면서 잠시 언급될 뿐이다), 그의 견해가 최근의 저작들과 상당 부분 인식을 같이한다는 것은 분명하다. 그것은 또한 블레어 정부 그리고 제프 멀건(Geoff Mulgun, 1998)이나 앤서니 기든스(Giddens, 1998) 등과 같은 지적 주창자들에서 발견되는 '제 3의 길' 정치사상과 일치하는 바가 많다. 보다 구체적으로는 근본적으로 변화된 계층체계에 대한 카스텔의 강조, 특히 교육수준이 높은 정보노동자의 중요성에 대한 그의 관심과, 전통적인 계급분화를 뛰어넘는 정치적 동원의 새로운 형태에 대한 강조는 '새로운 시대'가 우리에게 도래하였다는 믿음의 폭넓은 범위를 요약적으로 보여 준다.

10. 노동계급의 소멸

카스텔은 두 가지 관련된 방식으로 전통적 노동계급의 종말을 예고한다. 우선, 한때 모든 급진적 정치운동의 주축이 되었던 이 계급은 수적으로 감소하고 있으며 비육체노동, 특히 여성노동력에 의해 대체되고 있다는 것이다. 둘째, 노동계급의 사회에 대한 기여가 줄어들고 있어서 노동가치론은 정보(또는 지식) 가치론으로 대체되어야 한다는 것이다. 카스텔의(Castells, 1997a) 말을 빌리자면, “지식과 정보가 새로운 생산과정에서 본질적 재료이며, 교육은 노동의 핵심적 자질이어서 정보자본주의의 새로운 생산자는 경제 … 에 대한 기여가치가 매우 높은 지식 창출자와 정보 처리자들이다”(p. 345).

과거에는 노동계급이 자본 소유자에게 종속적이면서도 자본가에게는 없어서는 안 되는 존재로 널리 인식되었다. 석탄이 채광되고, 조립라인이 돌아가고, 식량이 생산되기 위해서는 광부, 공장 노동자, 농업노동자가 필요했다. 노동계급의 이러한 본질적 기여가 바로 노동가치론 및 사회주의의 ‘상속자’(*inheritor*) 정치 — 노동계급이 부를 창조하고 미래에 그들이 자신들의 정당한 보상을 받게 된다는 믿음 — 라는 강력한 주제에서 강조하는 것이다. 그러나 오늘날에는 이런 것들이 더 이상 타당하지 않다. 정보노동자라는 새로운 계급이 출현하여 과거의 노동계급을 쓸모없게 만들고 있다. 정보노동자들은 사회에서 누가 가장 중요한가를 매우 분명하게 만드는 방식으로 일반노동자들에게 영향을 미치고 있다. 그것은 자동화를 통해 일반노동자들을 필요 없게 만들거나(컴퓨터 기술을 이용하여), 생산을 세계 다른 지역으로 이전하거나(고도 기술을 이용하고 계획하는 사람들이 그렇게 하듯이), 고정되고 고착된 일반노동자들이 적응할 수 없는 새로운 산물을 창출하는 등 다양한 방식으로 나타날 수 있다.

새로운 세계에서 정보노동자는 부의 일차적 창조자인 반면에 노동계급은 변화를 따라잡을 만큼 충분히 빠르게 변할 수 없기 때문에 점차 쇠퇴하게 된다. 최근의 용어를 쓰자면 노동계급은 ‘유연성’을 결여하고 있다. 그 결과 정치가 계급(국민국가에서 절망적으로 궁지에 몰리고 그에 따라 세계화된 환경에서 기력을 상실한)에서 여권주의, 인종, 환경주의 등과 같은 사회운동으로 이전하고 있다. 이러한 운동의 범위는 전통적 계급 충성심을 훨씬 넘어서 지지자들의 생활양식과 정체성에 호소한다. 이러한 운동에도 다양한 종류의 정보노동이 침투되어 있다. 예컨대 국제사면위원회, 그린피스, 지구의 벗(Friends of the Earth: 영국의 환경보호 단체 - 옮긴이 주) 같은 단체들은 모두 전 세계적 범위를 가지면서 컴퓨터로 회원명부를 관리하며, 교육수준이 높고 전문적으로 훈련 받고 미디어 의식이 있는 직원과 지지자들을 보유하고 있다.

나아가서 카스텔은 정보자본주의가 특히 시장관행을 저해하는 행위를 금지하는 방식에서 매우 강력하고 침투적이라는 점을 강조하는 한편, 더 이상 확인 가능한 자본가 계급이 존재하지 않는다는 점도 주장한다. 자본주의가 세계화되었기 때문에 개별 국가는 근본적으로 운용 여지의 축소를 경험하게 되는데, 이는 국민경제 전략의 측면에서 가장 분명하게 드러난다. 그렇다고 이것이 정부의 행위가 중요하지 않다고 주장하는 것은 아니다. 실제로는 그 반대인데, 정부의 부적절한 조치가 세계경제로부터 특히 급격한 반응을 초래할 수 있기 때문이다. 그러나 이러한 세계체제를 통제하는 자본가 계급이 있다고 생각하면 오류이다. 카스텔은 "얼굴 없는 집합적 자본가"(Castells, 1996: 474)는 있지만 이는 특정 계급을 초월하는 것이라고 주장한다. 이것으로 유추해 볼 수 있는 것은, 가령 세계 주식시장이나 외환시장에서의 지속적 거래는 자본주의 기업의 주류와 어긋나게 선택할 수 있는 여지가 거의 없다는 것을 의미한다는 것이다. 이제 이러한 시스템의 기능자들은 유산(*propertied*) 자본가들이 아니며, 주된 역할을 수행하는 사람들은 정보노동자들이다. 이러한 시나리오는 오늘날 자본주의를 운영하는 사람들은 회계사, 시스템 분석가, 금융가, 투자가, 광고업자 등이라는 것을 보여 준다. 그러나 카스텔은 이 시스템은 어떤 개인이나 조직화된 집단보다도 위대한 네트워크라는 내적 동력을 갖고 있기 때문에 '거대 설계가'는 존재하지 않는다고 주장한다. 더욱이 이러한 사람들이 현재의 위치에 있는 것은 재산을 소유해서가 아니라, 그들의 전문성 때문이라는 점을 강조할 필요가 있다. 다시 말해서 그들은 일종의 정보노동자들이며, 따라서 그들은 노동계급뿐만 아니라 구식 유산계급 모두의 종말을 예고하는 것이다.

마지막으로, 정보자본주의와는 무관한 비숙련 노동자들이 존재한다. 이들은 카스텔이 '제 4세계'라 부르는 자들로서 매력적인 자본이나 기술이 없기 때문에 세계화된 자본주의에서 담당할 역할이 없다. 여기서 그는 미국에서의 도시 빈곤층에 대해 적고 있는데, 이들은 새로운 세계체제에서 중심적인 정보노동자들의 주변에 다닥다닥 붙어서 살아가는 하류층 사람들로서, 대개는 선택의 여지 없이 새로운 계급을 위한 웨이터, 보모, 청소부, 시중으로서 일한다. 카스텔은 일반노동자들이 새로운 경제의 유연한 요구에 제대로 대응하지 못하는 경우, 장기적으로 이러한 하류층으로 전락하게 될 것이라고 우려한다.

요약하자면, 카스텔은 정보자본주의에 의해 계층체계가 근본적으로 변화되었다고 본다. 무엇보다도 이는 OECD 국가의 직업구조에서 정보노동이 차지하는 비율이 30%나 된다는 점에서 잘 드러난다. '상징적 분석가'를 열성적으로 옹호하는 로버트 라이시(Robert Reich, 1991), '지식 전문가'가 이제 자본주의의 '중심적 자원'이라는 피터 드러커(Peter Drucker, 1993), '지식사회'에서 '코그니타리아트'(*cognitariat*)의 중요성을 확인하는 앨빈 토플러(Alvin Toffler, 1990) 등과 같은 최근의 사상과 상당히 일치하는 주장 속에서, 카스텔은 정보노동은 변화를 만들어 내고, 새로운 경제를 통합하고, 정보자본주의에서 요구되는 사고·창안·계획·운영 등의 역할을 일반적으로 수행하는 업무라고 주장한다.

따라서 정보노동은 정보자본주의를 통합시키는 접착제이다. 앞에서 언급했듯이, 오늘날의 세계에서 성공하기 위해서는 자본을 소유하는 것만으로는 충분하지 않기 때문에 정보노동은 구식의 자본가 계급의 권력을 빼앗고 있다. 회사를 운영하는 사람들은 엄청난 불확실성과 지속적 변화 속에서 경쟁력을 유지할 수 있도록 정보적 숙련도를 갖추어야 한다. 주식을 많이 가지고 있다고 해도 충분하지 않다. 왜냐하면 따라잡을 수 있는 정보노동이 없다면 이는 결국 모두 소실될 것이기 때문이다. 마찬가지로 분석, 전략수립, 효과적 커뮤니케이션, 기회포착 등과 같은 능력을 보여 주는 정보직업이 우선권을 쥐고 있으며, 그런 직업 종사자들이 자본주의 기업의 핵심으로 이동하고 있다.

이들에게 적응성이라는 최우선 숙련도에 비하면 특정 숙련도는 크게 중요하지 않다. 다시 말해서, 이들은 필요한 곳이면 어느 곳에서나 훈련과 교육을 받을 수 있는 '스스로 변경 가능한' 사람들이다. 이러한 특성으로 인해 이들은 빨리 변화되고, 매우 '유연한' 정보자본주의에서 특히 잘 생존할 수 있다. 거대 관료조직에서 평생 동안 안정적으로 고용되는 시대는 지나갔으며, 특정 사업 기간에만 고용되는 계약노동이 그런 노동을 대체하고 있다. 많은 사람들이 이러한 변화를 두려워한다. 그러나 정보노동자들은 그렇지가 않은데, 다양한 업무에 대한 성취기록에 의해 능력이 검증되는 '포트폴리오' 직업 이력에 적극적으로 적응하고 있기 때문이다(Brown and Scase, 1994). 특정 회사에 대한 충성심과 같은 구시대의 가치는 점차 과거의 유물이 되고 있다. 이들

유목인들은 기업적 위계구조보다는 네트워크의 연결에 의지하면서 사업에서 사업으로 자유롭게 이동한다. 그들은 정년보장을 추구하지 않으며, 자기 분야의 최신 발전이 가져오는 흥미와 도전을 추구한다. 회사에 없어서는 안 되지만 그렇다고 그 회사에 헌신하지도 않는 이들 노동자들은 '프로젝트' 단위로 계약하고 자신의 의지에 따라 자유롭게 움직인다. 방대한 영역의 보도를 제공할 수 있는 프리랜서 언론인, 자신이 개발하는 특정한 프로그램에 헌신하고 자신과 유사한 전 세계 수백명의 사람들과 연결된 소프트웨어 공학자, 특정 대학보다는 전공분야 동료들에 대한 충성심이 더 높은 교수 등이 좋은 예이다.

이들과 일반노동자의 차이는 분명하다. 후자가 초기 훈련과정에서 배운 업무를 매일 반복하면서 직업 안정성을 추구함으로써 고정되고 고착되어 있는 반면에, 정보노동자들은 변화를 적극적으로 추구한다. 금융분야의 거래 서비스에 종사하든, 소프트웨어공학이나 생명공학 등과 같은 '지식집약' 산업에 종사하든, 유행하는 의상을 디자인하든, 효과가 큰 광고를 제작하든, 아니면 단순히 비용 효과적인 상품배달 방식을 고안하든, 정보노동은 오늘날 부의 일차적 원천이 되었다.

11. 실력주의

정보노동 범주의 이러한 발전은 실력주의(*meritocracy*)라는 오래된 사고를 강하게 상기시키는데, 실력주의에서 성공은 타고나는 것이 아니라 능력과 교육체계에서의 훈련에 달려 있다. 정보노동은 특정 전공분야와 관련된 것은 아니지만 높은 수준의 교육을 요구한다. 대학에서는 졸업생들이 회사가 요구하는 것을 제대로 제공할 수 있도록 '이전 가능 기술'을 학생들에게 교육하는 것에 대한 관심이 증대되고 있다. 이러한 기술에는 커뮤니케이션 능력, 팀 노동, 문제해결 능력, 적응성, '평생 학습'에 대한 몰입 등이 포함된다. 모든 선진 자본주의 국가에서 나이가 들어 고등교육을 받는 사람의 비율이 30%에 이르는 것은 우연한 일이 아니다. 이 수치는 공교롭게도 노동시장에서 정보노동의 비율에 대한 카스텔의 추정치와 같다.

정보노동에 대한 카스텔의 논의는 실력주의를 떠올리게 하는데, 그 이유는 직업구조에서 상층으로 가기 위해서는 (상속된) 경제적 자본이 아니라 대학교육을 통해 학생들이 습득할 수 있는 정보적 능력이 요구된다고 주장하기 때문이다. 노동자들이 정보노동의 엘리트 영역으로 들어가기 위해서는 대학교육을 통해 자격을 갖추어야 한다(물론 지속적 성공을 위해서는 경력을 필요로 하지만). 오늘날의 자본주의는 정보적 자본을 가진 사람들이 이끌어 가며, 경제적 자본의 소유는 더 이상 권력수단을 통제하는 데 충분하지 않다고 주장함으로써, 카스텔은 실력주의 원칙을 지지한다. 따라서 학업 기준을 갖추고 인상적인 포트폴리오를 만드는 사람들에게 문이 열려 있다. 반대로 그들의 태생이 얼마나 좋든 정보노동자가 될 자격이 없는 사람들에게는 문이 닫혀 있다.

이것과 서로 관련되어 있는 입장은 정보자본주의의 계층체계는 응당한 것이기 때문에 도전받지 않는다는 것이다. 이것이 자본주의에 대한 전통적인 그림과 어떻게 대조되는가를 생각해 보라. 전통적 자본주의에서는 노동자들이 부를 창출하고 그 부를 부자들이 가지고 가는데, 이는 어떤 타고난 속성보다는 단지 자본이 지배하며 경제적 생존 때문에 노동자 계급을 종속적으로 만들기 때문이다.

12. 비판

실력주의적 함의가 어떤 것이든 간에 카스텔의 주장은 몇 가지 문제점을 가지고 있다. 가장 두드러진 것은 친숙함의 문제인데, 이는 실질적 현상의 새로움을 의심하게 하는 근거가 된다. 정보노동의 변환능력과 특성에 대한 카스텔의 강조는 '전문가'의 출현으로 세계가 변한다고 말하는 이전의 주장을 상기시킨다. 앙드레 고즈(Andre Gorz, 1976), 서지 말레(Serge Mallet, 1975), 케네스 갤브레이스(Kenneth Galbraith, 1972), 다니엘 벨(Daniel Bell, 1973)은 물론이고, 좀더 거슬러 올라간다면 앙리 생시몽(Henri Saint-Simon; Taylor, 1976) 등은 모두 사회에서 식자층의 특징을 묘사하면서 나름대로 독특한 측면을 강조하였다. 기술적 숙련을 강조하는 사람도 있었고, 인지능력이나 공식적 교육을 강조하는 사람도 있었다. 그러나 근원적으로 그들은 동일한 주장을 하였다. 즉 교육받은 엘리트가 사회에서 핵심적 주자라는 것이다. 그러한 입장은 정도의 차이는 있지만 불가피하게 기술중심적이다. 그것은 분업과 기술은 불가피하게 권력과 위신의 위계를 가지고 있어서 엄청난 사회적 영향력을 지니면서도 초사회적인 '자연스러운' 형태의 불평등을 초래한다는 전제를 깔고 있다(Webster and Robins, 1986: 49~73). 그럴 수도 있겠지만, 가장 특권적인 출신배경을 가진 사람들이 계속하여 특권적 지위를 독차지하게 되는 불평등의 지속에 대한 많은 증거가 존재하기 때문에 실력주의적 주장에 대한 무비판적 수용은 의문시되어야 한다(Heath et al., 2005).

두 번째 문제는 카스텔의 정보노동 개념이 매우 다차원적이라는 것이다. 그는 교육, 커뮤니케이션 능력, 조직적 능력, 과학적 지식을 그때그때 강조하는데, 이렇게 함으로써 넓은 범위의 이질적 활동과 능력을 하나의 총체적 용어 속에 넣어 한 덩어리로 만든다. 카스텔은 분산된 활동으로 인해 그것을 조정할 수 있는 조직화 기술이나 관리교육이 요구된다거나, 커뮤니케이션 능력이 있는 사람이 조직의 수장이 되는 경향이 있다고 주장하는 듯하다. 다수의 사상가들이 오래전부터 거의 동일한 주장을 했다. 로베르트 미헬스(Robert Michels)의 고전《정당》〔*Political Parties*, 1959(1915)〕을 생각해 보면, 과두제적(寡頭制的) 지도자의 속성은 카스텔이 강조한 정보노동의 조직적 지식, 미디어 능력, 화술 등과 매우 유사하다는 것을 알 수 있다.

정보노동에 대한 카스텔의 광범위한 정의는 분석력을 결여하였다. 정보통신기술을 쉽게 이용할 수 있을 정도의 기술적 능력을 가진 사람, 교육받은 행위자의 뇌 속에 이론적 원칙이 배태된 형태로 과학적 지식을 가진 사람, 제도적 문제에 대한 조직화를 촉진하는 능력이나 글쓰기, 전략수립 능력을 가진 일반적 범주의 관리자 등이 모두 정보노동자로 간주된다. 대도시의 주식 중개자와 오지에서 저수지를 관리하는 수리공학자 간에는 많은 차이가 있지만, 카스텔에게는 그들은 동일한 정보노동자이다. 이와 비슷하게, 카스텔이 볼 때는 일간신문 기자는 병원의 의사와 거의 동일한 방식으로 정보노동자이다. 그러나 이들 집단이 공유하는 것은 교육수준이 높다는 것뿐이며, 어떠한 명칭을 붙이더라도 그들은 동질적 집단으로 통합될 수 없다. 사실 품팔이하는 자영업 목수도 무역회사의 관리자와 마찬가지로 동일한 정보노동자에 속한다고 주장할 수도 있다. 두 직업 모두 효과적으로 커뮤니케이션하고 분석하고 계산하고 활동을 조정하는 능력을 필요로 하기 때문이다. 카스텔의 정보노동 개념은 융통성이 너무 커서, 노동조합이나 노동자 정당과 같이 고전적으로는 '프롤레타리아' 조직의 하급 지도자 역할을 포함할 만큼 다양한 종류의 사람을 포괄하는 것으로 확장될 수 있다.

13. 정보노동의 역사적 발전

전체 노동력에서 정보노동이 차지하는 비율이 증가했다는 점은 인정한다고 하더라도 그것의 새로움이나 규모, 중요성에 대해서는 문제를 제기할 수 있다. 역사가 해럴드 퍼킨(Harold Perkin)의 저작 《전문가 사회의 도래》(1989)는 유용한 자료가 되는데, 이 책은 카스텔처럼 최근이 아니라 지난 세기 동안의 전문직의 등장과 확산을 그려 내기 때문이다. 퍼킨에 따르면 적어도 1880년 이후의 영국 역사는 '교육에 의해 창출되는 인적 자본'을 특징으로 하는 '전문가 사회'의 출현으로 이해될 수 있다(p. 2). 전문직 종사자들은 분명히 '정보노동자들'이지만, 퍼킨에 따르면 이들은 100여 년에 걸쳐 증가했다. 지난 세기 동안 정보노동의 지속적이고 장기적인 성장은 그 새로움뿐만 아니라, 그 범주의 성장을 강조하는 주장에 대해서도 의문을 품게 한다.

나아가서 지식집약 산업의 새로움에 대해서도 탐구해 볼 필요가 있다. 생명공학과 소프트웨어공학은 오늘날 논평자들을 흥분시키지만, 과거의 중요한 지식산업에서도 유사한 예가 분명히 존재한다. 석유화학, 제약산업, 항공산업, 전자공학뿐만 아니라 심지어 은행까지도 그 뿌리가 20세기 초반에 있으며, 고용뿐만 아니라 GNP에도 중요한 기여를 했던 산업들이다. 고체물리학, 핵에너지, 레이더, 제트엔진, 플라스틱, TV 등과 같은 발전은 산업적으로 중요하며(사실 일상생활에서도), 모두 중요한 지식의 투입을 필요로 했고, 그러면서도 적어도 양차 대전 사이에 출현한 것이라는 점을 기억할 필요가 있다.

오늘날 강력한 자본주의를 둘러봐도 대부분의 정보노동자들은 시장에 종속적이며, 카스텔이 강조하듯이 중개자가 힘을 발휘하는 그림과는 상당히 다르다. 그들은 통제자라기보다는 통제를 받으며, 대항능력을 행사하기보다는 시장체계 속에서 틈새를 열심히 찾는다. 물론 이것이 반드시 오늘날 기업자본주의의 운영에서 구식 유산계급보다 시장체계의 직원들—MBA, 경제학이나 회계학 전공자들 등—이 더 중요하다는 카스텔의 주장을 전부 무효화하는 것은 아니다. 그러나 우리는 그런 사람들에게 특별한 권력을 부여하기 전에 잠시 생각해 볼 필요가 있다. 사실 그들의 행위는 매우 제한되어 있는 것으로 보인다. 그들은 기계의 톱니로 생각해 볼 수 있다. 자본주의 작동에는 필수적이지만 한곳에 고정되어 있어서 자율적 행위를 할 수가 없기 때문이다. 이런 측면에서 금융업무 종사자, 투자분석가, 보험계리사 등을 쉽게 고려해 볼 수 있는데, 이들은 시장체계와 그 속에서 고용주의 위치를 유지하는 데 전적으로 종속되어 있는 행위자들이다.

예컨대 대학 부총장(점차 '최고책임자'로 불리고 있음)은 '정보노동자'의 전형이자 정점이라 볼 수 있다. 이들은 인정된 학문적 성취, 전략적 사고 능력, 뛰어난 인사관리술 등으로 인해 고등교육을 책임지는 수장이다. 또한 영국에서의 대학은 아직도 공적 기금을 지원받고 있어서 시장 요구로부터의 자율성을 가질 수 있다. 이러한 특성과 여건으로 인하여 고등교육기관을 운영하는 이들 '정보노동자'가 상당한 영향력과 독립성을 가질 것으로 예상할 수 있다. 그럼에도 불구하고 지난 30

년 동안에 걸친 영국 대학의 변화로 눈을 돌려 보면, 급속한 성장에도 불구하고 시장 요구에 따라 만들어진 주형에 들어맞지 않는 행위를 찾아보기는 어렵다. 즉 상업화, 상품화, 교육과정에 대한 도구주의의 확산 등이 오늘날 '기업대학'의 특징이다(Slaughter and Leslie, 1997; Tuchman, 2009 참조). 두드러진 예외는 일류 대학인 옥스퍼드와 케임브리지로, 이들의 지위는 확고해서 아직도 많은 수의 고전학자와 철학자를 보유하고 있으며 심지어는 경영대학을 들여오는 것에 대해 주저하고 있다[옥스퍼드는 자신의 대학을 만들기 위한 무기중개상이자 금융가인 워픽 사이드(Wafic Saïd)의 2,300만 파운드 기부를 받아들이는 것을 주저하였다].

더욱이 1970년대 중반부터 많은 전문직(교사, 건축가, 변호사, 사서 등)의 특권에 대한 공격이 있었으며, 고등교육이 크게 늘어남에 따라 고등교육에 따른 보상도 현저하게 줄어들었다. 이러한 것들은 대부분 '정보노동'이 아니라 시장체계의 능력을 보여 주는 것인데, 이 시장체계가 — 노동자의 지적 능력이 어떠하든 간에 — 가장 결정적 요인처럼 보인다. 정보노동의 등장이 노동의 영역에서 자본의 결정력을 제한하는 역할은 거의 하지 못한 것으로 보인다.

여기서 고등교육에 대한 참여 증가 자체가 정보노동의 확산을 보여준다는 주장에 대해 논평자들이 너무나 쉽게 동의한다는 점을 언급할 필요가 있다. 진학률이 증가함에 따라 고등교육의 수준에 대한 진지한 문제가 제기되고 있으며, 이것은 아직 논쟁적인 문제이기는 하지만(Phillips, 1996), 직업 자체의 숙련도는 향상되지 않은 반면에 고용주들이 요구하는 자격기준은 크게 부풀려졌다는 점에 대해서는 의문의 여지가 거의 없다[논쟁적이지만 많은 직업이 탈숙련화하고 있다(Beaudry et al., 2013)]. 대학 학위가 지위재(*positional good*)의 고전적 특징들을 보여 준다는 분명한 징후가 있다. 즉 학위를 받는 학생들이 늘어날수록 특권적 직업을 얻는 측면에서 학위의 가치는 더 떨어지며, 학위를 수여하는 학교의 상대적 배타성은 더 가치를 갖게 된다는 것이다.

이는 특권적 대학에 대한 접근 문제를 제기하는데, 정보노동을 창출하는 데 있어 실력을 강조하는 카스텔의 강조와 특히 관련된 것으로, 이들 대학에 입학하는 것은 정보자본주의 중추에서 발견되는 최고 수준의 정보노동 직업을 위한 길을 열어 준다. 영국의 경우 최고 명문 대학인 옥스퍼드와 케임브리지가 최근 10년 동안 지원자의 사회적 출신 측면에서 더 폐쇄적이었다는 징후가 있다. 영국에서 관련 연령집단의 7%만이 사립학교에 들어가는데, 옥스퍼드와 케임브리지 학생의 절반이 사립학교 출신이다(Adonis and Pollard, 1997). 그런데 한 세대 이전에 이 수치는 1/3 정도였다. 유명 대학과 학생들의 매우 특권적인 사회적 배경 간의 관계는 쉽게 드러나는 것이다. 영국의 고등학교 중 사립학교 비율은 10% 미만이지만, 상위 10여 개의 대학에서 사립학교 출신 비율은 25~50%에 이른다. 이것은 대학이 가진 편견을 반영하는 것이 아니다. 그보다는 대학 입학에 가장 많은 영향을 미치는 국가시험에서 월등히 우수한 성과를 낼 수 있도록 학생들을 교육하는 사립학교의 능력을 보여 주는 것이다. 이는 카스텔에 의해서는 제대로 검토되지 않은 중요한 쟁점을 제기한다. 즉 공식적으로는 실력주의적 사회체계가 여전히 특정 사회경제적 집단을 선호할 수도 있다는 것이다.

14. 유산계급의 지속

자본주의 기업 자체를 포함하여 관계된 모든 이들에게 세계화된 자본주의가 혼란스럽고 불확실한 현상이라는 점은 부인할 수 없지만, 주된 이해당사자가 기업의 주식을 집중적으로 소유한 유산계급으로 구성된다는 주장에 대한 증거는 분명하다. 존 스콧(John Scott, 1982, 1986, 1991, 1996)의 연구는 이런 관점에서 매우 중요한 자료이다. 정보노동의 중요성 문제를 직접적으로 다루지는 않지만, 그것이 제시하는 증거에 따르면 카스텔의 많은 핵심적 주장이 훼손당한다. 예컨대 스콧은 자본주의에서 중요한 변화는 통제의 형태가 인적인 것에서 비인적인(*impersonal*) 것으로 변화한 것이라는 점을 강조한다. 즉 기업에 대한 개인의 직접적 소유는 쇠퇴하고 일반적으로 분산된 사람들이 나누어서 소유하는 형태로 대체되고 있다는 것이다. 그리하여 오늘날에 기업은 대개 은행이나 보험회사 같은 다양한 기관이 소유하고 있으며, 개인 이해당사자는 전체 중 일부만 차지한다.

카스텔도 이 점을 인정하지만, '관리'사회학의 오랜 전통에 근거해 '관리자 계급'이 이러한 기업을 운영하며 그 관리능력으로 인해 '정보주의하에서 자본주의의 핵심을 구성한다'고 주장한다(Castells, 1997a: 342). 그러나 스콧은 공동자본 기업은 자본가 계급의 통제력 상실을 의미하는 것은 아니며, 서로 얽힌 주식 보유에 기초한 관계의 연결망을 통해 자본가들이 서로 연결되고 '이해관계의 무리짓기'(Scott, 1997: 73)를 통해 그들의 지위가 유지되도록 보장받는다는 점을 보여 준다.

카스텔과는 반대로 자본주의 체제의 운영을 담당하는 자리는 여전히 자본가 계급이 차지하는 것으로 보인다(Sklair, 2001). 이러한 유산 계급이 자본주의를 직접적 의미에서 감독하는 것은 아니지만, 카스텔이 믿는 것보다는 훨씬 더 명시적인 존재이다. 언제나 그랬지만, 특히 오늘날 그러한 자본주의의 불안정성과 예측불가능성에 대한 관심을 끌어낸다는 점에서 카스텔은 분명히 옳다. 현대 자본주의의 가변성과 통제 불가능성을 평가하고자 한다면, 동아시아나 라틴아메리카로부터 오는 뉴스나 현대 러시아의 혼란에 대해 생각해 보면 된다. 그럼에도 불구하고 이것이 사다리꼴의 상층부가 유산자 집단에 의해 독점되지 않는다는 것을 의미하지는 않는다.

'자본주의 재생산 기제'와 '계급 재생산 기제' 간의 부분적 해체는 분명히 존재해 왔다(Scott, 1997: 310). 즉 자본가들은 여전히 자신의 재산을 후대에 물려줄 수 있지만 상층관리직의 이전을 보장할 수는 없다. 그럼에도 불구하고 이러한 해체는 상당 부분 교육적 성취에 대한 요구 때문에 나타나는 것인데, 그 범위가 크게 확산적인 것은 아니다. 실제로 스콧은 유산계급도 '기업 관리직의 상층부가 충원되는 풀(*pool*)을 형성'한다고 주장한다. 나아가서 이러한 유산계급은 카스텔이 강조하는 높은 수준의 정보적 숙련을 가지고 출현할 뿐만 아니라 교육체계에서도 특히 많은 이점을 가진 편이다. 이것이 위에서 언급한 옥스퍼드와 케임브리지대학이 입학의 배타성을 보이는 주된 이유이다. 스콧이 지적하듯이, 이러한 유산자본가 계급은 기업시스템 전반에 걸쳐 이해관계를 가지고 있으며, 부의 독점화뿐만 아니라 교육체계의 독점화를 통해 시간에 걸친 연속성을 확보할 수 있다. 그들은 계층체계의 상층부에 위치하면서, 기업 위계구조의 하단을 채우는 종속적 서비스 계급보다 월등히 나은 생활기회를 누린다(Scott, 1997: 20).

의심의 여지 없이 기업의 상층 관리자는 모두 정보노동자들이지만, 이들을 소프트웨어 공학자, 회계사, 상징을 다루는 언론인 등과 함께 묶어 버리는 것은 중대한 오류이다. 세계화된 자본주의의 중심에는 실제로 정보노동자들이 자리 잡고 있지만, 대부분의 경우는 그들이 본래부터 속했던 자리이며, 특권적 배경과 교육, 그리고 상속재산이라는 엄청난 이점 때문에 앞으로도 그 자리를 계속 차지할 것이다. 자본주의가 세계화됨에 따라 자본가 계급의 유형도 더 다양하게 변했다. 그러나 여기서도 놀라울 정도의 자기 재생산을 보여 주는 유산자(有產者) 집단의 방대한 영향의 징후가 존재한다(Useem, 1984).

15. 정보자본주의의 유래

이제 《정보시대》의 개념적 측면에 대해 더 논의하고자 한다. 카스텔은 자신이 정보적 발전양식이라고 부르는 것과 자본주의 생산양식을 구별한다. 후자는 마르크스주의 전통에서 나오는 것으로 시장경제, 이윤을 위한 생산, 사적 소유 등과 같은 것을 지칭한다. 반면에 발전양식은 주어진 수준의 부를 생산하는 수단을 지칭한다. 산업주의는 하나의 발전양식이었고, 우리는 이제 새로운 '사회기술적 패러다임', 즉 정보적 발전양식에 진입하였으며, 이는 부를 창출하는 새로운 방식을 제고해 줄 것이다. 카스텔의 견해에 따르면 정보적 발전양식은 "지식 자체에 대한 지식의 작용이 생산성의 주요 원천이 되는"(Castells, 1996: 17) 곳에서 등장한다. 앞에서 본 바와 같이 카스텔의 견해에 따르면, 1970년대 위기에 처한 자본주의와 '정보혁명'의 역사적 동시발생을 통해 오늘날의 '정보자본주의'가 출현하였다.

여기서 사용되는 개념적 도구에 대해 조금 더 검토해 보자. 그것은 우리가 두 가지 분리된 축에서 변화를 검토할 수 있다는 주장과 관련되는데, 하나는 생산양식이고 다른 하나는 발전양식이다. 전자는 부(富)를 제공하고, 후자는 그러한 부를 배열하고 조직한다. 여기서 다니엘 벨의 선구적 연구를 상기해 볼 필요가 있다. 벨이 '탈산업사회'의 개념을 만들어 냈다는 것은 잘 알려져 있다. 그는 엄격히 베버적 틀 속에서 자신의 주장을 전개했음에도 불구하고 나중에 '정보사회'라는 명칭을 사용한다. 마누엘 카스텔은 자신이 벨에 비해 더 급진적인 지적 전통에 있는 것으로 보지만, 그가 "정보주의의 … 선조"(Castells, 1996: 16)로 인정하는 벨에게 진 빚을 의식하고 있다. 그러나 두 사람 간의 친화성은 이런 짤막한 언급보다 훨씬 더 크며, 이런 친화성 때문에 카스텔의 접근에 대해 중요한 물음표를 붙이게 된다.

이러한 맥락에서 다니엘 벨의 이론적 가정을 상기하는 것이 유용한데, 그 이유는 그것이 카스텔의 가정을 매우 유사하게 반영하기 때문이다. 다음에서는 특히, 벨의 주장이 마르크스주의와의 논쟁 속에서 만들어졌고, 이러한 출발점은 카스텔의 그것과 일치한다는 점을 명심하는 것이 유용하다. 《탈산업사회의 도래》에서 '정보시대'의 출현에 대한 논제는 생산의 기술과 기예가 그것을 기초로 형성된 특정 사회체계보다 더 중요하다는 벨의 주장을 중심으로 전개된다. 즉 마르크스주의자들은 근본적 변동이 노예제-봉건주의-자본주의로 이행하는 문제라고 주장하는 반면에, 벨은 가장 중요한 변화는 농업-산업주의-탈산업주의로의 이행이며, 마지막 단계는 '정보사회'로 특징된다고 주장한다. 벨의 〔준(準) 마르크스적〕 말로 표현하자면 "사회의 주요 축으로서의 생산력〔기술〕이 사회관계〔재산〕를 대체한다"(Bell, 1973: 80).

여기서 벨은 마르크스와 베버를 혼합한다. '생산관계'의 계급투쟁은, '더 적은 것으로 더 많게' 에토스 — 특히 기술혁신에서 드러나는 효율성 욕구 — 의 확산이라는 단순한 강박보다 덜 중요하다는 것이 판명되었다. 불가피하게, 그리고 그가 어떠한 반론을 펴든 간에 변동에 대한 벨의 주장은 기술결정론적 원칙에 기초한다. 왜냐하면 이것이 모든 사회생활과 정치생활의 토대가 되기 때문이다. 미국 사회학의 베버적 전통이 그러하듯이 벨은 주요한 역사적 이행은 전(前) 산업주의에서 산업주의를 거쳐 탈산업주의로의 이동으로 특징된다고 주장하면서 결론을 내린다. 여기서 각 단계는 생산성의 엄청난 증가를 가능하게 하는 기술적 진보에 의해 특징된다.

이것은 우리가 카스텔로부터 얻는 것과 거의 동일한 주장이다. 그가 생산양식과 정보적 발전양식을 분석적으로 구별함으로써, 우리가 '정보자본주의' 시기에 있다는 것을 인식하게 되었지만, 변동의 실제적 동력은 '정보기술이 중심이 되어 사회의 물적 토대를 가속적으로 변화시키는 기술혁명'(Castells, 1996: 1)이라는 것이 분명하다. 카스텔은 '네트워크 사회'의 여타 부분들이 구축되는 토대가 되는 구조물은 '정보기술혁명'이라는 원칙을 시종일관 지지한다. 불가피하게, 이것은 카스텔이 오랫동안 급진주의를 표방했음에도 불구하고, 그가 다니엘 벨 및 다른 모든 '정보시대' 이론가들과 마찬가지로 발전에 대한 기술중심적 견해를 견지한다는 것을 의미한다(Kumar, 2005). '네트워크 사회'가, 명시되지 않은 범위에서지만, '발전양식'의 변화를 통해 출현한다는 가정을 고려할 때 카스텔은 자신의 다소 다른 용어에도 불구하고, 변동을 위계적으로 정렬된 일련의 단계를 통해 진행되는 것 — 탈산업사회론의 독자들에게 친숙한 종류 — 으로 간주한다는 비난을 직면해야 한다. 그 단계가 산업주의에서 탈산업주의(벨의 개념)로든, 산업주의에서 정보주의(카스텔의 개념)로든, 실질적 차이는 거의 없는 것으로 보인다. 이에 따라 당연히 그래야 하듯이, 그는 일정한 기술적 토대가 모든 사회생활과 정치생활의 선결요건과 결정요인이 된다고 주장한다.

나아가서 이는 단지 정치적 선택의 여지를 줄이는 문제만은 아니다(단지 그것만을 의미할 수도 있지만). 왜냐하면 이것은 또한 기술변동에 관한 방대한 사회학적 분석 — 특히 사회에 결정적 영향을 미치는 기술을 자율적이고 비사회적 현상으로 이해하는 것은 오류라고 주장하는 — 에 정면으로 대항하는 입장이기도 하기 때문이다.

16. 획기적 변동

여기서 정보주의가 획기적(*epochal*) 변동을 보여 준다는 카스텔의 가정을 좀더 검토할 필요가 있다. 자본주의가 여전히 영향력을 발휘하고 있지만, 그의 3부작의 제목이 예고하듯이, 카스텔이 우리가 '정보시대'에 진입하였다고 믿는 것도 분명하다. 나는 이제 변동에 대한 카스텔의 설명을, 획기적 변동을 어떻게 확인할 것인가 라는 질문의 측면에서 분석해 보고자 한다. 이를 통해 나는 카스텔의 정보 개념 자체에 문제를 제기하고자 하는데, 그의 정보 개념은 획기적 변동을 설명하는 데 핵심적인 것임에도 불구하고 모호하고, 절충적이며, 혼란스러운 것이라고 주장하고자 한다.

잠시만 생각해 보면 획기적 변동이라는 것이 실질적 발전을 통해 바로 확인되지 않는다는 것이 분명해진다. 예컨대 전쟁과 전염병은 기아나 종교적 위기와 마찬가지로 엄청난 결과를 초래할 수 있지만, 그러한 사건을 획기적 변형의 신호가 되는 단계로 끌어올리기 위해서는 해석의 틀을 필요로 한다. 여기서 강조하고자 하는 것은 이러한 입장은 특정한 사건이나 과정의 중요성을 부정하는 것이 아니며, 그보다는 해석이 불가피하다는 것을 보여 준다는 것이다. 그렇다고 이것이 획기적 변동이라는 것은 보는 사람의 입장에 달렸다고 주장하는 것은 아니다. 제시되는 증거나 주장의 논거를 통해 획기적 변동을 보여 주는 것인지 아닌지에 대한 판단이 가능할 것이다. 간단히 말해 나는 정치적 추세든 경제적 발전이든 아니면 기술적 혁신이든, 획기적 변동은 자명하게 실재하는 것은 아니라고 보지만, 시대구분을 시도하는 역사학에 대해 동의하며 그 실현가능성에 대해서도 인정한다.

마틴 앨브로(Martin Albrow)의 연구 《지구시대》(*The Global Age*, 1996)는 역사적으로 주요한 변동을 확인하는 대안적 방법이 있다는 사실을 강조한다. 그는 역사적 시기를 3가지로 구분하는데, 중세적, 근대적, 지구적 시기가 그것이다. 특히 지구적 시기는 우리가 최근에 진입한 것으로, 다양한 요인의 축적에 따라 등장했지만 가장 중요하게는 경제·정치·교육·환경 문제 등과 관련하여 지구가 준거점으로 표현된다. 물론 마르크스주의자들도 획기적 변동에 대한 다른 구분을 강조했다. 즉 노예제, 봉건제, 자본제가 그것이다. 앞에서 살펴본 다니엘 벨도 다른 지표를 가지고 시기를 구분하는데, 전산업주의, 산업주의, 탈산업주의가 그것이다. 마누엘 카스텔의 경우 명시적으로 말하지는 않았지만, 정보시대가 과거와의 획기적 단절을 보여 준다는 견해를 지지한다는 것에는 의심의 여지가 없어 보인다.

카스텔은 이러한 변화를 보여 주는 정보적 발전에 대해 중요한 의미를 부여한다. 이것을 인정한다고 하더라도 우리는 새로운 시대에 대한 그의 설명에서 정보라는 것이 무엇을 의미하는지에 대한 문제를 제기해야만 한다. 3부작에서 그는 정보에 대해 다양한 개념화를 사용한다. 이는 정보의 흐름이 핵심적 특징이 되는 '네트워크 사회'에 대한 강조에서 시작하여, 다양한 전자적 장치에 의한 노동과정의 자동화에 대한 논의, 커뮤니케이션 능력이나 분석 능력과 같은 본질적 자질을 보유한 정보노동의 중요성에 대한 강조, '지식에 대한 지식의 작용'이 생산성의 주된 원천이 되는(Castells, 1996: 17) 정보주의에 대한 정의, '정보화된' 사회란 "정보의 생산, 처리, 분배가 생산성과 권력의 근본적 원천이 되는" 사회라는 주장에 이르기까지 다양하다.

정보에 대한 이러한 개념화는 결코 동일하지 않다는 것은 쉽게 알아볼 수 있다. 예컨대 '지식에 대한 지식'의 작용은 정보의 흐름으로 포함될 수 없다. 왜냐하면, 가령 산업설계가는 창조적 작업을 통해 제품에 부가가치를 더하지만 이는 정보통신망을 거의 필요로 하지 않기 때문이다. 또한 정보노동의 경우도, 적어도 그중 일부 요소는, 정보통신망을 활용하지 않고서도 매우 효과적으로 작동할 수 있다. 나아가서 과연 무엇이 통신망을 형성하는가도 논쟁거리다. 왜냐하면 이것은 두 사람 간의 전화 통화일 수도 있고, 컴퓨터 단말기 간의 방대한 양의 전자적 정보의 교환일 수도 있기 때문이다.

새로운 시대를 구분하는 데 가장 적합한 정보의 정의가 무엇인가를 카스텔에게 묻는 것은 매우 합당하다. 나는 앞에서 대체로 카스텔이 기술이라는 친숙한 근거, 특히 '정보적 발전양식'을 규정하는 것으로 보이는 정보통신기술로 되돌아가고 있다는 것에 대해 이미 언급했다

(사실 이것도 정보노동의 중요성에 대한 그의 강조와는 다소 어긋나 보인다). 사실 카스텔은 다양한 정보의 개념을 한꺼번에 사용하는데, 이는 아마도 큰 그림으로 보자면 그가 '네트워크 사회'로 언급하는 새로운 시대를 특징짓는 것은 정보, 특히 행위자들 및 장소 간의 정보이동의 중요성이 높아졌다는 점을 근거로 한 것으로 보인다.

그럼에도 불구하고 이러한 동질화 과정은 충분하지 않은데, '새로운 시기를 특징짓는 정보의 속성은 무엇인가'라는 결정적 질문이 남아 있기 때문이다. 카스텔의 저작에서 암묵적으로 제시되는, '정보의 거의 모든 측면'이라는 대답은 적절하지 않다. 우리는 더 중요한 것과 덜 중요한 것을 구별해야 하기 때문이다. 우리는 정보에 대한 대안적 개념화를 살펴봄으로써 이러한 반론을 더 잘 이해할 수 있다. 데즈먼드 버널(Desmond Bernal, 1954)의 연구나 보다 최근의 니코 스테어(Nico Stehr, 1994)의 연구에 따르면, 다양한 형태의 텍스트에 부호화되어 있고 추상적이며 일반화 가능한 정보로 정의될 수 있는 이론적 지식의 역할이라는 측면에서 역사의 시기를 구분하는 것도 가능하다.

버널은 이론적 지식의 활용에 따라 역사를 상이한 시기로 구분한다. 16세기와 17세기의 과학혁명 시기는 실용적 중요성이 거의 없는 이론적 지식의 발전으로 특징된다(이는 코페르니쿠스, 케플러, 갈릴레오, 뉴턴 등과 같은 사람들의 천체 운행, 중력 등에 대한 연구가 계몽적이기는 했지만 실용성은 없었던 시기이다). 버널의 두 번째 시기인 산업혁명 시기는 18세기 중반에서 19세기에 걸친 시기로서 중요한 실용적 변동으로 특징된다. 이 시기를 선도한 사람들은 대체로 이론적 지식에 대해서는 무지하였다. 조지 스티븐슨(George Stephenson) 등과 같은 사람들은 실용적 수요에 대응하여 열차기관이나 증기기관과 같은 기술을 개발하였다. 마지막 세 번째 시기는 버널이 과학기술혁명이라 부르는 20세기의 시기로서 이론적 지식이 실용적 활동과 접목된다. 항공공학, 레이더 기술, 섬유공학, 플라스틱공학 등이 그 예가 되는데, 기술적 생산에서 이론적 지식이 중요한 역할을 한다는 것이 핵심적 논제이다. 역사가 에릭 홉스봄(Eric Hobsbawm)은 20세기 동안 "이론가들이 운전석에 앉아서 … 실행가들에게 무엇을 찾아야 하고 이론의 관점에서 무엇을 발견해야 하는지를 말해 주었다"(Hobsbawm, 1994: 534~535)고 적어 이러한 논제를 확인해 준다.

내가 여기서 주장하는 것은 이론적 지식이 상이한 역사적 시기를 구별 짓는 기준이라는 점을 독자들에게 설득하려는 것이 아니다(물론 하나의 관점으로서는 언급할 것이 많지만). 그보다는 상이한 시기에 대한 대안적 접근을 고려하는 경우, 우리는 '정보시대'의 도래를 표시하는 카스텔의 방식의 적절함을 따져 보아야 한다는 것이다. 카스텔의 시나리오에 이론적 지식이 등장하지는 않지만, 현대사회에서 이론적 지식이 핵심적 역할을 한다는 주장은 쉽게 할 수 있다. 더욱이 이러한 대안적 개념화를 통해 우리는 정보에 대한 카스텔의 개념화가 가지는 모호함을 더 잘 평가할 수 있다.

17. 결론

마누엘 카스텔에 대한 논의를 마무리하면서 의견 불일치나 지나치게 회의적인 논지를 보이는 것은 잘못된 것이다. 그의 초기 저작인 《정보도시》(1989)는 정보에 대한 면밀한 관심을 가지는 예를 보여 주는데,

이는 선구적이고 혁신적이며 설득력 있는 것이었다. 그 후에 나온 그의 3부작은 역작으로서, 이를 통해 그는 정보시대에 대한 선도적 논평자의 지위에 당당히 올라섰다. 보다 최근의 저작인 《커뮤니케이션 권력》(2009)은 오늘날의 세계에서 매개(*mediation*)가 차지하는 역할을 이해하고자 하는 사람은 누구나 필수적으로 읽어야 하는 책이다. 현대 사회의 향방과 역학에 대한 분석으로서 이것을 능가하기는 힘들 것이다. 경험적 증거를 충분히 반영하는 동시에 이론적으로도 풍부한 이런 포괄적 업적을 낸다는 것은 대단한 일이다. 《정보시대》는 또한 매우 학술적이면서도 세계에 대한 카스텔의 관심과 열정이 투영되어 있다. 무엇보다도 그것은 정보의 흐름과 그 토대가 되는 네트워크가 오늘날 우리의 삶에서 얼마나 중요한가를 잘 보여 준다. 카스텔은 '네트워크 사회'를 현 시기에 대한 가장 정확한 개념화로 간주하는데, 그의 개념화에 반대하기는 어렵다.

지금까지 한 세대가 훨씬 넘는 동안 마누엘 카스텔은 사회운동에 대한 지도적 분석가로서의 자리를 차지하여 왔다. 그의 저작인 《도시와 빈초》는 이제 도시 사회운동에 대한 고전적 설명서가 되었다. 내가 볼 때 통신망 관계와 흐름의 맥락에서 이루어지는 사회운동에 대한 카스텔의 지속적인 분석은 오늘날 정보 관련 논의에 대한 그의 중요한 기여를 보여 준다. 3부작 《정보시대》의 제 2권인 《정체성 권력》(*The Power of Identity*, 1997)은 사회운동을 집중적으로 다룬다. 변동의 방향에 대한 거시적 그림을 엮어 내는 저자의 능력과 상세한 내용에 대한 파악 등을 고려할 때 이 책은 현대 사회를 연구하는 사람들에게 필독서라고 할 수 있다. 나아가 그는 정치사회적 동원에 대한 매개의 중요성 고조라는 맥락 속에서 현대의 사회운동을 고려한다. 이는 《커뮤니케이션 권력》에서 상징적 정치라 할 수 있는 것에 대한 관심이나 '인터넷 시대의 사회운동'에 대한 설명 등을 통해 잘 나타난다. 카스텔의 저작 중 어느 것부터 보는 것이 좋은가 라는 질문을 받는다면, 나는 자세하고 대담하며 경험적으로 풍부한 이러한 사회운동에 대한 연구라고 답할 것이다.

그럼에도 불구하고 카스텔의 설명에는 어려운 문제점들이 남아 있는데, 이는 계급 불평등의 중요성에 대한 과소평가, 그의 주장에서 연속성과 변동 간의 관계, 정보라는 것이 의미하는 바의 애매성 등과 같은 실질적 문제에서부터 그의 논제의 핵심에서 맴도는 기술결정론에 이르기까지 다양하다. 오늘날 정보에 대해 분석하려는 사람이 마누엘 카스텔의 저작에서부터 시작한다면 아마 실패하지 않을 것이다. 그러나 적절한 분석은 《정보시대》에서 끝나서도 안 될 것이다. 카스텔 자신도 그렇게 하는 것을 원하지 않을 것이다. 사실 현 시대의 이동성(*mobilities*)을 다루는 제 7장은 사회운동 연구에서 시작된 그의 관심을 확장하는 것으로 볼 수 있다.

제7장

이동성

제 6장의 주제인 카스텔의 네트워크 사회 개념은 정보의 흐름과 현대 세계에서의 그 의미에 주목한다. 우리는 정보가 이동하는 방식에 대해 생각해 봄으로써, 예컨대 사회적 불평등의 재구성(정보노동자들이 고용의 핵심 범주로 등장하면서)뿐만 아니라 도시환경의 새로운 측면(연결된 세계에서 정보의 접속점을 형성하는 도시에서 비롯되는)에 대해서 제대로 평가할 수 있게 된다. 이 장의 주제인 이동성(*mobilities*)[1]은 카스텔의 사고를 확장하여 보다 야심찬 영역에 적용한다. 그 발상은 오늘날 우리는 관계라는 것을 이동성이라는 관점에서 이해해야 한다는 것인데, 정보의 흐름뿐만 아니라 거의 모든 것에 대해 그렇다는 것이다.

---

1) 여기서 'mobilities'는 사람, 물자, 사고 등의 이동과 그런 이동의 사회적 함의를 탐구하는 현대 사회과학의 새로운 패러다임의 하나이다. 이 장에서는 문맥에 따라 '이동성 패러다임' 또는 '이동성'으로 번역하기로 한다 - 옮긴이 주.

주장의 핵심은 이동성이 현대 세계의 중심적 특징이라는 것이다(Urry, 2000, 2007). 이동성과 관련하여 정보와 통신이 중요하다는 것은 분명하고 이에 대해서는 다음에서 더 논의하겠지만, 이론가들은 이동성 패러다임을 통해 조명할 수 있는 다양한 쟁점에 관심을 기울인다. 이들은 생산 자체를 이해하는 데서도 이동성이 유용한 방법이라는 점을 강조하는데, 다양한 지역에서 제조된 상품이 세계 여러 곳으로 퍼져 나가 판매되는 측면에 주목하는 것이다. 예컨대 어떤 지역에서 설계된 PC가 다른 지역에서 제조되어 전 세계에서 판매되는 경우를 생각해 보자. 오늘날 제품은 전례가 없을 정도로 이동성이 높다는 것을 쉽게 알 수 있다. 애플의 아이폰과 아이팟은 이러한 특성을 잘 보여 준다. 설계는 미국 캘리포니아 쿠퍼티노(Cupertino)에 있는 애플 본사에서 하고, 제조는 대만 기업인 폭스콘〔Foxconn, '혼하이(Hon Hai)정밀산업'이라는 회사명으로 운영〕이 소유한 홍푸진(Hongfujin) 사의 관리하에 중국 광둥에서 이루어진다. 만일 제품 생산의 이동성 증가를 고려할 수 있다면, 이러한 제품의 생산과 관련된 과정의 이동성에 대해서도 생각해 볼 수 있다. 이러한 과정은 작업을 효율적으로 지휘통제할 수 있게 해주는 신속하고 강력하며 신뢰성 있는 통신기술을 필요로 하며, 따라서 정보통신기술(ICT) 기반이 중요하게 된다.

이동성 패러다임은 생산품, 과정, 정보이동보다 더 많은 것을 포괄한다. 여기에는 사고와 정체성도 포함될 수 있어서 의견, 가치, 심지어는 정치가 이동성의 중요한 차원과 관련되는 방식에 관심을 기울일 필요가 있다. 물론 이러한 쟁점에는 이동성의 요소가 늘 존재하여 왔지만, 미디어가 포괄하는 세계화된 오늘날 사고와 정체성을 더 잘 이해하기 위해서는 그것들이 집단과 거리를 뛰어넘어 전달되고 교환되는 방식을 고려해야 한다.

마지막으로 이동성 접근은 사람들의 이동성을 강조한다. 이는 매우 방대한 주제이지만 오늘날의 세계를 제대로 평가하기 위해서는 필수적인 것이다. 사람들은, 물리적으로나 상상으로, 전례가 없는 방식으로 공간을 이동한다. 일터를 오가는 일상적인 통근의 문제이든, 주말여행을 위한 것이든, 연차 휴가에 해외로 떠나는 것이든, 새로운 일자리를 찾아 이주하는 것이든, 사람의 이동성은 오늘날 우리가 살아가는 방식의 중요한 특징 중 하나이다. 이는 필연적으로 정보의 이동과 연관될 수밖에 없다. 왜냐하면 사람들은 사고, 정체성, 문화(의상, 음식, 언어, 음악 등)를 가지고 이동하면서 다른 집단과 접촉하기 때문이다. 이러한 이동성은 또한 자동차, 열차, 비행기 등과 같은 수송양식과 밀접한 관련을 가지며 그것을 촉진하기도 한다. 상상의 이동성은 필수적으로 연결되어 있다. 즉 우리는 이러한 방식으로 수많은 것에 접근할 수 있다. TV 프로그램에서부터, '아는' 곳이지만 실제로는 가게 될 가능성은 거의 없는 장소[고비 사막, 대서양의 심연, 티후아나(Tijuana : 멕시코 북부 국경도시의 하나 - 옮긴이 주)의 길거리 등]를 만들어 내는 가상현실에 이르기까지 다양하다.

1. 기술결정론

이동성 이론가들이 주장하는 바의 요점은 사람, 물자, 정보의 이동이 확장되고 가속화하여 중대한 결과를 초래하면서 현대생활의 규정적 특징이 되고 있다는 것이다. 이러한 이동성에 대해 정보통신기술이 중요하지만, 이것이 결정인자로 간주되어서는 안 된다. 이에 대해서는 다른 곳에서 논의하였지만, 우리가 기술결정론을 거부해야 한다는 점은 재차 언급할 필요가 있다. 왜냐하면 기술결정론은 과도하게 단순하며, 동시에 관계형성에서 차지하는 사람들의 역할을 격하시키기 때문이다. 이동성 관점에서 예를 하나 들어 보자. 오늘날 선진국에서 컴퓨터 중매(*computer dating*)는 흥미롭고도 익숙한 현상이다. 컴퓨터 중매는 1960년대에 시작되었고 불과 20년 전까지만 해도 매우 절박한 사람들만 이용하는 서비스로 인식되었다. 그러나 오늘날 미국의 업계 선도자인 이하모니(eHarmony)에 따르면, 결혼 5건 중 1건은 컴퓨터 중매를 통한 것인데, 이 회사는 2000년에야 설립되었다.

정보기술은 이러한 서비스가 성공하는 과정에서 필수적인 부분이지만 중매 대행사는 정보통신기술 발전의 결과는 아니다. 컴퓨터 중매 서비스를 이해하기 위해서는 다양한 요인을 고려해야 한다. 관계의 불안정성(이혼한 사람들이 새로운 상대를 만날 수 있는 창구가 필요하고, 많은 사람들은 일시적 관계만 추구할 수도 있다), 배우자를 찾아야 하는 개인적 책임감 — 그리고 권리 — 에 따른 스트레스 증가(부모와 연장자의 영향력이 점차 약해지고 있다), 혼인 연령의 증가에 따른, 과거 만남의 장이었던 대학이나 지역 클럽 등의 역할 쇠퇴, 그리고 아마도 가장 중요한 것으로, 일자리 재배치에 따라 많은 것을 이방인의 세계로 몰아넣는 지리적 이동의 증가(뉴올리언스에서 뉴욕으로 이주한 35살 노총각이 새로운 상대를 만나는 것이 과연 쉽겠는가?) 등이 그 예이다. 컴퓨터 중매 서비스는 많은 독자들에게도 익숙한 것이라 할 수 있는데, 이런 서비스가 결혼 상대를 찾는 일반적인 방법 중 하나로 급속하게 자리매김하고 있기 때문이다. 이러한 서비스는 가입하기 쉬우며, 회원들은 선별되어 소득, 직업, 연령, 직위, 외모, 취향, 성 지향, 생활양식, 위치 등과 같은 다양한 기준의 비교를 통해 연결된다. 중매 시스템이 점점 더 정교화해 국가를 초월할 수 있기 때문에 회원들은 자신의 취향과 기대에 맞게 대상을 나누어서 검토—집안 배경, 종교, 민족을 따지는 회원들이 많이 이용하는 기능—할 수도 있다. 예상할 수 있듯이 온라인 중매 시스템을 이용하는 초심자들을 도와주기 위한 조언 지침이 만들어졌는데(Leung, 2013), 이는 기술에 대한 것이 아니라 복잡한 인간관계에 대한 것이다.

컴퓨터 중매는 널리 확산되었고 점점 확장되고 있는데, 특히 사람들이 모여들고 이방인 속에서 살아가는 경험이 가장 잘 드러나는 도시 환경에서 그러하다. 잠시만 생각해 봐도 이러한 추세는 기술혁신의 결과가 아니라 다양한 사회경제적 요인의 결과라는 것을 알 수 있다. 기술혁신이 사회에 충격을 가하는 묘책이라는 주장에 현혹되기 쉽지만, 컴퓨터 중매의 확산 등과 같은 사례는 사회의 변화가 겉으로 보이는 것보다 훨씬 더 복잡하고 다면적이라는 것을 잘 보여 준다. 컴퓨터 중매가 이동성이 증가된 삶의 방식을 표현하는 것이기는 하지만, 우리는 그것이 기술에서 비롯된다고 생각하는 오류를 범해서는 안 된다.

이런 측면에서 애플의 창업자인 스티브 잡스(Steve Jobs)가 한 말을 되새겨 볼 필요가 있다. 기술혁신에 대한 자신의 접근방식을 설명해 달라는 요청을 받았을 때, 잡스는 "고객의 경험에서부터 출발해서 기술로 거슬러 올라가야 한다. 기술에서 출발해서 그것을 어디에 팔아야 할지를 찾아내려고 해서는 안 된다"라고 답했다(Schofield, 2011에서 인용). 잡스가 여기서 전화기, 컴퓨터, 음악재생기기 등과 같은 경성 기술(*hard technology*) 조차도 인간적 요인에서 시작함으로써 이러한 사회적 요소들이 제품 속에 구현될 수 있도록 해야 한다고 주장했다는 점에 주목할 필요가 있다. 기술에 대해 말하자면 오늘날 우리는 하드웨어보다 소프트웨어가 더 중요한 환경에 살고 있다. 이런 경우 성공적인 소프트웨어는 사회적 요인을 더 많이 고려하게 된다. 이는 사회적 요인이 매력적인 소프트웨어의 필수적 부분이기 때문이다(소프트웨어는 실용성과 이용자 요구에 대한 안목을 가지고 개발해야 한다). 이러한 점을 고려하면서 컴퓨터 중매의 확산으로 되돌아가서, 그런 시스템의 성공을 위해서는 진취적인 사람들도 필수적으로 요구된다는 점을 강조할 필요가 있다. 왜냐하면 그런 시스템은 가용한 기회 — 새로운 유형의 조직이 요구되는 복합적인 사회 추세와, 변화하는 사회적 필요를 충족해줄 컴퓨터 시스템을 필요로 하는 — 에 대한 인식을 가진 사람을 요구하기 때문이다. 중매 대행사는 컴퓨터 이전부터 존재했지만, 지식이 많고 혁신적인 기업가들이 디지털 기술을 활용함으로써, 중매 시스템의 정교함과 활용도가 크게 개선된 것이다.

2. 시공축약과 조정

이동성의 핵심에는 시간과 공간이 연결되고 재배열된다는 인식이 자리잡고 있다. 공간은 폐기할 수 없는 물리적 특성을 지니지만, 기술이 확산되고 능숙한 활용이 늘어나면서 '축소'될 수 있다. 이런 측면에서 항공 교통의 확산을 생각해 보자. 오늘날에는 비행기를 타고 휴가를 떠나는 것이 일상적이지만 몇십 년 전만 해도 비행기는 아주 먼 여행을 가는 경우에만 이용했다. 미국 시카고에서 며칠 동안 열리는 국제회의에 참석하는 것은 한 세기 전만 해도 일생에 한 번 있을 정도의 여정이었다. 유럽 챔피언스리그(Champions League) 축구경기를 관람하기 위해 영국 맨체스터에서 스페인 마드리드로 날아가는 것은 과거에는 상상하기 어려웠다. 거리를 축소하는 과정에서 항공기가 물론 중요하지만 자동차도 매우 중요해졌다(교통정체의 문제를 감안하더라도). 우리가 어떤 장소를 언급할 때 추정 거리가 아니라 '몇 분 떨어진 곳'으로 표현한다는 사실은, 공간적 제약이 관리되고 조정되는 방식을 잘 보여준다. 1960년대 영국에서는 약 10% 정도의 가구만 자동차를 소유했지만, 오늘날에는 80% 이상이 자동차를 소유하고 있다. 특히 통합시간〔*unified time*, 영국의 경우 철도운영자들이 시간표에서 사용하기를 요구한 '런던 시간'(McKenna, 1980: 246)〕의 개념이 형성되는 과정에서 역사적으로 매우 중요하였던 철도와 더불어, 자동차는 장거리 직장으로의 통근을 가능하게 해줄 뿐만 아니라, 멀리 떨어진 가족, 친구, 장소를 방문하기 위해 상당한 거리를 여행하는 것도 어렵지 않게 만들었다. 이러한 기술은 공간의 제약을 극복하도록 도와주면서 시간에도 영향을 미치게 된다. 왜냐하면 그런 기술은 조정을 가능하게 해주고 또 정교한 시계의 조직화를 통해 조정되기도 하기 때문이다. 그리니치 표준시(GMT)는 19세기 말에나 형성되었지만, 그 후 시간과 공간의 조정은 매우 빠르게 발전하여, 사람들은 시간표에 의지하여 매우 복잡한 여정도 큰 어려움 없이 이어 갈 수 있다.

이러한 예들은 우리의 생활양식을 항시적인 '언제 어디서나' 식으로 만드는 시공축약과 조정에 대해 많은 것을 말해 준다. 우리가 세계적 차원의 실시간 행위라는 목표를 지향하도록 만드는 이러한 경향에 대해서는 마누엘 카스텔의 업적이 유명하다. 그는 수천 마일 떨어진 곳에서 진행되는 스포츠 행사 생중계, 하나의 중심부에서 이루어지는 여러 대륙에 걸친 공급량 조정, 키보드 조작만으로 진행되는 국경을 넘는 자금 이전 등을 언급한다. 이러한 경향은 이동성 있는 삶을 표현하는 것이기도 하지만, 그러한 삶을 가능하게 하는 것도 바로 이러한 경향이다. 핵심적 요소는 — 필요조건이기는 하지만 충분조건은 아닌 — 정보의 흐름(교통 시간표, 미디어 콘텐츠, 사업 자료 등)이 이루어지게 해주는 하부구조이다. 비록 우리는 대부분 당연시하다가 컴퓨터 고장, 정전 등과 같은 문제가 발생하는 경우에 깨닫기는 하지만, 이러한 하부구조가 없다면 커다란 장애가 생길 수밖에 없다.

이러한 경향의 중요한 표현은 사안의 가속화로, '즉시성 조건'을 만들어 내고(Tomlinson, 2007), 심지어는 우리가 '속도의 논리'〔질주학(*dromology*)의 주창자인 폴 비릴리오(Paul Virilio)의 용어를 빌리자면〕로 살아간다는 주장까지 나오게 만들었다. 비릴리오(Virilio, 1986)가 언급한 '질주학적 의식'은 이러한 삶의 끝없는 가속화 의식과 무한 달리기 트랙에서 살아간다는 의식을 포착하기 위한 것이다(Armitage, 2000). 사람들은 욕구가 생길 때마다 음식을 먹을 수 있기를 원하고 그에 따라 밤낮 없이 어떤 곳에서나 '마음대로 먹을' 능력을 원한다. 사람들이 쇼핑을 원하기 때문에 매장은 일주일 내내 쉬는 날이 없으며, 매장이 쉬는 날이 생기면 사람들은 온라인으로 구매한다. 휴대전화는 사람들이 지속적으로 접촉하고 언제나 연락할 수 있다는 것을 의미한다. 사업의 영역에서 이는 '적시'(*just-in-time*) 정신이라 할 수 있지만, 사회 전체로 보면 이는 시간, 장소, 심지어 물리적 신체의 제약에 굴복하기를 거부하는 것뿐만 아니라 '지금 당장 원해'라는 사고방식을 촉진하는 것으로 알려져 있다. 오늘날에는 자신의 지역적 환경 때문에 제약을 받는다는 느낌이 드는 경우 버스, 기차, 또는 비행기를 타고 다른 지역, 다른 나라, 심지어는 다른 대륙으로 가서 끊임없이 옮겨 다니는 이주자들과 함께 어울리는 것이 훨씬 용이해졌다.

존 톰린슨(John Tomlinson, 2001)은 '근접성 정치'라는 용어를 만들어 냈다. 이는 뉴스가 멀리 떨어진 청중들에게 생방송으로 전달될 수 있기 때문에 뉴스보도는 어떤 지역에서 지금 일어나는 바를 전달할 수 있다는 의미를 포착하는 것이다. 이는 멀리 떨어져 살고 있지만 가까이 있다는 의식을 만들어 내고, 먼 나라에서 발생하지만 시청자들에게 중대한 영향을 미치는 사건의 전개를 실시간으로 접한다고 느끼게 해준다. 이는 수용자들에게 강력한 효과를 미치며, 이들은 사건의 전개에 더 쉽게 몰두하게 된다. 이와 관련된 결과는 사람들이 장소나 쟁점에 대해 즉석 '전문가'가 될 수 있다는 것이다. 이는 극적인 사건이나 위기가 발생하면 사람들이 수많은 미디어를 접하게 되고 이를 통해 과거에는 알지 못했던 지역을 밝혀내며, 어떤 지역 내에서의 민족 분리에 대해 논의하고, 몇 주 전까지만 해도 아주 흐릿하게만 알고 있던 어떤 지역의 역사에 대해 들먹거릴 수 있게 해주는 능력을 습득하기 때문이다.

마누엘 카스텔(Castells, 1989)은 시공축약을 통해 특정 지역이 부상하는 방식에 대해 보여 주는데, 특히 세계도시가 주목할 만하다. 세계도시는 현 시대를 창출하고 관리하는 정보흐름을 위한 필수적인 교환지점이다. 그러한 장소는 세계적 정보통신망의 연결고리로서 독특한 유형을 나타낸다. 직업구조가 변화함에 따라 수적으로 방대하고 문화적으로 지배적인 정보계급이 가시화된다. 또한 이러한 계급은 세계주의적인 전망과 높은 숙련기술을 가지고 있으며, 높은 교육수준과 인지 및 상징적 능력을 갖추고 있어서 다양한 사람이나 이념과 자연스럽게 어울릴 수 있다. 기존의 노동계급은 약화되고, 그들을 위한 일자리가 축소되며, 대도시의 중심에서 벗어난 지역으로 재배치된다. 저숙련 노동자들은 전문적 정보노동자의 욕구 충족을 위한 서비스, 주방 보조, 아동 돌보기, 환경미화원 등의 일자리 — 생기는 경우에 — 를 찾게 된다. 이들은 자신을 위한 일자리를 만들어 내는 사람들과 가까이 살면서도 사회적으로는 아주 멀리 떨어져 있는 것이다.

3. 흐름과 통로

존 어리(John Urry)의 저작은 카스텔의 저작에서 발견되는 사고를 확장한다. 그는 이동성이 오늘날 우리가 살아가는 방식에 대해 적절한 은유를 제공하며, 실제로 우리는 이동성 세계에 살고 있다고 주장한다. 그의 주장에 따르면 우리는 이동성을 도로, 항공기, 통신체계 등과 같은 다양한 통로(*scape*)를 통해 사람, 산물, 정보가 흐르는 것으로 생각해 볼 수 있다. 이러한 개념화는 인터넷이나 현대 커뮤니케이션을 공부하는 학생들에게 매력적인 것이 될 수 있다. 왜냐하면 이러한 개념은 그들이 인터넷을 쉽게 활용하고 멀리 떨어진 사람들과 연결할 수 있으며 방대한 양의 정보를 편리하게 전송하는 방식에 주목하기 때문이다. 어리는 이동성에 대한 자신의 관심을 통해 현대생활의 유동성을 강조하며, 장소와 관계의 내외부에서 이리저리 옮겨 다니는 방식에 주목한다. 어리의 저작은 또한, 정보통신망에 대한 순진한 견해 — 사람들이 가상 통로를 통해 직접적 상호작용을 거의 하지 않고도 연결될 수 있다고 주장하는 — 를 거부한다는 점에서 유용하다.

어리(Urry, 2002)는 다른 사람들과 어울리기 위해 이동하는 것과 관련된 '육체 여행'을 언급한다. 사람들은 회의를 조직하기 위해 행사 전후로 이메일이나 문자를 주고받는다. 또한 정기 휴가를 위해 온라인상에서 계획을 세우기도 하는데, 이렇게 하는 이유는 해변이나 수영장에서 유사한 사람들과 신체적으로 만나기 위해서이다. 인터넷을 통해 동료들과 메시지를 주고받는 것은 신체적으로 만나는 회의에서 좋은 결과를 얻기 위한 것이다. 사람들은 인터넷을 통해 의료적 치료와 의사들의 자격에 대해 검색하는 데 많은 시간을 투자하는데, 이는 나중에 방문하여 더 좋은 치료를 받기 위한 것이다.

이는 보덴과 몰로치(Deidre Boden and Harvey Mollotch, 1994)가 칭한 '근접성 강박'을 떠올리게 한다. 이것은 가상적 연결의 확장에도 불구하고 인간에 내재하는 실제로 만나고 '공존'(*copresence*)을 경험하고자 하는 욕구에 주목하는 것이다. 여기서 우리는 미시 사회학자 어빙 고프만(Erving Goffman)의 저작을 상기하게 되는데, 그는 면대면 접촉을 통해 효과적으로 유지될 수 있는 일상적 상호작용의 중요성을 강조하였다. 일상적 상호작용은 문자는 물론 동영상도 따라올 수 없을 정도로 정보적으로 풍부하다. 목소리의 높낮이, 시선 주고받기, 몸짓, 무심결의 곁눈질, 얼굴표정, 신체접촉과 손짓은 명시적으로 진술된 것만큼이나 많은 의미를 전달한다. 이 모든 것이 더해져 직접적 의사소통에서 수많은 의미를 공급하는 핵심 인자인 맥락이 만들어진다. 적어도 가까운 시점 안에서는 가상적 관계가 대면적 연결을 대체하지는 않을 것이다. 그리고 공존의 중요성을 감안할 때, 페이스북과 같은 소셜 미디어를 통해 형성된다는 '가상공동체'를 열성적으로 주창하는 사람들에 대한 회의를 거둘 수 없다.

물론 온라인을 통해 '만남'을 가질 수 있고, 심지어는 가상 '친구'들과 매일 친밀한 메시지를 교환할 수도 있을 것이다. 그러나 신체적 만남이 없는 가상관계만 있다면(오래 지속될수록 그럴 가능성은 낮지만), 가상공동체에는 얄팍하고 피상적인 속성만 남게 될 것이다. 고프만은 대인적 접촉에서는 "독특한 정보적 조건이 지배한다"고 주장하는데(Goffman, 1967: 33), 이러한 조건은 디지털 연결로 쉽게 대체될 수 없다. 부수적인 것이지만, 이는 '통근(通勤)의 종말' 예언 — 집에 머무르면서 업무를 처리할 수 있게 하는 전자적 단말기를 통해 실현된다는 — 이 시기상조인 또 다른 이유이다.

어리의 저작은 또한 최근 몇십 년 동안 진행된 방대한 사람들의 이동이 지니는 중요성을 제대로 평가할 수 있게 해준다. 이주는 흔히 19세기 말이나 20세기 초의 일로 간주되는데, 감자 기근(*Potato Famine*: 1820년대의 아일랜드 대기근 - 옮긴이 주)에 따른 아일랜드 빈민의 미국 이주, 이탈리아 남부 빈곤지역에서의 농민 이탈, 제정 러시아 대학살로부터의 유대인들의 탈출 등이 그 예이다. 그러나 1980년대 이후의 이주 규모가 위와 같은 이전 시기의 규모를 훨씬 초과한다는 것에 주목할 필요가 있다(Castles and Miller, 2009). 1840년대의 대기근 동안, 그리고 길게는 1860년까지 약 150만 명의 아일랜드인들이 미국으로 떠났다. 그런데 1997년부터 2011년 사이 영국에서는 400만 명이 넘는 사람들이 다른 나라에서 유입되었으며, 2011년 센서스에서는 8명 중 1명이 해외 출생인 것으로 밝혀졌다. 이들은 도시 중심부에 모여 살지만 그들의 영향은 폴란드 상점의 개설이나 다양한 종교의 출현 등을 통해 쉽게 확인할 수 있다.

우리는 또한 이주가 의미하는 바에 대해 광의의 개념을 유지할 필요가 있다. 이주는 사람들의 이동을 의미하는데, 그 기간이 길든 짧든, 관광의 목적이든 경제적 목적이든, 자발적인 것이든 강요된 것이든, 국내에 한정된 것이든(예컨대 미국의 남부에서 북서부로, 영국의 북동부에서 런던으로) 국경을 벗어나는 것이든 상관없다. 정보적 차원을 중요하게 다루는 이 책과 같은 책의 독자로서 우리는 이주가 사람들의 이동과 동일시되며, 망명 추구자뿐만 아니라 관광객, 유학생, 회사원의 해외 파견 등을 포괄하는 것이라는 점을 명심할 필요가 있다. 모든 것은 그 이동성, 사람들이 함께 가지고 가는 기호와 상징, 여정 동안의 경험 등에 따라 그 성격이 달라진다. 우리는 또한 경험의 현저한 차이에도 주목할 필요가 있다. 회사의 지원으로 신용카드를 사용하면서 편안하게 여행하고 좋은 호텔에서 숙박하는 사업상 출장자와, 금전적으로 궁핍하고 누추하며 위험을 감수할 수밖에 없는 불법 이주자의 경험 사이에는 너무나 차이가 많다. 지그문트 바우만(Bauman, 1998)은 이들을 관광객과 유랑객으로 구별한다. 두 집단은 동일한 활동을 하지만 수용되는 정도와 환경은 너무나 다르며, 이에 따라 바우만은 유랑객을 관광객의 다른 자아(*alter ego*)로 간주한다.

이러한 이동의 결과를 측정하는 것은 어렵지만 이동이 정보적으로 포화되어 있다는 것은 분명하다. 해외휴가는 흔히 관광지구(*tourist bubble*: 관광객을 위해 계획되고 관리되는 특별 지역 - 옮긴이 주)에서 보내는 경우가 많지만 그 경우에도 방문자들은 다른 사람들이나 지역과 접촉하게 된다(Urry and Larson, 2011). 일반적인 사업상 출장은 호텔이나 공항 측면에서는 다소 친숙한 환경에서 이루어지지만, 그 경우에도 사람들은 다른 언어(예컨대 영어가 모국어인 경우는 다른 나라 말) 그리고 매우 상이한 행위와 접하게 된다. 런던과 같은 세계도시에서는 3명 중 1명이 영국 이외 지역에서 출생한 사람들이고 1/4 정도가 외국인이기 때문에, 일상적 이동을 하면서 다양한 민족과 언어를 접하지 않을 수 없다. 시간이 지나면서 이주는 문화적 변동을 야기하는데, 여기에는 의상과 요리, 언어와 음악, 지불 형태(보편적인 신용카드)와 교제 상대 등의 변화가 포함된다. 물론 이러한 변동은 또한 매우 복잡한 문제이기도 한데, 특히 불황의 시기에, 그리고 방문지역이 빈곤층 및 매우 상이한 이주자 집단을 강조하는 곳일수록 더욱 그러하다(Goodhart, 2013).

4. 연결망 개인화

현대생활에 대한 가장 유용한 설명 중 하나는 캐나다/미국 사회학자인 배리 웰먼(Barry Wellman)의 이론에서 나오는데, 특히 그의 이론은 많은 경험적 증거에 토대를 두기 때문에 유용하다. 웰먼은 실제로 작동 중인 통신망과 그 의미를 검토하기 때문에 그의 업적은 이동성 사상가들과 직접 관련된다. 웰먼은 '연결망 개인화'라는 용어를 만들어 냈다(Wellman, 2001). 이것은 그가, 사람들이 관계 맺기를 원하는 상대와 접촉하기 위해 오늘날의 이동성(통신기술뿐만 아니라 교통도 포함)을 활용할 수 있는 상황의 출현을 포착하기 위한 것이다.

자신의 논의를 진전시키기 위해 웰먼은 '공동체'의 성격과 회복력을 둘러싼 오래 지속된 논쟁에 참여하는데, 그는 공동체가 약화되었다는 것에 동의하지 않는다. 그는 공동체를 "사회성, 지원, 정보, 소속감, 사회적 정체성을 제공하는 대인간 유대의 연결망"(Wellman, 2001:

배리 웰먼 Barry Wellman, 1942~

연결망으로서의 공동체, 사회관계, 인터넷 등을 연구해 온 캐나다/미국의 사회학자이다. 《사회구조: 연결망 접근》, 《지구촌의 연결망》, 《새로운 사회 운영 시스템》 등의 저서가 있으며, 사회연결망 분석 기법을 활용하는 다양한 학제적 및 국제적 연구를 주도하고 있다.

228)으로 간주한다. 이런 측면에서 그는 대체로 시계열적으로 발전한 3가지 유형의 공동체를 구분한다. 첫 번째 유형은 정착된 공동체에 대한 일반적인 이미지와 어울리는 것이다. 생활양식이 고정되어 있고, 주변의 이웃과 관계가 형성되며, 사람들은 주어진 장소에서 일하고 살아간다. 웰먼은 이런 지역에서는 사람들이 '집 대 집 관계'와(p. 232) 동조가 강요되는 생활양식을 가지는 것으로 본다.

웰먼이 '장소 대 장소'라고 부르는 두 번째 유형은 사람들이 가까운 이웃과 맺는 관계가 상대적으로 드물게 된 변화를 포착하는 것이다. 사람들은 다른 곳에 사는 가족이나 친구들과 관계를 유지하는데, 대개는 자동차를 타고 친지와 친척이 사는 곳을 방문한다. 이 단계에서는 가족과 가정이 중심적이며 새로운 관계 유지를 위해 공동체를 떠나기도 하지만, 직접적 이웃이 유지하던 사회적 관계에 대한 독점적 지위는 상실하게 된다.

세 번째 단계는 오늘날의 '연결망 개인화'인데, 웰먼은 이것을 매우 개인화되면서도 개인들이 누구와 그리고 어디에서 관계를 맺을지를 선택할 수 있게 하는 것으로 간주한다. 이에 따라 '개인 대 개인' 관계가 중요해진다. 정보통신기술의 발전에 따라 사람들은 멀리 떨어진 개인들과 지금까지는 상상하지 못했던 정도로 다양한 관계를 맺고 유지할 수 있게 됨으로써(이것이 대면적 만남을 과소평가하는 것은 아니지만), 삶의 다양한 측면을 쉽게 즐길 수 있게 되었다. 다시 말해서 사람들은 서로 만나지 않고서도 골프 친구, 직장 동료, 대학 동기, 재즈 애호가, 정당 등의 연결망을 유지할 수 있다. 관계가 개인별로 맺어지고, 개인마다 다른 이유로 누구와 관계를 맺을지를 선택하기 때문이다(Baym, 2010 참조). 여기서 자신의 삶을 영위하는 방식을 자유롭게 선택하는,

역량이 강화된 개인에 대한 앤서니 기든스(Anthony Giddens) 이론의 반향을 분명하게 볼 수 있다.

레이니와 웰먼(Lee Rainie and Barry Wellman, 2012)이 언급하듯이 "사람들은 집단 속에 배태되어 있기보다는 점점 더 연결망 개인이 되고 있다. 연결망 개인의 세계에서 초점이 되는 것은 개인이지, 가족도, 직장도, 이웃도, 사회집단도 아니다"(p. 6). 캠벨과 파크(Scott Campbell and Yong Jin Park, 2008)는 이것을 '개인 커뮤니케이션 사회'라 부르는데, 이는 관계가 개인적 선호를 중심으로 형성된다는 점을 강조하는 것이다. 오늘날의 관계는 지리적으로 훨씬 더 확장되어 있지만, 웰먼의 견해에 따르면 이러한 관계 — 반드시 일상적으로 유지되지는 않는다는 점에서 '약한' 것이기는 하지만 — 는 개인들에게 상당한 수준의 만족을 가져다준다(Granovetter, 1973). 사실상 우리가 목도하는 것은 정보통신기술에 의해 매개되고 유지되는 이동성 높은 관계이다.

5. 동원

이에 대해서는 다음에서 다시 언급하기로 하고, 여기서는 웰먼이 연결망 개인화의 확산에 대해 긍정적 해석을 제시한다는 점을 강조하고자 한다. 오늘날의 개인들은 연결망을 통해 과거보다 더 많은 선택의 여지를 가지게 되었다는 그의 생각을 최근 몇십 년간 많은 관심을 받아온 주제, 즉 새로운 미디어가 정치적 동원에 어떤 영향을 미치는가 라는 문제와 연결해 보는 것도 유용하다. 오늘날에는 가입단체, 가입기간, 헌신의 정도 등을 자유롭게 선택할 수 있게 해주는 적절한 소셜 미디어를 통해 사람들이 정치에 참여하도록 고무된다는 주장은 연결망 개인화 이론과 일치한다. 과거에는 생각을 같이하는 참여자들이 특정한 지역에 모여서 정치적 활동을 하였지만, 오늘날에는 다양하고 넓은 지역에 흩어진 다수의 개인들이 웹을 통해 함께 활동하는 것이 가능해졌다는 주장이 제기되어 왔다. 다시 말해서 다수의 사람들이 함께하면서도 개인들은 가상적 연결만 유지하면 분산되고 떨어져 있을 수 있다는 것이다.

나아가서 개인화를 한층 더 진전시키면, 사람들은 더 이상 어떤 정치노선 전체에 충성할 필요가 없다는 주장도 가능하다. 그 대신 사람들은—쟁점 기반 사회운동과 정치운동의 확산되는 추세에 발맞추어—자신의 충성심을 훼손한다는 두려움 없이, 그리고 외견상의 비(非)일관성에 대해 동료 지지자들의 비난을 받거나 불편함을 느끼지 않으면서도 다양한 쟁점을 토대로 다양한 집단을 지지할 수 있다. 이런 측면에서 볼 때 사람들은 유혈 스포츠를 즐기면서도 여권(女權) 주의자와 편하게 지낼 수 있고, 석탄 화력발전소를 반대하면서도 파업하는 노동자들을 지지할 수 있으며, 양성평등 정책을 지지하면서도 낙태반대주의자가 될 수 있다. 여기서 우리가 접하는 주장은, 연결망 개인들이 온라인을 통해 가상적으로 참여대상을 조율하기 때문에, 신체적으로 참여하고 행동과 사고도 단체적으로 한다는 의미를 가진 전통적 정치참여가 점점 낡은 것이 되고 있다는 것이다.

오늘날의 정치는 정체성의 문제, 그리고 새로운 미디어 통신망과 잘 어울리는 보다 구체적인 생활양식의 쟁점으로 이동하고 있다는 이러한 주장은 많은 지지를 얻고 있다. 베넷과 시거버그(Lance Bennett and Alexandra Segerberg, 2011) 도 바로 그런 주장을 하는데, 그들은 '집합

행동의 개인화'를 언급한다(p. 776). 마누엘 카스텔(Castells, 2009)도 이러한 주장을 지지한다. 그는 개인적 선택을 강조하는 문화적 변화가 확산되는 현상을 확인하면서도 자아(自我) 중심주의의 위험은 상쇄될 것으로 보았다. 왜냐하면 개인화는 "자신의 삶을 변화시키고자 하는 사람들이 목적달성을 위해 서로를 필요로 하면서 그들 사이에서 새로운 가치의 공유를 바탕으로 하는 기획지향적 사회운동을 촉진"하기 때문이다(p. 362).

최근 몇십 년 동안 개인주의가 증대되는 방향으로 변화가 진행되어 왔고 그러한 변화의 일부는 기성 정당에 대한 지지도 약화에서 드러난다는 주장이 일반적으로 수용되고 있다. 그러나 쟁점 정치와 개인화된 참여의 확산을 기성 정치조직에 대한 지지도 쇠퇴 경향에 대한 상쇄 압력으로 보는 것은 문제가 있다. 가상적 정치운동에 참여하거나 전자 소식지(*newsletter*)를 받는 것이 매우 용이해서 '슬랙티비즘'(*slacktivism*: 소극적 저항운동 - 옮긴이 주)이라는 용어가 유용하게 사용되기도 한다. 사람들이 자신의 견해 표명을 위해 거리에 나설 만큼 충분한 동기부여가 되어 있지 않다면, 그들은 해당 쟁점에 대해서는 특별히 중요하게 생각하지 않는다고 봐도 된다. 전자 캠페인은 매우 신속하게 전개될 수 있고, 실제로 그러기도 하며, 심지어는 감정적 동요를 일으키기도 하지만, 그것이 실제적 행동(시위, 파업, 거부운동, 의원 면담 등)으로 이어지지 않는다면 중요한 결과를 초래할 가능성은 거의 없다.

개인화된 참여가 의미 있는 행동으로 이어지는 경우는 드물다. 실제로 반전(反戰) 운동에 대한 연구에 따르면(Gillan et al., 2008), 사람들은 신체적으로 상호작용하는 친구나 동료가 관여되고 서로 간의 토론, 논쟁, 회유 등을 통해 참여하도록 개인적으로 설득되는 경우에 더 효과적이고 더 결연하게 동원된다. 나아가서, 사람들은 '전쟁 중단'(*Stop the War*, 최근 몇 년 동안 영국 반전운동의 중요한 초점이자 구호의 하나)과 같은 쟁점에 대해서는 쉽게 동의하였지만, 다양한 동맹자들 사이의 대화가 분명히 결여되었는데, 이는 토론이 해당 쟁점에 대한 단합을 위협할 수 있다는 단순한 이유 때문이었다. 예컨대 이슬람교도들은 여권주의자들과, 좌파들은 종교인들과, 그리고 가부장들은 과격한 청소년들과 대화하는 것을 기피했다. 이것은 단지 일시적인 영향을 미치는 취약한 형태의 정치로밖에 해석되지 않는다. 또한 역설적으로, 가상통신망은 사고를 양극화할 수도 있는데, 이는 사람들이 자신들이 동의하는 사이트만 방문하고, 토론이나 논쟁이 더 절실하게 요구될 수 있는 다른 사이트는 무시하기 때문이다(Sunstein, 2009). 이러한 문제에 대해서는 이 책 후반부에서 다시 논의하기로 하고, 여기서는 디지털 통신망에 의해 매개되는 개인화된 정치는 약하게 유지되고, 피상적이며, 변동에 대한 영향이 거의 없다는 점을 강조하고자 한다.

6. 비판

이동성 패러다임은 오늘날 우리가 어떻게 살아가는가에 대해 사고하는 유용한 방식의 하나이다. 우리는 마누엘 카스텔의 저작을 통해 정보흐름의 개념에 대해 잘 알고 있지만, 이동성 패러다임은 여기에서 더 나아가 현대생활의 훨씬 더 넓은 측면이 가지고 있는 역동성과 유동성에 주목한다. 정보의 이동이 매우 중요하지만 우리는 또한 산물과 사람의 이동도 밀접하게 연관된 현대생활의 요소로 간주할 수 있다. 이동성 패러다임이 우리가 '정보사회' 속에서 살고 있다고 주장하는 것은 아니지만, 그 개념이 지금까지보다 훨씬 더 많고 더 빠른 정보의 활용과 순환을 토대로 한다는 것은 분명하며, 이런 측면에서 이 책의 적절한 관심사이다. 나아가서 이동성 패러다임은 배리 웰먼이 말하는 연결망 개인주의로의 이행이 진행되어 왔다고 보는 사고에 의해서 보완된다. 이는 특히 그가 언급하는 생활의 개인화가 사람의 이동, 그리고 그러한 이동을 촉진하는 정보통신망을 바탕으로 하는 동시에 그것들을 촉진하기 때문이다.

우리가 살아가는 방식에 대해 기술하는 이동성 패러다임은 탐구의 측면에서는 유용하다. 그러나 전술한 내용과 관련해서 몇 가지 문제점도 존재하는데, 다음에서 개괄적으로 살펴보고자 한다.

첫 번째는 개념으로서의 이동성은 우리의 사고과정에 도움을 주지만 설명력이 거의 없다는 점이다. 생활이 이전보다 더 유동적이라는 것, 그리고 산물, 사람, 정보의 이동을 추적해 봄으로써 우리가 통찰을 얻을 수 있다는 것을 깨닫는 것은 흥미롭다. 그러나 이동성 접근은 이러한 이동이 왜 발생하는가에 대한 이유를 제공하지 못한다. 설명이 없이는 우리는 변동의 역학을 제대로 이해하지 못하며, 그 연장선에서, 향후의 발전 경로를 설정하지도 못하게 된다. 만일 오늘날의 사회가 '이동성 사회'라고 가정할 때 우리는 그 자세한 구성요소를 밝힐 수는 있겠지만, 왜 그런 사회인지에 대해 알 수가 없다면 사회를 우리가 원하는 방식으로 어떻게 만들어 나갈지에 대해 미리 그려 보기는 매우 어려울 것이다.

두 번째 비판은 비이동성(*immobilities*)을 연구해야 한다고 주장할 수도 있다는 것이다. 이는 바로 브라이언 터너(Bryan Turner, 2007)가 통찰력 있는 비판에서 제안한 것인데, 그는 오늘날의 사회를 집단의 이동을 제약하는 '분리지구 사회'(*enclave society*)로 바라본다. 이에 대한 예로서 그는 출입통제 공동체의 성장과 국경통제의 강화를 든다. 이런 변화가 정당한 소유권(부, 여권 등)을 가진 사람들에게는 이동의 자유와 심리적 평화를 가져다주지만, 다른 사람들(세계의 빈곤층, 하층 계급 등)은 배제하는 대가를 치러야 한다는 것이다.

여기에 선진국의 산업붕괴 지역에 거주하는 사람들의 비이동성도 추가할 수 있을 것이다. 그들은 교육을 거의 받지 못했고, 자원이 없으며, 공장이나 탄광이 사라졌기 때문에 취업 가능성도 낮다. 그들의 삶은 비이동성을 경험할 수밖에 없는데, 선택의 여지도 거의 없고 연결망 개인화를 위한 기회도 거의 없기 때문이다.

나아가서 통제기관은 비이동성을 안고 있는 사람들을 제한된 지역에 머물도록 더 잘 통제하고 유지하기 위해 최신 정보기술을 도입할 수도 있다. 이에 따라 허용된 사람에게는 최대한의 자유를 제공하고 외부인들은 확실하게 저지하기 위해 생체기술, CCTV, 그리고 의심스러운 사람의 움직임과 상황에 대한 기록이 만들어지고 활용된다. 디디에 비고(Didier Bigo, 2012)는 감시가 보안서비스와 밀접하게 연관되어 있다는 점을 상기시켜 준다. 이러한 보안서비스는 물건, 자본, 사람, 정보를 가리지 않고 움직이는 모든 것을 추적함으로써, 위험한 사람들에게는 이동성을 확실하게 제한하기 위해 제공되는 것이다.

이동성 사회의 출현에 대해 읽으면서 우리 자신과 관련된 부분에 대해 생각해 보면, 그런 논의는 이 책과 같은 책의 많은 독자들, 즉 주로 특권을 가진 사람들에게 설득력이 있을 것이다. 자격, 연줄, 자본 등이 있다면 이동은 과거보다 훨씬 더 용이하다. 그러나 우리는 외부로 이전되거나 내몰린 사람들에 대해서도 생각해 볼 필요가 있다. 예컨대 런던에서 고급주택지의 무자비한 확산에 따라 퇴거당한 사람들이나 유럽 요새(*Fortress Europe*: 오늘날에는 일반적으로 유럽연합의 출입국 통제 체계 또는 그 상태를 지칭함 - 옮긴이 주)를 보호하는 기술적 장치로 인해 야망이 좌절된, 아프리카 등지에서 들어온 절망적 빈곤층의 이동은 상당히 다르다.

세 번째 쟁점은 이러한 비(非)이동성 문제로부터 생겨난다. 참여하는 사람들에게 더 많은 개인적 선택의 여지를 가져다주는 연결망 개인화 개념이 마치 그것이 공동체를 발전시키는 긍정적 방식인 것처럼 제시된다는 것이다. 주지하다시피 배리 웰먼은 공동체를 "안정성, 지원, 정보, 소속감, 사회적 정체성을 제공"하는 연결망으로 정의한다. 그는 개인화가 진전됨에 따라 사람들이 자신들의 공동체 관계를 개인적으로 가꿀 수 있게 된다고 주장한다. 그러나 이는 자기중심성으로 경도된, 특수한 개인중심적 공동체 개념을 채택한다.

우리는 레이니와 웰먼(Rainie and Wellman, 2012)의 저작을 이와는 조금 다른 쉐리 터클(Sherry Turkle, 2010)의 저작과 대비시켜 보면 이에 대해 더 잘 평가할 수 있다. 터클의 연구인 《홀로 함께》(*Alone Together*)는 식탁에 함께 둘러앉은 가족 성원들이 개별적으로 연결망 친구들과 문자와 이메일을 주고받으면서도 서로는 대화를 나누지는 않는다는 사실을 한탄한다. 그녀가 지속적으로 우려하는 것은 사람들이 소셜 미디어 기술을 통해 가상 '친구'를 유지하면서도 면대면 상호작용은 차단한다는 것이다. 웰먼의 관점에서 보면 이것은 긍정적이다. 왜냐하면 그러한 기술은 개인의 공동체 관계를 유지시키기 때문이다〔실제로 레이니와 웰먼(Rainie and Wellman, 2012: 119)은 터클의 우려를 직접적으로 거부한다]. 그러나 이와 다른 해석에 따르면 터클은 공동체—여기서는 가족—에 대한 다른 개념을 가지고 있는데, 그것은 개인은 자신이 좋아하는 것만 해야 한다는 사고를 거부하는 공동체 개념이다. 터클은 정보통신기술을 사용하여 "친밀감을 찾으려 하면서 주변만 맴도는" 사람들을 언급하는데(Turkle, 2010: 10), 정보통신기술이 자기만족을 우선시하여 사용되는 경우에도 바로 이러한 결과가 나타날 것으로 보인다. 공동체, 가족, 친족 그리고 이웃조차도, 웰먼의 방식처럼 개인적 만족의 문제로 환원되어서는 안 된다. 경우에 따라서 공동체는 자기 자신의 것을 행하는 것을 의미하는 것이 아니라, 집단을 따르는 것, 그리고 심지어는 자신의 행위에 대한 집단의 반대에 직면하는 것을 의미한다.

나아가서 이는 출입통제 공동체—비록 이 개념을 은유적으로 사용하여 주택과 분리되어 움직이는 차단 또는 격리장치를 포함시켜야 하겠지만—에 대한 논의로 다시 이어질 수 있다. 크리스토퍼 래쉬(Christopher Lasch, 1995)는 뉴욕 맨해튼, 런던 사우스켄싱턴, 파리 7구에 있는 것들에 공통적으로 적용될 수 있는 피상적인 공동체 개념을 통렬하게 묘사하였다. 이는 세계주의, 부유함, 이동의 자유가 결합된 환경이고, 이동성 있는 삶의 전형이다. 그것은 '관광객의 세계관'(p. 6)을 가능하게 하는 '이동적 생활양식'(p. 5)이지만, 물리적으로는 이웃이면서도 외부에 갇힌 비이동적인 사람들의 배제 그리고 그들과의 비접촉을 전제로 한다. 래쉬는 이것을 민주주의에 대한 위협으로 간주하는데, 그것이 공동체—참여, 논쟁, 때로는 개인적으로 희망하는 것에 대한 반대를 수반하는—로부터의 후퇴이기 때문이다. 놀라운 역설이다. 즉 우리는 이동성이 가장 좋은 사회집단인 국제적 사업 엘리트와 전문가들을 목격하게 되는데, 이들은 배리 웰먼이 그리는 개인적으로 만족시키는 '공동체'를 가지기 위해 연결망을 잘 발전시킬 수 있는 사람들이지만, 물리적으로 근접한 집단 — 자신들의 동료 시민 — 과는 접촉하지 않는다. 이동성이 좋은 집단이 주변의 소외된 집단과 접촉하는 것은 민주주의의 핵심 구성요소인 토론과 의견충돌을 촉진할 수도 있지만, 동료 시민의 비이동성을 상기시키는 요인과 직면하기 위해 그들 스스로의 위치에 도전하는 것이 될 수도 있다.

제8장

정보와 시장체계

허버트 쉴러를 중심으로

최근 몇 년 동안의 정보의 엄청난 증가와 그에 동반된 기술발전은 마땅히 인정되어야 한다. 잠시만 살펴보아도, 오늘날에는 과거 어느 때보다 많은 이미지가 존재하며, 일련의 새로운 미디어기술이 그것을 전송한다는 것이 분명해진다. 지구를 가로지르는 정보통신망이 실시간으로 작동하면서 예전에는 상상하지 못했던 속도로 엄청나게 많은 정보를 처리하고 있으며, 이에 따라 1970년대의 전신과 전보가 매우 시대에 뒤떨어져 보이는 것도 분명하다. 1995년에는 거의 보급되지 않았던 인터넷과 월드와이드웹이 10년 만에 유럽 대부분 지역으로 확산된 놀라운 사실은 널리 알려져 있다. 2012년을 기준으로 유럽연합의 개인 73%가 인터넷을 사용하였다(그리고 30%가 가정이나 직장을 벗어나 휴대용 장치로 접속할 수 있었다) (Eurosat, 2012). 물론 국가 간에 변이가 존재하는데, 루마니아나 불가리아 같은 국가는 북유럽 국가에 비해 디지털 보급률이 낮다. 그럼에도 불구하고 급속한 성장 추세는 분명하다. 독일, 영국, 프랑스, 네덜란드 등과 같은 국가의 보급률은 가구의 80%가 넘는다(Center for the Digital Future, 2012). 소셜 미디어가 급속히 확산되는 미국에서는 그 수치가 더 높다(Pew, 2012).

사무실에서 일상적으로 사용하는 자동화 사무기기를 무시하거나, 상시 뉴스나 디지털 TV에 대해 알지 못하거나, 컴퓨터게임의 광범위한 확산과 정교한 발전에 대해 인지하지 못하거나, 광고의 폭발적 증가나 그 형태적 변형인 스포츠 후원, 우편판촉 그리고 기업 이미지 제고 등을 보지 못하는(또는 이메일, 유튜브, 페이스북 등에 대해 교묘하게 삽입된 광고를 간과하는) 것은 거의 불가능하다. 간단히 말해서, '정보 폭발'은 현대생활의 현저한 특징이라 할 수 있으며, 이것을 무시하는 사회이론가는 진지한 평가의 대상이 되지 못할 위험을 감수해야 한다.

이미 보았듯이 이러한 것들이 새롭게 출현하는 '정보사회'의 지표라고 보는 이론가들이 있는데, 그 대표적 인물이 다니엘 벨이다. 이들에게는 새로움과 변화가 가장 중요한 것이며, 이것을 근거로 과거와의 단절을 주장한다. 이 장에서 나는 이러한 해석에 반대하여 '정보시대'에 대한 마르크스주의적(아마 '마르크스적'이라는 표현이 더 적절할지도 모른다)[1] 분석에 초점을 두고, 허버트 쉴러를 중심으로 살펴보고자 한다. 쉴러는 현대사회에서 정보의 중요성이 커졌다는 점을 인정하면서도, 지속적 발전에 대한 정보의 중심적 역할을 강조하면서 정보와 통신은 기존의, 그리고 우리가 이미 친숙한 자본주의적 활동의 기본적인

---

1) 나는 이 용어를, 분석의 측면에서 마르크스주의 사고의 영향을 받는 지적 연구(마르크스주의적, Marxist)와 보다 넓은 정치적 마르크스주의 철학에 동조하는 지적 연구(마르크스적, Marxian)를 구분하기 위해 사용한다.

요소라고 주장한다.

마르크스주의자들이 시대에 동떨어진 신조를 고수하면서 그것을 널리 유포시킨다는 믿음이 확산되어 있다. 이러한 믿음은 정치, 특히 공산주의를 옹호하는 주장에 확실히 잘 들어맞는다. 마르크스주의자들이 권력을 잡을 때마다 초래된 재앙 — 민주주의 쇠퇴, 경제적 효율성 감소, 인간 생명의 엄청난 희생 등의 측면에서 — 만으로도, 가장 편협한 것이라고밖에 할 수 없는 이념에 대한 헌신을 파기하고도 남는다. 칼 마르크스의 말로 바꾸어 표현하자면, 마르크스주의 정치는 '무용지물'이다. 그러나 마르크스주의 정치를 묵살하는 것과 세계의 작동을 이해하는 데에 대한 마르크스주의의 기여를 거부하는 것은 별개의 문제이다.

추가적인 언급이 필요한 점도 있다. 마르크스주의가 자본주의 원리가 우리의 삶의 방식에 지속적으로 영향을 미친다고 주장하는 것은 사실이지만, 그렇다고 해서 그들이 지난 세기 동안 아무것도 변한 것이 없다고 주장한다고 생각하는 것은 잘못이다. 마르크스주의자들은 지금도 1900년대와 다름없다고 믿는다는 추정에 집착하는 독자들은 마르크스주의 사상가인 허버트 쉴러를 만나면 놀랄 수도 있는데, 그는 "어떤 척도로 보든 '정보'의 … 생산과 분배가 전체 체계에서 중요하고 필수불가결한 활동이 되었다"(Schiller, 1976: 3)는 것을 인정할 뿐만 아니라, 나아가서 그것을 강조하기까지 한다.

아마도 이러한 추정은 마르크스적 학문에 대한 상당한 오해가 있다는 사실만 보여 주는 것인지도 모른다. 이들 이론가들이 사회적 분석에서 친숙한 주제를 되풀이하여 주장하는 것은 사실이지만, 그들 중에는 정보영역의 추세를 깊이 인식하는 논평자들이 있다. 허버트 쉴러

〔그 자신은 캐나다의 댈러스 스미스(Dallas Smythe, 1907~1992)의 뒤를 잇고 있음〕를 선두로, 영국에서는 피터 골딩(Peter Golding), 그레이엄 머독(Graham Murdock), 니콜라스 간햄(Nicholas Garnham), 네덜란드에서는 시즈 햄링크(Cees Hamelink), 프랑스에서는 아르망 마텔라르(Armand Mattelart), 오스트리아에서는 크리스티안 푸흐스(Christian Fuchs), 핀란드에서는 카를 노르뎅스트렝(Kaarle Nordenstreng), 그리고 북미에서는 로버트 맥체스니(Robert McChesney), 덕 켈너(Doug Kellner), 빈센트 모스코(Vincent Mosco), 제럴드 서스먼(Gerald Sussman), 스튜어트 유언(Stuart Ewen) 등의 사상가들이 정보와 정보기술에 대한 선진자본주의의 의존과 그 발달에 대한 체계적이고 일관된 분석을 제시하고 있다. 그리하여 이러한 마르크스주의적 설명은 진지한 관심의 대상이 되고도 남을 만큼 충분한 신뢰성을 얻고 있다.

허버트 쉴러(Herbert Schiller, 1919~2000)는 비판이론가(북미에서 마르크스주의 성향의 학자들을 완곡하게 일컫는 말이면서, 동시에 그들 대부분이 공산주의의 혐오스러운 정치로 간주하는 것으로부터의 이탈을 나타내는 신호이기도 함) 중에서도 20세기 후반 정보영역의 추세에 관해 논평한 가장 유명한 인물이다. 다니엘 벨과 마찬가지로 그는 뉴욕에서 성장한 지식인으로 1930년대에 성인이 되었다. 그러나 뉴욕이나 그 교육적 온상인 뉴욕시립대학(CCNY)의 많은 동시대인과는 달리, 쉴러는 나이가 들수록 정치적으로 원만해지지는 않았다(Bloom, 1986).

그는 양차 대전 사이에 나타난 불황(그의 부친이 10년 동안 실업자가 되었던 시기)과 1943~1948년의 북미와 유럽에서의 군인 경험을 통하여 급진화했다(Schiller, 1991b). 자신 역시 작은 아파트에서 성장하기도 했지만, 쉴러는 모로코와 알제리에서 목격한 극심한 궁핍에 큰 충

허버트 쉴러 Herbert Irving Schiller, 1919~2000

현대사회에서의 미디어의 역할을 주목한 미국의 미디어 비평가이자 사회학자이다. 주요 저서로는 《정보와 위기 경제》, 《정보 불평등》, 《문화㈜》 등이 있으며, 사적 기업에 의한 공적 공간과 제도의 지배와 세계 문화에 대한 미국의 지배를 비판하였다.

격을 받았고, 독일에서는 반공 분위기가 고조되면서 미국과 영국 장교들이 나치 대원들을 권력의 위치로 복권시켜 주는 것을 보면서 놀랐다. 허버트 쉴러는 성년기 내내 좌파 사람으로 지냈다. 그는 '제 3세계'라고 불리는, 다수의 사람들이 전반적으로 빈곤이나 빈곤에 가까운 생활을 하는 국가의 조건에 대해 예리한 눈을 감지 않았다. 그리고 베를린에서의 경험으로 인해, 국내외에서 명예롭게 활동한다는 미국 정부의 반복된 주장에 대해서 회의적이었다(Maxwell, 2003).

쉴러는 1950년대 동안 박사학위를 준비 — 학위논문은 거의 40세이던 1960년에야 완성하였다 — 하면서 프랫대학(Pratt Institute)에서 강의를 하고 있었다. 그가 가정을 꾸리기 시작한 이 시기에는 매카시즘(McCarthyism)이 불었기 때문에 계속 일을 하려면 조용히 지내는 것이 필수적이었다. 그는 학문의 영역에 늦게 들어와 1969년에야 첫 저작을 내고 그보다 몇 년 앞서 정보·통신에 관해 강의하기 시작했지만, '정보시대'의 인식에는 상당한 영향을 미쳤다. 이것은 특히 그가 세계 각지에서 열리는 회의에 참석하여 넓은 무대에서 놀라운 언변과 논생기술을 보여 줌으로써 가능했다. 키가 크고 마른 쉴러의 냉소적 재치와 유창함은 명료한 뉴욕 말투로 전달되면서, 그를 보고 듣는 사람들을 감동시켰다.

그의 영향력은 또한 정기적으로 논문과 책을 출판함으로써 가능해진 것이기도 한데, 중요한 저술로는 《대중커뮤니케이션과 미국 제국》(*Mass Communications and American Empire*, 1969), 《누가 알겠는가?》(*Who Knows*, 1981), 《정보와 위기 경제》(*Information and the Crisis Economy*, 1984), 《문화(주)》(*Culture, Inc.*, 1989)가 있다. 또한 그의 영향력의 많은 부분은 그의 저작이 '정보사회' 열성가들이 도외시하는 쟁점들 — 빈곤층, 약자, 유럽과 북미 이외의 국가들 — 을 강조한다는 사실에서 유래한다.

1. 정치경제학

허버트 쉴러는 1970년에 미국 캘리포니아대학(샌디에이고, UCSD) 신문방송학과 교수가 되어 작고할 때까지 30년간 재직했지만, 원래 그는 경제학자가 되기 위한 교육을 받았다. 1960년대 말에 잠시 일리노이대학(어배너)으로 간 적이 있지만, 당시 새롭게 설립된 UCSD가 그를 초빙하였다(UCSD는 현재 세계 최고 명문대학의 하나가 되었다). UCSD는 대담함을 추구하면서 일부 저명한 인물로 교수진을 갖추고자 하였는데, 그중에는 망명한 독일 철학자 허버트 마르쿠제(Herbert Marcuse)도 포함되었다. 마르쿠제는 프랑크푸르트학파 사상가 중 한 사람으로, 이들은 1930년대 히틀러의 나치주의를 피해 해외로 도피한 후 전후에도 독일로 돌아가지 않았다.

이러한 배경과 관심은 그의 급진주의적 성향과 결합하여, 통신과 정보 문제에 대한 이른바 '정치경제학' 접근이라는 것을 발전시키는 과정에서 그가 수행한 중심적인 역할에서 잘 드러난다. 이 접근은 몇 가지 중요한 특징을 가지고 있는데(Golding and Murdock, 1991 참조), 내가 보기에는 그중에서도 다음 3가지가 특히 중요하다.

첫째, 정보의 배후를 보아야 한다는 주장으로서, 예컨대 신문기사나 텔레비전 대본 등과 같은 형태 속에서 이러한 미디어의 메시지 배후에 놓인 구조적 특징을 보아야 한다는 것이다. 전형적으로 이것들은 소유양식, 광고수입의 원천, 수용자의 지출능력과 같은 경제적 특성들이다. 정치경제학자들의 시각으로 볼 때 이러한 구조적 요인들이 제작되는 텔레비전 뉴스의 내용이나 컴퓨터 프로그램의 유형 등을 크게 제약한다.

둘째, '정치경제학'적 접근은 정보 · 통신에 대한 체계적 분석을 주장한다. 다시 말해서, 그들은 유선 TV 방송이나 소프트웨어 회사 등과 같은 특정 현상을 전체 사회경제적 체계의 기능이라는 맥락 속에 위치시키려고 노력한다. 앞으로 보겠지만, 이러한 맥락은 변함없이 자본주의이며, 정치경제학자들은 자본주의 체계의 운영에서 출발하여(또한 반복해서 되돌아오면서) 정보적 영역에서의 발전이 가지는 중요성과 그 가능한 경로를 평가한다. 다른 말로 표현하면, 이 접근은 총체론적(*holistic*) 분석의 중요성을 강조한다.

그러나 이 접근은, 모든 것을 전체 '체계'에 종속적인 것으로 간주함으로써 변화의 여지를 인정하기 않기 때문에 조잡하고 폐쇄된 접근이라는 공격적 비평가들의 비난을 받는데, 이에 대하여 이 접근은 제 3의 주요 특징을 제시한다. 그것은 역사, 즉 추세와 발전의 시대구분에 대한 강조이다. 그리하여 정치경제학자들은 자본주의 발전의 다양한 시기와 각 시기가 보여 주는 특정한 제약과 기회가 지니는 중요성에 관심을 기울인다.

이 마지막 특성이 쉴러의 저작에 분명히 드러나는데, 쉴러는 특히 현대 커뮤니케이션의 추세에 관심을 갖는다. 그의 출발점은 현 시기 자본주의에서는 정보와 통신이 경제체계의 안정 및 번영에 상당한 중요성을 지닌다는 것이다. 한스 엔첸스베르거(Hans Magnus Enzensberger)가 1960년대에 발표한 독창적인 글을 따라, 쉴러와 그와 유사한 사상가들은 '정신산업'(*mind industry*)을 여러 면에서 '20세기의 핵심산업'으로 간주한다(Enzensberger, 1976: 10). 이것이 쉴러가 자주 확언하는 점인데, 예컨대,

> 과거 어느 때보다도 더 많은 정보가 만들어지고 있다는 것은 의심할 여지가 없다. 이러한 정보를 만들어 내고, 저장하고, 검색하고, 확산시키는 기계도 과거에는 사용하지 않았던 속성과 특징을 가지고 있다는 것도 분명하다. 정보생산, 저장, 그리고 분배를 위한 실제 하부구조는 놀라운 것이다(Schiller, 1983a: 18).

물론 이것은 다른 논평자들의 출발점이기도 한데, 그들 중 대부분은 정보를 새로운 종류의 사회에 대한 신호로 간주한다. 그러나 쉴러는 이것을 용인하지 않는다. 모든 추가적인 정보와 엄청난 기술에도 불구하고 자본주의의 우선순위(*priority*)와 압력은 그대로 남아 있다. 그리하여,

> 자본주의가 극복되었다는 관념에도 불구하고 오랫동안 지배적이었던 시장경제의 요구는 그대로 남아서, 기술 및 정보영역에서 일어나는 변환과정에서 결정적 요인으로 작용한다(Schiller, 1981: xii).

마르크스적 분석의 이러한 강조를 제대로 평가하는 것이 결정적으로 중요하다. 즉 변동이 일어났고 그중 많은 것은 대단한 것이었지만, 자본주의와 그 관심사는 그대로 남아 있고 아직도 일차적인 중요성을 지닌다는 것이다. 예컨대 더글러스 켈너(Douglas Kellner, 1989b)는

"현대 자본주의에서 근본적이고 극적인 변동이 진행되었다"(p. 171)는 점을 인정한다. 그는 "새로운 기술, 전자공학 그리고 컴퓨터화가 기계화를 대체하고, 정보와 지식이 생산과정 및 사회와 일상생활의 조직화에서 점점 더 중요한 역할을 수행하게 되는" 시기를 묘사하기 위해 '기술자본주의'(*techno-capitalism*)라는 개념을 자주 사용한다(p. 180). 그러나 이러한 새로운 발전들이 비판이론의 중심적 개념들을 쓸모없게 만들거나 기존의 자본주의적 우선순위를 대치하지는 못한다. 계속하여 켈너는 실제로 체계는 근본적으로 그대로 유지되고 있어서 초기 마르크스주의 학자들이 사용했던 개념들(계급, 자본, 상품화, 이윤)이 여전히 중요하다고 주장한다(Keller, 1999). 사실, 우리가 앞에서 본대로, 현재 정보와 커뮤니케이션의 발전이 이전 사회와의 단절을 표현하는 것으로 자주 해석되기 때문에, 이러한 개념들이 더 많은 가치를 갖게 되었다는 주장도 가능하다. 진행 중인 '탈근대적', '탈산업적', '탈포드주의적' 사회를 확인하려는 저작가들에게 문제제기를 하면서, 켈러와 같은 사상가들은 오래된 마르크스주의 개념이 "모든 탈(脫)자본주의적 사회이론"(p. 177)에 대한 대안으로 특히 유용한 기여를 하는 것으로 본다.

정보영역에 대한 자본주의의 절박한 요구가 갖는 중요성에 대한 마르크스적 관심의 핵심적 요소는 권력, 통제 그리고 이해관계의 역할이다. 1970년대 중반 허버트 쉴러는 "새로운 정보기술의 특성과 그 전망에 관한 중심적 문제는 우리에게 친숙한 기준, 즉 그것이 누구의 이익을 위해서, 그리고 누구의 통제하에서 수행되는가이다"(Schiller, 1973: 175)라고 주장했다. 이러한 문제는 그와 유사한 사상가들에게도 중심적 관심사이며, 특히 그들은 새로운 것을 설명해 내고, 앞으로 보게 되겠지만 새로운 기술이 지지하는 관계의 연속성을 강조하기 위해, 기존 상황으로 귀착되는 쟁점들을 강조한다. 예컨대 전형적인 쉴러적 질문은 다음과 같다. 누가 기술혁신을 시도하고, 개발하고, 응용하는가? 그것을 이용하거나 적용하는 데 특정한 사람들은 어떤 기회를 가지고 — 또는 가지지 못하고 — 있는가? 무슨 목적으로, 그리고 어떤 이익이 있기 때문에 변화가 옹호되는가? 정보영역이 확장되는 목적과 그것이 다른 영역에 미치는 영향은 무엇인가? 등이다.

표현으로 봐서는 이러한 질문들이 특별히 복잡해 보이지는 않지만, 이것들이 비판이론가들의 다른 분석요소들과 연결되는 방식을 살펴보면 이러한 질문의 중요성을 훨씬 더 잘 평가할 수 있다.

2. 핵심적 논지

허버트 쉴러의 저작 속에는 적어도 4가지 중요한 주장이 들어 있다. 여기서는 우선 그 주장들을 간단히 정리하고, 이 장의 후반부에서 각각에 대해 더 자세하게 살펴보고자 한다.

첫째는 정보발달에 대한 시장기준의 관련성에 주의를 기울인다는 것이다. 이러한 관점에서 볼 때, 정보·통신의 혁신은 이윤을 위해 구매·판매·거래되는 시장의 압력으로부터 결정적 영향을 받는다.

쉴러에게〔그리고 정보적 추세를 연구하는 도서관 사서로, 50년 동안 그의 아내였던 애니타(Anita)에게도〕 시장원리의 핵심은 두 번째 주요 관심사인 정보의 상품화를 향한 강한 추동력이다. 이것이 의미하는 바는 정보가 점점 더 시장성이 있는 조건하에서만 만들어진다는 것이다. 이러한 관점에서 정보는 자본주의 사회에서 다른 대부분의 것과 마찬가지로 취급된다. "오늘날 정보는 상품으로 취급된다. 그것은 치약, 식빵 또는 자동차처럼 점차적으로 사고팔 수 있는 어떤 것이다"(Schiller and Schiller, 1982: 461).

세 번째 논지는 계급 불평등이 정보의 생산능력, 분배, 접근에 주요한 요인이라는 주장이다. 간단히 말해서, 계급이 누가 무슨 정보를 얻고 어떤 종류의 정보를 얻을 수 있는가를 결정한다는 것이다. 그리하여 계층구조 안에서의 그 사람의 위치에 따라, '정보혁명'의 수혜자가 될 수도 있고 손실자가 될 수도 있다.

허버트 쉴러가 제기하는 네 번째 중요한 주장은 정보 및 통신영역에서 거대한 변동을 겪는 사회는 기업자본주의(*corporate capitalism*) 사회라는 것이다(Williams, 1961). 다시 말해 현대 자본주의는 독특한 특성을 가진 기업적 제도에 의해 지배되는 자본주의이다. 오늘날 이들은 전국적 또는 국제적 범위를 가진 집중적이고 과두적인 — 종종 독점적인 — 조직체들이다. 이에 대한 그림을 이해하고자 한다면, 예컨대 에너지 공급을 지배하는 정유회사들의 장악 정도를 상상해 보면 된다. 셸(Shell), BP(영국석유회사 - 옮긴이 주), 엑손(Exxon), 텍사코(Texaco) 및 다른 몇 개 회사는 거대하고 집중화된 기업으로서, 지리적으로 대륙에 걸쳐 방대하게 확장되어 있으면서 동시에 선진국의 작은 동네와 수많은 마을 깊숙이 침투해 있다.

비판이론가들에게 현대 자본주의는 다음과 같은 종류이다. 즉 모든 곳에서 몇백 개의 기업이 경제를 지배하면서 경제의 수준을 결정한다(Trachtenberg, 1982; Barnet and Müller, 1975). 허버트 쉴러가 볼 때, 이러한 이유 때문에 기업자본주의의 우선순위가 정보영역에서 특히 많은 영향력을 행사한다. 그 우선순위표의 맨 처음에 있는 것은 정보와 정보통신기술이 공적 목적보다는 사적 목적을 위해 개발된다는 것이다. 그리하여 정보통신기술은 현대사회의 다른 어떤 잠재적 요인보다도 기업자본주의의 영향을 받게 된다.

분명히 이런 것들은 자본주의의 굳어진 특성이다. 시장원리와 계급 불평등은 초기부터 자본주의의 중요한 요인이 되었고, 기업자본주의의 독특한 유형 중 많은 것은 20세기 후반에 들어와서 나타나기는 했지만, 기업자본주의 그 자체는 한 세기가 넘는 역사를 가진다(Chandler, 1977 참조). 이것이 바로 허버트 쉴러가 주장하는 바의 요체이다. 즉 장기적으로 형성된 자본주의 체계의 속성은 자본주의의 구조적 구성요소이자 운영의 절대요건으로, 이른바 '정보사회'라고 하는 것의 특징적 요소이다. 이러한 시각에서 보면, 정보적 추세가 과거와의 단절을 의미하는 것이라고 주장하는 사람들을 신뢰하기 힘들다. 정보와 정보통신기술을 만들어 낸 추동력이 어떻게 바로 그 산물에 의해 대체될 수 있는가 라고 쉴러는 반문한다. '정보혁명'은 그 설계가가 의도한 바 — 자본주의 관계를 공고화하고 확장하는 것 — 를 실행할 가능성이 훨씬 더 높다.

우리가 여기서 접하게 되는 것은 양면적인 주장이다. 즉 '정보사회'는 자본주의적 요구를 반영하는 것 — 즉 기업과 계급의 관심 그리고 시장의 우선순위가 새로운 컴퓨터 통신시설에 대하여 결정적 영향력을 행사한다는 것 — 과 동시에 이러한 정보적 발전이 자본주의를 지탱하고 지원한다는 것이다. 이러한 방식으로 쉴러는 정보와 정보통신기술의 중요성을 설명하는데, 자본주의 발전 역사가 어떻게 정보적 영역에 영향을 미쳤는가를 밝히고 동시에 정보가 어떻게 그러한 역사적 발전에 대한 필수적인 토대가 되었는가를 밝힌다.

3. 초국적 제국

20세기 동안의 자본주의 발전에 관한 쉴러의 견해를 검토함으로써, 그가 사물을 바라보는 방식에 대해 더 잘 이해할 수 있을 것이다. 그는 특히 기업자본주의가 규모와 범위 면에서 증대됨에 따라 이른바 초국적 제국(*transnational empire*)을 만들어 냈다는 사실에 주목했다. 이 용어가 제국주의적 함의 때문에 지나치게 강하게 보일 수도 있지만, 적어도 20세기 동안 우리는 세계시장의 형성과 특히 미국(물론 유럽과 일본) 기업의 세계적 확장을 목격했다는 점에 대해서는 논쟁의 여지가 없다. 잠시만 생각해 보면 이 점이 분명해진다. 오늘날 자동차 산업은 포드, 제너럴모터스 그리고 닛산과 같은 기업이 두드러지는 세계적 활동이다. 또한 컴퓨터는 IBM과 그보다 소규모의(그러나 매우 큰) 디지털이퀴프먼트, 델 그리고 애플과 같은 집단을 의미하며, 통신의 경우는 AT&T(미국전신전화사), ITT(국제전신전화사: 미국의 전신전화 회사명 - 옮긴이 주), 그리고 그와 비슷한 지위와 특권을 가진 거대회사를 의미한다.

몇 가지 방식으로 정보와 그 기술은 이러한 발전에 의해 촉진되는 동시에, 그것을 지속하는 데 필수적인 것이 되었다. 하나는 활동범위가 세계적인 기업은 그 일상적 활동을 위해서 정교한 컴퓨터 통신 하부구조를 필요로 한다는 사실에서 비롯된다. 대체적으로 봐도 뉴욕에 본사를 둔 회사가 신뢰성 있고 정교한 정보통신망의 도움 없이 50여 개국

(미국 내 여러 장소는 물론이고)에 분산된 활동을 조정하고 통제한다는 것은 상상하기 어렵다. 사실 초국적 기업은 일상적 운영과정에서 매일 무수한 통신 데이터와 문자 메시지를 주고받는다. 나아가 정보통신망은 특정 기업 내부에서뿐만 아니라, 세계시장의 운영에 필수적인 사업 서비스와 연결시키기 위해서도 결정적으로 중요하다. 놀랄 것도 없이, 국제 금융통신망이 정보적 영역의 선두에 있다(Hamlink, 1982).

허버트 쉴러에게는 이것이 정보가 기업적 요구에 종속되는 방식을 나타내는 것이지만, 그보다 덜 철저한 관찰자는 '정보기술혁명'이 일어났고 비록 수년에 걸쳐 정보통신에 대한 기업의 의존성이 나타나기는 했지만, 우연히 기업의 관심과 합치했다고 주장할 수도 있다. 그러나 이러한 논리에 대하여 두 가지 반박이 존재한다. 첫째는, 다음에서 보겠지만, 장소의 내부 및 외부 사이를 이동하는 정보는 특수한 종류로서 압도적으로 기업의 우선순위를 표현한다는 것이다. 두 번째 반박은 첫 번째 것과 관련된 것으로, 그의 장남인 댄 쉴러(Dan Schiller, 1982, 1990)가 제기한 것인데, 그는 컴퓨터 통신망의 발생 — 발생지역, 기술적 표준, 가격정책, 이용정책 — 은 독특하게도 공적 이해기준보다는 기업을 우선시한다고 주장한다. 다시 말하면, 정보통신망의 역사에 대한 댄 쉴러의 설명은 기업의 관심이 그 형성을 결정하고, 저러한 방향이 아니라 이러한 방향으로 발달하도록 유도하면서, 그것을 자본주의적 활동의 초점으로 설정했다는 것을 보여 준다. 그리하여 정보의 발전과정에서 정보의 흐름에 대한 기업의 의존성이 커지기는 했지만, 기본적으로 정보는 기업적 이해의 실현을 위해 개발되었다.

댄 쉴러의 논제를 개략적으로 살펴볼 필요가 있는데, 왜냐하면 그의 논제가 정보와 기업활동 간의 이러한 상호관계를 강조하기 때문이다.

그는 세 영역에서의 텔레매틱스(*Telematics*, 컴퓨터와 커뮤니케이션 설비)의 확장에 대해 설명하는데, 미국 국내시장, 초국적 커뮤니케이션, 미국 정부가 주도적 역할을 수행한 영역이 그것이다. 댄 쉴러는 미국 기업의 확장과 확산에 따른 텔레매틱스의 성장을 추적한다. 그는, 기업의 확장은 정보통신망에 대한 절박한 필요를 가지고 있기 때문에, 정보통신망이 구축되지 않았을 수도 있다는 것은 상상할 수 없다고 주장한다. 기업의 규모가 증가하고 처음에는 미국 내부에서, 그리고 나중에는 외부에서 지사를 확산시켜 감에 따라, "오직 텔레매틱스만이 집중화된 기업 수요에 따라 나타나는 복합적인 산업적 및 상업적 활동을 통제하고 통합할 수 있었다"(Dan Schiller, 1982: 4). 텔레매틱스가 미국 기업에 적합하도록 구성된 것은 우연의 일치가 아니라는 점을 강조할 필요가 있다. 사실 커뮤니케이션 설비는 처음부터 기업 — 자신들에게 유리한 형태로 서비스가 개발될 수 있도록 지속적으로 압력을 행사하는 — 의 이해관계에 따라 발전했다. 그리하여 "선진 텔레매틱스 서비스를 필요로 하는 기업 이용자는, 단순히 정보기술에 대해서뿐만 아니라 경제와 사회 전반에 대한 기업의 사적 통제를 강화하도록 정책 입안가들의 지원을 효과적으로 결집시킬 수 있었다"고 쉴러는 주장한다(Schiller, 1982: xv).

예컨대 쉴러는 미국에서 AT&T(Bell 시스템)에 의해 수 세대 동안 유지된 국내 통신시장에 대한 '자연독점'을 파괴하고, 그에 따라 과거에 정부로부터 독점적 특권을 부여받음으로써 가능했고 서비스의 상호보조(*cross-subsidization*)를 통해 추구됐던 '보편적 서비스'라는 이상의 종말을 가져온 강력한 압력은, 최소 비용으로 고도 커뮤니케이션 서비스(특히 데이터와 텍스트를 처리하는)를 요구하는 기업 이용자들로부터 나왔다고 주장한다. 이러한 방식으로 쉴러는 미국의 국내 커뮤니케이션이 사적 기업이 선호하는 형태로 재형성되는 것을 보여 주는데, 이러한 기업들의 "국가 통신 하부구조의 발전방향과 형태에 대한 주도권 투쟁"(p. 61)은 공중의 요구에 대한 고려를 거의 전적으로 배제했다.

국제적 차원에서도 거의 동일한 과정이 드러났다. 초국적 기업은 정보통신망을 가지고 있게 마련이고, 이러한 통신망이 기업의 요구사항에 맞게 설계되고 작동되도록 만들려고 할 것이다. 따라서 미국적 관심이 주도하는 사적 기업은 유럽에서 자신들이 필요로 하는 최신 서비스를 제공할 수 있는 정보통신망을 자신들의 요구대로 공급하도록 하기 위해 압력을 행사했다. 여기서의 문제점은 공적으로 소유된 독점적 커뮤니케이션 체계의 오래된 유럽식 관행이었다. 이에 대응하여, 초국적 기업은 다른 어떤 집단보다도 강력하게 '자유화', '탈규제', '민영화'에 대한 압력을 가했다(Dan Schiller, 1982). 그들의 요구는 주류가 된, 점점 더 개방적이고 사업지향적인 서비스에 의해 보상을 받아 왔다.

정보영역이 초국가적 자본주의 기업의 목적과 이해를 신장시키기 위하여 발전되는(나중에는 자본주의적 번영의 지속에 필수적인 것이 되기는 하지만) 또 하나의 방식은 판매기제로서의 역할이다. 허버트 쉴러는 방대한 양의 미디어 이미저리(*imagery*)는 시장기준에 따라 나타나며, 동시에 특히 미국 상품의 판매를 보조하는 것이라고 주장한다. 그리하여 텔레비전 프로그램, 할리우드 영화, 위성방송 — 간단히 말해서 미국이 주도적 역할을 하는 오락산업(Tunstall, 1977) — 은 상업적 기반 위에서 조직되고 재화와 용역의 판매를 도모하는 기능을 하게 된다. 한편으로는 이것은 상업적으로 경쟁력 있는 기회를 가진 유일한 매체인 TV 채널의 구성에서, 그리고 상업적 기준 — 대개는 광고수입의 확보 — 에 따른 텔레비전 프로그램의 공급에서 분명히 드러난다. 이것은 그 내용에도 영향을 미쳐서 감각적이고 액션이 많은 모험물, 드라마(*soaps*) 및 연속극, 스포츠, 지적으로 복잡하지 않고 정치적으로 위협적이지 않은 프로그램의 우세를 초래하였다. 이러한 모든 프로그램들은 가능한 한 높은 시청률을 달성하여 광고주나 기업 후원자들에게 설득력 있도록 제작된 것이다.

다른 한편으로 리바이스 청바지, 코카콜라 음료, 칼스버그 맥주, 포드 자동차 또는 타미힐피거 패션의류 등과 같은 제품의 세계적 판매는 매스미디어 체계의 정보적 지원을 반드시 필요로 한다(Janus, 1984). 허버트 쉴러에게는 이 점이 가장 중요한 의미를 지닌다(Mattelart, 1991 참조). 사실 이것은, 산업 자체가 기업자본주의 확산의 한 요소이기도 한 미국 미디어가 자본주의적 생활방식 — 많은 프로그램에서 묘사되는 아름다운 주택, 엄청나게 많은 유명인사, 탐나는 의상, 음료, 여가 추구, 부러워할 만한 생활양식과 기회 등 — 을 찬양할 수밖에 없다는 점을 진지하게 이해하는 출발점이다. 물론 일부 대중적인 프로그램은 도시 취약지역의 생활과 같은 현대 미국사회의 주변적 측면을 보여 주지만〔예컨대 절찬 받는 시리즈인 〈와이어〉(*The Wire*)나 〈홈랜드〉(*Homeland*)〕, 그런 프로그램도 여전히 마닐라나 상파울로의 시청자들이 아주 부러워할 만한 매력과 흥미를 담고 있다. 다시 말해서, 〈댈러스〉(*Dallas*), 〈ER〉, 〈소프라노스〉(*The Sopranos*), 〈보난자〉(*Bonanza*), 〈프렌즈〉(*Friends*)와 같은 엄청난 프로그램을 통해 추구하는 미국 미디어의 일차적 목표는 인도네시아, 이탈리아 또는 인도 사람들을 교육하는 것이 아니라, "시장을 개방시키고 가능한 한 방대한 영역의 세계시장을 개척하는 것"이다(Herbert Schiller, 1992: 1).

이러한 관점에서 볼 때, "왜 모든 TV 프로그램이 베트남전이나 노예제의 유산에 대한 훌륭한 다큐멘터리와 같은 수준에 미치지 못하는가?"라는 개탄스러운 질문은 할 필요가 없다. 실제적으로 핵심적 쟁점은 오히려, 판매하고 판매를 지원한다는 — 현대 자본주의의 구조적 특징에 따라 미리 결정된 — 절박한 요구를 감안할 때, 우리는 매스미디어를 지배하는 단일한 종류의 정보, 즉 오락성 정보(*infotainment*) 만을 기대할 수 있다는 점이다. 사실 시장체계를 확대하고 지속시키는 매스미디어의 역할을 고려할 때 핵심적 질문은 "소수자의 관심을 반영하거나, 지적 난이도가 높거나, 도전적 비판을 제기하는 프로그램이 어떻게 가능했는가?"라는 것이다.

허버트 쉴러가 사망한 지 10년이 넘었기 때문에 최근의 추세에 대해 논평할 수는 없다. 그러나 그는 21세기의 판매 증진 방식 확산에 대해 그다지 놀라지 않을 것이다. 이러한 방식은 뉴미디어의 도움을 받아 시장관행을 외적(국경을 넘어서 이질적인 지역으로) 및 내적(사적 영역, 특히 가정으로 깊숙이) 으로 확장한다. 로버트 맥체스니(McChesney, 2013) 와 같은 비판이론가들은 사적 및 기업적 이해의 우선순위에 따라 이러한 판매의 성장이 수반되는 방식을 강조하여 왔다. 영향력 있는 논문에서 포스터와 맥체스니(John Bellamy Foster and McChesney, 2011) 는 효율성을 근거로 이러한 확산을 비판하는데, 그들은 사적인 혜택이 과도하게 강조되면 공적 부(富) 가 감소된다고 주장한다. 그들은 인터넷이 국가기금 — 특히 미국 과학재단 — 의 도움으로 출발하였고 애초에는 비상업적 시도였다고 주장한다. 그러나 1990년대에 상업적 가능성을 발견한 사적 기업이 인터넷 영역에 진입하면서 그 발전방향을 완전히 바꾸어 놓았다는 것이다.

이러한 변화가 비효율로 이어진다는 포스터와 맥체스니의 견해는 그들이 로더데일 역설(*Lauderdale Paradox*)이라 부르는 것에 의해 뒷받침된다. 이 역설에 따르면 어떤 자원이 시장 관점(이윤추구 기업에 대한 지불능력)에서만 가용하게 되는 경우, 사회의 일부 집단은 그것을 구매할 여력이 없기 때문에 배제될 수밖에 없고, 그에 따라 집합적 효율성(공적 부)이 침식된다. 한 가지 불행한 결과를 생각해 보면, 오염된 식수를 마시면 질병이 발생하고 확산될 수 있고(이질은 돈을 가리지 않는다), 이는 일부 사람들이 정상적인 활동과 노동을 하지 못하여 다른 사람들에게 부담을 지우게 된다는 것을 의미하기 때문에, 전반적 공적 부의 감소로 이어진다는 것이다. 논리적 결론은 국고 지원을 통해 모든 사람들에게 깨끗한 식수를 공급하는 것이 사회 전체가 번영하는 최선의 방식이라는 것이다. 도로 교통에 대해서도 비슷한 주장을 할 수 있다. 도로가 사적 자산인 경우 통행료와 같은 것이 부과되어야 하는데, 이는 자산 소유자에게는 이득을 주지만, 요구되는 비용을 부담할 수 없거나 지불하지 않으려는 사람들이 그 도로를 무시하거나 이용하지 않는 경우에는 최적의 공적 부가 달성되지 못한다. 따라서 물자와 사람들의 이동이 지연되거나 불편이 발생하여 전반적인 공적 부가 감소한다. 간단히 말해서 공적 소유를 통해 식수와 양질의 도로를 모든 사람들에게 제공함으로써 공적 부를 증가시킬 수 있다.

포스터와 맥체스니(Foster and McChesney, 2011)는 이러한 논리를 인터넷에 적용한다. 소유자들이 개인적 이윤을 추구하는 사적 자산인 경우 자신들의 자산에 대한 수익을 극대화하는 수준에서 접근 비용을 설정할 것이다. 기간망(基幹網) 사업자들은 적정 수준의 수익을 담보하는 비용을 책정할 것이고, 웹서비스 업체들도 유사한 방식으로 비용을 부과할 것이다. 사업체가 하는 일이 본래 그런 것이다. 즉 고객에 대한 매력을 지니면서도 사업자에게 혜택을 주는 정도의 가격을 책정하는 것이다. 가격이 지나치게 낮으면 소비자들은 행복하겠지만 사업자는 자신의 자원을 충분히 활용하지 못한다. 가격이 지나치게 높으면 인터넷 서비스를 구매하지 못하는 사람들이 많이 발생한다. 포스터와 맥체스니는 사업체한테 맡겨 놓으면 가격이 어떻든 간에 일부 사람들은 배제되어 인터넷을 이용할 수 없게 된다고 주장한다. 대부분의 사람들은 원하면 사용할 수 있지만 시장에서 요구하는 비용을 감당할 수 없는 사람들도 분명히 존재한다. 상황이 이렇다면 배제되는 소수는 업무활동, 금융서비스, 교육, 나아가서는 민주적 참여 등을 정보통신망에 크게 의존하는 — 점점 더 그렇게 되고 있는 — 사회의 원만한 운영에 장애가 될 것이라고 그들은 주장한다. 네트워크 사회에서 인터넷은 수돗물, 쓰레기 처리, 대중교통과 마찬가지로 필수적인 것이다. 포스터와 맥체스니의 의견에 따르면, 최선의 해결책은 인터넷에 대한 자유로운 보편적 접근을 시민의 권리로 제공하는 것이다. 이는 특히 사람들이 언제 어디서나 통신망 연결을 필요로 하는 활동에 제대로 참여하게 되면 공적 부가 증가하기 때문이다.

포스터와 맥체스니의 관점에서 볼 때, 불행하게도 인터넷의 상업화가 가속화하고 있어서 이러한 전망은 실현되기 어렵다. 끊임없는 광고, 끈질긴 이메일, 특가제공 등이 보여 주듯, 기업의 이해가 침투하면서 인터넷이 마케팅을 위한 수단이 되어 간다는 점은 확실히 부인하기 어렵다. 인터넷상에는 공적 접근과 공적 정보가 무제한적인 영역이 분명 존재한다(물론 이용자는 컴퓨터나 스마트폰이 있어야 하고 인터넷 서비스에 가입해야 하는데, 각각은 사적 업체에 비용을 지불해야 이용할 수 있다). 그러나 21세기의 인터넷 발전은 상업 세력이 주도하고 있다는 점은 분명하다.

이에 대한 놀라운 예외는, 그 특이성을 예시적으로 보여 주는 것인데, 바로 그 창안자인 팀 버너스리(Tim Berners-Lee)가 월드와이드웹(www)을 로열티 요구 없이 공개한 것이다. 월드와이드웹의 하이퍼링크를 통한 자유로운 연결에 대한 버너스리의 헌신은 지배적인 상업적 원리의 출현과 어울리지 않으며, 다른 대부분의 컴퓨터 혁신가들(이를테면 마이크로소프트의 빌 게이츠, 페이스북의 마크 주커버그, 구글의 래리 페이지와 세르게이 브린 등)과 현저한 대조를 이루는데, 이들은 기업의 이윤 극대화를 열성적으로 추구하였다. 이 사례의 특이성을 이해하려면, 상업적 관행이 당연히 여겨지는 일상적인 상황이니, 이용자들이 'www' 접두어를 사용할 때마다 팀 경(2004년에 훈작 지위를 받음 - 옮긴이 주)의 개인 계좌로 들어가는 비용이 부과된다고 상상해 보라.

인터넷은 점점 더 마케팅을 위해 이용자들에게 영향을 미치는 수단으로 이용되고 있다. 페이스북과 같은 서비스가 이용자들에게 무료로 제공되는 것은 사실이다. 그러나 이것은 인터넷 서비스 업체들에게는 이용자가 돈이 되는 상품으로서, 그들의 활동을 손쉽게 추적하고 분석할 수 있으며, 그렇게 만든 정보를 마케팅에 활용하려는 광고주나 기업들에게 판매하기 때문이다(Pariser, 2011). 인터넷에서 이루어지는 모든 클릭은 흔적을 남기고(사이트에 머문 시간, 구매 이력, 검색 기록, 방문한 사이트 등) '쿠키'가 저장되는데, 이는 이용자를 면밀하게 분석하고 범주화하여 잠재적 고객에게 판매하기 위한 것이다. 이런 측면에서 이전의 검색이나 구매 이력을 바탕으로 이용자들에게 제공되는 아마존의 상품 추천, 온라인으로 상품을 구매한 업체로부터 날아오는 문자, 또는 이메일 계정을 열 때마다 팝업되는 맞춤화된 광고에 대해 생각해 보라. 〈뉴욕타임스〉(*New York Times*, 2008. 5. 10)는 상위 5개 웹서비스 업체(구글, 야후, 마이스페이스, AOL, 마이크로소프트)를 통해 적어도 매달 3,360억 건의 전송이 이루어진다고 보도하였다. 이 정도 규모의 정보축적과 데이터마이닝(*data mining*)의 범위는 파악하기도 어렵고, 사생활에 대해서도 중대한 함의를 지닌다(그러나 여기서는 이것이 인터넷 발전과정에서 시장관행을 확장하는 방식을 강조하고자 한다). 물론 대부분의 소셜 미디어도 무료 서비스로, 일부 개인정보를 입력하면 공짜로 이용할 수 있다. 그러나 이용자들은 상품으로 변환됨으로써 이런 서비스에 대한 이용료를 지불한다는 것은 의심의 여지가 없다. 서비스를 제공하는 업체는 투자를 통해 이윤을 남겨야 하기 때문에 그렇게 될 수밖에 없다.

이런 것들은 이전에는 사적 영역이었던 곳으로 시장이 확산되는 예이다. 소셜 미디어나 적립카드를 이용하는 사람들 또는 단순히 검색엔진을 이용하는 사람들은 무료 프로그램을 얻거나 포인트를 적립하거나 소셜 미디어 사이트를 기꺼이 이용하는데, 이들은 팔리는 대상이나 고객으로서 과거보다 더 세심하게 표적이 된다. 물론 업체들은 사생활을 보장하고 '고객과의 더 나은 소통'을 위해 그렇게 한다고 주장하면서 서비스를 시작한다. 그럼에도 불구하고 사생활 침해와 방대한 규모의 정보 수집에 대한 불안감은 잔존한다. 많은 사람들은 국가의 감시체계를 두려워하지만, 상업적 조직도 투자에 대한 이윤을 추출하는 목적으로 이용되는 방대한 양의 개인정보를 보유하고 있다. 나아가서 상업화는 잠재적 또는 실제적 고객을 넘어서, 그 자체의 활동을 지켜보는 범위로까지 감시를 확장한다. 소비자를 추적하는 동일한 컴퓨터 시스템을 통해 모든 키보드 입력, 모든 온라인 구매, 모든 노동자의 업무 완료 시각을 자세하게 분석하고 검토할 수 있게 되는 것이다.

허버트 쉴러는 정보적 추세가 핵심 자본주의 국가인 미국의 가치와 세계관에 대한 이데올로기적 표현을 제공하도록, 자본주의의 우선순위를 반영하고 그 지속을 지원하는 결합된 방식을 강조하였다. 물론 이것은 전술한 마케팅 기능과 밀접한 관련이 있다. 미디어가 생산하는 이미지가 기업이 제조하는 물건을 구매하게 하는 자극제가 된다면, 매우 높은 정도로 그것은 자본주의 체계 전반에 대한 지지를 보내게 될 것이다. 소비주의 생활양식에 대한 찬양도 자본주의 국가에 대한 광범위한 이데올로기적 지원을 제공한다.

그러나 허버트 쉴러는 또한, 미국의 이데올로기적 지배에 대한 매스커뮤니케이션의 이러한 기여를 무시하지 않지만, 매스미디어(압도적으로 미국에서 나오는)가 초국적 제국에 대해 이데올로기적 지원을 하는 보다 직접적인 방식도 강조한다(Schiller, 2000). 하나의 중요한 방식은 뉴스의 제작과 분배에서 차지하는 미국의 두드러진 위치에서 비롯된다. 뉴스보도의 주요 원천으로서 미국(그 뒤를 이어 대체로 경제적 조직과 정치적 전망의 양식을 공유하는 영국 및 다른 한두 개 국가) 미디어가 자기 나라의 관심사를 반영한다는 것은 놀라운 일이 아닐 것이다. 논지는 '자유기업', '자유무역' 그리고 '지적재산권'이 뉴스보도에서 광범하게 사용되는 구절이고, 종종 옹호되는 조건이라는 점이다. 마찬가지로 '경제적 번영'과 '산업적 성공'은 자본주의 경제에서 우세한 용어와 조건에 의해 정의된다. 그리하여 '경쟁', '시장' 그리고 '기업 신용' 등과 같은 용어는 정상적이고 바람직한 조건으로 간주되는 것을 묘사하는 데 문제없이 사용된다.

아마도 더 중요한 것은 세계적 사건과 추세가 대도시적이라는 독특한 — 대개 미국적인 — 시각에서 보도된다는 점일 것이다. 사건이 미국에 대해 가시적 영향을 미치거나 그럴 가능성이 있는 경우에만 다른 국가들이 뉴스에서 검토된다(재난의 규모가 방대하여 그 자체로 극적 뉴스가 되는 경우를 제외하고). 예컨대 1993년 말 소말리아(Somalia) — 아프리카의 뿔 지역에 있는 국가라 지도상에서 찾아낼 수 있는 미국인은 거의 없을 것이다 — 가 미국 미디어에서 두드러진 것은 미국 군인들이 지방 민병대에 의해 사살되었기 때문이었고, 아이티(Haiti) 같은 국가가 주목받게 된 이유는 그 나라에서의 사건이 미국으로의 이민에 중대한 영향을 미칠 수 있었기 때문이다. 마찬가지로 중동사태가 보도되는 경우는 주로 미국과 그 동맹국들에게 중요한 의미를 갖는 '위기'가 있을 때이다.

한편 인도, 아프리카, 중국 같은 지역(세계 인구의 거의 절반이 살고 있는 곳)이 자주 보도되는 것은 수천만 명의 사상자가 발생하여 국제적 지원이 동원되어야 하는 지진, 홍수, 기아 등과 같은 참사 때문이다. 이러한 보도 틀(*framework*)을 바꾸게 되는 경우는 2001년 초 중국이 미국의 정찰기를 강제로 착륙시킨 것과 같이 미국에 중대한 의미가 있는 사건이 일어나는 때이다. 이 '하이난 섬 사건'은 24명의 요원이 탑승한 미국 해군 첩보기와 중국의 전투기가 공중에서 대립한 사건이다. 중국 전투기가 미 해군 첩보기를 강제 착륙시켰고, 그 과정에서 전투기가 장애를 일으켜 인민군 조종사가 사망하였다. 이 사건이 발생한 후 간첩행위를 반박하고 미군 병사의 안전한 귀환을 위한 협상이 진행되면서 4월의 수일 동안 중국이 주요 뉴스 대상이 되었다. 이라크 침공과 그 후의 점령에 대한 보도도 유사한 특징을 보인다. 다양한 미디어에 반영되어 나타난 세계의 압도적인 반대에도 불구하고, 미국의 뉴스 보도에서는 미국 주도 전쟁에 대해 지지하거나 무비판적인 분위기가 현저했고(Tumber and Webster, 2006, ch. 4), 세계 도처에서 드러난 광범위한 반대 목소리는 거의 전달되지 않았다(Massing, 2003, 2004a, 2004b; Gillan et al., 2008; Arsenault and Castells, 2006).

이와 관련된 것으로서 세계 언론에 보도되는 국제뉴스의 90%는 단지 4개의 서방 통신사에서 나오는데, 그중 두 개는 미국〔UPI (United Press International) 와 AP (Associated Press)〕, 하나는 영국(Reuters), 그리고 다른 하나는 프랑스〔AFP (Agene France Presse)〕에 있다. 이들은 그 토대의 관심사를 반영한다. 예컨대 UPI는 2/3가 넘는 보도를 미국에 관한 것에 할애하고, 아프리카에 대해서는 단지 2%만을 할애한다. 이러한 보도의 불균형으로 인해 미국(그리고 보다 일반적으로는 서방들) 은 이데올로기적 기능을 위해 '서방이 최고다', '미국적 방식' 또는 '자본주의 기업을 지원하라' 등과 같은 조잡한 메시지를 내놓을 필요가 없다. 사건에 대한 압도적인 서방의 시각과 대도시적 의제를 중점적으로 제시하고, 세계의 나머지 지역은 '전쟁', '쿠데타', '재앙' 그리고 '가뭄'과 같은 '문제'(주로 그것이 지배적 국가들에게 의미를 가지는 경우) 지역으로 주로 보도하는 것으로 충분하다. 세계뉴스에 '문제'로 실리는 이런 나라들은 실망스러울 정도로 불안정하고 폭력적 행위에 취약한 것으로 제시되거나, 태풍이나 화산폭발 또는 흉작에 의해 피해를 당한 경우에는 동정의 대상으로 보도된다.

허버트 쉴러의 취지를 반영하는 존 필저(John Pilger)의 말로 표현하면, 흔히 이들 국가들은 "TV 화면을 스쳐 지나가는 말이 없고 무력한 정물(靜物)"처럼 보인다. "그들은 주장하거나 대응하지 않는다. 그들은 용감하지도 않고 전망을 가지고 있지도 않다"(Pilger, 1991b: 10). 요컨대 그들은 '우리와 같은 사람'은 물론 아니고, '실제 사람'도 아닌 것처럼 보이는데, 이러한 외양은 선진 자본주의 사회(세계 인구의 25%와 부의 80%를 가진)가 실제로 자신들이 '정상적'이라는 믿음을 지탱하는 데 유용한 것이다.

더구나 이것은 서방, 특히 미국 뉴스미디어의 세계 지배에 대한 것이지만, 우리는 서방국가들이 위성·통신·컴퓨터 등의 분야에서 누리는 기술적 우세가 그 시각을 지지하는 데 엄청난 이점을 제공해 준다는 것을 잊어서는 안 된다. 이러한 추세는 오락의 전체 영역에서 미국의 우위와 결합된다. 영화가 미국적이고, 텔레비전이 미국적이며, 대부분의 음악 분야도 그렇다. 영화 제작에 필요한 재원, 국제적 시장홍보 자원, 수많은 드라마를 제작하고 저장하고 분배할 수 있는 능력을 가진 것은 서방 자본주의 사회들이다. 물론 이런 분야에서의 이데올로기적 메시지는 종종 불분명하고, 모호하며, 때로는 사적 자본이 추구하는 목표에 반하는 경우도 있다는 것은 인정할 필요가 있다. 그럼에도 불구하고 논쟁의 여지 없이 확실한 것은, 미국의 오락산업이 전하는 메시지는, 〈초원의 집〉(*Little House on the Prairie*), 〈루시〉(*I Love Lucy*), 또는 〈프렌즈〉(*Friends*) 등에 상관없이, 대체로 미국이 바람직하고 부러워할 만하여 다른 나라들이 모방하려는 사회라는 자기인식을 강화하는 것이라는 점이다.

이를 보여 주는 사례는 많다. 예컨대 2012년 말에 개봉되어 오스카 작품상을 받은 영화 〈아르고〉(*Argo*)를 생각해 보자. 연기자인 벤 애플렉(Ben Affleck)이 감독한 이 영화는 1979년 이란 혁명세력이 미국 대사관을 기습한 후 실종된 6명의 미국 외교관 구출에 관한 내용을 담고 있다. 이는 CIA 요원이 탈출을 돕기 위해 영화감독으로 위장하는 기만과 엄포의 고전적 예이다. 〈아르고〉는 잘 만들어졌고 많은 액션과 극적인 사건을 포함하고 있어서 흥미도 있다. 이 영화는 흐름이 빠르고 긴장감을 자아내며 그 중심에는 기성 '스타'인 벤 애플렉 자신이 있다. 그럼에도 불구하고 이 영화는 역사적 상황에 대해 무관심하며(캐나다의 역할이 과소평가된 반면에 CIA의 역할은 과장되고, 영국의 지원은 간과되었다), 이란인들은 비합리적이고 재치가 없고 충동적이라는 고정관념을 보여 준다. 반대로 미국인들은 창의적이고 용감하며 정이 넘치고 긴박한 상황에서도 냉정을 유지하는 사람들로 묘사된다. 이러한 내용은 이란, 그 국민, 그리고 중동에서 이란의 역할 등에 대해 큰 의혹을 가지고 있는 미국의 정서에 호소하는 것이다.

2012년에 호평을 받은 또 다른 미국 영화인 캐스린 비글로(Kathryn Bigelow) 감독의 〈제로 다크 서티〉(*Zero Dark Thirty*)는 2011년 5월 오사마 빈 라덴을 찾아내어 최종 사살한 '실화'를 바탕으로 한 스릴러(*thriller*)물이다. 이는 9·11 선동자에 대한 정당한 복수라는 틀을 가진 액션모험 영화로서, CIA 요원들이 영웅으로 등장한다. 이 영화는 훌륭한 촬영기술을 선보이고, 다양한 하이테크 장비를 사용하며, 사실과 허구의 구분을 흐리게 하는 극적인 파격을 사용하여, 현상적으로는 포로에 대한 고문을 묵과한다(왜냐하면 빈 라덴의 행방에 결정적 정보가 '물고문'을 통해 나오기 때문이다). 그 내용은 미군을 옹호하는 미국중심적 관심사로부터 이탈하는 경우가 없으며 치외법권적 행위를 정당화한다.

이러한 것들이 허버트 쉴러가 이해하는 바인데, 그는 신세계정보질서(NWIO)에 대한 가장 강력한 주창자 중 한 사람이다. 쉴러의 입장은 미디어가 표현하는 것의 밑바탕에는 세계의 인구를 갈라놓는 불평등한 구조적 관계가 존재한다는 전제로부터 논리적으로 도출된 것이다. 1992년 5월 프랑스에서 행한 한 연설에서 그는 '부국과 빈국 간 격차의 지속적 증가'에 대한 관심을 요구했다. 그의 견해로 볼 때 이러한 '세계 불평등' 쟁점은 세계경제에 대한 서구 자본주의의 지배에서 비롯되는 것이며, 그는 서방 미디어가 지지하는 사고와 이미지를 제공함으로써 이러한 지배를 지원한다고 확신한다(Schiller, 1992: 2).

쉴러가 볼 때, 자신들의 삶을 향상하려는 보다 가난한 국가들의 투쟁을 적극적으로 표명하기 위한 전제조건은 '정보제국주의'에 도전하는 것이다. 현재 세계 정보환경은 압도적으로 서방국가, 특히 미국으로부터 나온 것이다(McPhail, 1987). 우리가 보았듯이, 뉴스, 영화, 음악, 교육 그리고 도서출판은 거의 '일방통행로'이다(Varis, 1985; Nordenstreng and Varis, 1974). 비(非) 급진적 분석가들조차도 서방에 대한 '미디어 종속'(Smith, 1980)이 존재한다는 것을 시인하며, 상당히 많은 비(非) 마르크스주의 사상가들도 이러한 상황과 그것이 초래할 결과에 대해 우려를 표명하고 있다. 예컨대 프랑스에는 미국 미디어 상품의 홍수 속에서 문화적 보전성(*integrity*)에 대한 위협에 대항하는 오래된 전통이 있다(Servan-Schreiber, 1968 참조). 이것은 예외적인 것이 아닌데, 왜냐하면 다이슨과 험프리스(K. Dyson and P. Humphries, 1990)가 주장하듯이 "'도처에서 볼 수 있는 〈댈러스〉(*Dallas*: 석유재벌의 가족사를 그린 미국의 대표적 드라마 - 옮긴이 주)' 때문에 유럽의 문화적 정체성이 상실될지도 모른다고 우려하는 서유럽 방송인과 정책 입안가들이 많이 존재"하기 때문이다(p. 19).

허버트 쉴러가 볼 때 이 모든 것은 '문화적 제국주의', 특히 경제적 및 정치적 사안에 대한 서구의 지배를 존속시키는 정보적 수단을 구성한다(Tomlinson, 2002). 그는 이러한 '제국주의'에 대한 전면적 도전을 주장하는데, '신세계정보질서'에 대한 요구가 바로 그것이다. 이것은 유네스코에서 상당한 영향력을 미쳤으며(Nordenstreng, 1984), 이 기구가 신세계정보질서와 같은 정책을 지지하는 쪽으로 기울자 미국이 여기에서 탈퇴하기도 했다(Preston et al., 1989). 쉴러는 1989년까지 유네스코 내부의 논쟁을 역추적하여 신세계정보질서를 향한 이동의 역사를 검토했고, 그 과정에서 현재의 정보환경에 대한 자신의 시각을 분명히 했다. 그가 볼 때 신세계정보질서는,

> 〔제 3세계〕 국가로 향하는 정보에 대한 통제력을 얻고 그들 국가의 문화에 대한 통제를 유지하려는… 노력이었다. 제 3세계 국가들은 자국 스스로의 문제를 정의하고, 그들 삶에 대한 상이한 이미지를 스스로 제시하기를 원했다. 그 모든 것이 서구에서 완전히 왜곡되었다. 신세계정보질서에 대한 요구는 서구에서 배타적으로 제시되었는데, 즉 제 3세계 독재자들이 모든 서구적 '계몽사상'의 자유로운 흐름을 억압함으로써 자신들의 국민을 예속시키려는 노력의 일환으로 제시되었다. 분명히 이들 국가의 일부에서 권위주의자들이 지배하고 있지만, 모든 운동을 권위주의로 분류하는 것은 노골적 왜곡에 지나지 않는다. 현재, 신정보질서에 대한 이러한 요구가 상당히 퇴색하고 있다. 그러나 거의 동일한 새로운 질서를 가지고 있는데, 초국적정보질서가 그것이다(Schiller, 1986b: 16).

4. 미디어 기업

분명히 이러한 마르크스적 설명은 정보환경에 대하여 국내적으로 그리고 국제적으로 미치는 기업자본주의의 영향력에 많은 무게를 두고 있다. 그러나 여기서 강조되어야 할 것은 우리가 단순히 정보영역에 가해지는 외부 압력을 확인하고 있는 것은 아니라는 점이다. 사실은 그 반대이다. 즉 기업자본주의의 성숙과정에서 정보산업이 절대적이고 능동적인 역할을 담당했다는 것이다. 그리하여 기업자본주의 확산의 역사는 미디어 기업 확산의 역사이기도 하다. 그리고 일반적인 기업자본주의와 마찬가지로 미디어 기업은 규모 면에서 팽창했고, 수적으로는 집중되었으며, 관심영역을 다양화하고, 국제적 무대로 과감히 확장하였다.

그리하여 국내뿐만 아니라 세계무대에서도 일부 거대 기업이 텔레비전, 신문, 영화, 출판, 그리고 점차 인터넷 기반 매체에서 지배적 — 경쟁적이기는 하지만 — 소수독점을 이루고 있다. 널리 알려진 주자로는 월트디즈니, 바이아콤(Viacom), 베르텔스만(Berstelsmann), 타임워너-뉴스코퍼레이션 등이 있다. 이 중에서 타임워너-뉴스코퍼레이션의 경우를 보면, 머독(Murdoch) 가문이 소유한 이 기업도 나머지 업체들과 그 특성을 공유한다. 수익규모 면에서 디즈니에 이어 두 번째이고, 영국의 미디어 조직으로서는 공적 소유인 BBC(뉴스코퍼레이션 지도자들이 혐오하는 조직)를 제외하면 다른 업체와는 확연히 구별될 정도로 방대한 규모를 가지고 있다. 이 업체의 2012년 수익은 340억 달러에 이르고, 활동 범위는 현재 미국, 영국, 호주 등이지만 점차 인도와 극동으로 관심영역을 확대하고 있다.

뉴스코퍼레이션은 수직적 및 수평적으로 통합되어 있어서 뉴스, 도서, 영화, 유선, TV 오락물을 제작·배포할 수 있으며, 20세기폭스, 폭스뉴스, 스카이 등의 자회사를 통해 더 많은 것도 제작·배포할 수 있다. 인쇄 신문의 경우 타블로이드지 〈선〉, 〈뉴욕포스트〉(*New York Post*), 런던 〈타임스〉(*Times*), 〈월스트리트저널〉(*Wall Street Journal*)을 소유하고 있다. 그러나 인쇄물은 소규모이고 수익규모 면에서 그 비중이 줄어들고 있으며, 2012년 말부터 뉴스코퍼레이션이 지배적으로 디지털 기업으로의 전환을 준비하여 왔다는 징후가 있다. 이런 구조조정을 통해 폭스그룹이 오락 영역을 관리하고, 규모가 더 작은 뉴스코퍼레이션이 뉴스 영역을 담당하게 될 것이다. 부친의 미디어에 대한 관심을 토대로 뉴스코퍼레이션을 만든 80대의 루퍼트 머독이 폭스그룹의 최고책임자가 될 것이다.

머독 가문은 현재 뉴스코퍼레이션 지배지분(*controlling interest*)의 30%를 보유하고 있다. 루퍼트는 호주에서 출생하여 교육받았지만(비록 옥스퍼드 학위를 가지고 있지만) 회사 지배권 강화를 위해 1985년에 미국 시민권을 획득하였다(미국의 텔레비전 방송국은 미국 시민권자만 소유할 수 있음). 그의 자녀들 — 특히 제임스 — 이 회사 운영에서 핵심적 역할을 하고 있으며, 상당히 높은 직위를 승계하는 것으로 예정되어 있다. 뉴스코퍼레이션에 대한 많은 논평은 뉴스의 편향성에 대해 우려를 표하는데, 이에 대해 이 회사는 1989년에 시작한 상시뉴스 채널인 '스카이뉴스'의 기여를 내세움으로써 대응하여 왔다. 스카이뉴스는 공정성에 대한 일정한 평판을 유지하여 왔고, 중립성을 요구하는 영국 방송 규제기준을 준수한다(뉴스코퍼레이션 소유 신문은 규제를 크게 받지 않아서 대부분 보수적 성향을 보인다).

뉴스코퍼레이션의 주된 목적은 이윤이라는 것을 강조할 필요가 있다. 그에 따라 2012년 제안된 구조조정 안에 따르면 폭스그룹이 가장 중요한 역할을 하게 된다. 뉴스코퍼레이션의 성장은 오락, 특히 TV 스포츠 — 그중에서도 축구 — 중계에 크게 의존했는데, 이 분야에서는 비스카이비(BSkyB: 뉴스코퍼레이션이 1990년 설립한 영국의 위상방송사 - 옮긴이 주)가 막대한 영향력을 행사하고 있다. 디지털로의 전환 전략은 오락을 바탕으로 할 것으로 보이는데, 이는 금전적 성공을 위한 열쇠가 오락 분야에 있기 때문이다. 그러나 쉴러가 분명하게 주장하였듯이 오락이 정치로부터 완전히 분리된 것은 아니다. 예컨대 연예인, 섹스, 스캔들을 강조하는 타블로이드 매체는 이러한 내용을 대중주의적이고 보수적인 정치와 엮어서 내보내기도 한다.

확실히 머독의 회사는 열성적으로 친시장과 반규제를 지향하며 자유무역을 선호한다. 일반적으로 '사업 우선'을 강조하는 가운데 마거릿 대처의 공격적인 친자본주의에 대한 지지를 잘 보여 주는 주장도 있는데, 그녀가 사망하자 루퍼트 머독(Murdoch, 2013)은 〈타임스〉에 그녀가 "나의 사업생활에서 영감을 주는" 사람이었다고 기고하였다. 〈타임스〉 — 그리고 그 이전에는 〈선데이 타임스〉 — 의 저명한 전 편집자 헤럴드 에반스(Harold Evans, 1984)는 머독이 "회의 중이나 전화통화에서 대처의 반대자들을 지속적으로 조롱하거나, 대처를 지지하는 우익 견해를 보이는 … 기사를 나에게 보냄으로써 대처의 반대자들에 대한 '냉랭한 적대감'의 분위기를 만들어 냈다"고 회고하였다(p. 296). 보다 최근에 에반스(Evans, 2011)는 자신이 〈타임스〉 편집자였을 당시 "머독과 관련하여 나의 주된 어려움은 〈타임스〉를 대처주의의 한 조직으로 변화시키려는 시도를 거부하는 것이었다"고 회고하였다.

이 조직의 이념적 전망을 가장 분명하게 드러낸 것은 아마도 2009년 에든버러(Edinburgh)에서 제임스 머독이 행한 맥타거트(MacTaggart) 강연일 것이다. 유력 TV 인사들로 구성된 청중 앞에서 그는 BBC — 뉴스코퍼레이션의 이해와 야심에 대한 분명한 방해인 — 에 대해, 자유를 위협하는 국가지원 거대조직이라고 논쟁적으로 공격하였다. 그는 BBC 뉴스는 가격표가 없고 온라인에서 무료로 이용할 수 있기 때문에 대안적 뉴스매체 창출을 어렵게 한다고 불평했다. BBC가 무료로 뉴스를 제공하면 비용을 지불하려는 사람들의 거의 없을 것이기 때문에, 머독이 볼 때 BBC는 정보의 혁신과 다원주의에 대한 장애요소였다. 결국 국가지원 뉴스가 발전 — 특히 인터넷에서의 — 을 저해하기 때문에 BBC는 언론을 제약한다는 것이다. 머독은 방송이 "단일한 종합미디어 시장"으로 통합되는 것에 주목하면서, "끊임없는 간섭, 규제, 통제를 특징으로 하는 권위주의"와 "지속적인 국가개입 시도에 대한 완고한 저항을 통해 성공을 추구한 시장의 자유 부문"을 대비시킨다. 그가 제시한 "불가피한 결론"은 "독립성에 대해 신뢰성과 지속성이 있고 영원하고 유일한 보증인은 이윤이다"(Murdock, 2009)라는 것이었다. 이윤이 정치와 무관하다는 그의 공언에도 불구하고 제임스 머독의 강연은, 자신이 언급하는 이윤은 국가통제의 해제(탈규제)와 미디어에 대한 공적 지원의 감축(자유화)을 요구한다는 것을 강조하였다.

이러한 기본원칙 속에서 뉴스코퍼레이션 — 다른 많은 미디어 기업과 마찬가지로 — 은 변화의 여지를 보여 왔다. 루퍼트 머독이 수상재임기 동안(1997~2000) 토니 블레어를 지지한 것이 한 예이다. 머독의 입장에서는 블레어의 사회민주주의 정책의 일부는 마음에 들지 않았겠지만(Blair, 2010: 98), 블레어가 시장체제에 대해 호의적이고 경제에 관한 한 마거릿 대처의 핵심 정책을 지속적으로 추구하고자 한다는 것을 재빨리 알아차렸다.

나아가서, 비록 수익 측면에서 그 비중이 상대적으로 적음에도 불구하고 뉴스코퍼레이션은 뉴스 제작 및 배포 매체를 포기할 것 같지는 않다. 여기에는 분명한 이유 — 명시적으로 표명되지는 않지만 — 가 존재하는데, 뉴스 제작과 배포는 자기 기업의 이익을 확대하는 데 사용할 수 있는 정치와 정책에 대한 영향력과 위세를 가져다 줄 수 있기 때문이다. 일정한 규모를 갖춘 대부분의 기업은 정치인 로비를 하지만, 뉴스코퍼레이션과 같은 미디어 그룹은 일반 로비스트들이 감히 가질 수 없는 수단을 가지고 있는데, 바로 자신들이 원하는 메시지를 전달할 수 있는 직접적 수단이다. 루퍼트 머독은 레비슨 위원회(Leveson Committee: 뉴스인터내셔널의 전화해킹 사건 후 영국 언론의 관행과 윤리를 조사하기 위해 2011년에 설치된 위원회로 레비슨 판사가 위원장을 맡음-옮긴이 주)에서 "정치인들이 주요 쟁점에 대한 나의 의견을 알고자 한다면 〈선〉지의 사설을 읽어 보기만 해도 된다"(Leveson, 2011, vol. 1, para. 2. 49) 고 밝혔다. 2012년에 머독은 수상에게 청탁한 적이 없다고 증언하였는데, 액면 그대로는 수용할 수 있을 것이다. 그러나 제프리 위트크로프트(Geoffrey Wheatcroft, 2012)가 지적하였듯이, "머독은 정치인들에게 애원할 필요가 없었고, 오히려 정치인들이 그에게 와서 간절하게 지원을 요청했다".

최근에 뉴스인터내셔널(뉴스코퍼레이션 소유의 출판기업)은 미디어 부정행위를 둘러싼 의혹으로 압박을 받고 있는데, 여러 부정행위 중에서도 특히 연예인, 정치인, 범죄 희생자, 왕실가족, 심지어는 전사한 군인의 친인척의 전화를 불법으로 해킹한 것이 문제가 되었다(Watson and Hickman, 2012). 압박 중 일부는 하원 인사위원회 조사로부터 나왔는데, 그에 따르면 "루퍼트 머독은 대규모의 국제적 기업을 관리할 만한 적임자가 아니다"(House of Commons Culture, Media and Sport Committee, 2012). 이에 따라 부장판사 레비슨(Leveson) 경을 위원장으로 하는 조사위원회가 설치되었다.

이 조사 이전부터 그리고 조사가 진행되는 동안에, 뉴스인터내셔널의 전임 편집자이자 최고책임자였던 레베카 브룩스(Rebekah Brooks)가 수상 데이비드 캐머런(David Cameron)과 친밀한 관계를 유지하여 왔다는 것이 드러났다. 위원회는 또한 캐머런 수상이 머독의 회사 직원이었던 앤디 콜슨(Andy Coulson)을 2007년부터 2010년까지 수상관저 커뮤니케이션 책임자로 임용한 것 — 덕 켈너(Doug Kellner, 2012)는 이를 정부라는 '닭장'에 '머독의 여우'가 들어간 것으로 묘사하였다(p. 1175) — 의 적절성에 대해 조사하였다. 뉴스인터내셔널은 또한 경찰 고위직과도 친밀한 관계를 맺고 있는 것으로 드러났는데, 경찰의 일부는 부성행위로 고발되어 조사를 받았다〔런던경찰청장은 이 문제와 관련하여 사임하였고, 그와 함께 전 영국 테러대응센터 수장도 사임하였다〕. 브룩스와 콜슨은 현재 사법정의 방해 혐의로 형사범으로 기소되어 있는데, 혐의가 인정되면 구속형을 받게 된다.

이 사건만 보면 머독의 영향력이 약화된 것으로 보일 수도 있지만, 이는 일시적인 후퇴에 지나지 않을 수도 있다. 레비슨 판사(Leveson, 2012)는 이 사안의 우선순위가 수상에게 직접 청탁해야 하는 사안보다 더 높은 것이라면서 루퍼트 머독의 권력을 잘 묘사하였다. 레비슨은 다음과 같이 적었다.

특히 중요한 것은 '요구할 필요가 없다는' 점이다. … 때로는 가장 위대한 권력은 요구하지 않아도 행사된다. 왜냐하면 요구한다는 것은 너무나 분명한 것을 진술하는 것이고, 그것은 과시되는 권력 자체를 약화시키기 때문이다. 머독의 편집자가 기본원칙을 알고 있었던 것과 마찬가지로 정치인들도 알고 있었다. … 그와 의논하면서 정치인들은 포상은 발행 부수가 많은 그의 신문을 통한 개인적 및 정치적 지원이라는 것을 깨달았다 (Leveson, 2012, vol. 3, para. 2. 9).

이를 통해 정치인들은 신문에 대한 규제나 머독의 상업적 이익을 침해하는 어떤 것에 대해 조심할 수밖에 없다는 것을 알 수 있다. 만일 그렇게 할 경우 그 정치인이나 정당에 대한 지속적인 악평이 쏟아질 것이기 때문이다. 그에 따라 "정치인들의 관심은 … 머독과 잘 맞추는 것이었다"(para. 2. 11). 허버트 쉴러가 오늘날 살아 있다면 이런 점을 분명히 인정하면서, 기업적 이해의 일차적 중요성을 인정하는 것은 미디어 권력자와 정치인들 간 관계에 필수적인 요소라고 주장할 것이다.

월트디즈니, 베르텔스만(독일 최대 미디어그룹), 그루포 메디아셋(Gruppo Mediaset, 이탈리아 최대 미디어그룹으로 한때 수상이었던 실비오 베를루스코니가 소유) 등을 들여다보면 뉴스코퍼레이션과 유사한 특징들을 발견할 수 있을 것이다(디즈니는 머독이나 베를루스코니의 회사와는 달리 불법행위와의 관련성은 적을 것이다). 이 모두는 거대기업이고 특권적인 과두(寡頭) 정보기업의 일부로서, 그 목표는 이윤, 성장, 시장 장악이다. 허버트 쉴러가 강조하듯이 이들 사기업은 기업자본주의의 핵심에 위치하면서, 자본주의 체계의 핵심 가치를 수용 — 약간의 정도의 차이는 있겠지만 — 한다. 그들은 최소국가를 지지하고, 세금인하를 촉구하며, 공적 지출(특히 복지 관련)의 감축을 옹호하고, 자본의 자유로운 이동을 주장한다. 물론 이들도 오늘날 모든 기업에게 필수요건이 된 컴퓨터 통신기술을 채택하였다. 차이가 있다면 이들의 경우 사업이 정보 그 자체라는 것이다. 그러나 그들이 생산하고 배포하는 것은 대체로 시장 사회의 요건에 일치하며, 따라서 다른 기업 주자뿐만 아니라 자신들에게 적합한 제도를 지지하고 지원한다.

5. 시장원리와 관행

허버트 쉴러의 견해는 현대 정보환경을, 시간에 걸쳐 전개된 바와 같이 기업자본주의의 이해와 우선순위를 표현하고 국제적 자본주의 경제를 지탱하는 데 필수적인 요소로 간주하는 것이다. 기업 영역은 관리와 사안 조정에 요구되는 정보 및 관련 기술을 통해 자신들의 이익이 가장 잘 실현될 수 있도록 보장하려고 하는데, 뉴스코퍼레이션과 같은 핵심적 정보기업은 이러한 기업자본주의의 확상과 함께 성장하였다. 당연하게도 이들 정보기업은 자본주의 영역의 가치와 관행을 포용하면서 그것들의 영속화에 적극적으로 기여하고자 한다. 그러나 정보에 대한 마르크스주의 접근은 이보다 훨씬 더 많은 것을 포함한다. 우리는 자본주의의 중심적 관심사가 사회의 '정보화'(*informatization*) 과정에 영향을 미치는 방식을 구체적으로 그리고 예시적으로 살펴봄으로써 비판이론의 기여도를 더욱 잘 평가할 수 있을 것이다.

자본주의의 핵심적 관심사인 시장으로부터 시작하는 것이 유용하다. 쉴러의 주장은 자본주의 사회의 전 영역에서와 마찬가지로 정보적 영역에서도 시장원리, 특히 이윤 극대화의 추구가 많은 영향력을 행사한다는 것이다. 그 결과, 정보는 이윤을 남기면서 판매될 수 있는 곳에서만 생산되고 상품화되며, 이득의 기회가 매우 분명한 곳에서만 양질의 정보가 대량 생산된다. 따라서 어떤 종류의 정보가 누구를 위해 어떤 조건으로 생산될 것인가를 결정하는 데는 시장의 압력이 결정적이라고 할 수 있다.

이러한 압력은 심지어 새로운 기술의 도입에서도 느껴진다. 이러한 요구의 중요성을 제대로 이해하기 위해서는 '정보사회' 이론가들이 기술영역에서의 혁신이 '정보시대'를 예고한다고 얼마나 빈번하게 주장하는가를 상기할 필요가 있다. 이러한 관점에는 기술은 단지 미지의 검토되지 않고 문제가 없는 방식으로 '발명'되어 단지 '도래'할 뿐이며, 일단 사회적 영역에 들어오면 긍정적 또는 부정적인 방식으로 이용될 수 있다는 함의가 들어 있다. 이러한 관점에서 볼 때 정보기술은 '정보사회'를 가져오는 결정적 동인인 동시에, 어떠한 인간적 가치나 분파적 이해관계로부터도 자유롭고 중립적인 것이다.

이러한 관점에 반하여 시장이 자본주의 사회에서 결정적 힘이라고 주장하는 사람들은, 판매되는 상품은 시장가치의 영향을 담지하고 있다고 주장한다. 이에 대한 두드러진 예는 영국의 주요 정보통신기술 및 정보 제공업자 중 하나인 EMI(Thorn-EMI) 사의 전 회장에게서 찾아 볼 수 있다. 그는 자기 회사가 "'의료전자'에서 철수하기로 결정한 것은 가까운 장래에 이익을 올릴 수 있는 가능성이 거의 없는 것으로 보였기 때문"이라고 선언했다(Thorn-EMI, 1980). 이 업체는 CT(컴퓨터 단층촬영) 분야의 선두주자로 EMI 스캐너를 생산하였으며, 1960년대 대중음악 판권으로부터 나오는 예상치 못하게 높은 로열티를 바탕으로 연구를 지원하였다. 이 경우 조작적 가치는 EMI가 소비자 오락물에 집중하는 전략을 취함으로써 이익을 극대화할 수 있다는 것이었다. 텔레비전, 비디오 또는 다른 여가상품과는 달리 의료전자는 최대수익 원리에 대한 추구를 뒷받침하지 못하는 것으로 간주되었고, 그에 따라 EMI는 시장에서의 성공이라는 목표를 달성하기 위해 적절한 조치를 취한 것이다.

앞으로 보게 되겠지만, 정보산업을 지배하는 기업도 엄연히 시장원리에 따라 운영되며, 이러한 목적을 위해서 이들 기업은 생산을 조정하여 최대수익에 대한 전망이 있는 분야로만 한정한다. 그러나 이 논점 — 오늘날에는 거의 논쟁적이지 않은 — 은, '정보시대'에서는 정보기술이 적어도 하드웨어의 측면에서는 사회적 영향으로부터 동떨어져 있고(사실 컴퓨터는 설교문을 작성하는 데 사용될 수도 있고, 노골적인 음란물을 만드는 데 사용될 수도 있다. 그것은 사회적 가치 위에 있는 것이기 때문에 그 자체는 좋거나 나쁜 것이 아니라고 그들은 주장한다), 정보의 증가는 본질적으로 좋은 것(정보의 증가 자체는 유익하다는 가정은 오랜 뿌리를 가지고 있는 듯하다)이라고 믿는 사람들을 혼란스럽게 만들 것이 틀림없다.

이러한 비판이론의 공리는 분명 당혹스러운 것인데, 그 이유는, 이를테면, 시장에 도달하는 완성품의 배후를 보면서 연구개발(R&D) 단계에서 그 기업의 우선순위가 무엇이었는지를 묻기 때문이다. 오늘날 IBM, AT&T 그리고 지멘스로부터 나오는 매년 수조 달러의 연구개발비는 차세대 기술을 개발하는 데 투자되지만, 투자자들이 이러한 예산의 용도를 정하지 않고 주는 것은 아니다. 예컨대 영국통신(BT)의 경우 매년 수억 파운드를 연구개발에 투자하는데, 이것은 그 목적이 신중하게 고려된 투자이다. 〈파이낸셜타임스〉의 두 기자는 "연구를 위한 연구의 시대는 끝났다"고 주장하며, 순수 연구는 "상업지향적이고 경쟁적인 BT로서는 받아들일 수 없는 사치"라고 설명했다(Bradshow and Taylor, 1993).

〈컴퓨팅〉(*Computing*) 지의 전 편집자 리처드 샤프(Richard Sharpe)는 이렇게 우선순위를 매김에 따라 나타나는 한 가지 역설적 결과에 주목했다. 그는 대부분의 '새로운' 기술은 그 시장성을 이미 인정받은 기존 상품의 보완이라는 점에서 사실 성격상 '오래된' 것이라고 추정한다. 샤프는 이런 방식으로 컴퓨터 산업이 "진보라는 공적 가면과 보수라는 사적 얼굴"을 표현한다고 주장한다(Sharpe, n. d., : 111). 예컨대, 대부분의 가정용 정보상품이 실제로는 텔레비전 수상기의 개선이라는 사실은 놀라운 것이다. 비디오 장비, 유선방송, 컴퓨터 오락 등은 모두 이미 매우 성공적인 상업기술, 즉 TV를 기반으로 한 것들이다. 더욱이 '오락 시스템'의 새로운 단계는 매우 적절한 시기에 등장했다. 흑백 TV 후에는 새로운 채널과 컬러 TV가, 그 후에는 휴대용 TV가, 그 후에는 침실과 부엌을 위한 추가적인 수상기 보급이 확산되었고 수상기의 신뢰성도 높아졌지만, 이러한 혁신은 시장 포화를 야기했다. 때마침 비디오, 문자방송, 위성 등과 같은 기술이 적기에 등장한 것이다. 그러나 우리는 이에 대해, 그리고 거의 모든 새로운 '가정용 정보 시스템'의 형식('구석에 있는 박스')과 내용(오락)이 매우 친숙한 것이라는 점에 대해 크게 놀랄 필요가 없다. 사람들이 가장 좋아하는 텔레비전이라는 여가기술이 있는데 무엇 때문에 근본적으로 다른 상품을 개발하겠는가?

이러한 결과가 기술혁신의 내적 논리에 따른 불가피한 것이라고 생각하는 독자들은 여기서 상상력을 연습할 필요가 있다. 가정용 정보통신기술이 텔레비전 수상기를 중심으로 만들어져야 한다거나(텔레비전 기술이 거실에 맞도록 만들어져야 할 기술적 필요성이 없었던 것과 마찬가지로: Williams, 1974: 26) 프로그램들이 압도적으로 오락지향적이 되어야 할 절박한 기술적 이유는 실제로 없었다. 가장 강력한 압력은 이러한 것들이 가장 이득이 많은 방법이자 영역이기 때문이었다. 따라서 국내 정보기술과 정보는 시장이 정하는 방향으로 발전했다. 예측하건대, 이에 따라 친숙한 상품과 프로그램이 등장한다. 샤프는 다음과 같이 논평한다.

> 새로운 집단이 기술의 새로운 이용을 시도한다. 그러나 그러한 집단은 극히 드물다. 그들은 대부분 실패하는데, 그 이유는 기술이 새로운 응용을 위한 것도 아니고 실제적 변화를 위해 개발되는 것도 아니기 때문이다. 좋은 것을 위해서든 나쁜 것을 위해서든 기술은 보존되기 위해서 개발된다(Sharpe, n. d. : 4).

이와 관련된 것으로, 최근 몇 년간 엄청나게 증가한 실제 정보를 면밀하게 검토해 보면 시장원리의 영향을 보지 못할 가능성이 매우 크다. 더 많은 정보는 그 자체로 이로운 것이라는 가정이 매우 일반적이기 때문에, 시장의 역할과 이러한 압력이 초래할 수 있는 일부 부정적인 결과를 의심하기란 매우 어렵다. 그러나 모든 정보가 계몽적이라는, 즉 더 적은 '정보가 제공'되어 더 무지했던 과거로부터 어느 정도 진보했다는 그럴듯한 주장을 비판적으로 성찰해 볼 필요가 있다. 여기에서 어느 때보다도 많아진 도피주의적 텔레비전 프로그램의 가치에 대한 회의가 쉽게 떠오르는데, 많은 독자들도 이에 동감하리라 생각한다. 인터넷에서 이용 가능한 많은 정보도 회의적으로 검토해야 한다.

이러한 정보가 방대하고 엄청나게 다양하다는 것은 확실하다. 인터넷상의 상당히 많은 정보는 질적으로도 우수한데, 특히 대학과 같은 공적 조직으로부터 나오는 정보는 그러하다(이에 대해서는 제 9장에서 더 자세히 논의하겠다). 그런데 인터넷에서 얻는 매우 많은 정보는 기껏해야 이중적 가치를 지닌다거나, 매력적 이미지를 제시하려는 기업의 노력이든, 다른 사람들을 설득하여 자신의 상품을 구매하도록 하는 시도이든, 단지 마케팅의 연장에 지나지 않는다고 누가 의심하겠는가? 대니 쉑터(Danny Schechter, 1997)의 저서 제목을 빌리자면, '더 많이 볼수록 더 무지해지는' 상황, 즉 정보는 늘어났지만 사람들이 아는 것은 이전보다 줄어드는 환경을 상상하는 것도 충분히 가능하다. 인터넷이 "쓰레기 사상"(p. 308)을 위한 "고속도로"가 되고 있다는 수전 제이코비(Susan Jacoby, 2008)의 불평은 지나치게 직설적인 진술이 될 수도 있지만, 그녀의 주장은 적어도 숙고하고 성찰해 볼 가치가 있다. 우리는 이 쟁점을 제 3장에서 이미 논의하였지만 여기서도 여전히 중요하다.

텔레비전을 많이 보는 시청자일수록 적게 보는 시청자들에 비해 외부 세계에서 일어나는 바에 대해 아는 정도가 더 적다는 조지 거브너(George Gerbner, 1998)의 연구결과를 알고 나면, 더 많은 정보는 그 자체로 이로운 것이라는 견해를 지지하도록 요구받는 경우에 우리는 주저하게 될 것이다. 예컨대 2003년 11월 말 영국에서 16~24세를 대상으로 실시된 한 여론조사에서, 응답자의 42%가 내각 장관 이름을 하나도 기억하지 못하는 반면, 절반의 응답자가 텔레비전 드라마 〈이스트엔더〉(*East-Ender*: BBC의 인기드라마 - 옮긴이 주)의 등장인물 5명을 알고 있는 것으로 나타났다. 유명 연예인 그리고 그들이 출연하는 쇼나 잡지에 대한 지식은 놀라운 정도인데, 이는 사회적·정치적 생활의 주요 원인에 대한 광범한 무지와 뚜렷한 대조를 이룬다(Ezard, 2003). 이러한 유형의 조사는 언제 실시하더라도 사람들이 정치사회적 문제에 대해 심각하게 무지하고, 합리적이고 논거를 갖춘 토론 능력이 충격적으로 부족한 반면에, 연예인이나 '유명' 운동선수의 생활과 결점에 대해서는 상당한 지식을 갖추었다는 것을 보여 줄 것이다. 시장의 과대광고와 상업주의가 분명히 이러한 현상에 대해 일부 책임이 있는 것으로 보인다.

논평자들은 오늘날 어디에서나 실시간으로 이용할 수 있는 데이터베이스의 성장에 대해 놀라움을 나타내지만, 데이터베이스의 구성과 이용에 영향을 미치는 토대에 대한 어려운 질문을 제기해 볼 수도 있다. 이렇게 함으로써, 기업이 실시간 사업정보에 대한 분명한 필요를 가지고 있고 특별요금(*premium rate*)을 지불할 능력이 있기 때문에, 대부분의 온라인 정보 서비스를 고안하는 사람들은 기업 고객을 끌어들이기 위해 노력하고 있다는 것을 쉽게 알 수 있다. 이에 따라 엑스피리언(Experian)과 다우존스(Dow Jones) 같은 '정보공장'의 급속한 성장이 촉진되어 왔다. 2006년에 설립된 엑스피리언은 신용 등급, 마케팅, 소비자 행동 등에 관한 정보를 수집하여 업체에 판매하는데, 이를 통해 2012년 기준으로 45억 달러의 수익을 올렸다. 그보다 훨씬 오래된(비록 2007년에 56억 달러에 뉴스코퍼레이션에 인수되었지만) 기업인 다우존스는 투자자와 거래자들을 지원하는 정보 상품과 서비스를 기업과 금융 시장에 제공하면서 더 많은 수익을 올리는데, 매년 20억 달러가 넘는 순이익을 남기고 있다.

이러한 맥락에서 허버트 쉴러의 다음과 같은 논평은 적절하다.

> 시장경제에서는, 구축되는 데이터베이스의 종류와 그것이 제공하고자 하는 활용의 범주(그리고 비용을 지불할 주체)를 결정할 때, 불가피하게 비용과 가격의 문제가 가장 중요한 역할을 담당한다. 데이터베이스에 들어가는 정보의 선별은 정보 서비스에 대한 필요 및 그 시장성과 밀접하게 관련된다(Schiller, 1981: 35).

바로 이 때문에 쉴러 교수는 격앙된 목소리로 다음과 같은 질문을 던진다.

> 오늘날 매우 정교한 수준에서 생산되는 정보는 어떤 종류인가? 주가, 상품가격, 통화정보 등이다. 우리 주위에는 대규모 기업자료 생산자, 많은 종류의 중개인 등이 비디오 단말기와 정보 시스템을 통하여 매우 전문적인 정보를 얻고 있다. 그러나 이 모든 것이 연결되는 것은 우리가 주식시장에서 얼마나 많은 돈을 벌 수 있으며 … 돈을 어떻게 해외로 반출하고 국내로 반입하는지 … 등인데, 이러한 분야가 바로 대부분의 정보가 들어가고 나오는 곳이다(Schiller, 1990b: 3).

데이비드 딕슨(David Dickson, 1984)은 제 2차 세계대전 이래 과학기술 — 핵심적 지식영역 — 의 역사를 검토하는 과정에서 이러한 논지를 확장시킨다. 그는 혁신에 대한 중요한 결정인자로서 두 가지 요인, 즉 기업과 군사영역을 밝혀낸다. 허버트 쉴러는 이 두 가지가 한 가지로 압축된다고 보는데, 그 이유는 군사의 책임은 자본주의 체계와 그 시장 에토스를 보호하고 보존하는 것이라는 그의 확신 때문이다. 그리하여 그는 다음과 같이 말한다.

> 군부가 통신과 컴퓨터 및 위성에 열중하는 것은 선진기술에 대한 어떤 일반화된 관심 때문이 아니다. 미국 군대의 사명은 강력한 사적 자본의 집합체에 의해 유도되고, 그 이익에 봉사하는 세계 경제적 조직화 체계를 지원하고 보호하는 것이다(Schiller, 1984a: 382).

정보에 대한 엄청난 군사적 수요가 발생할 수 있다. 그러나 이것은 세계 자본주의 제국을 지원하는 것이기 때문에 정보영역의 근본적 형성자는 자본주의 기업 — 군대 자체도 봉사하는 — 의 핵심에 있는 시장의 요구이다. 바로 이러한 관점에서 우리는 '정보사회'에 대한 쉴러의 개략적 판단을 더 잘 평가할 수 있다. '정보사회'는 결코 유익한 발전이 아니며, 상업적 윤리에 대한 자본의 헌신을 표현하는 것이다. 그리하여,

> '정보사회'라고 하는 것은 사실 개인적/국가적, 사회적/상업적, 경제적/군사적 할 것 없이 모든 종류의 문제에 매우 많은 양의 자료를 생산·처리·전달하는 것이다. 그 자료의 대부분은 선진 산업국가의 거대기업, 정부 관료조직체 및 군사조직이 가진 특정 요구를 충족하기 위해서 생산된다(Schiller, 1981: 25).

딕슨은 이러한 논지를 확장하여 미국 과학정책의 3가지 주요 단계를

밝힌다. 첫 번째 단계는 전쟁 직후 기간으로, 과학정책의 우선순위가 군사 및 핵 능력의 요구에 주어지는 시기였다. 1960년대와 1970년대에는 분명한 정책 변화가 일어나서 사회적 기준이 더 중요한 역할을 하게 되고, 보건과 환경에 대한 관심이 과학정책에서 중요한 고려요인이 되었다. 세 번째 — 지금도 계속되는 — 시기는 1970년대 말에 시작된 것으로, 경제적 및 군사적 요구에 대한 부응을 강조하는 시기이다. 1980년대 초에는 지도원리가 확실히 "미국 산업의 경쟁력과 군사기술에 대한 과학의 기여"였다(Dickson, 1984: 17). 이에 따라 과학은 점점 더 "일종의 경제적 상품"(p. 33) 으로 간주되었고, 기획실이나 사업계획에 사용되는 용어들이 과학활동의 영역으로 침투했다. 딕슨은 오늘날에는 이익에 기여할 수 있는 것만을 생산한다는 원칙에 따라 혁신이 이루어진다고 주장한다. 이에 따라 '지식자본'(*knowledge capital*) 이라는 말이 사용되는데, 이는 자본이 과학자와 기술자를 적절한 보상이 기대되는 투자요인으로 간주한다는 것을 분명히 보여 준다. 이러한 시각에서 볼 때 학문적 영역에 고용된 과학자들도 '기업가'로 여겨지며, 상업적으로 경쟁력 있는 상품을 만들어 내기 위해 기업인들과 밀접히 협력하도록 권장된다.

딕슨은 시장에서 성공이라는 목표를 강조하는 것은 과학적 및 기술적 지식이 보건, 지역 공동체에 대한 서비스, 노동 여건의 질적 향상, 환경보호 등과 같은 대안적 목표지향에서 멀어지게 한다고 주장한다. 그 결과, 한때는 적어도 부분적으로나마 지식 그 자체에 대한 추구뿐 아니라 일반 공동체의 필요에 헌신적이었던 제도인 대학이, 점점 그 방향을 바꾸어 산업의 상업적 경쟁력을 증대시키기 위한 연구에 몰두해 왔다. 그리하여 대학도 시장을 기술변동에 대한 적절한 결정인자로 가정하게 되었다(Slaughter and Leslie, 1997).

공기업의 민영화(*privatization*)와 국가지도 조직에 대한 탈규제(*deregulation*)를 추구했던 정치적 프로그램은 정보적 영역에 엄청난 영향을 미쳤다. 이 프로그램들은 공개적으로 이러한 정책이 시장관행을 적용하고 능률과 효율을 증진하는 가장 적절한 방법(자원에 대한 개인적 이득을 약속해 주는 사적 소유, 그리고 소비자에 대한 향상된 대응성)이며, 또한 동시에 과거에는 독점적이었던 영역에 경쟁(및 그에 따른 향상된 서비스)을 도입하는 수단이라고 광고했다. 유럽, 미국 그리고 극동에 이르기까지 각 지역 여건과 역사에 따라 약간의 차이는 있지만, 정보적 영역을 시장원리에 조응하고 그에 의존하는 것으로 만들려는 전략은 1980년대 초반과 1990년대 중반 사이에 자리 잡았으며(Nguyen, 1985), 민영화와 탈규제라는 두 가지 요소는 그 토대가 되었다. 이러한 경향은 누그러지지 않고 지속되고 있다.

이러한 변화가 "시장을 위한, 정책의 포기를 나타낸다"는 빈센트 모스코(Mosco, 1989: 201)의 믿음은 시장의 우선순위를 강조한다는 점에서는 매우 정확한 것이다. 그렇지만 그것이 정책의 폐기라고 주장한다는 점에서 그는 오류를 범하였다. 그와는 반대로 민영화와 탈규제는 의식적이고 적극적으로 추진된 정책으로서, 정보통신기술과 정보가 특정한 방식으로 개발되는 것을 보장하기 위해 실행되어 왔다. 이러한 정책변화의 주요 결과는 특히 핵심 정보산업인 통신영역에서 분명하게 드러난다. 예컨대 영국의 경우 BT는 설립 당시부터 뚜렷하게 상업적 노선을 따라 운영되었으며, 새로운 서비스의 개발이나 기존 서비스의 개선과정 및 자본주의적 기업으로의 성공을 보장하기 위한 조치를 취하는 과정에서도 돈이 많은 고객(즉 기업과 대규모 정부 부문)을 우선시했다.

민영화 이전 시기의 영국에서 통신은 대체로 이른바 '공적 서비스'(*public service*) 에토스에 따라 운영되었다. 이러한 에토스는 서비스 공급의 방향을 제시하여, 보편적 지역 서비스, 비차별적 이용, 그리고 "적절한 비용 또는 수용성"을 지향하는 가격정책에 따라 서비스 공급이 이루어지도록 했다(OECD, 1991: 26). 이러한 가격정책은 이득이 많은 도시나 국제통신사업을 통한, 통신망에서 고립된 지점에 대한 상호보조(*cross-subsidy*)라는 복합적 체계에 의해 가능한 것이었다. 통신독점은 또한 장비의 80% 이상을 국내 기업에서 조달하고, 정부 경제 전략을 전적으로 따름으로써 영국 전자산업을 지원하는 데에도 중요한 역할을 수행했다.

그러나 대처 시대(1979~1991)에 도입된 시장지향적 정책은 탈규제를 권장했고, BT가 우체국과 우편배달의 부담에서 자유롭게 되면서 '자연 독점'이 철폐되어 경쟁자들이 통신 영역에 진입하도록 허용되었다. 이에 따라 민간 자본에서 머큐리(Mercury) 사가 등장했다. 그 임무는 대안적 전화 서비스를 공급하는 것이 아니라, 통신의 주요 시장인 기업시장을 공략하는 것이었다. 머큐리는 시장점유율이 매우 낮았기 때문에(10% 미만), 일차적 경쟁자라기보다는 통신에서 지배적이었던 새로운 우선순위에 대한 지표로서 그 중요성이 있었다[1990년대 중반경에 머큐리는 몇몇 다른 사업자와 함께 모회사 케이블 앤드 와이어리스(Cable and Wireless)로 합병되었으며, 이후에는 명칭도 모회사 것으로 변경되었다].

뒤이은 1984년의 BT 민영화(당시로는 세계 최대 규모의 공적 자산 매각)는 이 조직체의 상업성에 대한 강조를 보여 주는 것으로서, 이는 기업시장에 대한 과감한 지향에서 잘 드러났다. 이것은 여러 방식으로 표현되었다.

첫째, 주요 기업으로부터 이익을 챙기려는 머큐리의 시도에 대응하여 BT는 기업영역의 가격을 낮추었다. BT는 즉시 '시내통화에서 손실'을 봤다고 불평하기 시작했는데, 그 전에는 손실분을 기업 사용자들에게 대신 부담하게 함으로써 시내통화 서비스를 유지했다. 과거에는 이러한 것이 문제되지 않았으나, 1990년 보편적 서비스를 제공해야 하는 부담이 없는 머큐리 사가 기업시장을 공략하여 전국 통화수입의 30% 정도를 100회선 이상을 사용하는 기업 고객으로부터 얻게 됨에 따라 문제가 되기 시작했다. BT는 "대량사용 고객(즉 기업)은 전화 서비스를 위해 너무 많은 대가를 치러야 하는 반면에", 자신들은 "80%의 고객들(즉 일반 사용자)로부터 적절한 이익을 얻는 데 실패하고 있다"고 불평했다(British Telecom, 1990). 이러한 결과는 예상할 수 있는 것이었다. 민영화 및 탈규제 조치 이후 BT의 가격인상을 제한하기 위한 일부 규제가 존재했지만, 이것은 단지 평균 상한선을 정하는 데 지나지 않았다. 실제에서는 일반 사용자들의 비용이 기업 사용자들의 비용보다 더 높게 인상되었다.

둘째로, 이제 이윤 극대화를 추구하는 사기업이 된 BT는 국제통신시장에 진출하였다. 이 회사는 북미에 제조시설을 마련했고, 이에 따라 영국업체들로부터 장비를 구입하는 것에는 관심을 덜 보이게 되었다. 또한 1990년대 초반 BT는 미국 제2의 장거리 통신회사인 MCI(Microwave Communications Inc.)의 20% 지분에 30억 파운드를 투자했고, 몇 년 후에는 북미 거대기업 AT&T와 국가 간 자산의 공동관리를 위해 수십억 파운드의 협정을 맺는다. 이러한 활동의 동기는 시장

지향적 전략을 추진하는 것이었는데, 이는 첫째, 가장 빠르게 성장하는 시장은 국제통화 분야라는 점과, 둘째, 실제로 중요한 국제시장은 기업 간 통화로 이루어진다는 점을 인식한 결과였다.

2000년에 설립된 BT와 AT&T의 합작 벤처인 콘서트(Concert) 통신서비스는 '다국적 기업 고객'을 주요 대상으로 하였다. BT는 이에 대해 분명한 입장을 취하면서 "최대의 고객은 … 전형적으로 선진국에 지사를 둔 다국적 회사이다"라는 것을 인정했다(British Telecom, 1990: 6). 이에 따라 BT는 "다국적 회사에 통신망과 통신망 기반 서비스를 공급하는 매우 집중된 전략"을 취하였다(British Telecom, 1993: 25). MCI에 대한 지분 확보, AT&T와의 제휴, 유럽 기업들과의 협력체는 BT가 기업 통신망 서비스 공급에서 국제적 선두주자가 되기 위한 것이었다. 이러한 야심 찬 모험투자가 극적으로 실패했다는(콘서트는 2001년에 폐쇄됐고, MCI와의 합병 역시 지지부진했다) 사실은 주요 결론을 전혀 훼손하지 않는데, 일반 국내 사용자들을 위한 서비스 개선에 대해서는 그에 상응하는 조치가 없었기 때문이다. 투자의 목적은 2만 5천여 개 초국적 기업의 효과적 운영을 위해 필수적인 고품질 음성 및 데이터 서비스를 제공하는 세계적 통신망을 제공하는 것이었다. 2002년 이래 BT 글로벌 서비스는 초국적 기업과 정부로부터 가능한 한 최대한의 통신시장을 확보하려는 모기업의 야심을 달성하는 역할을 전담하고 있다. BT는 신뢰성이 떨어지는 기업과의 협력관계를 청산하고 혼자서 최대한의 시장을 차지하려는 시도를 하고 있다. 2012년 기준으로 BT 글로벌 서비스는 BT 수익의 40%를 차지했는데, 이는 한때 대표적 국내 공급자였던 기업의 관심사 변화를 보여 주는 증거이다.

BT는 기업시장을 우선시하는 것에 대해 아무런 거북함을 느끼지 않는다. 그 이유는 이것이 "서비스 및 기술 개선의 원천이 되어 점차 일반 시장으로 흘러들 것"으로 생각하기 때문이다(British Telecom, 1990: 6). 물론 이것은 경제학의 '통화침투'설(*trickle down theory*: 정부 자금을 대기업에 유입시키면 그것이 중소기업과 소비자에게까지 영향을 미쳐 경기를 촉진한다는 이론 - 옮긴이 주)이 '정보혁명'에 적용된 것이다.

셋째로, 1990년대 들어와 BT는 인원을 감축하고 있는데, 그 대신 수입은 증가하고 있다. 1989년 최고를 기록했던 25만 명의 노동력이 1993년 말에는 15만 명으로 감축되었고, 2008년에는 8만 9천 명으로 줄어들었다.

그 어떤 것도 BT에 대한 불평으로 해석되어서는 안 된다. 그보다는 정보적 영역의 발전과정에서 시장원리와 우선순위가 차지하는 중요한 역할에 대한 예시로 해석되어야 한다. 공적으로 소유된 독점기업으로서 가질 수밖에 없었던 제한들이 제거됨으로써 BT는 이제 다른 모든 사기업과 마찬가지로 운영된다. 그 목표는 시장에서 성공하는 것이고, 이러한 목표에 따라 그 서비스와 관행이 맞추어진다. 이것이 일반 가구 사용자들에 대한 차등 요금인상이든, 인원 감축이든, 부유층을 새로운 정보 서비스의 고객으로 삼는 것이든 상관없다. 이것은 시장논리와 그에 대한 기업의 합리적 대응에 지나지 않는다. 이제 BT의 책임자들은 서슴지 않고 '자유시장'을 찬양하면서 자기 회사의 노력을 방해하는 모든 규제가 철폐되어야 한다고 주장한다. 회장인 마이클 레이크(Michael Rake) 경은 투자자들에게 "국제적으로 우리는 지속적으로 정책과 규제의 … 특히 통신망에 대한 개방적이고 공정한 접속을 위한 변화를 촉구하고 있다"면서, 영국에서 이미 진행된 변화를 언급하며 "우리는 영국과 비슷한 환경을 전 세계에 걸쳐 구축하기 위해 노력할 뿐"

이라고 말했다(British Telecom, 2012).

마지막으로, 이러한 시장환경이 BT와 같은 특정 기업에 가하는 제약(*constraints*)에 대해 특히 관심을 기울여야 한다. 시장관행의 채택 여부는 대체로 BT과 같은 기업의 선택 문제라고 믿기 쉽다. 그러나 사실은 전혀 그렇지 않다. 특정 방향의 정책으로 이끄는 엄청난 압력이 존재한다. 하나의 피할 수 없는 사실은, 정보통신망의 보급 및 서비스 제공 부문은 기업들의 일상적 활동을 위해 결정적으로 중요한 것이기도 하지만, 경쟁자들을 주어진 방식으로 움직이게 하는 매우 치열한 경쟁시장이기도 하다는 것이다. BT(British Telecom, 1990)가 주시하고 있듯이, "세계적 통신산업 구조가 출현할 것으로 기대할 수 있지만", 그것은 "세계시장의 산업 선두에서 경쟁하게 될 네다섯 개의 대규모 사업자에 의해 형성되고 운영되는 것"이다(p. 6). BT은 그러한 선두주자에 들어가고자 하는 야망이 있지만, 그와 마찬가지로 거대한 세계 통신망 시장의 큰 부분을 차지하려는 확고한 의지가 있으면서 자신보다 훨씬 큰(200억 파운드라는 연간 수익 규모에도 불구하고) 경쟁자들과 직면하게 될 것이다. 이 모든 것은 BT(그리고 미국, 일본, 유럽의 주요 통신사업자)와 마찬가지로 분명한 이유에서 추진된다. 즉 자신들이 인식하는 시장기회가 예산이 가장 많고, 정교한 통신서비스에 대한 수요도 가장 많은 국제적 기업고객에 있기 때문이다. 그 매력은 이러한 시장에서 성공하는 경우에 얻게 되는 잠재적 보상에서 분명히 드러난다. 그러나 마찬가지로 분명한 것은, 국제통신시장에서 실패하거나 그에 대한 진입에 실패하는 것은 주요 사업자들에게는 상상할 수 없는 선택이라는 점이다. 그리하여 그들은 자신들이 거의 통제할 수 없는 것에 대한 경쟁에 돌입하도록 압력을 받는다. 한 가지 예측 가능한 결과는 매우 혼란스럽고 복잡한 제휴·합병·구조조정인데, 이 모든 것은 제한된 시장에서 거대기업이 전략적 우위를 점하기 위한 것이다.

정보영역에서의 시장원리의 우세는 다른 결과도 초래했다. 한 가지 중요한 결과는 시장이 우선시됨에 따라 오랫동안 공적 지원에 의지했던 핵심적 정보기관들에 대한 지원이 감소했다는 것이다. 이에 대해서는 제 9장에서 논의할 것이기 때문에 여기서는 그 주제만 요약하고자 한다. 박물관, 미술관, 도서관, 정부 통계서비스, BBC 그리고 교육체계 같은 기관이나 제도들은 모두 '정보폭발'에도 불구하고 시장지향적 정책이 선호됨에 따라 지속적인 기금 감축에 직면했다.

'정보혁명'을 촉진하는 가장 효과적 방법으로서, 그것을 하나의 사업(*business*)으로 만드는 것이 1970년대 중반 이래 영국 정부의 정책이 되었다(ITAP, 1983). 이러한 목적을 위해 일련의 정보기관에 대한 공적 보조가 감소했고 상업적 가치가 우선시되었다. 미국에서도 유사한 발전을 목격한 허버트 쉴러가 보기에, 이것은 "정보의 상업화를 사회의 모든 영역에 확장하려는 노력"(Schiller, 1987: 25)을 나타내는 것이다. 도서관 개관시간 단축, 도서 구입비 부족, 예전에는 일반인들에게는 무료였던 관람료의 징수, 대학에서 경제적으로 경쟁력이 없는 과목의 폐강(영국에서 철학은 일부 유명대학이 아니면 사라질 위기에 처해 있다), '고객'인 학생들에게 전체 수강료를 부과하는 정책으로의 명백한 변화 등과 같은 친숙한 이야기는, 지금까지 보호받았던 영역에서 시장이 우선시됨으로써 나타난 결과다.

쉴러에 따르면, 이러한 모든 현상은 "사회적 및 공적 영역의 점진적 궁핍화"를 나타내는 것이다(Schiller, 1989b). 그의 견해로 볼 때 우리가 현재 목격하는 것은, "사적 이득을 위해 국가의 정보자원을 전용하려는 사람들과 최대 가용성을 선호하는 사람들 사이에 벌어지는 소리 없는 투쟁"이며, 이 투쟁에서 "후자가 점차 후퇴하고 있다"(Schiller, 1985c: 708).

우리는 다음과 같은 견해를 부정하기 힘들다. 즉 시장을 위한 정보를 개발하기를 원하는 사적 이해에 의해 공적 보조가 대체되고(또는 전혀 대체되지 않거나), 또는 보다 덜 극적으로는, 공적 기금이 크게 줄어듦에 따라 제도 자체가 경쟁력을 유지하기 위해 사적 자금에 의존해야 하는 상황은, 어떠한 정보가 생산되고 그것이 어떤 조건하에서 상용화되는가에 대해 중요한 영향을 끼친다는 것이다. 적어도 이는 접근 비용의 상승과 대중적 인기에 부합하거나(유료관객을 많이 동원하기에 충분한) 후원을 얻을 수 있는(일반적으로 기업영역의) 전시회와 프로그램에 대한 선호로 이어진다. 이것이 정보에 대한 접근이나 애초에 생산되는 정보의 내용에 영향을 주지 않는다는 믿음은 수용되기 어렵다. 사람들이 박물관이나 화랑에 대한 입장료를 내야 하는 상황에서 초래되는 결과는 적어도 사람들의 일부가 참여하지 못하며, 박물관이나 화랑 또한 유료 입장객의 구미에 맞는 전시회를 만든다는 것이다. 물론 이런 것들이 나쁘지 않으며, 방문자들은 돈을 지불한 대상을 더 잘 감상할 수 있고, 기관들은 방문자들을 더 잘 대우할 수 있다고 주장할 수 있다. 그러나 이것이 정보의 접근과 공급이 특정 방향으로 구현된다는 사실을 부정하지는 않는다. 더욱이 시장관행도 상상력과 혁신을 촉진할 수 있지만, 대중 카페, 박물관 매점, 이국적 전시물에 대한 강조가 가용한 정보의 질을 높이거나 심화할 가능성은 거의 없다. 그리고 후원자가 개입하는 경우 — 대학, 도서관, 극장, 텔레비전에서 점점 그렇게 하고 있듯이 — 분명히 중대한 영향을 끼치는데, 이는 재무담당자가 아무리 식견이 있다고 할지라도 후원자는 자선의 목적이 아니라 자신들의 의제와 이해관계를 확장하기 위해 후원에 관여한다는 단순한 이유 때문이다. 그리하여 후원이 예술〔애거사 크리스티는 되지만 다리오 포(Dario Fo: 이탈리아의 전위적 극작가 - 옮긴이 주)는 안 됨〕이나 교육(경영학은 되지만 인종관계론은 안 됨)에서 창의적인 것, 도전적인 것에 이뤄질 가능성은 적다.

그레이엄 머독(Graham Murdock, 1990)은 쉴러의 해석을 지지하면서, 이러한 시장지향성의 결과는 대부분의 대중 커뮤니케이션이 대기업의 수중으로 집중되고 있다는 점에서 특히 중대하다고 주장한다. 그의 견해에 따르면, BBC나 무료 도서관 같은 '공적 문화기관'은 선정적 신문이나 시청률이 지배하는 상업 TV 방송 등과 같은 것에 대해 균형을 잡아 주는 '상쇄능력'(*countervailing power*)을 가지고 있었다. 실제로 '최선의 경우' 이들 기관은 "다양성과 공개적 논쟁에 진정으로 헌신했으며, 최소한 상업적으로 조직화된 공급에서 나타나는 중요한 격차를 많이 채워 주었다"(Murdock, 1990: 6~7). 나는 이러한 쟁점을 제 9장에서 자세히 논의할 것이다. 여기서는 시장을 우선시하는 '문화기관'의 조직화와 기금지원에서의 변화는 개발되는 정보와 그것이 이용되는 방식에 매우 큰 영향을 미친다는 점을 언급하는 것으로 충분하다.

6. 상품화

허버트 쉴러 및 그와 유사한 사상가들의 지속적 관심사는 정보가 점점 더 상품화된다는 점이다. 정보는 시장주의 사회에서 만들어지고 공개되기 때문에, 자본주의 사회의 다른 모든 것과 마찬가지로 취급되어야 한다. 따라서 정보는 판매 가능하고 가격기제의 영향을 받으며, 매매 당사자들 간에 거래될 수 있는 상품으로 간주된다. 그런데 아무도(적어도 허버트 쉴러는) 정보통신기술은 물론이고 정보가 비용 없이 생겨난다고 주장하기 않기 때문에, 상품화가 왜 문제가 되는지에 대해 의문이 생기게 마련이다.

상품화에 대한 반대의견의 대부분은 오스카 와일드(Oscar Wilde)가 '천금의 가격이지만 전혀 무가치한' 지식이라고 경멸스럽게 불렀던 것으로 귀결된다. 가격기제의 한계에 대해 이러한 우려를 표명하는 오랜 사상적 전통이 존재하는데, 모두가 급진적인 것은 결코 아니다. 예컨대 1990년대 초반, 영국 보수당 장관 중 한 명인 데이비드 멜러(David Mellor)는 예술에 대한 상업적 관행의 지나친 강요에 대해 경고하면서 사람들에게 "결국 사회는 경제적 성취가 아니라 문화적 성취에 의해 평가받는다"는 점을 기억해야 한다고 충고하였다. 이것은 타당한 조언으로서, 우리는 19세기에 대해 그 당시에 우세했던 면화 사업가나 석탄 사업가보다는 예술가나 건축가를 더 많이 떠올리게 된다. 멜러의 연설은 자본주의 원칙이 열성적이고 확고하게 추구된 시기에 행한 것이었는데, 기업가와 사적 기업이 찬양받는 시기에 내각 장관이 그 한계에 대해 경고한 것이다.

그럼에도 불구하고 최근 몇십 년 동안 우리는 정보영역에서 상품화가 가속되는 것을 목격했다. 다음 장에서 이에 대한 더 많은 논의가 이루어지겠지만(상품화가 특히 분명하게 나타나는 텔레비전 방송을 포함하여), 여기서 우리는 '브랜드'(*brands*)의 높아진 가치평가도 고려해 볼 수 있다(de Chernatony and McDonald, 2003). 물론 상품도 여전히 중요하지만 나이키나 버진(Virgin) 같은 브랜드 가치의 중요성도 최근 몇 년 동안 크게 증가했다. 심지어는 많은 사람들이 브랜드의 언어를 이해하고 사용하면서 삶을 산다는 면에서 우리가 '브랜드 사회'에 살고 있다고 주장하는 사람도 있다(Kornberger, 2010). 오늘날에는 영국의 대학들도 자신들의 브랜드를 열심히 광고하면서 외국 학생들을 모집하는데, 이는 내국인보다 외국 학생에게 훨씬 더 많은 학비를 받을 수 있고 이윤이 많이 남기 때문이다. 이러한 과정은 심지어 이름의 상품화로까지 확대되었다. 유명한 예로 축구선수 데이비드 베컴(David Beckham)을 들 수 있는데, 2003년에 그가 맨체스터 유나이티드(Manchester United)에서 레알 마드리드(Real Madrid)로 이적할 수 있었던 것은 상당 부분 동아시아에서 그의 이름이 가지는 구매력이 커서 상품판매 기회를 확대할 것으로 전망되었기 때문이다. 오늘날 '이름'과 같은 무형물이 선수의 실제적 실력을 넘어서는 경제적 가치를 가진다는 것은 놀라운 사실이다.

7. 지적재산

상품화에 수반되어 나타난 현상은 지적재산과 그 보호에 대한 관심의 고조이다. 지적재산은 저작권과 특허를 통해 보호되는데, 이것은 로렌스 레식(Lawrence Lessig, 2000)이 인클로저(*enclosure*)의 한 형태로 간주하는 과정으로서(Boyle, 2002), 시장관계를 과거에는 배제되었던 영역으로 끌어들이는 것이다. 이러한 제도는 모두 정당한 소유자를 확인하고 정보의 가치를 극대화하기 위한 것들이다. 예컨대 수년 동안 〈타임스 문예 부록〉(*Times Literary Supplement*)과 〈타임스 고등교육 부록〉(*Times Higher Education Supplement*)에 자신이 기고했던 논평과 기사의 디지털화에 대한 존 서덜랜드(John Sutherland, 1999)의 불평을 생각해 보자. 과거에는 이러한 글들이 인쇄본의 형태로 출판되었고 서덜랜드는 고료를 받음으로써 모든 문제가 해결되었다. 만일 독자들이 그의 글을 참조하려면 원본을 구매하거나 대출해야 했고, 과월호의 경우에는 합본(또는 마이크로필름)이 저장되어 있는 도서관을 찾아야 했다. 그러나 디지털화에 따라 서비스에 가입되어 있고 통신설비를 갖춘 곳이면 어디서나 저장본에 쉽게 접근할 수가 있다. 오늘날 서덜랜드의 작품은 단어 검색 시스템을 활용함으로써 과거보다 훨씬 더 쉽게 참조할 수 있다. 게다가 이러한 시스템은 새로운 수입창출에 몰두하는 출판사에게도 좋은 수입원이 된다. 그러나 서덜랜드는 자신이 저자임에도 불구하고 이 모든 것이 자신의 허락 없이 이루어지고 아무런 보상도 없기 때문에 반대한다. 디지털화를 위한 압력은 투자 대비 수익률을 극대화하려는 출판사로부터 나온다.

이와 관련되어 있으면서 이보다 훨씬 더 중요한 쟁점은 과학적 지식의 영역, 즉 과학적 연구의 출판과 상품화를 향한 압력에 관한 것이다. 한편에는 과학적 지식이 자유롭게 공유되어야 한다고 주장하는 사람들이 있다. 이러한 입장은 공적 이익을 위해 자신들의 연구 성과물을 공개하자는 많은 과학자들 사이의 '공산주의' 정신을 보여 준다. 동료 연구자들이 인정해 주는 한, 많은 과학자들은 자신의 결과물을 보고자 하는 사람들에게 기꺼이 공개하려는 것으로 보인다. 이러한 입장은 과학적 성과물에 대한 소유권을 철회하고 연구결과가 웹을 통해 무료로 제공될 수 있도록 하는 '오픈소스'(*open source*) 출판운동에 동조적이다. 그러나 이에 반대되는 입장은 과학적 지식이 독점적이고 소유권의 적용대상이며 따라서 그러한 지식을 보고자 하는 사람은 대가를 지불해야 한다고 주장한다. 우리는 자신의 열역학 법칙에 대한 소유권을 주장하며 자신의 방정식이 사용될 때마다 수수료를 받는 아인슈타인을 생각해 볼 수 있다. 이러한 상황은 과학적 연구결과를 출판하는 업체가 존재하기 때문에 더 복잡해진다. 출판사는 과학 분야에서 오랫동안 상업적으로 학술지를 출판했다. 그러나 인터넷의 확산에 따라 과학자들이, 적어도 원칙적으로는, 웹을 통해 결과물을 직접 공개함으로써 출판사를 거치지 않아도 되기 때문에 출판사업이 파산할 수도 있다. 자신들의 학술지와 과거 출판기록을 신속하게 디지털화(가입한 이용자들에게는 매우 편리한 접근을 가능하게 해주는) 하고 있는 출판사들은 출판에 대한 현재 상태가 유지되어야 한다고 주장한다. 이러한 학술지는 대개 매우 비싸고 따라서 출판사에게는 이윤이 많이 생기는 수입원이다. 다른 한편으로는, 일부 대학 — 많은 과학자를 고용한 — 도 연구자들이 연구성과를 정리하여 대학 웹사이트에 올리게 함으로써 사람들이 연구결과를 무료로 접할 수 있게 하는 정책을 개발하고 있다. 여기서의 논리는 연구자들은 대학에 소속된 직원이고 연구는 직원으로서의 마땅한 의무이기 때문에, 연구 결과물을 대학 웹사이트에 올리는 것은 당연하다는 것이다. 당연히 출판사들은 이에 반대하는데, 이러한 관행이 자신들의 사업을 위협하기 때문이다.

여기서 드러나는 상황은 분명히 복합적이고 유동적이지만, 전통적 행동방식이 언제까지나 지속될 수 있다고 믿는 사람은 아무도 없다. 일부 과학자들이 기존의 상업적 이해를 위협하는 오픈소스 출판운동을 촉구하는 때와 정확하게 일치하는 시기에 과학적 지식의 상품화, 즉 시장 기준에 따른 공개의 압력이 표면화하고 있다.

이러한 문제가 '정보사회'에 대해 얼마나 중요하고 논쟁적인가를 평가해 볼 필요가 있다. 본래는 저작자나 창안자의 권리와 공적 이해 간의 균형을 위해 도입된 저작권 적용기간이 18세기 말의 14년에서 1998년에 저작자 사망 후 70년, 법인의 경우에는 출판 후 95년으로 늘어났다는 사실에 대해 놀랄 필요는 없다. 오늘날 저작권은 향기나 냄새에 대해서도 적용할 수 있다는 사실이 사소해 보일 수도 있지만, 유전자 코드의 발견을 둘러싼 알력에 대해 생각해 보면 저작권에 관련된 엄청난 이해관계를 확인할 수 있다. 21세기 초반 마침내 DNA 구조가 약 20억 개의 문자로 확인됨으로써 유전체학(*geneomics*)이나 단백질체학(*proteomics*) 등과 같은 새로운 과학이 생겨났다. 이는 의학을 근본적이고 급속하게 변화시킬 것인데, 유전자 코드에 대한 지식은 시행착오를 통한 약물개발 시대의 종언을 예고하기 때문이다. 유전자 부호에 대한 연구결과는 생거연구소(Wellcome Trust Sanger Institute) 연구자들이 무료로 공개했다. 그러나 모든 참조에 대해 비용을 부과하려는 상업기관을 중심으로 유전자 코드를 정의하려는 시도가 경쟁적으로 이루어지기도 했다. 135개 국가의 과학자들이 생거연구소 데이터를 일주일에 적어도 백만 번 조회한다는 사실을 고려하면(*Guardian*, 2003. 11. 3), 이러한 지식의 상품화가 갖는 함의를 제대로 평가할 수 있을 것이다. 마찬가지로 중요한 문제가 인터넷을 사용할 수 있게 하는 프로그램을 둘러싼 투쟁이다. 마이크로소프트는 소유권자를 대표하는 주자이지만 오픈소스 코드 — 리눅스나 아파치를 통해 자유롭게 이용할 수 있도록 개발된 — 가 빌 게이츠의 모델에 중대한 도전을 제기하고 있다(Webster, 2004).

정보통신기술에 따라 촉진되는 정보의 상품화 방향은 "우리가 현재 당연시하는 문화적 활동의 상당 부분 — 공공도서관에서의 백과사전 참조, 친구에게 기하학 교재 팔기, 가족을 위한 음악의 복사 등 — 이, 우리 문화의 점점 더 작은 부분에 대한 권리에 대해서도 보상이 이루어지는 정교한 지불체계를 거쳐 전달되는 사회를 향해"(Boynton, 2004) 움직이고 있다. 쉴러는 이러한 경향에 대해서 한탄하면서 정보는 시장에서 매매할 수 있는 어떤 것이 아니라 공공재(公共財)라는 생각을 견지했다(Rokowski, 2005).

8. 계급 불평등

정보영역에서 시장이 중심적 역할을 담당한다는 것은 곧 정보와 정보기술이 그것에 대한 대가를 치를 수 있는 사람을 위해서 생산되고 그들만이 이용할 수 있도록 만들어진다는 것을 의미한다. 물론 이것은 정보기술이 전적으로 배타적이라는 것을 의미하지는 않는다. 분명히 거의 모든 사회성원은 정보산물 및 서비스에 대해 일정한 접근을 할 수 있으며, 텔레비전, 라디오 그리고 신문 등은 그 좋은 예이다. 사실 시장은 모든 소비자에게 개방되어 있기 때문에, 시장에서 제공되는 것은 원칙적으로 모든 사람 — 적어도 그에 대한 지불능력이 있는 모든 사람 — 에게 가용한 것이다. 그러나 시장이 분배기제라는 사실은 그것이 소득과 부에 의해 차별화된 사회에 대한 대응이라는 것을 의미한다. 다시 말해서 계급 불평등 — 대체로 사회의 위계적 분화 — 이 '정보사회'에서 중심적인 힘을 행사한다는 것이다.

이러한 입장을 제시하는 일반적인 방식은 정보시대가 '정보격차'(*digital divide*)를 드러낸다는 주장이다. 최근 몇 년 동안 정보격차에 대해, 특히 인터넷의 채택과 관련하여, 매우 많은 우려가 표명되었다. 부유한 사람들이 가장 빨리 '연결된다'는 많은 증거가 존재한다. 쉴러가 이러한 격차에 대한 경험적 현실을 인정하기는 했지만, 정보격차에 대한 대부분의 우려 속에 확산되어 있는 기술주도적 사고방식을 지지했는지에 대해서는 의문스럽다. 일반적인 가정은 정보격차는 가난한 사람들이 사회에 완전한 참여를 하지 못하게 만들기 때문에 유감스럽고 심지어 비난받아야 한다는 것이다(Foster and McChesney, 2011 참조). 이에 따라 당연히, 학교나 도서관에 단말기를 보급하여 약자들이 이용할 수 있게 하는 시도 등을 통해, 인터넷 접속을 확대하려는 정책이 등장하게 된다.

이러한 정책의 가정은 사람들의 기회를 차단하는 것은 기술이라는 것인데, 이는 가난한 사람들에게 복지혜택보다는 랩톱 컴퓨터를 제공하는 게 더 좋을 것이라는 1995년의 미국 공화당 의원 뉴트 깅그리치

(Newt Gingrich)의 주장에서 분명히 드러나는 관점이다. 허버트 쉴러와 같은 사상가들은 그러한 정책은 원인과 결과를 혼동한 것이고, 그 정책이 빈곤층에게 미치는 실제적 영향은 극히 미미하다고 반대할 것이다.

빈센트 모스코(Mosco, 1989)의 '유료사회'(*pay-per society*)에 대한 묘사는 정보의 생산과 그에 대한 접근에 결정적인 힘으로서 지불능력(*ability to pay*) 요인을 강조한 것이다. 단적으로 말해서 계급체계 속에서 상층에 있는 사람일수록, 더욱 풍부하고 더욱 활용도가 높은 정보에 접근할 수 있다는 것이다. 사회계급에서 아래로 내려올수록 그 사람은 점점 열등한 종류의 정보만 접하게 된다.

허버트 쉴러(Schiller, 1983a)는 이러한 입장을 지지하면서 '정보혁명'의 주요 실행자로 — 정보통신기술 및 정보산업이 만들어 내는 가장 값비싼 최첨단 상품을 구입할 수 있는 능력을 기준으로 해서 — 3개의 기관을 밝혀내는데, 군대, 대기업 그리고 정부가 그것이다. 기업 자문업체 버틀러 콕스 앤 파트너스(Butlers Cox and Partners)는 유럽 정보통신기술 시장의 3/4 이상을 기업 및 국가가 차지하고 '일반 국민들'(즉 이 두 특권적 집단과 거리가 먼 모든 사람)이 그 나머지를 구성한다고 추정함으로써 쉴러의 견해를 지지하였다(*Financial Times*, 1983. 4. 11). 간단히 말해서 최신기술은 포드, 공군 등과 같은 곳으로 팔리며, 인구의 대부분은 나머지 기술, 즉 텔레비전과 같은 오락기술을 이용한다는 것이다.

지불능력이라는 기준의 중요성, 그리고 이것이 계급 불평등에 대해 가지는 밀접한 관련성을 고려하여, 허버트 쉴러는 이른바 정보 계층체계를 강조한다. 그는 국가 내부 및 국가 간의 '정보부자'와 '정보빈자'를

구분한다. 그리하여,

> 정보에 대한 접근이 부와 소득의 함수가 되고 있다. 일반 국민과 국가 자체는 점점 더 배제된다. … 사회 내부의 정보 '부자'와 '빈자' 간의 분화가 국가 간에서와 마찬가지로 심화되며, 이에 따라 저발전 집단이나 국가 — 정보시대에서 압도적 다수를 의미하는 — 는 점점 더 정보생산자, 처리자, 전송자에 의존하게 된다(Schiller, 1983b: 88).

이에 대한 예를 드는 것은 쉽다. 영국이나 미국 같은 나라에서, 예컨대 '일반 대중'에게 '정보혁명'은 더 많은 텔레비전을 의미할 뿐이라는 사실은 놀라운 것이다. 앞에서 언급하였듯이, 주요한 발전들은 본질적으로 텔레비전 수상기(유선, 가정용 컴퓨터, 비디오, 게임기 등)에 대한 개선일 뿐만 아니라, 그것들은 또한 매우 친숙한 상품, 즉 오락 프로그램으로 가득 차 있다. 이렇게 된 이유를 찾아내는 것은 어렵지 않다. 그것은 지난 수년간에 걸친 텔레비전의 엄청난 성공에 있다(비교적 생산하기 쉽고 호소력 높은 광고와 오락 프로그램을 위한 대중적 수단인 텔레비전 수상기가 집집마다 보급되었다). 이러한 상황에서 정보제공업자들이 이미 검증된 성공을 지원하는 것은 놀라운 바가 아니다. 여기서 기억해야 할 것은 이 영역에서는 대량판매가 필수적이라는 점인데, 그 이유는 정보산업의 측면에서 보면 개개 가구는 소득의 원천으로서는 상대적으로 값어치가 없기 때문이다. 가정이 실제적 시장으로서 매력을 갖기 위해서는 그것들이 '일반 대중'으로 집합체를 이루어야 하기 때문에, 일반 가정에 역점을 두는 경우에는 반드시 대규모 시장을 표적으로 해야만 한다. 그런데 가구들이 일단 집합체를 이루고 나면, 그

'일반 대중'에게는 차별화되지 않은 정보상품이 제공되어야 하며, 그리하여 친숙한 텔레비전 화면, 많은 게임, 토크쇼, 드라마, 영화와 스포츠 등이 등장하는 것이다. 뿐만 아니라 '일반 공중'은 텔레비전 프로그램에 대하여 직접적으로 무언가를 지불하기를 꺼린다는 것이 밝혀졌는데, 광고주 또는 후원자가 그것을 대신 지원한다. 예외적인 몇 가지 경우를 제외하면 텔레비전 광고주들은 대량의 시청자들에게 접근하는 것에 관심이 있으며, 이에 따라 다수의 시청자를 확보하기 위해 프로그램이 '동질화'되는 것이다. 그 결과, 가정이 필요로 하는 정보가 다양하고 정교하다는 견해는 실종되고, 정보제공의 주요 통로는 프로그램의 최소 공통분모라고 할 수 있는 오락으로 치우치게 된다.

유선이나 위성 서비스에 대해서도 거의 마찬가지 논의가 이루어질 수 있다. 연극에 관심 있는 사람들을 위한 드라마, 무용에 관심 있는 사람들을 위한 발레, 정치에 관심 있는 사람들을 위한 뉴스 및 시사 문제, 자신을 계발하고자 하는 사람들을 위한 교육 등을 제공하는 30개가 넘는 채널을 통해 일반 대중의 차별화된 요구에 효과적으로 대응하는 텔레비전의 전망을 두고 수많은 논의가 이루어져 왔다. 그러나 실제적으로는 브루스 스프링스틴(Bruce Springsteen)의 노랫말처럼, "57개의 채널이 있지만 볼 것은 하나도 없네"이다. 유선 텔레비전은 압도적으로 많은 오락 프로그램을 제공한다. 스포츠, 애정물, 액션 모험물, 록 비디오, 그리고 음악 등이 지배적이다. 사실 1980년대 초반 미래학자들이 꿈꾸었던 세분화되고 전문화된 채널은 무효화되었는데, 그 실패의 원인은 극소수를 제외한 대부분의 사람들에게는 그것이 너무 비싸기 때문이다. 지금까지 남아 있는 채널은 하나의 풍부한 줄기, 즉 대중오락물을 채택한 경우로서, 이 분야는 적절한 가입비로 많은 시청자를 모을 수 있고 그에 따라 광고수입을 얻을 수 있기 때문이다. 과연 누가 유럽에서 루퍼트 머독의 스카이 텔레비전이 도입됨으로써 정보환경이 풍부해졌다고 진지하게 주장할 수 있겠는가?

이와 같은 예들은 '일반 대중'은 대중적 수용자로 군집을 이루었을 때에만 정보를 제공받을 가치가 있는 '정보빈자'를 구성한다는 사실을 잘 보여 준다. 그러나 덧붙여, 유선 텔레비전의 상업주의 색조 강화는 공적 서비스 방송에 중대한 영향을 미칠 수 있다는 점도 언급할 필요가 있다. 이에 대해서 제 9장에서 자세히 논의하겠지만, 여기서는 대중적 수용자에 대한 유선방송 사업자들의 몰두가 BBC와 같은 텔레비전 방송에 대해 중요한 함의를 갖는다는 점을 강조하고자 한다. 특히 공적 서비스 채널에서 무료로 제공되는 프로그램은 시청자가 수백만 명에 이르는데, 그런 프로그램은 그것을 자신들이 — 지불능력을 기준으로 — 제공하려는 유선방송업자의 관심을 쉽게 끈다. 영국에서는 특히 스포츠에서 이러한 경향이 두드러지게 나타났다. 1990년 이래 모든 프리미어리그 축구, 잉글랜드가 시합을 벌이는 모든 국가대항전 중계권은 스카이 텔레비전이 구입했으며, 라이더(Ryder) 배 골프대회와 복싱 세계타이틀전과 같은 다른 스포츠도 마찬가지였다. 그 결과, 이전에는 그와 같은 스포츠를 무료로 보았던 사람들이 이제 월 가입비(그리고 특집 프로그램에 대해서는 추가비용)를 내지 않으면 배제된다.

물론 여기서 이러한 변화 자체가 사람들을 '정보빈자'로 만든다고 주장하는 것은 아니다. 그렇지만 기존 유선 텔레비전 채널 가입이 사람들의 정보자원을 크게 심화하거나 확대한다고 주장하기는 매우 힘들다. 사실 이러한 변화는 정보 약자층의 환경을 더욱 빈곤하게 만든다. 그 이유는 공적 서비스 텔레비전을 통해 볼 수 있는 프로그램의 다양성이 줄어들기 때문이다. 그리고 그에 따라, 역설적으로 유선방송에서 볼 수 있는 선택의 폭을 넓히는 데에도 실패하게 되는데, 이는 유선방송에 접근하기 위한 선결요건은 지불능력(그리하여 잠재적 시청자들이 경제적으로 배제된다)이기 때문인 동시에, 유선 채널의 프로그램은 매우 동질적이어서(스포츠, 영화, 기타 오락물) 영국 공적 서비스 방송의 특징인 다양성을 축소하기 때문이다.

소득의 차이에 따라 현저한 정보 불평등이 발생한 국가들 사이에서 정보적 분리를 심화하는 비슷한 과정이 나타나고 있다. 세계의 부가 집중된 선진국이 '정보혁명'의 주요 수혜자들이다. 세계 인구의 다수가 사는 보다 빈곤한 국가들은 선진국들이 남겨 놓은 것을 사용하게 되고(예컨대 할리우드 연재물의 재방영), 부유한 국가들이 만들어 내는 것에 의존적이 되며(예컨대 통신사들이 생산하는 것), 나아가서 위성과 같은 첨단 정보기술을 부유한 국가들이 독점함에 따라 이들이 손해를 볼 수도 있다. 이들 위성은 빈곤한 국가들을 상공에서 정찰하며(예컨대 식량 재배, 광물매장량, 어획량 또는 일상적인 첩보 등), 고유한 문화와 신념체계를 손상시킬 수 있는 서구적 프로그램을 방송한다.

여기서 제시되는 주장은, '정보혁명'이 계급사회 속에서 진행됨에 따라 기존의 불평등에 의해 영향을 받고 나아가서 그것을 악화시킬 수도 있다는 것이다. 그리하여 이른바 '정보격차'라는 것이 확대될 수 있으며, 경제적으로 부유하고 교육을 받은 특권층이 온라인 데이터베이스나 발달된 컴퓨터 통신시설 등과 같은 정교한 통신자원을 이용하여 자신들의 이득을 확대할 수 있다. 반면에 계급구조의 하층을 점하는 사람들은 기분전환, 흥겨움, 잡담거리를 제공하여 주지만 정보적 가치가 거의 없는, 쉴러의 용어를 빌리자면 '쓰레기 정보'를 점점 더 많이 접하게 된다.

여기서 쉴러는 정보의 증가 자체가 반드시 사람들의 삶을 윤택하게 하는 것은 아니라고 주장한다. 정보에 대한 접근 및 그 공급을 결정하는 중요한 결정인자가 지불능력이라는 것은, 대부분의 사람에게 제공되는 정보가 생산비용이 적게 들고, 깊이가 없으며, 피상적 매력만 지닌 대중정보라는 것을 의미한다. 이는 국내 시청자들이 상업적으로 경쟁력 있는 전망을 갖기 위해서는 그들이 군집을 형성해야 하기 때문이다. 물론 새벽 2시에 방송되는 프로그램이 대중적 시청자를 추구하는 경우는 거의 없다. 그렇지만 이 경우에도 상업적 요구가 작동하는데, 그 이유는 이러한 프로그램은 거의 값싸게 제작된 것 — 시청률이 높은 쇼 프로그램보다 훨씬 저렴한 — 이거나 재방송이기 때문이다.

저명한 언론인 칼 번스타인(Carl Bernstein, 1992)은 식품가게에서도 구입할 수 있는 통속소설에서부터 모든 가정에 배달되는 무료신문, '정크메일'의 폭발적 성장, 24시간 내내 방송되는 텔레비전, 모든 주요 거리에 들어선 비디오 대여점에 이르기까지 최근 10년 동안 '일반 공중'들에게 제공된 풍부한 정보를 검토한 후, "미국의 일반인들에게 쓰레기가 제공되고 있다"는 결론을 내렸다. 허버트 쉴러는 이에 적극적으로 동의하면서 "사람들은 점점 더 중요성이 적은 것을 더 많이 보고 듣는다. 1시간 반 동안 실속 없고 의미 없는 잡담을 제공하는 텔레비전 아침 '뉴스'가 현재의 상황을 요약적으로 보여 준다"라고 주장한다(Schiller, 1987: 30). 이러한 의미에서 '정보혁명'은 '정보빈자'들에게 왕실의 이혼소동에 대한 자극적인 내용, 2005년 말 축구 천재이자 알코올 중독자인 조지 베스트(George Best)의 죽어가는 모습에 대한 매우 감상주의적인 묘사, 발군의 재량을 가졌으면서도 심리적으로 나약한 축구선수 폴 개스코인(Paul Gascoigne)의 중독, 운동선수들의 성적 솔직함에 대한 생생한 대담, '리얼리티 TV' 참가자들에 대한 종일 방송 등을 제공해 왔다. 그러나 현재 사회의 상태나 다른 문화의 구성 또는 자신들 상황의 특성과 그 이유에 대해 말해 주는 정보는 거의 제공되지 않았다.

9. 기업자본주의

허버트 쉴러가 볼 때 '정보혁명'의 주된 수혜자는 기업자본주의(*corporate capitalism*)이다. 이는 가장 매력적인 시장이 선진 자본주의의 기업 부문이기 때문이다. 20세기 동안 시장경제는 수많은 소규모 기업을 특징으로 하는 것에서, 대다수 경제활동이 거대하고 수직적·수평적으로 통합되어 있으며 방대한 지리적 영역에 침투한 소수의 선별된 기업이 지배하는 것으로 변했다.

이러한 기업자본주의는 정보환경에 대하여 몇 가지 중요한 의미를 가지고 있으며, 이는 기업자본주의가 가지는 엄청난 부와 그들이 현대 경제에서 차지하는 핵심적 위치로부터 유래하는 것이다. 그중 하나는 정보와 그에 관련된 기술은 기업시장을 최우선적으로 고려하여 개발되고 적용된다는 것이다. 최신 컴퓨터, 발달된 통신서비스 그리고 첨단의 전자적 정보처리 유형은 모두 기업 안에서 발견되는데, 이것은 기업이 그러한 것을 구입할 여유가 있고 최첨단 정보기술에 대한 분명한 필요를 가지고 있기 때문이다. 예컨대 공간적 배치, 활동영역 그리고 규모가 확장됨에 따라(일반적으로 기업은 이전보다 규모가 더 커졌고, 더 많은 영역에 관여하고 있으며, 더 넓은 지역에 걸쳐 있다) 현대 기업은 발달된 정보통신망과 최신 관리통제체계에 대한 내적 필요가 생겼다는 것은 분명하다. 컴퓨터화한 최신기술은 대개는 지역적으로 분산되어 있는 조직체를 조정하고 통합하고 관리하는 데 필수적인 것이다.

다음과 같은 주장은 자명한 것이기는 하지만, 새로운 기술의 초인간적인 기원(현상적으로는)에 대한 매우 많은 지지가 나타나는 상황 속에서는 재차 언급될 필요가 있다. 즉 첨단 정보기술을 구입할 수 있는 사람들은 자신들의 이해를 확장할 수 있는 기술을 추구하고 또 제공한다는 것이다. 수익성에 대한 기업 자본의 압도적 이해관계를 고려할 때, 기술혁신의 역사는 비용을 부담한 사람들에 의해 형성되는 것으로 간주할 수 있다. 데이비드 노블(David Noble, 1977)은 미국에서 공학의 발전이 확장되는 기업부문과 얼마나 밀접한 친화성을 보여 주는가를 증명함으로써, 이에 대한 자세한 설명을 제시한다. 또한 노블은 보다 직접적으로 신기술을 고려하면서 현장 노동자들은 새로운 시스템 설계에서 배제되어야 한다고 주장하는 기업 관리자들에 의해 어떻게 기계장비의 컴퓨터화가 실현되었는가를 보여 준다(Noble, 1984). 노동자들의 참여 없이 컴퓨터화가 진행됨으로써 그것은 관리를 강화하는 보다 효과적인 수단으로 활용될 수 있었다. 그 결과 컴퓨터화는 공장의 운영에 대해 이미 대부분의 통제력을 행사하는 사람들에게 더 많은 힘을 부여했다.

"세계기업체계의 요구에 원활하게"(Schiller, 1981: 16) 봉사하는 정보통신기술의 결과는, 그것이 특정 사회 내부 및 외부의 강력한 기업자본주의를 지원한다는 것이다. 그리고 이러한 지원은 여러 방식으로 수행된다. 예컨대 정보기술은 기업이 지역적으로 확장하여 다양한 노동력을 활용하고 그 지역의 가변적 상황(정치적, 지역적, 경제적 등)에 효율적으로 대처할 수 있도록 해준다. 이러한 효율성은 실시간 및 정교한 통신 없이는 불가능한 것이다. 20년 전에는 '역외'(*offshore*) 활동이라고 하면 주로 생산비용을 절감하기 위해 제조 부문을 해외로 이전한 기업이 연상되었지만, 오늘날에는 영국에서 멀리 떨어진 방갈로르(Bangalore)나 바하마(Bahamas)에 있는, 은행이나 매장의 지원부서(*back office*)와 쉽게 연결된다. 변하지 않는 것은 정보통신기술을 통해 기업이 그러한 전략을 도입할 수 있게 하는 기회이다. 이와 관련된 것으로서 정보기술은 또한 기업활동의 '분권화'(*decentralization*) 전략(즉 기업 본사의 규모를 줄이고 지사들이 '독립된' 이윤창출의 중심지로 운영될 수 있도록 지침을 내리는)을 추진할 수 있도록 해주는 동시에 집중화된 통제를 뒷받침해 주는데, 그것은 일련의 전자기술을 이용해 지역적으로 분산된 지사들을 쉽게 감시하고 업무수행 결과를 추적할 수 있기 때문이다(예컨대 정확한 판매기록, 개별 피고용자의 생산성 기록 등).

나아가서 정보통신기술은 기업이 각 국가에 의해 부과되는 제약에 대하여 크게 우려하지 않고서도 국제적 기업활동을 할 수 있게 해준다. 기업은 통신망을 이용함으로써 주권국가의 정찰을 피할 수 있는 사설라인을 통해서도 동시적 경제거래와 실시간 컴퓨터 접속을 할 수 있다. 예컨대 포드나 IBM 등의 정보가 디지털 형태로 서구회사가 소유한 위성을 통해 미국 디트로이트와 라고스(나이지리아의 한 도시 - 옮긴이 주) 또는 뉴욕과 뭄바이(구 봄베이 - 옮긴이 주) 간을 오가는 경우, 아프리카나 인디아 정부가 어떻게 이러한 초국적 기업의 기능에 대하여 알 수 있겠는가? '이전가격 조정'(*transfer pricing*) — 즉 임금수준이나 투자계약 등이 해당 지역의 실질비용을 반영하느냐에 상관없이 기업의 최대 이익을 보장하기 위한 내부 회계 — 과 같은 기업 관행에 대해 오랫동안 문제제기가 있었다. 그러나 정보통신기술과 그에 관련된 전자적 정보유통 시대에 이에 대한 정확한 답을 기대하기란 거의 불가능하다(Murray, 1981).

국가의 상대적 무력함을 보여 주는 두드러진 예는 2012년에 스타벅스, 아마존, 구글 등과 같은 세계적 기업들이 세금을 거의 내지 않았다는 사실이 밝혀진 경우이다. 법인세는 기업의 이윤에 대해 징수되는 것으로, 약 25%이다. 그런데 기업 유치를 적극적으로 추구하는 영국은 법인세 요구수준이 상대적으로 낮은 것으로 널리 알려져 있다. 그러나 이렇게 낮은 세금조차도 일부 다국적 기업에게는 과도한 것으로 간주되는 듯 보인다. 그에 따라 스타벅스는 14년 동안 30억 파운드가 넘는 매출에도 불구하고 860만 파운드의 법인세만 납부하였다. 아마존은 2007~2012년 사이에 영국에서 80억 파운드 가까운 수익을 올렸지만 그 기간 동안 세금을 전혀 내지 않았다. 구글은 2011년 영국에서의 3억 9,500만 파운드의 매출에 대해 600만 파운드의 세금을 납부하였다. 이러한 낮은 세금 납부는 이러한 기업들의 이윤창출이 매우 부진하였다는 것을 의미하지만, 액면 그대로 받아들이는 것은 당연히 순진한 것이다. 그보다는 이들 기업이 본사를 영국의 관할권 외부에 두거나 내부적 이전가격 조정 등과 같은 다양한 수단을 통해 세금을 회피하였기 때문이다. 이들 기업의 행위가 불법적인 것은 아니었고, 세금부담을 줄이기 위해 세계적으로 분산된 기업의 연결망을 이용했을 뿐이며, 이런 목적을 위해 매우 전문화된(그리고 보수가 높은) 회계사를 고용하고 있다. 세계적 확산 범위와 그 연결망을 이용함으로써 이들 기업은 자신들이 원하는 국가를 골라서 세금을 신고할 수 있다. 이런 측면은 WPP(영국 기반 글로벌 광고 및 미디어 그룹 - 옮긴이 주)의 최고 책임자인 마틴 소렐(Martin Sorrell) 경도 대부분 인정하는 바인데, 그는 "거대기업에게 납세는 일종의 자선 기부라고 할 만큼 선택의 문제"라는 의견을 밝혔다(*Financial Times*, 2013. 1. 4). 이러한 문제는 위의 기업들과 경쟁 관계에 있지만 국내에만 영역이 한정된 기업들에게는 제기될 수 없는 것이다.

기업이 정보통신망을 이용할 수 있게 됨으로써 발생하는 힘에 대한 이러한 주장으로부터 또 다른 중요한 내용물이 부풀어져 나오는데, 그것은 '정보폭발'이 단지 전유적(*proprietary*) 근거에서만 활용될 수 있게 만드는 향신료이다. 나는 이미 오늘날의 경제에서 기업이 차지하는 핵심적 중요성과 이것이 어떻게 기업을 우선시하고 다른 사고방식을 배제하는가에 대해서 상당히 많이 언급하였다. 이는 정보에 대해 중대한 영향을 미친다. 지불능력 기준과 시장원리를 토대로 한 운영이 가져오는 결과를 고려하면서, 우리는 이러한 영향의 일부를 살펴보았다. 여기서 나는 이것이 또한 사적 소유의 전유적 원리를 정보처리의 중요한 수단으로 만든다는 것을 강조하고자 한다. 우리가 이미 보았듯이, 하나의 결과는, 경제적 영향력이 가장 큰 기업부문이 주요 정보 서비스를 제공받게 된다는 것이다. 또 다른 결과는, 많은 정보는 일단 구입되고 나면 사적으로 소유된다는 바로 그 이유 때문에 일반인들은 볼 수 없게 — 또는 보다 개연성 있게는 결코 보이지 않게 — 된다는 것이다. 허버트 쉴러는 이러한 추세는 현대 미국사회에서 분명하게 드러난다고 생각하는데, 미국에서는 "정보를 소유한 기업들이 자신들의 전유물로 간주하고 처리하기 때문에 엄청난 양의 정보가 일반인들에게는 제공되지 않고 있다"(Schiller, 1991a: 44). 이러한 원리 — 소유주들이 자신이 소유한 것으로 자신이 원하는 바를 행한다 — 에 대한 좋은 예는 시장조사 회사에서 수집하는 정보와 기업부문에서 수행하는 연구개발이다. 지적재산권, 특허권 그리고 저작권 등은 '정보시대'에 싹트고 있는 법률영역인데, 이것들은 현 시대의 전유적 원리의 중요성을 보여 주는 것이라고 할 수 있다.

마지막으로 기업 자본은 단순히 정보통신기술과 정보가 도입되는 외적 환경만이 아니라는 점을 강조할 필요가 있다. '정보혁명'은 기업부문을 대상으로 할 뿐 아니라, 기업 자본 그 자체에 의해 관리되고 개발된다. 사실 정보산업은 기업 사업영역 중에서 가장 소수독점적이고, 방대하고, 국제적인 것 중 하나이다. 선도적인 정보회사에는 IBM, 구글, 마이크로소프트, 필립스, 히타치, 지멘스, 그리고 제너럴일렉트릭 등과 같이 오늘날 세계적 거대기업의 일부가 포함된다. 정보산업은 특히 컴퓨터와 통신, 사무장비와 컴퓨터, 출판과 교육 등과 같이 다른 분야로의 침투가 점점 증가하면서 급속하게 변하는 시장에서 좋은 입지를 점할 수 있는 대규모 기업이 관여하고 있지만, 이 분야는 변화가 심해서 합병과 인수가 일반적 경향이다. 정보산업은 점점 더 연결과 콘텐츠를 함께 조직하고 제공하는 역할을 담당하는 대규모 기업자본에 의해 운영되는 영역이다. 정보산업 분야가 (기술과 서비스, 하드웨어와 소프트웨어의) 수렴과 통합의 길을 따라감에 따라 불가피하게 기회가 되면 합병하고 인수하려는 필사적 노력이 이루어지고 있다. 이러한 기업의 지배는 당연히 매우 친숙한 상업적 우선순위에서 표현되는데, 그것은 수익성, 상업적 기준, 지불능력에 기초한 공급을 우선시한다는 것이다.

10. 소비자 자본주의

이상에서는 쉴러 및 그와 비슷한 노선의 비평가들의 주장을 살펴보았다. 요약하자면, '정보사회'는 선진 자본주의의 시장원리, 불평등 구조 그리고 기업적 조직에 의해 형성되며, 선진 자본주의에 가장 이로운 것이라고 그들은 주장한다. 그러나 이들 비평가의 주장은 두 가지 방식으로 더 진전될 수 있다. 하나는 오스카 간디(Oscar Gandy, 1993)에 의해 전개된 것으로, 감시에 대한 주제와 감시과정의 계급적 및 자본주의적 차원에 대한 강조를 결합한 것이다. 많은 학자들 — 특히 데이비드 라이언(David Lyon, 2007) — 이 오늘날의 정보를 고려하는 과정에서 감시를 강조한다. 이 주제에 대해서는 다른 곳 — 특히 제 11장 — 에서 논의할 것이다. 그런데 비판이론가들은 독특한 방식의 설명을 제시하는데, 바로 자본주의에 봉사하는 감시의 기능을 강조한다(Fuchs et al., 2011). 이러한 주장에 따르면 독특한 자본주의의 계급이해 속에서 관계의 정보화는 시민에 대한 감시의 강화로 표현된다. 예컨대, 이러한 점에서 국가는 자본주의 국가이며, 감시의 확산은 반대세력을 보다 효과적으로 통제하기 위하여 노동운동가, 정치적 위험인물 그리고 급진주의 사상가에 대한 자료를 수집하는 등의 방법으로 종속적 계급을 통제하는 수단이라고 할 수 있다. 마찬가지로 감시가 확장되는 경제적 목적은 자본주의 관계를 강화하는 데 있다(Mosco, 1989: 119~124).

둘째는, 관련된 주장으로서, '정보혁명'은 사람들의 일상생활 속으로 더 깊숙이 파고들어 소비자 자본주의(*consumer capitalism*)를 만들어 내고 강화함으로써 자본주의 체계를 확장한다는 것이다. 소비자 자본주의라는 용어는 모호하지만, 여기서는 개인주의적(집합체적인 것에 반대되는) 생활양식, 즉 자신이 원하는 것에 대하여 개별적으로 대가를 지불함으로써 사람들이 "생활을 구매"(Lynd and Hanson, 1933) 하는 방식을 의미하는 것으로 사용된다. 그것은 시민적 관계를 손상시키는 가정중심적 생활양식을 수반하는데, 소비자 자본주의에서는 사람들이 대부분 수동적이며(자본주의가 제공한 것에 대한 소비자로서), 쾌락주의와 자기몰두가 만연하고 조장된다. 결국 소비자 자본주의는 매우 사적인 생활양식으로서, 이웃과의 연대, 책임감 그리고 사회적 관심 등과 같은 공적인 미덕은 감각적으로 느껴질 수 있고 시장에서 구입함으로써 충족될 수 있는 개인적 욕구에 의해 대체된다(여기서 구매를 통하여 자아를 실현할 수 있다는 환상 속에 나타나는 자아 그 자체의 붕괴를 엿볼 수 있다: Larsch, 1984).

정보적 발달은 소비주의(*consumerism*)의 확산에 중심적 역할을 담당하는데, 그 이유는 그것이 자본주의가 바람직하고 불가피한 생활양식이라는 것을 사람들에게 설득하는 수단을 제공하기 때문이다. 쉴러는 지속적인 정보공세로 인하여 "모든 영역의 인간생활이 상업적 가치의 침입을 받게 되고 … 그러한 가치 중에서도 확실히 가장 중요한 것은 소비"라고 주장한다(Schiller, 1992: 3). 아래에서는 소비자 자본주의가 '정보혁명'에 의해 조장되고 있다고 주장하는 몇 가지 방식을 살펴보고자 한다.

첫째, 텔레비전은 개별 구매자들에게 재화와 용역을 판매하는 이전보다 훨씬 더 철저한 수단이 됨과 동시에 소비주의적 생활양식을 지원하는 것으로 발전된다. 텔레비전은 이미 소비주의가 가진 외출기피 에토스를 형성하는 데 많이 기여했으며, 비평가들은 평면 스크린 텔레비전, 가정용 오락기기, 인터넷, 비디오 그리고 유선방송 등이 이러한 추세를 심화할 것이라고 예견한다. 로버트 퍼트넘(Robert Putnam, 2000)은 미국에서의 '사회적 자본'(*social capital*)의 쇠퇴에 관한 그의 영향력 있는 저서에서, "TV 시청시간의 증가는 사실상 모든 형태의 시민 참여와 사회적 관여의 감소를 의미하며"(p. 229), TV는 시간을 빼앗고 "시민 이탈"(*civic disengagement*) (p. 246)을 야기하는 "무기력과 수동성을 키운다"(p. 238)는 강력한 증거를 제시했다. 디지털화에 수반되어 나타난 '상호작용성'에 대한 많은 논의에도 불구하고, '리얼리티 TV' 쇼에 출연한 경합자의 탈락 여부에 대해 투표하는 '상호작용'이 '소파귀신'(*couch potato*: 소파에서 TV만 보며 시간을 보내는 사람 - 옮긴이 주)의 무기력한 생활양식을 변화시키지는 못한 것으로 보인다. 나아가서 이러한 것을 포함하는 많은 정보기술은 가정으로 점점 침투해 들어가고, 그에 실린 프로그램들은 더 많은 소비를 자극하려는 사람들의 영향을 담게 된다. 특히 광고주와 후원자들은 자신들의 메시지를 사람들에게 전달하는 점점 더 강력한 방식을 고안했다. 예컨대 유료 TV 서비스를 통해 전달되는 이미지의 신중한 설정, 광고성 기사, 텔레비전 연속극이나 영화 속에서의 값비싼 상품의 배치 등을 생각해 볼 수 있다.

둘째, 방대한 프로그램 자체가 소비주의적 생활양식을 조장하는 데 기여한다. 그리하여 매일 텔레비전을 통해서 방영되는 성공, 아름다움, 유행, 인기, 찬사 그리고 유희의 상징들이 일반인들에게 제시되며, 그에 따라 사람들은 이러한 것들을 갈망하고 시장에서 그것을 추구한다(Ewen, 1976, 1988; Ewen and Ewen, 1982). '유명인'(*celebrity*) 숭배문화(Rojek, 2001)는 — 고전적으로는 '유명하다는 것만으로 유명한' 것으로 정의되는(Boorsin, 1962) — 이러한 경향을 악화한다. 물론 '설득수단'에 대한 비판 속에서 흔히 다음과 같은 주장이 제시된다. 즉 사람들은 세뇌되어 '왜곡된 욕구'를 추구하는데, 이러한 욕구는 일반 사람들이 원하는 바를 반영하는 것이 아니라 자본주의의 침투를 보조할 목적으로 조작된 것이라는 주장이다. 여기서 텔레비전과 타블로이드 신문에서 흔히 등장하는 현저한 '유명인 문화'(*celebrity culture*) 현상을 언급할 수 있다. 이는 새로운 현상은 분명 아니다. 그러나 미디어의 침투 등에 따라 이전보다 더 널리 확산되었다. '리얼리티 TV', 〈아메리칸 아이돌〉과 같은 탤런트 쇼, 축구선수와 그의 여성(아내 또는 여자친구) 등의 내용이 유명인 숭배를 특징짓는데, 여기서는 재능이 별로 없는 사람들이 자신을 돋보이게 하려고 애를 쓴다(Bauman, 2007).

세 번째 주장은 그리 자주 제기되지 않는 것으로서, 정보통신기술은 시장이 자아와 공동체적 조직을 대체하는 경향을 강화한다는 것이다. 예컨대 과거에는 자신들이 먹을 것을 밭에서 재배하고 의복을 손수 만들어 입었지만, 오늘날에는 거의 모든 생활필수품들을 슈퍼마켓이나 체인점에서 구입한다(Seabrook, 1982b). 마찬가지로 텔레비전 및 그와 유사한 기술은 사람들에게서 자신의 즐거움을 관리하는 책임을 빼앗고 그것을 새로운 기계 — 사람들이 생각 없이 바라보게 되는 흥행성 오락물을 주로 제공하는 — 에 대한 의존성으로 대체한다는 주장이 제기되고 있다.

넷째, 새로운 기술을 이용하여 기업은 더 많은 사람을 더 잘 감시할 수 있게 되며, 그에 따라 사람들을 설득할 수 있는 메시지를 전달하는 더욱 좋은 입지를 확보한다. 댈러스 스미스(Dallas Smythe, 1981)는 '수용자 상품'(*audience commodity*)이라는 용어를 만들어 내어, 텔레비전의 중요한 기능이 시청자들을 광고주 편으로 끌어들이도록 작용하는 방식에 대해 주의를 환기했다. 성공의 척도는 프로그램 내용이 아니라 광고주에게 판매될 수 있는 시청자의 수에 달렸다. 이것은 오늘날에도 극단적으로 계속되고 있다. 예컨대 주어진 지역의 모든 가정에 배포되는 무료'신문'은 사람들에게 지역 뉴스와 행사에 대해 알려 주도록 의도된 매체가 아니다(회의적인 사람들은 이러한 주장을 검증하기 위해 자기 지역의 무료'신문'을 검토해 보면 될 것이다). 그 주된 관심사는 주어진 지역의 모든 가정에 배달한다는 것을 광고주에게 주장할 수 있는 입지를 확보하는 것이다. 물론 이것은 매우 조야(粗野) 한 형태의 감시이다(방송되는 텔레비전이나 라디오보다는 훨씬 더 정교하긴 하지만). 그럼에도 불구하고 전문적 협회나 클럽의 회원명부 또는 판매기록 등과 같은 전자적 데이터베이스가 판매됨으로써 훨씬 더 정교한 형태의 감시가 등장한다. 여기서도 새로운 기술은 이러한 자료를 교차참조(*cross-referencing*) 하여 구매자 또는 잠재적 구매자 명단을 만들어 냄으로써 개별적으로 신중한 설득이 가능하도록 해준다. 이러한 상황에서 유료TV 서비스는 커다란 가능성을 가지고 있는데, 이는 그것이 채널, 프로그램 선호도 그리고 나아가 시청시간이나 일정 등에 따라 시청자들을 구분할 수 있게 해주기 때문이다. 이러한 것을 검토한 케빈 윌슨(Kevin Wilson, 1988) 은 '사이버네틱 마케팅'(*cybernetic marketing*) 이라는 신조어를 만들어 내어(p. 43), 텔레비전 화면이나 PC를 통하여 가정에서 구매하는 데 사용되는 비디오텍스트 같은 쌍방향 기술의 가능성에 대해 주의를 환기했다. 이러한 방식으로 사람들은 훨씬 더 사적 생활유형을 따르게 될 것이고, 그와 동시에 공급자들은 모든 구매에 대한 자세한 정보를 전자적으로 구성할 수 있다.

조셉 터로와 동료들(Joseph Turow et al., 2005)은 판매업자들이 상업적 목적으로 컴퓨터화된 기록에 대한 '데이터마이닝'을 위해 인터넷을 이용하는 관행에 대한 놀라운 증거를 제시하는데, 이러한 관행은 일반인들의 무지에 따라 더욱 확산되고 있다. 온라인 매장은 방문자의 움직임을 면밀하게 추적할 수 있고, 구매이력을 작성하고 표적 소비자를 찾아낼 수 있게 해주는 정보를 축적할 수 있다. 보다 은밀하게는, 소비자들이 암호를 이용하여 로그인하는 경우 매장은 "정보의 금광"(p. 6)을 얻게 되는데, 이러한 정보는 정보 중개업자를 통해 입수한 다른 정보와 결합하여 더 정교하게 가공될 수 있다. 이에 따라 인터넷 이용자에 대한 광범위한 정보수집이 이루어진다. 검색용어, 방문 사이트, 연결 시간, 방문 빈도, '친구'의 연결망, 거주지, 인구학적 특성 등에 대한 정보가 축적되고, 이 정보는 자신들의 메시지를 표적 집단에게 전달하고자 하는 사람들에게 판매할 수 있도록(또는 자신들의 마케팅 목적으로 활용하기 위하여) 세밀하게 가공된다. 이런 방식으로 사람들은 훨씬 더 사적인 생활양식으로 인도되며, 동시에 업자들은 모든 구매에 대한 자세한 내용을 전자적으로 구성할 수 있게 된다. 이를 통해 모든 거래가 감찰되고, 시청되는 모든 프로그램이 기록되어, 보다 정교한 광고를 가능하게 해줄 피드백 고리와 시청자들을 소비주의에 계속 머물러 있도록 하는 자료가 마련된다.

11. 비판이론에 대한 반론

이 장에서는 지금까지 비판이론가들이 '정보사회'를 바라보는 방식에 대해 설명했다. 그러면 그들의 주장에 대한 비판적 평가에는 어떤 것들이 있는가?

비판이론가들의 입장에 대하여 몇 가지 반론이 제기될 수 있다. 오늘날 많이 논의되는 하나의 반론은 정책의 문제에 관한 것이다. 한편으로 비평가들의 저작 속에서 어떤 실제적 주장을 찾아내는 것이 어렵다는 반론이 제기된다. 많은 사람들이 "그래서 어떻게 하겠다는 것인가?"라고 반문한다. 다른 한편으로, 흔히 위의 반론과 연관된 것으로 쉴러 및 유사한 사상가들을 반대하는 사람들의 민첩성의 문제를 들 수 있는데, 그들은 공산주의 사회의 붕괴가 비판이론가들의 주장을 무효화한다고 주장한다. 쉴러의 글은 적어도 암시적으로나마 비자본주의적 형태의 사회적 조직화가 가능하다는 것 — 예컨대 그는 자주 '사적 정보'보다 '공적 정보'를 선호한다 — 을 보여 주는데, 집단주의에 대한 주요한 실험이 극적 종말을 보게 되었기 때문에, 비판이론가들은 이러한 반론에 대해 온당한 응답을 해야 한다.

그러나 비판이론가들이 대안적 정책을 제시하지 않는다고 해서 그들의 통찰이 부정되거나, 단순히 비자본주의적 체계가 붕괴하였다고 해서 그것이 무효화되는 것은 아니다. 쉴러의 저작이 가진 주된 가치는 '정보시대'를 이해하고 설명할 수 있는 능력에 있다. 이것은 특히 중요한데, 그 이유는 고려 가능한 모든 대안적 유형의 사회가 신뢰성을 가지기 위해서는 현실에 대한 건강한 이해로부터 출발해야 하기 때문이다. 매우 많은 미래에 대한 시나리오 — 도래하는 '정보사회'에 대한 묘사가 흔하다 — 는 실제로 "기술의 능력과 잠재력"과 같은 이상주의적 가정으로부터 분석을 시작하거나, 또는 "가용하게 되는 정보를 가지고 우리가 할 수 있는 것만을 단지 상상하는" 것들이다. 쉴러의 설명이 갖는 명백한 이점은 우리가 새로운 대안에 대해 꿈꾸기 전에 현재의 것을 이해하는 데서 출발해야 한다는 점을 상기시켜 준다는 것이다.

나아가서 '정보시대'의 발생을 설명하는 과정에서 쉴러의 저작은 사회를 근본적으로 다르게 조직하는 방식에 대한 가능성을 제시한다. '정보사회'가 실제적 인간의 역사를 가지고 있고 사회적 세력에 의해 만들어진다는 것을 보았으므로, 마찬가지로 우리는 또 다른 방식을 상상해 볼 수 있다. 대안의 가능성을 주장한다고 해서, 우리가 지금까지 지속했지만 결국은 실패한 유일한 체계 — 공산주의 — 를 지지해야 함을 의미하는 것은 아니다. 그러나 우리는 연구개발이나 투자 결정에 대해 새로운 눈으로 볼 필요가 있으며, 특정한 결정이 기술의 발전과정에 영향을 미칠 수 있다는 것을 인식할 필요가 있다. 다시 말해서 우리가 인간의 의사결정에 따라 특정한 기술이 특정한 방식으로 개발된다는 것을 이해한다면, 기술에 관한 한 주어진 그대로를 수용할 필요는 없다는 것이다. 우리는 통신 등과 같은 영역에서 정책의 형성과 변화는 미래에 대해서도 영향을 미친다는 것을 알 수 있는데, 이는 인간의 의사결정이 차이를 만들어 낸다는 것을 재확인해 준다. '정보사회'에 대한 분석에서는 인간의 역할이 무시되는 경우가 너무나 빈번하며, 발전도 저지할 수 없는 기술적 논리의 결과로 제시된다.

그런데 이러한 부인이 쉴러의 비판가들에게 충분한 응답이 되는가? '정보사회'에 대한 마르크스적 분석과 우파에서 나오는 분석을 비교해 보면 흥미롭다. 우파의 분석에서 볼 때 자본주의적 조직화에 대한 실행 가능한 대안이 존재하지 않는다는 중요한 조건을 제외하면, 둘 사이에는 상당한 유사성이 존재하기 때문이다. 다시 말해서 '정보혁명'은 특정한 유형의 사회 — 자본주의 — 의 창출로도 간주될 수 있고, 따라서 대안적 사회형태를 상상하는 것이 가능하지만, 각 사회는 (불완전한 것으로 가정되는) 자본주의 체계보다 열등한 것으로 간주된다.

프랜시스 후쿠야마(Francis Fukuyama, 1992)는 출간 당시 많은 주목을 받은 한 저작에서 마르크스주의 학자들과 크게 다르지 않은 설명을 제시한다. 그는, 당연히 우리는 자본주의 사회 속에 살고 있고, 당연히 시장기준이 어떤 조건에서 무엇을 얻는가에 대한 가장 핵심적 결정인자라고 주장한다. 그러나 한 가지 결정적 차이는, 그가 가장 효과적으로 부를 창출해 낸다는 점에서 자본주의를 다른 대안적 경제체계보다 우수하다고(그리고 민주주의 창출에 기여할 수 있다고) 주장한다는 점이다. 더욱이 후쿠야마는 집단주의가 중공업 시대에는 부분적으로 성공할 수 있었다는 점은 인정하지만(도로와 철도 기반을 구축하고 공상 생산을 증진하는 등), 적응성이 중요시되고 시장과 기업가들이 독자적으로 활동하는 '정보시대'에는 집단주의가 성공할 수 없다고 주장한다. 그리하여 그는 공산주의 사회에 대해 다음과 같이 적었다. 이러한 주장은 쉴러의 접근에 대한 전적인 지지를 잠시 망설이게 한다.

〔공산주의 사회는〕 정보시대의 요구에 대한 대응능력이 훨씬 부족하다. 사실 경제체계로서의 마르크스-레닌주의가 참패를 당한 곳은 매우 복합적이고 동적인 '탈산업주의' 경제세계였다고 말할 수 있다(Fukuyama, 1992: 93).

또 다른 반론은 마르크스적 설명 속에는 '타락'(*fall from grace*)의 의식이 강하게 나타난다는 것이다. 기업의 영향력 증가, 시장관계 확산 그리고 소비주의 발달 등을 보여 줌으로써 상황이 악화되고 있다는 결론을 내리는 것은 매우 쉽다. 예컨대 이것이 함축하는 바는 '쓰레기 정보'의 홍수로 인하여 한때는 신뢰성이 있었던 지식이 황폐화되었다거나, 컴퓨터 통신망의 확산으로 인하여 감시가 증가하고 그에 따라 노동자, 시민 그리고 개별 소비자에 대한 통제가 강화되었다는 것이다.

그러나 우리가 신빙성 있는 역사적 및 비교적 지식이 부족한 경우에는 '쇠퇴'라는 관념에 대하여 회의적일 필요가 있다. 현대의 정보가 특정한 방식으로는 문제가 있다는 것은 확실히 보여 줄 수 있지만, 그렇다고 이것이 과거보다 상황을 반드시 악화한다고 주장해서는 안 된다. 나아가서 앤서니 기든스(Giddens, 1990, 1991)가 주장하듯이, 통제의 목적으로 또는 기업 자본의 판매를 확대하기 위해 기술을 사용하는 것이 반드시 전적으로 부정적 결과를 초래하는 것은 아니다. 예컨대 감시체계가 관리적 통제를 강화하면서 동시에 사람들의 선택의 폭을 증가시키는 것이 가능하다. 그 한 예로 신용카드 시스템을 들 수 있는데, 이는 분명히 개인에 대한 기업 자본의 감찰을 증가시켰다. 그러나 이러한 기업활동은 동시에 많은 사람들에게 엄청난 편의를 제공하고 여러 가지 생활영역에서 경제적 거래를 편리하게 도와준다. 또 다른 예는 이전의 도서나 가재도구 구매를 바탕으로 아마존이 발송하는 이메일이다. 때로는 성가시고 전혀 엉뚱한 것도 있지만(화장실 변기 수리를 한 적이 있는 사람에게 배관 시스템에 대한 메일을 주는 경우처럼), 관련 도서 정보나 활용할 수 있는 DIY 장치들에 대해 알려 준다는 것은 부정하기 어렵다.

이와 유사한 반론은 관계의 일방적(*one-way*) 상품화 주장에 대한 것이다. TV 방송에서부터 아동보호에 이르기까지 시장관계가 생활의 매우 많은 부분까지 널리 침투해 있다는 점을 무시할 수는 없다. 로렌스 레식(Lawrence Lessig, 2002)은 음악, 영화 제작과 관련하여 '공정이용' 원칙(저작권 침해 없이 원본을 합당한 정도로 사용할 수 있게 해주는)의 부재에 대해 시의적절하게 경고한다. 새로운 기술의 활용에 따라 비평물이나 풍자물의 제작과정에서 이미지나 음악을 이용하는 것이 훨씬 더 용이하게 되었지만, 이러한 디지털 과정과 '공정이용' 조항의 부재는 이미지나 음악의 개발자들이 그 사용을 차단하거나, 창작물의 모든 소절이나 구절에 대해 비용을 부과할 수 있다는 것을 의미한다. 소유권 주장을 준수하지 못하면 우리는 '디지털 불법복제'라는 죄를 범하게 된다. 이것이 황당하다고 생각하는 사람도 있을 것이다. 셰익스피어 작품이나 로버트 프로스트 시를 인용할 때마다 비용을 지불하는 것을 상상할 수 있겠는가? 그러나 사람들은 롤링스톤스의 음악을 이용하거나 톰 크루즈의 사진을 활용하는 경우 구매자로서 비용을 지불하는 것이 당연하다고 믿으며, 인터넷의 상업화가 진행됨에 따라 이러한 비용 부과는 더 늘어날 것으로 예상할 수 있다.

그러나 사이버공간의 발전에서 볼 수 있듯이, 이러한 상품화의 진전에 대한 중요한 역경향이 존재한다. 우리는 블로그, 대화방, 전자 공동체의 성장, 웹페이지(대부분 비상업적인)의 확산, 무료 다운로드(주로 음악이지만 저작권이 없는 문헌이나 시 등)의 이용 증가를 목격하고 있다. 이러한 모든 것들은 탈(脫)상품화를 보여 주는 예이다. 이런 것들이 사이버공간의 상업화에 따라 점차 사라지게 될 일시적 현상에 지나지 않을 수도 있지만, 적어도 현재로서는 이들은 정보적 사안에 대해서도 시장원리가 무자비하게 확장된다는 마르크스적 주장에 대한 부분적인 반박이라 할 수 있다.

정보 불평등의 문제에 관하여 논의하자면, 급진적 비평가들은, 정보자원에 대한 접근에서 나타나는 계급적 차이를 잘 보여 주기는 하지만, 계급체계에 대한 매우 조야한 개념을 가지고 있다는 것에 주목할 필요가 있다. '정보부자'와 '정보빈자'를 구별하지만, 두 개념 모두 누가 이들 범주에 속하는지에 대한 정확한 규정이 없으며, 계급분화된 사회 속에 존재하는 다양한 영역의 입장과 복합성을 고려하지 않는다. 간단히 말해서 이들의 모형은 성별, 인종 및 민족 간 차이를 고려할 수 있을 만큼 사회학적으로 정교화되어 있지 않으며, 비(非) 육체노동자 집단의 성장과 그에 따라 이들이 계급적 위계 속에서 차지하는 위치에 대해서도 아무런 언급을 하지 않는다.

마찬가지로 '정보혁명'의 주된 수혜자로서의 기업부문에 대한 쉴러의 관심도, 계급체계 속에 충분히 함축되어 있기는 하지만, 제도적 부를 개인적인 것과 동일시할 수 없기 때문에 전적으로 수용될 수 있는 것은 아니다. 다시 말해서, 사람으로서의 '정보부자'는 기업 자본과 동의어가 아니기 때문에 정보 불평등에 관한 설득력 있는 분석에서는 이러한 차이가 검토되어야 한다.

나아가서 정보와 지식의 영역에서는 높은 교육수준, 도서관에 대한 접근가능성 그리고 언어구사력 등과 같은 문화적 자본이 결정적으로 중요함에도 불구하고(예컨대 부자이지만 교육을 제대로 받지 못한 사람과, 높은 보수를 받지는 않지만 학식이 높은 사람을 비교해 보라), 쉴러의 발전되지 못한 계급 개념은 이러한 문화적(경제적 자본에 대비되는) 자본을 설명하지 못한다. 나는 문화적 자본과 경제적 자본을 지나치게 대비하고 싶지는 않다. 다만 차별적 정보자원에 대한 접근과 활용을 측정하기 위해서는 계층화에 대한 보다 정교한 설명이 필요하다는 것을 강조하고자 한다. 이것은 정보에 대한 접근, 활용, 성취와 관련하여 불평등이 중요한 변수라는 것을 부정하는 것이 아니며, 일반화를 뛰어넘어 이런 측면의 계층화의 복합성을 제대로 이해할 필요가 있다는 것이다. 정보 문제에 관한 한 사회경제적 범주 간에서와 마찬가지로, 도시 지역과 농촌 지역 간에 중대한 차이가 존재할 것이고, 연령, 가구 등에 따라서도 그러할 것이다.

다른 반론은 비판이론가들이 정보에 대해 '흑백론적'(*all or nothing*) 견해를 제시하는 경향에 관한 것이다. 이에 대해 다음과 같이 주장할 수 있다. 즉 순환되는 '쓰레기 정보'가 무수히 많은 것은 사실이지만, 이것이 반드시 일반인들에게 제공되는 모든 정보가 쓸모없다는 것을 의미하지는 않는다는 것이다. 텔레비전 프로그램이 엄청나게 많아졌고 이들 대부분은 잡담거리, 액션 모험물, 가벼운 드라마의 잡동사니인 것은 사실이지만, 절대적인 면에서 보면 고품질의 정보도 증가했다고 주장할 수도 있다. 예컨대 영국에서 1980년대 초 채널 4의 도입으로 더 많은 미국 연속물들이 방송되고 있지만, 그것은 또한 텔레비전 프로그램의 영역과 깊이를 확대했다. 그러나 '채널 4'의 시청자가 너무 적기 때문에, 단순히 문화적 자본의 문제는 아닐지라도, 유사한 프로그램들을 질적으로 구분하는 시청자 능력(또는 의향)의 문제를 제기한다.

이와 밀접하게 관련된 문제는, 영국에서 적어도 지금까지는 시청행위에 엄청난 효과를 미치는 카세트 및 디지털 비디오 녹화기(VCR과 DVR)의 급속한 확산에 관한 쟁점이다. VCR과 DVR의 주요 용도가 방송 프로그램을 녹화하여 보다 편리한 시간에 보는 것이기 때문에('시간

조정'), 이러한 신기술을 이용하여 적어도 일부 시청자들은 고품질의 정보(예컨대, 심야 소수 시청자를 위해 편성되어 아침 8시 이전에 일어나야 하는 사람들에게는 너무 늦은 프로그램 등과 같은)에 더 많이 접근할 수 있는 유연성을 갖게 됐다. 통속소설에 대해서도 마찬가지 논의가 이루어질 수 있다. 스미스(W. H. Smith: 영국의 통속소설가 - 옮긴이 주)의 작품 제목을 훑어보면 당혹감을 느끼지 않을 수 없다. 천박하고 통속적인 범죄물과 애정물이 판매경쟁을 하면서 판을 치기 때문에, 오히려 사람들은 톰 클랜시(Tom Clancy: 미국의 대중소설가 - 옮긴이 주)나 제프리 아처(Jeffrey Archer: 영국의 대중소설가 - 옮긴이 주)의 유행 속에 묻혀 버린 버지니아 울프(Virginia Woolf)나 T. S. 엘리엇(Thomas S. Eliot)의 작품을 갈망하게 됐다. 결과적으로 통속소설이 가장 많이 팔리는 상황이지만, 적어도 절대적 관점에서 보면, '보급판 혁명' 덕분에 고전들도 과거보다 더 많이 읽히고 더 많은 인기를 누리게 되었다.

소비주의의 확산에서 차지하는 정보의 역할에 대한 주장을 살펴보자면, 이러한 주장은 마르크스적 비평가들에게 국한된 것이 아니라는 점을 처음부터 말하는 편이 좋을 듯하다. 과도한 개인주의, 집단적 연대의 약화 그리고 이 과정에서 시장관행의 중심적 역할 등에 대한 확인은 가세트(Ortega y Gasset: 스페인의 수필가, 1883~1955 - 옮긴이 주)에서부터 T. S. 엘리엇, 리비스(F. R. Leavis: 영국의 문학비평가, 1895~1978 - 옮긴이 주) 그리고 시브룩(Jeremy Seabrook: 영국의 사회과학자 - 옮긴이 주)에 이르는 다양한 영역과 시대의 사상가들의 관심사가 되었다. 여기서 자주 제기되는 주장은 소비주의는 사람들에게 '허위 욕구'를 주입해, 샴푸나 향수 같은 특정 물건을 구매함으로써 개인적 약점이나 숨겨진 불안을 극복할 수 있다는 것을 확신시키기 위해 조작적 정보를 필요로 한다는 것이다.

그러나 이러한 입장은 몇 가지 관련된 이유 때문에 공격을 받는다. 이러한 입장의 근본에는, 과거에는 물질적으로는 더 가난하게 살았지만 사람들은 간단한 것에 의해 충족되는 진정한 욕구를 가지고 있었고 어떤 면으로 보면 삶이 더 진실하였다는 견해가 존재한다. '평범한 삶'이지만 '숭고한 사상'에 대한 이미지가 여기서 제시되는데, 광산이나 공장에서 근무교대를 마치고 코벳(William Cobbett: 영국의 언론인, 정치개혁가, 1762~1835 - 옮긴이 주) 이나 하디(Thomas Hardy: 영국의 소설가, 시인, 1840~1928 - 옮긴이 주) 의 작품을 읽기 위해 집으로 돌아오는 노동자를 생각해 볼 수 있다. 물론 반론은 그들의 실제 생활은 전혀 위와 같지 않았다는 것으로, 예컨대 19세기 노동자들이 읽었던 소설은 — 그들이 무엇인가 읽었다면 — 살인, 강간, 폭음한 여인에 대한 선정적이고 감각적인 묘사였다는 것이다(James, 1973; Rose, 2001 참조).

또 다른 반론은 현대적 맥락에 관한 것으로, 사람들이 광고와 그에 관련된 이미지의 홍수에 의해 기만당한다는 가정을 부정하는 것이다. 탈근대주의(및 기타) 주창자들 — 우리가 제 12장에서 접하게 될 — 의 믿음은 일반 사람들이 소비주의적 이미지의 인공성을 꿰뚫어 볼 수 있을 만큼 지혜로우며(사람들은 명절 때의 광고물이 진실을 표현하지 않으며, 술을 마신다고 해서 친구나 우정이 생기는 것이 아님을 알고 있다), 이러한 이미지가 갖는 풍자, 아이러니, 촬영기법, 색상 등을 제대로 평가할 수 있을 만큼 현명하다는 것이다(Schudson, 1984).

나아가서 개인화된 생활양식과 공동체 지향적 생활양식이라는 이분법적 관점에서 생각하는 것은 잘못이다. 집에 주로 머무는 사람이 반드시 더 자기몰두적이고 이웃이나 지역문제로부터 단절된 것은 아니다

(Bellah et al., 1985). 사실 피터 손더스(Peter Saunders, 1990)가 주장하듯이,

> 가정의 중요성을 강조한다고 해서 반드시 가정 외부의 공동체적 생활에서 철수해야 하는 것은 아니다. 사람들이 두 영역의 생활에 전적으로 참여하는 것이 가능하기 때문이다(Saunders, 1990:283).

나아가서 사람들이 교묘한 마케팅에 따라 '허위 욕구'로 빠져들기 때문에 소비재가 판매된다는 주장은 적어도 논쟁의 여지가 있다. 그러한 견해는 광고주들이 판매를 촉진하려고 하는 상품보다 이미지가 우선권을 가진다고 주장한다. 그러나 사람들이 초콜릿 과자를 사는 것은 광고 때문이 아니라 그 초콜릿의 맛이 매력적이기 때문이다. 마찬가지로 언급되어야 할 것은 상당수의 새로운 정보기술은 실제로 과거의 것보다 월등히 나은 상품이라는 점이다. 가정용품의 경우, CD 플레이어, 첨단 오디오시스템 그리고 텔레비전 수상기까지도 과거 어떤 것보다도 더 매력적이고 품질이 더 우수하며 더 믿을 만하다. 더욱이 오늘날 많은 사람들이 소비재(향수에서 오락물에 이르는)를 구입하는 것은 광고주들의 과대선전을 수용했기 때문이 아니라, 그러한 상품으로부터 진정한 즐거움을 얻고 자존심을 높일 수 있기 때문이라는 것도 분명하다.

비판이론은 현대 자본주의와 정보적 추세 간의 관계에 대해 다소 기능주의적인 설명을 제시하는 경향이 있다는 것도 언급할 필요가 있다. 정보가 특권층, 소비자주의, 기업 영역의 이득을 위해 제공된다는 것을 강조하는 것은, 각 요소들이 다른 요소를 지원하면서 서로 긴밀하게 얽혀 있는 사회상을 제시한다. 그런데 실제 세계에 존재하는 역설,

모순과 뜻밖의 발견, 혼란스러움은 어디에 있는지에 대한 의문이 제기될 수 있다. 이들의 설명에서는 부분들이 서로 너무나 산뜻하게 잘 들어맞아서 실제 세계는 그렇게 간단하지가 않다는 것을 인정하기 어렵게 만든다(Mann, 2011 참조).

허버트 쉴러는 군대가 기업 세계의 수단으로 기능한다고 줄기차게 주장하였다. 넓은 의미에서 보면 이것은 맞는 말이지만, 가령 구 유고슬로비아에 대한 미국의 군사개입에 대해 생각해 보면 어떤 의미 있는 기업적 이득이 발생했는지 확인하기가 어렵다. 사실 당시 미국 국무장관이었던 제임스 베이커(James Baker)는 1991년에 "이 전쟁에서 우리가 얻을 것이 없다"는 이유에서 군사개입을 반대하였다. 미국의 참여를 유도한 것은 여러 사건〔특히 1995년 스레브레니카(Srebrenica)에서의 8천 명이 넘는 남성 주민의 대량학살〕이었고, 군사개입 자체도 나토군에 의한 공중폭격으로 이루어졌다. 그 후 코소보에 대한 세르비아의 공격을 저지하기 위해 이루어진 1999년의 군사개입도 나토군이 주도하였으며, 인도주의적 차원에서 실행된 것이다. 이 군사행동에 대한 주도적 옹호자는 영국의 토니 블레어였는데, 가장 가까운 동맹국인 미국의 클린턴 대통령은 계획된 지상공격에 미국 지상군을 참여시키는 것을 꺼려하였다. 2003년 아프가니스탄 침공의 경우에도 미국 기업에 이득이 되는 것은 거의 없었다. 또한 일부에서는 2003년에 이루어진 미국의 이라크 침공이 경제적 이유 때문이었다고 비난하지만, 10년이 지난 시점에서 수십억 달러에 달하는 군사적 개입으로부터 얻은 기업적 이득을 찾기란 쉽지 않다.

미국의 뉴스 미디어가 실제로는 미국 자본주의와 그 '제국'의 선전도구라는 주장에 대해서도 비슷한 의문이 제기될 수 있다. 미국의 미디어가 미국 정치인이나 대변인의 견해를 중시하는 등 실제로 미국중심적 세계관을 제시한다는 것을 부인하기는 어렵다. 허먼과 촘스키(Edward Herman and Noam Chomsky, 2008)의 이러한 '선전 모형' — 쉴러도 지지한 것 — 은 경계할 필요가 있는 오인과 오해의 위험을 안고 있다. 그렇지만 이러한 주장도 단서조건이 필요하다. 예컨대 뉴스에 대해 국가중심주의적이라는 비난은 흔히 제기되는 것이지만 이러한 것들을 제거할 방법을 찾기란 쉽지 않다. 뉴스는 필연적으로 수용자의 관심을 반영하며, 따라서 자신들에게 가까운 쟁점을 우선시하기 마련이다. 가족과 친구가 우선이고, 그 다음이 지역, 국가 순이고, 마지막으로 국제적인 사안이 고려된다. 이 장을 집필하는 중인 2013년 4월에 보스턴 마라톤 대회에서 테러 공격이 발생하였다. 체첸(Chechen)계 부모를 가진 2명의 '토착' 살인마의 손에 3명의 무고한 생명이 희생된 것으로 보인다. 미국의 미디어는 이 사건에 대해 며칠 동안이나 밤낮없이 포괄적인 보도를 하였다. 이 사건이 발생한 무렵에는 이란과 남서부 중국에서 지진이 발생하여 수백 명이 사망하였지만 큰 주목을 받지 못하였다. 이러한 보도는 훨씬 더 치명적인 공격이 거의 날마다 발생하는 이라크, 아프가니스탄, 시리아의 뉴스와도 대조를 이룬다. 이 경우 중국인들이나 이란인들은 분명히 미디어의 편향을 인식할 것이고, 당연히 뉴스에서의 체계적인 국가적 편향은 반드시 지적되어야 한다. 그러나 미디어가 미국 자본주의에 봉사한다는 쉴러의 비난은 과도한 단순화이다〔보도가 자유주의적 편향을 가지고 있다는 주장이나, 반대파 탄압, 부패, 인권침해 등을 고발하는 데 기여한다는 보다 긍정적인 주장을 고려하지 못한다(Rothkopf, 1997)〕.

쉴러의 지나치게 기능주의적인 분석에 대해 경계할 필요성을 보여 주는 보다 일반적인 예는 최근의 휴대전화 발전에서 찾아 볼 수 있다. 처음 등장했을 때 휴대전화는 주로 이용자들이 가지고 다니며 사용하는 음성통화 장치였다. 그런데 창의적인 이용자들은 비용을 절감하기 위해 휴대전화를 문자 메시지를 보내는 수단으로 이용하기 시작하였고, 얼마 지나지 않아서 휴대전화는 원하지 않는 음성통화를 회피하는 수단이 되었으며(Agar, 2004), 나중에는 이동식 인터넷 접속장치로 변화했다(Chen, 2011). 여기서의 논점은 개발자의 의도와 실제적 이용 간에는 격차가 존재한다는 것이다. 또한 이용자의 상상력이 피드백되어 기술을 변화시키기도 한다. 우리가 기업구조와 정보혁명에 대해 생각하는 경우에도 이와 유사한 개방성을 유지할 필요가 있다. 기업의 권력이 무엇이든 간에 정보혁명의 수행자가 반드시 고려되어야 한다. 사람들이 하수인 역할만 하는 것은 아니다.

마지막으로 포스터와 맥체스니(Foster and McChesney, 2011)의 주상에 대해서도 의문을 제기할 수 있는데, 그들은 인터넷을 검토하는 과정에서 쉴러의 핵심적 논지를 그대로 수용한다. 인터넷의 사적 소유와 지불능력에 따른 접근에 대한 그들의 비판은 자신들이 주장하는 공공 디지털 고속도로 개념 — 시민들이 접속 권리를 가지는 — 에 필수적인 것이다. 그들의 주장은 일부 집단이 감당할 수 없는 수준에서 비용이 결정되기에 접속비를 내지 못하는 집단을 배제하는 자본주의를 전제로 한다. 이런 방식으로 "디지털 하류층은 단절을 피하기 위해서는 필요한 비용을 지불해야 한다는 것을 사람들에게 일깨워 준다"(p. 5)는 것이다. 나는 이러한 주장을 잘 이해하지 못하겠다. 미국 가구의 10~15%가 아직 인터넷 연결을 갖추지 못한 것이 사실이고, 부유한 가정이 특별 서비스를 받을 수 있다는 것도 부인할 수 없지만, 그렇다고 이것이 빈곤 가정이 연결을 감당할 수 없다 — 지금은 아니더라도 미래에도 — 는 것을 의미하지는 않는다. 결국 자본주의는 거의 모든 지역에 코카콜라를 확산시켰고, 텔레비전이나 일반 전화도 마찬가지였다. 자본주의 자체가 미국의 모든 가정에 디지털 기술을 가져다 줄 수 없을 것이라는 지적은 그렇게 자명하지 않다.

12. 결론

앞에서 논의한 문제를 제외하면 비판이론은 매우 많은 가치를 가지고 있으며, 이는 이 장의 여러 곳에서 분명하게 드러난 바이다. 그 주요한 역점들 중에서 일부는 정보의 중요성을 제대로 이해하는 데 필수적이다. 특히 허버트 쉴러의 저작은 '기술적 가능성'이나 '상상된 미래'가 아니라 현실적이고 실제적인 세계로부터 출발하여, 정보 및 그에 관련된 기술의 역할과 의의의 주요 차원에 대한 중요한 이해를 제공한다.

쉴러는 때로는 자기주장을 지나치게 내세우기도 했지만(Tunstall, 2006), 시장원리와 기업자본주의에 대한 관심을 환기함으로써 우리는 그들의 핵심적 역할을 이해할 수 있게 되었다. 나아가서 그는 '정보시대'에도 사라지지 않는 사회적 불평등에 대해서도 비판적 안목을 가지고 있다. 그가 지역적 및 국제적 측면에서 우리에게 보여 주는 것은, 사회적 불평등이 어떤 종류의 정보가 어떤 조건하에서 그리고 누구의 이익을 위해서 생산되는가를 결정하는 핵심 요인이라는 점이다. 마지막으로 '소비자 자본주의'(그 용어나 특정한 조건을 아무리 엄격하게 규정한다고 할지라도)에 대한 확인은 점점 더 사적 생활방식으로 몰입해 가는 듯 보이는 사람들을 대상으로 한 마케팅 과정에서 정보적 영역이 담당하는 중요한 역할을 상기시켜 준다.

제9장

정보와 민주주의 I

하버마스, 공공영역, 공적 서비스 제도

1. 서론

'정보사회'에 대하여 논의하는 일군의 논자들 중에는 오늘날 훨씬 더 많은 정보가 순환한다는 점에는 동의하지만 '정보시대'를 선언하는 것에 대해서는 주저하는 사람들이 있다. 그들은 이러한 정보가 오염되고 있다고 생각하는데, 그 이유는 정보의 표현방식을 '관리'하거나, 특정 입장을 지지하기 위해 사람들을 '설득할' 목적으로 정보를 '포장'하거나, 또는 자신의 목적에 봉사하도록 정보를 '조작'하거나, 정보를 판매 가능한 '오락'상품으로 만드는 분파에 의해서 정보가 교란되기 때문이다. 이러한 입장에 서 있는 논자들은 대체로 다음과 같은 견해를 지닌다. 즉 '정보사회'는 광고홍보물, 국방성의 '역정보'(*disinformation*) 전략, 홍보 '전문가', 의회의 '로비스트', 정부정책의 신중한 '발표자', 영국정부에 가까운 '믿을 만한 출처'로부터 나오는 '공식적 누설' 등과 같은 것이 모두 정보의 생산과 분배에서 불균형적 역할을 하는 사회라는 것이다.

많은 사람들에게 이러한 현상은 민주적 과정 자체가 손상되고 있다는 것을 보여 준다. 왜냐하면 만약 시민들이 진실 되고 신빙성 있는 정보를 접할 수 없다면, 사려 깊고 신중하고 식견 있는 유권자라는 이상이 어떻게 달성될 수 있겠는가(Ackerman and Fishkin, 2004)?

19세기 초에 제 4대 미국 대통령이자 미국 헌법의 설계자인 제임스 매디슨(James Madison, 1751~1836)은 바로 이러한 우려를 강조하면서 다음과 같이 주장했다.

> 자기 스스로를 지배하고자 하는 사람들은 지식이 제공하는 능력으로 무장을 해야만 한다(Madison, 1953: 337).

매디슨의 이 말은 오늘날 가용하게 된 더 많은 양의 정보가 더 건강한 민주주의에 기여하는가에 대해 의문을 가진 사람들에게는 매우 호소력 있는 것으로 남아 있다. 많은 전문가들은 상호작용적 통신망 기술의 확산이 대표자들이 국민의 요구에 반응하게 만들고, 정보에 더 밝은 시민을 만들어 내며, 나아가서 아테네에서부터 포트사이드(Port Said: 이집트 항구도시 - 옮긴이 주)에 이르는 반정부 시위를 촉진함으로써 민주주의를 발전시킬 수 있다고 주장한다(Shirky, 2011 참조). 이에 반하여 일부 논자들은 인터넷, 텔레비전, 그리고 기타 미디어의 확산이 실제로는 사람들이 오락성 정보(*infotainment*)가 만연한 사적 세계로 퇴각하여 민주적 과정에 참여하지 못하도록 만들기 때문에, 시민적 참여의 쇠퇴를 초래할 것이라고 주장한다. 이들이 볼 때 우리 선조들은 성경, 셰익스피어, 그리고 간헐적인 소책자를 제외하면 책을 거의 읽지 못했지만, 이해나 지혜 측면에서는 우리보다 더 나았다(Rose, 2001 참조). 내가 이 논쟁을 해결할 수는 없다. 여기서 나는 기본적인 개념을 정리하고, 의견들을 자세하고 검토하며, 수집 가능한 증거에 대해 평가해 보고자 한다.

이러한 쟁점에 대해서는 수많은 연구가 진행되었지만 여기서 모두 다룰 수는 없다. 그럼에도 불구하고 이 장은 분량이 많기 때문에 독자들의 이해를 위해 여기서 개관을 제시하고자 한다. 첫째, 일부 비판가들이 값어치 없고 오도적인 정보의 범람에 따라 악화되거나 야기되는 것으로 주장하는 '민주주의적 결핍'에 대해 검토한다. 둘째, 그 중요성을 더 잘 이해하기 위해 현 시대에서의 민주주의의 의미에 대해 살펴본다. 셋째, 위르겐 하버마스의 일부 업적에 대해 검토하는데, 그의 공공영역(*public sphere*) 개념은 정보와 민주주의 간의 관계를 검토하는 데 있어 매우 중요한 영향을 미치고 있다. 공공영역의 출현에 대한 하버마스의 역사적 분석을 개괄적으로 살펴본 후에, 넷째, 보다 최근의 정보 정책과 관행의 문제로 이동해 갈 것이다. 여기서는 도서관이나 국가지원 방송과 같은 공적 서비스 제도(*public service institutions*)에 초점을 맞출 것인데, 이들 제도는 자주 자신들이 공공영역의 구성요소이고 따라서 민주주의의 건강에 필수적이라고 변호하여 왔다(내가 볼 때 의도적으로). 다섯째, 지난 20여 년에 걸쳐 기술변동, 사회경제적 추세, 정치적 대립 등으로 인해 이러한 제도들이 직면하여 온 어려움에 대해 검토한다. 이를 바탕으로 하여 여섯째, 공적 서비스 제도—그리고 이들의 토대가 되는 공공영역 개념도—가 점점 시대에 뒤떨어지는 위험에 처해 있다고 주장할 것이다. 이들 쟁점을 거론한 후 일곱째, 변화하는 민주주의 의미 문제로 되돌아가 정치적 공공영역(*political public sphere*)이라는 보다 제한적 용도를 가진 개념을 제안한다.

이 장과 제 10장의 핵심 관심사는 민주주의와 정보의 관계이다. 오늘날 민주주의가 무한한 중요성을 가지고 있으며 보편적으로 수용되는 유일한 가치라는 것에 대한 광범위한 인정에도 불구하고, 정보가 갖추어야 할 속성(그런 것이 존재한다면)에 대해서는 정치적 입장에 따라 다양한 견해가 존재한다. 이 장에서 우리는 정보가 건강한 민주주의에 필수적일 뿐만 아니라, 그 적합성과 품질을 보장하기 위해서는 정치적 개입과 국가지원이 요구된다고 믿는 사상가들에 대해 살펴볼 것이다. 국가개입을 지지하기 때문에 나는 이를 사회민주주의(*social democratic*) 입장으로 부를 것이다. 제 10장에서 우리는 사회민주주의 세계관을 반대하는 사상가들과 만나는데, 이들은 자본주의 사회가 민주주의 실현에 가장 적합한 사회이고, 국가는 최소한으로만 개입해야 하며, 모든 필요한 정보는 그 자체의 원리로 작동하는 자유시장을 통해 가장 잘 제공될 수 있다고 주장한다.

2. 민주주의적 결핍과 정보에 밝은 유권자의 필요성

정보를 분석하면서 민주주의에 관심을 가지는 이유는 무엇인가? 하나의 중요한 이유가 앞서 본 미국 건국의 아버지의 결론에 반영되어 있다. 즉 건강한 민주주의를 위해서는 그 시민들이 정보에 충분히 밝고 분별력이 있어서, 유권자들이 정부를 잘 선택하고 감시하며 필요한 경우 해산할 수 있어야 한다는 것이다. 이러한 가정에서 바라볼 때 상당히 많은 유권자가 매우 결핍 — 정보에 어둡고, 참여를 기피하고, 무관심하거나 무지한 — 되어 있다는 놀라운 사실에 대해 진지하게 생각하게 된다.

미국이나 영국과 같은 국가의 경우 민주주의가 완전히 정착된 것으로 보인다. 시민들이 오래전부터 투표권을 가졌고, 선거를 위한 잘 구축된 절차가 있으며, 다수의 경쟁적 정당이 존재하고, 정치적 논쟁을 위한 다양한 경로가 존재한다. 그러나 투표참여율은 전국 선거에서도 낮고, 정당 가입자 수는 급감해 왔으며, 지방의원에 후보를 내세우는 것조차도 어려운 경우가 있다.

부분적으로 이는 전문 정치인의 낮은 자존감에서 드러나는데, 여론조사 결과는 정치인들이 믿을 수 없고, 자기이익을 추구하며, 큰 변화를 가져오지 못할 것으로 인식된다는 점을 반복적으로 보여 준다. 영국의 경우 〈데일리 텔레그래프〉(*Daily Telegraph*) 신문이 수 주에 걸쳐 의회 의원들의 과도한 수당 요청에 대해 보도한 후인 2009년 봄과 여름에 자존감이 최저에 달했다. 과도하고 터무니없는 관행에 대한 수많은 증거가 드러났는데, 특히 세금부담을 줄이거나 재건축 비용을 청구하기 위해 편법으로 주요 주거지를 신고하는 주택 '바꿔치기' 관행이 심각하였다. 그 결과 의원들의 사임, 구속, 은퇴, 해임이 이어졌고 모든 정치인에 대한 시민들의 반감이 쏟아져 나왔다.

미국 대통령 선거에서는 전체 유권자의 겨우 절반이 투표하는데(2008년 11월 버락 오바마의 당선을 환영한 세계적 열광은, 실제로 등록한 75%의 유효 유권자 중 65%만이 투표에 참여하였다는 사실과 비교될 필요가 있다), 영국에서도 전국 선거 참여율이 1945년 이래 지속적으로 감소해 왔다(1945년에는 80%의 시민이 투표를 하였지만, 2001년과 2005년 선거에서는 투표율이 60%로 떨어졌다).

민주주의적 결핍의 징후를 확인하는 사람들은 다른 결핍 현상에도 주목한다. 여기에는 시사 문제나 정치인에 대한 시민들의 심각한 무지도 포함된다(Jacoby, 2008). 우리는 상당수의 국민이 정부 요직에 누가 있는지를 한두 명 정도밖에 나열하지 못한다거나(반면에 훨씬 더 많은 연예인, 축구선수, 드라마 스타를 알고 있음), 외교정책에 대해 놀라운 정도로 무지하다는 것을 보여 주는 서베이 결과를 흔히 접하게 된다. 예컨대 영국에서 2003년 말에 수행된 한 서베이에 따르면 성인 중 겨우 절반만이 고위직인 부총리가 존 프레스콧(John Prescott)이라는 사실을 아는 것으로 나타났고[1], 그 한 해 전에 실시된 한 서베이에서는 영국 성인 중 10%가 세계 국가지도자를 한 사람도 나열하지 못하는 것으로 나타났다(반면에 유사한 비율의 응답자가 〈이스트엔더〉에 출연한 연기자 5명을 나열함).[2]

크리스 헤지(Chris Hedges, 2008)는 "단순하고 유치한 이야기나 진부한 내용만 접하고 … 인지적 또는 자기비판적 능력을 필요로 하지 않는" 이미지, 구호, 사적 이야기만 편하게 느끼는 대다수를 포착하기 위해 '문맹의 나라 미국'이라는 용어를 사용한다. 대통령 연설에서 복합적인 언어사용이 감소하는 대신 감정적이고 쉽게 이해할 수 있는 문구의 사용이 증가하는 현상(Lim, 2008)은 이러한 용어에 잘 들어맞는다.

비판가들은 이러한 민주주의적 결핍을 주장하는 것에서 나아가, 자신들이 이러한 현상의 주요 장본인으로 간주하는 대상도 밝히는데, 바

---

1) http://news.bbc.co.kr/1/hi/entertainment/showbiz/3237607.stm.

2) http://news.bbc.co.kr/1/hi/uk/2345355.stm.

로 이윤 극대화를 추구하는 상업적 미디어 체계이다. 이에 따라 도피적이고 얄팍하며 광고가 넘치는 콘텐츠가 만들어진다. 왜냐하면 미디어 제작자들은 논쟁은 최소한으로 줄이면서도 — 지나치게 혼란스러운 경우 수용자들이 달아나기 때문에(물론 타블로이드 신문에서는 연예인, 운동선수나 정치인의 인간성 등에 대한 수많은 가짜논쟁의 과잉을 볼 수 있다) — 최대한의 수용자를 확보해야 하기 때문이다. 물론 상업적 미디어에 가장 매력적인 것은 부(*wealth*)이기 때문에 수용자 규모 자체가 직접 이윤으로 치환되는 것은 아니다. 교육수준이 높고 부유하여 특정 인구집단이 광고주들에게 매력적인 경우 프로그램도 이러한 측면을 반영하게 되는데, 가령 그들의 생활양식이나 사회적 관심사를 반영하는 콘텐츠를 제공하는 식이다. 어떤 경우든 최종 결정인자는 이윤 극대화이며, 미디어는 시청률이나 광고주(종종 양자 모두)에 의존하고 그들을 우선시하게 된다. 이것이 콘텐츠에 미치는 영향은 중대한데, 일반적으로 보도 범위가 좁아지고 하찮은 내용이 넘쳐나고 보수주의 경향이 나타난다(Miliband, 1969: ch. 7~8).

풍부하지만 사생활이나 화려하고 피상적인 것에 집착하는 부적절한 종류의 정보를 제공하는 부적격한 미디어 체계에 의해 국민들의 무지가 악화되는 것으로 간주되고 있다. 미디어가 제공하는 것은 오락성 정보이며 이것은 자양분이 부족하다. '쓰레기 정보'로서, 흔하지만 건강에는 나쁜 음식물에 견줄 만하다. 한 가지 가능한 결과는 유혹에 약한 수용자들이 쓰레기 정보를 접하면서 판단력이 흐려져 가치 없는 정보로부터 영양가 있는 것을 선별하지 못하게 되고, 그에 따라 중요하거나 복합적인 쟁점에 대해 의사결정을 내릴 때 이미지, 외양, 인물의 측면 — 상업화된 미디어와 잘 어울리는 유명인 문화(*celebrity culture*)

의 보조물 — 에 의존하도록 압력을 받게 된다(Popkin, 1994 참조).

비판가들을 더 놀라게 하는 것은 정치적 영역으로 연예인이 침투하는 현상이다. 즉 정치가 점점 더 유명인 문화에 의해 오염되고 있다는 것이다. 여기에는 록가수가 특정 정치인을 지지하는 것에서부터 연예인 스스로 후보로 나서는 것에 이르기까지 다양한 차원이 존재한다. 이런 측면에서 1980년대 할리우드 2급 영화배우에서 미국 대통령이 된(그리고 폭넓은 지지를 받은) 로널드 레이건(Ronald Reagan)의 성공은 본질에 대한 형식의 승리로 간주될 수 있다. 인상 좋은 익살꾼이 재치 있는 말로 최고위직에 오를 수 있었던 것이다. 그 몇 년 후인 2003년에 아놀드 슈워제네거(Arnold Schwarzenegger)가 예전에 레이건이 차지했던 캘리포니아 주지사가 되었다. 그러나 근육질 연기로 유명한 영화배우의 승리는 정치가 할리우드의 현란한 피상성에 의해 지나치게 많은 영향을 받고 있다는 우려를 더 많이 자아내었다.

유권자의 무관심과 무지를 한탄하면서 상업적 미디어 체계는 이러한 상황을 해결할 능력이 없는 것으로 간주하는 분석은 '소파귀신 민주주의'(*couch potato democracy*)라 불리는 것이 초래되는 것으로 결론내릴 것이다. 사람들이 몇 년마다 투표에 참여하기도 하지만 정책, 정당, 쟁점에 대한 지식이 없이 그렇게 하는 것이다. 설상가상으로 최근 몇십 년 동안 다수의 전문화된 사람들과 조직이 출현했는데, 이들은 자신 또는 고객의 정치적(또는 다른) 목적 달성을 위해 미디어를 활용하는 데 능숙하다. 정치적 또는 사회적 중요성이 있는 쟁점이 존재하는 곳에서는 홍보산업, 스핀닥터(*spin doctor*: 정치인이나 고위관료를 위한 홍보전문가 - 옮긴이 주), 캠페인 전문가, 기업 커뮤니케이션 전문가, 로비스트 등도 함께 존재한다(Davis, 2002). 이러한 미디어 조작자들은 편재적이며 결코 사라질 존재가 아니다. 이들은 특히 상업화된 환경, 즉 자신들의 메시지 전달에 필요한 시간과 공간을 구매할 수 있는 영역이나 광고나 후원 수입이 고려사항이 될 수밖에 없는 영역에서 활동적이다. 일반적으로 이들 집단은 시민들이 쟁점을 신중하게 검토하지 않는 상황을 선호한다. 왜냐하면 심층적인 검토는 난처한 질문을 제기할 수 있기 때문이다. 홍보전문가를 고용하는 회사나 후보의 '인물'이나 '진실성'에 대해 유권자들이 판단을 내릴 때, 이들은 다른 방도가 없기 때문에 그렇게 한다고 보는 것이 좋을 것이다. 이러한 활동은 벤저민 바버(Benjamin Barber, 1984)가 '약한' 민주주의라고 부르는 조건을 조장한다. 이런 조건하에서 유권자들은 몇 년마다 단지 선호하는 개인이나 정당을 지지하고 현재의 방식을 인정하는 것 외에 아무것도 하지 않으며 또 그렇게 하도록 요구받는다. 이것은 바버가 한탄하는 바이다. 그와 유사한 비판가들은 '강한' 민주주의를 선호하는데, 여기서는 시민들이 정치적 영역에 관심을 가지고 참여하며 적절한 정보를 제공받는다.

비판가들은 시장이 시민들에게 신뢰성 있는 정보를 제공할 수 있는 능력이 없다고 일반적으로 주장하기도 하지만, 다른 한편으로 그들은 대체로 정치나 기업 엘리트들도 자신들의 이익을 위해 정보를 조작한다고 주장한다. 따라서 비난은 적절한 정보 이용을 제약하거나 애초에 그런 정보의 창출을 억지하는 방식으로 시장이 돌아간다는 것뿐만 아니라, 보다 일반적으로 기업 지도자들이나 정치인들이 자신들이 선호하는 방식으로 정보를 조작하기 위해 개입한다는 것이다. 이에 대한 증거로 우리는 이해관계가 개입된 정보의 확산을 초래하는 요인으로 간주되는 홍보, 스핀닥터, 미디어 관리 등의 확산을 정확하게 지적하는 수많은 연구를 들 수 있다(Ewen, 1996).

이렇게 볼 때 시장이나 정치인 모두 민주주의에 요구되는 정보를 제공한다고 믿을 수 없다. 그런데 비판가들이 안게 되는 문제는 그들의 옹호 — 복원력과 신뢰성이 있는 정보의 가용성을 보장하기 위해서는 국가가 개입하도록 하자는 — 가 의심을 받을 수밖에 없다는 것인데, 왜냐하면 정치인들이 자신의 목적에 맞게 정보를 다듬으려고 시도한다는 것을 보여 주는 많은 증거가 존재하기 때문이다. 이러한 문제가 비판가들 사이에서 간과되는 것은 아니어서, 적어도 일부 비판가는 자신들 입장의 표면적인 모순에 대해 잘 알고 있다〔국가에 대해 가장 큰 적대감을 드러내는 친(親) 시장주의 비판가들도 이 문제는 간과하지 않는데, 이들에 대해서는 제 10장에서 다룰 것이다〕.

민주주의적 결핍에 대한 우려와, 이러한 상황을 야기하는 과정에서 부적절한 미디어가 핵심적 역할을 한다는 확신에 따라, 비판가들은 개혁을 희망한다. 그 전제는 의미 있는 민주주의가 가능하기 위해서는 정보에 밝은 유권자가 요구된다는 것이다. 이들 비판가들이 볼 때 국민들이 무지하면 민주주의는 약해진다. 사람들이 당대의 중요한 쟁점에 대해 인식하지 못하면 정부가 사람들의 일반의지(*general will*: 사익을 초월하는 공적인 사회계약 주체로서의 시민들의 의지 - 옮긴이 주)에 대응할 수가 없다는 것이다. 시민들이 신뢰성 있는 정보를 가지지 못하면 지식을 가진 사람들에 의해 쉽게 기만을 당할 수 있다(국민들의 이러한 취약성은 비판가들이 선호하는 또 다른 주제이다). 이것이 사회민주주의 입장의 기저 논리인데, 이 입장은 결점을 밝히는 데서 더 나아가 국민들이 적절한 정보를 접할 수 있도록 보장하기 위한 국가개입을 적극적으로 권장한다.

이러한 비판가들이 의지하는 독특한 계보가 존재한다. 유권자들이 정보를 접할 수단을 가지지 못하게 되면 민주주의가 손상된다는 주장은 미국의 건국자들 사이에서도 발견된다. 제임스 매디슨은 이미 언급하였는데, 활력 있는 민주주의에 대한 신뢰성 있는 정보의 중요성을 강조한 사람은 그만이 아니었다. 그의 건국 동료이자 제 2대 미국 대통령인 존 애덤스(John Adams) 도 "사람들 사이에 일반적인 지식이 없다면 자유가 보존될 수 없다"(Adams, 1765) 며 유사한 정서를 표현하였다. 나아가서 애덤스는 다음과 같이 주장하였다.

> 이 나라 모든 부자들의 지식보다 하층의 지식 수단을 보존하는 것이 공익을 위해 더 중요하다. … 유일한 문제는 그것이 공적 이득인지 여부이다. 그것이 공적 이득이라면 부자들도 당연히 다른 모든 공적 부담에 대한 것과 동일한 정도로, 즉 자신들의 부에 비례하여 기여를 해야 하는데, 이는 공공비용에 의해 확보되는 것이다.

바로 이런 측면에서 정보에 대한 국가지원을 주장할 수 있는데, 모든 사람들이 양질의 정보에 접근할 수 있도록 세제를 통해 분배를 해야 한다는 것이다.

현대의 비판가들도 이러한 유산에 기꺼이 의지한다. 그리하여 미국 인문학재단(National Endowment for the Humanities, NEH) — 연방의 지원을 받아 도서관, 박물관, 공영방송 등의 인문학 프로그램을 지원하는 최대 조직 — 이사장인 브루스 콜(Bruce Cole, 2003) 은 〈월스트리트저널〉에 기고한 글에서 "지식의 확산이 유일하고 진정한 자유의 수호자"라면서 지속적인 민주주의를 위한 인문학의 적실성을 주장하였다. 미국교양교육원(American Academy of Liberal Education) 전국 모임의 한 연설에서 콜(Cole, 2002)은 NEH의 "설립 토대가 된 법은 '민주주의는 지혜를 필요로 한다'고 선언하고 있다"면서, "우리나라가 존속하기 위해서는 국민의, 국민에 의한, 국민을 위한 정부에 완전하고 지혜롭게 참여할 수 있는 교육 받고 사려 깊은 시민이 요구된다"고 주장하였다. 동일한 연설에서 콜(Cole, 2002)은 많은 미국인들의 역사에 대한 무지를 언급한다(이런 면에서는 미국인들만이 특이하다고 볼 근거는 없다). 그는 높은 정도의 '역사적 기억상실증'을 보여 주는 다음의 조사 결과를 강조하였다.

> 55개 상위권 대학 재학생들을 대상으로 한 조사에 따르면, 1/3이 넘는 응답자는 정부 분권의 토대가 헌법이라는 것을 알지 못했고 … 40%는 50년 단위로 제시된 남북전쟁의 발생 시기를 바르게 골라 내지 못했다. 반면에 99%가 비비스와 버트헤드(Beavis and Butthead)를 알아차렸고, 98%는 갱스터 랩(gangsta rap) 가수 스눕 독(Snoop Dogg)을 알고 있었다.

이러한 무지에 대한 싸움의 과정에서 인문학이 중요한 역할을 하며, 따라서 이런 주제는 "조국 방어의 일부"가 된다고 콜은 주장한다. 민주주의가 지속되기 위해서는 그 사회에서 살아가는 시민들이 자신의 역사에 대해 알아야 한다. 그들의 미덕과 악행, 경향과 추세를 확인하고 그에 따라 현재의 상황을 제대로, 그리고 현실적으로 판단하기 위해서는 자신들의 역사적 정보(공적 지원을 통해 만들어지는)에 접근할 수 있어야 한다는 것이다.

시민들의 무지를 보여 주는 최근의 예를 상기해 보면 이는 특히 절박한 문제가 된다. 2003년 3월 발생한 미 · 영의 이라크 침공 사례를 살펴보자. 그 다음 해 메릴랜드대학 국제정책인식과정(Program on International Policy Attitudes, PIPA)은 다음과 같은 조사 결과를 얻었다.

- 부시대통령 지지자의 70%는 사담 후세인이 알카에다와 밀접하게 공조하고 있다고 믿었다.
- 30%는 이라크에서 대량살상무기(WMDs)가 발견되었다고 믿었다.
- 30% 이상이 세계 여론의 다수가 미국의 침공을 지지한다고 믿었다.

이라크 전 반대자 — 2000년과 2008년 사이 부시(George W. Bush)의 대통령직 수행에 대한 비판가는 물론이고 — 가 아니더라도, 수많은 미국인들의 이러한 무지에 대해 놀라게 된다. 2003년과 2004년 사이에 미국인들이 정확한 그림에 접근하지 못하게 만든 독특한 정보환경이 존재했다고 결론내릴 수밖에 없다. 많은 공화당 지지자들은 이라크 침공의 명문이 충분하고, 이라크 내에 대량살상무기가 존재하며, 세계 여론이 미국의 전쟁을 지지한다고 믿는 경향이 강하지만, 그들이 믿고 싶어 하는 모든 것은 거짓으로 밝혀졌다. 사담 후세인이 알카에다와 공조하지 않았다는 검증된 정보,[3] 조사관들이 이라크에서 대량살상무기를 발견할 수 없었다는 것에 대한 인정, 침공을 반대하는 세

---

3) 예컨대 2003년 2월에 BBC는 사담과 알카에다 사이에 아무런 공조 관계를 발견할 수 없었다는 유출된 정보기관 보고서에 대해 보도하였다. http://news.bbc.co.uk/1/hi/uk/2727471.stm 참조. 미국에서 나오는 많은 정보도 이러한 결과를 확인해 준다. 예컨대 9/11 위원회 보고서(The 9/11 Commission Report, 2004), 특히 제2장을 볼 것.

계 여론에 대한 압도적인 증거(특히 2003년 2월 15일 세계적으로 진행된 방대한 반전 시위)를 놓고 볼 때, 미국 국민들이 충분한 사실을 접하지 못했고, 심지어는 기만을 당했다고 볼 수밖에 없다.

당연하게도 후속 연구들은 미국 국민들 사이의 이러한 오해의 원인은 정치인[4]과 군부의 '인식관리'(*perception management*)와 보도의 기준도 지키지 못하는 서투른 미디어였다는 것을 보여 주었다(Bennett et al., 2007). 민주주의 사회에서 시민들이 확실한 토대를 가지고 의사결정을 내릴 수 있도록, 신뢰성 있고 공정한 정보에 접근하도록 보장하는 절차가 만들어져야 한다고 주장하는 사람들이 의지하는 것도 바로 이러한 연구의 결과이다.

3. 민주주의와 민주화

노벨상 수상자 아마르티아 센(Amartya Sen, 1999)은 "먼 미래에 사람들이 이 세기(20세기)에 무엇이 일어났는가를 되돌아보는 경우, 가장

---

4) 2002년 10월에 조지 부시 대통령은 "이라크의 위협은 특히 심각하다. 왜냐하면 우리 시대의 가장 중대한 위험이 그 한곳에 집중되어 있기 때문이다. 이라크의 대량살상무기가 살인마 폭군에 의해 지배되고 있다"고 주장하였다. 나아가서 "우리는 이라크와 알카에다 고위층이 십여 년 전부터 접촉해 왔다는 것을 알고 있다 … 이라크는 언제든 생화학 무기를 테러 집단이나 개인 테러주의자에게 제공할 수 있다. 테러주의자들과의 동맹을 통해 이라크 정권은 흔적을 남기지 않고도 미국을 공격할 수 있다"고 주장하기도 하였다(White House, 2002). 이는 부시 대통령이 9/11 수일 후인 2001년 9월 21일에 자신의 정보기관으로부터 보고받은, 사담과 알카에다 간에 공조가 없었다는 '대통령 일간 브리핑'과 대조되는 것이다(Waas, 2005).

널리 수용되는 지배구조 형태로서의 민주주의의 출현이 가장 중요하다는 것에 동의하지 않기는 어려울 것이다"라고 평가하였다(p. 3). 상대적으로 짧은 기간에 걸쳐 민주주의는 거의 모든 곳에서 정치인들의 분명한 메시지가 되었다(Potter et al., 1997). 30년 전만 해도 세 국가 중 하나만이 민주주의 자격을 갖추었지만, 21세기 벽두에는 세계의 국가 절반에 민주주의 체제가 구축되었다. 현재 민주주의가 안정적으로 자리 잡은 지역으로 간주되는 유럽에서도 1970년대 중반까지 스페인(프랑코 정권)과 포르투갈(살라잘 정권)의 오래된 독재가 존재하였고, 그리스는 1974년까지 수년 동안 군사정권에 의해 지배되었다. 이들 정권은 오래 전에 사라졌다. 더욱이 1990년 무렵 소련의 붕괴로 헝가리, 폴란드, 발트 3국(리투아니아, 에스토니아, 라트비아)이 민주주의 체제로 전환되었다. 더 넓게 보면 중남미에서 1990년대까지만 해도 살인적인 독재정권의 대명사였던 아르헨티나, 칠레, 볼리비아, 엘살바도르, 니카라과, 과테말라 등지에서도 민주주의가 구축되었다.

민주주의는 취약하며, 압력으로 붕괴한 사례도 존재한다(Mazower, 1998). 우리는 또한 1990년대의 발칸반도에서처럼 민주적 선거가 진행되지만 억압적 정책을 수행하는 '반자유주의 국가'가 등장하는 경우도 고려해야 한다. 그럼에도 불구하고 민주주의 출현은 대단한 것이다. 약 두 세기에 걸쳐 민주주의는 "전 세계에서 지배의 권리와 복종의 의무를 주장하는, 유일하게 신뢰할 만한 세속적 토대로서의 고독한 명성"을 얻게 되었다(Dunn, 2005a). 인민의 의지 때문에 지배 — 또는 지배하고자 열망 — 한다는 사실은 지배자 또는 자칭 지배자에게 정당화를 제공하는 비장의 무기이다. 한 국가가 민주주의적인가는 세계의 다른 국가들에 대한 그 국가의 수용가능성을 검증하는 가장 결정적인 척

도가 되고 있다.[5)]

나는 민주주의를 확인하는 4가지 필수적 기준을 제안하고자 하는데, 각 기준의 충족은 한 체제가 민주주의로 간주되기 위한 필수요건이다(Tilly, 2007). 선거와 정규적 재선거, 복수 정당, 비밀투표, 보통선거권이 그것이다. 한 사회가 이 모든 기준을 충족하면 민주주의로 간주될 수 있는 문턱을 넘게 된다. 그러나 이것은 포괄적인 것은 아니며, 연구에 따라서는 민주주의의 질에 대한 평가가 필요한 경우 추가적 요인을 얼마든지 도입할 수 있다. 예컨대 폭력으로부터의 자유, 미디어의 역량, 정당한 법절차, 집회와 시위의 권리 등을 포함하는 상호 관련된 기준이 존재할 수도 있다. 이런 경우 가령 정부와 사법부 또는 군부와 정치 간의 권력분리 — 공직의 공평무사만큼이나 중요한 — 라는 쟁점이 존재한다. 민주주의의 전제요건에 대한 질문도 제기될 수 있다. 마르크스주의자들은 대규모의 절대적 빈곤과 무지가 존재하는 곳에서는 민주주의는 무의미하다고 주장한다. 이러한 시각은 물질적 조건의 개선이 민주주의에 대한 고려보다 우선되어야 한다고 주장하는 세계은행 토론에서도 드러난다(Siegle, 2007). 민주주의의 전제요건에 대한 질문은 물질적 문제를 넘어서 교육과 문맹의 문제로 쉽게 확장된다. 예컨대 광범위한 문맹이 존재하는 곳에서도 의미 있는 민주주의가 가능한가?

그럼에도 불구하고 나는 민주주의는 4가지 핵심 속성(선거, 선거권, 비밀투표, 복수정당)을 가지고 있다고 주장한다. 여기에 상황에 따라 다양한 특징을 추가함으로써 민주주의의 심오한 정도를 분석할 수 있

5) 이것이 민주주의가 발전 문제에 대한 답이라는 것을 의미하는 것은 아니다.

을 것이다. 그러나 그러한 본질주의가 중요하기는 하지만(민주주의 인지 아닌지를 판단할 필요가 있다), 이러한 추가적인 특징에 대한 고려가 가르쳐 주는 중요한 교훈을 잊어서는 안 된다. 즉 민주주의는 미리 정해진 조건이 아니며, 그것이 시작되고 그 의미가 추구되는 환경 속에서 만들어지고 발전되는 것이다. 결국 민주주의는 정적인 개념이 아니라 환경 속에서 끊임없이 변화하는 역사를 가진 개념인 것이다.

우리가 여기서 의미가 형성되고 시간에 걸쳐 확장되는 지속적 과정에 대해 논의하고 있다는 것을 인정하기 위해서는 민주화의 관점에서 생각하는 것이 더 좋을 수도 있다. 벤저민 바버가 '강한 민주주의'라고 부르는 것의 성취와 관련하여 건강한 시민사회가 가지는 중요성에 대해 생각해 보면 이러한 인정을 더 잘 평가할 수 있다. 이는 당대의 쟁점이나 후보에 대해 알아보려는 노력을 거의 하지 않는 유권자들이 불규칙적인 투표에 참여하는 것으로 묘사될 수 있는 '약한 민주주의'와는 대조된다. 시민들 사이의 유대(사회적 자본이라고도 할 수 있는)를 표현하는 동시에 상호지원도 하는 자발적 결사체에 대한 참여가, 위에서 밝힌 4가지 요소를 넘어서는 범위를 가진 민주주의 개념을 발전시킨다고 주장하는 사람들을 이해하기 어렵지 않을 것이다.

우리는 역사가 제프 엘리(Geoff Eley, 2002)의 유럽 역사서인 《민주주의 구축》(*Forging Democracy*)에 제시된 논제를 검토하는 것을 통해서도 더 많은 통찰력을 얻을 수 있다. 엘리는 유럽에서 민주주의를 위한 투쟁과 사회주의(광의로 정의)를 위한 투쟁은 밀접히 연관되어 있다고 주장한다. 투표권을 노동자들에게 확장하고, 대표성을 확장한 새로운 정당을 설립하고, 비밀투표를 성취하기 위해 투쟁한 집단은 19세기와 20세기의 좌파들이었다. 그러나 특히 공산주의가 붕괴된 이후에는 이러한 연관이 단절되었다. 집단주의(*collectivism*)에 대한 지지를 통해 민주주의를 최선으로 수행할 수 있다고 주장하는 것은 이제 옹호될 수 없다. 자본주의가 집단주의보다 더 좋은 성과를 내었고 공산주의의 정치적 관행이 억압적이라는 것을 인정하지 않을 수 없게 되면서, 상당수의 좌파는 입을 다물었다. 간단히 말해 이러한 인정이 비공산주의 집단을 포함한 좌파를 잠잠하게 만들었는데, 집단주의 자체가 퇴색되었기 때문이다. 이제 친(親)시장주의 목소리가, 민주주의 발전에 최적인 동시에 물질적 필요를 충족하는 것은 자본주의라고 가장 강력하게 주장한다(제 10장 참조).

그런데 제프 엘리와 같은 사람들이 볼 때 사회주의와 민주주의의 단절은 해방적인 것이다. 이를 통해 좌파는 '실존 사회주의'(선거는 가짜였고, 검열이 만연되었고 반대자는 박해를 받았던)라 불리던 것에 대해 사과해야 할 책임을 면하는 동시에 민주주의의 의미를 확장할 수 있었다. 후자의 의미에서 좌파, 특히 1968년 이후 세대는 민주주의를 발전시키고 그 의미를 변화시킨 민주화 투쟁의 선봉에 서왔다. 여성평등 운동, 반인종주의 운동, 장애와 연령에 따른 차별 종식 요구는 이러한 정신에 따라 활성화되었고 현재의 민주화 개념 확장에 기여했다.

이러한 투쟁은 여전히 좌파로 인식되는 집단에 의해, 사회주의의 이름으로서가 아니라 시민의 평등을 토대로 전체 사회에 대한 참여기회의 증진이라는 관점에서 시작된 것이다. 이러한 운동, 그리고 더 넓은 범위의 사회운동은 민주주의 의미의 재형성에 기여했다. 예컨대 완전히 민주주의적인 사회는 다양성을 인정하고 포용해야 한다는, 차이에 대한 관용의 정신은 정치적 사고에 투영되어 왔다. 차이에 대한 관용은 오늘날 많은 민주주의자들에게 매우 중요한 관심사이며, 이는 상당

부분 정치적(그리고 개인적) 삶에서의 문화와 정체성의 쟁점을 부각하고자 했던 68세대의 헌신 덕분이라 할 수 있다. 이에 따라 우리는 민주주의의 의미가 시간에 걸쳐 고정되거나 고착화할 수 없다는 것을 더 잘 알 수 있다. 민주화를 역사적 관점에서 바라봄으로써 우리는 그 전개과정과 향후의 변화방향을 더 잘 이해할 수 있다. 나아가서 이러한 관점은 민주화 과정에서의 정보와 통신의 중요성을 더 잘 이해하는 창을 열어 준다.

1) 국가와 민주주의

민주주의에 대해 생각하는 경우 우리는 민주주의가 주로 국가, 즉 특정 나라를 구성하는 구체적인 영토 내에서 실행된다는 사실을 기억할 필요가 있다. 국가 내에서 지도자가 선출되고 자격을 갖춘 시민들이 투표할 수 있고 의회는 맡은 역할을 수행한다. 따라서 국가와 민주주의는 밀접하게 연관되어 있다.

여기서 제기할 수 있는 질문은 오늘날 국민국가가 민주주의에 요구되는 역할 수행에 적합한지 여부이다. 오늘날의 세계화된 환경에서는 한 국가 내에서는 충분히 다룰 수 없는 중요한 쟁점들이 존재한다는 것에 대해서 폭넓은 동의가 이루어졌다. 예컨대 지구온난화 및 그와 관련된 환경적 위협과 지구적 차원에서 조정되는 모종의 행위의 필요성을 생각해 보면 이 점을 충분히 이해할 수 있다. 더욱이 정보가 일상적이고 즉각적으로, 때로는 매우 활발하게 전자적으로 이동되는 시대에 국가적 경계에 제한된 민주주의의 한계는 분명하다. 이러한 정보의 이동은 국경 내부의 외환 거래, 투자 결정, 뉴스 보도에는 거의 영향을 미치지 않을 수 있지만 개별 국가에 대해서는 중대한 영향을 초래할 수 있다.

이렇게 볼 때 국민국가의 관리능력을 넘어서는 도전을 해결할 수 있는 일종의 세계화된 민주적 지배구조 형태를 필요로 하지 않는가에 대한 질문이 당연히 제기될 수 있다. 근대성 자체의 역사에서 국민국가가 절대적이었다는 점을 고려할 때 여기에는 중대한 장애가 존재한다. 그러나 초국가적 문제를 해결한다는 취지 아래 개별 국가에 제한을 가하는 기후변화나 인권 등의 쟁점과 관련된 다양한 조약뿐만 아니라 유엔 기구, 유럽연합의 확장, 초국적으로 활동하는 비정부기구(NGO)의 성장 등을 통해 세계적 대응의 징후를 확인할 수 있다. 다른 한편으로 기존의 국가는 완전히 민주주의적이기에는 지나치게 방대하고 다루기 어려운 것으로 간주하는 사람들도 있다. 이런 맥락에서 스코틀랜드와 웨일스가 각자의 의회를 가지게 된 영국에서 여실히 드러났듯이, 자치(自治)를 향한 압력은 민주주의적 대표성을 실현하는 수단으로서의 기존 국민국가에 대한 불만을 표현하는 것으로 볼 수 있다.

나아가서 국가가 민주주의를 담는 그릇이기는 하지만, 국가 형성과 발전에 관한 역사는 혼란스러운 측면을 보여 준다. 마이클 만(Michael Mann, 2005)은 자신이 '민주주의의 어두운 면'이라 부르는 것에 대해 보고하였다. 그는 국가는 소수자 집단의 배제와 억압을 바탕으로 형성되었다는 것을 알아야 한다고 주장한다. 국민국가는 형성과정에서 종교적 박해와 그에 따른 민족 청소에 반복적으로 의지하였다. 원주민의 몰살에서부터 다른 종교와 그 추종자에 대한 탄압에 이르기까지, 이로부터 결백한 나라는 없었다. 특정 국가가 현재 활기찬 민주주의일 수는 있겠지만 이러한 것들은 오늘날의 국가에도 잔존한다. 예컨대 만에 의하면 2005년까지도 유럽연합 국가 중에서 단일민족 비율이 80%보다 낮은 나라는 단지 4개 국가에 지나지 않았다(p. 507). 이것은 우연이 아니다. 여러 소수자 집단에 대한 말살과 억압은 대부분의 유럽 국가에서 한 세기 전에 최고조에 이르렀다. 여기에는 구교도, 저기에는 신교도, 또 여기에는 이슬람, 저기에는 정교도, 다른 곳에는 유대교도 등이 자리를 잡았다. 그 결과 이들 국가는 현재 민주주의이지만 다른 민족, 종교, 문화에 대한 불편한 관계가 존재한다. 상황은 변하고 있다. 예컨대, 오랫동안 민족적 충성심의 주된 지표가 되어 온 종교적 소속감은 안정된 민주주의 사회에서는 상대적으로 작은 역할을 한다(터키의 유럽연합 가입에 대해 표출된 불안감에서 볼 수 있듯이 유럽의 많은 국가에서 이슬람의 유령이 위협이 되고 있지만).[6] 그럼에도 불구하고 단일 문화적 지배의 유산은, 오늘날 유럽의 민주주의 국가에서 차이의 인정에 대한 요구를 둘러싼 불만으로 표현되고 있다.

이 절의 결론은 민주주의의 핵심적 특징은 충분히 쉽게 밝혀질 수 있다는 점을 재차 강조하는 것이다(그 이상에 대해서는 — 민주주의에 어떤 의미를 추가할 것인지와 시간에 걸쳐 어떻게 변화해 왔는지에 대해서 — 재정의와 확장에 달려 있지만). 민주주의의 거처가 되는 국민국가도 기존의 민주주의 의미에 도전이 될 수 있는 긴장과 압박을 받고 있다. 따라서 민주화는 지속적 기획으로, 각 단계마다 그 흔적을 쉽게 확인할 수 있는 긴 여정인 것이다(확인하는 데에 시간이 더 걸리는 다른 지표도 있겠지만).

---

6) http://news.bbc.co.kr/1/hi/world/europe/6135406.stm;
http://news.bbc.co.kr/1/hi/world/europe/6170749.stm.

4. 공익정보, 공공영역, 민주주의

이 장을 열면서 거론한 미디어의 적절성에 대한 질문과 민주주의의 변화하는 의미에 대해서는 다시 논의하기로 하고, 여기서는 민주적 정치의 운영에서 신뢰성 있는 정보의 가용성이 가지는 중요성에 대해 몇 가지 언급하고자 한다. 가령 인구추세, 사망률, 인구이주 유형, 소비지출, 교육수준, 복지지출, 인플레이션 정도, 병원의 수행성과 등에 대한 믿을 만한 정보가 없다면 민주주의적 사안에 대한 의미 있는 참여는 상상하기 어렵다. 논쟁에 참여하고자 하는 사람들에게 그러한 정보는 필수요소이다. 그런 정보가 없다면 개인적 경험에 의존해야 하기 때문이다. 이러한 통계 정보는 사회학자 헬시(A. H. Halsey)가 '사회적 산수(算數)'라 부르는 것인데, 수를 정확하게 세는 능력만큼이나 시민들에게 결정적으로 중요한 것이다.

그러한 통계자료를 수집하고 배포하는 것을 보장하는 하부구조를 갖추는 것이 필수적이다. 이러한 통계는 차량등록소부터 사업주에 이르는 다양한 원천으로부터 수집되지만 주된 책임은 유일하게 수집활동을 위한 권위와 자원을 가진 정부에 있다. 이러한 통계는 정치적 삶을 영위하는 데 필수적인 것이기 때문에 공익정보(*public interest information*)이며, 이러한 정보가 상업적 기관에 의해 수집되는 것은 상상하기 어렵다(국가 연금에 의존하는 미망인의 소비습관에 대한 정보를 유료로 구입하는 사람이 어디 있겠는가?).

이러한 통계는 주로 그것을 일상적으로 이용하는(그리고 결혼에 대한 인식, 초산 연령, 의료서비스 상태, 이민의 증가 등에 대한 논평을 통해 다양한 방식으로 사실을 굴절시키는) 미디어를 통해 시민들에게 전달된다. 이러한 이유 때문에 사람들이 통계 서비스의 중요성을 과소평가하는지도 모른다. 그들은 통계를 간접적으로, 즉 정치인의 연설이나 신문 보도를 통해 조리된 후에 접하게 된다. 어쨌든 민주주의는 정확한 통계자료를 통해 표상되는 공익정보에 크게 의존한다는 것을 인식하는 것이 중요하다.

정보 — 특정 가구를 추적하는 경우도 있지만 대부분 집합적인 자료로 처리되어 우리가 국가의 변화하는 모습에 대해 이해할 수 있게 해주는 — 를 수집하는 성실하고 공정한 통계학자가 없다면 우리가 사회에 대해 어떻게 알 수 있겠는가? 정치인들이 권위 있는 자료에 의지할 수 없어서 생활수준이나 지역발전의 동향 등에 대해 토론할 수 없다면 얼마나 답답할지를 상상해 보라. 정치인들은 다양한 원천의 정보에 의지하며, 그러한 통계수치가 의미하는 바에 대한 해석에 대해 크게 차이를 보일 수도 있겠지만, 그러한 수치 자체가 신뢰성이 없는 것으로 간주된다면 민주주의가 정상적으로 작동되리라고 상상하기는 어려울 것이다. 사회통계에 대한 기초지식만으로도 통계의 불완전함을 알 수 있겠지만, 가령 범죄활동이나 불법이민 등과 같은 자료에 대해 개선의 필요성을 인정한다고 해서 통계적 정보가 중요하지 않다고 주장하는 것은 결코 아니다. 통계는 민주적 논쟁과 토론을 위한 필수요건인 것이다.

통계의 오류에 대한 질문 — 디즈레일리(Benjamin Disraeli: 영국의 정치가, 1804~1881 - 옮긴이 주)의 경구 "거짓말, 새빨간 거짓말, 그리고 통계"에 대해서는 거의 모든 사람들이 알고 있는 것으로 보인다 — 과, 어쩌면 더 중대한 것으로, 이해관계를 가진 당파의 간섭으로 통계가 왜곡될 수 있다는 주장을 통해, 우리는 민주적 삶에 대한 통계의 중요한 기여를 더 잘 이해할 수 있다. 마거릿 대처가 이끄는 보수당이 지배하던 시기에는(1979~1991) 실업률에 대한 자료가 조작되고 있다는 불평이 자주 제기되었다. 정부가 실업자 정의를 여러 차례 바꿈으로써 실업의 실제 의미에 대한 정의가 논란의 대상이 되었다(적극적으로 구직활동을 하는 사람은 실업자인가, 아니면 실업수당을 받을 만한 자격이 추가되어야 하는가? 적극적 구직활동이 실업자로 분류되기 위한 필요조건인가? 실업수당을 받기 위해 교육과정에 의무적으로 참여한 청년도 실업자인가? 일자리를 구하고 있지만 질병이나 부상 지원금을 받는 사람도 포함되는가?). 몇 년 후 영국에서 입국이민자 수가 급증하면서 통계정보의 질에 대한 더 많은 논란이 일었는데, '망명 신청자'와 대규모로 입국하는 불법이민자의 집계 누락에 대한 추측이 난무하였다. 또한 범죄통계의 신뢰성에 대한 논란도 많다(Reiner, 1996).

이러한 영역에서 엄격한 통계자료를 수집하는 것은 매우 어려울 수 있다. 불법이민자는 본질상 집계를 거부하고, 정부 각료들은 자신들의 성과가 실업률 수치에 가려지는 것을 원하지 않으며, 범죄행위를 집계하는 것도 결코 간단하지가 않다(체육관에서 상의를 도둑맞은 후 경찰에 신고하면 공식범죄로 집계되지만, 별로 중요하지 않다고 생각해서 신고하지 않으면 범죄통계에 포함되지 않는다). 그러나 우리는 이런 이유 때문에 통계가 중요하지 않다고 결론 내려서는 안 된다. 통계정보를 수집하고 분석하려는 엄격한 노력이 없다면 무엇이든 상관이 없게 된다. 대중적 정치인의 활동과 진지한 연구자의 연구결과가 동일하게 취급될 것이다. 통계자료에 대한 신뢰가 상실되면 범죄율, 불법이민의 추세, 사실상의 완전고용 등에 대한 온갖 주장이 난무하게 될 것이다.

영국에서 통계청(ONS)의 위치가 변화된 배경에는 분명한 이유가 존재한다. 과거에 통계청은 정부 각료들을 위한 조직으로 유관 부서로 운영되었다. 그러나 공정성과 정치적 개입에 대한 의혹이 제기되면서 통계청의 위치가 변경된 것이다. 통계청은 현재 각료보다는 의회 전반을 위한 역할을 수행하는 완전 독립조직인 영국통계국(UK Statistics Authority)에 의해 관리되고 있다. 이 새로운 조직은 통계청에서 나오는 통계뿐만 아니라 모든 공식통계의 정확성과 신뢰성을 확보하는 책임을 지고 있다. 그것은 또한 "공익에 기여하는 공식통계의 질을 증진하고 보호하는" 임무도 가지고 있으며, "공식통계의 포괄성을 보장해야 하고 공식통계와 관련된 올바른 관행이 유지되도록 해야 한다"(UK Statistics Authority, 2008). 이 조직은 최고의 자격을 갖춘 성원으로 구성된 이사회의 감독을 받는다.

통계는 따분하고 논쟁적일 수 있고, 생산을 위해 비용과 높은 정도의 숙련이 요구되지만, 우리는 통계가 국민들에게 제공되지 않으면 민주주의는 엄청나게 나빠진다는 것을 인식하는 것이 중요하다. 이런 이유로 2010년 영국에서 정부지원 조직이 수집한 모든 정보 — 사적이거나 민감한 정보를 제외한 — 를 무료로 국민들에게 제공하는 웹사이트의 개설이 환영을 받았다. 이러한 시도의 핵심에는 현재 우리 삶에 대한 통계자료 — 가전제품의 분포에서부터 학생들의 시험결과에 이르기까지 — 를 모든 시민들에게 제공하고자 하는 헌신이 존재한다. 이러한 정보의 공개적 접근성과 그것이 매개되는 방식 사이에 간극이 존재하겠지만, 이러한 공익정보가 민주주의를 강화한다는 사실에는 의문의 여지가 없을 것이다.

1) 공공영역의 필요성

민주주의의 활성화를 위해서 정부통계가 필수적이라는 것이 명백하다고 하더라도, 신뢰성 있는 정보를 전달하기 위한 시장의 무능을 둘러싼 비판에 대해 거론할 필요가 있다. 시장이 이렇게 될 수밖에 없는 이유에는 여러 가지가 있지만, 중요한 한 가지는 자신들이 아는 것을 국민들에게 널리 알리는 것이 상업적 기업의 이익과 반드시 부합하지는 않는다는 것이다. 이윤을 추구하는 조직의 관심은 투자에 대한 수익을 최대화하는 것이며, 이런 이유 때문에 사적 기업은 정보를 자신들 내부에 유지하는 경향이 있다.

예컨대, 우울증 치료제의 효과에 대한 한 연구는 이들 약제의 효과가 위약(*placebo*)과 차이가 없다는 것을 밝혀냈다. 그럼에도 불구하고 프로작(Prozac) 등과 같은 이른바 세라토닌 재흡수억제제(SSRI)가 수백만 건의 처방전에서 항(抗) 우울제로 사용되었다. 나아가서 미국 승인기관에 제출된 약물의 실험자료를 분석한 커쉬(Kirsch, 2009)의 연구에 따르면, 1980년대 초기 실험에서 SSRI의 효과는 가짜 알약과 차이가 없는 것으로 나타났다(Boseley, 2008). 이러한 정보는 수년 전에 수집된 것임에도 불구하고 제약회사들이 전체 실험결과를 넘겨주기를 거부함으로써 제대로 검토되지 못하였다. 자신들이 수집한 증거가 약물치료의 효과에 대해 의문을 던져 주었음에도 불구하고, 약제를 계속해서 판매하는 것이 그들에게 이익이 되었던 것이다.

시장관행에 따르면 기업은 정보를 자신의 목적에 맞게 이용하는 것이 일반적이지만 위와 같은 고의적 은폐사례는 거의 알려지지 않았다(정확히 알 수 있는 방법이 없다). 정보가 독점적이라면 외부에 공개되기보다는 소유자의 이익 보호를 위해 저작권과 특허권을 통해 접근이 제한될 것이다. 사실 기술 변화는 상품에 대한 수익을 담보하는 기존의 기제가 위협받게 되는 경우(인터넷에서 음악이나 영화 파일을 쉽게 공유하는 것을 생각해 볼 수 있다)와 같이 정보 생산자에게 도전을 가져다주는 동시에, '지적재산'(전자적 형태인 경우 개별적 이용에 대해 요금을 부과할 수 있는 디지털화된 신문기사나 학술논문 등)에 대한 수익을 증대하는 기회로 활용할 수 있는 뉴미디어를 통해 활력을 제공하기도 한다.

나아가서 앞에서 언급되었듯이, 상업적 요구는 투자자들의 수익을 최대화하는 것을 우선시한다. 그에 따라 소비자의 지불 의향과 생산자의 수익성에 따라 정보가 공개되도록 하는 압력이 존재한다. 이는 대체로 최대 판매와 최소 투자비용을 의미한다. 그 결과 대중적 인기를 지닌 드라마, 스포츠, 연예인 소문 등과 같은 오락 프로그램이 등장하는 것이다. 비판가들은 시장체계는 민주주의 체제에 고유한 가치가 있는 정보를 주변화한다(대안적 정보에 대해 과다한 비용을 부과한다든가, 뉴스나 시사 관련 내용을 축소하거나 비인기 시간대에 편성함으로써) 고 주장한다.

몇 가지 논제를 공유하는 허버트 쉴러와 마찬가지로, 이 시각은 오늘날의 세계에서 정보의 높아진 중요성은 인정하지만, 새로운 '정보사회'가 존재한다는 견해를 거부하고 자본주의의 지속적인 중요성을 강조한다. 이러한 설명에서 핵심적인 논의대상은 위르겐 하버마스와 그의 **공공영역**(*public sphere*) 개념이다. 우리는 이 개념에 대해 좀더 검토할 필요가 있다. 왜냐하면 이것이 우리가 더 많은 것이 더 좋은 것을 의미하는지(더 나쁘다는 것을 의미할 수도 있다)에 대해 생각하는 것을 도와주는 동시에, 민주사회에서 요구되는 정보의 종류에 대한 질문을 제기하기 때문이다.

하버마스는 이 개념을 자신의 초기 저작 중 하나인《공론장의 구조변동: 부르주아 사회의 한 범주에 대한 탐구》(*The Structural Transformation of the Public Sphere*) 라는 책에서 발전시켰다. 그의 주장은, 주로 18~19세기 영국에서 자본주의의 확산으로 공공영역이 출현하였으며, 그 후 20세기 중반에서 말기 사이에 쇠퇴일로에 접어들었다는 것이다. 공공영역은 정부로부터 독립적이고(국가의 자금지원을 받기는 하지만) 또한 당파적 경제세력으로부터도 자율성을 누리는 합리적 논쟁(즉 '이해관계'에 결부되지 않고 '위장'이나 '조작'되지 않은 논쟁과 토론) 의 장으로서, 일반 시민들이 자유롭게 참여할 수 있으며 동시에 그들에 의해 검열 받는 영역이다. 여론이 형성되는 곳은 바로 이러한 공공영역이다.

이러한 공공영역의 핵심에 정보가 있는데, 그 이유는 공공영역 내에서 행위자들은 분명한 논의를 통해 자신의 입장을 표명하고, 시민들이 그 절차에 완전한 접근을 할 수 있도록 행위자들의 견해가 광범위한 시민들에게 공개되기 때문이다. 확실히 매스미디어, 도서관, 통계청 같은 기타 정보기관들이 수행하는 공공영역 내에서의 역할이 중요한 요인으로 간주될 수도 있지만, 아마도 그 가장 기초적 형태인 의회 토론과 의사록을 통한 의사진행에 대한 자세한 기록의 공개는 공공영역의 핵심적 측면을 보여 준다고 할 수 있다.

아마도 독자들은 의회에서 논의될 주제에 대하여 헌신적인 공무원의 도움을 받아 자신의 논지를 펴는 개방적이고 솔직한 의원을 상상한다면 공공영역의 이상을 그려 볼 수 있을 것이다. 의원들의 활동은 양심적 언론 및 출판조직의 면밀한 보도를 통해 다음 선거에서 책임을 물을 수 있도록(그리고 재직기간 동안 공적 문제가 투명할 수 있도록) 모든 것이 공개됨으로써 시민들의 검열을 받는다.

공공영역의 이상은 민주주의자뿐만 아니라 계몽주의 사상에 영향을 받은 사람들에게도 강력한 호소력을 지닌다. 민주주의자들에게 공공영역의 이상은 민주주의 사회에서의 정보의 역할에 대한 일종의 모형으로 인식될 수 있다. 즉 모든 사람들이 조건 없이 이용할 수 있는 신뢰성 있는 정보가 갖는 매력은 분명히 보다 공개적이고 접근이 용이한 과정이 지닌 매력에서 나오는 것이다. 이성적 토론의 우월성을 강조하는 계몽주의적 이상도 강력한 매력을 갖는다. 공공영역에서는 사람들이 사실에 대해 접근하고 그것에 대해 차분하게 생각하고 숙고할 수 있어서 가장 적절한 행위노선을 합리적으로 결정할 수 있다.

공공영역의 동학(動學)과 향방을 잘 이해하기 위해서는 공공영역의 역사에 대한 하버마스의 설명을 검토할 필요가 있다. 하버마스에 따르면, 공공영역 — 더 정확하게는 '부르주아 공공영역' — 은 18세기 영국에서 팽창하는 자본주의 사회의 핵심적 특징으로 출현했다. 결정적으로 신흥 자본가들은 교회와 국가에 대해 투쟁하고 그로부터 독립할 수 있을 정도로 충분한 부를 축적하게 된다. 과거 공적 생활은 성직자와 왕실에 의해 지배되었는데, 그들의 일상적 관심사는 봉건적 관계를 찬양하는 의식이었다. 그러나 신흥 자본가들이 부를 축적함에 따라 이러한 우세를 잠식하게 되었다. 한편으로 이러한 결과는 신흥 자본가들이 '교양'(*letters*)의 세계 — 극장, 예술, 카페, 소설, 비평 등 — 에 대한 지원을 강화하면서 귀족들에 대한 의존성을 줄이고 전통적 권력으로부터 분리된 비판의 영역을 형성함으로써 나타난 것이다. 하버마스가 주장하듯이, 여기에서 "대화는 비평으로, 재치 있는 말은 논쟁으로 〔바꿔었다〕"(Habermas, 1962: 31).

위르겐 하버마스 Jürgen Habermas, 1929~

의사소통 합리성과 공공영역 이론을 주창한 독일의 사회학자이자 철학자이다. 《공론장의 구조변동》, 《의사소통행위이론》, 《사실성과 타당성》 등의 저서가 있으며, 인간의 이성, 해방, 합리적 소통의 문제를 주로 탐구하였고 현대 세계의 대표적 지성 중 한 사람으로 평가받는다.

또 다른 방향으로는, 시장이 성장한 결과 '언론자유'와 의회개혁에 대한 지원이 강화되기 시작했다. 자본주의가 확장되고 공고화됨에 따라 국가로부터 더 많은 자율성이 확보되었고, 국가의 변화에 대한 요구도 확대되었다. 특히 국가의 정책이 시장경제의 지속적 확장을 더욱 효과적으로 지원할 수 있도록 대의제를 확대하려는 요구가 커졌다. 제도 밖에 있었던 사람들이 세력과 자신감을 키워서 제도 안으로 진입하기를 원했던 것이다. 의회개혁을 위한 투쟁은 필연적으로 언론자유를 신장하기 위한 투쟁이었다. 정치생활에 대한 시민들의 검열이 더욱 많이 이루어지도록 개혁을 요구하는 사람들에게는 언론자유가 중요했기 때문이다. 중요한 것으로서 18세기 중반에 〈핸서드〉(*Hansard*: 영국의회 의사록 - 옮긴이 주)가 만들어져서 의회에서의 의사진행에 관한 정확한 기록을 남기게 되었다.

이와 더불어 국가로부터 독립적인 신문사를 설립하려는 투쟁이 지속되었는데, 정부의 반감 때문에 많은 어려움을 겪었지만, 비교적 제작비가 적게 먹힌다는 요인이 신문사의 설립을 촉진했다. 18~19세기의 언론은 다양한 영역에서 의견을 표명하였다. 의회 문제에 관하여 자세히 보도하는 데에 특히 헌신적이었으며, 이는 의회개혁운동이 언론과의 협력 속에서 진행되었다는 것을 보여 주는 뚜렷한 지표이다. 물론 이러한 세력연합에서 중심적인 것은 정치적 반대의 성숙이었다. 이는 토론과 논쟁을 자극하고, 하버마스가 "합리적이고 수용 가능한 정책"이라 부르는 것을 개발시키려는 압력을 통해 구체화되었다.

이러한 발전의 결말은 19세기 중반 '부르주아 공공영역'의 형성이었는데, 그 주요 특징은 공개적 논쟁, 비판적 검토, 완전한 보도, 확장된 접근성, 국가통제로부터뿐만 아니라 경제적 이해관계로부터의 행위자

자율성 등이다. 하버마스는 국가로부터 독립하기 위한 투쟁이 '부르주아 공공영역'을 구성하는 필수요인이라는 것을 강조한다. 다시 말해서 초기 자본주의는 기존의 국가에 대하여 저항하지 않을 수 없었고, 그에 따라 언론자유, 정치적 개혁, 대표성의 증대 등을 위한 투쟁이 중요했다.

그러나 역사적 분석을 진행하면서, 하버마스는 공공영역의 일부 분야에서 그가 공공영역의 '재(再) 봉건화'라고 부르는 것을 초래한 '부르주아 공공영역'의 역설적 측면들을 지적한다.

그 첫 번째 측면은 지속적인 자본주의의 확대와 관련된다. 하버마스는 사유재산과 공공영역 사이에 오랫동안 '상호침투'(Habermas, 1989: 141) 가 진행되었다는 것에 주목하지만, 그의 견해는 19세기의 마지막 10년 동안에 불안정한 균형이 전자, 즉 사유재산 쪽으로 기울게 되었다는 것이다. 자본주의가 세력과 영향력의 측면에서 성장함에 따라, 그 추종자들은 기존 국가의 개혁에 대한 요구에서 나아가 국가를 인수하고 그것을 자신들의 목적을 달성하는 데 사용해야 한다고 주장하였다. 결국 자본주의 국가가 탄생했다. 그 주창자들은 선동적이고 논쟁적인 역할로부터 점점 등을 돌리게 되고 국가 — 이제 자본에 의해 지배되는 — 를 자신들의 목적을 이루기 위하여 사용하였다. 의회 의원들의 사적 지도감독, 정당과 두뇌집단에 대한 기업의 자금지원, 의회와 여론에 대한 조직화된 이해들의 체계적 로비 등이 확대됨에 따라 나타난 결과는 공공영역의 자율성 감소였다. 이러한 세력다툼에서 다른 주자들도 분명히 존재했지만(예컨대 노동조합, 특히 영국의 경우 노동당 등을 생각해 볼 수 있다), 대부분은 자본주의 관계에 대한 '적응의 언어'(*language of adaptation*: Milliband, 1969: 195) 를 사용함으로써 반대자로서의 역할을 크게 상실했다.

하버마스는 이러한 추세가 이전 시대로의 직접적 회귀라고 주장하지는 않는다. 그는 특히 20세기의 홍보활동과 로비문화 확산은 실제로 공공영역의 지속적 중요성에 대한 증거이며, 또한 그것은 토론의 장 — 정당성을 얻기 위한 정치적 논쟁이 이루어질 필요가 있는 — 에 대한 인정이라고 주장한다. 그러나 공개적 논쟁을 시작하는 과정에서 홍보활동은 그것이 대변하는 이해를 위장함으로써 — 예컨대 이해관계를 '공공복지' 또는 '국가이익'과 같은 매력적 언어 속에 감춤으로써 — 현대의 논쟁을 진정한 공공영역의 '가짜판'으로 만든다(Habermas, 1962: 195). 바로 이런 의미에서 하버마스는 '재(再) 봉건화'라는 용어를 사용하는데, 이것은 공적 문제가 다양한 정책과 전망 간의 경쟁의 영역이기보다는, 권력가들의 '전시'를 위한 행사(어떤 의미로는 중세의 왕실과 유사하다고 할 수 있는)로 전락하는 방식을 표현하는 것이다.

'재봉건화'에 대한 두 번째 표현은 위와 관련된 것으로, 매스 커뮤니케이션 체계 내부의 변화에서 유래하는 것이다. 우리는 매스미디어를 통하여 공적 문제에 대한 접근과 면밀한 검토가 가능하기 때문에 매스 커뮤니케이션이 공공영역의 효과적 운영에 중심적이라는 사실을 기억할 필요가 있다. 그러나 20세기 동안 매스미디어는 독점적 자본주의 조직으로 발전하였고, 그에 따라 공공영역에 대한 신뢰성 있는 정보의 확산자로서의 핵심적 기능이 약화되었다. 미디어의 기능이 변화하여 점차 자본주의적 이해의 수족이 되어 감에 따라 그 역할이 정보의 제공자에서 여론의 형성자로 바뀌었다.

이러한 변천에는 다수의 차원이 존재하며, 제 6장에서 그 일부를 검토하였지만, 그 최종적 결과는 언론이 광고기능을 포함하게 되고, 보도에서조차 점점 더 선동적인 입장을 표현함에 따라 공공영역이 상당한 정도로 쇠퇴했다는 것이다. 유사한 이유, 즉 상업주의화의 증가와 기업의 확장 때문에 '교양'(*letters*)의 영역도 비판적 논쟁을 자극하기보다는 '문화적 소비'를 조장하는 '블록버스터'와 '베스트셀러' 오락물과 주로 관계된 것으로 퇴화했다. 출판계 또는 더 중요하게는 방송업계든 신문업계든 상관없이 오늘날의 일차적 목적은, '스타'의 과도한 전시, 분파적이고 편파적인 뉴스보도, 또는 최대 규모의 수용자를 요구하는 광고주 명령에 대한 내용 종속 등을 통해 자본주의 생활양식을 찬양하는 '봉건적인' 것이다.

이러한 두 가지 측면은 사회관계에 대한 자본주의의 장악력 확산과 강화를 표현하는 것이지만, 18세기 및 19세기 초부터 공공영역을 보강하기 위한 목적으로 국가를 이용하려고 투쟁한 또 다른 것이 존재한다. 그것은 종종 성숙한 자본주의 경제로 거세게 흘러가는 물결을 거슬러 헤엄친 것이다. 여기서 우리는 근대사회에서 공적 서비스 에토스의 생성과 확산에 중요한 기여를 한 집단들을 떠올리게 된다. 하버마스는 그 초기부터 '부르주아 공공영역'은 시장과 정부, 즉 경제와 정책 사이에 위치하는 사람들을 위한 공간을 제공한다고 주장한다. 나는 여기서 특히 교수, 법률가, 의사, 일부 공무원 등과 같은 전문직 종사자들을 언급하고자 한다. 자본주의가 전체 사회 속에서, 그리고 국가에 대한 그 장악력을 공고화함에 따라 이러한 (그리고 여타의) 전문직의 중요한 부분들은, 자본의 지배에 의해 공공영역이 완전히 손상되지 않도록 하기 위해 국가의 지원을 주장하는 운동을 벌였고 부분적으로 성공을 거두었다.

하버마스는 특히 방송을 염두에 두면서 이 점을 지적하는데, 그는 공영방송기관이 설립된 이유는 "그렇게 하지 않으면 방송의 공론 기능이 자본주의 기능에 의해 잠식당하는 것을 제대로 막을 수 없었기 때문"(Habermas, 1962: 188)이라고 주장한다. 자본가의 이해에 의한 소유권의 취득경향이 너무 강하여, 경쟁력 있는 공공영역을 위한 정보적 하부구조를 보장하기 위해서 국가의 개입이 요구되었다는 이러한 주장은 공공도서관, 정부통계 서비스, 박물관과 화랑, 나아가서 고등교육기관 등과 같은 몇 가지 핵심적 제도의 특성을 설명하는 것으로 확대될 수 있다. 실제로 지불능력에 관계없이 가능하면 많은 사람들에게 정보와 지식을 냉정하고 중립적으로 제시하는 데 헌신적인 전망으로 이해되는 공적 서비스 에토스는, 공공영역이 효과적으로 기능하는 데 필수적인 지향과 매우 일치하는 것으로 간주될 수 있다. 공적 서비스 제도를 옹호하는 사람들은 그것이 공공영역과 동일하다고 주장함으로써 과장하는 측면이 있지만(이에 대해서는 다음 절에서 검토할 것이다), 학자들은 이러한 조직과 오늘날 지배적인 신자유주의 간의 관계를 면밀히 검토할 필요가 있다.

공공영역의 역사에 관한 하버마스의 글을 읽고 나면 그 미래가 불안하다는 결론을 피할 수 없다. 그 전성기에조차 '부르주아 공공영역'은 '왜곡되지 않은 커뮤니케이션'이라는 이 독일 철학자의 이상을 충족하기에는 불완전한 수단이었다. 공공영역의 보다 최근의 발전에 대한 그의 설명은 훨씬 더 암울한데, 추세에 대한 이러한 해석으로 인해 그도 비관주의적인 프랑크푸르트학파 이론가의 주류로 분류된다. 즉 초국가적 미디어 복합체와 광고문화가 확산된 시대에는 자본주의가 승리하고, 비판적 사고능력은 최소화되며, 공공영역을 위한 실제적 공간은 존재하지 않는다는 것이다. 정보와 관련하여 커뮤니케이션 기업이 시장에 대해 압도적 관심을 가진다는 것은 그 상품이 광고수입을 극대화하고 자본주의 기업을 지원하는 목적에 헌신적이라는 것을 의미한다. 그 결과 커뮤니케이션 상품의 내용은 주로 최소 공통분모라 할 수 있는 액션 모험, 내용 없는 잡동사니, 선정주의, 사건의 개인화, 현대적 생활양식에 대한 찬미 등으로 채워진다. 이 모든 것은 적절하게 과장되어 인기를 끌고 판매되지만 그 정보의 질은 가치가 없다. 이러한 내용은 단지 시청자들을 "지속적 소비훈련이라는 약한 강박"에 복종하도록 만드는 것이다〔Habermas, 1989 (1962) : 192〕.

하버마스는 이러한 친숙한 마르크스주의적 결론에서 더 나아간다. 그의 견해로 볼 때, 공공영역은 광고논리의 침투에 의해 약화되는 한편 홍보활동의 침투에 의해서도 깊은 상처를 입는다. 이러한 관점에서 하버마스는 미국 '여론관리'의 일인자인 에드워드 버네이스(Edward Bernays, 1891~1995)의 경력에 대하여 특히 민감한 반응을 보이는데, 하버마스는 여론관리를 공공영역의 종말을 보여 주는 것으로 간주한다. 버네이스와 그의 많은 후예들이 보여 주는 것은 공공영역의 특징인 합리적 논쟁의 종말로서, 조작적이고 솔직하지 못한 정치가에 의해 공공영역이 전도된다는 것이다. 하버마스가 볼 때 홍보활동(PR)의 이러한 침투는 한때 공적 논의를 형성했던 '합리성의 기준'에 대한 포기를 나타내는 것이다. 이러한 기준은 "정교한 여론조작에 의해 도출된 합의 속에서는 결코 존재할 수 없는" 것으로서, 여론조작을 통해 정치적 생활은 '화려한 허세'로 전락하고 기만당한 청중들은 이를 추종하게 된다(p. 195).

현 시대를 바라보는 입장에서도 하버마스의 논지는 매우 암울한 것처럼 보인다. 보통선거권으로 말미암아 사람들이 정치적 영역으로 진입했지만, 그것은 또한 합리적 논의의 질적 내용보다는 여론을 우선시하는 경향을 초래하였다. 쟁점의 타당성에 대한 평가를 하지 않고 투표의 결과를 중요시하는 이러한 경향보다 더 좋지 못한 점은, 모든 사람에 대한 선거권 확장이 '근대적 선전'〔Habermas, 1989(1962) : 203〕, 즉 '제조된 공공영역'(p. 217) 속에서 여론을 관리할 수 있는 능력의 출현과 동시에 진행되었다는 것이다. 이는 계몽주의의 어두운 면을 보여주는 것이다. 무엇을 위해 투표하는지를 평가할 수 있는 수단이 결여되어 있다면 사람들이 투표권을 가진다 한들 무슨 소용이 있겠는가? 정보가 기만을 위한 것이라면 사람들이 더 많은 정보를 가진다 한들 무슨 소용이 있겠는가?

5. 공공영역, 공적 서비스 제도, 정보적 변화

이상의 논의는 하버마스의 저작에 대한 부분적 개관으로서, 공공영역의 부침과정에서의 정보를 특별히 주목했다. 《사실성과 타당성》(*Between Facts and Norms*, 1997) 이라는 저서에서 그는 특히 비판가들에 대응하여 공공영역의 중요성에 대한 보다 낙관적인 견해를 제시하였다. 그의 역사기술 방식에 대한 반론이 제기되었는데(Hohendahl, 1979), 일부 학자들은 공공영역이 실제로 존재했는지에 대해 의문시하기도 한다(Schudson, 1992). 다른 편에서는 하버마스가 공공영역에서 여성의 역사를 배제했다거나(Landes, 1995), 자신들의 의사대변을 위한 노동계급의 투쟁을 고려한 이른바 '서민 공공영역'(*plebeian public sphere*) 에 대해 언급하지 않았다는 점을 비판한다(Keane, 1991). 또한 그는 공공영역을 유지하는 전문직 종사자 집단의 이기적 관심을 과소평가한다는 비판에 대해 둔감한 것처럼 보인다(Calhoun, 1992). 하버마스가 공공영역의 작동과정에서 큰 의미를 갖는 것으로 간주하는 합리성의 위상에 대해서도 문제가 제기되고 있다.

이러한 제한에도 불구하고 '공공영역'이라는 개념은 민주주의에서 정보의 역할에 대한 강력하고도 흥미로운 시각을 제공한다(Curran, 1991: 33). 여론이 공개적 토론의 장에서 형성되어야 한다는 전제로부터 도출되는 것은, 논쟁의 효율성은 정보의 질, 유효성 그리고 상호교환에 의해서 크게 영향을 받는다는 점이다. 간단히 말해서, 믿을 만하고 적합한 정보가 건전한 논의를 촉진하는 반면, 오염된 정보는 말할 것도 없고 저질 정보는 거의 예외 없이 편견에 찬 의사결정과 부적절한 논쟁을 초래한다. 이러한 이유 때문에 일부 논자들, 특히 주목해야 할 사람으로 니콜라스 간햄(Nicholas Garnham, 1990, 2000)은 정보영역의 변화에 대해 시고하는 방식으로서 공공영역 개념을 사용했는데, 이들은 과거부터 어떤 종류의 정보가 존재했고, 그것이 어떻게 변화했으며, 그리고 어느 방향으로 변화하는지를 평가하는 수단으로서 하버마스의 개념을 사용한다.

정보적 활동에 대한 국가지원 — 내가 '사회민주주의적 접근'이라고 불러온 — 을 옹호하는 사람들은, 하버마스의 공공영역 개념의 영향을 많이 받은 공적 서비스의 이상이라는 측면에서 자신들의 주장을 내세운다. 그 주장에 따르면 대규모 사기업은 효과적인 민주적 참여를 저해하는 방식으로 시장체계를 발전시켜 왔다(하버마스의 말로 표현하자면 기업자본주의의 확산은 미디어를 '재봉건화'했다). 이러한 경향에 반하여 국가지원에 의존하여 존속하는 다른 제도들이 출현하여 왔다. 그들이 주장하는 핵심에는 민주주의가 번성하기 위해서는 공개적 토론과 논쟁이 적절한 수준에서 이루어질 수 있도록, 신뢰성 있는 정보의 제공과 분배를 지원하기 위한 조직이 존재해야만 한다는 견해가 자리 잡고 있다. 지지자들은 민주주의가 번영하고, 신뢰성 있는 정보를 바탕으로 한 토론과 의사결정이 이루어지고, 민주주의를 위한 숙의(熟議)에 최대한 많은 국민들이 참여할 수 있게 하려면 이러한 조직은 필수적이라고 주장한다. 그들의 주장에 따르면 이런 방식을 통해 가장 호의적인 환경 속에서 여론이 형성될 수 있다.

BBC나 통계청 등과 같은 공적 서비스 제도를 지지하는 사람들은, 정보에 관한 한 이러한 제도는 시장이 전달할 수 없는 것을 제공한다고 주장한다. 예컨대 그 범위나 깊이, 신뢰도의 측면에서 BBC의 뉴스와 시사 프로그램은 머독의 뉴스코퍼레이션에서 기대할 수 있는 것보다 더 우수하다(그리고 중요한 주장에 따르면 BBC의 공적 서비스 에토스는 국내의 상업방송에도 긍정적 영향을 미친다).[7] 마찬가지로 통계청이 오늘날 우리가 살아가는 방식에 대해 제공하는 통계적 초상화는 상업적 조직이 제공할 수 없는 것으로 간주된다.

나아가서 이러한 제도가 공적 서비스를 제공하기 위해서는 시장의

---

7) BBC와 ITV 양사 모두에서 회장과 최고책임자를 역임하였으며, 1970년대 이래 영국 방송계의 주요 인사인 마이클 그레이드(Michael Grade, 2004)는 자신이 채널 4의 수장이었을 당시 "우리를 정직하게 만드는 것은 BBC다"라고 말하기를 좋아했다는 것을 회상하면서, "공적 서비스라는 측면에서 BBC와 사적부문 경쟁자를 구별하는 것은 어려웠다"고 주장하였다. 그러나 동일한 연설에서 그는 "상업적 경쟁이 심화되고 상업화가 가속화됨에 따라 … 그 과정에서 많은 시청자의 관심 영역이 무시"되기 때문에 방송은 경계를 늦추지 말아야 한다고 경고하였다.

압력으로부터 자율성을 가져야 할 뿐만 아니라, 오늘날의 정치에 만연한 정보관리 시도에 저항하기 위해서는 정부로부터 일정한 거리를 유지할 필요도 있다. 그렇기 때문에 이러한 제도는 국가 — 따라서 사회주의 — 제도가 전혀 아니다(비록 상업주의자나 이러한 조직에 대한 경험이 없는 사람들은 쉽게 그렇게 간주하는 경향이 있지만). 위에서 보았듯이 영국 통계국을 정치적 간섭으로부터 단절 — 공적 지원에 의존하기는 하지만 — 시킨 이유는 정부 부처로부터 분리하여 의회 전반을 위해서만 활동하도록 함으로써 그 기관에 독립성을 부여하자는 것이었다.

영국에서 공적 서비스를 옹호하는 사람들은 종종 공공영역 개념과의 친화성을 주장한다. 실제로 두 용어를 동의어로 사용하는 사상가들을 심심찮게 만나게 된다. 큐란과 시튼(James Curran and Jean Seaton, 2003)은 영국 미디어 역사에서 두 용어를 혼합하여 사용하면서 "국가는 공적 서비스의 발전을 통해 공공영역을 확장하고 국민의 역량을 강화하였다"라고 주장하였다(p. 269). 공적 서비스의 중심에는 시장관행에 대한 거부가 자리 잡고 있다. 왜냐하면 시장관행은 공적 서비스 조직의 사명을 위태롭게 할 수 있기 때문이다. 그 사명이란 정보의 생산과 분배와 관련된 공정성과 청렴성에 대한 헌신, 그에 필요한 정치로부터의 자율성(보조금이 압도적으로 공적 자금에서 나오기는 하지만), 그러한 조직에 몸을 담고 있는 사람은 자기 권력 확대보다 공익에 기여한다는 소명의식을 가져야 한다는 자기인식이다. 이런 것은 공공영역의 일부 특성을 분명히 반영한다. 통계서비스, 공영방송, 박물관, 심지어는 교육제도에서 이러한 믿음에 대한 추구를 쉽게 발견할 수 있다. 이러한 공적 서비스 제도는 건강한 민주주의에 없어서는 안 될 정보 하부구조를 제공한다는 주장에서 그 정당성을 찾을 수 있다. 민주주의

사회에서 건강함의 척도를 찾고자 하는 사람은 미국의 사례를 주목할 필요가 있다. 미국은 정보 하부구조의 기술적 정교함이라는 측면에서 전례가 없을 정도로 발전된 국가이지만, 많은 사람들은 정치적 논쟁의 빈약함에 놀라게 된다. 크게 상업화된 미디어 속에는 정보에 밝은 국민들의 숙의를 위한 기회가 거의 없으며, 전국 선거에 대한 참여가 저조하고, 정치적 발언 중심의 철저히 조율된 후보 경쟁만 존재한다(Tracy, 1998).

3가지 상호 관련된 문제가 현재 특별한 관심사이다. 첫 번째는 BBC나 도서관 연결망과 같은 공적 서비스 제도가 보다 시장지향적이고 조직화된 활동으로 변화시키려는 시도로 말미암아 약화되고 있다고 주장하는 논자들의 우려이다. 두 번째는 정보 상품화의 부정적 영향에 대한 일반적인 우려이다. 정보가 이윤을 위해 거래될 수 있는 어떤 것으로 간주되는 한에서 논평자들은 정치적 담론의 질적 악화와 참여수준 쇠퇴를 예상하면서 공공영역에 대한 해로운 결과를 전망한다(Boggs, 2000). 세 번째 영역은 현대 커뮤니케이션이라는 광범위한 맥락으로서, 논평자들은 다양한 이유로 인해 신뢰성 없고 왜곡된 정보가 점점 더 많이 생산되고 전달된다고 주장한다. 여기서 초점의 대상이 되는 것은 상업적 원리를 강조하고 거의 도피적인 오락물만을 제공하게 된 새로운 커뮤니케이션 체계, 후원·광고 및 홍보와 같이 이해관계가 개입된 정보의 확산, 그리고 정당, 기업 및 현대 정보환경 속에서 선동의 역할을 강조하는 기타 이익집단에 의한 정보관리의 증가 등이다. 이러한 시나리오들에 대해 좀더 자세하게 검토해 보자.

1) 공적 서비스 제도 : 라디오와 텔레비전

공영방송 조직은 영국에서 가장 중요한 정보제도에 속하며, 이는 대부분의 선진국에서도 마찬가지이다. 예컨대 BBC(British Broadcasting Corporation)는 상당히 많은 정치, 문화, 사회적 커뮤니케이션에서 중심적 위치를 차지하며, 사회의 모든 구성원에게 접근할 수 있다.

공영방송은 그 일상적 기능의 수행에서 정치가, 기업가, 심지어 수용자라는 외부적 압력으로부터 제도적으로 분리된 유형으로 간주될 수 있다. 또한 그것은 상업적 운영의 필요에 의해 영향을 받지 않으며, 서비스에 대한 대가를 지불할 능력이 있거나 광고주 및 후원자로부터 수입을 끌어들일 수 있는 사람들의 이익보다는 공동체 전체의 이용 및 이익을 위해서 만들어지는 방송이라고 할 수 있다. 공영방송은 가능한 한 고품질의 포괄적 서비스를 다양한 소수자 집단으로 구성되는 공중에게 제공하는 데 헌신적이다. 공영방송은 전체 시청자를 대상으로 하는 프로그램 — 뉴스, 시사, 드라마, 다큐멘터리 등 — 을 온전히 제공하면서도 각 소수자 집단만을 위한 것도 제공해야 한다. 공영방송 종사자들은 서비스 제공에 전념하며, 자신들의 동기를 위장하지 않고 정치에서 가정 문제까지 폭넓은 사회문제와 쟁점에 대하여 시청자를 계몽할 목적을 갖고 일하는 사람들이다.

BBC는 수년 동안 독특하다고 할 정도로 공적 서비스를 강조하여 왔고, 대체로 이 정의에 근접하고 있기는 하지만, 이러한 정의는 상당히 이념형적이다. 공영방송의 특징들 중 일부는 하버마스의 공공영역 개념을 반영하고 있다는 것도 분명해 보인다(비록 반론에서 공적 서비스 제도가 공공영역과 거의 동일한 것으로 간주되어서는 안 된다고 주장하지만). 특히 주목할 만한 것은 정부나 시장으로부터 자율적인 조직체적 위치, 왜곡되지 않은 의사소통을 강조하는 방송 종사자들의 에토스, 그리고 경제적 부에 관계없이 모든 사람에 대한 서비스의 제공 등이다.

20세기 초에 설립된 BBC는 의도적으로 상업적인 것과는 거리를 두고 운영되도록 설계되었다. 이렇게 된 이유는 BBC가 사적 자본의 이해관계로부터 독립된 국가기관으로 설립돼야 한다는 급진주의자와 보수주의자 간의 독특한 합의 때문이었다. 미국 수용자들이 방송에 자유시장을 허용함으로써 생겨난 강매주의(强賣主義)와 불협화음 등을 목격하고 혐오감을 느낀 나머지, 영국에서는 독특한 국내 동맹이 형성된 것이다. 역사학자 테일러(A. J. P. Taylor)가 지적했듯이 "보수당은 권위를 좋아했고, 노동당은 사적 기업을 싫어했다"(Taylor, 1965: 233). 이러한 조합은 "방송 서비스는 국가 이해의 수탁자로 행위하는 공기업에 의해 운영되어야 하며, 그 지위와 의무는 공공 서비스와 상응해야 한다"는 견해를 기꺼이 지지하는 분위기를 만들어 냈다(Smith, 1974: 53).

그 결과 BBC는 "영국 의회의 도구이자 국내에서는 일종의 국민문화의 대사관으로 탄생"(Smith, 1976: 54)했고, 방송에 대한 독점권을 부여받았으며, 라디오 — 나중에는 텔레비전 — 수신자가 납부하는 비자발적 세금(시청료)에서 자금을 지원받게 되었다. 의회에 의한 BBC의 형성과 상업적 동기로부터의 분리는 중요한 의미를 가지고 있었다. 입법가들이 명시적으로 요구하는 바대로, 그것은 오락뿐만 아니라 교육 수단으로서의 방송을 강조했다. 수십 년에 걸쳐 이러한 에토스 — '정보, 교육, 오락' — 는 뉴스에서부터 음악, 문학, 드라마, 취미, 심지어 소수자 집단을 위한 프로그램에 이르기까지, 수많은 BBC의 작품을 통해 공고화되고 표현되었다.

이것이 '합리적 논쟁'을 촉진하는 하나의 장으로서의 하버마스의 공공영역 개념과 동일한 것으로 해석될 수는 없다. 하지만 BBC가 분명 대다수 사람들의 경험을 넘어서는 쟁점과 사건에 대한 공적 인식을 확대했다는 데에는 논쟁의 여지가 없다(그리고 이런 점에서 해외에서의 보도이든, 아니면 영국 내에서 오랫동안 숨겨졌던 생활의 측면들에 대한 묘사이든, 그것은 중요한 민주적 기능을 수행했다). 스캐널과 카디프(Paddy Scannell and David Cardiff, 1991)는 수용자들의 지평이 이렇게 확장되는 것은 '합당함'(*reasonableness*)의 확산과 관련 있다고 주장한다. 그것은 사람들이 자신의 행위, 생활방식, 믿음에 대하여 이유를 제시할 수 있고 또 그렇게 하도록 요구받기 때문이다.[8]

의회에 의해 만들어진 BBC는 그 관행이나 가정에서 의회 모형으로부터 많은 영향을 받았다. 이러한 측면은 정치적 문제의 보도에서 표출되있는데, 그것은 대체로 기존의 정당정치(노동당과 보수당 사이의 조절된 '균형')의 경계 내부로 제한하는 것이었지만 — 종종 드라마와 다큐멘터리에서의 모험과 함께 — 적어도 진지하고 신중한 방식으로 정치를 다루는 데 도움이 되었다. 다시 말해서 영국에서 공영방송은 항상 공적 문제에 대한 정보제공자로서의 역할이 강조되었다. 이러한 목적을 위해 공영방송은 더 값싸거나 좀더 대중적인 프로그램에 대한

---

8) 스캐널(Scannell, 1989)은 다음과 같이 재치 있게 말한다. "나는 방송의 영향을 공적 및 사적 맥락에서 일상생활의 합당한 (합리적인 것과는 구별되는) 속성을 증진하는 것으로 규정하고 싶다. 여기서 합당하다는 것은 상호 책임질 수 있는 행위라는 의미를 지닌다. 즉 요구가 있는 경우 개인은 자신이 한 말이나 행위에 대한 이유와 설명을 제시할 수 있어야 한다는 것이다"(p. 160).

요구에도 불구하고 공적 문제를 보도하는 데 특히 많은 시간을 할애했다. BBC TV 프로그램의 약 25%가 뉴스와 시사에 편성되는데, 이는 영국 상업방송이 배정하는 비율과 비교하면 2배가 넘고 미국 공중파 방송과 비교하면 훨씬 더 인상적인 정도이다. 나아가서 정당 내부 및 정당 간의 차이가 BBC의 정보 서비스 운영에 상당한 여지를 제공함으로써, 공식 정당의 대변인 역할을 훨씬 초월하여 풍부한 분석과 많은 정치적 토론을 제공할 수 있게 되었다(Smith, 1979: 1~40).

BBC의 초대 총국장이었던 로드 레이스(Lord Reith)의 결정적인 영향력, 제 2차 세계대전 기간에 쌓아올린 신뢰, 그리고 30여 년간의 명백한 독점력은 영국에서 공적 서비스 에토스를 정착시키는 데 중요한 요인이 되었다(Briggs, 1985). 또 다른 중요한 요인은 BBC가 정부의 개입 시도에도 불구하고 정치권과 일정한 거리를 유지했다는 점이다. 즉 BBC는 국가에 연결된(*state-linked*) 것으로서, 흔히 방송이 정부정책의 수단으로 간주되는 국가지도체계와는 대조되는 것이었다. 이러한 측면은 헌신적 방송인들이 정치적 중립성을 유지하면서 가능한 한 정확하고도 객관적인 보도를 지속하는 데 필수적인 것이었다.

크리샨 쿠마르(Krishan Kumar)는 BBC가 상업 및 정치적 통제로부터 견지하는 자율성을 일컬어 '중간지대 유지'라고 묘사하는데, 이러한 위치를 통해 영국의 BBC는 '아주 특이한 문화적 중요성'에 기여했다(Kumar, 1977: 234). 또한 이러한 중요성으로 말미암아 순전히 상업적 방송체제(특히 미국)에서 지배적으로 나타나는 '움직이는 벽지' 방식에 회의적이면서 공적 서비스의 전망에 관심을 가진 재능 있는 사람이 많이 모여들어 바로 이들이 BBC를 지탱한 것이다. "세계 거의 대부분의 방송체계는 국영방송 아니면 상업방송이라는 두 극을 중심으로 형성"되어 있었지만, "몇 가지 중요한 방식으로 BBC는 이러한 두 가지 형태와의 동일시를 거부할 수 있었고"(Kumar, 1977: 234), 독특한 존재이유, 제도적 취향, 행동양식을 성취할 수 있었다(Burns, 1977).

또한 BBC의 공적 서비스 에토스는 영국의 상업방송에도 두드러진 영향을 미쳤다. 그리하여 영국에서 1950년대 중반 집중적 로비를 통해 시작된 독립 텔레비전(Independent Television)은 시작 당시부터 공적 서비스 조항이 활동의 많은 부문에 투영되었다. 제임스 커런(James Curran)과 진 시튼(Jean Seaton)이 지적하듯이, 그것은 "BBC 모형을 신중하게 따른 것이며, 공적 서비스 전통이 새로운 공사(*authority*)에 의해 계승된 것이었다"(Curran and Seaton, 1988: 179). 이것은 그 설립취지문에도 나타나는데, 그것은 다른 상업적 활동으로부터 공식적으로 독립적인 보도, 즉 뉴스 서비스 구조에서의 공정성을 유지해야 한다는 것이었다. 이것은 또한 일주일에 적어도 두 번 정도는 황금시간대에 30분짜리 시사 문제 프로그램을 방영해야 한다는 계약서의 단서조항과, 기존의 채널과는 상이한 시청자를 위한다는 임무를 보호하기 위하여 광고주들과 일정한 거리를 유지할 수 있도록 하는 '채널 4'에 대한 재정적 지원에도 반영되었다. 미국의 역사가 버튼 파울루(Burton Paulu, 1981)가 적절하게 보충하였듯이, 처음부터 "'정보확산, 교육, 오락을 위한 공공 서비스로서의 텔레비전 및 지역 라디오 방송을 … 제공하는 것'은 [독립방송]공사(Independent Broadcasting Authority)의 의무였다"(p. 66).

방송이 그 공익적 역할로 인하여 상업적 요구(분명한 '실리적' 이유들로 인해 값싸고 대중적인 것에 집착하는)로부터 어느 정도 분리된다 할지라도, 이것이 공영방송이 외부 압력으로부터 멀어져서 이른바 냉정하고도 자유로운 정보제공자로서의 능력을 발휘할 수 있었음을 의미하는 것은 아니라는 점을 지적할 필요가 있다. 그것이 불가능했던 이유는 방송은 사회의 일부분이며, 한 사회 내에서 상업은 막대한 힘을 발휘하기 때문이다. 또한 BBC(그리고 상당한 정도로 독립 텔레비전도)는 국가에 의해 만들어진 기관이기 때문에 국가가 행사하거나 부과하는 압력에 취약하게 마련이었다. 나아가 BBC의 사원모집 과정에서는 특히 특권적 배경(명문대학 출신)을 가진 사람들이 압도적으로 많이 채용되었는데, 이는 일반인들과는 거리가 있는 가치와 지향들이 전면으로 드러나게 된다는 것을 보여 준다. 방송의 진화과정은 불가피하게 이러한 집단들 및 그들이 추구하는 우선순위 등의 영향과 압력을 받으면서 진행된 것이다.

그러나 이것은 많은 좌우익 비평가들이 주장한 것처럼 방송이 권력집단(좌파의 경우 '지배계급', 우파의 경우 준귀족주의적 '지배층')을 위한 일종의 통로라는 의미는 아니다. 비록 이러한 독립성의 측면들이 변화하긴 했지만, 방송은 수년에 걸쳐 형성된, 기업이나 정치로부터의 독특한 자율성을 가진다. BBC는 초기에 레이스 총국장하에서 정부 관료들과 분리되어 있었으며, 기업계를 경멸했다. 그러나 BBC 역시 엘리트적 지향을 가지고 독재적으로 운영되는 조직이었다. 당시 공적 서비스는 오늘날에는 시대에 뒤떨어진 것으로 간주되는 철학 — 본질적으로 '지상 최고의 지식과 사상'이라는 매튜 아놀드(Mattew Arnold)의 신념 — 의 보호자들이 가치 있다고 생각하는 프로그램을 전송하는 것을 의미했다.[9] 1960년대의 상황에서는 이와 같이 공적 서비스가 매우 대

9) 레이스의 '예전 회사'에 대한 '최후 발언'(원문대로)을 고려해 보자. "우리는 우리에게

담한, 그리고 때로는 급진적이고 불경한 방식으로 해석되는 한편 제도적 독립성도 유지되었다. 휴 그린(Hugh Greene) 경의 지도하에서는(Tracey, 1983) 공적 서비스가 수용자들이 새롭고 때로는 생소한 경험에 눈을 뜰 수 있게 하는 도전적이고도 혁신적인 프로그램을 포함하는 것으로 인식되기 쉬웠다. 당시에는 경제가 호황이어서 텔레비전을 소유한 가구 수가 늘어나고, 이에 따른 추가적인 시청료 징수로 BBC의 연간수입도 증가했으며, 정치적 분위기도 비교적 관대하고 평온했다.

시간이 경과함에 따라 나타나는 공영방송에 대한 개념 변화를 추적하는 것이 가능하다(Briggs, 1985). 전문주의(*professionalism*) 에토스(공영방송은 지적이고 잘 만들어지고 공평하며 흥미롭고 도전적인 프로그램을 만들어 내는 것으로 간주된다)가 초기의 레이스 시대에 나타났던 가부장적 책임감에 대한 강조를 대체하였다(Madge, 1989). 전문직 윤리가 현대의 프로그램 제작자들에게 중요하기는 하지만, 이것이 BBC에 대한 날카로운 공격에 대응할 수 있게 하는 공영방송 철학을 이들에게 쉽게 제공하지는 않는다. 더욱이 경험적으로 우리는 공영방송이 적어도 부분적으로는 단일화된 — 또는 잠재적으로 통합된 — 수용자라는 가정을 바탕으로 한다는 것을 알 수 있다. 좋은 것이든 나쁜 것이든,

---

부여된 책무 속에, 공동체의 지적 및 도덕적 행복을 위해 일관성 있게 그리고 지속적으로 기여할 책임이 있다는 것을 깨달았다. 우리는 체계적으로 그리고 점점 더 좋은 음악을 방송했다. 우리는 어린 학생과 성인을 위한 교육과정을 개발했다. 우리는 기독교 음악을 방송하고, 우리가 시민권과 문화의 필수요소라고 믿는 상식적 기독교 윤리정신을 반영하려고 노력했다. 우리는 직접적으로든 간접적으로든 해로울 수 있는 모든 것을 배제하려고 노력했다. … 우리는 공적 서비스의 전통을 만들고, 방송 서비스가 인간성에 최대한 봉사하도록 전념하려고 했다."(Reith, 1949: 116)

1960년대 말 이후 수용자들 사이의 분화는 매우 분명하게 드러났으며, '일반 공중'이라는 말을 철저한 정의 없이 함부로 사용하는 것이 어렵게 되었다. 또한 이것은 방송이 주저하거나 망설이게 만들었고(공영방송이 역점을 두는 대상이 누구이며 누가 포함되지 않는가?), 비평가들의 공격에 더욱 취약하게 만들었다.

변화는 1980년대 초부터 훨씬 더 극적으로 나타났다. 예컨대 BBC 2의 전 통제본부장이자 채널 4 국장 자리를 곧 이임하는 마이클 잭슨(Michael Jackson, 2001)은 심지어 "우리가 현재 살아가는 탈근대주의 시대에 공영 TV 방송은 모든 목적과 의미가 고갈된 일종의 '불필요한 주술(呪術)'이다"라고 주장했다. 이는 오늘날의 시청자들은 '다양한 문화' 속에서 훨씬 덜 수동적이며 풍자적이고 참여적인 것을 추구하기 때문이다. 잭슨은 계속하여, 무엇보다도 탈근대 문화의 다양성은 소수자 집단 프로그램이 이제 주류가 되어서 모든 사람들이 시청해야 하는 TV 프로그램 유형이 존재한다고 가정하는 공영방송 에토스의 전제를 붕괴시키고 있다고 주장했다.

영국에서(또는 공적 서비스 에토스의 형태가 존재하는 모든 곳에서) 우리는 이른바 '공영방송의 위기'라는 것을 경험하고 있다. 이러한 위기는 많은 사람이 방송의 공공영역 기능 감소로 귀결되는 것으로 인식하는 것이다. 이러한 위기가 전개된 두 가지 주요 전선, 즉 정치적 전선과 경제적 전선이 존재했다. 한편은 방송인들에 대한 공격으로서, 방송종사자들을 특권적이고 독선적이며 국가의 지원을 받는 엘리트로 구성된 '새로운 계급'의 일부로 보는 사람들로부터 나오는 것이었다. 이들에 따르면 방송인들은 '좌파'이면서도 일반인에 대한 '온정주의적' 성향을 지니고 있으며〔즉 반(反)시장주의 이념을 가지고 우월한 논조로 수용자를 훈계하는), 국가나 사적 자본 또는 BBC를 운영하는 시청료를 내는 시청자 그 어느 곳에도 '속하지' 않는 집단이다. 다른 한편은 경제적 비판으로서, BBC가 공금을 낭비하고 세금을 내는 사람들에게 아무런 의뢰를 하지 않은 채 돈을 받아 간다고 주장하면서, 어떤 프로그램이 제공되어야 하는지를 '자유롭게 선택'해야 마땅한 '소비자'들에게 새로운 주권을 부여해야 한다고 역설한다(Barnett and Curry, 1994).

이 양자는 하나로 통합되어 예산의 지속적 축소, '편향'과 부적절함에 대해 불평하는 다수의 외부적 간섭, 상업적 관행의 도입을 가져온 공격으로 나타났다. 물론 이 배후에는 현대사회의 주요 특징인 시장에 대한 열성적 추구가 존재한다. 그리하여 공영방송의 약화는 흔히 '경쟁'과 '선택'(자유화 및 탈규제) 그리고 '민영화'(사적 소유 우선시에 따른 국가지원 중단)에 대한 열성적 추구라는 측면에서 제기된다.

또 다른 방향에서 생겨나는 공영방송 기관의 침식은 주로 위성이나 유신방송과 같은 새로운 송신수단에 의한 것이다. 특히 루퍼트 머독(Rupert Murdoch)의 스카이 텔레비전 서비스와 그 '오락'적 내용(스포츠, 영화 그리고 '가족용' 프로그램)을 들 수 있다. 여기서 우려되는 것은 공익채널에 대한 시청자 수가 지속적으로 감소하면, 비(非)자발적 세금에 의한 지원이나 '일반 공중'을 대상으로 한다는 주장이 유효성을 상실하게 된다는 점이다. 다시 말하면 단지 소수의 사람들만이 BBC 방송을 시청하는 경우, BBC를 지원할 목적으로 시청자들이 납부하는 비자발적 세금이 어떻게 정당화될 수 있겠는가?

방송이 나아가는 방향을 이해하려면 미국의 경우를 살펴봐야 하는데(Barnouw, 1978), 그 이유는 핵심적 측면에서 미국이 세계 각 정부의 정보화 정책을 이끄는 모형이 되기 때문이다. 시청률이 미디어의 내용을 대부분 결정하는 이러한 조건하에서는 공영방송이 생존을 위한 강한 압력을 받게 마련이다. 마이클 트레이시(Michael Tracey, 1998)는 심지어 공영방송 종사자들이 신자유주의 정책으로부터 외면당함에 따라, 1980년대를 '공영방송자들의 파스샹달'(Passchendaele: 제1차 세계대전의 주요 전투 중 하나 - 옮긴이 주)로 기술한다. 결과는 너무나 분명하다(Bourdieu, 1998). 텔레비전은 과거 어느 때보다도 드라마, 액션 모험물, 잡담 프로, 연예가 뉴스, 퀴즈 프로 등이 지배하고 있다. 이 모든 것에 수반되는 것은 뉴스와 시사 문제〔그 자체도 '사운드바이트'(*soundbites*: 정치인들의 특징적인 말 표현 - 옮긴이 주)와 선정주의로의 압박을 받는다〕에 대한 압박과 오락성 정보, 영화, 그리고 무엇보다도 스포츠(특히 축구)를 제공하는 유선방송의 급성장이다.

앞으로 방송에서는 광고, 후원 또는 가입비 등의 형태로 사적 지원을 많이 받는 반면에 공적 지원은 줄어들 것으로 전망된다. 이러한 전환과 더불어 방송 프로그램은 상업적 기준이 강조되고 그 결과 시청자의 규모와 그 소비력(후원을 통해 지위를 과시하려는 후원자들의 지원을 받는 화려한 기획물과 함께)이 일차적 관심사가 된다. 이러한 강조에 따라 불가피하게 방송의 내용이 영향을 받게 되며, 흔히 뉴스나 시사 문제 같은 '진지한' 또는 '소수자'의 관심사(이러한 것들이 더 '오락적'으로 만들어지는 경향이 있기는 하지만)나 지적으로 자극적인 드라마보다는 오락 중심의 쇼 프로그램이 증가하게 된다.

우리가 현재 목격하는 것은 공영방송의 쇠퇴와 그에 따라 나타나는 방송의 공공영역 역할 약화이다. 앞으로의 전망은 미국 텔레비전의 '문화적 황무지'에 대한 흉내 내기가 늘어나는 것이지만, 또 다른 한편으로는 새로운 송신형태나 나아가서 유료가입 등을 통해 일부 고급 프로그램이 가용해질 수도 있다. 변화를 옹호하는 사람들은 〈소프라노스〉(*The Sopranos*), 〈위기의 주부들〉(*Desperate Housewives*), 〈식스 핏 언더〉(*Six Feet Under*) 등과 같은 혁신적 프로그램을 거론하며, 상업방송도 고품질의 방송을 제공할 수 있다고 주장한다. 이에 대한 답변은 긍정적일 수밖에 없지만, 중요한 단서 조건이 있다. 그것은 위와 같은 프로그램은 예외적인 것으로, 결국은 시장원리를 따르는 TV 프로그램은 주로 피상적이고 가벼운 주제를 다룬다는 법칙을 증명한다는 것이다. 이런 프로그램들은 틈새시장 — 역설적으로 효과적으로 알리지 못하는 도피적 모험물, 스포츠, 영화에 전념하는 정보적 환경의 작은 측면(Schudson, 1991) — 이 되거나 아니면 요구되는 가입비를 낼 만한 자금을 가진 집단을 대상으로 하는 것으로 국한된다는 것도 사실인데, 이렇게 되면 지불능력에 상관없이 모든 사람에게 정보를 제공한다는 공공영역의 원리가 당연히 손상을 입는다.

비용을 부담하는 사람이 결정할 권리가 있기 때문에, 공적으로 기금을 받는 조직은 쉽게 정부의 도구로 간주될 수 있다. 비판가들이 공공영역 이론에 대해 회의적인 것도 바로 이러한 추측 때문이다. 방송이 국가로부터 기금을 받으면서도 국가로부터 독립적일 수 있다는 생각은 많은 사람들, 특히 방송에 대한 정치적 간섭을 경계하는 사람들에게는 믿을 수 없는 것처럼 보일 수 있다. 동일한 반론이 사적으로 재정지원을 받는 미디어에도 쉽게 제기될 수 있는데, 이는 현대에 경계를 늦추지 않는 미디어에 의해 가장 주도면밀하게 점검을 받아야 하는 곳은 정부이고, 이러한 책무를 수행하는 조직으로 우리가 주목할 필요가 있는 대상은 독립적인 뉴스조직이라는 주장 때문이다.

이러한 상황에서 중요한 쟁점은 '방송이 제공하는 정보의 질이 저하되었는가', 그리고 '이러한 경향이 지속될 것인가'이다. 시장원리를 열성적으로 주장하는 사람들에게는 '협송'(*narrowcasting*)이 훨씬 더 많은 전망을 가지며, 훨씬 더 정확한 표적을 가진 정보를 다양하고 다원적인 고객들에게 전달해 준다. 하버마스의 영향을 받은 사상가들이 볼 때, 텔레비전과 라디오에서 만들어지는 정보가 엄청나게 증가한 것은 사실이지만(유선, 위성, 전일 방송, 증가한 채널, 비디오 등), 그것이 정보의 질을 높이거나 청취자와 시청자들을 위한 진정한 선택을 만들어 내지는 못했고 앞으로도 그러할 것이다. 이것은 시장이 하찮은 것들을 양산하거나, 소수 미디어 거부들의 손에 권력을 집중시키거나, 또는 소득수준에 따라 수용자를 분리함으로써 고급정보가 사회의 부유층에 한정되어 공급되기 때문이다.

BBC가, 적어도 예측 가능한 미래에는, 사라지지 않을 것이라는 점은 분명하다. BBC를 존중하는 분위기와 영국 역사에 대한 BBC의 깊은 뿌리를 고려할 때 BBC는 결코 소멸될 수 없다. 그러나 BBC는 외부로부터는 끊임없는 상업주의화 압력, 내부로부터는 새로운 시대로의 이행 압력을 받게 될 것이다. 이러한 요인은 결합하여 방송의 내용과 공적 서비스의 개념에 지대한 영향을 미칠 것이다.

2) 공적 서비스 제도: 공공도서관

일부에서는 공공도서관망이 공공영역을 표현하는 것이라고 주장한다(Buschman, 2003, 2012). 영국에서는 웬만한 도시지역에는 거의 공공도서관이 존재한다. 공공도서관망은 몇 가지 특징을 가지고 있다.

첫째, 정보가 모든 사람에게 제공되며 개인적인 비용부담 없이 접근이 보장된다. 회원권은 해당 지역에 거주하거나, 직장에 다니거나, 학교에 다니는 모든 사람에게 무료이다. 공공도서관은 도서를 무료로 대출하고 참고문헌을 제공해야 하며, 사람들이 이용하기 편리한 개관시간에 운영되어야 한다.

둘째, 도서관 서비스는 지방세 및 국세로부터 지원받지만 그 운영은 정치적 이해관계로부터 독립적이다. 이것은 1964년에 제정된 공공도서관 및 박물관령에 따라 "이용하고자 하는 모든 사람에게 포괄적이고 효율적인 도서관 서비스를 제공하기 위한" 것이다. 이용자가 찾는 정보를 해당 지역 도서관에서 보관하지 않는 경우에는 지정된 납본 도서관(*copyright library*: 영국에서 출판되는 모든 책을 1권씩 기증받을 권리가 있는 도서관 - 옮긴이 주)과 보스턴 스파(Boston Spa)의 대영도서관(British Library)의 지원을 받는 전국적인 도서관 간 상호대출체계[10]를 통해 이용자가 필요로 하는 바를 충족할 수 있다.

셋째, 도서관망에는 전문 사서들이 일하고 있으며, 이들은 개인에 대한 편견이나 숨겨진 의도 없이 이용자들에게 전문적인 조언을 해주는 공공 서비스를 제공한다(Library Association, 1983). 이는 1983년 영국도서관협회(LA) 제 100차 정기총회에서 채택된 〈전문가 행동지침〉에서 잘 드러난다. 여기서 도서관협회는 고객을 위한 일차적 책임이라는 전통적 전문직의 주장을 수용하여 "회원은 정보와 사고의 흐름을 촉진하고 정보의 원천에 차별 없이 자유롭고 평등하게 접근할 수 있도록 모든 개인의 권리를 보호하고 진작하는 의무를 갖는다"(Library

---

10) 옥스퍼드대학 보들리(Bodleian) 도서관, 케임브리지대학 도서관, 스코틀랜드와 웨일스의 국립도서관, 아일랜드 더블린에 있는 트리니티(Trinity) 대학 도서관.

Association, 1983: 2e) 고 선언하였다.

영국 인구의 절반이 훨씬 넘는 사람들이 각 지역 도서관 회원이며, 그중 1/3 이상이 정규적으로 매년 평균 10권의 도서를 대출하며, 전체로 보면 매년 3억 명이 도서관을 찾는 셈이다(이는 프로축구 관람객 총수의 10배가 넘는 것이다). 어린이부터 연금생활자에 이르는 시민들이 학교 과제물을 위한 참고문헌을 찾거나 노후계획 프로그램에 관한 조언을 구하거나 아니면 단순히 소설을 읽는 등의 공공 서비스를 기대하면서 도서관을 방문한다. 압도적 다수의 시민들에게 공공도서관망은 영국의 정보 하부구조의 진수라고 말하는 것은 결코 과장이 아니다.

몇몇 요인들이 19세기 중반 시작 당시부터 공공도서관 성장에 기여했다. 여기에는 상류계급의 박애주의부터 가부장적 동정심, 교육을 받지 못한 대중에 대한 두려움, 문맹률을 낮추려는 열망, 사회적 약자에게 학습자원을 제공해 줌으로써 교육기회를 열어 주려는 소망 등에 이르기까지 다양한 것들이 포함된다(Allred, 1978). 그 동기와 열망의 차이가 무엇이든 간에 이들 모두의 배후에 놓인 것은, 명시적으로 드러나지는 않았지만, 정보에 대한 중요한 개념이었다. 다시 말해 정보는 전유하거나 사적으로 소유하는 것이 아니라 모든 사람에게 속하는 것이라는 이념을 기반으로 공공도서관이 형성되고 발전하였다. 이에 따라 정보와 지식은 배타적으로 소유될 수 있는 것이 아니기 때문에 그것을 이용하고자 하는 모든 사람에게 무료로 제공되어야 했다. 이 개념은 영국 공공도서관 체계의 설립과 운영에서 중심적 위치를 차지했던 것으로 보인다. 사람들이 정보를 원하는 경우 — 법적으로 — 그것을 얻어 내기 위한 도움을 마땅히 받을 수 있고 검색과정에서 어떠한 불이익을 당하지 않는다는 것은 공공도서관망에서 근본적인 이념이다

(Usherwood, 2007; Kranich, 2004). 그러나 공공도서관 체계는 철학적 근거와 실제적 근거 모두에서 지속적인 도전을 받고 있다. 도서관을 이용하는 사람들에게 정보가 무료로 제공되어야 한다는 근본적인 가정이 중대한 공격을 받고 있고, 도서관이 그 서비스에 대하여 요금을 부과하도록 압력을 가하는 정책들이 시행되고 있다.

공공도서관의 존재이유에 대한 공격으로밖에 볼 수 없는 이러한 도전은 주로 3가지 영역에서 제기되었다.

첫째, 국고에서 나오는 기금감축의 문제가 있었는데, 이에 따라 도서관 환경이 점점 더 초라하고 정돈되지 못한 상태가 되는 것은 물론이고, 장서구입 감소, 지원인력 감소, 정기간행물 및 신문구독 감축, 여러 곳에서의 개관시간 단축 등이 나타났다(West, 1992). 이에 동반된 것이 서비스의 상업화였는데, 사서의 직업윤리와 정부의 법령은 줄어든 자원을 보충하려는 이러한 과정을 금지하였기 때문에, 상업화는 주로 특수영역에서 일어났다. 그리하여 전문서적 주문, 도서관 간 대출, 그리고 일부 참고문헌 서비스는 현재 비용을 받고 있으며, 도서반납 연체료도 자료의 빠른 반납을 촉진하기보다는 기금을 만들어 내는 기제로서 점점 더 정밀하게 계산되고 있다. 지난 20년 사이에 도서대출이 감소했다는 것도 놀랄 만한 사실이 아니다.

둘째, 정치적 우익으로부터 공공도서관 사서들이 자신들의 이익만 챙긴다는 공격이 있었다. 사서들이 어떤 책을 구매할 것인가를 결정하기 때문에 은연중에 자신들의 가치를 도서관 이용자들에게 주입하고, 도서관 예산의 대부분을 자신들의 봉급으로 배정한다는 비판이다. 또한 애덤 스미스 연구소(Adam Smith Institute, 1986)는 오늘날 사람들은 비용을 지불함으로써 정보욕구를 충족할 수 있다고 보는데, 이는 저렴한 서적을 누구나 볼 수 있게 한 '보급판 혁명'이나 고객들이 즐겁게 이용하는 것으로 보이는 비디오 대여점의 확산에서 드러난다. 가입비에 기초한 서비스 제공의 복원을 추구하고, 블록버스터(*Blockbuster*) 비디오 회사의 성공에 경탄하면서 — 대중적 선택과 일반인들의 반응을 대표할 뿐 아니라 '실제 세계'의 목소리라고 점점 더 강조되는 — 시장주의 이념은 예산감축을 관철함으로써 도서관 체계에 어두운 그림자를 드리우고 있다.

셋째, 공공도서관이 시대를 따라잡지 못해서 전자적 정보전달이라는 현대적 형태보다는 서적에 집착하는 시대에 뒤떨어진 수호자라는 비난이다. 이는 탈대처주의(*post-Thatcherite*) 진영으로부터 자주 나오는 비판이다. 이 집단은 경제적 긴축이나 시장기회보다는 유행에 뒤떨어지고 유연성이 부족하고 진부한 도서관 체계의 문화적 부적합성을 더 많이 강조한다. 이들의 불평은 신기술을 이용한 정보, 멀티미디어 매체, 그리고 무엇보다도 인터넷이 공공도서관의 유일한 미래이며, 이러한 혜택을 누리기 위해서는 무엇보다도 도서관에서 일하는 사람들의 사고방식 — 전망, 기대, 조작화 원리 — 의 변화가 요구된다는 확신에서 나오는 것이다(Greenhalgh and Worpole, 1995). 이들은 도서관이 정보통신기술에 투자하고, 분위기를 더 밝게 하고, PC를 설치하고, 오래되고 낡은 문헌을 정리하고, 나이든 직원을 정리해고 해야 한다고 주장한다. 또한 유행에 뒤떨어진 사서들은 서적과 '도서관의 정숙함'을 지나치게 숭배하면서 너무 오랫동안 도서관의 수호자 역할을 했으며, 그들이 떠나야 도서관이 '현대화'된다는 것이다.

이러한 논조는 도서관 서비스에 대한 탈대처주의 접근을 주장하는 문서 《새로운 도서관: 시민의 네트워크》(*New Library: The People's Net-*

work)에 스며들어 있다(Library and Information Commission, 1997). 이는 또한 '현대적 공공도서관 서비스 창출방안'에 대한 '신시대'의 권위자 찰스 레드베터(Charles Leadbeater, 2003)의 조언에도 나타난다. 눈앞에서 '가상 도서관'이 전개되는 것을 목격하면서, 레드베터는 심각한 쇠퇴가 진행되고 있음에도 사서들은 그 심각성을 '부정하는 상태'에 있다고 비난한다. 방문자 수가 감소하고 그에 따라 대출도 줄어드는 반면에 도심 서점의 도서 매출은 급등하였다. 커피숍, 할인행사, 화려한 가죽소파를 갖춘 보더스(Borders)나 워터스톤(Waterstone) 같은 서점과는 반대로, 공공도서관은 싸구려에다 재미도 없고 노인들이나 사회 부적응자들을 위한 도피처로서 안일한 실패자들만 고용하는 기관처럼 보인다. 도서관은 '관리능력'이 부족하고, '영감을 주는 목표'가 없으며, '전달능력'을 결여한 것으로 비난받고 있다. 이에 따라 레드베터는 공공도서관은 이제 '자신의 행실을 바로잡아야' 하며, 자신들의 실패를 기금부족으로 돌려서는 안 된다고 주장한다. 공공도서관은 투덜대기를 그만두고 현대화하지 않으면 파멸하게 된다는 것이다. 이러한 조언은 아마존이 사업을 시작하기 이전에 나왔다. 도서나 여타 많은 상품을 고객의 가정까지 직접 배달해 주는 아마존의 저렴하고 효율적인 서비스는 도서관의 심장에 또 다른 칼을 찌르고 있다.

시장화를 향한 압력의 밑바탕에는 공공도서관에 대한 예리한 비판이 깔려 있는데, 그것은 정치적 성향 면에서 지금은 우파로부터 나오지만, 과거에는 좌파들이 매우 야단스럽게 제기했던 비판에 근거하는 것이다. 아마 가장 두드러진 비판은 도서관의 무료 서비스가 책을 스스로 구입할 수 있는 사람들에게 특히 이익이 된다는 주장일 것이다. 예컨대, 국민 대부분이 도서관 회원이기는 하지만, 추정에 따르면 그

중 절반은 중산층이라고 할 수 있는 전체 인구의 20%가 차지한다. 이용자 조사결과는 실제로 활동적 도서관 이용자들은 압도적으로 중산층이고, 부유한 지역에 있는 도서관이 대부분의 공적 지원을 받는다는 것(이는 흔히 도서관 문제가 자원배분의 토대가 되었기 때문이다)을 보여준다.

나아가서, 도서관은 잘사는 사람들을 지원한다는 비난뿐만 아니라, 노동자 계급이나 지역문화를 경시하는 이른바 중산층의 사회적 관행을 고취하는 엘리트주의 성향을 보인다는 비난도 받는다(Dawes, 1978). 이러한 편견은 거의 대부분 '중산층'적인 일상적 도서선택에서뿐만 아니라 사서에 의한 도서검열의 경우에서 분명히 드러난다. 이러한 관점에서 에니드 블라이턴(Enid Blyton)의 《노디 이야기》(*Noddy*) 같은 책들이 인종주의적이고 성차별주의적이라는 이유로 일부 도서관에서 금지된 예를 지적할 수가 있다.

더욱이 공적 서비스라는 수사(*rhetoric*)의 배후에는 사서들이 자신의 이익을 먼저 생각하여 도서 구입비보다 3배나 많은 예산이 사서들의 봉급에 지출된다는 석연찮은 사실이 놓여 있다는 주장도 제기된다. 표면적으로 공공도서관에 우호적인 사람들이 이에 대해 불평의 목소리를 높이는데, 이는 '기존 직원의 지나친 과잉과 중복 배치' 문제를 제기하였던 윌 휴튼(Will Hutton, 2004)의 주장을 반영하는 것이다. 이러한 논리에 따르면, 이기적이고 엘리트주의적인 사서들이 정보에 대한 대가를 지불하고 그 가치를 정확하게 매기고, 정보를 제공한 사서들에게 해명을 요구하는 고객에 대해서 책임지도록 한다면 상황이 훨씬 더 좋아질 것이다.

공공도서관에 대한 다른 불평들도 제기되었다. 그중 하나는 대부분의 사람들이 도서관에서 가벼운 소설이나 전기를 대출하는데(이런 것이 전체 대출의 60% 정도를 차지하며, 비소설에 비해 소설이 2배 이상 차지한다), 이러한 독자들은 대체로 부유하기 때문에 그들의 여가활동을 일반 세금으로 지원할 아무런 이유가 없다는 것이다. 특히 '보급판 혁명'으로 인해 많이 대출되는 도서를 값싸게 구입할 수 있는 상황에서는 더욱 더 그럴 필요가 없다는 것이다. 간단히 말해서, 대개 이용자들의 오락욕구라 할 수 있는 것을 충족하는 도서관 체계에서 '애거사 크리스티의 인기소설'은 더 이상 변호될 수 없다는 것이다. 2010년 대출 순위 5위의 성인 저자가 제임스 패터슨(James Patterson: 미국의 대중 작가 - 옮긴이 주, 순위에 세 번 포함됨), 댄 브라운(Dan Brown: 미국의 대중소설가 - 옮긴이 주), 리 차일드(Lee Child: 영국의 대중소설가 - 옮긴이 주)라는 점을 상기해 보면, 애덤 스미스 연구소의 다음과 같은 주장에 대해 많은 생각이 들 것이다. "야심 찬 사서는 스스로를 필수적 정보산업의 일부로 생각하겠지만, 대부분의 도서관 이용자들은 도서관을 연애소설을 공적 자금으로 무료로 제공해 주는 서비스로 생각한다."(Adam Smith Institute, 1986: 21) 이것이 사실이라면, 도서관 서비스가 영화산업이나 프로축구와 근본적으로 다른 점이 무엇인가?

또 다른 관심사는 공공도서관의 참고도서 제공에 관한 것인데, 이러한 도서관의 기능은 공적 서비스와 공공영역의 이상형에 가장 가까운 것이라고 할 수 있다. 이러한 이미지는 도서관이 거대한 '지식'의 저장소로서, 전문 사서(점점 '정보 과학자'로 지칭됨)의 도움을 받으면서 이용할 수 있고, 관심 있는 시민이나 열의 있는 학생, 독학자, 자기계발을 하려는 사람 또는 호기심 많은 시민들의 '알고자 하는 욕구'를 충족해 주는 곳이라는 것이다. 그러나 이러한 매력적인 그림에 반하는 다음과 같은 사실을 지적할 필요가 있다. 즉 도서관의 참고문헌 서비스는 일반인들이 형평성 있게 이용하는 것도 아니고(여기서도 잘사는 사람들이 지배적이다), 참고도서는 도서관 장서의 12~15%에 불과하며 연간 구입하는 도서 중 단지 5%에 지나지 않는다는 것이다. 대부분의 사람들이 지불할 돈을 충분히 가지고 있고 또한 참고도서 서비스는 도서관 장서의 일부분에 지나지 않기 때문에, 자유시장주의자들이 장기 이용자들에 대한 '정기 입장권 제도'와 더불어 매일 입장료를 받아야 한다고 제안하는 것도 타당할 수 있다.

분명한 것은 부가적인 공공의 요구, 자원의 실질적 감소, 기술혁신, 공공도서관의 기본철학에 대한 전례 없는 비판 등에 따라 정보와 정보 이용에 대한 개념 변화가 일어났다는 것이다. 과거에는 정보가 공유할 수 있고 무료인 공적 자원으로 간주되었으나, 지금은 사적 소비를 위해 사거나 팔 수 있으며 요금을 지불해야 이용할 수 있는 상품으로 간주된다. '무료냐 유료냐?' 하는 논쟁에 대한 결론은 점점 더 요금의 징수를 주장하는 사람들 쪽으로 모인다. 시장지향적 풍조에 따른 변동의 한 징후는 기업가적 사서에 의한 '특별' 서비스의 도입인데, 이는 주로 사업에 적합한 정보를 찾는 기업 이용자를 위한 것이다. 이런 것들이 도입되면서, 개인 환경에 상관없이 모든 사람에게 정보를 제공한다는 공적 서비스의 이상과 어울리지 않는 이원화된 도서관 체계도 등장하고 있다.

오늘날 도서관이 시대착오라는 주장도 종종 제기된다. 책을 사고 싶은 사람은 아마존을 통해 충분히 저렴한 가격으로 구매할 수 있고, 백과사전을 참고하고자 하는 경우 위키피디아를 이용할 수 있으며, 다운로드하는 전자책이 인쇄본을 대체하고 있다는 것이다. 젊은 시절의 열악했던 환경에서 벗어나는 데 공공도서관이 얼마나 많은 도움을 주었는지를 회상하는 나이든 지식인들을 쉽게 찾을 수 있지만, 공공도서관이 계속해서 문을 닫는다면 이런 역할을 하는 공간은 사라질 것으로 예상할 수 있다.

영국에서 공공도서관이 쇠퇴하면서 도서대출이 점점 줄어드는 반면, 개인들의 도서구매는 늘어나고 있다. 바로 이러한 종류의 증거로 인해 공공영역의 근본적 요소로 간주되었던 공공도서관망이 쇠퇴하고 있다는 주장이 설득력을 얻는다. 정보를 시장의 원리에 따라, 그리고 가급적이면 온라인으로 이용할 수 있는 것으로 새롭게 개념 규정하려는 시도에 따라 근본적 원칙 — 특히 중요한 것으로 무료 이용과 포괄적 서비스 — 이 도전받고 있다. 이러한 개념의 영향력이 커짐에 따라 도서관 운영에서 공적 서비스 에토스는 더 쇠퇴하게 될 것이고(사용자들은 점점 더 자신이 이용하는 것에 대해 요금을 지불하는 고객으로 간주된다), 이에 따라 모든 영역의 정보적 필요물을 개인에게 무료로 제공한다는 도서관의 공공영역 기능도 약화될 것으로 예상된다.

6. 공적 서비스 제도의 종말인가?

지난 세대를 거치면서 공적 서비스 제도가 위기에 처해 있다는 인식이 널리 확산되었으며, 이에 따라 정보와 민주주의에 대한 공적 서비스 제도의 고유한 기여에 대한 공격도 나타나고 있다. 이에 대해서는 다음과 같은 다양한 이유가 존재한다.

① 공적 지출 감축에 대한 압력을 증가시키는 징세에 대한 광범위한 반감이다. 공적 서비스 제도는 국가의 지원, 즉 세수에 의존하기 때문에 공적 지출 감축정책이 제안되는 경우 그들이 일차적 대상이 된다.

② 이는 비상업적이라는 의혹과 결합된다. 1980년대 초 이래 집단주의의 퇴조와 시장관행의 진전은 그 재원이 국가로부터 나온다는 면에서 준사회주의 제도처럼 보이는 이들 조직에 도전을 제기한다.

③ 공적 서비스에 대한 이와 관련된 공격은 이러한 서비스가 시장원리로부터 보호된다는 점에서 '실제 세계'로부터 동떨어져 있으며, 따라서 병적으로 자기안주적이라는 견해를 내세운다.

④ 시장으로부터의 이러한 면역성과 일치하는 비판은 공적 서비스 제도가 자기잇속을 차리고 엘리트주의적이라는 것이다. 그들은 수입을 증가시키고자 하는데(따라서 공적 증세를 추구), 이를 통해 자신들의 양적 확대와 역량 강화가 가능하기 때문이다. 그들은 시장으로부터 보호받기 때문에 고객의 요구에 대응하지 않는다는 점에서 엘리트주의적이다. 이는 공적 서비스 제도 종사자들은 고객들이 원하는 것이 아니라 '의뢰인'에게 필요하다고 자신들이 판단한 것을 제공한다는 것을 의미해 왔다. 비판가들은 공적 서비스 제도에 이러한 '보모적' 태도가 만연해 있다고 주장한다.

⑤ 공적 서비스 제도에 대한 많은 압력은 수용자가 아니라 예산을 책정하는 정치인들로부터 나온다. 공적 서비스 비판가들은 공적 서비스 제도의 이용자들에 대한 책임성 부족을 한탄하는 한편, 이러한 정치적 간섭을 비판한다. 그들이 제안하는 해결책은 엘리트주의 경향에 대응하여 고객과의 관계 강화를 강제하는 한편으로 조직이 정치적 통제로부터 벗어나도록 하는 것이었다. 고객들이 접해야 한다고 조직 종사자

들이 생각하는 것이 아니라 고객 스스로가 원하는 것을 제공하도록 서비스를 개선하기 위해서는 이러한 제도가 정부통제부터 벗어나야 하고, 시장 속으로 들어갈 수 있도록 자유로워져야 한다는 것이다.

⑥ 공적 서비스 제도에 대한 재정지원 감축은 또한 부족분을 채우기 위해 그들이 시장을 지향하도록 자극함으로써 장기적인 쇠퇴를 촉진하고 있다. 공적 서비스 제도가 후원, 서비스 유료화, 인기도에 따른 전시 등을 더 많이 추구할수록, 자신들의 설립 원칙을 더 위태롭게 하는 것이다.

⑦ 나아가서 이윤추구 기업들은 시장친화적 에토스가 자신들이 공적 서비스 활동영역으로 진입하는 데 도움이 된다는 것을 발견하였다. 그리하여 스카이 TV나 아마존은 공적 서비스 제도가 제공하는 모든 것을 공급할 수 있다고 주장할 수 있다. 그렇게 되면 BBC나 공공도서관은 쓸모가 없게 된다. 상업기업들이 성공적일수록 공적 기금의 지원을 받는 조직의 필요성은 줄어든다. 국가에 따라 상황은 다양하지만 미국의 경우 칼 보그(Carl Boggs, 2000) 등과 같은 분석가는 생활의 "기업적 식민지화"(p. 7)를 통한 공적 공간의 사실상의 제거에 대해 한탄하였다. 이는 사적 기업이 비계약 활동을 배제시키는 쇼핑몰에서부터 학위증 장사를 하는 영리적 고등교육기관에 이르기까지, 이윤이 남는 곳이면 모든 영역에 침투하고 지배하게 되는 현상이다.

⑧ 마지막으로, 지속적인 기술혁신은 공적 서비스 조직을 포함한 많은 기존조직에 커다란 도전 — 일부 기회를 제공하는 동시에 — 을 제기하고 있다. 존재이유와 관련하여 유선과 위성 방송, 그리고 특히 인터넷의 발전은 대안적 커뮤니케이션 플랫폼의 확장을 가져왔다. 주요한 영향 중 하나는 수용자의 파편화와 그에 따른 감소였다. 과거와 같

은 방대한 수용자를 확보하는 것이 불가능하게 됨으로써, 공적 기금으로 지원되고 국가 전체에 전달되는 서비스에 대한 회의가 생겨날 수밖에 없었다. 유튜브(YouTube), 스카이(Sky), 아이튠즈(iTunes)의 시대에 비차별화된 수용자를 대상으로 하는 대중방송의 시대로 회귀하는 것은 불가능하다. 이는 모든 시민에 대한 전국적 서비스 제공을 존재 이유로 삼아 온 공적 서비스 제도에 중대한 도전을 제기한다.

이러한 요인들은 1980년대 이래 전 세계적인 신자유주의 확산과 일치하는 것인데, 그 과정에서 세계화된 시장체계, 기술혁신, 지금까지 상대적으로 접촉이 적었던 영역에 대한 상업적 원리와 관행의 침투 등이 동반되었다. 이러한 요인들이 결합되어 공적 서비스 제도의 정보 제공 속성에 방대한 영향을 미쳤다. 과거에는 시장의 요구로부터 영향을 받지 않았던(그리고 흔히 그것에 적대적이었던) 조직에서 비(非)시장 방식의 정보제공으로부터 이탈하는 경향이 분명히 드러나고 있다. 이런 가운데, 최대한 많은 잠재적 수용자를 확보하거나, 사적 공급자에 대한 자신들의 비교우위에 대한 민감성을 증진함으로써 자신들의 인기를 증명하고, 상업적 또는 준상업적 관행을 최대한 많이 도입함으로써 기금을 마련하려는 관심사가 현저히 증가해 왔다.

1) 정보관리

정보 가용성의 변화를 검토하는 경우 현대 정치 문제에서 '스핀닥터', '미디어 자문가', '이미지 관리' 그리고 그와 연관된 관행의 출현을 고려하는 것도 유용하다. 이와 관련된 것으로서 사람들을 '설득하는' 수단의 폭발적 증가를 들 수 있는데, 이것은 정치에서 많은 증거를 남겼을 뿐만 아니라 소비의 영역으로 깊숙이 파고들고 있다. 20세기, 특히 전후 세계의 가장 두드러진 특징 중 하나는 사람들을 설득하는 수단과 그 목적에 대한 인식의 확산이었다. 흔히 '정보관리'(*information management*)라 불리는 이러한 관행은 자본주의 사회의 필수적 특징이다. 하워드 텀버(Howard Tumber, 1993b)가 지적하듯이,

> 정보관리는 … 현대 정부의 행정적 일관성을 위해서는 근본적인 것이다. 여론을 조작하고 사회통제를 유지하려는 정부가 통신과 정보에 의존하는 것은 거의 필수적인 것이 되었다(Tumber, 1993b: 37).

정보관리가 강하게 뿌리내린 것은 20세기 초반의 10년 동안으로, 다수의 사상가들이 — 이 중 저명한 사람으로서는 해럴드 라스웰(Harold Lasswell)과 월터 리프먼(Walter Lippmann) 같은 정치학자, 그리고 가장 중요한 사람으로 현대 광고학의 창시자 에드워드 버네이스(Edward Bernays)를 들 수 있다 — 인식하듯이, 이 시기는 소비중심적 사회로의 분명한 변화와 더불어 민주주의가 성장함으로써 '합의공학'(*engineering of consent*)(Bernays, 1952)의 중요성이 크게 부각된 시기였다.

나중에 '여론'으로 그리고 더 나중에는 '설득'으로 유화된 '선전'의 성장에 대한 연구문헌은 많기 때문에(Robins and Webster, 1999) 여기서 재검토하지는 않겠다. 다만 선거권을 가진 다양한 인구층을 조정하기 위해서는 통제의 기제가 필요하다는 것이 20세기 초부터 일부 사상가들에게 분명히 드러났다는 점을 밝히는 것으로 충분하다. 리프먼의 견해에 따르면, 이것은 "사적 시민과 그가 처한 방대한 환경 사이에 일정

유형의 전문성을 부과할 필요성"을 의미했다(Lippmann, 1922: 378). 이러한 전문성은 현대판 선전가, 즉 정보 전문가의 영역이라고 할 수 있는데, 이들의 손안에서는 "설득이 … 자의식적 예술이자 대중적 정부의 정규기관이 된다"(Lippmann, 1922: 248). 여기서 주목할 것은 라스웰, 리프먼 그리고 버네이스의 눈으로 볼 때, 정보관리는 필요한 것이고 긍정적 힘을 가지고 있다는 것이다.

> 선전은 오늘날 확실히 필요하다. 현대 세계는 특히 위기 시에 원자화된 구성요소의 조정을 위해서, 그리고 대규모의 '정상적' 업무 수행을 위해서 정보관리에 의존하게 된다(Lasswell, 1934: 234).

여기에서 선전은 체계적이고 자의식적인 정보관리로, 그리고 자유민주주의에 필수적으로 요구되는 것으로 제시된다. 선전은 특정한 메시지의 유포, 그리고 검열을 포함하는 활동이라고 할 수 있는 정보의 규제와 관련되어 있다. 이에 대해 특히 주목할 만한 것은, 내가 역사적 맥락을 개관한 이유이기도 한데, 위르겐 하버마스가 '정보관리'의 성장을 공공영역의 쇠퇴를 보여 주는 것으로 간주한다는 점이다[비록 민주적 과정이 유지된다는 사실은 공개적 무대 — 공공영역을 유지하는 — 에서 행위에 대한 정당성을 얻으려는 관심의 필요성을 보여 주지만(Gouldner, 1976: 164 참조)].

선전, 설득 그리고 여론관리의 강조가 정보에 밝고 합리적인 공중에 대한 개념으로부터 홍보 기술자들에 의한 여론의 회유와 조작을 수용하는 것으로의 이행을 보여 주는 것이라면, 하버마스의 주장은 분명히 정확한 것이다. 오늘날 선전과 설득은 대체로 합리적 논쟁에 해로운 것, 대중들의 사고를 방해하는 요인으로 여겨진다. 초기의 논자들은 사회는 '진리에 대한 전문가', '명료함에 대한 전문가' 그리고 '이해에 대한 전문가' 없이는 '지적으로 움직일 수 없다'는 자신들의 확신에 매우 공개적이고 솔직했다(Lasswell, 1941: 63). 버네이스(Bernays, 1952)가 공언하듯이, "홍보는 절대적으로 중요하다. … 그 이유는 개인, 집단, 조직의 삶에 대한 적응이 모든 것의 안녕을 위해 필요하기 때문이다"(p. 3).

현재 상황에서 특히 흥미로운 것은 정보관리가 훨씬 더 광범위하고 철저하며 정교하게 적용되는 동시에, 이의 존재를 인정하기 거부하는 반응도 등장하였다는 것이다. 오늘날 무수히 많은 홍보 전문가, 자신들과 미디어와의 관계를 이용하여 정치인과 기업 지도자들을 지도하는 조언가, 그리고 광고와 관련된 프로그램에서의 학위과정 등은 모두 '커뮤니케이션을 증진하고', '자신들의 고객들이 메시지를 확실하게 전달할 수 있게 해주며', '모든 선진경제에 필수적인 활동에서 요구되는 기술을 가르치는' 것에 관심을 가지고 있다고 공언한다. 이러한 관행의 토대가 되는 가정은 흔히 무시되거나 적어도 과소평가되고 있다. 그것은 이들이 돈을 받는 대가로, 봉사하는 고객의 이해 증진을 위해 수용자들이 일련의 행위를 하도록 설득하는 정보를 만들어 내는 데 전념한다는 것이다. 즉 이들은 사람들의 정보환경을 통제함으로써 사람들의 행위를 보다 잘 통제하는 일에 종사한다.

정보관리의 주요 특징이 갖추어진 것은 양차 대전 동안이었지만, 최근 몇십 년 동안에 그 성장과 확산이 상당히 가속되었다. 예컨대 1945년 이래 광고산업의 엄청난 팽창과 확산을 고려해 보자. 광고는 경제적 가치 면에서 크게 성장하였을 뿐 아니라 그 영역도 확장되어 기업

이미지, 후원 그리고 홍보에서 디렉트메일(*direct mail*) 판촉에 이르는 일련의 새로운 활동을 포함하게 되었다. 이에 따라 '정크메일'(많은 부가정보의 품질을 의심하게 하는 분명한 신호)과 종종 광고와 보도 간의 구분을 흐리게 하는 무료 지역'신문'도 현저히 증가했다. 이러한 성장과 더불어 실무자들 사이에서 새로운 직업의식이 생겨났고, 그들이 전개하는 '캠페인'(신중한 시장조사 및 컴퓨터화된 분석에서부터 '표적화된' 수용자에 이르는)의 정확성도 주목할 만큼 성장했다. 인터넷 검색과 주문기록에 대한 집적과 분석은 잠재적 고객을 확인하고 표적을 설정하는 판매자들의 역량을 잘 보여 준다.

증가하는 여론관리 추세에 대한 더 많은 증거로서 정치적 영역에서 나타나는 것은 자기 고객의 영향력을 확장하기 위해 영국정부로 침투해 들어가는 로비활동에 대한 관심의 극적 증가이다. 내가 여기서 거론하는 것은 의사당을 떠나는 의회 의원을 만나기 위해 기자들이 기다리는 장소에서 그 명칭이 유래된 언론 로비(*press lobby*: 본래는 영국의회의 기자 대기실을 의미 - 옮긴이 주)가 아니라, 정치과정 그 자체에 영향력을 미치려는 목적을 가진 집단 — 대개는 기업 — 의 로비이다. 이러한 전략의 핵심 요소는 이해관계를 가진 사람이 의회 의원을 고용하는 것이다.

정치적 문제에 대해서는 다시 거론하겠지만, 여기서는 정보환경에 대한 기업적 이해관계가 미치는 영향에 관심을 돌려 보자. 두 가지 특징이 특히 주목할 만하다. 첫 번째 것은 신중한 정보관리를 통해 민주적 과정을 관리할 필요성에 대한 정치학자들의 인식과 맥을 같이한다. 마찬가지로 양차 대전 기간 중, 점차 발전하기 시작하던 기업영역에서 여론이 기업활동에 점점 더 많은 제약을 가할 수 있다는 인식이 나타났다. 특히 미국에서는 "회사가 커짐에 따라 불가피하게 보도되는 뉴스를 자신들이 통제하는 것에 대한 중요성을 깨닫게 되었다"(Tedlow, 1979: 15). 그 결과 노동관계, 경제 문제, 나아가서 국제정치에 관한 기업의 시각을 널리 알리기 위한 홍보분과가 설립되었다. 버네이스가 "자신들의 상품을 판매하는 것 외에도 … 기업은 무엇보다도 자신을 공중에게 판매하여 전체 경제체계에 대한 자신들의 공헌을 설명할 필요가 있었다"(Bernays, 1952: 101)는 기업계의 인식을 확인하고 권장했다는 것을 알면 우리는 놀라지 않을 수 없다.

모든 기업조직은 "궁극적으로 공공의 인정에 의존하고, 따라서 프로그램이나 목표에 대한 공중의 동의를 관리하는 문제에 봉착하게 된다"(Bernays, 1952: 159)는 사실에 대한 인정의 결과로 나타난 것이 방대한 기업 커뮤니케이션 구조이다. 현대 기업에서는 여론관리가 전반적인 마케팅 전략의 필수요소이다. 이러한 목적을 위해 제너럴모터스(GM) 회장이자 최고경영자인 로저 스미스(Roger B. Smith) 같은 경영자들은 자사 홍보직원의 역할을 명백히 밝힌다. 즉 그들의 임무는 바로 "공중들의 인식에 기업의 정책이 반영되었는가를 확인"하는 것이다(Smith, 1989: 19). 이것이 바로 후원, 상표설계, 기업이미지 홍보, 광고기사, 홍보, 정치적 (및 여타) 이해 구슬리기, 나아가서 교육 프로그램(기업이 청년층에게 접근하고 그들을 지원하는 활동과 관련될 수 있는 영역) 참여 등과 같은 다양한 정보활동에 대한 기업적 관여의 바탕에 깔려 있는 가정이다. 기업영역의 근본적 관심은 연합체에서도 드러나는데, 영국에서는 영국경영자연합(CBI)이 가장 유명하다. 1965년 창설된 이 연합체는 지금은 기업계의 가장 권위 있는 목소리로 여겨지며, '산업'의 실정을 다루는 모든 공적 토론에 공식 대표단을 파견한다.

이와 관련된 현상으로서, 기업이 간부들을 대상으로 미디어를 잘 다루고 미디어에 잘 나올 수 있도록 교육하는 관행이 증가하고 있다. 발표 훈련, 텔레비전 출연에 적합한 의상에 대한 조언, 그리고 비디오설비를 이용한 인터뷰 연습 등은 대기업에서 일상적으로 행해진다.

나아가서 마이클 유짐(Michael Useem, 1984)은 어떻게 하여 기업구조가 기업과 그 지도적 경영자들의 이른바 정보적 능력에 대해 과거보다 더 많은 가치를 두게 되었는지를 잘 보여 준다. 유짐은 20세기 동안 '가족'으로부터 '관리'를 거쳐 '제도' 자본주의로의 변화가 있었다는 것을 보여 주는데, 이를 통해 그가 말하고자 하는 바는 오늘날 선진경제는 대규모 탈인격적 기업체에 의해 지배될 뿐만 아니라 기업체들이 과거보다 더 많이 상호 관련되어 있다는 것이다. 그에 따른 중요한 결과는 현대 자본주의 내의 관리직 교착(*interlocks*)을 통한 '내부 집단'(*inner circle*)의 형성이다. 이것은 "일반화된 기업적 전망이라는 의식"(Useem, 1984: 5)을 공유하는 일종의 내부 밀실로서, 개별회사의 이해관계를 대신하는 것이다.

유짐의 추정에 따르면, 이것은 특히 두 가지 중요한 발전을 가져왔다. 그 하나는 1970년대부터 계속된 "기업의 정치적 동원"(p. 150)이다. 기업들 간의 교착은 기업영역이 대체적 합의의 기반 위에서 정치에 효과적으로 참여할 수 있도록 하는 토대를 만들어 주었다. 이들이 정치에 참여하는 목적은 과도하게 높은 세금수준, 노동운동에 주어진 너무 많은 권력, 또는 사업과 투자를 방해하는 입법 등에 대응하기 위해서이다. 결국 1970년대 이래 영국에서 줄어들지 않고 계속된 '홍보공세'(Tumber, 1993a: 349)를 촉진한 '기업의 정치적 동원'은 현대 기업이 자신들의 내부 문제뿐 아니라 기업활동에 영향을 주는 외적 환경도 관리해야 할 필요성을 보여 주는 것이다. 기업로비 — 여론 지도자, 주요인사 모임, 기업설명회, 그리고 지속적인 언론보도 및 브리핑 문서 등을 통한 — 의 성장과 기업친화적 정당 및 자유기업적 두뇌집단에 대한 지원 증가, 그리고 영국경영자연합과 같은 단체에 대한 열성적인 후원 등은 정보관리에 대한 기업의 높아진 인식과 헌신을 보여 주는 것이다.

이와 관련된 두 번째 특징은 오늘날 기업 지도자들의 특성과 관련된다. 마이클 유짐은 점점 더 커뮤니케이션 기술이 뛰어난 사람이 기업 지도자가 된다고 주장한다. 그가 '정치관리자'(Useem, 1985)라고 부르는 직책이 등장함에 따라, 복잡한 정치적, 경제적 그리고 사회적 환경 속에서 나아갈 바를 설계하고 기업상황에 대해 전략적으로 사고하는 기업 지도자들의 능력이 엄청나게 중요해지고 있다. 그러한 직책에 필수적으로 요구되는 것은 커뮤니케이션 기술, 즉 외부(그리고 흔히 내부) 당사자들에게 기업의 정책과 관행의 정당성을 설득할 수 있는 능력이다. 유짐이 볼 때, 이러한 정치관리자의 출현은 "기업태도에서의 보다 일반적인 변화 중에서도 가장 가시적인 신호로서 〔기업 내부에서〕 홍보기능이 전면으로 이동하였다"는 것을 보여 준다(Useem, 1985: 24). 이러한 특징들이 확대되고 상호 연관되어 일반화된 이해를 의식하고 유능한 커뮤니케이터의 지도를 받음으로써, 기업적 이해는 당연히 현대의 정보환경에 막대한 영향력을 행사하게 된다.

정보영역에 대한 기업의 관여가 갖는 또 다른 특징은 기업의 주된 활동과 더 관련되어 있다. 다시 말하지만, 오늘의 상황에 대해 커다란 영향을 미친 발전이 두드러진 시기는 마찬가지로 양차 대전 사이의 기간이다. 간단히 말해서, 기업이 성장함에 따라 생산에 대한 관심(기업 내부에서 일어났던) 을 보완하기 위해 소비를 잘 관리할 수 있는 방법을 점점 더 강조하게 되었다. 〈광고와 판매〉(*Advertising and Selling*) 지의 한 기고자가 주장하였듯이, "지난 10여 년 동안 공장은 인구보다 10배나 빨리 성장하였다. … 앞으로의 번영은 … 대량구매라는 증대되는 토대에 크게 의존할 것이다"(Goode, 1926/Shapiro, 1969에서 재인용). 이에 따라 기업자본주의는 고객과의 관계를 정규화하려는 시도를 통해 자유시장의 불확실성을 줄이려는 대응을 했다. 의류, 담배, 가구, 가공음식, 비누 그리고 — 얼마 후 — 자동차 등과 같은 대량생산된 소비재의 지속적 유통은, 이들 상품의 유용성과 가치에 대해 대중들이 알고 설득되어야 한다는 것을 의미했다(Pope, 1983). 소비자를 만들어 내야 할 필요성 때문에 광고가 마케팅의 특히 중요한 요소로 발전했다(Ewen, 1976). 광고를 이러한 방식, 즉 "상업적 정보와 설득의 조직화된 체계"(Williams, 1980: 179) 로 인식함으로써, 우리는 "사람들이 소비자로 행위할 수 있도록 훈련하고 … 그리하여 … 잠재적 풍요에 대한 그들의 적응을 재촉하는"(Potter, 1954: 175) 데서 차지하는 광고의 역할을 더 잘 이해할 수 있다.

광고에 대한 이러한 투자가 직접적 보상을 가져왔다는 주장은 주제넘은 것이 될 수 있다. 사람들은 당연히 자신들이 접하는 메시지를 해석한다(Schudson, 1984). 또한 광고는 신용판매, 교환판매, 상품의 설계 및 포장 등을 포함하는 보다 넓은 마케팅 전략의 일부분에 불과하다(Sloan, 1965). 그러나 광고의 기원과 동학(動學) 을 제대로 평가함으로써, 우리는 현대의 상징적 환경에 기업이 기여하는 바에 대한 통찰력을 얻는다.

1920년대 이후 광고는 범위나 규모 면에서 엄청나게 성장했기 때문에 상업적 활동의 거의 모든 영역에 대한 광고의 침투를 무시하는 것은 거의 불가능하다(Mattelart, 1991; Fox, 1985). 오늘날 광고산업은 국제적인 활동영역이 있으며, WPP[소렐(Sir Martin Sorrell)이 이끄는 세계 최대 대행사이다. 소렐은 케임브리지와 하버드 경영대학을 졸업한 기민하고 자신감 있으며 분명한 사람이다], 옴니콤(Omnicom), 인터퍼블릭(Interpublic) 등과 같은 몇몇 독과점체에 의해 지배되면서도 소비자문화 깊숙이 파고들고 있다. 광고판에서부터 셔츠에 그려진 상표, 텔레비전의 협찬(*tie-in*) 시리즈, 정규적인 소비자광고, 기업의 과대선전, 스포츠 후원, 그리고 특정 명칭이 붙은 대학 교수직에 이르는 모든 것은 우리가 광고와 공정한 정보를 구별하기 어려운 판촉문화(Wernick, 1991) 속에 살고 있다는 것을 보여 준다. 더욱이, 앞에서도 언급했듯이, 이는 단순히 광고 자체 성장만의 문제가 아니다. 현대의 많은 커뮤니케이션 미디어가 수입의 주된 원천을 광고에 의존함으로써, 오늘날의 상당한 언론과 텔레비전의 정보내용이 결정적 영향을 받기 때문이다(Barnouw, 1978; McAllister, 1996).

마지막으로, 기업활동의 광범위한 영역을 관리할 필요성은 광고 에토스가 상품을 판매하는 것으로부터 회사를 판매하는 것으로 이행되는 방식을 상기시킨다는 점도 주목할 만하다. 오늘날 기업지식의 일부가 된 브랜드 상품화에 대한 일상적 관심 — 아디다스(Adidas) 사의 스포츠 의류에서부터 HSBC 은행의 뚜렷한 다문화 이미지에 이르기까지 — 은 이러한 경향을 잘 보여 준다. 오늘날 우리는 '고객의 소리를 듣는다'는 은행, '환경을 생각한다'는 정유회사, '국익증진에 최선을 다한다'는 다국적 기업, 또는 '우리는 모든 사람을 돌본다'는 보험회사의 메시지를 흔히 접한다. 우리는 이러한 설득에 크게 주의를 기울이지 않지만, 기업이 장애아동이나 지역 합창단 또는 극단의 순회공연을 지원할 때도 동일한 유형의 이미지가 추구된다. 광고 분야를 이끌어 가는 한 실무자가 밝히듯이, 이러한 설득의 유일한 목적은 기업이 "어떠한 쟁점에 대해서도 최대한 선의로 해석될 수 있도록" 하는 것이다(Muirhead, 1987: 86). 이러한 수준의 광고를 검토하였으므로 우리는 소비를 관리하려는 기업의 시도가 정치적 문제를 포함하는 현대사회의 보다 넓은 측면을 관리하려는 야심과 어떻게 잘 접목되는지 쉽게 이해할 수 있다.

우리가 지금까지 살펴본 것은 정보적 영역에서 기업의 출현이 가진 주요한 차원들이다. 내가 보기에 정확하게 측정하는 것은 거의 불가능하지만, 홍보와 로비활동의 팽창뿐 아니라 다양한 형태의 광고의 확산을 확인했기 때문에, 우리는 기업의 이해를 반영하는 정보가 일반적인 상징적 환경에 엄청나게 기여하고 있다고 자신 있게 말할 수 있다. 이것은 직접적으로는 텔레비전 화면에 투사되는 광고, '산업계'의 시각에 대한 영국경영자연합 수뇌의 신문기자 대담, 회사 인사과장의 텔레비전 인터뷰 등을 통하여 이루어진다. 그리고 간접적으로는 현대 세계 대부분의 미디어에 영향을 미치는 영향력 광고, 초등학교에 무료로 공급한 '기업교육' 자료, '호의'를 보이면서 친절을 베푸는 홍보부 지원요원 등을 통해서 이루어진다. 이러한 정보는 동기를 가지고 있다는 이유 때문에, 더 넓은 정보적 환경과 연관되는 경우 토론을 황폐화시키고 더 일반적으로는 오염의 원천이 된다. 이러한 정보적 환경에서는 경제력을 가진 집단이 특권을 덜 가진 집단에 비해 과도한 이점을 누리기 때문이다.

물론 자신들의 목적에 맞도록 정보에 영향을 미치려는 기업부문의 욕구에는 제약이 따른다. 이러한 제약은 기업이 미디어 실행가를 통해 일을 추진해야 한다는 사실에서 기인한다. 미디어 실행가들은 기업이 배포하는 자료에 대해 회의적일 수밖에 없는 이유가 있는데, 그들은 기사거리로서의 매력 때문에 기업 관련 보도에 관심을 가지기 때문이다(Hallin and Mancini, 2004). 그러나 우리는 또한 저명한 기자인 닉 데이비스(Nick Davies, 2008)의 결론도 접하게 되는데, 그는 심화된 경쟁과 판매고 저하의 시기에 이윤 극대화에 대한 미디어 자체의 강조로 말미암아 영국에서 대부분의 보도는 업체보고서나 홍보자료의 복제에 지나지 않는다고 주장한다.

정보적 영역을 오염하는 또 다른 추세는 닐 포스트만(Neil Postman, 1986)이 주장한 것이다. 포스트만의 주된 관심사는 현대 문화 전반에 확산된 텔레비전의 오락성으로, 이는 즉시성, 액션, 간결성, 단순성, 극화, 피상성의 풍조를 가져온다. 포스트만이 볼 때, 이러한 오락성 가치는 뉴스, 교육, 정치, 심지어 종교에까지 침투하고 있다. 모든 영역에서 이런 가치는 귀중한 정보를 오락성 정보(*infotainment*)로 바꾸어 놓았다. 이러한 관점에서 볼 때, 텔레비전은 감각적인 것과 기이한 것을 강조하고, 객관적이고 면밀하게 검토되는 분석 대신에 쉽게 소화될 수 있는 것에 초점을 둠으로써 정보환경을 광범위하게 궁핍화한다. 이러한 이유 때문에 우리는 초국적 기업의 일상적 기능에 대해서는 거의 알지 못하면서 변덕스러운 연예인들의 사생활에 대해서는 많이 알게 된다.

이 절은 정치적 영역에서의 정보관리의 성장에 대한 역사적 검토로 시작했다. '포장된' 정보의 침입이 가장 중요한 관심사가 되는 곳은 정치적 영역인데, 이는 우리가 읽고 듣는 것에 대해 확신할 수 없다면 정치적 논쟁은 그 타당성을 거의 상실할 것이 분명하기 때문이다. 그런

데도 일상적인 정보관리 경향이 가장 두드러진 곳은 정치영역이다 (Franklin, 1994).

이러한 현상에는 몇 가지 중요한 차원이 있다. 그중 하나는 정치적 이미지, 쟁점 그리고 사건의 제시(*presentation*)와 관련된 것이다. 홍보 전문가인 고든 리스(Gordon Reece)와 광고회사 사치앤사치(Saatchi and Saatchi)의 지도하에 수행된 마거릿 대처 전 수상의 변신은 매우 잘 알려져 있다(Cockerell et al., 1984). 거친 이미지를 완화하기 위해 머리 스타일을 바꾸고, 목소리도 다듬었으며, 의상도 변했다. 그러나 미국적 정치기법의 도입은 여기에서 훨씬 더 나아갔다. 저녁 텔레비전 주요 뉴스에 들어맞도록 하는 뚜렷한 '사운드바이트'(*sound bites*)를 특징으로 하는 연설문 작성에서부터, '사진촬영 회견'을 위한 적절한 장소선택을 신중하게 함으로써 가능하다면 로고, 슬로건 그리고 동조를 유발하는 색상배합 등이 등장할 수 있도록 하는 것 등까지 다양한 기법이 시도된다. 또한 정치적 연설을 위한 배경이 세심하게 준비되어 정치적 지지자로 구성된 청중들 앞에서 진행된다(시비를 걸 수도 있는 반대파의 야유나 그들과의 보기 흉한 접촉을 피하기 위해).

이렇게 볼 때 이것은 합의된 정치적 강령을 경축하기 위한 집회이지 논쟁이나 설득을 위한 공적 모임이 아니다. 더 일반적으로 볼 때 행사는 텔레비전 카메라를 위하여 배후에서 연출되며 신중하게 구성된 배경, 시선을 끄는 현수막, 그리고 당연히 '즉흥적' 박수 등이 동원된다. 나아가서 텔레비전 생방송이 있는 경우 정치인들은 선전효과를 극대화하기 위해 엄청난 관심을 기울인다는 것은 잘 알려져 있다. 다시 말해서 그들의 관심사는 공개적이고 솔직한 논쟁이 아니라, 여론을 최대한 잘 '관리'하기 위해 방송을 이용하는 것이다.

정보관리의 다른 차원은, 유일한 것은 아니지만, 텔레비전 방송사에 대한 협박(*intimidation*)이다. 1980년대에 이러한 협박은 상당히 많이 행해졌는데, 국가의 자금지원으로 인한 BBC에 대한 일반적 반감에서부터 많은 쟁점, 특히 북아일랜드 관련 보도에 대한 직접적 공격까지 다양하다(Bolton, 1990). 협박은 흔히 검열에 의해 보완되는데, 1988년 신 페인(Sinn Fein: 아일랜드 독립운동단체 - 옮긴이 주) 당원의 영국 텔레비전 출연금지, 그리고 모든 뉴스 및 시사 문제 관련 직원들의 만남이 방송국에 주재하는 비밀요원에 의해 정찰된다는 사실의 폭로 등이 그 예이다(Leigh and Lashmar, 1985).

정보관리의 3가지 측면 — 정보 포장, 협박 그리고 검열 — 과 그 동전의 양면에 해당하는 정부의 비밀활동은 위기상황에서 특히 분명하게 드러난다. 이것이 가장 잘 드러나는 상황은 전쟁이나 테러활동인데, 영국정부는 1970년대 초기부터 북아일랜드에서, 1982년 포클랜드에서, 1991년과 2003년 이라크에서, 1999년 코소보에서, 2003년부터 아프가니스탄에서 이러한 상황을 경험했다. 이 모든 경우는 정보가 군사활동의 필수적 부분이 되었다는 것과, 여론이 전쟁활동 결과에 결정적 영향을 미칠 수 있기 때문에 특히 국내 소비를 위한 정보가 중요하다는 것을 보여 준다.

미디어에 대한 '적군'의 접근이 제한적이고 전쟁의 목적이 승리를 추구하는(진리를 추구하는 대신) 상황에서는 왜곡과 기만의 기회가 많고 속이고자 하는 동기도 이해하기 쉽다. 따라서 정치인과 군부는 모두 미디어를 적과 싸우는 수단, 즉 선전의 도구로 쉽게 간주한다. 더욱이 베트남에서 미국이 패배한 이유가 신문과 텔레비전 기자들을 제대로 통제하지 못했기 때문이라는 주장이 제기된 이래(Elegant, 1981), '전쟁계획'에 관한 당국의 자의식이 훨씬 더 많이 생겨났다(Hallin, 1986). 그리하여 포클랜드 전쟁 동안 전장에 대한 언론인들의 접근에 제약이 가해졌고, 적절한 행위를 보장하기 위해 모든 언론인은 군사적 '감시자'와 동행해야 했다. 보다 최근에 이러한 체계는 전쟁 시 군사적 '승인'을 수용하는 언론인으로 확대되었다.

북아일랜드에서 지속되는 투쟁은 일상적인 정보조작을 드러내지만(Curtis, 1984), 정보관리가 현저하게 조직화된 것은 포클랜드 전쟁 이후였다(Ministry of Defence, 1983, 1985). 그 결과 1991년 걸프 전 동안에는 매우 효과적인 홍보조직이 가동되어, 미디어의 보도는 규모 면에서는 전례를 찾을 수 없는 것이었으나 내용 면에서는 철저히 여과된 것 위주였다. 보도의 전체적 틀은 동맹국의 관점과 용어를 중심으로 만들어졌기 때문에, 우리는 '내과적' 공중공격과 포격의 '정밀한 조준'에 대해서는 많이 들었지만, 사람들의 손상에 대해서는 거의 듣지 못했다. '사망자가 거의 없는 전쟁'이 제시된 것이다(Knightley, 1991: 5).

2001년 아프가니스탄에서의 군사작전, 그리고 2003년 영미 연합군의 이라크 침공 기간 동안 미디어관리는 군사령관들과 정치지도자들의 우선적 관심사가 되었다. 그러나 이러한 미디어관리의 성공은 쉽게 이루어질 수 없었는데, 이는 다양한 정보원의 확장과 보도량의 폭발적 증가라는 요인이 경량의 커뮤니케이션 장치 및 인터넷의 활용과 결합됨으로써 군부가 선호하는 메시지의 전달을 담보하는 것이 어렵게 되었기 때문이다(Tumber and Webster, 2006). 군부의 계획이 아무리 치밀하게 준비된다 하더라도, 오늘날 대부분의 갈등지역에서는 그들의 총체적 성공을 달성하기에는 매우 어려운 정보환경이 존재한다(Gillan et al., 2008).

전쟁과 반란의 위협은 자유민주사회에서 예외적 조건이 아니고 오히려 일상적인 특징이다. 그렇기 때문에 그러한 상황에 대한 대비가 우리 시대의 특징이며, 그 핵심적 차원 중 하나가 여론이다. 이는 여론이 모든 갈등의 성패를 좌우하는 결정적 요인이 될 수 있기 때문이다. 이러한 대비는 당연히 체계적 정보의 왜곡을 초래하여, 지식을 제공하는 것이 아닌 군인들과 정치인들의 이해관계를 증진시키는 정보를 유포하게 된다. 이것은 결국 공적 지식을 훼손하는 정보관리의 보다 넓은 유형과 결합되면서 — 본래 목적달성도 어렵지만 — 공적 토론과 논쟁의 영역을 협소하게 만든다.

7. 반론

이상의 내용은 정치인, 정부, 기업 이해에 의해 나타나는 현상적으로 냉혹한 정보관리의 확산을 보여 준다. 여기에 공적 서비스 제도에 작용하는 널리 알려진 압력을 추가한다면, 전문화된 '여론관리'와 상업주의 세력에 의해 공적 지식이 훼손되고 있다는 하버마스의 비관주의에 동의하게 되는 강력한 이유가 존재하는 듯하다.

나는 이것이 정보적 조건의 방향에 대한 설명이라면 동의한다. 그러나 이러한 모든 것을 흔히 알려진 대로 공공영역의 쇠퇴라는 측면에서 파악하려 한다면 몇 가지 반론에 부딪히게 된다. 그중 하나는 '용어'와 '개념정의'라는 중요한 문제와 관련되어 있다. 공공영역이라는 진부한 개념이 너무 많은 용도로 활용되고 있다는 것이 내 견해이다. 공적 지원의 주된 수혜자인 공적 서비스 제도는 정보적 환경 개선에 중요한 역할을 수행한다. 왜냐하면 이러한 제도는 상업적 조직에 비해 중대한 접근 장벽이 없으면서도 더 신뢰성 있고 품질이 우수하며 다양한 정보를 제공하기 때문이다. BBC, 정부통계서비스, 공공도서관도 분파적, 경제적 또는 정치적 이해관계로부터 독립성을 가지고 있으며, 추가적으로 민주주의에 대해 무한한 가치를 지닌 청렴성과 공정성에 대한 직업적 헌신을 보여 준다. 이를 통해 이들 제도는 공익정보를 생산하고 제공하는 데 필수적인 역할을 수행한다(Iosifidis, 2011 참조). 이런 것들은 특히 — 유일한 것은 아니지만 — 민주주의를 강화하기 때문에 상업적 또는 정치적 반대파로부터 방어할 가치가 있는 소중한 역할이다. 그러나 내가 볼 때 공적 서비스 조직이 공공영역과 거의 동일하며 따라서 민주주의의 토대로 간주될 수 있다는 주장은 이러한 방어에 편승하려는 불필요하고 근거 없는 항변이다.

또 다른 반론은 공공영역이 쇠퇴했다고 주장하는 비교의 기준점에 관한 것이다. 만일 출발점이 1880년대라면, 1980년대를 기준으로 삼을 때와 매우 상이한 결론에 도달한다. 나아가서 두 세대 이전만 거슬러 살펴봐도, 19세기 말의 공공영역이 오늘날의 상황보다 우월했다고 주장하는 것은 적어도 이상하게, 심지어 기이하게 보일 수 있다. 이는 당시에는 대부분의 사람들이 선거권을 가지지 못했고, 심지어 매우 많은 사람들은 〈더 타임스〉(*The Times*)나 〈모닝포스트〉(*Morning Post*) 기사를 읽을 수 있는 문자해독 능력조차 없었기 때문이다. 지난 세기에 살았던 자신들의 선조보다 자신이 정보적으로 더 빈곤해졌다는 주장을 진지하게 지지할 사람이 누가 있겠는가?

이러한 추세는 인정되어야 한다. 그러나 우리는 정보적 영역에서 진행된 중대한 변화 — 지식의 상품화, 공적 서비스 기관에 대한 공격,

설득에 대한 강조, 광고지향적 미디어의 발전 등—를 무시할 수 없다. 이것은 정보관리 및 조작의 가능성과 그러한 관행이 엄청나게 확대되었다는 것을 의미한다. 아마도 이것은 우리가 인정해야만 하는 역설적 상황일 것이다. 즉 기만을 위한 기회와 정보에 대한 일상적 방해가 확산되었고 오늘날에는 훨씬 더 증가했으며, 이러한 측면에서 공공영역은 확실히 축소되었다는 것이다. 이와 동시에, 사람들에게 과거보다 더 개방적인 공적 공간(*public spaces*)을 확장시키고 그에 참여하는 수단을 제공하는 상쇄적 경향이 존재한다. 즉 교육수준이 훨씬 더 높아졌고, 오늘날 정보의 원천은 이전 시대를 무색케 할 정도로 그 가용범위가 넓고 깊으며, 사람들이 원하는 경우 공적 쟁점에 참여할 수 있는 방법도 과거보다 훨씬 더 용이해졌다(Papacharissi, 2010b). 브루스 빔버(Bruce Bimber, 2003)는 인터넷이 정치과정에 영향을 미치려는 정치 운동가들의 진입비용을 크게 낮춘다는 점을 매우 설득력 있게 보여 준다. 그 결과 기성 정당이 약화되고 있으며, 소셜 미디어에 능숙하고 변동을 추구하는 사람들에게 정치무대가 개방되고 있다.

이러한 반론에 대응하는 입장은 상업적 압력과 동정심 없는 정부의 공격이 있기 전까지는 제대로 작동한 것으로 간주되는 제도를 무조건적으로 변호하지는 않는다. 그 대신 그 존재이유를 갱신하는 것을 통해 보존가치가 있는 제도의 개혁을 촉구한다. 제임스 커런(James Curran, 2002)의 경우가 바로 여기에 해당되는데, 그는 BBC에 대한 변호는 미디어의 민주화라는 맥락 속에서 평가될 필요가 있다고 주장한다. 커런의 견해는 문화적 수준이 높다는 근거에서 BBC를 일반적으로 지지하는 것은 오늘날 신빙성이 떨어지지만, 시민참여의 증가라는 측면에서 지지한다면 설득력이 있다는 것이다. 이러한 변호는 일반 공중에 대한

BBC의 더 많은 책임, 공공선에 관계된 문제에 대한 시민의 알 권리 강조, 그리고 BBC 내부 인적 구성의 대표성 확대를 요구한다. 존 키언(John Keane, 1991)도 공영방송이 공중을 동질화하는 용어('국민들이 느끼는', '영국 사람들의 견해는' 등의 형태로)를 사용하는 경향이 있는 완전 국가지원 미디어를 의미하는 것이라면, 공영방송으로의 복귀를 주장하는 모든 견해를 거부한다. 국가가 운영하는 방송에 대한 방대하고도 합당한 회의가 존재하는 오늘날의 세계화되고 다양화된 세계에서는 이런 것이 실행될 수 없다는 것이다. 키언은 다원적이고 복합적이며 동적인 비국가결사체의 필요성을 강조한다(Keane, 1998). 바람직한 것은 사람들이 자율성을 유지하면서도 함께 모여 논쟁하고, 주장하고, 서로 정보를 주고받는 방식의 다양성이다. 당연한 것이지만, 이에 따라 키언은 인터넷 대화방, 게시판, 디지털 텔레비전 등과 같은 것에서 민주주의를 확장하는 잠재력을 발견한다. 블러머와 콜먼(Jay G. Blumer and Stephen Coleman, 2001)은 여기에서 더 나아가 매우 다양한 시민들의 정보욕구가 확실하게 충족되는 '전자적 공유지'(*electronic commons*)가 형성되어야 한다고 주장한다. 이는 사실상 인터넷에 대한 공적 서비스 요건으로서, 인터넷 공간이 비상업적 목적으로 이용되는 것을 보장하기 위한 것이다. 이러한 주장은 시간의 흐름과 민주주의의 의미 변화 속에서 정보적 욕구를 충족하고자 한다는 면에서 호소력을 지니고 있다.

1) 공공영역을 넘어서?

최근까지 공공영역 — 그리고 필수적으로 연결된 공적 서비스 — 개념은 상업화된 정보적 영역을 비판하는 사람들에게 신성불가침한 것으로 보였다. 이러한 비판가들도 공공영역 개념이 문제를 가지고 있다는 것은 쉽게 인정하였다. 그러나 공공영역 개념이 파기될 수 있다고 생각하는 논평자는 거의 만날 수 없었다. 그 이유는 정보의 문제에 관한 한 시장체계의 결함을 극복하기 위해서는 국가지원이 필수적이고, 나아가서 이러한 개입이 공공영역의 사실상 중심 요소로 간주될 수 있다는 합의가 존재하였기 때문이다.

보다 최근에는 공공영역 개념이 정보와 민주주의 간의 관계에 대한 우리의 이해에 유용한 기여를 거의 하지 못한다는 주장도 가능하게 되었다. 한 비판에 따르면 세계화(그리고 그와 동반되는 신기술과 새로운 시장)가 초국적 공공영역의 형성을 유도하고 있다. 우리는 전 세계를 가로지르는 인터넷 커뮤니케이션, 국경을 초월하는 위성방송 서비스, CNN이나 알자지라(Al-Jazeera)와 같은 국제적 뉴스 제작자의 출현 등에서 이러한 예를 볼 수 있다. 존 키언은 차별화된 공공영역들을 밝히고 있다. 즉 국가수준에서는 방송이 지속적으로 중요한 정보원천이지만, 그것은 초국적 조직과 라디오, 블로그 같은 미시수준 정보체계에 분할당하고 있다.

공공영역 개념이 복수로 사용되는 경우 그 매력을 상당히 잃게 되며, 여기서는 용어도 다소 문제가 된다. 왜냐하면 그 주장에 따르면 우리가 수용자들이 출처에 상관없이 정보를 주고받을 수 있는 다양한 사이트 — 공적 공간들로 더 잘 묘사될 수 있는 — 를 가지게 되었다는 것이다. 우리가 접하는 것은 정보를 수집하고 배포할 수 있는 다양한 장소/공간이 존재한다는 것에 대한 인정인데, 이는 공공영역 개념과는 전혀 다르다. 공공영역은 일체감과 연대의식을 상기시키고 대화와 토론이 이루어지는 곳인데, 이질적이고 분산된 다중적 공공영역 개념에서는 이런 것들이 상실된다.

다른 논평자들은 공공영역을 대체하는 뉴미디어 기술의 잠재력에 특히 많은 관심을 부여한다. 예컨대 브루스 빔버(Bimber, 2003)는 정보통신기술을 활용하면 선거운동 진입비용이 현저히 줄어든다는 점을 강조한다. 변화를 추구하는 사람들은 웹사이트를 개설하고, 이메일 리스트를 만들어 전자소식지를 돌릴 수 있다. 이렇게 함으로써 예전처럼 비용이 많이 드는 인쇄와 배포, 그리고 체력과 시간이 많이 소비되는 다수의 공청회 개최 등을 하지 않고도 선거운동을 시작할 수 있다(Gillan et al., 2008). 뉴미디어는 선거참여자들이 과거보다 전통적 정당에 더 적게 의존한다는 것을 의미한다. 오늘날 정치지망생들은 정치에 진입할 수 있는 저렴한 수단들을 가지고 있기 때문에 진입비용은 더 이상 장애요인이 되지 않는다. 인터넷을 통해 이제는 노동조합, 기업인협회, 정당 등과 같은 조직의 지원을 받지 않고도 의견을 전달할 수 있다. 그에 따라 민초(民草)들의 역량이 강화되는데, 뉴미디어를 통해 기성 정당의 승인 없이도 목소리를 낼 수 있기 때문이다. 마찬가지로 새로운 기술을 통해 상대적으로 빈곤한 운동가들도 자신의 정보를 공유영역으로 전달할 수 있기 때문에 공적 서비스 제도를 지원해야 할 필요성도 줄어들었다.

2) 파편화와 고치 치기

다양한 추세 — 세계화, 신자유주의, 신기술 등 — 의 결합이 공공영역을 표현하는 것으로 간주되어 온 공적 서비스 제도의 종말을 예고하는 것이라면, 우리는 또 다른 것도 목격할 수 있다. 상시적으로 이용할 수 있는 정보가 넘쳐나고 정보를 주고받을 수 있는 기회가 엄청나게 증대되어 왔지만 이러한 변화는 동시에 수용자 파편화를 동반하였다. 앞에서 언급하였듯이 과거에는 인기 프로그램의 경우 2~3천만 명의 시청자를 확보할 수 있었지만 지금은 그러한 역량을 상실하였다. 영국 TV 프로그램의 경우 대규모 시청자 수는 800~900만 명 정도일 것이다.

이러한 변화는 다양한 이유 때문에 나타났는데, 여기에는 편의를 위해 시청자들의 '시간 변경'을 가능하게 하는 기록 장치의 등장, 컴퓨터를 통해 유사한 이점을 누리게 해주는 디지털 기술의 확산 등이 포함된다. 그러나 일차적 요인은 제공되는 프로그램의 엄청난 증가였는데, 종일 방송 서비스에서부터 국내외 신규업자뿐만 아니라 기존업자들이 제공하는 수많은 채널에 이르기까지 다양한 변화를 통해 확인할 수 있다. 이러한 상황에서는 수용자 파편화가 불가피한데, 이는 사람들이 더 많은 것을 시청하는 동시에 더 선별적으로 시청한다는 것을 의미한다. 수용자 파편화는 TV와 라디오에 국한되지 않는다. 인터넷의 출현도 파편화를 보여 주는 특징이며, 사실상 파편화를 더 악화시키는 요인이기도 한다.

그런데 오늘날에는 파편화만 진행되는 것이 아니다. 허버트 사이먼(Herbert Simon)은 오래전에 정보의 풍부에 수반되는 일종의 결핍을 주목하였는데, 수용자 관심의 결핍이 그것이다.

> 정보가 풍부한 세계에서 정보가 많다는 것은 다른 것의 부족을 의미한다. 그것은 정보가 소비하는 그 무언가의 결핍이다. 정보가 소비하는 것은 사실 분명하다. 즉 정보는 수용자의 관심을 소비하는 것이다. 따라서 정보의 풍부는 관심의 빈곤을 초래하고, 이에 따라 관심을 소비하는 정보원천의 과잉 속에서 관심을 효과적으로 분배할 필요성이 생겨난다(Simon, 1971: 40~41).

여기에 우려의 이유가 존재한다. 즉 정보의 풍요는 파편화뿐만 아니라 추가적으로 정보과잉에 대처하는 어려움을 의미하기도 한다는 것이다. 예컨대, 캐스 선스타인(Cass Sunstein, 2006)은 정보 풍요에 대처하는 과정에서 선별과정이 형성되며, 이는 오직 안전하고 자기확신적인 정보만 허용하는 '정보 고치'(*information cocoon*)에 안주하는 수용자를 만들어 낼 수 있다고 주장한다. 월드와이드웹, 블로그, 이메일 등은 수용자의 지평을 엄청나게 확장해 주지만, 현실적으로 정보의 확산은 자신들의 편견과 성향에 들어맞는 것에만 관심을 기울이는 파편화된 집단도 쉽게 초래할 수 있다. 그러한 '고치 치기'(*cocooning*)는 개인적 삶은 편하게 할 수 있을지 모르지만 사고의 개방이나 정보적 지평의 확장에는 거의 도움이 되지 못한다. 마찬가지로 오늘날 더 많은 정보 또는 더 다양한 정보가 가용하다고 해서 민주적 논쟁에 대한 그 영향이 반드시 긍정적이라고 가정할 수는 없다.

나아가서 정보과잉에 대응하는 선별은 혼란스럽거나, 논쟁적이거나 도전적인 정보를 배제하는 경향이 있음을 보여 주는 증거가 존재한다. 그렇다면 우리가 목격하는 것은 일종의 '사이버 양극화'로서, 선별이 미묘한 입장을 경시하거나 거부하는 '정보 고치'를 촉진하는 과정이다

(Sunstein, 2009). 다시 말해서 웹사이트가 구축되는 영역은 수용자들이 그 관점에 동의해서 관심을 기울이는 곳이지만, 이러한 사이트는 압도적으로 유사한 정보에 대한 링크를 제시하는 반면에 반대되는 정보는 무시한다. 선스타인(Sunstein, 2007)은 시간이 지나면서 사람들이 파편화와 고립을 악화시키는 정보 '발칸화'(*balkaninzation*: 다수 소집단으로의 분열 - 옮긴이 주)에 이르게 된다고 주장한다. 이러한 환경에서는 정보의 풍부가 오히려 민주주의의 쇠퇴를 촉진하게 된다.

3) 국가중심 해결책을 넘어서?

우리는 여기서 민주주의의 도가니에서 일어나고 있는 변화에 대해 다시 한 번 숙고할 필요가 있다. 선거가 행해지고, 논쟁과 정책이 검토되며, 유권자들이 자신들의 선호를 밝히는 곳은 국민국가이다. 그리고 공공영역이 제도화되는 곳도 국민국가 내부이다. 잘하면 공공영역은 가장 바람직한 정부의 방향을 둘러싼 대화에 참여하는 시민들 사이에서 논쟁과 토론이 이루어지는 장소가 될 것이다. 하버마스의 용어로 표현하자면 공개적인 검토를 통해 국민적 합의가 이루어질 수 있는 곳이 바로 공공영역인 것이다.

이러한 공공영역 개념이 직면해야만 하는 많은 어려움이 존재한다. 그중 하나는 민주주의 사회에서 합의의 달성이 특권화된 엘리트 — 영국의 경우 최근 10년 동안 정치에 전적으로 몰두하는 옥스브릿지 출신 남성집단과 논쟁하는 또 다른 옥스브릿지 출신 남성집단 — 사이의 토론으로 편향되는 경향이 있다는 것이다. 나아가서 강화된 세계화 시대에 국민국가 기반 민주주의의 실현가능성에 대해 진지한 질문이 제기될 필요가 있다. 공공영역 개념에 직접적으로 악영향을 미칠 수 있는 것으로, 세계화 시대에서의 시민의 정보적 자원 문제가 존재한다. 그 단점이 무엇이든 간에 공적 서비스 방송은 시청자들이 정치적 사안에 대해 알 수 있도록 해줌으로써 이러한 요구조건을 충족하는 과정에서 중요한 역할을 수행하였다는 주장은 충분히 가능하다. 그러나 오늘날에는 공적 서비스 방송의 이러한 기능이 의문시될 수밖에 없는데, 위성방송, 유선방송, 인터넷이 시청자나 청취자들에게 엄청난 대안적 정보원천을 제공하기 때문이다. 존 키언(John Kean, 1991)이 주장하듯이 이러한 "국민국가 틀 내의 단일하고 공간적으로 통합된 과거의 공공영역과 유사한 것들을 앞지르거나 파편화시키는… 다양한 통신망 소통공간"을 가지게 된 세계에서는, "국가지원을 받고 국내에 한정되면서 라디오, 텔레비전, 신문, 서적에 의해 매개되는 전통적 공적 생활의 지배는 종말에 가까워지고 있다"(p. 169).

이러한 변화를 인정하면서도 여전히 공공영역의 용어를 사용하는 사람들이 존재한다(Gripsrud and Moe, 2010). 특히 카스텔(Castells, 2008)의 논의전개가 흥미롭다. 카스텔은 매우 대담한 형식으로 세계화와 급속한 기술혁신의 결합에 따라 야기되는 국가중심 민주주의 개념에 대한 중대한 도전을 인정하고 있다. 그러나 이러한 압력에도 불구하고 그는 절망하는 대신 국경을 초월하는 '네트워크 공공영역'이 출현하게 될 것이라고 전망한다. 이러한 공공영역은 미디어에 연결되면서도 — 동시에 도전을 제기하면서 — 민초들의 역량을 강화하는 '수평적' 소통양식을 가져다준다는 것이다. 21세기 '네트워크 사회'에서 카스텔은 "미디어 소통체계와 인터넷 통신망, 특히 웹 2.0의 사회적 공간을 중심으로 형성되는 지구적 공공영역"(p. 91)을 예견한다.

이런 부분에 대해 경험적으로는 카스텔의 진단이 맞지만, 그가 밝힌 세계화된 통신망이 '지구적 공공영역'에 큰 기여를 할 것으로 전망하기는 어렵다. 왜냐하면 세계화된 통신망은 민주적 논쟁이나 토론과는 거리가 멀고, 그 소속이나 목표도 폭넓은 민주적 관심사에 기여하고자 하는 것이라기보다는 쟁점 지향적인 것들이기 때문이다.

8. 민주주의의 재개념화?

이러한 도전을 고려할 때 공공영역의 개념은 신뢰하기 어려운 것으로 보이기 시작한다. 세계화는 국경을 초월하는 새로운 정보 원천을 가져다주고 있고, 신기술은 기존의 정보 생산, 분배, 수용에 대해 의문을 제기한다. 또한 정보 과부하 속에서 나타나는 수용자 파편화와 고치치기는 새로운 미디어가 논쟁보다는 정보적 분리지구(*enclaves*)를 촉진할 수 있다는 것을 보여 준다. 세계화 시대의 민주주의적 요구에 대응하는 국민국가의 역량에 대해서도 중대한 의문을 제기할 필요가 있다. 사람들이 정보에 접근하고, 토론하고, 나아가서 기여할 수 있는 수많은 공간이 존재한다는 것은 분명하지만 하버마스식의 개념은 그러한 것들을 거의 포착하지 못한다. 이들 공간은 파편화되어 있고 대화의 여지가 없으며 합의된 의사결정을 도출하는 과정에 거의 기여하지 못한다.

여기서 우리는 민주주의의 의미에 대해 재검토해 볼 필요가 있다. 앞에서 주장하였듯이 민주화는 확장과 수정이 이루어지는 지속적 과정이다. 이에 대한 예로서, 최근 몇십 년에 걸쳐 서구 민주주의 사회에서는 민주주의가 차이에 대한 관용을 수반한다는 사고가 출현하였다. 민주주의는 과거에 대규모 시민들 사이의 상당한 통일성을 의미하였지만, 이제는 차이에 대한 관용을 환기시키는 것이다. 이는 함께 살아가는 것에 대한 헌신으로서, 과거에는 대다수 사람들에 의해 용인되지 않았던 생활양식, 선호, 태도를 가진 사람들도 배제하지 않는 것이다(Young, 1990). 오늘날 민주주의 사회는 다양한 사람들로 구성되어 있어서 지배/소수자 구분이 논쟁적인 경우도 발생한다. 왜냐하면 한 차원에서 지배자 위치에 있는 사람도 다른 차원에서는 소수자가 될 수 있기 때문이다.

이러한 관점에서 볼 때 캐스 선스타인이 수용자와 정보 생산자들 사이의 우려스러운 파편화로 간주하는 현상은 문제가 되지 않는다. 이러한 변화는 현저히 다른 사람들이 서로 부대끼며 함께 살아가는 건강한 민주주의 사회에서 다양성의 확산을 표현하는 것에 지나지 않기 때문이다. 더욱이 과거의 주변적 집단이 목소리를 낼 수 있게 하는 기반을 제공하는 뉴미디어의 역량을 환영하는 저작가들은(Dahlberg, 2007), 다양성을 '정보 혼란'으로 간주하고 한탄하는 사람들이 받아들이는 민주주의 모형을 즉각 비판한다.

다양성에 대해 우려하는 사람들은 하버마스적 틀에서 접근하는데, 이들은 민주주의의 바람직한 모습과 실행은 우월한 합리성의 승리를 통해 합의된 결론을 도출하도록 작동하는 통합된 공공영역에서의 토론을 필요로 한다고 주장한다. 그러나 이에 대한 첫 번째 반론은 (앞에서 언급되었듯이) 실제적으로 공공영역은 거의 모든 곳에서 사회 전반에 걸친 지배력을 구축해 온 특권적 엘리트에 의해 지배된다는 것이다. 두 번째 반론은 하버마스식 모형은 현실성이 떨어진다는 주장으로, 다양성을 그 특징으로 수용하는 민주주의의 현실을 받아들이지 못한다는 것이다. 삶의 방식에 대한 합의된 의사결정을 내리기 위해 시민과 그 대표자들이 토론에 참여한다는 민주주의 모형은 오늘날 민주주의의 중요한 척도가 종교, 민족, 성 지향, 생활양식 등의 현격한 차이도 정당한 것으로 수용하는 능력이라는 사실을 받아들이기 어렵다.

차이를 현대 민주주의의 핵심적 특징으로 수용한다면 다양한 원천을 가진 정보의 확산은 환영할 만한 것이다. 그것은 혼란스러운 부분도 있지만 미완성 기획으로서의 민주주의의 중요한 특징을 확인하는 데 도움을 준다. 이러한 관점은 또한 민주주의가 단순히 논쟁과 토론을 통해 가장 합리적인 의사결정을 내리는 수단으로 간주되어서는 안 된다는 점을 우리가 제대로 평가할 수 있게 해준다. 이는 나중에 의문시되어 온 수많은 의사결정을 통해 분명히 드러나게 된다(예컨대 1960년대 영국에서 수많은 열차선로의 폐쇄나 비슷한 시기 고층빌딩 지역에서의 아파트 건축 등). 되돌아보면 합리성에 근거해서 내렸다는 많은 의사결정이 후에 의심스러운 것으로 밝혀지는 경우뿐만 아니라, 그러한 의사결정에 이르게 되는 과정에서 권력관계가 영향을 미쳤다는 사실을 확인할 수 있다(예컨대 철도 폐쇄에 대한 의사결정 과정에서는 도로건설 로비가 많은 영향력을 행사하였고, 주택정책 분야에서는 설계사나 건축사들이 지배적인 힘을 가지고 있었다).

'합리성'을 강조하는 민주주의 개념에 대한 문제제기를 통해 우리는 합리성이 개인과 집단 내부 및 그들 사이의 '담론'을 통해 등장하게 된다는 것을 더 잘 이해할 수 있게 된다(Dryzek, 2000). 뉴미디어를 이용하여 자신들의 목소리를 낼 수 있는 기회를 발견하게 된 집단(과거에는 주변적이었던 행위자들을 생각해 볼 수 있다)의 급속한 성장을 목격할 수 있는 시대에는, 이러한 목소리들이 사회 속의 다른 담론—서로 인정하거나 진가를 알아주는—과 어떻게 서로 연결되는가에 대한 질문이 제기된다. 중요한 점은 민주주의에 대한 이러한 접근은 '합리성'이 아닌 담론을 민주주의 형성에 필수적인 것으로 간주한다는 것이다. 이러한 관점에서 볼 때 민주주의와 정보 문제에 대한 접근은, 다양한 집단이 자신들의 입장을 표현할 수 있게 해주는 정보폭발과 더불어, 차이를 아우를 능력이 있는 일종의 체계로서 민주주의를 강조한다. 관계를 동질화하는 일반적으로 합리적인 대안을 추구하는 것이 아니라 다양성을 수용하면서 다양한 유권자 집단 간의 연결지점을 강조하는 것은 포용적 형태의 민주주의를 발전시키는 긍정적 방식이라고 할 수 있다(Fraser, 2008 참조).

이는 바람직한 목표로서, 다양성에 대한 존중과 관용을 보이고 이전에 주변화되었던 사람들이 목소리를 내는 민주주의를 추구하는 것이다. 그런데 이러한 입장을 성급하게 수용하기 전에 주저하게 되는 부분이 있다. 하나의 이유는 이러한 입장이 소비주의 에토스의 기미를 보인다는 것인데, 바로 민주주의의 의미를 자신이 원하는 식으로 한다거나 무엇이든 허용된다는 식으로 해석하는 경향이다. 다양성의 찬양은 민주주의에 대한 약화된 견해, 즉 민주주의를 개인적(최소한 분파적) 선호에 대한 추구와 거의 동일하게 간주하는 입장을 지지하는 것으로 이어질 수 있다.

나아가서 우리는 여기서 가장 합리적인 방안 모색에 전념하는 공공영역 개념을 폐기하는 것을 주저하게 된다. 성적 지향, 생활양식 선호, 종교적 신념 등과 같은 쟁점에 관한 한—이러한 문제가 중요하기는 하지만—다양성은 별로 문제가 되지 않지만 세제, 교육, 복지 등과 같은 문제에 대해서는 논쟁을 통해 의사결정을 내리려는 공공영역을 반드시 필요로 한다. 이런 문제에 대한 논쟁의 제기는 민주주의 사회에서 쟁점의 우선순위를 주장하는 것이다. 그렇다면 정보 자원을 증가시키고 그를 통해 열외로 취급받던 것이 주목을 받도록 해주기도 하지만, 민주주의 사회에서 더 중요한 쟁점에 대한 관심을 분산시킬 수 있는 발전들에 대해서 우리는 당연히 우려를 표해야 한다.

마이클 에드워드(Michael Edwards, 2004)는 적절하게 시민사회를 "차이의 영토, 다양한 신념, 인종, 관심, 시각, 쟁점을 가진 사람들이 삶에 대한 의미를 찾아내는 곳"과 동일시한다. 그러면서 그는 이것을 공공영역과 구별하는데, 그에 따르면 공공영역은 "복합적인 사회의 지배구조와 평화적 공존의 유지"에 필수적인 것이다. 왜냐하면 공공영역은 공중의 이해관계에 대한 공통된 헌신 속에서 작동하기 때문이다. 요컨대 민주주의 자체가 번영하기 위해서는(Garnham, 2000) 특수한 것들이 공동의 이해관계에 항복〔해야만〕한다는 바로 그 이유 때문에 공공영역과 같은 것이 필요하다는 것이다(Edwards, 2004: 61~62). 현재로서는 민주주의가 대부분 국민국가 내에서 이루어지는데, 국민국가가 때로는 시련을 겪기도 하지만 효과적으로 운영되기 위해서는 정치적 공공영역을 필요로 한다. 이를 위해서는 정보적 자원뿐만 아니라 공식적인 정치적 과정이 필수적으로 요구된다. 바로 여기에서 국가지원 공적 서비스 제도에 대한 정당화를 찾을 수 있는데, 이러한 기관이 건강한 정보—시장은 무시하는 경향이 있는—를 제공함으로써 민주주의를 지탱하기 때문이다. 여기서 공적 서비스 제도는 공공영역—정치적 공공영역으로 신중하게 개념화되는—을 지원하기는 하지만 동일한 것이 아니라는 것을 명심할 필요가 있다.

1) 공공영역의 과도한 이상화

공공영역에 대해 반대하는 또 다른 주장이 있는데, 참된 시민은 국가의 문제에 대해 관여적이고 진지하며 충분히 알고 있어야 한다는 가정이 도덕적으로 거만하다는 것이다. 이들은 이 용어에는 정치적 상황이나 흐름에 대해 잘 알지 못하는 사람들에 대한 질책의 느낌이 배어 있다고 주장한다. 좀더 자세하게 말하자면 이들은 공공영역을 지지하는 사람들은 정치를 이상적인 방식으로, 모든 성공적인 민주주의 사회가 추구해야 될 일종의 이상으로 간주한다고 생각할 것이다.

이에 대한 반론은 시민들은 관심을 가진 민주주의자가 될 수 있지만 그렇다고 그들이 정치에 전적으로 관여해야 할 필요는 없다는 것이다. 도널드 위니컷(Donald Winnicott, 1896~1971)은 가용한 최선의 육아법에 대해 조언하면서 달성할 수 없는 완벽의 상태를 제시하는 경향이 있는 사람들에 대응하여 '충분히 좋은' 부모라는 용어를 만들어 냈다. 정치적 쟁점에 빠져들어서 자신과 동일한 열정이 없는 사람들을 비난하는 사람들에 대응하여 '충분히 좋은' 민주주의자 개념을 발전시킬 수 있다. 우리는 정치적 음모에 대해 관심 없다고 말하는 사람들에 대해 창피할 정도로 무지하다거나 이런 저런 스캔들 정도는 '반드시 알아야 한다'고 비난하는 것을 흔히 본다. 그러한 비난은 흔히 비정치적인 시민이 민주주의를 쇠퇴시키고 있다는 훈계와 함께 이루어진다("사람들은 투표권을 위해 죽음을 바쳤어", "의회에서 일어나는 일에 대해 모르는 것에 대해 부끄러운 줄 알아야지" 등이 그것이다). 이러한 비난에 대해 사람들이 정치적 문제에 전적으로 관여하지 않는다고 해서 진지한 민주주의자가 아니라고 간주해서는 안 된다는 주장을 제기할 필요가 있다.

그들에게는 단지 정치가 삶의 전부가 아니기 때문이다.

여기서 마이클 슈드슨(Michael Schudson, 1998)의 '감찰적 시민'이라는 개념이 특히 유용하다. 슈드슨은 정보와 민주주의 간의 연관은 하버마스주의자들이 생각하는 것처럼 그렇게 밀접하지 않다고 평가한다. 공공영역은 그 주창자들이 제시하는 것처럼 제대로 작동된 적이 결코 없으며, 최근 몇십 년 동안 정치적 참여가 현저하게 쇠퇴하기는 하였지만, 이는 정치적 투쟁을 통해 획득하였지만 지금은 법적 및 유사 법적 수단을 통해 보호되고 있는 권리(복지뿐만 아니라 성별 및 인종적 평등)의 확산에 따라 상쇄되어 왔다. 전반적으로 민주주의적 결핍에 대한 언급에도 불구하고 슈드슨은 오늘날의 민주주의 상태는 과거 어느 때보다도 건강하다고 평가한다.

나아가서 슈드슨(Schudson, 2008)은 복합적 사회에서 살아가면서 모든 사람들이 모든 것에 대해 전문가가 되기를 기대하는 것은 비현실적이며, 정치에 대해서도 마찬가지라고 주장한다. 오늘날에는 정치인들은 대부분 일찍부터 정치를 시작하는 직업적 정치가들이어서, 정치 이외의 분야에서 중요한 자리를 차지하는 경우는 드물다. 비록 원한다고 하더라도 일반 시민이 직업 정치인들에게 요구되는 지식이나 기술을 보유하기를 바랄 수는 없다. 그렇다고 이에 대해 한탄할 필요도 없다. 우리 모두는 어떤 식으로든 전문가들에게 의존하고 있기 때문이다(그리고 모든 전문가는 또 다른 전문가에 의존하고 있다). 바로 이런 것이 복합적인 사회의 삶의 조건이다. 이런 현상이 시민의 권리를 빼앗아 가는 것은 아니며, 우리 모두가 정치에 대해 깊은 지식을 가져야 한다는 것을 의미하는 것도 아니다. 오늘날의 시민은 '정보에 밝기보다는 감찰적'이고(p. 310) 결정적인 순간에 자신들의 영향력을 행사할 수 있기 때문이다(선거와 같은 분명한 경우뿐만 아니라, 탐사 미디어나 정치인들의 판단에 대해 문제를 제기하는 다른 전문가들을 통해서도).

이러한 시각이 정치와 정치인에 대한 깊은 불신의 표현에서 드러나는 공중의 심각한 무지에 대한 찬양으로 해석되어서는 안 된다. 이러한 시각이 포착하고자 하는 것은 현대 사회에서 특징적으로 나타나는 선출된 대표자들에 대한 공적 불신과 일상적인 신뢰의 공존이다. 우리 모두는 '정치인들은 자신들만 챙긴다'거나 선거운동 중에 어떤 공약을 하든 당선된 이후에는 쉽게 타협하고 양보한다는 의혹의 목소리가 컸던 때를 기억할 것이다. 다른 한편으로 우리 모두는 또한 각자가 입법의 자세한 내용은 말할 것도 없고 정부 조세 예산의 자세한 내용을 꼼꼼히 들여다보기에는 다른 해야 할 일들이 너무나 많다는 것을 인정하게 된다. 슈드슨(Schudson, 2006)이 적고 있듯이 "우리들 중 누구도 모든 중요한 공적 쟁점에 대해 의사결정을 내릴 만큼 충분히 정보를 갖추지 못하고" 있으며, 그렇기 때문에 "우리는 다른 사람들에게 맡기는 수밖에 없다"(p. 505). 그럼에도 불구하고 이것이 우리가 전문 정치인들에게 굴복한다는 것을 의미하는 것은 아니다. 특히 정책과 관행에 도전할 수 있는 다른 사람들의 전문성에 의존하여 우리가 정치인들과 그들의 행위에 대해 의문을 제기할 수 있고 또 그렇게 하기 때문이다. 결국 우리는 현 시대에서 '민주주의의 복합성'과 '복합성의 민주주의'(p. 504) 모두를 인정해야만 한다.

마이클 슈드슨의 주장은 민주주의 사회에서 인터넷의 역할에 대한 최근의 논쟁에도 반영되고 있다. 뉴미디어가 이용자들로 하여금 더 많은 것을 알려 주는 방대한 자원을 활용할 수 있게 해주기 때문이라거나, 그 상호작용적 특성을 통해 시민들이 정치적 주장에 도전하거나 바로잡을 수 있도록 신속하게 대응할 수 있게 된다는 것을 의미하기 때문에, 또는 선거운동 과정에서 과거보다 훨씬 더 효과적으로 동원을 할 수 있게 해주기 때문에, 뉴미디어가 민주주의를 재활성화할 것이라고 흔히 주장된다. 여기서 뉴미디어는 특권적인 역할을 부여받아서, 일반 시민들이 공적인 쟁점에 대해 보다 직접적이고 강력한 발언을 할 수 있게 하는 수단을 제공함으로써 시민의 역량을 강화할 수 있는 것으로 간주된다.

요카이 벤클러(Yochai Benkler, 2006)가 볼 때 새로운 기술의 출현은 '연결망 공공영역'과 같은 것을 가져온다. 이는 불가피하게 하향적 매스미디어에 의존할 수밖에 없었던 과거보다 훨씬 우월한 공공영역이다. 사회적 연결망에서 개인 블로그, 이메일에서 대화방, 웹사이트에서 시민 저널리즘 등에 이르는 일련의 발전도 이러한 방식으로 민주화하는 세력으로 간주될 수 있다. 과거에는 자신들을 대신해서 말해 주던 다른 사람들에게 의존했던 일반 시민들이 '전문가' 중개자의 도움 없이도 자신들의 목소리를 전달할 수 있게 해준다는 점에서 그렇다. 이러한 측면에서 볼 때 탈중개(*disintermediation*)를 가져오고 이용자 콘텐츠 창출을 가능하게 해주는 신기술 덕분에 정보의 일회적 소비자는 생산자가 될 수 있다.

비록 변동의 내용은 열성적 지지자들이 바라는 것처럼(Bennet et al., 2008; Tarrow, 2005) 현저하지는 않지만, 이러한 경향의 많은 부분은 환영할 만하다. 우리는 여기서, 우리 각자는 전문성에 의존할 수밖에 없다는 것이 현대생활의 불가피한 조건이라는 슈드슨의 주장을 상기하면서 주의할 필요가 있다. 이러한 관점에서 민주주의와 정보를 바라보면 우리는 현대 세계가 개인으로서의 우리나 심지어는 어떤 단일한 기관이 충분히 파악하기에는 너무나도 복합적이라는 것을 쉽게 인정하게 된다. 따라서 우리는 민주주의의 핵심적 측면의 하나는 우리 삶의 방식에 대한 의사결정을 내리는 과정에 수반되는 협력과 타협, 그리고 그에 따르는 신뢰와 회의 간의 균형을 통한 지배라는 사실을 인정하는 것이 좋다. 우리는 홀로, 심지어는 단일한 제도를 통해 세상을 조직화할 수 없기 때문에, 다른 사람들의 전문성에 의존해야 하고 그에 필요한 적응도 해야 한다.

탈중개에 대한 열성적 지지자들은 인터넷 및 그와 관련된 기술을 혁명적인 민주화 세력이라고 과도하게 환영한다. 시민들이 자신들의 목소리를 낼 수 있는 발전된 수단을 가지게 되는 것은 분명하지만, 블로그나 사회연결망 사이트가 정보의 증가보다는 혼란스러운 '소음'에 가까운 불협화음을 초래 — 실제로 그렇기도 하듯이 — 하는 경우를 놓고 보면, 그런 주장의 진동자가 너무 한쪽으로 치우치는 측면도 있다. 이는 또한 앞의 파편화와 은둔 관련 논의에서 언급한 논점을 상기시키는데, 재론할 필요가 있다. 그것은 뉴미디어가 단지 고립적이거나 자기 확증적인 집단으로부터 나오거나 들어가는 정보만 양산하게 되는 경우 민주주의에 대한 위협이 존재한다는 것이다. 민주주의가 효과적으로 돌아가기 위해서는 개별적인 (그리고 미미하게 연결된) 목소리가 많은 것 이상의 무엇이 존재해야 한다.

그렇다고 일부 블로그가 민주주의 담론에 유용한 기여를 해왔다는 것을 부정하는 것은 아니다. 실제로 일부 증거(Albrecht, 2006)에 따르면 인터넷에서는 일종의 자기규제가 존재하는데, 사이트들의 유용성에 대한 평판이 쌓이면서 별난 사이트는 주변으로 밀려나게 된다는 것이다. 매슈 하인드먼(Matthew Hindman, 2009)은 뉴미디어의 실제적 활용을 검토하면서(웹 트래픽의 흐름을 분석함으로써) 유사한 주장을 한다. 그는 과거보다 훨씬 더 많은 정보가 인터넷을 통해 유통되지만, 대부분의 인터넷 이용자는 실제로는 일부 사이트만 방문하기 때문에 우리는 정보의 증가가 민주주의 증가로 바로 변환된다고 가정해서는 안 된다는 것을 보여 준다. 실제로 5년간에 걸쳐 5개의 사이트가 모든 인터넷 트래픽의 25%를 차지했다는 것을 보여 주는데, 이러한 집중도는 비난받는 독점 신문과 방송 미디어의 집중도보다 더 높은 것이다. 흥미롭게도 이러한 결과는 인터넷을 통한 참여가 대부분 일관성 없는 '소음'을 초래하였다는 비난을 반박하기는 하지만, 그렇다면 새로운 것이 무엇인가에 대한 문제를 제기한다.

블로그가 유아론적 견해의 양산을 조장한다는 우려가 존재한다. 이러한 경향은 각자가 목소리를 낼 수 있는 기회를 가진다는 측면에서 현상적으로는 민주주의적 매력을 지니고 있지만, 파편화와 정보에 어두운 견해의 확산을 조장함으로써 민주주의를 약화시킬 수도 있다. 과거 우리를 대신하여 정치(그리고 여타 많은 부분)를 담당하였던 '상급자'에 대해 존경을 표하던 시대로 되돌아갈 수는 없지만, 사람들이 "뉴스, 정보, 문화를 찾기 위해" 인터넷을 이용하는 것이 아니라 인터넷 자체를 "실제로는 뉴스, 정보, 문화"로 간주하는 것으로 보이는(p. 7) 시대에 권위의 쇠퇴에 대한 앤드류 킨(Andrew Keen, 2008)의 우려는 타당하다. 권위자들은 문지기 역할을 하며, 제대로 작동하면 쓸모없는 것으로부터 신뢰성 있고 튼실한 정보를 걸러 주는 기능을 할 수 있다.

모든 사람들이 자신이 원하는 정보에 접근하거나 제공할 수 있는 진정한 민주주의를 상상하는 것은 어렵다. 킨(Keen, 2008: 65)은 "우리 모두가 발언자라면 과연 누가 우리를 신뢰하겠는가?"라고 반문한다.

동시에 과거에 부당하게 주변화되었던 목소리들이 표현될 수 있는 기회의 확산이 반박되어서는 안 된다. 그럼에도 불구하고 뉴미디어가 훨씬 더 많은 유권자들에게 '목소리'를 낼 수 있다고 약속하지만, 실제로 '수용'의 관점에서 이것이 의미하는 바는 무엇인가에 대한 하인드먼(Hindman, 2009)의 의문 제기는 적절하다. 주된 문제는 이러한 기여들을 더 광범위한 정보적 자원과 연결시키는 방법이다. 민주주의는 공동의 이해와 관심사를 결정하는 수단을 가지고 있어야만 하는데, 이는 다양한 견해가 교환되고 논쟁이 진행되고 의사결정이 이루어지는 대화의 장이 제공되어야 한다는 것을 의미한다. 국민국가 내부의 정치적 공공영역이 이러한 절차에 대한 사고의 기준이 되어 왔지만, 위에서 언급한 이유들 때문에 지금은 시련을 겪고 있다.

2) 정보의 질

앞에서 보았듯이 사회민주주의자들은 정보적 문제에 관한 한 시장은 부적합다는 것을 쉽게 증명할 수 있다. 이런 친숙한 비판이 도서관이나 박물관 같은 공적 서비스 제도에 대한 국가지원을 주장하는 출발점이었다. 국가가 실제로 개입하면서 정보에 대한 정치적 간섭 — 특히 홍보와 포장 — 에 대한 우려가 일부 존재하기는 하지만, 위의 주장은 공적 서비스 제도가 민주주의에 기본적으로 요구되는 최선의 정보를 개발하고, 수용하고, 확산시키도록 자리를 잘 잡고 있다는 것이다. 상기하였듯이 이는 전문 정치인이나 관심 있는 시민뿐만 아니라 다양한 영역의 검증된 전문가(통계학자, 언론인, 대학교수, 과학자 등)와 관련되어 있는데, 이들은 정보가 정확성과 신뢰성을 가지도록 보장하기 위해 생산, 평가, 논쟁한다.

그러나 캐스 선스타인(Sunstein, 2006)은 이러한 설명을 수용하기 전에 망설이게 되는 이유를 제시한다. 가장 건강한 정보는 시민들이 신뢰를 부여할 수밖에 없는 전문가들로부터 나온다는 가정에 반하여, 선스타인은 전문가들 간의 관계를 형성하는 위세와 명성의 영향, 증거의 경중을 제시하는 것과 관련된 수사(*rhetoric*)의 중요성, 전문가들조차도 통념이나 유행하는 관점을 따르는 경우에 발생하는 '정보적 종속'(*informational cascade*)의 중요성 등에 대해 상기시켜 준다.

선스타인의 논점은 전문가들의 숙의(熟議)가 반드시 최선의 정보 생산으로 이어지는 것은 아니라는 것이다. 이에 따라 그는 최선의 정보 가용성을 보장하는 수단으로서 익명성과 개방성을 옹호하는 입장을 취하게 되는데, 이러한 관행은 위키(*wiki*) 현상에서 요약적으로 표현된다. 종종 — 특히 전문가들에 의해 — 조롱거리가 되기도 하지만 위키피디아(보다 일반적으로 위키 관행)는 인정된 전문성을 내보이지 않아도(그리고 그런 것에 구애받지 않으면서) 누구나 정보의 생산에 참여할 수 있게 해준다. 그 결과는 실로 엄청나다.

여기서 선스타인(Sunstein, 2006)이 민주주의를 활성화하는 수단으로서 블로그를 받아들이는 것은 아니라는 점을 밝히는 것이 중요하다. 왜냐하면 그의 견해에서 볼 때 블로그는 "놀라울 정도로 다양한 범위의 주장, 시각, 불평, 통찰, 위선, 사실, 허구, 상식과 비상식"(p. 187)을 가져오기 때문이다. 블로그는 누구든지 어떤 말이라도 할 수 있게 해준다. 위키는 익명적 기여자가 언제든지 수정과 편집을 할 수 있는 문서이다. 이를 통해 창출되는 정보의 신뢰성이 높은 정도로 유지된다.

가용한 최선의 정보를 달성하는 수단으로서 위키 관행에 대한 선스타인의 관심은 콩도르세(Marquis de Condorcet, 1743~1794)의 배심원 정리(*Jury Theorem*)로 거슬러 올라가는데, 이에 따르면 유권자 집단의 한 성원이 (재판, 선거, 공청회 등에서) 올바른 의사결정을 할 평균 확률이 절반이 넘는 경우, 전체로서의 집단이 올바른 의사결정을 할 확률은 그 집단에 새로운 성원이 추가될수록 더 높아진다. 이 주장은 대규모 집단 성원들의 평균적 의사결정이 소수의 전문가 집단에 의한 의사결정보다 더 정확하다는 것이다. 이는 제임스 서로비에키(James Surowiecki)가 그의 저서 《군중의 지혜》(*The Wisdom of Crowds*, 2004)에서 제시한 주장과 동일한 것이다.

얼핏 보면 이는 반(反)직관적인 것으로 보일 수 있지만 위키피디아를 검토해 보면 그 수준이 전문가들만이 참여한 브리태니커 백과사전과 동등하다는 것을 확인할 수 있다(Giles, 2005).[11] 일화적 증거들도 학자들이나 언론인들도 위키피디아를 — 특히 학자들은 그것을 조롱하기도 하지만 — 일상적으로 이용한다는 것을 보여 준다. 일반적인 위키 원리는 — 기여자의 익명성과 내용 편집의 개방성 — 최선의 가용한 정보를 보장하는 전문가 중심의 방식에 대한 실현 가능한 대안을 제시할 수 있는 가능성을 보여 준다. 여기서 우리는 "더 많은 정보를 도출하

---

11) 2005. 12. 15일자 BBC News "Wikipedia Survives Research Test" 참조. http://news.bbc.co.uk/1/hi/technology/4530930.stm. 이것이 위키피디아가 비난의 여지가 없다는 것을 의미하는 것은 아니다. 위키피디아의 수록 내용에 문화적, 역사적 편견이 존재하기도 하는데, 예컨대 영국의 발군의 축구선수인 데이비드 베컴(David Beckham)에 대한 내용은 시인인 로버트 프로스트(Robert Frost)나 시머스 헤니(Seamus Heaney)에 대한 내용을 훨씬 능가한다. 또한 압도적으로 남성 중심인 위키피디아 기고자 구성으로 인해 내용, 작성 대상, 중요인물 선정 등에 성별 편견이 반영되는 것으로 알려져 있다(Gleick, 2013).

기 위해서는 많은 제도가 비밀투표를 더 많이 활용하는 것을 고려해야 한다"(Sunstein, 2006:208)는 선스타인의 권고를 명심할 필요가 있다. 선스타인은 조직의 성원은 자신이 속한 조직(사무실, 공장, 대학, 정당 등)에 대한 많은 지식을 보유하고 있고 익명성으로 보호되는 경우에 이러한 지식을 더 쉽게 제공한다는 근거에서 그런 제언을 한다. 위키가 전문가 집단보다 더 좋은 정보를 만들어 낼 수 있다고 주장하는 것은 진지한 주장이다. 예컨대 한 회사의 5개년 계획을 이사회에 국한하지 않고 모든 직원들에게 개방하여 위키를 통해 만든다거나, 대학의 미래 방향을 모든 성원들이 참여할 수 있는 위키 문서를 통해 설정한다든가, 정당의 정책을 관심 있는 모든 사람들이 참여할 수 있는 위키를 통해 수립하는 것 등을 상상해 보라. 이런 것들은 기술적으로 실현 가능하며 이런 방식이 전문가 집단이 만들어 내는 문서보다 우수한 정보를 만들어낼 것이라고 생각할 만한 충분한 근거가 있다.

9. 결론

시장체계가 민주주의의 정보적 요구를 충족할 능력이 없는 것으로 간주하는 사람들은 오래전부터 부적합성을 바로잡기 위한 국가개입을 권고했다. 공적 서비스 제도는 최근 몇십 년 동안 하버마스의 공공영역의 형태로 제시된 이러한 주장을 표현하는 것이었다. 이러한 정책은 대부분의 서유럽 국가에서 제도적으로 표현되었는데(국가적 특이성은 당연히 고려해야 할 것이다), 이러한 관점은 특히 정보와 통신 분야 학자들 사이에서는 훨씬 더 넓은 범위까지 확장된다. 그리하여 시장에 대한 개입이 쉽게 자유에 대한 공격으로 해석되는 미국에서조차도 일련의 영향력 있는 논평자들(예컨대 Barnouw, 1978; Schiller, 1996; Bagdikian, 2004; McChesney, 2008)이 그런 제도를 권고했다.

보다 최근에는 컬럼비아대학 총장인 리 볼링거(Lee Bollinger, 2010)는 많은 미국인들이 BBC의 신세를 지는 — 그리고 유사한 것을 요구하는 — 것을 목도하면서 미국인들에게 "시민으로서 필요한 필수적 정보"의 결핍이 생기지 않도록 보장하기 위하여 "언론을 위한 공적 기금"을 요구했는데, BBC는 "든든한 공적 기금 구조를 가지고 있어서 매우 존경받고 세계적으로 강력한 언론제도"가 되었다는 것이다.

민주주의 요건을 충족하는 것에 관한 한 시장이 불충분하다는 것은 쉽게 인정될 수 있다. 실제로 존재하는 상황이 부적합하다는 것은 논쟁의 여지가 없으며 따라서 개혁이 필요하다는 것은 당연한 결론이다. 이 장은 영국에 반복적인 비윤리적(그리고 불법적인) 언론관행 — 대부분(유일한 것은 결코 아니지만) 뉴스인터내셔널(News International)이 소유한 타블로이드 신문의 관행 — 이 존재해 온 것으로 드러나면서(Leveson, 2012) 촉발된 한 위기가 전개되는 과정에서 작성되었다.

수백 명의 사람들이 자신의 전화통화를 '해킹' 당했다(즉 전화통화를 제3자가 불법적으로 도청을 했다). 흔히 생각하는 것처럼 유명인사나 정치인들뿐만 아니라 아동 유괴살인과 같은 극악 범죄의 희생자, 복무 중 사망한 군인의 가족, 런던 지하철에 대한 7·7 테러 희생자 가족, 심지어는 미국 9·11 테러 희생자의 연인까지도 그 대상이었다. 현직 경찰이 이 사건에 연루된 것으로 보이는데, 금전이나 다른 이득을 위해 이름, 주소, 전화번호를 언론에 제공하고 나아가서는 왕실 가족의 기밀 사항에 대해서도 누설한 것으로 드러났다. 이런 와중에 이들의 상관은 그러한 비리가 일반인들이 예상하듯이 빈번하게 저질러져 왔다는 주장을 제대로 조사하는 데 실패하였고, 일부 고위 경찰관들이 뉴스인터내셔널의 고위층과 친분관계〔영국 경찰의 최고위직인 런던경찰청장의 사임을 촉진한 내밀한 관계〕를 유지해 왔다는 것도 드러났다. 단일 임기 수상과 장기간의 재무장관을 역임한 고든 브라운(Gordon Brown)은 하원에서 자신의 은행계좌, 연말정산, 장애자인 둘째 아들의 건강상태 등에 대한 자세한 정보가 불법적인 방식으로 수집되었다고 고발하였다. '해킹'과 '사취'(*blagging*: 개인정보에 접근하기 위해 합법적인 사람의 신분을 도용하는 것)는 특히 루퍼트 머독의 매우 상업적이고 이윤추구적인 우익 성향 — 관능적이고 악의적이며 편파적인 '공격 저널리즘'의 요소들 — 매체에서 광범위하게 확산되어 온 것으로 보인다. 이러한 증거들을 볼 때 시장 중심 매체는 심각한 문제를 안고 있다는 것에는 논란의 여지가 거의 없다.

그러나 과거에는 적절했던 해결책 — 대안적 정보기관과 조직에 대한 공적 지원과 보조 — 은 점점 지지하기 어려워 보인다. 전임 장관인 데이비드 밀리반드(David Miliband, 2011)는 "개혁주의적 사회민주주의는 위기를 맞은 것으로 보인다"고 인정하면서 "사회민주주의가 완전히 패배한 상황은 아닌가?"라는 강한 의문을 던진다. 제거되어서는 안 되는 현대 공공영역의 초석을 대표한다는 근거로 국가보조를 요구해 왔던 공적 서비스 제도는 이제 특별한 요구를 한다는 비난을 받는 것처럼 보인다. 공적 서비스 제도는 공적 신뢰를 상당한 정도 상실하였고, 자신들의 미래를 위해 공적 지원을 요구하는, 자기잇속만 차리고 높은 보수를 받는 엘리트로 채워진 곳으로 간주된다.

공적 서비스 개념은 국가가 정보적 주권을 행사하던 시대에는 인정된 목적을 가지고 있었다. 그러나 오늘날에는 그러한 개념은 한 세기 전에 비해 훨씬 더 약한 매력을 가지고 있다. 국가 중심 관행에 도전하는 세계화, 편리한 접근을 제공하는 신기술, 방대하게 확장된 정보적 자원, 정보를 주고받을 수 있는 확대된 기회, 차이에 대한 관용을 강조하는 민주주의 개념의 변화, 정보에 밝은 시민에 대한 과도한 이상화 등은 공적 서비스 개념의 지속적 적실성에 대한 의문을 던지고 있다.

우리는 공공영역 개념을 보다 제한적으로 사용해야 하는 상황에 와 있다. 공공영역 개념은 너무나 많은 내용을 담고 있으며, 특히 시민들이 수렴하고, 신뢰성 있고 공유된 정보를 바탕으로 성찰하며, 합리적인 정책을 위해 활동하는 통합된 정보영역의 존재를 가정한다. 오늘날 우리는 세계화, 초국주의, 그리고 특히 인터넷의 결과로 접하고 있는 다소 복잡하고 심지어는 무질서한 정보적 영역을 생각해 볼 필요가 있다. 이러한 영역은 다양한 생산자와 수용자를 위한 공적 공간을 제공하며, 적절한 조건이 갖추어진다면 공적인 중요성을 가질 수도 있다. 이러한 영역을 공공영역의 21세기적 재활성화로 묘사하는 것은 무의미하다. 그러한 영역은 통일성, 공유된 수용자, 나아가서 영속성을 결여하였기 때문이다.

그러나 이 용어를 전적으로 거부해서는 안 된다. 우리가 민주주의적 삶의 주된 조직화 단위인 국민국가에서 살아가는 한 공공영역과 같은 개념은 필수적으로 요구되기 때문이다. 민주주의가 효과적으로 작동하기 위해서는 시민들의 이해관계를 반영하는 의사결정 수단이 존재해야 하며, 그것을 위해서는 참여를 위한 평등한 장이 존재해야만 한다. 공적 서비스 제도는 시장과 부당한 정치적 영향으로부터 독립적인 신뢰성 있는 정보를 제공함으로써 공공영역에 기여한다. 그러나 공공영역이 공적 서비스 제도의 성과에 의존하는 것은 분명하지만, 이러한 조직과 동일한 것으로 간주되어서는 안 된다.

이에 필수적으로 요구되는 것은 공공영역 개념으로 잡다한 것을 모두 포괄하려는 무찰별적인 경향을 거부하고 시민사회와 정치적 영역 간의 구분을 분명히 하는 것이다. 이런 이유로 일부 논자들이 낮 시간 토크쇼의 내용까지 인정해야 한다고 주장하는 '문화적 공공영역'(*cultural public sphere*, McGuigan, 2005)이나 나아가서는 '감성적 공공영역'(*emotional public sphere*, Peter Lunt and Paul Stenner, 2005)이라는 개념도 필요하다. 다양한 내용을 포괄하도록 공공영역의 개념을 확장 — 공적 영역의 거의 모든 정보가 적절한 접두어를 붙인 공공영역 범주에 포함되도록 하는 방식으로 — 하는 것은 너무 많은 것을 아우르고 다루기 힘들어지기 때문에 도움이 되지 않는다. 마찬가지로 풍부한 '다중적 공공영역' 개념에 대해서도 경계할 필요가 있다. 왜냐하면 일부 공간은 다른 것보다 훨씬 더 중요하기 때문이다. 호의적인 사람들이 볼 때 무시되거나 학대받는 사람들이 목소리를 내고 나아가서 상호지원할 수 있는 사이트가 가용해졌다는 것은 고무적인 일이다. 그러나 우리는 공식 정치의 대행자들이 여전히 이러한 변화를 주도하고 있다는 것을 명심할 필요가 있다.

보다 명확히 구분된 공공영역 개념은 정치적 공공영역을 유지해 줄 수 있다. 결국 바로 이곳이 민주주의 사회가 민주적 제도에서의 선거 절차 및 논쟁과 토론을 통해 우선순위와 발전방향을 집합적으로 결정하는 영역이다. 애런 데이비스(Aeron Davis, 2010)는 영국에서 의회가 '가장 중요한 공공영역'이라고 적절하게 지적하였다(p. 18).

상업적 세력이 영향력 행사를 위해 지속적으로 개입하고 있다는 것을 확인하는 것은 쉽지만, 이러한 이해관계가 공공영역 관계를 왜곡하도록 조장할 수도 있다는 사실은 불쾌한 것이다. 따라서 정치적 운동에 대한 지원, 정당을 통한 미디어 출현 권리에 대한 법제화, TV와 신문의 소유권 집중 제한, 미디어의 오보에 대한 중립적 규제자들의 공개적인 검토 장치, 공평무사와 객관성의 임무를 수행하는 공적 서비스에 대한 지원 등을 통해서뿐만 아니라, 공적 서비스 제도에 대한 국가 지원을 통해서도 정치적 공공영역에서 정보적 환경의 균형을 회복할 수 있는 조치를 취해야 할 것이다. 정치는 민주주의 사회의 중심적 제도이고, 과도한 상업주의적 방해나 왜곡 없이 시민들이 참여하여 무엇이 진행되고 있는지를 자신의 이름으로 확인할 수 있도록 허용되어야만 한다. 바로 이런 점에서 정치적 공공영역에 대한 주장이 설득력을 지니는 것이다.

제10 장

정보와 민주주의 II

프리드리히 하이에크와 신하이에크주의자를 중심으로

1. 서론

제 9장에서는 우리가 정보폭발을 경험해 왔다거나 나아가서 우리가 이제 '정보사회'에 살고 있다는 것에는 동의하지만, 그 모든 것이 의미하는 바에 대해서는 회의적인 이론가들에 대해 살펴보았다. 그들은 이러한 풍부한 정보가 흔히 오도적이고, 숨은 동기를 가지고 있으며, 정치선전이 될 수도 있다고 믿는다. 이러한 설명 방식은 정보를 민주주의 — 오늘날 수용될 수 있는 유일한 지배구조 형태 — 의 건강과 연결한다. 우리가 보았듯이 핵심적 주장은, 민주주의 사회의 정보적 요구는 시장체계에 의해 충족될 수 없으며, 그렇기 때문에 그 부족한 부분을 충족하기 위해 국가가 개입해야 한다는 것이다. 20세기 후반에 이러한 관점은 정부의 개입과 지출을 정당화하는 위르겐 하버마스의 공공영역 개념에 투영되었는데, 그는 공적 서비스 원리들 — 시장 기제와 어울

리지 않는—이 공공영역의 형성, 그에 따라 민주주의 자체에 필수적인 것이라고 주장하였다. 공적 서비스, 공공영역, 그리고 민주주의의 이러한 융합이 충분히 성공적이지 못한 이유에 대해서는 이미 살펴보았다(여기에는 다양성을 강조하는 민주주의 개념의 변화에서부터 기성 엘리트가 공적 서비스 제도를 지배하는 경향을 보여 주는 증거 등까지 다양한 것들이 포함된다).

이 장에서도 정보와 민주주의 관계라는 주제에 대한 논의를 계속하여, 비록 매우 상이한 관점에서이긴 하지만, 그 시각에 대해 더 잘 평가할 수 있도록 광각 렌즈를 통해 검토하고자 한다. 여기서 우리는 정보가 사람들이 살아가는 방식과 나아가서는 민주주의(종종 선호되는 용어가 '해방'이나 '자유'이긴 하지만) 자체에 대해 필수적이라는 것을 인식하는 사상들과 만나게 될 것이다. 그러나 이들의 입장은 정보의 부적합성이 시장의 왜곡효과 때문에 생기는 것으로 보지는 않는다. 반대로 그들은 시장이 민중의 정보적 요구를 충분히 잘 충족할 수 있고, 나아가서 자본주의 자체도 일종의 정보체계로서 그 자체의 기제에 맡겨 두면 최선으로 작동한다는 전제에서 출발한다.

이와 관련된 주요한 사상가는 프리드리히 하이에크(Friedrich von Hayek, 1899~1992)이다. 정책에 대한 그의 영향력은 말년에 와서야, 영국의 마거릿 대처 행정부(1979~1991)와 미국의 로널드 레이건 행정부(1981~1989)가 우세를 이루면서 나타났다. 그 전까지 하이에크는 자신의 일생 대부분을 보낸 대학 내부에서조차 주변적 인물이었다. 오스트리아 태생인 그는 런던경제대학(LSE)과 시카고대학에 재직했지만 많은 성과를 낸 것은 아니었다. 런던경제대학 재직 시(1931~1950) 그는 존경받기는 했지만 다소 고립된 편이었는데, 대학의 지적 분위기가 그의 동시대인이자 매우 영향력 있는 사회주의자들이었던 해롤드 라스키(Harold Laski)와 토우니(R. H. Tawney)의 전망에 더 경도되어 있었기 때문이었다(Dahrendorf, 1995). 시카고대학(1950~1962)으로 옮긴 후에 밀턴 프리드먼(Milton Friedman) 등과 같은 사람들로부터 자신의 자유시장 이념과의 더 많은 친화성을 확인할 수 있었지만, 분리된 학과 내 위치와 경제학자들의 양적 접근에 대한 강조로 말미암아 하이에크의 철학적 지향은 과소평가되었다.

1970년대 중반에 런던경제대학 학생이었던 나는 하이에크가 등한시된 것에 대해 증언할 수 있다. 모든 학생들이 그와 동시대인이자 동포였던 칼 포퍼(Karl Popper)의 저작을 읽었고 런던경제대학의 저명한 역사에 대해 잘 알고 있었지만, 그가 1974년에 노벨경제학상을 수상하였음에도 불구하고, 하이에크라는 이름을 접한 사람은 드물었다.

마거릿 대처는 1975년 초에 보수당 당수가 되자 하이에크의 친시장 관점을 열성적으로 옹호하였다. 하이에크주의 사상을 촉진하는 과정에서 경제문제연구소(Institute for Economic Affairs)와 정책연구센터(Centre for Policy Studies) 같은 우익 싱크탱크가 많은 역할을 수행하였지만(Cockett, 1994), 1979년 선거에서 대처의 승리는 시장을 옹호하고 국가개입을 반대한 한 사상가에 대한 마땅한 인정인 동시에 그를 위한 자극제가 되었다. 탈 규제(정부규제의 제거 또는 축소), 국가 소유분의 민영화(공영주택에서 우정사업에 이르는), 자유화(경쟁 촉진)를 위한 대처의 정책은 하이에크주의 사상의 진수인 신자유주의의 출현을 보여 주는 것이었다(Jones, 2012).

최근 몇십 년 동안 열성적인 자본주의 지지자들이 목소리를 높여 왔다는 사실은 추가로 언급할 필요가 없을 것이다. 한 세대 정도 이전만

프리드리히 하이에크 Friedrich A. von Hayek, 1899~1992

고전적 자유주의를 옹호한 오스트리아 학파의 사회이론가이자 정치철학자이다. 《노예의 길》, 《자유헌정론》, 《법, 입법과 자유》 등의 저서를 남겼으며, 정보교환과 자유시장 경제의 작동원리를 밝혀내어 20세기의 대표적 경제학자 중 한 사람으로 평가받는다.

해도 자본주의를 지지하는 대부분의 논평자들이 명시적으로 의견을 표현하는 경우는 드물어서, 현대 세계에 대해 논의하는 경우 '근대성'이나 '선진산업주의' 등과 같은 완곡어법을 사용하였다. 이윤이나 사유같은 낡은 것으로 간주되는 자본주의에 대한 언어는 주로 마르크스주의자들이 사용하였다. 오늘날에는 생애 최악의 금융위기에 따른 명백한 불만이 존재하기는 하지만, 실행 가능한 대안을 제시하지 못하는 무능함으로 인해 마거릿 대처의 의기양양한 축약어인 TINA(There is No Alternative to the market, 시장에 대한 대안은 없다)의 위세가 더 두드러지고 있다. 그리하여 마이클 울프(Michael Wolf, 2012)는 '위기의 자본주의'(원문 그대로)를 검토하면서 다음과 같이 자신감 있게 결론 내린다. 즉 "자본주의가 지금 '위기에' 있는지도 모른다. 그러나 자본주의는 여전히 인류의 가장 탁월한 발명 중 하나이다. 그것은 현재 많은 사람들이 누리고 있고 향후에 훨씬 더 많은 사람들이 열망하게 될 번영의 토대인 것이다"(p. 9). 점증하는 사회적 불평등, 특히 사회의 상위층('1%' 집단)과 하위층 간의 격차에 대한 불안감이 존재하지만, 친자본주의 대변자들은 그 미덕을 소리 높여 외치고 '위험 감수자'와 '모험적 사업가'를 찬양한다(Meltzer, 2012). 일부 과감한 사람들은 자본주의가 민주주의 자체의 창출자이자 지탱자라고 주장하기도 한다. 마이클 만델바움(Michael Mandelbaum)은 다음과 같이 말한다.

> 건강한 민주주의 구축에 핵심적인 것은, 특히 자유의 제도하에서는, 자유시장이었다. 자유시장 운영에 필요한 제도, 숙련, 가치는 정치 영역에서는 민주주의를 구성하는 요소이다. 민주주의는 시장의 작동을 통해 확산되는데, 사람들이 사회생활(경제) 영역에서 이미 수행하는 관습과 절

차를 또 다른 영역(정치적 장)에 적용하면서 그렇게 되는 것이다. 시장과 민주주의의 관계는 모래알갱이와 굴의 진주의 관계와 같다. 즉 그것이 형성되는 핵심요소인 것이다 (Mandelbaum, 2007a).

친자본주의 분석가들의 이러한 확신으로 말미암아, 이 책의 이전 판에서 그러한 것들을 경시한 것에 대해 나 스스로 많은 당혹함을 느끼며, 이 장에서 그런 문제에 관심을 돌려보고자 한다.

본격적인 논의에 앞서 제 9장에서 접한 이론가들은 공공영역의 출현에 대한 하버마스의 역사적 설명을 따르는 경향이 있다는 점을 언급할 필요가 있다. 자신의 저작에서 하버마스는〔Habermas, 1989(1962)〕 자본주의가 부르주아 공공영역을 형성하였고, 나아가서는 이러한 관계가 공공영역이 발전하는 과정에서도 유지되다가, 20세기에 독점자본의 확산에 따라 공공영역이 약화되기 시작하였다고 주장한다. 공공영역의 형성에 대한 자본주의의 중요성은 공공영역을 시장에 적대적인 것으로 간주하는 이상화된 공공영역 개념을 가지고 분석하는 사람들에 의해 과소평가되는데, 이들은 공공영역이 공적 서비스 제도를 통해 제대로 표현된다고 주장한다.

'부르주아 공공영역'을 형성하는 자본주의의 역량을 상기하면서, 이 장에서는 정보와 민주주의에 대한 시장의 역할을 재평가해 보고자 한다. 구체적으로 다음과 같은 3가지 작업을 진행하고자 한다.

① 국가개입 일반, 그리고 특히 정보적 영역에서 국가개입의 부적절성에 대한 친(親)시장주의적 분석에서 제시되는 비판을 검토하며, 그를 통해 제 9장에서 검토된 입장에 대해 응수하고자 한다.

② 자본주의가 완전한 공공영역은 만들어 내지 못하지만 그 자체의 방식에 맡겨 주면 사람들의 정보적 필요를 충족할 수 있다는 친시장주의적 주장을 검토하고 또 논쟁을 벌이고자 한다. 실제로 자본주의는 핵심적 측면에서 볼 때 본질적으로 민주적 정보체계로 간주될 수 있다.

③ 민주주의 사회에서의 정보에 대한 관심이 잘못되어 있다고 주장하는 또 다른 친시장주의 견해에 대해 논의할 것이다. 이 입장은 자본주의가 자유민주주의에 결정적으로 중요하지만, 민주주의 작동을 위해 정보 하부구조 — 특히 국가의 지원을 받는 — 가 반드시 필요한 것은 아니라고 주장한다.

요컨대 이 장에서는, 공공영역 개념을 반대하는 — 발상 자체가 상관이 없다고 보지는 않지만 — 사상가들에 대해 논의할 것이다. 하이에크와 같은 사상가들이 볼 때 자본주의는 개인의 필요와 생산적 활동을 조화시키는 정보적 환경을 제공하면서 자유를 가능하게 해준다. 이런 관점에서 볼 때, 시장에 맡기는 것이 아닌 다른 방식으로 공공영역을 구축하려는 노력은, 아주 해로운 것은 아닐지 모르지만, 소용이 없다. 하이에크 다음에는 미국의 신보수주의 사상가인 프랜시스 후쿠야마(Francis Fukuyama, 1952~)와 접하게 될 것이다. 그는 민주주의가 번영하기 위해서는 자본주의가 필요하지만, 최신 정보를 이용하여 민주주의를 강화하는 데 — 비록 '정보사회'가 사회질서에 도전을 초래하기는 하지만 — 자원을 낭비할 필요가 없다고 주장한다.

2. 국가개입의 실패

일반적인 국가개입을 지지하는 사람들에 대한 친시장주의 이론가들의 부정적 비판부터 시작할 필요가 있다. 주된 비판은 애초에 국가개입을 시도하는 것에 대한 충분한 경고가 될 만큼 많은 실패의 사례가 존재한다는 것이다.

그러한 실패를 부각하는 것은 정보의 문제를 크게 넘어서는 공격을 보여 주는 것으로, 경제, 정치, 사회 영역에 걸쳐 집단적 조치의 반복되는 단점을 드러내 보인다. 1930년대 강제노동수용소의 테러이든, 1980년대 캄보디아 폴포트(Pol Pot)의 집단학살의 공포이든, 서구 자본주의의 생산을 따라잡고 인민의 민주적 참여를 허용하고자 했던 소련의 실패(1979~1991)이든, 또는 단순히 국가 운영 서비스의 기량 부족이든, 시장 지지자들은 국가개입의 무능력에 대해 신랄하게 비판한다. 분명히 그들은 중국의 문화혁명이라는 악령과 영국의 전후 노동당이 추진한 상대적으로 양성적인 국유화를 동일하게 보지는 않는다. 그러나 그 근본에는 무자비한 볼셰비키가 추진하든, 아니면 자신의 개혁시도가 초래할 왜곡된 결과를 보지 못하는 선의의 개혁주의자가 추진하든, '전지적 국가'에 대한 옹호는 나쁜 결말을 맞게 될 것이라는 확신이 존재한다(Hirschman, 1991).

친시장주의자들은 자본주의도 그 나름의 결함 — 호황과 불황이 있고 보상의 불평등이 존재한다 — 이 있다는 것을 부인하지 않지만, 그 대안은 헤아릴 수 없는 정도로 더 나쁘다고 확실하게 주장한다. 이는 오늘날에도 들어맞는 말이다. 2008년 말 세계적인 금융 시스템의 붕괴에 따라 국가는 공적 기금을 지원하는 조치를 취하지 않을 수 없게 되었고, 그 결과 이전에는 민영 시스템이었던 것이 사실상 국유화되었다(금융 관행의 측면에서는 아직 불분명하지만). 그럼에도 불구하고 현대 자본주의의 불행한 조건조차도, 역사의 도가니 속에서 검증되어 결핍된 것으로 드러난 집단주의의 슬픈 과거와 비교해 보면 좋은 것으로 보인다.

최근 수년 동안 경제성장을 이끄는 놀라운 능력을 드러내면서, 자본주의는 단연코 가장 성공적인 산업주의 형태가 되었다(Berger, 1982). 조선이나 도로 및 철도 건설과 같은 중공업 또는 기반시설 사업에 관한한, 특히 전후 복구나 1930년대의 대공황 시기에는, 국가 주도 정책이 한때 시장보다 비교우위에 있었다는 점을 인정할 수도 있다(Galbraith, 1967 참조). 그러나 지난 반세기 동안 집단주의의 비효율성과 부적합성이 분명히 드러났는데, 특히 소비재와 서비스의 공급에서 그러하였다. 이 '황금기'(Hobsbawm, 1994) 동안 시장체계는 생활수준을 전례가 없을 정도로 향상시켰다. 그리하여 1945년에서 1975년에 이르는 '영광의 30년'(*trente glorieuses*) 동안, 공산주의 치하에 있는 인민들은 뒤쳐졌지만, 서구에서는 일반인들도 TV, 옥내 화장실, 세탁기, 냉장고, 유행 의류 등을 이용할 수 있게 되었다(Wasserstein, 2007). 지난 반세기 동안 서구 유럽의 생활수준은 실질적으로 약 300% 증가하였는데(Crouch, 1999), 이는 어느 집단주의 체제하에서 진행된 것보다 훨씬 앞서는 것이다.

소련과 그 위성국들은 1990년 무렵에 붕괴되었다. 이러한 국가지배 정권들이 중공업과 하향적 생산 목표에 주어졌던 무게중심을 이동시키는 데 실패하였다는 것은 그들이 새로운 시대 — 세계화 및 상업화되고, 소비재와 서비스에 대한 사람들의 욕구를 자극하는 동시에 그것을 충족하는 것에 관심을 가지는 시대 — 에 적응하는 능력이 없었다는 것을 의미한다(Mazower, 1998: 제 11장). 프랜시스 후쿠야마는 이것을 '절정기'라고 선언했는데, "경제체계로서의 마르크스-레닌주의는 최후의 패배를 맞았는데", 그것이 "정보시대의 요구사항"을 충족하지 못했기 때문이라는 것이다(p. 93). 이 새로운 시대는 불가피하게 가속화된 혁신, 고양된 세계주의, 강화된 세계화와 연결되는데, 여기서는 소비자의 선호에 부응하는 것이 필수적이며 투박한 의사결정은 들어맞지 않는다. 공산주의의 붕괴는 '비디오 기기의 승리'를 표현한다 — 이제는 아이폰이나 아이패드 등과 같은 훨씬 더 발전된 소비자 기기의 등장으로 비디오 기기는 낡고 성능이 떨어짐 — 는 후쿠야마의 격언은, 소비자들에게 그들이 원하는 흥미로운 혁신들을 제때에 제공할 수 있는 능력을 통해 자본주의의 우세가 드러난다는 그의 주장을 요약한다.

공산주의적 전체주의의 국가통제와 사회민주주의의 보다 완화된 형태의 국가개입은 구별할 필요가 있다는 반론이 제기될 수 있다. 여기서 우리는 철저한 자유시장 자본주의에서부터 전성기에는 세계적이었던(그리고 북한과 같은 분리지구에서만 여전히 그렇게 잔존해 있지만) 공산주의 체제에 이르는 연속선을 고려할 필요가 있다. 역사적으로 보면 — 물론 사람들이 어디에 해당된다고 생각하는지가 가장 중요하지만 — 이 연속선의 극단에 위치하는 경우는 거의 없다. 그럼에도 불구하고 우리의 논의에서는, 생활에 대한 국가 주도를 지향하는 모든 시도를 '노예의 길'(Hayek, 1944)로 향하는 위험한 비탈길로 간주하는 사람들의 비판을 인식하는 것이 중요하다. 이 장을 통해 알게 되겠지만, 국가에 의한 개입 결정은 사회가 작동하는 방식에 중대한 함의를 가지고 있는데, 때로는 국가개입을 착수하고 촉진한 사람들의 의도와는 반대되는 방식으로 전개되기도 한다.

3. 자유

한편 친시장주의 사상가들이 제기하는 집단주의에 대한 일반적인 비판을 중심으로 논의할 필요가 있는데, 그렇게 함으로써 정보에 대한 그들의 입장을 더 잘 이해할 수 있기 때문이다. 그러한 사상가들은 국가개입에 대해 회의적인데, 국가간섭을 자유에 대한 위협으로 간주하기 때문이다. 그들은 국가개입이 처음에는 경제적 사안에서 시작하지만 점차 확대되어 나중에는 사회적, 정치적 문제로까지 파고들면서 해로운 결과를 초래한다고 주장한다.

모든 친(親)시장주의자들이 다수 자본주의 사회에서 확인할 수 있는 심각한 불평등 문제를 반기는 것은 아니다. 그러나 많은 반(反)자본주의 사상가들이 특징적으로 그러듯이 불평등에 대해 배타적 관심을 가지는 것에는 확실히 반대한다. 반자본주의 사상가들은 일반적으로 그러한 불평등에 불편함을 드러내고 불평등을 완화하기 위해 국가가 조치를 취해야 한다고 추천한다. 독자들도 이러한 논리에 대해서는 친숙할 것이다. 예컨대 우려할 정도의 아동 빈곤 또는 저소득에 수반되는 사회이동 기회의 제한을 밝힌 후, 드러난 불리(不利)를 시정하기 위해 복지나 교육재원을 확충하는 국가정책을 옹호하는 진단을 내놓는 식이다.

반면에 시장을 지지하는 사람들의 주장은, 불평등에 대한 관심이 과도해지면 우리가 살아가는 데 헤아릴 수 없는 중요성을 가진 자유를 과소평가하게 될 수 있다는 것이다. 예컨대 이동의 자유, 정당한 법절차, 언론과 집회의 자유, 보편적 참정권, 그리고 보다 일반적으로 관료의 방해를 받지 않고 자신의 방식대로 행할 수 있는 권리는 자유민주주의의 중요한 특징들이다. 역사적으로 보면 이런 특징들은 상대적으로 새로운 것이기는 하지만, 일상생활에 대한 이들의 기여가 과소평가되어서는 안 된다.

시장에 대한 열성적 지지자들은 경제적 격차에 대한 과도한 관심, 그리고 그러한 불평등을 극복하기 위한 정부의 조치가 이러한 자유 일부를 침해하는 결과를 초래할 수 있다는 점을 바로 지적한다. 예컨대 혜택을 받지 못한 집단에게 자원을 재분배하는 정책의 기금을 마련하기 위해 일부 부유층에게 세금을 부과하거나 불리집단을 위한 기회의 평등을 증진하기 위해 특정 학교에 대한 접근을 제한하는 것은, 자신의 소득을 자신의 의지대로 쓰거나 자신이 선호하는 학교에 자녀를 보내는 권리를 침해한다. 간단히 말해서 경제적 불평등을 제거하려는 관심은 다른 사람들의 자유와 해방에 대한 제약을 초래할 수 있기 때문에, 친시장주의 사상가들은 정부의 개입을 통해 변화를 추구하는 정책을 납득하지 못하고 당혹스럽게 생각하기도 한다.

여기서 우리는 적극적 자유와 소극적 자유를 구분하는 이사야 벌린(Isaiah Berlin, 1969)의 반향을 보게 된다. 필요'로부터의 자유'에 대한 관심에서 출발하여 국가가 주거, 재원, 일자리가 없는 사람들을 지원해야 한다고 촉구하는 사람들과, '~에 대한 자유'를 우선시하면서 삶의 방식에 대해 정부의 간섭을 받지 않고 스스로 의사결정을 할 수 있어야 한다고 주장하는 사람들 간의 구분이다. 적어도 원리의 측면에서 볼 때 여기서 정부 간섭을 옹호하는 사람과, 국가는 사안을 그냥 내버려 둠으로써 시민에게 최선으로 봉사할 수 있다고 믿는 사람들 간에 충돌이 발생한다는 것을 파악하는 것은 어렵지 않다. 후자의 입장을 따르는 사람들은 '~에 대한 자유'는 시장주의 사회에서 가장 널리 확산된다고 주장한다.

또한 불평등을 시정하기 위한 국가개입에 대해 회의적인 사람들은 많은 핵심 가치와 열망들이 서로 어울리지 않는다는 점을 지적한다. 그런 경우의 하나가 계급적 불평등을 축소하거나 심지어는 일소하고자 하는 목표인데, 불평등의 장벽을 제거하려는 열망과는 어울리지 않을 수도 있지만 여전히 필수적인 다른 가치와 희망이 존재한다. 예컨대, 부모가 엄청나게 잘 갖춰진 집을 제공함으로써 자식이 경쟁에 유리하게 만드는 것이든, 친구에 대한 의리 때문에 그가 승진에 유리하도록 만드는 것이든, 아니면 조부모가 사랑스런 손자를 좋은 대학에 보내주는 것이든, 각각에서 드러나는 가치 그 자체로는 존경할 만한 것이지만, 이런 것들은 불평등한 삶의 기회를 제거하려는 헌신과는 잠재적인 갈등을 초래한다.

사실 이러한 가치들은 서로 갈등관계에 있다. 가치들의 이러한 공약불가능성으로 말미암아 사회적 사안에 대한 국가개입을 경계하는 사람들이 신중을 기하게 되는데, 특히 국가개입이 종종 모든 것에 우선하여 불평등을 제거하고자 하는 목표에서 비롯되기 때문이다. 불평등을 시정하려는 정부의 조치는 다른 사람의 자유를 제한하는 것과 같은 의도하지 않은 결과를 초래할 수 있다. 그렇기 때문에 친시장주의 추종자들은, 사람들은 국가의 간섭을 받지 않아야 한다는 생각을 일반적으로 받아들이는 경향이 있다. 왜냐하면 간섭하는 국가의 방해를 받지 않을 때 사람들이 더 자유롭게 의사결정을 내리고 꿈을 실현할 수 있기 때문이다.

이와 관련된 비판이, 현 시점에서 확인된 단점을 바탕으로 국가주도하의 검증되지 않은 대책을 제안하는 사람들에 대해 제기된다. 친시장주의 사상가들은, 보다 일반적으로는 보수주의자들과 더불어, 아무것도 모르면서 논리비약을 하기 전에 신중을 기해야 한다고 주장한다. 말할 필요도 없이 과거에 그랬던 것과 마찬가지로 현 시점에서도 불평등과 결함이 존재한다. 그러나 대책으로 제시되는 검증되지 않은 계획은 위험하며, 자본주의 내부에서 진행된, 생활수준, 의료, 기회의 점진적 발전이라는 이미 알려진 역사적 기록과 대조될 필요가 있다. 이러한 반론에 따르면, 지금 현재로서는 불만족스러울 수 있지만 대체해야 하는지에 대한 완전한 지식이 없는 상태에서 계획을 함부로 파기하지 않도록 조심해야 한다(Scruton, 1986).

나아가서, 유토피아적 계획이 국가에 의해 구현되면서 예기치 못하고 의도하지 않았거나 원하지 않았던 결과를 초래한 경우가 얼마나 많았는가? 여기에서 친시장주의자들의 관심의 전면에는 '복지국가'의 실패가 자리 잡고 있는데, 복지국가는 시민들을 '요람에서 무덤까지' 보호하고 지원한다는 거대 계획으로 고안되고 도입된 것이다(Segalman and Marsland, 1989). 주지하다시피, 복지체계가 발전한 것은 노동계급 사람들(20세기 말까지 영국 인구 절대다수가 속했던)에게 적절한 주택과 의료를 제공하지 못한 자본주의의 명백한 실패 때문이었는데, 이는 시장이 대규모 시민들의 생계를 안정적으로 보장하지 못하는 것으로 드러났고, 자유방임 질서 속에서는 빈곤을 척결하는 것이 불가능해 보였기 때문이다. 그럼에도 불구하고 복지공급이 시작된 지 수십 년 후

시장지향적 사상가들은 명시적인 문제들에 주목하였다. 그런 문제에는 빈곤의 지속과 심지어는 복지국가에 의한 복지 의존적 '하류층'의 창출, 국가주택 계획의 왜곡된 — 규칙과 규제를 둘러싼 분노, 도심의 주택에 입주하지 않으려는 임차인 등과 같은 — 결과(Saunders, 1990), 국가지원 계획의 실행과정에서 드러난 관료주의와 비효율의 확산 등이 포함된다(Murray, 1984, 1989; Douglas, 1989).

네이선 글레이저(Nathan Glazer, 1988)가 암울하게 주장하였듯이, 국가 주도로 "곤경을 다루고자 하는 노력 자체가 곤경을 증가시키고 있다"(p. 5). 시장체계는 분명히 그 자체의 문제를 안고 있지만, 그렇다고 해서 국가개입이 만능요법이 아니라는 사실과, 국가개입이 오래된 문제를 극복하지 못하는 것은 물론이고 새로운 난제를 만들어 내기까지 한다는 사실을 부정하기는 어렵다.

4. 공공도서관과 대학

이상의 논의를 정보적 영역 이외에도 적용할 수 있는 몇 가지 사례를 통해 검토해 보고자 한다. 제 9장에서 논의했듯이 영국에서 공공도서관은 일정 규모의 거주자가 있는 대부분의 지역에서 찾아 볼 수 있다. 이용자들은 도서와 관련 자료를 무료로 대출할 수 있으며, 이는 회원권과 마찬가지로 대부분의 시민들이 누리는 특권이다. 20세기 대부분 동안 이러한 기관들은 유일한 것은 아니지만 주로 공공기금의 지원을 받아 왔는데, 그에 대한 정당화의 근거는 모든 사람들이 접근 시점이나 주어진 환경에 상관없이 정보에 자유롭게 접근할 수 있는 권리를 가져야 한다는 것이었다. 그 목적이 개인적인 흥미든, 교육이든, 오락이든 상관없이 정보에 대한 접근은 모든 사람의 권리로 인식되었다.

도서관 연결망에 대한 이러한 정당화는 정보가 개인적 목적에 따라 시장의 가격 변덕에 좌지우지되는 어떤 것이 아니라 공공재라는 주장을 통해 지지되었는데, 이는 정보에 밝은 사람들이 보다 건강한 사회와 민주주의를 만들어 내기 때문이다. 공공도서관을 옹호하는 사람들은 특히 빈곤이 무지 — 서적과 독서의 세계로부터 단절되는 경우 불가피하게 야기될 수밖에 없는 — 로 이어져서는 안 된다고 주장하였다. 여기서의 전제는 정보를 시장에 맡겨 두면 사회의 빈곤층은 가입비를 감당할 수 없기 때문에 배제될 것이라는 것이다. 또한 모든 사람들이 도서관에 접근할 수 있게 하여 정보를 제공하면 개인들뿐만 아니라 전체 사회도 혜택을 입게 된다는 주장도 제기되었는데, 정보에 밝고 나아가서 박식한 시민들이 더 좋은 사회를 만들기 때문이라는 것이다.

이러한 진망에 대한 증거들은 쉽게 찾아 볼 수 있는데, 도서관 독서실에서 숙제를 하는 성실한 학생, 고전을 공부하는 독학자, 논쟁에서 자신의 입장을 내세우기 위해 자료를 준비하는 빈민지역 출신 신출내기 정치인 등이 그 예이다.

부커상(Booker Prize)을 수상한 소설가 존 밴빌(John Banville)은 2009년 "1950년대 아일랜드의 작은 동네에서 성장한 나에게 지역 도서관은 당시의 황량한 현실을 잊게 하는 안식처와 더 넓고 더 풍부한 현실로 나아가는 통로를 제공하였다"(*Guardian*, 2009. 4. 3. : 17)고 회상하면서 유사한 정서를 드러내었다. 1970년대 초반 어퍼클라이드 조선쟁의(Upper Clyde Shipbuilders Work-In)의 매우 유창한 지도자였던 지미 레이드(Jimmy Reid, 1932~2010)는 14세에 학업을 중단하였음에도 불구하고 글래스고대학 총장을 역임하였는데, 텔레비전에서 어디서 교육을 받았는지에 대한 질문을 받자 "고번(Govan) 공공도서관"이라고 자랑스럽게 응답하였다.[1] 훌륭한 자전적 소설인 《오렌지만이 과일은 아니다》(*Oranges Are Not the Only Fruit*, 1985)의 작가 재닛 윈터슨(Jeanette Winterson)은 서북부의 애크링턴(Accrington)에서 오순절 교도 부부에게 입양되어 보낸 힘들었던 성장기를 회고하였다. 그녀는 "거칠고 강인한 아이"였고, 불행했던 그녀의 집에는 책이라곤 6권밖에 없었으며, "학교생활도 우수하지 않았다". 그러나 그녀에게는 "노동자 계급을 위해 지어진 … 나를 위해 지어진 (공공)도서관이 있었다" (Winterson, 2012: 6). 그녀는 많은 나날들을 그곳에서 보내면서 옥스퍼드대학에 입학하고, 작가이자 극작가로서 빠르게 성공할 수 있었다. 그리고 영국에서 가장 영향력 있는 지식인 중 한 사람이자 한 대학의 부총장인 리처드 호거트(Richard Hoggart, 1988)는 어릴 때 고아가 되어 노동자 계급 조부모에 의해 양육되었는데, 그는 "나와 같은 사람들에게 (공공)도서관은 집이나 마찬가지였다"고 회고하였다. 그는 또한 "수많은 빈곤가정 출신 사람들은 비공식 교육의 측면에서 공공도서관이라는 자리의 도움을 많이 받았다. 많은 사람들에게 공공도서관은 그들이 그 당시 얻은 거의 모든 것을 주다시피 했고, 삶의 폭넓은 규모와 깊이, 다양성, 지식, 이해를 가져다주기까지 했다"(p. 173)고 언급하였다.

우리는 여기서 불우한 환경에 대응한 감동스런 사례와 더불어 고귀

1) 고번(Govan)은 스코틀랜드 글래스고(Glasgow) 중심부에서 남쪽으로 5킬로미터 정도 떨어진 곳으로, 빈곤하고 노동자 계급이 주로 거주하는 지역이다.

한 정서를 발견할 수 있다. 과거에는 도서, 특히 참고도서의 경우 엄두를 낼 수 없을 정도로 고가여서 대부분의 노동자 계급 가정은 접근할 수 없는 것이었기 때문에, 공공도서관이 이러한 배제상황에 대해 적절한 해결책을 제공할 수 있었다.[2] 그러나 국가개입은 많은 옹호자들이 예상한 대로만 전개된 것은 아니었다. 출발할 때부터 공공도서관은 그 운영을 담당하는 전문 지원인력뿐만 아니라 사회의 부유층에 의해 '점령'당하였다(Adam Smith Institute, 1986). 그 결과 공공도서관을 가장 활발하게 이용하는 사람들은 바로 스스로 정보를 구매할 충분한 여력이 있는 교육받은 중산층이다. 사실상 공적 자금의 지원을 받은 도서관을 개인적으로는 이용하지 않으면서도 세금을 내는 사람들의 도움으로 중산층의 독서습관을 지원한 셈이 된 것이다〔2005~2006년 사이 성인 노동자 계급은 10명 중 4명 미만이 공공도서관을 방문한 반면 중산층 이상 계급은 절반 이상이 방문하였다(*Social Trends*, 2008: 181)〕.

더욱이 도서관 지원인력은 공공도서관 서비스 설립 때부터 특혜를 받아, 안정되고 유쾌한(보수가 아주 높은 것은 아니지만) 고용을 제공받아 왔다. 실제로 공공도서관 수입의 많은 부분은 인건비로 지출되고 예산의 10% 미만이 도서 구입에 사용된다. 또한 공공도서관은 도서대출 독점기관으로, 이들 공공도서관 설립 이후 유료가입 도서관이 자리를 잃게 되었는데, 도서대출 비용은 얼마 되지 않았지만〔별칭이 '저렴한 도서관'(*Tuppenny Library*)이었다〕, 완전무료 대출 서비스와 경쟁할 수

---

2) 여기서 역사가 조너선 로즈(Jonathan Rose, 2001)가 빠르게는 1840년대부터 진행된 중고도서 거래의 중요한 역할을 상기시켜 준다는 점도 유의할 필요가 있다. 중고도서 거래는 "신간으로 나온 책과 문예잡지의 비용은 노동자 계급에게 걸림돌이 되기는 했지만 해결 불가능한 것은 아니었다"(p. 120)는 것을 의미했다.

는 없었기 때문이다. 나아가서 고객의 수요를 반영하는 시장의 신호가 없는 상황에서, 도서관 소장 도서도 고용이 안정된 도서관 인력이 결정하였다. 그리하여 많은 사람들을 위한 적절한 읽을거리를 결정하는 과정에서 지배적인 영향을 미친 것은 도서관 인력의 — 최소 학사 이상이라는 높은 교육수준을 배경으로 한 — 기호와 성향이었다. 이러한 측면에서 볼 때 도서관 사서는 사실상 독자들에게 공개되는 자료에 대한 검열자로 간주될 수도 있다.

더 나아가 공공도서관에서 이루어지는 대부분의 대출은 가벼운 소설이나 자서전류가 차지한다. 저렴하게 구입할 수 있고, 지적 또는 정신적 속성은 말할 것도 없고 문학적 가치마저 미미한 애거사 크리스티(Agatha Christie)나 제레미 클락슨(Jeremy Clarkson)의 작품 등을 공적 자금으로 지원할 필요가 있느냐는 반론이 제기될 수 있다. 싸구려 저속 문학 — 픽션이든 논픽션이든 상관없이 — 을 이런 식으로 무료로 제공하는 것을 정당화하기는 분명 어렵다.

이러한 주장은 공공도서관 운영의 효율성에 대한 의문을 제기한다. 이에 따르면 정보적 영역에서 자본주의 불평등을 완화한다는 호소 — 공공독서관의 설립과 지속적인 국가지원에 대한 추동력 중 하나 — 는 완전히 효과적이지는 못한 것으로 보인다.

또한 시장체계 자체가 사람들의 요구에 효과적으로 대응할 수 있게 되었다는 주장도 가능하다. 예컨대 시장은 20세기 중반 펭귄(Penguin)사를 설립한 앨런 레인(Allen Lane)이 선도한 '보급판 혁명'(*paperback revolution*)을 촉진함으로써, 특정 주제에 관심 있는 사람이면 누구나 책을 살 수 있게 되었다. 2006년을 기준으로 영국 가정이 가구소득 중에서 책, 잡지, 신문에 지출한 비율은 총 지출의 약 2%로 50년 전과 거의 비슷하였지만 그러한 투자로 얻는 독서 자료는 훨씬 더 많아졌다(*National Statistics*, 2008). 또한 고객들에게 더 매력적인 도서 서비스 도입을 주도한 것은 워터스톤즈(Waterstone's, 1982년 설립)나 보더스(Borders, 1970년대 초 미국에서 설립되었고 영국에는 1998년에 개설되었으나 2009년에 도산 — 이런 것이 시장의 역동성이다) 같은 모험적이고 혁신적인 서점들이었다. 이들은 매력적인 가격 정책, 신중하고 세심한 상품 진열, 친화적인 실내 디자인, 편안한 좌석, 차와 커피를 기본적으로 제공하는 편의 서비스를 통해 고객의 요구에 부응하고자 하였다.

나아가서 매우 유명한 아마존(Amazon, 1995년 설립)과 최근에는 모든 주요 서점이 일상적으로 제공하는 온라인 도서 서비스가 빠른 속도로 발전하면서 거의 모든 도서 — 신간이든 구간이든 — 와 관련 물품을 수 일 내에 고객들에게 배달해 줄 수 있다. 이는 온라인 서점이 매우 희귀하고도 전문적인 주문도 처리할 수 있을 만큼의 방대한 '긴 꼬리'(*long tail*) 도서를 갖추고 있기 때문이다. 아마존은 도서에 대한 온라인 서평, 도서 내용의 사전 검색, 개별적인 구매이력 기반 추천을 통한 잠재적 구매자 유인 등과 같은 기능을 제공함으로써 이러한 혁신을 선도하였다. 구글(Google)이 주도하는, 수백만 권의 도서관 장서를 디지털화하려는 야심찬 계획은 저작권이 없는 모든 자료를 인터넷을 이용하는 사람이면 누구나 볼 수 있게 한다는 것이다. 이러한 서비스가 발전함에 따라 '가상도서관'의 개념도 실제적인 것이 될 것이고, 그런 도서관이 출현하면 오늘날의 재래식 소매 도서관이 더 이상 필요가 없게 될 전망이다. 그렇게 되면 오랫동안 제한된 예산에서 지원되는 도서관 운영비에 대해 걱정하면서 강한 재정 압박을 받아온 지방정부는 도서관 운영과 관련된 부담에서 벗어날 수 있고, 나아가서는 요지에 위치한 부동산 매매를 통해 현금을 확보할 수도 있을 것이다.

이러한 사례에 견주어 보면 공공도서관의 이념과 관행은 다소 어두워 보인다. 익숙한 '열람실 정숙', 주눅 들게 만드는 분위기, 대체로 좁고 낡은 서고 등도 고려해 보라. 이런 것들을 오늘날의 고객 지향적이고 고객에 민감한 정보 판매자들과 비교해 보면 공공도서관은 촌스럽고 낡은 것으로 보인다.

전형적인 정보의 현장인 고등교육을 통해 또 다른 예를 찾을 수 있다. 영국에서 대학은 주로 공적으로 지원되는 조직으로, 100개가 넘는 대학 중에서 두세 개 정도만이 사립이다. 그러나 유럽에서 사립대학이 드물기는 하지만, 유명대학은 모두 국가지원을 받는 대학이라고 주장해서는 안 된다는 점을 인식할 필요가 있다. 왜냐하면 미국에는 스탠퍼드, 하버드, 프린스턴, 듀크(Duke), MIT, 컬럼비아 같은 유명 사립대(이윤을 추구하는 것은 아니지만)가 많이 있기 때문이다. 이들이 미국 고등교육의 정점을 차지하기 때문에 사립대학 자체가 대학의 수준 저하를 의미하는 것은 아니다.

대학의 설립 동기, 그리고 국가가 대학에 재정 및 여타 지원을 하는 일반적인 동기는 다양하다. 그중에서 특히 중요한 것은 사회이동에서 고등교육이 차지하는 역할이다. 여기서 실력주의(*meritocracy*) — 능력과 노력의 결합 — 가 결정적으로 중요하다. 왜냐하면 실력이 좋은 학생이 좋은 대학에 들어가서 사회에서 지도적 위치를 차지하는 것을 정당화해 줄 만큼 충분한 자질을 갖추어 졸업해야 한다는 광범위한 믿음이 존재하기 때문이다. 실력 있는 사람을 제약하는 장벽은 혐오의 대상이 되는데, 여기에는 재능과 의욕이 있는 학생이 고등교육기관에 들어가지 못하게 만드는 성별 편견, 인종 차별, 종교 선별, 경제적 박탈

등이 포함된다. 재능이 우수한 학생들의 대학 진학을 방해하는 장애를 제거하는 과정에서 법제도의 변화도 중요한 역할을 하였지만, 그보다 더 중요한 것으로 국가지원이 오랫동안 최선의 실력주의적 선별을 보장하는 장치로서 정당화되어 왔다. 이러한 이유 때문에 영국에서는 한 세기 전까지만 해도 학생이 대학에 입학하면 국가가 수업료를 지불하고, 부모의 소득에 연동하여 생활수당(식대와 주거비용 등)도 제공함으로써 노동자 계급 출신 학생은 거의 아무것도 내지 않아도 되었다. 빈곤계층 출신이라는 것이 대학에 전념하는 데 방해요소가 되어서는 안 된다고 여겨졌기 때문에 적절한 생활비가 제공되었고, 실제로 수업료 청구를 받은 학생은 아무도 없었다.

그러나 주된 문제는 이러한 제도가 재능 있는 노동자 계급 학생을 위한 공식적 장벽을 제거하였지만, 그런 배경을 가진 학생 중 아주 소수만이 실제로 대학에 진학하였다는 것이다. 더욱이 일반화된 대학교육에 대한 관대한 국가지원으로 말미암아 영국은 상대적으로 적은 대학 정원만 지원할 수 있게 되었다. 1980년대까지 영국은 이른바 엘리트 고등교육 체계를 통해 대학 진학 연령대의 약 10% 정도의 대학 정원을 유지하였는데, 이는 그 비율이 30% 이상인 캐나다, 오스트레일리아, 미국 등과 같은 나라와 비교되었다. 대학에 들어간 사람들에게 영국의 이러한 제도는 훌륭한 것이었는데, 진학 후 국가로부터 비교적 풍부한 장학지원을 받아 학업에 열중할 수 있었기 때문이다. 그러나 실력주의적 이상이라는 측면에서 볼 때 많은 실망이 뒤따랐는데, 소수의 대학 정원 — 1960년대에 많이 진행된 대학 확장에 따라 진학률이 두 자리로 증가한 후에도 — 을 압도적으로 전문직 중산층 출신 학생들이 차지하였기 때문이다. 옹호자들이 아무리 노력한다고 해도, 영국 대학에서의 이러한 중산층 지배는 실력주의 측면에서는 만족스럽게 설명될 수 없었다(Halsey et al., 1980; Goldthorpe, 1987).

이에 대한 한 가지 대응은 영국에서 1980년대 및 그 이후 가속화된 고등교육의 확대였다. 그 결과 오늘날에는 18세 인구 3명 중 1명이 고등학교나 전문학교에서 대학으로 진학한다. 30년이 넘는 기간 동안 학생수가 60만 명에서 250만 명으로 400% 증가하였다. 이러한 성장을 가능하게 만든 방식에는 여러 가지가 있었지만, 핵심 요소는 정부가 대학 환경의 이러한 급속한 변화를 지원할 수 없었기 때문에 향후 국가 지원을 축소해야 할 필요성에 대한 인식이었다. 이에 따라 생활 장학금은 졸업생이 정해진 최소 기준소득을 얻을 때부터 상환할 수 있는 학생 대출제도로 대체되었고, 수업료는 대부분 학생이 부담하게 되었다. 교육비에 대한 국가 지원이 잔존하기는 하지만 결정적인 변화가 일어나서 국가제공 고등교육이라는 것에서 멀어져, 개인이 주택 대출 융자금을 부담하거나 신차 구입을 위해 은행대출을 받는 것과 마찬가지로, 학생도 자신의 교육을 위해 '투자'하도록 요구받는 '고객'으로 간주되는 것으로 넘어가고 있다. 그 배경 논리는, 이후 생애에서 더 높은 소득을 얻을 수 있게 해주는 고등교육 비용을 그 수혜자인 학생이 부담해야 한다는 것을 인정하고, 이러한 변화를 통해 자원을 대학 시스템 확장을 지원하는 데 투자할 수 있다는 것이다.

이러한 변화에 따른 이점으로 간주되는 것에는 더 많은 학생들이 대학에 갈 수 있다는 것뿐만 아니라 학생들 사이에 팽배한 의존의식이 도전을 받고 변화될 것이라는 것도 포함되었다. 국가가 교육비를 대신 부담하게 되면 많은 학생들은 자신이 그 비용을 부담할 때보다 학업에 덜 열중하게 된다는 비판이 이미 오래전부터 있었다. 이러한 자격 가정(假定), 즉 필수적인 A 레벨(A-level)만 통과하면 당연히 대학에 진학할 수 있는 '권리'를 가진다는 가정도 전공이나 교육방식에 관계없이 학생들 사이의 수동적 수용을 조장하였다. 이제 비용을 스스로 부담해야 하기 때문에, 주장에 따르면 학생들은 자신의 학업을 위해 더 부지런히 공부하고, 수업내용에 대해 더 적극적으로 비판하게 되고(오늘날에는 강의 및 다른 많은 것에 대한 학생들의 평가가 대학 당국의 중요한 관심사가 되고 있다), 이수하고자 선택한 과목의 의미를 고용기회라는 관점에서 생각하도록 더 잘 준비될 것이다.

이러한 변화가 중대한 결과를 초래하였다는 것에는 의심의 여지가 거의 없다. 그 결과 오늘날의 학생들은 과거에 비해 평가나 교재 읽기에 대해 더 도구적인 전망을 가지고 있고, 취업가능성이 높은 자격을 갖추기 위해 더 많은 노력을 기울이며, 더 고객 지향적이다(이에 따라 오늘날 대학은 학생들의 '고객만족도'를 일상적으로 측정한다). 교과과정에 대한 영향도 드러나는데, 특히 경영분야 프로그램에 대한 수요의 증가와 철학, 인류학, 고전학 등에 대한 관심의 감소경향이 뚜렷하다(일류대학은 예외인데, 그런 대학의 입학 자체가 어떠한 직업관련 자격보다도 더 중요한 위세를 지니기 때문이다). 1970년대까지만 해도 영국에서 경영학을 공부하는 학생은 드물었던 반면에, 오늘날에는 가장 인기 있는 전공분야가 되어 대학생 8명 중 1명(그리고 남학생의 경우 16%)이 경영학 전공자이다.[3]

이러한 변화는 영국 고등교육의 부분적인 시장화(市場化)를 보여 준

---

3) 고등교육통계국(The Higher Education Statistics Agency)이 자료 제공. http://www.hesa.ac.uk/index.

다. 현재까지는 정부 규제에 따라 대학은 학부생들에게 전체 비용을 포괄하는 학비를 부과할 수 없는데, 시장 수요에 대응하거나 이윤을 창출하는 학비는 당연히 부과할 수 없다. 이는 외국인 학생들이 상당히 더 많은 비용을 부담하는 대학원 교육과 마찬가지다. 이에 따라 영국의 대학은 비(非) 실력주의적 제도로 굳건히 남아 있다. 1992년에 기술전문대학이 명칭만 변경하여 설립한 이른바 '신설대학'이 노동자 계급과 불리한 민족적 소수자 출신 학생들을 많이 선발하는 반면에, 일류대학은 입학생의 사회적 기반을 쉽게 확대하지 못하여 최일류대학의 경우 정원의 1/3에서 1/2 정도를 연령집단의 10% 미만을 차지하는 사립학교 졸업자 중에서 선발하고 있다. 이들 사립학교는 매우 높은 A 레벨 점수를 얻는 학생들을 배출하는 두드러진 능력을 보여 주는데, 그 결과 모두가 희망하는 일류대학 진학자의 상당수를 이들 학교 출신이 차지하고 있다. 물론 많은 학자들은 이러한 결과가 결국은 소규모 학급, 헌신적 관심, 학구적인 또래, 열성적인 학부모 및 그와 관련된 경제적 및 문화적 자본의 표현 등이 가지는 이점을 보여 주는 것이라는 주장에 동의할 것이다. 그 결과는 영국 대학의 기존의 평판 서열체계가 그대로 지속되어, 고용주나 일반인들 사이에서 상층대학 출신자들은 하층대학 출신자들에 비해 자질이 더 우수한 것으로 인정받는다.

학비의 상한을 없애거나 전공이나 가정환경에 따라 학비를 차등적으로 부과하는 것 등을 통해 더 철저한 시장화가 진행될 경우, 실력주의적 이상이라는 측면에서 대학이 더 좋은 성과를 낼 수 있을지에 대해서는 분명 논쟁적이다. 보다 급진적으로는 기존의 대학교육 부문을 개방하여 외국 유명대학과 경쟁시키는 것을 생각해 볼 수도 있다.

예컨대, 미국 하버드나 버클리(Berkeley) 대학이 독점계약이나 온라인 과정을 통해 학위를 줄 수 있게 되면 많은 학생들이 관심을 가질 것이고, 교육비도 줄어들며, 현재의 위계서열을 지탱하는 편견의 제거에도 도움이 될 것이다. 1970년대 말 민영대학으로 설립된 피닉스대학(University of Phoenix)은 온라인 과정을 개설하면서 독점계약마저 건너뛴다. 이 대학은 전통적인 대학은 비교가 안 될 정도로 방대한 규모로 운영된다(학생수가 50만 명이 넘는다). 피닉스대학의 경우 교수와의 접촉을 일부 유지하고 있지만 사업모델은 온라인 교재와 시장 매력을 중심으로 한 것인데, 이는 정통 대학보다 학비가 저렴하고 교과과정도 수요가 많은 것에 한정되어 있다는 것을 의미한다. 이뿐만 아니라 컴퓨터 통신기술의 발전에 따라 대단위 온라인 강좌(MOOCs)도 가능한데, 이는 접속이 가능한 지역에 있는 사람이면 누구나 자신이 원하는 강좌에 등록할 수 있다는 것을 의미한다. 사회적으로 의식 있는 학자들 — 대체로 학계에서 명성이 높은 — 은 이미 이러한 방식으로 자신들의 강좌를 개설하고 있다. 여기에서 민간 부문이 기회를 발견하고 있는데, 에드엑스(edX)나 유대서티(Udacity) 등과 같은 회사는 이윤 창출을 목적으로, 관심을 기진 사람이면 누구에게나 장소에 상관없이 고등교육을 제공하려는 기회를 포착하고 있다. 이들의 학비는 기존 대학이 요구하는 것보다 저렴할 것이며, 적어도 잠재적으로는 이들을 이용하는 학생들은 유명대학이 제공하는 최고의 강좌를 경험할 것이다. 국가지원 고등교육의 명백한 문제에 대처하는 한 방법으로서 시장화가 막 시작된 것이다(Ritzer, 1998; Tuchamn, 2009 참조).

5. 정보체계로서의 자본주의: 시장의 역할

이상의 논의는 친시장주의 사상가들이 정부의 역할을 검토하는 과정에서 드러낸 부정적 견해를 주로 다루었다. 생활의 정보적 (그리고 여타) 영역에 대한 간섭의 역사에 대해 말하자면 국가의 노력에서 허점을 발견하는 것은 어렵지 않다. 논의 대상을 달리하여, 이 절에서는 프리드리히 하이에크의 저작에 담겨 있는 사고의 일부를 검토함으로써, 자본주의와 정보 간의 관계에 대한 보다 긍정적인 분석을 더 자세하게 살펴보고자 한다.

이러한 긍정적 접근의 출발점은, 시장은 불완전하기는 하지만 사람들의 욕구를 만족스럽게 충족하도록 하는 최선의 수단을 제공한다는 것이다. 적어도 두 가지 근거에서 이러한 주장이 가능하다. 첫 번째는 시장이 작동하지 않는다면 다른 사람들을 위한 의사결정을 내리는 위치에 있는 사람들이 욕구에 대한 의사결정을 떠맡을 수밖에 없다는 것이다. 여기서 국가기관들이 흔히 전면에 나서면서, 이런저런 승인 또는 추정 전문가들이 사람들이 무엇을 필요로 하고 무엇을 가져도 괜찮은지를 결정하게 된다. 영국과 같은 모든 사회에는 이러한 역할을 담당하는 다양한 기관이 존재하는데, 정부 부처에서부터 독립법정기구(*quangos*: 영국에서는 일반적으로 정부의 재정지원을 받으면서도 독립적으로 운영되는 독립공공기관을 의미하나 여기서는 비정부기구도 포함하는 용어 - 옮긴이 주)에 이르기까지 현재 700개가 넘는다. 이들의 존재는 엘리트나 기타 우월적 집단이 사람들의 필요사항에 대해 그들 자신보다 더 잘 알고 있다는 가정을 전제로 한다. 이에 따라 시장이 허용되지 않는 영역에서는 계획가, 전문가 또는 여타 저명인사들이 일반인이 접근할 수 있는 바를 결정하게 된다. 대부분의 사람들은 이러한 상황에 대해 익숙하다. 예컨대 아이들이 어떻게 그리고 무엇을 교육받아야 하는지에 대해 또는 건강을 위해 무엇을 먹어야 하는지에 대해 자격을 갖춘 교육자나 의료진이 가르칠 권리가 있다고 일반적으로 간주된다. 반론에 따르면 이들은 주제넘게 월권행위를 하여 다른 사람들의 삶을 계획하려 한다. 그러한 행위자들은 흔히, 전부는 아니지만, 정부에 소속된 사람들로서, 더 많은 정보를 가지고 있다고 주장하는 전문가들의 손에 사람들의 책임을 맡기는 '복지국가'(*nanny state*)의 확산을 촉구한다. 예술, 보도, 정치 등 다양한 영역에서 이러한 집단이 출현하여 이런 저런 엘리트들이 우리를 지배하고 있다. 대학교육을 받고 대도시에 거주하는 전문가들이 우리가 무엇을 생각하고 어떻게 살아야 하는지에 대해 언급할 권리가 있다고 여겨지는 것이다.

여기서 이와 관련된 또 다른 주장을 검토할 필요가 있다. 친시장주의자들은 사람들의 욕구를 충족하기 위한 시장 기제가 작동하지 않는 곳에서는 국가 승인 인사들이 이러한 공백을 메우는 경향이 있다는 점을 강조하는 반면에, 더 좌파적인 사람들은 기업 종사자들이 자기 회사가 만들어 내는 제품을 구매하도록 설득하기 위해 사람들의 욕구를 조작한다고 주장한다. 이러한 입장을 취하는 수많은 저작이 있는데(Galbraith 1958; Packard, 1957; Ewen, 1976 참조), 광고주, 카피라이터, 홍보인력 등과 같은 '정신 관리자'가 교활하게 사람들을 조작하여, 매혹적인 이미지나 은밀하게 삽입된 연상이 없다면 결코 원하지 않을 물건들을 갈망하게 만드는 것으로 알려져 있다. 이러한 주장의 핵심은, 판매중인 상품을 소비하도록 더 잘 설득하기 위해 일반인들이 자신의 욕구에 대한 잘못된 정보를 지속적으로 받게 된다는 것이다.

이들 반국가 입장과 반기업 입장은 모두 일반인들에 대한 결핍모형(*deficit model*)을 가정한다. 전자는 사람들이 자신을 위한 의사결정을 내릴 만큼 충분한 전문성이 부족하다고 가정하고, 후자는 사람들이 자기인식과 회의주의가 너무 결여되어 있어서 광고 및 관련 업자들의 감언이설에 쉽게 넘어간다고 가정한다. 전자는 사람들이 책임을 포기하고 전문가에게 의지한다고 보며, 후자는 사람들이 교활한 조작가들에 의해 기만을 당한다고 본다. 두 입장은 또한 사람들이 자신들의 욕구를 분명하게 밝힐 수 없고 따라서 전문가들이 중재에 나서 그들을 대신해 의사결정을 해주거나, 인위적으로 강요된 욕구를 수용하도록 유도해야 한다는 견해도 공유한다. 요컨대 사람들이 스스로 욕구를 정의하고 표출할 수 있는 능력이 없기 때문에 그런 역할을 하는 중재자가 존재할 수밖에 없다는 것이다.

이를 명료하게 설명하기 위해 예컨대, 지난 20여 년간의 미용용품 사업 확산을 생각해 보자. 더바디샵이나 러쉬(Lush) 등과 같은 전문 매장의 등장과 보다 일반적인 백화점에서의 비누, 향수, 연고제, 손톱 광택제 및 관련 화장품의 성장은 사람들 — 특히 여성이지만 최근 남성 미용용품의 급속한 성장을 고려할 때 성별에 따른 지나친 구분은 경계할 필요가 있다 — 이 교활한 판매원들에게 쉽게 사기를 당해 실현 불가능한 아름다움을 갈망하게 되고, 동시에 자신의 신체적 결함과 체취에 대해 우려하게 되는 사례로 볼 수도 있다. 이러한 견해에서 볼 때 미용용품에 대한 집착은 현대사회의 많은 조언가와 교활한 판매원들의 결합에서 비롯되는 것이다. 조언가들은 '체형 유지'와 '좋은 건강' 관리가 무엇인지에 대해 말해 주고, 판매원들은 소비자들이 이전 세대 사람들은 필요하다고 상상하지도 않았을 것들—샤워젤, 노화방지 크림, 방향치료제, 차나무 오일, 아이크림 등—을 구매하도록 적극적으로 설득한다.

그러나 보다 설득력 있는 설명에 따르면, 소비자들이 입욕제, 각질 제거제, 세안 전문용품 등의 미용용품을 많이 구매하는 이유는, 이전에는 개인위생에 대해 무지했거나 판매원들에게 사기를 당하지 않아서가 아니라, 이러한 제품들이 즐거움과 기쁨을 주는 것이라고 판단했기 때문이다(Obelkevitch, 1994). 미용용품 전문점인 더바디샵의 성공은 고객의 욕구와 바람에 효과적으로 대응하는 설립자 애니타 로딕(Anita Roddick)의 능력을 보여 준다. 이는 이 회사의 놀라운 성장에서 잘 드러나는데, 1976년 영국 브라이턴(Brighton)의 작은 매장에서 출발한 더바디샵은 로레알(L'Oreal)에 인수된 2006년에는 60개가 넘는 국가에서 약 2,500여 개의 매장을 가지고 있었다. 1994년에 설립된 다른 전문점인 러쉬는 마크 콘스탄틴(Mark Constantine)의 지도하에 더바디샵과 유사한 경로를 따라 현재 40여 개 국가에 약 600여 개의 매장을 가지고 있다. 분명히 이 분야에서는 남성들이 뒤처져 있어서, 한 세대 전까지만 해도 탈취제, 향수, 애프터셰이브 로션 등은 여성적인 것과 쉽게 결부되었다. 남성들의 체취와 단정하지 못한 손톱을 여성들이 더 이상 참아 내지 못하면서 남성들의 목욕 관행의 변화가 촉진되었다.

성별 관계가 미친 영향이 무엇이 되었든 간에 간과해서는 안 될 것은, 양성 모두에서 미용용품 산업이 급성장한 배경에 대한 가장 설득력 있는 설명은 구매자들 스스로가 더 만족하기 때문이라는 것이다. 즉 소비자들은 목욕용품, 향수, 바디오일, 마사지 비누 등을 사용하면서 즐거움을 느끼고 개인 관리와 표현에 더 많은 중요성을 부여하게 되었다는 것이다. 요컨대 최근 미용용품 산업의 급격한 성장은 기업가적인 사람들의 활동, 그리고 그들이 성공한 영역의 시장체계와 연관되어 있다.

이는 시장이 사람들의 욕구를 달성하고 충족하는 선호되는 수단이라는 견해에 동의하는 두 번째 주장으로 이어진다. 이 주장에 따르면 개인들의 욕구는 매우 복잡하고 다양해서 설계가나 전문가 또는 광고주조차도 정확하게 밝히는 것이 불가능하다. 반면에 시장체계는 일상적인 가격신호를 통해서 생산자와 소비자 간의 관계를 효과적으로 매개할 수 있게 된다. 하이에크(Hayek, 1945)는 이러한 방식으로 시장을 매우 복합적이면서도 동시에 민감한 정보체계로 간주하는데, 이것은 어떠한 계획이나 국가도 비교될 수 없는 방식으로 개인들의 욕구와 필요가 경제활동과 조율되도록 해준다.

시장은 자원에 대한 것인 동시에 정보에 대한 것이라는 점은 하이에크의 중요한 통찰력이다. 그의 관점에서 볼 때 가격이나 매출은 소비자와 생산자를 매개하는 정보의 흐름이며, 수요와 공급이 만족스럽게 일치될 수 있는 유일한 방식이다. 사람들이 일상생활 과정에서 개인적으로 만들어 내는 엄청난 양의 정보에 대해 생각해 보라. 아침거리(시리얼, 빵, 계란, 커피, 차, 토스트 등)를 구매하는 것에서부터 뉴스를 접하고(어떤 매체를 어디에서 얼마나 자주 접하는가?), 점심과 저녁을 계획하고, 음악을 구매하고, 미용용품을 구매하는 것 등에 이르기까지 사람들은 수많은 정보적 활동을 수행한다. 이런 측면에서, 특히 하루 일과의 일상적 조정이라는 관점에서 볼 때, 하이에크의 주장은 분명 설득력이 있다. 그는 나아가서 수백만의 사람들이 일상생활 과정에서 수행하는 일상적인 거래의 밀도와 정교함을 포착하기 위해 '알지만 말할 수 없는 것'에 대해 착상하기도 한다. 시장 신호가 아니면 그 어떤 것을 통해서 소비자의 욕구와 재화 및 서비스를 조율할 수 있겠는가? 수많은 개인들의 선호 간의 조화와 동조를 가능하게 해주고 하이에크가 말하는 '자발적 질서'가 확산되도록 해주는 교환경제(*catallaxy*) 라는 자율적 과정만이 그렇게 할 수가 있다. 상상할 수 있는 유일한 대안 — 그리고 이는 과거 공산주의 체제에 의해 극단적으로 추구되었다 — 은 전문가들을 구성하여 인민들을 대신해 생산에 관여하고 조직하는 것이다. 수많은 유형의 셔츠와 신발, 수많은 빵과 우유, 수많은 난방유와 석탄 등이 필요했는데, 이러한 방식의 중앙집중식 계획은 잘되더라도 비효율적이고 잘못되면 전체주의적인 것으로 드러났다.

하이에크 분석의 논리는 분명하다. 국가는 사회에서 최소한의 역할만 수행해야 하며, 가격 기제를 통해 정보흐름을 원활하게 해주도록 하기 위해 시장은 그 자체의 방식으로 작동하도록 간섭을 받지 않아야 된다는 것이다. 하이에크의 관점에서 볼 때 국가는 사람들이 필요로 하는 모든 것을 아는 것이 불가능하기 때문에, 그렇게 할 수 있다고 가정하게 되면 자유를 침해하는 결과를 초래하게 된다. 그의 관점에서 볼 때 자유는 자유시장을 통해서만 확보될 수 있다. 왜냐하면 사람들의 요구조건이 공개되고 교환되는 것은 '분산된 정보'(Hayek, 1976: 6)에 대한 시장의 신호를 통해서이기 때문이다. 이는 사실 본래 '정보사회'에 대한 급진적 견해의 일종이다. 즉 이는 사람들이 최대한 자유로우면서도, 동시에 수많은 거래 — 생산자와 소비자가 서로 연결되는 — 의 무제한적인 흐름을 통해 자신들의 욕구가 충족될 수 있도록 하기 위해 시장이 신호 체계로 작동하도록 아무런 간섭을 받지 않아야 한다는 견해인 것이다.

하이에크는 사실 사회에서 행위의 규칙을 유지하는 것에 관한 한 국가의 역할을 인정한다. 개인들이 원하는 모든 목적을 명기하는 것이 불가능하기 때문에, 무한한 다양성을 수용하고 조정하기 위한 일정한 절차적 규칙이 존재할 필요가 있다. 만일 "목적에 대한 동의"가 가능하다면 삶이 간단해지기 때문에 "절차의 도덕적 규칙에 대한 필요성은 존재하지 않을 것이다". 그러나 개인의 욕구는 그렇게 쉽게 확인될 수 없기 때문에 국가는 "일정한 미지의 상황에 대한 장치"로서 행위의 규칙을 유지해야 한다(Hayek, 1976: 23). 이러한 견해를 통해 하이에크는 행위를 규제하는 규칙이 경쟁을 위한 틀, 즉 자유시장을 제공하는 한 그러한 규칙을 지지한다. 이러한 틀에서 볼 때 하이에크는 특히 관습법의 효과를 인정하는데, 이는 수 세기에 걸쳐 출현한 규칙으로, 감독하는 국가의 설계의 문제가 아니라 다양한 상황과 경험으로부터 진화된 행위의 양식이다. 하이에크가 '성숙법'(*grown law*)이라 부르는 이러한 관습법은 개인들의 의사결정을 촉진하고 '자발적 질서'에 기여함으로써 사람들이 삶을 영위하는 데 도움을 준다.

반면에 정부가 '사람들이 원하는 것'이나 '정의가 달성되는 방식' 등에 대해 언급하기 시작하면, 하이에크는 정부개입을 거의 용인하지 않는다는 것은 분명하다. 《노예의 길》(*The Road to Serfdom*, 1944)에서 그는 국가개입은 쐐기의 날카로운 끝과 같아서 결국에는 전체주의를 초래할 위험을 가지고 있다고 주장한다. 제2차 세계대전 중에 작성된 한 전단지에서 하이에크는 나치 독일과 소련(그들의 운명이 전쟁의 결과를 결정한 두 적대국)을 '서로 경쟁하는 사회주의 파벌'(p. 6)에 지나지 않는다고 묘사한다. 두 국가 모두 자유에 대해 적대적이며 국가—사회가 필요로 하는 것에 대해 국가가 알 수 있다고 전제하고 국가의 비전을 국민들에게 적극적으로 강제하는 — 에 의한 '중앙지도'(p. 26)를 추구하는 집단주의 노선을 추구하였다. 하이에크의 비난을 받은 것은 공산주의나 파시스트 국가만이 아니었다. 그는 사회민주주의적 입장에 대해서도 공격할 준비가 되어 있었는데, 계획을 추구하는 사회민주주의의 '의도되지 않은 결과'(p. 9)는 전체주의로의 경향을 가지고 있기 때문이었다.

하이에크 사상 전반에 걸쳐 민주주의 자체에 대한 상당한 경계심이 존재한다.[4] 한 측면에서 보자면 이러한 경계심은 자유시장이 소비자의 바람에 대한 지속적인 신호 전송을 통해 개인의 욕구에 가장 잘 대응한다는 점에서, 그것이 자유를 극대화하는 최적의 방법이라는 확신에서 비롯된다. 앞에서 언급했듯이 정책이 시장의 원활한 운영을 위한 틀을 제공하는 것이라면 그것은 수용될 수 있다. 그러나 하이에크는 정치나 정치인에 대해 많은 회의를 가지고 있다는 결론을 피하기 어렵다. 그의 견해는 시장이 자유를 가장 잘 표현하고 허용한다는 것인데, 정치인들은 경제적 사안에 간섭하는 경향이 있기 때문에 그가 우려하는 것이다. 현대의 민주적 정치인들은 간섭주의에 경도되어 있다. 그들은 계획의 정당성과 효율성을 전제로 삼기 때문에, 하이에크가 볼 때 "민주주의와 자본주의 사이에는 양립 불가능한 갈등"이 존재한다 (Hayek, 1991: 385).

여기에 매우 중요한 쟁점이 존재한다. 민주주의에 대한 일반적 접근

---

4) 다음 내용 참조. "만일 민주주의가 다수의 무제한적 의지에 의한 정부를 의미하는 것이라고 한다면 나는 민주주의자가 아니며, 오히려 나는 그런 정부는 해로운 것이고 결과적으로 작동하지 않을 것으로 간주한다는 점을 솔직하게 인정한다."(Hayek, 1979: 39)

은, 정치적 영역에서는 유권자들이 다양한 정책과 후보 중에서 일부를 선택함으로써 자신들의 선호를 표현하고 선출된 공직자가 사람들의 표현된 의지를 실천하도록 노력한다는 것이다. 실제 과정은 복잡하게 얽히거나 타협이 이루어지기도 하지만, 사람들의 바람과 열망이 표출되는 장으로서의 정치의 일차적 중요성은 민주주의 사회에서 인정된다. 그런데 자본주의를 '정보체계'로 간주하는 하이에크의 개념에서는 정치보다 민주주의를 우선시하는 이러한 관념이 격하되거나 심지어는 역전되는 측면을 발견하게 된다. 그의 관점에서 볼 때 사람들의 바람이나 요구를 정치를 통해 구현하는 것은 개인 선호의 이질성을 과도하게 단순화하는 것이며, 동시에 정치인들이 간섭하거나 사안을 그들이 바람직하다고 믿는 방식으로 만들려는 시도를 하도록 자극할 수 있다. 정치인들의 의지를 이러한 방식으로 강요하는 것은 잘한다고 해도 실패할 수밖에 없고 잘못되는 경우에는 사회를 전체주의적 지배로 전락시킬 수도 있다. 하이에크는 이렇게 될 수밖에 없는 이유는 시장체계의 '자발적 질서'가 "중앙지도 경제에서 획득되거나 활용될 수 있는 것보다 … 더 많은 지식을 창출하고 담지"하기 때문(p. 7)이라고 주장한다. 이러한 관점에 비추어 볼 때 정치인의 개입은 어설프거나 둔감한 것일 수밖에 없고, 따라서 그러한 개입은 교환경제의 원활한 작동을 저해하고 나아가서 자유를 위협하게 된다.

이런 식으로 하이에크는 시장을 사람들의 욕구를 충족하는 더 좋은 방식으로 간주하며, 그 과정에서 민주주의가 사람들의 의지를 표현하고 그에 따라 작동하는 것으로 간주되는 한 자유가 민주주의에 우선한다고 주장한다. 유권자들의 목소리를 대변하고 그들의 표출된 의지에 맞게 작동하려고 노력하는 과정에서 민주적 정치는 사람들의 욕구를 왜곡되게 단순화하고, 정책을 통해 시장을 규제하려는 서투른 노력 때문에 사람들의 욕구 충족을 어렵게 만든다. 하이에크의 표현을 빌리자면 의회가 그 의지대로 자유롭게 행동하는 경우 의회의 관할권이 미치는 영토에서는 자유로운 사람이 존재할 수 없다(Hayek, 1991: 403).

하이에크의 입장은 공공영역 — 적어도 시장활동의 표현을 넘어서는 영역으로 확장되는 경우 — 의 개념에 대한 반감으로 이어질 수밖에 없다는 점은 말할 필요가 없다. 그는 특히 국가의 기금을 받는 공적 서비스를 옹호하는 20세기 공공영역 주창자들에 대해 적대적일 것이다. 하이에크주의 분석은 공적 서비스 방송국과 같은 조직은 자기 잇속만 차리는 엘리트의 특성을 취하게 되는 경향을 피할 수 없다고 볼 것이다. 주로 특권적 배경 출신 중에서 성원을 충원하고, 시장경쟁으로부터 분리되어 있기 때문에 자본주의에 대해 비호의적이고, 제작자인 자신들이 값어치 있다고 간주하는 것을 시청자들에게 제공하며, 어떤 프로그램을 제작하든 수입은 보장되므로 거의 제약을 받지 않고 제작할 수 있기 때문이다. 이런 것들은 BBC에 대한 친숙한 비판이기도 한데, BBC는 TV 소유자들로부터 강제적인 인두세를 징수하기 때문에 재정이 보장되어 있으며(BBC의 2012년 수입의 대부분을 차지하는 허가비는 50억 파운드가 넘어서 민영 ITV 수입의 2배였다), 시청자들은 영향력을 거의 가지지 못하고, 그 구성원 중에서 대도시 출신과 일류대학 출신이 특히 높은 비율을 차지한다는 것이다(Tracey, 1998; Burns, 1977; Born, 2004 참조).

하이에크의 관점에서 볼 때 시장이 더 좋은 정보교환 방식이다. 국가지원을 받는 모든 조직은 시민들이 알 필요가 있는 정보를 알려 주는 서비스를 제공한다는 취지로 설립되었으면서 주제넘게 활동을 하고 있어서, 국가지원 제도에 비해 자신들이 원하는 것들을 스스로 확인할 수 있는 더 유리한 입장에 있는 개인들에게 강요를 초래할 위험을 안고 있다.

이 장 후반에서 하이에크에 대해 비판하겠지만, 한 가지 반론은 여기서 강조할 필요가 있다. 즉 그가 현대정치에서 확인하는 개인들의 불가지한 욕구와 전지적인 국가 간의 메울 수 없는 단절에 관한 주장은 과장되었다는 것이다. 삶의 많은 측면에서 개인들을 제약하는 결과를 가져오지만 일반적 공익에 기여하는 사회적 및 정치적 논의와 의사결정이 필요하다는 사실[5] — 이런 측면에서 학교운영, 교통수단, 나아가서는 복지제도 등을 생각해 볼 수 있다 — 을 부정하지 않고도, 우리는 개인의 특이성을 인정할 수 있고, 억압적이거나 심지어는 냉혹한 정부의 위험에 대해 경계할 수도 있다. 합의된 제약 속에서 살아간다는 것은 적어도 부분적으로는 사회에 대한 소속을 의미하는 것이다.

그럼에도 불구하고 하이에크는 사회 속에서 국가개입이 초래하는 위험에 대해 효과적으로 상기시켜 주는데, 특히 정보적 영역에서 그러하다. 방송, 교육, 심지어는 공식 정치조직을 지배하는 하향식 제도 아래서 개인의 호소가 간과되거나 심지어는 억압되는 위험을 찾아내는 것은 어렵지 않다. 하향식 제도는 모두 교육수준이 높고 전문적인 엘리트가 운영을 책임지고 있는데, 이들의 목소리는 쉽게 수용되고 그에 대해서 대다수 사람들은 다른 의견을 내지 않는다. 그러한 배제에 대

---

5) 사실 이는 밀(John Stuart Mill)의 잘 알려진 개인주의에 대한 비판의 하나인데, 고전적 저작인 《자유론》(*On Liberty and Other Writings*, 1859)에서 그는 다른 사람들에 대한 해가 초래되는 영역이 아닌 한 비개입을 촉구하였다. 당연히 하이에크는 스스로를 19세기적 의미의 자유주의자로 여겼을 것이다.

한 가시적인 이유는 일반 국민들은 요구되는 전문성을 가지고 있지 않다는 것이다. 즉 이러한 영역에서는 지배적 위치에 있는 사람들이 인정된 자격, 경험, 운영의 편의 등을 통해 지배를 한다는 것이다.

6. 탈(脫) 중개와 신(新) 하이에크주의자

인터넷 논평자들은 이 점에 관해 할 말이 상당히 많을 것이다. 여기서 우리는 블로그, 위키피디아(Wikipedia, 더 일반적으로는 위키), 트위터, 그리고 페이스북과 마이스페이스(MySpace) 등과 같은 사회연결망 사이트 열성가들 사이에서 반복적으로 관찰되는 하이에크식 논제에 대해 주목할 필요가 있다. 이러한 주장에서 반복되는 내용은 탈중개(*disintermediation*), 즉 일반적인 사람들에게 중개자의 간섭을 받지 않는 통로와 자신의 견해를 표출하는 플랫폼을 제공해 주는 기술들의 역량이다.

예컨대 위키피디아는 하이에크식 주제를 잘 보여 주는데, 이는 지속적으로 끊임없이 갱신되며 기존의 경쟁자보다 훨씬 더 포괄적인 백과사전을 만들어 내면서도〔기존 백과사전에서 2003년 이라크 침공과 점령에 대한 연속 논평이나 레너드 코헨(Leonard Cohen: 캐나다 출신 가수 - 옮긴이 주)의 음반, 키스 자렛(Keith Jarrett: 미국 출신 연주가 - 옮긴이 주)의 생애에 관한 내용을 찾아보기는 힘들지 않은가?〕, 인정받은 전문가들이 만들어 낸 성과물의 질에 필적하거나 — 심지어는 그것을 능가하는 — 익명적 다수의 역량을 강조하는 데서 잘 드러난다. 위키피디아는 자신이 기여할 부분이 있다고 생각하는 사람이면 누구나 참여하여 만들어

낸 것이다. 내용을 제출하기 전에 업적이나 자격에 대한 검토는 이루어지지 않는다. 흥미롭게도 2001년에 위키피디아를 창설한 지미 웨일즈(Jimmy Wales)는 "하이에크의 업적은 … 위키피디아 프로젝트를 어떻게 관리할 것인가에 대한 내 자신의 생각에 대해 매우 중요하였다"라고 공언하면서, "하이에크 — 특히 '사회 속의 지식의 활용'이라는 1945년의 글 — 를 이해하지 못하면 위키피디아에 대한 내 생각도 이해할 수 없다"라는 점을 강조한다(Mangu-Ward, 2007에서 인용).[6)]

위키피디아는 정통 백과사전과는 대조적인데, 일반적으로 백과사전은 오랜 기간의 교육을 받고 수년간에 걸쳐 해당 주제에 대한 결정적 진술을 할 수 있다고 인정받을 만큼 충분한 평판을 쌓은 전문가들이 참여하여 제작한다. 효과적인 결과물(가끔 발견되는 실수에 대한 비판을 넘어서는 것이 아니라면)로서의 위키피디아는 자신이 해당 주제에 대해 기여할 수 있다고 생각하는 사람이면 누구나 참여하도록 초청하는데, 조건은 그들이 제출하는 내용은 누구나 자유롭게 수정, 개선, 발전시킬 수 있도록 공개한다는 것이다. 이는 순수 하이에크 이론이다. 즉 최소한의 행위규칙만 적용하는데, 그것도 개인들이 자신 또는 익명의 기여를 보다 효과적으로 만들 수 있도록 하기 위한 것이다. 다수의 개인들도 박식한 전문가 집단만큼이나 신뢰성 있고 좋은 정보를 생산할 수 있는 것으로 보인다.

2004년 말에 노벨상 수상자인 개리 베커(Gary Becker)와 법학자 리

---

6) 아인 랜드(Ayn Rand, 1905~1982)의 사상과 그녀의 객관주의 철학 — 규제받지 않는 시장과 인간의 노력이 결합되는 — 에 대한 웨일즈의 충성은, 독특하기는 하지만 주목할 필요가 있다.

처드 포스너(Richard Posner) (두 사람 모두 시카고 경제학과 소속)는 블로그의 출현이 "지식은 사람들 사이에 널리 분산되어 있고, 사회의 도전은 그러한 지식을 통합하는 기제를 창출하는 것이라는 하이에크의 논제에 대한 신선하고 놀라운 예시"라고 환영하였다. 경제에 관해서는 베커와 포스너는 하이에크의 정론을 그대로 주장한다. 즉 정보가 전체 사회에 확산되어 있기 때문에, 기업가들이 정보를 활용하여 다중적이고 변화무쌍한 욕구를 실현하도록 하기 위해서는 시장의 가격신호가 필수적으로 요구된다는 것이다. 그런데 베커와 포스너는 이제 인터넷이 "블로거들이 만들어 내는 아이디어와 의견, 사실과 이미지, 보도와 학술자료 등을 즉각적으로 통합(과 더불어 수정, 정교화, 확장)할 수 있도록 해줌으로써" 이러한 과정을 크게 발전시킨다고 주장한다.[7] 여기서 블로그 서비스는 소비자의 가격신호를 훨씬 능가하는 수백만의 분산된 행위자들 간의 자발적인 정보공유 수단으로 제시된다. '사고와 의견'의 영역에서 블로그 서비스는 국가의 간섭 없이 사람들 사이의 수많은 교환을 가능하게 해주는데, 이는 지금까지는 상상할 수도 없었을 정도로 더 신뢰성 있고 우수한 정보를 생산하고 평가할 수 있게 해주는 일종의 과정인 것이다. 가격기제가 존재하지 않는 블로그 영역에서 어떻게 이러한 비교가 타당한가에 대해 의아해할 수도 있겠지만, 위의 비교는 새로운 미디어를 이해하는 방법으로 제시된다는 점에 주목할 필요가 있는 것이다.

이와 관련된 논점이 최근의 '크라우드 소싱'에 대한 논의에서 분명히

---

7) 베커와 포스너의 블로그에서 인용. 출처: http://www.becker-posner-blog.com/2004/12/introduction-to-the-becker-posner-blog.html.

드러난다. 이 개념이 전제하는 것은 정보 자체가 특정 조직 외부에서 들어오는 경우, 특히 최대한 다양한 영역에서 최대한 많은 수의 기여자(크라우드)가 참여하는 경우에 더 우수하다는 것이다. 크라우드 소싱을 옹호하는 사람들은 썬 마이크로시스템즈(Sun Microsystems)의 공동 창업자인 빌 조이(Bill Joy)가 처음 만들어 낸 것으로 알려진 매력적인 격언('조이의 법칙')을 자주 인용한다. 그것은 "개인이나 개별 조직이 아무리 우수하다고 하더라도 그 외부에는 그보다 더 우수한 사람들이 수없이 많이 존재한다"는 것이다. 크라우드 소싱은 한 조직체 내부나 일부 사람들의 집단으로는 감당할 수 없는 엄청나게 방대한 규모의 사람들이 참여할 수 있게 해줌으로써 이러한 외부 자원에 대한 접근을 추구한다. 이러한 대규모 참여가 확장되면 서로 알지는 못하지만 공동의 목표에 기여할 부분이 있는 참여자들 간의 협력으로 이어질 수도 있다.

이러한 방식으로 크라우드 소싱은 위키피디아 실험에서 근본적이었던 하나의 원리를 표현한다. 수많은 자원자와 분산된 기여자를 활용함으로써 가능해진 '오픈소스 소프트웨어' 개발이(Weber, 2004) 중요한 성과 중 하나로 간주되지만, 크라우드 소싱은 양질의 정보를 창출하는 다른 방식에도 얼마든지 확장될 수 있다(Lakhani and Panetta, 2007). 예컨대 최고의 광고나 새로운 장치를 만들기 위한 공개경쟁의 경우, 사내 직원들이나 일부 자문가에게 의지하기보다는 인터넷을 통해 추진하면 더 우수한 성과를 얻을 가능성이 높다. 마찬가지로 정치 프로그램의 경우도 현재와 같이 일부 활동가들에만 의지하지 말고 크라우드 소싱을 통해 만들면 더 우수하면서도 더 민주적인 프로그램이 개발될 수 있을 것이다.

이 분야에서 영향력 있는 사상가 에릭 히펠(Eric von Hippel, 2005)은 많은 혁신은 생산업체가 아니라 사용자들로부터 나온다고 주장한다. 크라우드 소싱을 옹호하는 사람들이 이러한 통찰을 적극적으로 수용하였는데, 이들의 바람은 다수가 가진 변화의 원천에 접근하는 것이기 때문이다. 여기서 하이에크 사상 내부의 크라우드 소싱의 계보가 확연히 드러난다. 크라우드 소싱은 하이에크의 확신을 떠올리게 하는데, 하이에크는 정보라는 것은 너무나 복잡하고 다양하며 독점적으로 포착할 수 없는 것이기 때문에 중앙집권적 조직은 아무리 노력해도 정보를 독점할 수 없다고 보았다. 히펠이 획득하기 어렵고 조직의 범위를 넘어서 분산된, 흔히 암묵적인 것을 개념화하기 위해 '점성'(*sticky*) 정보를 언급하는 것은 하이에크 사상의 영향을 강하게 드러낸다.

혁신을 주도하는 분산된 사용자에 대한 실제적인 예를 찾고자 한다면 애플 스마트폰을 위한 앱(*applications*)의 성장을 생각해 보면 된다. 이런 것들은 앱스토어를 통해 자신의 앱(스포츠 팬, 버스 노선, 운동법 등을 위한)을 판매하려는 외부 제작자들이 만들어 낸 것이다. 2008년 이래 수백만 개의 앱이 개발되었는데(다운로드 수는 10억이 넘음), 이는 만일 애플이 내부에서 시도하였다면 상상할 수도 없는 규모이다.

캐스 선스타인(Sunstein, 2006)은 위키 원리와 하이에크식 '심오 진리'(*profound truth*) (원문그대로, p. 17)를 받아들여, 전문가나 선출된 대표자 간의 숙의(*deliberation*)가 정보를 개발하고 그것을 통해 가장 설득력 있는 정책 결정에 도달하는 최선의 방법이라는 견해를 반박한다. 시각이 서로 통합될 수 있는 분산된 개인들보다 공무원 집단이 더 나쁜 의사결정에 도달할 수 있다는 선스타인의 주장은 하이에크를 직접적으로 상기시키며, '군중의 지혜'(Surowiecki, 2004)를 존중하는 부분은,

벡커와 포스너와 마찬가지로, 시장과 위키 간의 유사성을 떠올리게 한다. 서로가 기여한 부분에 대해 공정하게 수정할 수 있는 기회를 통해 많은 기여자들이 문서와 정책을 만들어 낼 수 있다면, 최종 성과물은 가장 저명한 권위자의 숙고 결과도 능가할 수 있다.

선스타인(Sunstein, 2007)는 하이에크를 전적으로 지지하는 것과는 거리를 유지한다. 특히 많은 뉴미디어에서 발견되는, 그가 정보에 대한 소비자주의 접근으로 간주하는 것을 수용하는 것은 거부한다. 소비자는 너무 쉽게 자기만족에 빠지고, 수동적이며, 안전한 정보 분리지구(*enclave*)에 남아 있는 것에 만족한다. 이들은 시민(*citizens*)과 대비될 수 있는데(Barber, 2007), 시민은 참여하고 경계를 늦추지 않으며 보다 광범위한 공공의 지식 증진에 적극적으로 기여하고자 하고 뉴미디어를 이용하여 논쟁을 촉진한다. 시민들이 정치 및 여타 사안에 참여하기를 선택하고 자신들의 관여를 촉진하기 위해 뉴미디어를 활용하는 경우, 적어도 그들이 이질적인 의견과 세부사항을 '사고의 시장'으로 가져오는 부분에 대해서는 하이에크주의자들의 승인을 얻을 수 있을 것이다.[8)]

또한 블로그의 가능성과 실제 관행 사이에는 큰 괴리가 존재한다. 인터넷의 도움으로 참여가 확대될 것이라는 벡커와 포스너의 전망에 대해 회의적인 이유가 있는데, 특히 그들 자신이 저명한 전문가이기 때문이다. 그들의 블로그에 참여하는 사람들은 교육수준이 높고 정치적 정보에 밝으며 지식수준이 높은 사람들로 한정된 것으로 보인다.

---

8) 그런데 이런 활동가들이 환경을 변화시키기 위한 정책을 만들기 시작하면, 하이에크는 이를 자유에 대한 부적절한 침해로 해석하여 승인을 철회하리라고 예상할 수 있다.

나아가서 분산된 정보를 결집하는 수단으로서의 블로그와 시장 신호의 결합은 약화된다. 이는 블로그는 일반적으로 선별과 분류를 위해 가격 기제를 활용하지 않기 때문이다(일부 신문에서 그러듯이 시도되는 경우에는 참여가 크게 제한된다). 블로그의 영역, 그리고 사고와 제안, 추측과 반박의 영역에 관한 한 지위, 수사(*rhetoric*), 청중의 자기선별 및 여타 요인이 네트워크에서의 정보의 창출, 수용, 존속을 결정한다는 점을 인식할 필요가 있다.

7. 시장과 민주주의

지금까지 우리는 하이에크가, 민주주의에 절대적인 부분이라 주장되는 공적 서비스 제도는 말할 것도 없고, 민주주의의 전제요건이라는 이유로 공공영역을 옹호하는 사람들을 거의 인정하지 않는다는 것을 보았다. 그는 자발적으로 조직된 체계인 자본주의에서 그가 무엇보다도 소중하게 생각하는 자유를 확보하는 방안을 찾았으며, 시민들의 삶을 간섭하는 민주주의의 경향에 대해서는 회의적이었다.

하이에크에 대해서는 많은 반론이 존재한다.[9] 제 2차 세계대전의

9) 여기서 영국에서 하이에크 사상이 유명해진 것은 1970년대 말 그의 대단한 찬미가였던 마거릿 대처가 선출된 이후라는 점을 강조하지 않는다면 불성실한 것으로 보일 것이다(Thatcher, 1995). 1975년 여름에 당시 막 보수당 당수로 선출된 대처 여사가 참석한 한 세미나에서 생긴 일화가 있는데, 그 세미나는 당시 야당 소속이었던 그녀를 위해 실용적 '중도'를 옹호하던 토리(Tory) 당 연구소가 주최한 것이었다. 당시 보수당 연구소에서 일했던 존 래닐러(John Ranelagh, 1992)는 대처가 "서류가방에서

여파 속에 자란 베이비붐 세대가 볼 때, 1930년대의 재앙과 절망을 겪은 대부분의 전후(戰後) 사람들에게 터무니없는 것으로 보였던 이러한 자유방임 이념의 실제적 효과(민영화, 탈국유화, 탈규제 등)와 지속적 호소력을 보여 주는 것은 놀라운 것이다. 대공황은 대량 실업, 정치적 양극화, 그리고 마침내 전쟁을 야기하였다. 따라서 대공황을 초래한 무절제한 자본주의로 회귀하는 것에 대한 광범위한 거부가 존재하였다. 그 결과 중 하나는 경제적 사안에 대한 국가개입의 적절성, 비교적 높은 정도의 세금부담〔1940년대부터 1970년대까지 일반적 소득세율은 약 40%였고 최대 세율은 75%나 되었다(Clark and Dilnot, 2002)〕 수용, 주요 기간산업 부문에 대한 정부의 직접 개입이나 국유화(에너지, 수자원, 철도, 통신 등)에 대한 믿음이었다. 이러한 믿음은 자본주의 자체에 대한 도전이 아니라 30년간 사상을 지배한 관리자본주의(*managed capitalism*)에 대한 케인스주의적 합의를 표현하는 것으로 간주되었는데, 그 합의가 주장하는 것은 규제되지 않는 시장은 1930년대로의 회귀를 야기할 위험이 있다는 것이었다(Judt, 2010). 시장이 최선의 것을 안다는 확신이 이러한 합의를 붕괴시키고 그것을 대신하였고, 그 결과 정부 규제의 타당성에 대한 확신도 무너졌다.

책을 하나 꺼냈다. 그것은 하이에크의 《자유헌정론》(*The Constitution of Liberty*)이었다. 실용주의자인 우리를 중단시키면서 그녀는 모두가 볼 수 있도록 그 책을 들어 올렸다. 그녀는 '이것이 우리가 믿는 것이다'라고 엄중하게 말하면서 그 책을 탁자에 쿵하고 내려놓았다"고 기록하였다. 대처가 하이에크의 저작에 대한 면밀한 연구를 통해 설득된 것으로 보이지는 않지만, 그에 대한 열성적 지지자였던 것은 분명하다. 대처 여사는 지식인이 아니라 의지가 확고한 탁월한 정치가였으며 사상가라기보다 실행가였다(Marquand, 2008: 282; Vinen, 2009: 7 참조).

세계화에 따라 국민국가의 권력이 감소되었다는 의견이 일반적으로 수용되고 있지만, 초국적 기업이 지배하는 시대에(Dicken, 2011) 자유시장을 열성적으로 옹호하는 하이에크주의는 자본주의의 실제적 구조와 작동을 거의 설명하지 못한다. 초국적 기업은 생산, 판매, 심지어는 세금 보고와 관련해서도 전 세계를 자유롭게 옮겨 다닌다. 초국적 기업이 동원할 수 있는 자원과 정보통신기술을 이용한 융통성을 고려할 때, 그들이 자유시장 경쟁의 틀 속에서 작동하는 것으로 인식하는 것은 이상해 보인다. 그들은 초국적 범위, 과점적 지배(일반적으로 소수의 대기업이 시장을 지배), 주재국 정부 우회능력 등을 특징으로 한다. 또한 그들이 실패하는 경우 — 2008년에 금융체계가 비극적으로 그랬듯이 — 그들은 '실패하기에는 규모가 너무나 크기 때문'에 국가는 방대한 규모의 공적 자금을 투여하여 그들을 지원할 수밖에 없다는 것도 역설적이다.

하이에크주의자들은 경제적 사안으로부터 국가가 거리를 두기를 희망하지만, 반대파 — 특히 '강한 국가, 자유시장'이라는 그녀의 슬로건에 결국 굴복한 조직화된 노동 — 를 물리치기 위해 국가자원을 동원하고(Gamble, 1988) 중앙정부를 강화한 것은 대처 정부였다(Jenkins, 2007). 하이에크주의 분석은 또한 명시적인 권력 차이에 대한 분석도 부족한데, 기업과 그 이해당사자들은 자신들의 목소리를 내고 다른 사람들에게 영향력을 행사할 수 있는 자원을 가지고 있다. 실질적인 분석 대신에 우리가 접하게 되는 것은 존 그레이(John Gray, 1995)가 '시장 근본주의'라고 부르는 것으로, 최선의 결과를 위해서는 '자유시장'이 지배해야 한다고 주장하는 일종의 유사 종교적 의례문이다. 그런데 이는 설교에 국한된 이론의 문제가 아니라, 신뢰할 만한 정책적 대안

프로그램이 아직 완성되지 않은 상황에서, 강하게 주장되고 실행되는 정책인 것이다(Crouch, 2011).

하이에크는 시장이 정보의 질뿐만 아니라 그 가용성에도 부정적 효과를 미칠 수 있다는 것을 인정하기를 거부하는 완고하고도 과도하게 추상적인 견해를 제시한다. 예컨대 닉 데이비스(Nick Davies, 2007)는 '처널리즘'(*churnalism*)의 출현을 밝혀냈다. 이는 이윤을 추구하는 기업의 욕구가 반영된 홍보자료나 기타 배포자료를 이용하여 기사를 작성하는, 독립성과 용기가 없는 보도형태이다. 극작가인 데니스 포터(Dennis Potter, 1994)도 기업의 유사한 침투에 대해 한탄한 적이 있다. 그는 뉴스코퍼레이션과 그 소유주 루퍼트 머독에 대한 조롱을 표현하기 위해, 자신을 죽이고 있던 암을 자신의 '루퍼트'라고 신랄하게 묘사하였다. 이러한 비평가들은 규제되지 않은 자본주의 활동이 정보를 황폐화하는 악영향을 지적하는데, 이는 그러한 활동으로 인해 시민의 지식능력이 약화된다고 보기 때문이다.

우리는 여기서, 법은 시장의 자유로운 작동을 촉진하는 것에 한정되어야 한다는 주장은 직접적으로 정보적인 쟁점에 관한 한 의심스럽다는 점을 추가할 수 있다. 예컨대 영국에서 방송뉴스는 객관성, 중립성, 공정성을 추구해야 한다고 법으로 명시되어 있다. BBC, ITN, 채널 4 뉴스가 완벽한 것은 아니지만, 이들을 공격적인 당파성을 드러내는 미국의 폭스뉴스(Fox News)와 비교하여 나쁘게 평가할 사람은 거의 없을 것이다. 미국 수정헌법 제1조(*the First Amendment*)는 '표현의 자유'를 요구하며, 그에 따라 뉴스코퍼레이션의 자회사이자 미국에서 가장 큰 케이블 뉴스 서비스가 부정확하고 편파적인 내용을 쏟아내는 것이 허용된다. 영국 신문은 방송이 이행해야 하는 법적인 요구조건을 면제받는데, 이러한 이유 때문에 그들은 당파적인 정치적 성향을 쉽게 내보인다. 당연하게도, 여론조사 결과는 영국에서 방송 뉴스가 신문 보도보다 훨씬 더 신뢰받는다는 것을 지속적으로 보여 준다. 영국에서 방송뉴스 제작과 관련된 법적인 제약이 없었다면 정보의 범위와 정확성이 훨씬 더 저하되었을 것이라는 주장은 충분히 근거가 있는데, 뉴스의 영역에서는 시장의 영향력이 다원주의를 보장하지 않기 때문이다. 반대로 신문의 사례는 뉴스가 보수진영으로 집중된다는 것으로 잘 보여 준다.

하이에크의 사상에 대해 어떤 비판을 제기하든, 그가 정치인들, 특히 다른 사람들이 필요로 하는 것과 원하는 것을 자신들이 가장 잘 안다고 믿는 집단주의자들의 자만에 도전한 것은 분명 옳은 것이다. 마찬가지로 자유(그리고 종국적으로는 민주주의 자체)를 위협하는 전지적 국가에 대한 경고도 적절하다〔《노예의 길》에 대한 초기 논평자였던 조지 오웰(George Orwell, 1944: 143)이 제대로 된 안목으로 평가하였다〕. 이러한 통찰력은 뉴미디어에 대한 상당히 많은 논평에서, 특히 아래로부터의 정보공개를 가능하게 해주는 뉴미디어에서 효과적으로 활용되었다. 누구나 기여할 수 있게 해주는 인터넷의 역량 — 마누엘 카스텔의 용어를 빌리자면 '대중 자기소통'(*mass self communication*)을 가능하게 하는 것 — 은 과거에는 배제되었던 많은 사람들에게 토론, 논쟁, 지식 생산에 기여할 기회를 제공한다는 측면에서 민주적 자극임이 분명하다. 나를 포함해서, 일부 사람들은 이것을 긍정적인 발전으로 간주한다(물론 이런 인정에 대해 단서를 붙이기는 하겠지만).

8. 프랜시스 후쿠야마

이제, 비록 공적 정보와 지식능력에 대해서는 관심이 없는 것처럼 보이지만, 민주주의와 자본주의에 대해 할 말이 많은 친시장주의자인 프랜시스 후쿠야마(Francis Fukuyama)에 대해 살펴보고자 한다. 이런 측면에서 그는 주저 없이 자본주의를 선호하기 때문에 제 9장에서 살펴본 일군의 사상가들과는 반대되는 위치에 있다. 그러나 그는 시장을 정보체계로 보는 측면이나 민주주의보다 자유를 우선시하는 측면에서는 하이에크와 견해를 같이하지 않는다. 후쿠야마(Fukuyama, 1992)는 '정보를 중심으로 구축된 사회'의 출현으로 생겨난 긍정적 이익을 인정하는데(p. 4), 선택의 증가, 제약으로부터의 자유의 증가, 기성 위계구조의 쇠퇴 등과 같은 것들을 받아들이는 것이다. 이런 것들은 마땅히 수용해야 하겠지만 후쿠야마는 또한 1960년대부터 진행된 것으로 보는 다소 부정적인 변화에 대해 우려를 표명하는데, 사회질서 감소 및 그에 따른 공존의식 약화, 그리고 이들에 동반되는 상호 신뢰의 쇠퇴 등이 그것이다.

프랜시스 후쿠야마는 오직 시장사회만이 자유민주주의를 지탱할 수 있으며, 공공영역은 민주주의 작동의 전제요건은 아니라고 주장한다. 그의 잘 알려진 주장에 따르면 가장 효율적인 생산형태인 시장사회가 모든 대안적 사회에 대해 승리를 거두었다는 점에서 역사에는 방향성이 존재한다. 동시에 시민들 사이의 '인정 투쟁'(*struggle for recognition*)도 그에 동반하여 존재해 왔으며 자유민주주의에서 정점을 이루었다. 이로써 민주주의와 자본주의의 결합은 완성된다. 그러나 후쿠야마는 여기에는 승화적인 만족감이 없다고 보는데, 이는 사람들이 투쟁하는 동안에만 가장 자유롭다고 느끼기 때문이다. 사람들이 일단 "안정적인 민주주의 사회를 스스로 창출하게 되면", 승리에 도취되어 "혁명적 투쟁에서와 같은, 자신들이 자유롭고 인간적일 수 있는 가능성을 박탈당하게 될 것이다"(Fukuyama, 1992: 312).

후쿠야마의 주장은, '정보사회'가 직면한 난제의 핵심은 우리가 서로 어떻게 연결될 수 있는가의 문제라는 것이다. 우리를 하나의 사회로 묶어 주고 범죄, 관계 파탄, 소외 등과 같은 사회적 병리를 예방하는 것은 무엇인가? 후쿠야마는 '정보사회'에는 '무절제한 개인주의'로부터 야기되는 병폐가 존재한다고 주장한다(Fukuyama, 1999: 14). 의심할 여지 없이 우리는 더 많은 자유와 더 높은 생활수준을 가지고 있지만, '사회적 자본'(*social capital*)은 쇠퇴하는 경향이 있으며, 그와 더불어 권위에 대한 존경, 공익에 대한 헌신, 그리고 소속감도 저하되고 있다. 이는 물론 사회사상에서 반복적으로 나타나고 모든 정치적 스펙트럼을 가로지르는 주제로, 우리가 공동체 지향적 생활양식으로부터 보다 개인주의적인 생활양식으로 거침없이 이동하고 있다고 주장하는 것이다(Nisbet, 1967). 사람들 사이의 연결성의 재형성을 탐색하는 후쿠야마의 반응도 또한 확실하게 보수적이며, 이런 점에서 하이에크의 보다 냉철한 자유주의와 잘 어울리지 않는다. 후쿠야마와 관련하여 또 놀라운 점은 이러한 경향이 '정보사회'의 확산에 따라 악화된다는 그의 인식이다.

그는 '정보사회'에서 사회적 붕괴가 발생하는 몇 가지 이유를 밝혔다. 첫 번째는 지속적이고 가속화되는 변동의 속도인데, 자동화와 재조직화는 모든 공동체를 불안정하게 만들고 위협한다. 과거 광산과 철

프랜시스 후쿠야마 Yoshihiro Francis Fukuyama, 1952~

자유주의와 신보수주의를 옹호한 미국의 정치경제학자이자 철학자이다. 《역사의 종말》, 《트러스트》, 《대붕괴 신질서》 등의 저서가 있으며, 미국 부시 행정부 등장 이후 과도한 군사주의를 비판하고 초기의 신보수주의를 수정하였다.

강 도시였던 영국 북부지역은 이제 '러스트 벨트'로 전락하여 경범죄, 가족붕괴, 높은 실업률로 얼룩져 있지만, 한때 사회적 연대와 질서의 전형이었다. '정보사회'에서는 이러한 공동체를 지탱한 노동이 사라졌고 그에 따라 숙련도가 높았던 노동자들도 정보기업에서 일자리를 찾으려고 이주해 버렸다.

두 번째 도전은 지리적(그리고 온라인) 이동과 그에 수반되는 관계의 일시성을 강조하면서 장소의 고정성을 약화시키는 '정보사회'와 밀접하게 관련되어 있다. 과거에 사람들이 특정 지역에서 오랫동안 살아가고, 세대에 걸쳐 특정 장소에서 일하며, 이웃과 높은 정도의 친밀성을 보유함으로써 가능했던 확실성은 약화되었고, 사람들은 점점 더 자기만의 방식에 따라 살아가고 스스로에 대해서만 신뢰할 수밖에 없게 되었다.

셋째로, 정보노동으로의 이행은 두뇌에 비해 근력의 기여도를 떨어뜨린다. 두뇌라는 능력이 강조됨으로써 여성도 남성과 대등한 수준으로 올라가고, 노동력의 여성화가 촉진되며, 다수의 남성들 — 저학력, 비숙련, 해고되거나 행동이 거친 — 이 불안정한 상태에 처하게 된다. 공교롭게도 후쿠야마는 고용된 여성들이 남성들의 속성을 취하며, 그에 따라 경쟁적이고 자기지향적이며 계산적이 되고, 그 결과 전통적으로 이웃과의 상호관계, 사회화와 양육에서 차지했던 여성들의 역할이 약화되고 있으며, 이에 따라 사회적 유대의 탄력쇠퇴 경향이 촉진된다고 믿는다.

넷째로, 그는 신체에 대한 여성들의 통제의 중요성에 주목하는데, 출산과 관련된 현대적 피임은 점점 생활양식의 선택 문제가 되고 있다는 것이다. 40세 이상 영국 여성 중에서 많게는 5명 중 1명은 자녀를 가지지 않는 것을 선택하고 있으며, 이러한 비율은 교육수준이 높고 전문직에 종사하는, 그리하여 '정보사회'의 위계 속에서 상층에 있는 여성들에게서 특히 높게 나타난다.

탈산업화, 장소의 중요성 쇠퇴, 고용구조의 여성화, 양육의 매력 저하 등은 모두 개인주의 증가, 소속감 약화, 사회적 자본 감소에 영향을 준다. 그에 동반되는 것이 가족 붕괴, 범죄, 불만족 증가이다. 책임 소재에 대한 후쿠야마의 규명이 제대로 되었는지는 크게 중요하지 않다(예컨대 여성의 노동참여와 범죄증가 간에 인과적 연관을 주장할 증거는 거의 없는 것으로 보인다). 더 중요한 것은 후쿠야마는 자본주의가 자유민주주의를 특히 잘 배양한다고 믿으면서도[그 자체도 논쟁적인 주장이다(Gray, 2007)], '정보사회'에서는 중대한 사회적 무질서도 동시에 증대된다고 주장한다는 점이다. 그리고 후쿠야마는 '평탄' 조직에서의 정보집약적 노동의 확산에 따라 동료 전문가들 사이에서 공간을 초월하는 신뢰의 연결망이 구축됨으로써 이에 대한 역경향이 촉진될 수도 있다고 주장하지만, 그의 일반적인 진단은 어둡다. 2008년의 금융위기와 지속되는 불황의 여파 속에서 그는 부유층에게 과도하게 보상하고 대다수의 나머지 사람들은 유기하는 듯 보이는 신자유주의를 대신할 사회변동 대안의 부재를 한탄하는 처지에 놓여 있다.

9. 결론

이 장에서 논의한 사상가와 아이디어는 '정보사회'에 대한 논의에서, 특히 정보와 민주주의 간의 관계에 대한 고찰에서 충분한 주목을 받지 못하였다. 이들의 주장은 공공영역 — 정보적 영역과 관련하여 시장체계에서 발견되는 문제점을 해결하기 위해 국가의 지원을 요구하는 — 을 주장하는 사람들에 의해 가려지고 있다. 그런데 제 9장에서 살펴본 바와 같이 삶에 대한 국가의 개입을 경계하는 것에 대해서는 옹호자들도 인식할 필요가 있는 이유가 존재한다. 대조를 위해 이 장에서는 간단히 말해 시장은 아무런 간섭을 받지 않는 경우에 가장 잘 작동한다고 주장하는 사람들에 대해 검토하였다. 이들에게 국가개입은, 그 의도가 좋고 심지어는 명백한 문제해결을 위한 것이라 할지라도, 비효율적이며 그 자체의 문제를 만들어 내고 심지어는 문제를 더 악화시키는 것이다.

이러한 비난은 감독 국가의 다른 모습과 마찬가지로 정보적 쟁점에도 동일하게 적용된다. 친시장주의 사상가들은 방송 서비스, 인터넷 서비스, 심지어는 공공도서관의 제공을 매도하고 부정적 결과에 대해 경고를 보낸다. 이러한 친시장주의 이론가들 중에서 가장 예리한 하이에크는 의심할 여지 없이 국가간섭을 거부하며, 시장 기제가 사람들의 필요와 욕구를 가늠하는 더 우수하고 세심한 수단이라고 주장한다. 사실상 자본주의는 공급과 수요의 조화를 보장하는 정보체계인 것이다.

이렇기 때문에 하이에크주의자들이 국민들의 정보적 필요에 기여한다는 취지를 가진 제도에 세금이 투입되는 것과 같은 상황을 예상하는 것이 얼마나 어려운 것인가를 쉽게 평가할 수 있을 것이다. 그러한 제도의 형성 자체와 관행은 불가피하게 주제넘은 것이고 불행한 최후를 맞을 수밖에 없다는 것이다. 앞에서 보았듯이 실제로 하이에크는 근대 민주주의 자체에 대해 의구심을 가지고 있는데, 근대 정당이 경제(그리고 더 많은 것)를 더 잘 '관리'하기 위해 '계획'을 만들어 냄으로써 그에게 최우선 가치인 자유를 훼손하게 되는 경향에 대해 수상쩍어하는 것이다. 이러한 견해는 더 많은 국가지원을 통해 공공영역을 강화해야 한다는 주장과는 상당히 다른 것이다. 열성적 시장주의자들이 볼 때 증가된 정보 상품화의 부정적 측면, 독점의 등장, 사회 전반의 소비주의 확산, 자본주의 사회에서 특정 견해 관철을 위한 권력 불평등의 결과 등에 대해 우려할 필요가 없다.

프랜시스 후쿠야마는 자본주의가 생산적 효율성과 자유민주주의에 대한 소비자 열망을 결합하는 독특한 역량을 가지고 있다고 주장한다. 이러한 신보수주의적 설명에서 정보 문제는 자본주의나 민주주의와 큰 관련성이 없으며, 다만 '정보사회'의 전개는 일반적으로 무질서와 부조화로 이어지는 사회적 자본의 감소를 야기하는 것으로 간주된다. 후쿠야마는 비록 이러한 추세가 자본주의와 민주주의 연관의 패권에 도전할 것으로 보지는 않지만 민주주의 사회를 약화시킬 수도 있다고 본다.

제11장

정보, 성찰성, 감시

앤서니 기든스를 중심으로

앤서니 기든스(Anthony Giddens, 1938~)는 전후 영국에서 가장 중요한 사회이론가이다(Anderson, 1990). 기든스의 야심은 사회이론을 재조명하고, 17세기에 시작되어 멈추지 않고 지속된 거대한 변형인 근대성(*modernity*)의 경로에 대한 우리의 이해를 재검토하는 것이다. 그는 1980년대 초에 사회이론가들에 대한 자세한 비판을 통해 구조화 이론(*structuration theory*)을 발전시켰고, 선구적으로 역사사회학을 개척하였으며, 그 후에는 성찰적 근대화에 대한 보다 실질적인 분석으로 관심을 돌렸다. 1980년대 말 이후 기든스는 이 개념과, 그와 관련된 것으로, 제조된 불확실성(*manufactured uncertainty*)의 세계에서 우리가 행하는 선택에 대한 강조를 실제적 변동에 보다 직접적으로 적용했다. 그의 신노동당 지지에 대한 지적 기반은 장기간의 학문적 연구에 뿌리를 두고 있기는 하지만(Giddens and Perason, 1998), 그가 학계를 초월하여 1990년대 후반 이후 빌 클린턴 대통령과 토니 블레어 수상 정권하에서 상당한 인기를 끈 '제 3의 길' 정치의 창안자로 널리 알려진 것은 바로 이러한 작업 때문이다. 그는 1997년부터 2003년까지 런던경제대학 학장을 역임하였고 2004년에는 작위를 받았다. 기든스 경은 상원에서 활동적인 역할을 수행하고 있다. 학술적 저술활동도 여전히 활발하지만, 이러한 보직 활동과 최근 들어 정치에 더 많이 관여함에 따라 그의 연구사업 중 일부는 불완전 상태로 남아 있다.

이 장에서 내가 하고자 하는 것은 정보의 중요성을 이해하기 쉽게 탐색할 수 있도록 도와주는 기든스로부터 통찰력을 얻는 것이다. 다음의 내용은 기든스 사상 전체에 대한 설명은 결코 아니며, 그의 저작에 대한 이해를 바탕으로 정보적 추세를 나의 방식으로 해석해 보는 것이다 (Kaspersen, 2000 참조). 그리하여 기든스를 발판으로 정보전, 감시와 민주화 등과 같은 핵심적 쟁점뿐만 아니라 기든스가 길게 설명하지 않은 부분에 대해서도 폭넓게 검토할 것인데, 그의 저작이 이러한 주제를 이해하는 데 통찰력을 제공하기 때문이다.

기든스는 '정보사회'에 대해, 적어도 직접적으로는, 많은 글을 쓰지는 않았다. 이 개념에 대해 논하는 것은 그의 관심사가 아닌데, 그것은 특히 그가 '정보사회'의 주장에 대해 회의적이기 때문이다. 그의 견해에 따르면 우리는 '급진화된 근대성'(*radicalized modernity*)의 시기에 살고 있는데, 이는 오랫동안 근대성 자체의 특징이 되었던 측면들의 가속적 발전으로 특징되는 시기이다. 실제로 그는 다음과 같이 주장하였다. "우리가 지금에 와서야 … 정보의 시대에 진입하고 있다고 일반적으로 주장되지만, 근대사회는 그 시작부터 '정보사회'였다."(Giddens, 1987: 27) 따라서 기든스의 이론화에 따르면 정보의 중요성 고조는 아주 깊은 역사적 뿌리를 가지고 있어서, 오늘날 정보가 특별한 중요성

앤서니 기든스 Anthony Giddens, 1938~

구조화 이론과 성찰성 이론을 주창한 영국의 사회학자로, 《자본주의와 현대사회이론》, 《현대성과 자아정체성》, 《제3의 길》 등의 저서가 있다. 근대성과 세계화의 문제를 비판적으로 분석한 그는 현대 사회학계에서 가장 저명한 학자로 평가받는다.

을 가지고 있는 것은 사실이지만, 다니엘 벨이 '탈산업사회'를 인식하는 바와 같은 체계적 단절을 표현하는 것으로는 충분하지 않다는 주장이 가능하다. 다시 말하면, 우리가 새로운 '정보사회'에 진입하고 있다는 주장을 기든스가 직접적으로 제시하지는 않지만, 우리는 그의 이론 속에서 현대사회에서의 관계의 정보화를 설명하는 방식을 찾게 된다.

1. 이론적 유산

기든스는 고전적 사회이론가들, 특히 칼 마르크스, 에밀 뒤르켐 그리고 막스 베버와의 비판적 접촉을 추구한다. 이들 세 대가들과 마찬가지로 기든스의 목표는 17세기 중반 무렵부터 진행된 근대성의 출현이라고 불리는 일련의 변동을 이해하는 것이다. 사회학의 유래와 목적은 '전통'사회와의 단절을 설명하는 것이었는데, 그 단절은 공장생산의 발전, 관료제화, 도시화, 과학적 에토스의 성장, 자연에 대한 새로운 시각 등과 같은, 이른바 근대성이라 불리는 일련의 제도적 및 태도상의 변화를 특징으로 하였다.

그러나 창시자들과는 달리, 기든스는 마르크스의 근대성('자본주의' 동학)에 관한 설명과 뒤르켐과 베버의 핵심 개념('산업주의'와 '합리화')을 적절하지 못한 것으로 본다. 이것은 이들 개념이 잘 들어맞지 않아서라기보다는 현실을 과도하게 단순화하기 때문이다. 근대 세계의 형성에는 이러한 위대한 전통들이 과소평가하거나 간과한 다른 요인들도 작용했다는 점을 인식할 필요가 있다. 기든스는 고전적 사상가들이 제대로 평가하지 못했던 근대성과 관련된 두 가지 특징을 강조한다. 그것은 증가된 감시, 그리고 폭력, 전쟁 및 국민국가이다.

물론 기든스가 이전의 이론가들에게 의지하지 않고서 그의 비판을 전개하는 것은 아니다. 감시의 증가에 대한 그의 관심은 미셸 푸코(Michel Foucault)의 연구에 상당한 빚을 졌으며, 보다 덜 직접적으로는 막스 베버의 저작에서 발견되는 주제에 빚을 졌다(O'Neill, 1986). 또한 "일반화된 변동의 유형에 대한 전쟁의 영향은 … 매우 심층적이어서, 전쟁에 대한 체계적 언급 없이 변동의 유형을 설명하려고 시도하는 것은 어리석다"(Giddens, 1985: 244)는 기든스의 주장은 권력, 강제, 힘에 관심을 기울였던 파레토(Vilfredo Pareto)나 모스카(Gaetano Mosca) 같은 네오 마키아벨리주의자들뿐만 아니라 19세기 사회학자 허버트 스펜서(Herbert Spencer)의 '군국주의 사회'에 대한 관심을 상기시킨다.

그럼에도 불구하고, 근대 세계의 출현에 대한 두 개의 경쟁적 설명 — '자본주의'와 '산업주의' — 은 다른 기여들을 가린다는 기든스의 주장은 타당하며, 그의 비판이 갖는 독창성의 많은 부분은 푸코와 스펜서의 관심을 주요 고전적 전통과의 논쟁 속으로 끌어들이는 데 있다.

2. 조직화, 관찰, 그리고 통제

본격적으로 들어가기 전에 다음에서 논의될 내용에 대한 예비적 작업으로서 출발점을 설정할 필요가 있다. 간단히 보자면 — 결코 간단하지는 않지만! — 그것은 우리가 사는 세계가 과거 어느 때보다 훨씬 더 많이 조직화되어 있다는 것이다. 다시 말해서 사람들의 일상생활이 전례가 없는 방식으로 계획되고 조정되고 있다는 것이다.

여기에 개인 자유의 감소가 암시되어 있다고 성급하게 결론내려서는 안 된다. 과거의 환경 속에서는 사람들이 기근, 자연의 불확실성, 여성에 대한 다산(多産)의 강요, 지배자의 직접적 억압 등과 같은 엄청난 제약을 받았다는 것을 부인할 수 없다. 무엇보다도 일상적인 생계의 유지라는 압박으로 인하여 사람들은 엄청난 제약을 받았는데, 현대에서 이러한 제약은 거의 중요한 것이 아니다. 따라서 현대생활의 조직적 측면을 강조하는 것이 루소적인 '사슬 앞의 세계'를 상기시키는 것은 아니다.

오늘날의 생활이 이전에 비해 일상적으로 그리고 체계적으로 관리된다는 전제가, 오늘날 우리가 일종의 감옥 속에 살고 있다는 것을 의미하는 것은 아니다. 사실 나중에 분명해지지만, 사람들의 자유의 증가는 — 반드시 그러해야만 되는 것은 아니지만 — 조직화의 증가와 연관되어 있다. 그러나 반복하자면, 여기서 출발점은 오늘날의 삶은 이전보다 훨씬 더 체계적으로 조정된다는 것이다. 이것은 특히 전통적인 자연의 제약을 극복할 수 있는 현대의 능력 때문에 가능하게 되었다. 예컨대 사람들이 배설물을 위생적으로 처리하고 풍부한 식량을 공급받을 수 있게 됨에 따라, 생활은 자연에 의한 지배로부터 정교한 사회제도에 의한 조직화로 이행되었다. 그리고 사람들을 위한 선택의 여지가 증가함에 따라 (안전한 위생과 충분한 식량 등) 조직적 구조가 발달하였고, 이러한 조직적 발달이 선택의 여지 증가에 대한 전제가 되기도 하였다.

잠시만 생각해 봐도 현대조직의 거대함을 쉽게 깨닫게 된다. 가령 놀라운 조직적 성취인 학교체계를 생각해 보자. 학교체계는 지방에 따라 약간 차이가 있지만 전국적으로 상당한 공통성을 가진 교과활동을 수행하기 위해 방대한 수의 교사, 지원 인력, 학생들이 정해진 시간에 만나도록 한다. 이 모든 것은 해가 바뀌어도 연속성이 유지될 수 있도록 조정된 것이다. 다른 예로서 사람들에게 필수적인 활동, 즉 식품구매의 이면에 있는 놀라운 조직적 조정을 생각해 보자. 현대의 슈퍼마켓(전형적으로 수천 개의 항목을 배치하며, 그중 많은 부분은 부패하기 쉬운 것이기 때문에 판매자들에게 복잡한 문제를 제기한다)에서 요구되는 공급자, 생산자, 제조업자, 수송업자 그리고 소비자를 조정하는 일상적 절차는 과거에 비하면 엄청난 조직적 성취이다.

이러한 조직화는 매우 정교할 수 있다. 가령 열차나 버스의 시간조정, 전력공급, 텔레비전 프로그램 배치, 신용카드 결제 시스템, 대형매장 납품용 의류 생산, 또는 대부분의 사람들이 아침에 먹는 시리얼 같은 일상적인 것의 생산에 필수적인 계획을 생각해 보자. 이러한 조정을 이루어 내는 '추상적'인 '전문가' 체계(Giddens, 1991)에 대해 사람들은 거의 생각하지 않는다거나, 또는 대부분의 경우 사람들이 그 신뢰성에 대하여 '믿음'을 갖고 있다거나 하는 것은 문제가 되지 않는다. 중요한 사실은 현대생활이 과거에는 찾아볼 수 없을 정도로 사회적으로 조직화되어 있다는 것이다.

이러한 조직화의 결과는 이 장의 주된 주제이면서 쉽게 간과되는 것인데, 생활을 조직화하기 위해서는 사람들과 그들의 활동에 관한 정보가 체계적으로 수집되어야 한다는 사실과 관련 있다. 사회생활을 조정하려면 사람들에 대해 알아야만 한다. 즉 사람들이 언제 어디에서 무엇을 구매하는지, 언제 어디에서 얼마나 많은 에너지를 소비하는지, 주어진 지역에는 얼마나 많은 사람이 거주하며, 성별, 연령, 건강상태

등은 어떠한지, 주어진 사람들이 즐기는 기호, 생활양식, 그리고 소비 능력은 무엇인지 등을 알아야 한다. 간단히 말해서 일상적 감시는 효과적인 사회적 조직화를 위한 전제요건인 것이다. 따라서 사람들을 관찰하는 방식(센서스에서부터 숙박기록, 의료기록, 전화계정, 은행통장, 학적부 등에 이르기까지)의 확대를 확인하는 것은 어려운 일이 아닌데, 그것은 오늘날 삶의 중요한 특징인 조직화의 증가와 동시에 진행되었다. 조직화와 감시는 접착 쌍둥이(*conjoined twins*)로서, 이는 근대 세계의 발전과 함께 성장하였다.

점점 증가하는 생활의 조직화라는 특성은 기든스의 성찰적 근대화 이론의 핵심적 요소이다(Beck, 1992). 그의 주장에서 중심적인 것은 생활이 점점 탈(脫)배태된다(*disembedded*)는 것인데, 이것으로 기든스가 의미하고자 하는 것은, 생활이 점점 더 고정된(또는 배태된) 공동체(촌락, 부족, 종교집단)나 자연(계절, 지형, 토양)에 의해 지배되지 않는다는 점이다. 배태된 상황에서는 사람들이 '해야만 하는 것'을 행하는데, 그 이유는 가령 자신이 사는 이웃의 믿음과 도덕은 피할 수 없고 도전할 수 없는 것이기 때문이거나, 자연의 명령이 거역할 수 없는 것이기 때문이다(소의 젖을 짜야 하고 곡식의 씨앗을 뿌려야 한다). 반대로 오늘날에는 친밀한 상대를 고르는 문제이든 유전자 변형 식물을 채택하는 문제이든 상관없이, 집합적으로뿐만 아니라 개인적으로, 사람들이 점점 더 살아가는 방식을 스스로 선택하고 있다.

이러한 변화의 중요한 결과는, 운명이나 '의례적으로 그랬기 때문에 일은 이런 방식으로 처리되어야 한다'는 주장이 점점 수용되지 않는다는 것이다. 기든스는 우리가 모든 것이 의문시될 수 있는 탈전통(*post-traditional*)사회에 살고 있다고 주장한다. 예컨대 사람들이 친구나 여가를 선택하는 방식, 모든 도덕적 주장이 도전받는 방식, 또는 '자연적' 제약이 거부되는 방식(사막이 꽃이 피는 화원으로 변하고, 불임이 치료되고, 노령화가 거부된다)을 고려해 보자. 이것은 사람들이 모든 곳에서 자유로운 선택을 한다고 말하는 것이 아니다. 왜냐하면 우리 각자는 분명히 다양한 방식으로 제약된 환경 속에서 의사결정을 내리기 때문이다. 그러나 핵심 쟁점은, 우리가 맺는 관계는 주어지는 것이 아니라 사회적으로 구성되고 선택된다는 것에 대한 인식이 점차 증가하고 있다는 것이다. 이에 따라 선택에 대한 고려를 거부하는 사람들은 일종의 '근본주의자'로 간주되는데, 이들이 의지하는 것은 도전받기 쉽고 실제로도 끊임없이 도전을 받는 교의이다(예컨대 '그것은 신의 의지다', '아이들은 부모에게 복종해야 한다', '여자는 남성에게 봉사해야 한다', '천사가 그녀를 데려갔다', '단지 하나의 진실한 종교가 있을 뿐이다').

모든 수준에서의 선택의 증가 문제인 근대성은 고양된 성찰성을 필요로 하는데, 기든스에 의하면 이는 우리 자신 및 우리가 원하는 사회 유형에 대한 선택의 토대가 되는 지식을 개발하기 위한 감시(정보수집)의 증가를 의미한다. 예컨대 오늘날 종교가 점점 더 개인적 신념의 문제가 된다고 할 때, 선택할 수 있는 선결요건으로서 다른 종교에 대한 정보를 필요로 한다. 또한 점점 더 사람들이 자신들에게 매력적인 생활양식을 선택한다고 할 때, 그 필수요건은 다양한 생활양식에 대한 많은 정보를 그들이 이용할 수 있어야 한다는 것이다. 그래야 다른 사람들이 선호하는 생활양식을 거절할 수도 있다. 실제적 및 가능한 상황에 대한 정보가 수집된 경우에만 선택이 가능하기 때문에, 상황에 대한 관찰이 이루어져야만 한다. 마찬가지로, 고양된 성찰성이 존재하는 곳에는 이러한 정보를 다른 사람들이 이용할 수 있게 만드는 수단이 있어야 하며, 따라서 오늘날의 세계에서는 다양한 종류의 미디어가 수행하는 핵심적 역할이 존재하는 것이다.

만일 탈(脫) 배태가 고양된 성찰성을 요구한다면, 이것은 또한 우리의 미래에 대한 통제에도 중요한 영향을 미친다. 결정적으로, 정보수집과 분석은 위험평가(*risk assessment*)를 토대로 우리의 미래를 선택할 수 있게 해준다. 다시 말해서, 오늘날 우리는 상황을 관찰하고, 우리가 알게 된 것에 대해 숙고하며, 특정한 선택에 대한 의사결정의 결과를 계산한다. 예컨대 결혼하고자 하는 모든 사람들은 결혼하기 전에 상대방의 자질을 고려하고, 이혼의 위험에 대해 알게 되고, 과거에 이혼한 경험이 있으면 결혼 실패의 가능성이 더 높다는 것도 알게 될 것이다. 초혼 연령의 증가(영국에서는 일반적으로 30살이 넘어서 결혼)와 혼전 동거의 급격한 증가(1996년 이후 2배로 증가하여 16세 이상의 경우 8명 중 1명이 동거)는 적어도 일부는 이후 단계에서의 이혼 위험을 줄이고자 하는 시도라 할 수 있다. 이것이 정확한 과정은 아니지만, 결혼과 같은 사적인 의사결정도 지금까지의 관계에 대한 고려와 다른 곳에서 수집된 정보를 이용한 위험평가와 관련된다는 것이 분명하다. 정부나 기업이 환경, 교통, 농업 등에 대한 정책을 채택할 때에도 유사한 원리가 작동한다. 즉 감시와 정보축적, 숙고 그리고 위험평가에 기초한 의사결정 등이 그것이다.

우리가 살아가는 삶 속에는 불안과 불확실성이 함께 존재한다. 이는 역설을 초래하는데, 오늘날 우리는 이전에 비해 훨씬 더 많은 자유와 삶에 대한 통제력을 가지고 있지만, 우리는 행위방식에 대해 '행해야 하는 바대로 행했던' 사람들보다 분명히 더 불확실하다. 과거에는 아이들이 전통적 방식으로 양육되었고, 직무는 '행해져야' 했기 때문에 수행되었고, 죽음은 '자연적 사실'이었다. 오늘날에는 부모들이 자녀들과의 관계형성에 대해 걱정하며, 일을 수행하는 대안적 방법이 일상적으로 소개되고, 약품, 음식조절, 운동 등을 통해 죽음이 지연된다. 탈전통사회에서의 삶은 역설로 가득하다.

이에 대해서는 다시 논의하겠지만, 여기서는 오늘날의 세계에는 정보에 대한 끊임없는 욕구가 존재한다는 것을 강조할 필요가 있다. 이러한 욕구는 모든 전통에 대한 의문시와, 기업적 및 정치적인 것에서부터 개인적인 것까지 모든 수준에서의 '통제하려는' 열망에 따라 도출되는 것이다.

3. 근대성의 역설

감시의 성장에 대해 대부분의 논자들이 비관적 견해를 가졌다는 것은 잘 알려져 있다. 예컨대 베버(Weber, 1930)는 관료제화의 불가피성에 대해 체념하였지만 그렇다고 '정신을 결여한 전문가와 감정을 결여한 관능주의자'로 가득 찬 세계에 대한 그의 암울함이나, 합리적-법적 조직체라는 '철장'(*iron cage*)에 수반되는 '기계화된 석화'(*petrification*)에 대한 그의 거부감마저 줄어든 것은 아니다(Weber, 1976: 181~182). 이러한 견해가 널리 수용되고 있다는 사실을 감안할 때, 우리는 근대성의 역설이라고 간주될 수 있는 것에 대해서도 논의할 필요가 있다.

우선 개체화(*individuation*)와 개인성(*individuality*)을 구별하는 것이 유용하다. 전자는 모든 개개인이 이름, 생일, 주거, 고용 이력, 교육적 배경, 그리고 생활양식 등의 고유한 기록으로 확인할 수 있게 알려진 상황을 지칭한다. 후자는 많은 논자들이 사회적 조직화의 증가와 그에 따른 감시에 의해 위협받는다고 믿고 있는 것인데, 사람이 자신의 운명을 책임지고 삶에 대한 진정한 선택과 통제를 하는 것과 관련된 것이다. 짐작할 수 있듯이, 이것은 감시기관과 그 정보수집 활동과는 적대적 관계에 있다.

흔히 개체화와 개인성은 결합되며, 개체화의 분명한 증가는 개인성의 감소를 의미하는 것으로 간주된다. 개체화가 사람들에 대한 관찰과 감시를 필요로 하는 것은 사실이지만, 수입, 주거환경 등과 같은 개인에 대한 정보수집은 사실 사람들의 개인성을 제고하기 위한 전제조건이 될 수도 있다. 이는 개인성이란 것이, 개인이 독특한 존재로 존중받고 진정한 자아실현 능력에 대한 제한을 받지 않으면서도 자신의 권리를 확실하게 보장받을 수 있는가의 문제이기 때문이다. 사회가 그 구성원의 개인성을 존중하고 지원하려면, 그들에 대해 많은 것을 알아야 할 필요가 있다. 예컨대 개인으로서 우리 각자가 투표권을 가지려면 우리는 적어도 이름, 연령, 주소 등에 의해 개체화되어야 한다. 이런 측면에서 보면 개체화는 민주사회의 전제요건이다. 다시 말하지만, 만일 사회가 그 구성원의 개인성을 실현하기 위하여 일정한 정도의 주택공급과 물질적 충족을 이루어야 한다고 생각한다면(절망적인 가난 속에서 혼자 추위에 떠는 사람이 있다면, 그 사람의 개인성은 분명히 침해당한다), 이러한 필요를 성취하기 위해 사회가 구성원들을 개체화하고 그들의 정확한 환경을 자세하게 파악하는 것이 절대적으로 필요하다.

이러한 논지는 사람들이 권리를 얻기 위해서는 정보가 수집될 필요가 있다는 견해에서 더 나아가서도 전개될 수 있다. 예컨대 많은 영역에서 개인에 대한 감시는, 서비스를 통해 고객의 개인성을 높여 줄 수 있는 복합 조직체의 운용을 위한 토대라는 것은 분명하다. 예컨대 전화통신망은 모든 사용자를 매우 정확하게 개체화하면서 각 가입자에 대한 엄청난 양의 정보를 수집한다(모든 사용자는 독특한 번호를 가지고 있으며, 모든 통화의 목적지와 통화시간이 자동적으로 기록된다). 이러한 정보를 기반으로 하여 선진국의 대부분 가정과 전체 지구를 포괄하는 원격통신망(*telecommunications networks*)이 형성된다. 이러한 조직화는 적절한 통신망 접속을 가진 사람들의 삶을 엄청나게 향상시킨다(Mulgan, 1991). 버튼을 누르는 것만으로도 사람들은 친구관계, 가족, 업무관계 등과 같은, 자아와 개인성 의식을 확실하게 증진시켜 주는 관계들을 유지할 수 있다. 금융망에 대해서도 거의 동일한 논의를 할 수 있다. 오늘날 많은 사람들은 하나 이상의 신용카드를 가지고 있는데, 이를 통해 모든 거래는 낱낱이 기록되고 소비유형에 대한 개체화된 기록이 만들어질 수 있다. 그러나 만일 복잡한 금융망의 운용이 개인의 구매와 지불에 대한 일상적 감시에 근거한다고 할 때, 바로 이러한 과정은 일상생활에서 이루어지는 신용과 거래를 더 쉽게 만들어 줌으로써 행위자의 개인성을 향상시킬 수 있다. 호텔을 예약하고 자동차를 빌리거나, 혹은 현금 도난에 대한 두려움이나 외화 사용에 대한 불안감 없이 여행하려고 시도했던 사람들은 이 점을 제대로 평가할 수 있을 것이다.

우리가 사람들에 대한 정보 증가와 개인성 감소를 직접적으로 동일시할 수 없다고 할 때, 또 다른 역설도 언급되어야 한다. 이것은 우리가 이웃의 세계로부터 벗어나서 낯선 사람들의 세계로 들어왔다는 인식에서 비롯되는 것이다. 여기서 우리는 사회과학에서 오래된 주제인 공동체(대체로 친숙하고 대인적이며 촌락 중심적이던 전산업주의 생활)로부터, 버스 안내원, 가게 보조원, 신문팔이 등과 같이 서로 모르는 사람들을 특정한 방식으로 혼합하는 것(대체로 현대의 도시지향적 생활방식)과 관련된 결사체로의 이행이라는 주장과 접한다. 적어도 게오르그 짐멜(George Simmel, 1858~1918) 이후 우리는 폐쇄된 공동체로부터 이방인 세계로의 이행이 초래하는 방향감각의 상실과 더불어 그것의 해방적 측면을 잘 알고 있다. 도시는 사람들을 분절화하고 몰(沒)개체화하지만, 그 과정에서 도시는 또한 사람들이 시골생활의 궁핍함에서 벗어날 수 있도록 해준다.

다른 말로 표현하면, 도시생활로의 이행과 더불어 이웃에 의한 개인적 감시가 줄어들고, 이에 따라 대인적(*interpersonal*) 관계를 토대로 행사되었던 공동체의 통제력이 약화된다. 시골생활로부터 도시 산업생활로 진입하면서 사람들은 지역적인 소문, 대면접촉에 의한 침해, 일상행위에 대한 이웃의 세세한 주시로부터 자유로워진다. 마찬가지로 도시에서는 자신이 원하는 대로 사적이 되거나, 자기의 방식으로 다른 사람들과 어울리거나, 책망을 받지 않고 이색적인 것에 빠져들거나, 익명이 되는 것 등을 쉽게 선택할 수 있다.

여기서의 역설은 도시사회가 공동체적 생활양식보다 훨씬 더 사회적으로 조직화되는 과정에서, 그 기능을 위해 시민에 대한 매우 자세한 지식을 수집해야만 한다는 점이다. 그리고 중요한 측면에서 이러한 기관들에 의해 수집된 정보는 전산업적 공동체에서 수집된 어떤 것보다도 더 자세하고, 더 함축적이고, 더 개체화되어 있다. 과거에는 말과 기억이 정보를 수집하고 저장하는 주요 수단이었다. 반면에 오늘날에는 정보가 다양한 수단(컴퓨터화되고 문서화된 기록, 병합된 데이터베이스, 전기 사용이나 금융서비스 이용 등과 같은 행위에 대한 일상적인 계량)에 의해 수집되고 저장되며, 시간이 흐름에 따라 축적된다. 그러한 정보의 정확성이나 중요성에 대해 의심이 가는 사람은 몇 달 동안의 통장이나 신용카드 거래명세서가 자신에 대해 얼마나 많은 것(어디서 무엇을 구매했는지, 어디에 갔는지, 얼마나 많이 버는지, 누구를 얼마나 자주 그리고 얼마나 오랫동안 만나는지, 어떤 모임에 참여하는지, 어디에서 얼마나 자주 식사를 하는지 등. Burnham, 1983: 20~48)을 말해 줄 수 있는가에 대해 생각해 볼 필요가 있다.

결사체의 비인격적 생활은 이웃 중심의 공동체 생활보다 개인에 대한 훨씬 더 많은 정보를 수집하게 된다. 도시에서 우리는 가족이나 친구의 지긋지긋한 간섭은 쉽게 떨쳐 버릴 수 있지만, 세무기관이나 의료서비스 또는 지방정부의 감시는 거의 피할 수 없다. 또한 오늘날에는 인터넷에서 검색엔진의 면밀한 탐색으로부터 벗어나는 것이 거의 불가능한데, 모든 검색요청과 후속행위에 대한 정보가 수집되고 축적되며 특정한 계정을 추적할 수 있게 된다.

더욱이 오늘날 수행되는 많은 관찰은 익명적이다. 여기서 익명적이라는 의미는, 사람들의 생활에 대하여 상당히 많은 것 — 구매 선호도, 성적 지향, 생활양식, 정치성향 등 — 이 알려져 있으며, 종종 은밀한 내용도 있지만 관찰은 정보제공 주체의 이름을 밝히지 않는다는 것이다. 여기서 중요한 것은 오늘날 사람들이 매우 자세하게 관찰되고 있으며, 낯선 사람들 속에서 살아가면서도 과거 어느 세대보다도, 심지어는 격리된 공동체에서 살고 있는 사람들보다도 훨씬 더 자세하게 알려져 있다는 것이다. 예컨대 오늘날 우리는 사람들의 성적 지향, 열망과 은밀한 욕구, 그리고 주어진 시점에서의 정치성향 등에 대하여 상당히 많이 알고 있다. 이러한 모든 정보로 인해 현대사회는 정보수집

메커니즘이 제대로 자리 잡지 못했던 전(前) 산업시대와는 확연히 구별된다. 그러나 우리 자신과 다른 사람들에 대해 수집되어 우리의 인식과 행위를 뒷받침해 주는 정보는, 대개 원래 자료수집 대상이 된 개인을 밝혀내는 수준까지는 이르지 못한다.[1)]

그럼에도 불구하고 이렇게 수집된 정보는 현대 조직체(정당, 매장, 생활설계사 등)의 기능을 위해서 필수적이며, 나아가서 흔히 정보는 다른 개인들에게 피드백되고(특히 대중매체와 교육제도를 통해), 이를 통해 사람과 기대 등에 대하여 더 많이 알게 된 개인들은 자신들의 생활의 영위에 대해(예컨대 주어진 시대와 사회에서 가용한 생활양식의 범위, 다양한 성적 지향, 다양한 자녀 보육관행 등에 대하여) 선택할 수 있는 능력을 더 많이 갖추게 된다. 우리는 또다시 역설과 만나게 된다. 즉 사람에 대하여 더 많이 알려질수록, 개인들은 스스로의 선택을 통해 자신의 개인성을 향상할 수 있는 기회를 얻게 된다.

다음에서도 이러한 점들을 기억할 필요가 있는데, 그 이유는 감시의 증가를 검토하는 경우, 이원론적(*Manichean*) 입장을 취하기 쉽기 때문이다(Lyon, 2001). 이러한 의미에서, 조직화의 증가가 개인의 자율성을 필연적으로 감소시키는 것으로 보이는 것처럼, 관찰의 증가는 불가피하게 개인의 자유를 침해하는 것으로 보일 수 있다. 이러한 상황에

---

1) 그러나 익명성이 보장되지 않을 수도 있다. 웹 검색 규모가 방대하고 구체성이 높기 때문에 이름이 감추어져 있더라도 개인이 밝혀질 수 있다. 2006년에 AOL은 65만 7천 명의 미국인들이 3개월 동안 수행한 검색기록(총 2천만 검색)을 연구용으로 공개한 바 있다. 모든 이용자들이 익명으로 처리되었지만 언론인들은 검색조건을 조정함으로써(관심 분야, 검색 횟수, 지역, 검색 내용 등), 많은 개인들을 쉽게 밝혀낼 수 있었다(Barbaro and Zeller, 2006).

서 "정말 끔찍하다!"라는 일반적 판단은 과도한 단순화라고 할 수 있다. 이 장의 중심적 관심사인 조직화 및 관찰과 관련된 국가의 역할을 분석하는 경우 그러한 판단은 특히 설득력이 있지만, 바로 그 이유 때문에 충동적 판단에 주의해야 한다.

4. 국민국가, 폭력 그리고 감시

현대의 일상적 감시와 조직화의 확장에 대한 우리의 이해를 도와주는 것으로서 아마 가장 중요한 것은 기든스가 국가의 역할에 대해 부여하는 각별한 관심일 것이다. 나는 이러한 기여에 대해 자세히 논의하고자 하는데, 본격적 논의에 앞서 기든스가 거듭 지적하는 점을 우선 언급하고자 한다. 그것은 우리가 '사회'에 대하여 말하는 경우, 대부분 우리는 실제로 국민국가(*nation states*)를 지칭한다는 것이다. 그리하여 '근대 사회'를 연구하는 경우 대체로 우리는 '근대 영국'(독자가 영국인인 경우)을 연구하며, 상이한 '사회들'을 비교하는 경우 우리는 일반적으로 국민국가들(예컨대 영국과 미국)을 대비시키는 것이다. '사회'와 '국민국가'를 동일시하는 것은 대부분의 경우 별다른 문제가 되지 않지만, 두 용어가 동의어는 아니라는 점을 인식할 필요가 있다. 국민국가는 특정 유형의 사회로서, 세계사적으로는 매우 최근에 형성되었다.

국민국가라는 개념은 17세기 말과 18세기에 등장하여 우리가 알고 있는 세계를 형성하는 데 핵심적인 것이 되었지만(Gellner, 1982), 그것은 일종의 고안(*artifice*)으로 검토돼야 한다. 국민국가는 그냥 '사회'가 아니며, 독특한 특성을 가진 특수한 유형의 사회이다. 여기서 나는 기든스가 주장하는 핵심적인 주제를 전달하고자 한다. 그는 정치적 권력이 행사되는 한정된 영역 — 영토 — 으로 간주되는 국민국가에서는 초기부터 정보가 특별한 중요성을 가지게 되었다고 주장한다. 사실 국민국가는 처음부터 '정보사회'였다. 왜냐하면 국가는 최소한 그 구성원에 대해서(그리고 반드시 그에 속하지 않는 사람들에 대해서도) 알아야 하기 때문이다. 기든스는 국민국가가 '분배적 자원'(계획, 행정)과 '권위적 자원'(권력과 통제) 모두를 가지고 있어야 하며, 이 두 가지가 현대사회에서 통합되는 경향이 있기는 하지만, 이들에 대한 전제조건은 효과적 감시라고 믿는다(Giddens, 1985). 따라서 그는 다음과 같이 말한다.

> 근대사회는 … 그 태생 때부터 '정보사회'였다. 모든 국가가 '정보사회'인 근본적인 이유는 … 행정을 목적으로 하는 지속적인 정보수집, 저장 및 통제를 전제로 국가권력이 창출되기 때문이다. 그러나 국민국가에서는 특히 높은 정도의 행정적 통합성으로 인해 이러한 활동이 과거 어느 때보다도 훨씬 더 높은 수준에서 이루어지게 되었다(Giddens, 1985: 178).

여기서 접하는 주장은, 그 운영을 위해 정보가 결정적으로 중요한 사회를 '정보사회'로 지칭하고자 한다면 국민국가를 주목할 필요가 있다는 것인데, 이는 일상적이고 체계적인 감시의 필요성이 바로 영토와 그에 대한 주권의 형성과 함께 등장하기 때문이다.

그러나 이것은 너무 추상적이다. 우리가 해야 할 작업은 국민국가가 정보의 수집과 저장에 대해 특별한 관심과 의존성을 가지고 있다는 주장을 더 자세하게 살펴보는 것이다. 그렇게 함으로써 최근 역사에서 진행되어 온 정보적 발달의 구체적 형태를 제대로 평가할 수 있다. 이러한 작업에 필수적인 것은 국민국가의 주요 특징을 더욱 면밀하게 검토하는 것이다.

첫째, 근대 세계는 국민국가로 구성된다. 이것은 결코 세계화라는 과정을 과소평가하는 것이 아니다(기든스도 이에 대해 많은 관심을 부여한다). 제 5장에서 이와 관련된 쟁점의 일부를 논의했는데, 이 장에서는 세계가 국민국가로 분화된다는 것을 강조함으로써 현대생활의 중요한 측면에 대한 이해를 증진할 수 있다. 그중에는 국민국가가 많은(아마도 대부분의) 사람들의 정체성에 필수적이라는 사실이 포함된다. 대부분의 사람들에게는 국가에 대한 소속감('영국인, 프랑스인, 독일인, 미국인' 등)이 존재의 중요한 요소이다. 국민정체성이라는 문제는 매우 복잡하고 포괄적이며 상당히 많은 현대 정치운동의 중심에 놓인 것이다. 거의 30개에 이르는 회원국이 수년간 함께 소속되어 왔음에도 불구하고 유럽 대륙에 걸쳐 나타나는 반(*anti*) 유럽연합 정서는 이 점을 잘 보여 준다. 한쪽에는 텔레비전을 통해 자기 나라의 축구 대표팀이나 올림픽 대표단을 응원하는 것과 같은, 일종의 국민의식에 대한 증거들이 존재한다. 다른 쪽에서 우리는 독재적이고 인종주의적이며 호전적인 민족주의의 표출을 보게 된다. 1990년대 구 유고슬라비아에서 자행된 '종족말살'은 이러한 민족주의가 얼마나 해로운 것인지를 단적으로 보여 준다. 그러나 모든 곳에서 국민국가는 전설과 문학, 전통과 축제, 관습과 풍자로 이루어지는 신화적 과거를 구성함으로써, 정체성에 어느 정도 영향을 미친다. 이러한 '집합적 정체성'에 대한 연구(Schlesinger, 1991)는 방대한 성과물을 남겼으며, 그 모든 것은 이러한 정체성이 그 형태와 내용에 상관없이 근대성의 핵심적 특징이라는 점을 인정한다.

아무리 많은 분석이 '국민정체성'의 진실성에 대해 의문을 제기하더라도, 그것이 근대 역사에서 엄청난 영향력을 행사했다는 사실은 남는다. 많은 마르크스주의자들이 마지못해 인정해야만 했듯이, 대중들은 '세계의 노동자여, 단결하라!'는 구호를 따르는 것보다 훨씬 더 빠른 속도로 자신들의 국기로 스스로를 포장했다. 더욱이 누가 특정 국가에 속하는가를 정의하는 것 속에는 누가 속하지 않는가에 대한 정의도 반드시 존재한다. 유례없는 규모의 이주가 이루어지는 시대에 국적에 대한 법적 개념(즉 누가 여권을 소지하고 시민의 권리를 행사할 수 있는가?)은 논란이 많은 쟁점이다. 문화적 영역 — 감정, 의미, 소속감, 정체성의 영역 — 에서 국적 문제는 훨씬 더 불편하고 해로운 결과를 초래할 수 있다(Goodhart, 2013).

근대성이 국민국가의 발달과 공고화라는 맥락 속에서 출현 — 전형적으로는 산업화 과정에서 드러나는 — 했다는 점을 고려할 때, 국민국가가 사람들의 정체성에 매우 중심적이라는 것은 그리 놀라운 일이 아니다. 사회과학자들 사이의 정통이론은 국민국가와 그에 관련된 민족주의가 '산업주의' 또는 '자본주의' 팽창 논리에 직면하여 돌이킬 수 없이 쇠퇴하게 된다는 것이었다. 그러나 실제로는 그렇지 않았다. 사실 산업자본주의 동학의 많은 부분은 국민국가 자체의 요구 — 이는 다시 국민의식을 자극한다 — 에서 나오는 것이었다.

더 나아가 국민국가는 경제적, 사회적 생활의 상당 부분에 대해서도 절대적으로 중요한 것이 되고 있다. 재정정책이나 교육전략 또는 법률과 질서를 둘러싼 복잡한 문제만 생각해 봐도 이러한 점을 제대로 평가할 수 있고, 따라서 사람들의 생활에서 차지하는 국민국가의 지속적인 중요성을 더 잘 이해할 수 있다.

동시에, 국민국가의 새로움을 상기할 필요가 있다. 많은 사람들은 국가의 존재에 대하여 너무 익숙해져 있기 때문에 국가가 절대적인 영속성을 지니는 것으로 생각할 수 있다. 그러나 '전통적' 국민국가조차도 두 세기 남짓한 역사를 가지고 있으며, 특히 강조되어야 할 것은, 영구적으로 고정된 것은 아무것도 없다는 점이다. 마찬가지로 영국도 300년이 못 되는 역사를 가지고 있으며, 오늘날에도 여전히 스코틀랜드, 웨일스 그리고 특히 북아일랜드 분리주의자들('정부 이양'이 이에 대한 한 가지 대응방식이 되고 있음)의 지속적인 도전을 받고 있다. 국민국가의 가변성을 쉽게 이해하려면 소련의 붕괴, 독일의 통일, 체코슬로바키아의 분화 등 동유럽에서 1989년에 일어난 사태를 생각해 보면 된다. 유럽을 잠시만 살펴보아도, 내부적 민족주의에 의해 도전받지 않는 국민국가는 거의 없다는 것을 알 수 있다. 중동지역을 자세히 살펴보면, 국민국가(예멘, 쿠웨이트, 이라크, 요르단, 오만, 사우디아라비아)가 이전까지는 부족사회였던 곳에서 최근 몇십 년 안에 형성되었다는 점을 알게 된다. 한 국가 — 이스라엘 — 는 다른 사람들(팔레스타인 사람들)의 영토 주장에 따라 분리되어 있으며, 당연히 이 지역은 지속적인 긴장의 원천이 되고 있다.

그 새로움 및 재편경향과 함께 나는 사회경제적 조직화와 정체성에 대한 국민국가의 중요성을 강조하고자 한다. 그 이유는 이렇게 함으로써 우리는 국민국가의 두 번째 중요한 특징에 대하여 적절한 관심을 기울일 수 있기 때문이다. 그것은 국민국가의 절대 다수가 전쟁이라는 조건 속에서 형성되었고 확실한 방위력을 보유함으로써 존속한다는 것이다. 간단히 말하면, 전쟁과 그에 대한 대비는 국민국가에 대한 근본적 기여요인이 되었다. 영국 역사에 대한 분석은 이 점을 확실히 보여 준다. 1707년의 연합법(Act of Union)은 켈트 외변(*Celtic fringe*: 잉글랜드 주변지역, 즉 스코틀랜드, 아일랜드, 웨일스 및 콘월 지역 - 옮긴이 주)의 군사적 패배로부터 출현하였는데, 중요한 전제조건은 강한 군주들이 이전에는 자율적이었던 귀족들을 패배시킬 수 있었고, 그들을 외부의 침입으로부터 보호해 주는 대신 자신들의 통제하에 둘 수 있게 되었다는 것이다. 나아가서, 보다 최근의 영국, 특히 대영제국 시기의 역사는 영토 수호를 위한 국민국가의 대비와, 특히 민족의식에 대한 국민국가의 기여를 극적으로 보여 준다(여기서 1970년대까지 학생들이 공부했던 '영국령'으로 표시된 세계지도를 떠올리게 된다).

베네딕트 앤더슨(Benedict Anderson)은 식민주의 시대에 이러한 과정에 대해 정보자원이 얼마나 중요하였는가를 상기시켜 준다. 그는 국민정체성의 형성과 정복의 추구에서 주도적 역할을 담당한 '권력제도'(*institutions of power*)에 대해 논의한다(Anderson, 1983:163). 이러한 제도 중에서 지도와 센서스는 핵심적이었으며 서로 관련되어 있었다. 지도는 식민주의자들 사이에서 '대중적 상상 속으로 깊이 침투'하였고(p. 175), 식민주의가 운영될 수 있도록 하는 데에도 필수적이었다. 지도 작성의 정교화, 즉 경도와 위도에 대한 정밀한 계산은 정복의 선행요건 — 군대는 가는 방향을 알아야 했다! — 이었고, 센서스도 또한 지배하고 명령을 내리는 대상을 알기 위해서 필수적이었다. 앤더슨이 말하듯이, 군사적 정복자의 야심은 '총체적 관찰력'이었다, 이는 "총체적인 분류 격자망으로, 사람, 지역, 종교, 언어, 생산물, 유적 등과 같이 국가의 실제적 또는 예상적 통제하에 있는 모든 것에 대해 엄청나게 유연하게 적용할 수 있는 것이었다"(p. 184).

국민국가가 전쟁과 방위에 뿌리를 두고 있다는 이러한 논점은 보다 덜 극적인 방식으로 설명될 수도 있다. 국민국가를 주어진 영토에 대한 주권으로 정의할 때, 이로부터 도출되는 것은 정부의 최소한의 책임은 (독자적 또는 연합으로) 영토의 완전성을 보존하는 것이라는 점이다. 단순하게 표현하면, 전쟁에 대한 대비는 모든 국민국가의 전제조건이며, 이러한 원칙은 근대 역사에 걸쳐 반복적으로 검증되었다.

국민국가의 세 번째 핵심 특징은 두 번째와 밀접하게 연관되어 있다. 그것은 20세기 동안 근대적 전쟁/방위가 사회 전체와 훨씬 더 결정적으로 관련성을 가지게 되었다는 것이다. 한 수준에서 볼 때 이것은 단지 이전보다 더 많은 인구가 근대적 전쟁에 휩싸이게 된다는 것을 의미한다. 징집과 대중동원은 이를 분명하게 보여 주는 것들이었다. 관련된 것으로, 참전 군인과 민간인 모두에서 전쟁에 의한 사상자 수가 증가하였다는 것을 추적해 볼 수 있다. 간단히 말해서 전쟁은 이전보다 더 많은 사람을 죽이고 불구로 만들었다. 흔히 제 1차 세계대전은 전쟁에서 결정적 전환점으로 간주된다(Fussell, 1975). 즉 확실히 군사적 사상자 수는 전례 없는 규모였다. 그러나 20세기가 전개되면서 전쟁에 의해 가장 많은 피해를 보는 대상은 민간인들이었다. 현대의 전쟁은 공습이나 다른 형태의 공격으로부터 피할 수 있는 은신처를 남겨놓지 않는다. 예컨대 제 2차 세계대전의 경우 제 1차 세계대전에 비해 영국의 군사적 인명피해는 훨씬 더 적었지만, 전체적으로 4,500만 명 이상이 죽었고 그중 대다수가 민간인이었는데(Gilbert, 1989: 745~747), 이는 러시아, 폴란드, 유고슬라비아 그리고 독일 인구의 거의 10%에 해당하는 것이었다.

민간인 사상자 수를 증가시켰다는 의미에서 국가들 간의 현대적 전쟁의 폭력성이 증가했다면, 이와 관련된 것으로서, 전쟁이 사회적 영역으로 더 깊숙이 확장되는 또 다른 방식이 존재한다. 그중 하나는 산업활동과 전쟁을 위한 대비 사이에 긴밀한 연관이 존재했다는 것이다. 화학, 에너지, 공학 등과 같은 산업과 국가의 전쟁활동 간의 관계발전을 관찰하면서 기든스가 지적하듯이, 논자들이 “대규모 과학과 기술 간의 통합을 산업적(그리고 군사적) 발전의 주요 매개로”(Giddens, 1985: 237) 인식하기 시작한 것은 제 1차 세계대전을 겪으면서였다. 이에 따라 전쟁/방위가 그 수행에 필수적인 장비를 생산할 수 있는 산업적 능력에 크게 영향을 받으면서, 이른바 ‘전쟁의 산업화’가 20세기의 중요한 특징이 되었다. 사실 1914년 무렵에서 1970년대까지의 기간을 대중적 동원 그리고 산업생산과 군사력 간의 밀접한 관계를 주된 특징으로 하는 산업전(*industrial warfare*)의 시대로 규정할 수 있다(Kennedy, 1988).

5. 정보전

그러나 지난 세대 동안 우리는 산업전(産業戰)이 붕괴되고 점차적으로 그리고 가속적으로 정보전(*information warfare*)이라 할 수 있는 것으로 대체되는 것을 목격했다. 정보전에서는 산업전보다 전쟁의 정보적 차원이 훨씬 더 강조된다. 오늘날의 전쟁에서 정보는 적군(또는 잠재적 적)에 대한 관찰, 자원의 배치계획, 국내외에서의 여론의 관리 등에 상관없이 엄청나게 중요하고 또 확장된 역할을 가지고 있다. 더욱이 정보는 현대전의 모든 차원에 침투되어 있는데, 적을 감시하는 위성, 군사적 필요사항을 평가하고 기록하는 컴퓨터, ‘발사하면 그만’(*fire and forget*) 이 되도록 사전에 프로그램된 '스마트' 무기 등 다양한 형태로 나타난다. 다시 말해서 정보는 더 이상 적군이나 자원에 대한 첩보의 문제만이 아니다. 정보는 이제 일상적으로 무기와 의사결정체계 자체에 통합되고 있다. 여기서 정보전의 특징 일부를 다음과 같이 정리할 수 있을 것이다(Libicki, 1995).

① 전 세계적으로 군대가 확산됨에 따라〔주로 미국과 나토(NATO) 군대〕, 이러한 자원을 조정하고, 평가하고, 감찰하기 위한 매우 복잡하고 영속적인 지휘통제(*command and control*) 체계가 발전했다. 특히 핵무기의 지휘통제라는 중요한 예에서 분명히 드러나듯이, 정보흐름을 처리하고 보호하기 위한 컴퓨터 통신 하부구조는 현대전의 필수요건이다(Bracken, 1983). 이것은 강점인 동시에 취약한 영역이어서, 오늘날의 전쟁에서 지휘통제 체계는 모든 전투의 일차적 표적이 된다.

② 소련의 붕괴와 강대국의 충돌이라는 지속적 위협이 제거됨으로써, 미래의 대부분의 갈등은 마누엘 카스텔(Castells, 1996) 이 '즉시전'(*instant wars*, pp. 454~461) 이라 부르는 것이 될 것으로 예상된다. 상대적으로 단기간의(분명히 논쟁적인 내전상황을 제외하고) 충돌을 의미하는 이러한 전쟁에서는 활동적 작전이 수일이나 수주 동안만 지속되며, 군사적 자원이 압도적인 우위에 있는 미국(또는 나토, 유엔지원군) 의 승리가 예상된다. 물론 승전 후에 지상군이 파견되는 경우 노변폭탄공격이나 자살공격을 받기 쉽다는 측면이 있지만, 비대칭적 전쟁이 의미하는 것은 공습을 통해 적군을 빨리 진압할 수 있다는 것이다.

③ 이것은 전쟁이 더 이상 인구의 동원을 필요로 하지 않는다는 것을 의미한다(적어도 자국의 민간인 손상이 없는 깨끗한 전쟁의 전개가 중요한

목표인 주요 강대국 내부에서는) (Shaw, 2005). 전쟁 수행은 상대적으로 소수의 전문적인 병사, 조종사, 지원 인력에 의존하게 될 것이다. 이는 군사에서 '지식전사'(*knowledge warriors*, Toffler and Toffler, 1993)라 부를 수 있는 것으로의 변화를 나타낸다. 이 용어는 육탄전 또는 심지어 사격이 아니라 최신예 전투기, 감시체계, 유도기술 등과 같은 복합적인 고성능 컴퓨터 장비를 다루는 데 능숙한 인력의 중요성을 강조한다.

④ 참전자로서가 아니라 인정이 요구되는 관전자로서 시민들이 동원될 필요가 있기 때문에, 국내 인구 및 세계 각국의 인식관리(*perception management*)에 많은 관심이 주어진다. 이것은 전쟁수행에서 여론이 중요한 요소가 되고, 반전 분위기 확산이 군대 지휘관의 우려대상이 되는(그런 분위기가 병사들의 전투능력을 훼손할 수 있기 때문에) 민주주의 국가에서 특히 절박한 쟁점이다. 따라서 군대 지휘관들은 전쟁 관련 정보에 대한 신중한 계획과 관리를 할 수밖에 없다. 이와 동시에, 검열이라는 비난을 피하기 위한 부단한 노력도 수반되어야 한다. 이는 검열이 '자유언론'을 가정하는 민주주의 국가에 반하는 것이고, 또한 보도의 설득력을 훼손할 수 있기 때문이다. 따라서 인식관리는 긍정적이면서도 외견상으로는 뉴스 대행사가 자유롭게 수집한 보도가 지속적으로 흘러가도록 해주는 다양한 방식을 결합시켜야 한다.

1991년의 걸프 전에 대한 보도는 일급 '인식관리'를 보여 주는 것으로 간주될 수 있는데, 그 이유는 많은 미디어의 주목을 받았으면서도 내용상으로는 깨끗한 것이었기 때문이다. 그러나 2003년의 제 2차 걸프 전과 그 후의 이라크 점령은, 아프가니스탄에서 2014년까지 10여 년 이상 지속된 외국군대에 대한 저항과 더불어, 인식관리자들에게는 훨씬 더 문제가 되었는데, 바람직하지 못한 이미지 — 전기 고문이나 성적 학대를 당하는 혐의자들, 적군이 영상으로 기록한 살려 달라고 애원하는 인질의 모습 — 가 본국의 TV 화면에 등장하거나 반대 관점의 해석이 지속적으로 방송을 타는 사례가 많았기 때문이다(Tumber and Webster, 2006; Gillan et al., 2008).

⑤ 정보전은 매우 정교한 기술을 이용하여 수행된다. 확실히 이는 방대한 자원을 가진 미군에서 가장 잘 드러난다(미국의 국방예산은 세계 군비지출의 40%를 차지하며, 이는 모든 잠재적 적국과 중립국의 국방예산을 합한 것보다도 큰 규모이다). 이를 보여 주는 지표 중 하나는 영국 국방성의 장비조달 예산(현재 연간 약 150억 달러)의 약 1/3을 '지휘정보 시스템'(Command and Information System) 하나가 차지한다는 것이다. 여기에 '무기 및 전자 시스템'과 '항공기 시스템'을 더하면, 전체 예산의 절반이 넘는다.

⑥ 사이버전(*cyberwar*)의 기술은 정보로 포화되어 있다. 컴퓨터화는 지휘통제 설비 전체 영역에서 진행되고 있지만, 여기서는 전장(*battle-field*)의 디지털화를 언급할 수 있다(Barnaby, 1986; Munro, 1991; Berkowitz, 2003).

⑦ 정보전은 더 이상 전쟁을 위한 기업 동원을 필요로 하지 않는다. 그 대신 정보전은 전자공학, 컴퓨터, 통신, 항공 등과 같은 최신의 산업적 기술혁신을 전쟁 목적으로 확보하는 것에 의존한다.

⑧ 정보전은 세심한 계획을 요구하는데, 이는 유연성에 대한 계획으로서, 산업전 시기의 공이 많이 들고 부담스러운 계획과는 대조된다. 오늘날에는 방대한 양의 정보흐름이, 무기 자체에 소프트웨어가 통합되는 것과 더불어, "이동성, 유연성, 신속한 대응"을 우선시하는 전쟁

을 위한 복합적 계획에 투입된다(Secretary of State for Defense, 1996: 171). "불확실성의 확실성"(Oettinger, 1990)을 바탕으로 한 계획이 필수적이 되면서 게임이론, 시뮬레이션, 시스템 제작은 정보전의 핵심적 요소이다.

⑨ 유연성을 위한 이러한 계획의 복합성이 매우 높기 때문에 정보전의 많은 측면은 사전에 프로그램되며, 따라서 전투원의 손에서 떠나게 된다. 미국 국방대학의 한 국장이 말하듯이, 앞으로 "많은 의사결정이 완전 자동화될 것이다"(Albets, 1996). 부분적으로 이는 오늘날의 전쟁에서 행동의 속도가 중요시되는 것에 대한 대응이다. 예컨대 적군이 미사일을 발사하면 그것을 중간에서 파괴하도록 설계된 대항 미사일을 최대한 짧은 의사결정 시간 안에 발사해야 하는데, 이는 인간보다 컴퓨터가 더 신속하게 처리할 수 있는 것이다(Rochlin, 1997: 188~209).

1991년 1월과 2월의 단 5주 동안 지속된 제 1차 걸프 전은 "최초의 정보전"(Campen, 1992)이라 지칭되었다. '사막의 폭풍' 작전은 위에서 언급된 대부분의 특징을 보여 주었다. 주역 국가(미국) 민간인에 대한 위협의 최소화에서부터, 50만 명의 동맹군(대부분은 비전투요원)과 물자를 수천 마일 떨어진 전투지역으로 이동시키는 난제를 해결하면서도 대응의 유연성을 유지하도록(쿠웨이트 사막을 가로지르는 놀랍도록 신속한 진격에서 표현) 해준 신중한 조직화, "역사상 가장 '의사소통이 잘된' 사건"(Zolo, 1997: 25~26)으로 묘사될 만큼 세심하게 관리된 '미디어 친화적' 보도 등이 그것이다. 동맹군은 이라크군보다 장비가 압도적으로 우수하고 준비도 훨씬 더 잘 되어 있었는데, 그 결과는 양측의 사망자 수에서 분명히 드러났다. 미국과 영국 측에서는 사망자 수가 300여명 정도였던 반면, 이라크 측 사망자 수는 3만~6만 명에 달했다. 이들 중 상당수는 포화 속에 바스라(Basra) 도로를 따라 이라크로 퇴각하는 도중에 '패잔병 사살'(Turkey shoot)을 당한 경우였다. 이라크는 제 2차 세계대전 전체 기간 동안 사용된 것보다 더 많은 화력이 투입된 것으로 추정되는 전쟁에서 42일 동안 버텨 냈다.

1999년의 발칸전쟁, 2001년의 아프가니스탄 침공, 2003년의 제 2차 걸프 전은 모두 11주를 넘지 않았다. 전쟁 초기와 충돌 개시 무렵의 미디어의 우려에도 불구하고, 대응하기 힘든 압도적 로켓발사와 공습 앞에서 저항은 쉽게 무너졌다. 1999년 나토군이 주도한 세르비아 공습도 정보전의 유형을 따랐다. 나토군은 전적으로 공중에서 군사작전을 전개하였고 기록상 나토군 사상자는 없었다. 이러한 포격은 곧 나토군의 승리를 의미했으며, 집중적 공격을 받은 세르비아는 수천 명이 사망한 후 항복했다. 2001년 9월 뉴욕과 워싱턴에서 테러분자들의 습격이 있자 그해 말 미국은 아프가니스탄을 침공했다. 미군은 압도적 공습으로 보병 간 전투를 거의 하지 않고도 탈레반(Taliban) 정권을 붕괴시켰다(미국은 이 점령 이후 몇 년 동안 많은 대가를 치렀지만). 2003년 이라크에 대한 미국의 폭격은, 그 내용에 걸맞게 '충격과 공포'(*Shock and Awe*)라고 칭했는데, 저항할 수 있는 이라크 공군력의 부재로 4주 만에 미국의 승리로 끝났다. 미국 동맹군 측의 사상자는 수십 명(대부분은 '아군 오폭'으로 인한)에 지나지 않았다. 많은 병사들이 대응하기도 전에 타도되었기 때문에 이라크의 사망자 수는 계산되지는 않았지만, 추정에 따르면 사망한 군인만 3만 명이 넘는다.

6. 상징투쟁

정보전의 특징은 상징적 역할과 포괄적 미디어 보도가 중요해진다는 것이다. 물론 전쟁은 오래전부터 뉴스가치가 컸지만, 정보전의 매개된 차원은 방대하게 확장된 규모로 전개된다. 뉴스보도는 CNN, 폭스뉴스, BBC World 등과 같은 '상시 뉴스'(*rolling news*) 채널을 통해 확산적이고 지속적으로 이루어지며, 이메일, 웹사이트, 리스트서브 그룹(*listserv group*: 이메일을 통해 일 대 다 소통을 가능하게 해주는 인터넷 서비스의 일종 - 옮긴이 주)에서 이루어지기도 한다. TV가 여전히 가장 중요한 매체이기는 하지만 디지털화와 세계화에 따라 TV도 변화하고 있다. 이러한 경향은 산업전(産業戰) 시기의 미디어와 대조되는데, 그 당시의 미디어, 특히 라디오와 신문은 전쟁과정에서 중요한 것이었지만, 국가의 전쟁수행을 위해 동원되기도 하였고 검열을 쉽게 수용하기도 하였다.

우리의 부모나 조부모 세대는 직접 전쟁을 경험한 경우도 많았지만, 그들에 비해 오늘날 우리는 전쟁에 대해 훨씬 더 많은 지식—대부분 여러 단계를 거친 것이지만—을 가지고 있다는 사실은 주목할 만하다(Seaton, 2005). 우리는 과거 어느 때보다도 전쟁의 위험으로부터는 안전하면서도 관람객으로서 때로는 끔찍할 정도로 자세하게(살려달라고 애원하는 포로, 공포에 질려 울부짖는 아이들) 전쟁을 목격하게 된다(Ignatief, 2000). 전쟁에 대한 이러한 미디어 보도는 대규모의 징집병이 동원되었던 산업전 시기와는 대조적이다. 당시에는 대규모의 남성들이 전투병으로 전쟁에 직접 참여하였고, 제대 후에는 가족, 친구,

과거 동료들에게 자신들의 경험을 이야기함으로써, 그들의 기억과 회상은 많은 사람들에게 중요한 지식의 원천이 되었다. 비록 이는 불가피하게 특정 지역이나 군대에만 해당되었지만, 매우 흥미롭고 감동적인 것이었다.

이와는 대조적으로 오늘날에는 정보전(情報戰)에 참여하는 전사의 수가 훨씬 더 적어서, 현재와 같은 '탈군대' 사회에서는 사람들이 직접적으로 육군이나 해군 병사를 만나게 되는 경우는 상대적으로 드물다(Shaw, 1991). 그렇지만 오늘날에는 엄청나게 많은 정보에 접근할 수 있기 때문에, 우리는 제 2차 세계대전 중 대서양 수송대에 동원되었던 수병이나 스탈린그라드에서 포위되었던 제 6군(제 1차 세계대전에서 활동했던 독일의 한 부대 - 옮긴이 주) 보병은 상상하기도 힘들 정도로 전쟁에 대해 — 작전 계획, 그에 수반되는 위험, 폭격의 결과 등에 대해 — 훨씬 더 많이 알 수 있다. 그 당시의 수병이나 보병은 적군과 만난다는 것이 무엇을 의미하고 러시아의 겨울 추위가 어떤 것인가에 대해서는 잘 알았을 것이다. 그러나 오늘날 수많은 미디어와 접하는 시청자들은 전투의 많은 영역에서 나오는 보도를 즉각적으로 접할 수 있고, 기자들이 위성 영상통화로 전하는 것을 지켜볼 수 있으며, 정치인들이나 전문가들의 분석을 통해 그 전략적 의미를 이해할 수 있게 된다. 오늘날의 시민들은 전쟁의 경험과는 동떨어져 있지만 선조들에 비해 전쟁과 그 발발 가능성에 대해 훨씬 더 많은 정보적 자원을 가지고 있다. 이러한 증가된 정보적 자원은 기든스가 현대생활의 '강화된 성찰성'이라고 부르는 것에 기여한다(Giddens, 1994: 24).

미디어의 방대한 성장과 확장은 강조되어야 한다. 한 수준에서 보자면 이는 단순히 미디어의 성격, 즉 상시 보도, 초국적 뉴스, 더 많은

TV, 더 신속한 통신을 주목하는 문제이다. 그러나 우리는 또한 다음과 같은 점도 제대로 이해할 필요가 있다. 즉 컴퓨터와 통신이 통합되고 융합됨에 따라 우리가 미디어를 통해 이해하는 것이 변화하고 있기 때문에, 적절한 이해를 위해서는 이동통신, 월드와이드웹, 이메일, 블로그 등과 같은 기술을 파악해야 한다는 것이다. 오늘날에는 기존 미디어의 개념도 재설정되어야 한다. 예컨대 〈가디언〉(*the Guardian*)지의 인쇄본은 하루 20만 부 조금 넘게 판매되지만(다른 신문들과 마찬가지로 지난 10년간 50% 감소했다), 그 웹사이트인 가디언 언리미티드(Guardian Unlimited)에는 세계 도처에서 매일 300만 건의 접속이 이루어진다.

재차 언급하지만 정부와 군부는 사람들이 미디어를 통해 전쟁에 대해 알게 된다는 것을 인식하고 있기 때문에 정보관리에 많은 신경을 쓴다(Taylor, 2002). 정부와 군부는 분명 사람들이 자신들의 행위를 정당화하는 뉴스와 보도와 접하기를 원한다. 이러한 바람은, 비판적 미디어에게 무제한적 접근이 허용되었기 때문에 베트남전에서 패했다는 확신에 따라 정당화된다. 불타는 마을에 대한 보도, 참상의 노출, 네이팜탄 피해를 입은 아이들의 사진은 베트남전에 대한 미국의 국내 여론을 악화시켰다. 로버트 엘리건트(Robert Elegant)의 기사 "패전하는 방법"(Elegant, 1981)을 시작으로, 이러한 '뒤통수 치기' 이론은 군부 내에서 확신으로 발전하였다. 그리하여 군부는 전쟁과정에서 미디어가 중요하기는 하지만, 도움이 되지 않거나 비생산적인 사건도 공개할 수 있기 때문에, 미디어를 통제하지 않아도 될 정도로 신뢰해서는 안 된다고 믿게 되었다.

그 후로 군부의 '전쟁 계획'은 언제나 언론인들을 '다루기' 위한 만반의 준비, 군대 대변인의 양성, '비우호적' 언론인의 저지 등과 같은 정보에 대한 통제도 포함하였다. 그에 따라 많이 보도된 오정보(*mis-information*) 관행, 언론인들과 동행하는 '경호원', 사령부에서의 기자회견 개최 등이 등장하였다. 북아일랜드에서의 장기화된 갈등과 1981~1982년의 포클랜드 전쟁 동안의 미디어 보도는 이러한 정보 관리의 좋은 예를 제공하였다(Curtis, 1984; Morrison and Tumber, 1988). 2003년 이라크 침공 당시 전투부대와 동행하도록 허락을 받은 '작전 동행취재진'은 이러한 '전쟁 계획'과 밀접한 관련이 있다. 이들 언론인들은 군부의 승인을 받아서 통제된 곳에만 접근할 수 있었다. 이러한 조치를 거부한 이른바 '독립 전쟁기자'(*unilaterals*)는 군부의 승인을 받지 않았고 당연히 적군의 공격으로부터 군대의 보호도 없었다(Tumber and Palmer, 2004).

전쟁을 하면서도 시민들의 정당성을 추구해야 하는 사람들이 자신들의 행위와 정책에 대해 좋은 면만을 내세우려 한다는 것은 놀랄 만한 일이 아니다. 그러나 미디어 연구자들은 이러한 열망을 인정하는 것에서 나아가서, 군부와 정부가 교묘하게 빠져나갈 수 있다고 가정하는 전쟁에 대한 정보통제 모형을 발전시켰다(Glasgow University Media Group, 1985; Philo and Berry, 2004). 이러한 모형을 따르는 연구자들은, 예컨대 신문과 TV 보도에 대한 내용분석을 실시하여, 그들의 보도에 일정한 유형이 있고 대부분은 정부와 군부 대변인의 발언을 우선시하는 것이라는 점을 보여 주고자 할 것이다. 미디어가 군부와 정부의 정보에 의해 지나치게 많은 영향을 받기 때문에 시민들이 제대로 알지 못하게 된다는 결론이 쉽게 내려질 수 있다.

미디어에 대한 이러한 정보통제 모형은 시대에 뒤떨어진 것이다. 오늘날의 전쟁과 갈등을 둘러싼 정보적 환경을 더 잘 이해하자면, 무질서하다거나 적어도 한 세대 이전에 가능했던 것보다 더 혼란스럽고 애매하다고 보는 것이 좋을 것이다(McNair, 2006). 이렇게 보는 여러 이유들 중 하나는 많은 언론인들이 통제당하기를 거부하고 모든 정보 원천에 대해 뿌리 깊은 회의를 보이기 때문이다. 이는 세계 도처의 기자들이 전쟁지역에 들어간다는 것을 통해서도 지지된다. 이에 따라 '우리 아이들을 응원하자'는 애국주의적 호소는 더 이상 먹히지 않는다. 애초부터 모든 정보원은 조작을 기도한다는 전제를 가지고 시작하는 대규모의 다양한 특파원을 정부나 군부가 통제하는 것은 매우 어렵다. 이뿐만 아니라 언론인들은 점차 지원인력 없이도 직접 보도할 수 있게 해주는 동시에 인터넷을 통해서나 사무실에서 방대한 대안적 정보에 접근할 수 있게 해주는 다양한 장비를 갖추고 있다. 나아가서 초국적 위성과 유선방송의 발전에 따라 시청자들은 몇 년 전보다 더 차별화된 정보원을 접할 수 있게 되있다(Calhoun, 2004).

인터넷 활용이 늘어나면서 일반 시민들도 블로그, 이메일, 온라인 신문과 잡지, 동영상과 웹사이트에 쉽게 접근할 수 있기 때문에, 갈등 현장에서 정보관리가 쉽게 달성될 수 있다는 생각은 포기해야 한다. 정보관리가 추구되기는 하겠지만, 정보적 영역은 과열되고 확산적이며 개방되어 있기 때문에 통제는 기껏해야 일종의 염원에 지나지 않는다.

줄리안 어산지(Julian Assange)가 2006년에 설립했고, 2010년 수십만 건의 기밀문서(예컨대, 이라크 전 포로와 관타나모 수용소에 관한)를 내부에서 공개함으로써 대중적 주목을 받은 위키리크스(WikiLeaks)는 디지털 시대에 정보 규제가 얼마나 어려운가를 잘 보여 준다. 정보를 비밀로 처리하고 유출되는 내용을 조절할 수는 있지만, 비밀이 노출되고, 그에 따라 정보가 대규모로 유출될 위험은 늘 상존한다(Leigh and Harding, 2011).

지금까지보다 더 확장되고 차별화된 정보환경에 대해 생각해 볼 필요가 있다. 시민들은 미디어를 통해 전쟁에 대한 정보를 접하지만 오늘날 미디어의 기능은 과거에 비해 더 애매하다. 정보는 과거보다 빠른 형태로 전달되고 예측성이 떨어지며 더 다양하다. 이렇게 말한다고 해서 미디어 영역에서 완전한 다원주의가 작동하고 있다고 주장하는 것이 아니라, 미디어 공간이 개방되어 방대하게 확장된 영역에서 보도가 이루어진다고 주장하는 것이다(Castells, 2007).

따라서 우리는 처음부터 무엇이 미디어를 구성하는가에 대한 협소한 정의에 대해서는 의문을 가질 필요가 있다. 연구자들은 이제 TV, 라디오, 신문만을 대상으로 내용분석을 진행해서는 안 된다. 웹, 이메일, 심지어는 스마트폰도 그 대상에 포함시켜야 한다. 이라크 침공을 주도한 미국의 매파 국무장관 도널드 럼스펠드(Donald Rumsfeld)가 말했듯이, 우리는 "이메일, 블로그, 휴대폰, 스마트폰, 메신저, 디지털 카메라, 제약 없는 세계적 인터넷, 휴대용 비디오카메라, 무전기, 상시 뉴스방송, 위성 TV의 시대에 … 역사상 첫 번째 전쟁에 참여하고 있다. 이러한 환경에서 전쟁이 진행된 경우는 없었다"(Rumsfeld, 2006)는 것을 인정해야 한다. 이러한 환경은 전쟁에 대한 미디어 보도를 부정하는 것이 아니라 현저할 정도로 복잡하게 만든다. 전쟁을 도모하는 사람들은 이러한 변화를 인식해 왔다(Department of Defense, 2003). 이와 유사하게 1997년부터 10년 동안 영국 수상을 역임한 토니 블레어가 제대로 인식하였듯이, "25년 전에는 포클랜드(1981~1982년 영국과 아르헨티나가 전쟁을 벌인 지역)로부터 미디어 보도가 불규칙적으로 매우 통제되어 이루어졌지만", 오늘날에는 인터넷 사이트를 통해 "거실에서 바로 … 공식적 설명을 거치지 않은 채 잔인한 이미지"를 접할 수 있다. 이에 따라 "군부, 정치, 여론이 상호작용하는 맥락이 변한다"(Blair, 2007).

전쟁을 둘러싼 정보환경과 전쟁의 위협은 양측 정부와 군부, 초국적 미디어 조직, 관련된 비정부 기구 등과 같은 다양한 행위자들 간의 상징투쟁(*symbolic struggle*)의 하나로 간주할 필요가 있다. 이러한 행위자들은 복합적이지만 상대적으로 개방적인 장에서 시간, 뉴스 쟁점, 사건에 대한 해석을 둘러싸고 경쟁한다. 이러한 상징투쟁 속에 중요하게 자리 잡고 있는 것이 반전운동이다(Gillan et al., 2008). 반전운동 단체들은 전 세계적으로 조정되거나 뉴스가치가 분명한 다채로운 시위를 조직하거나, 반전에 대한 일관된 주장과 증거를 보여 주는 자료를 배포하는 기자회견을 개최하는 등, 다양한 경로를 통해 자신들의 시각이 미디어에 보도되도록 노력한다. 반전운동 단체들은 또한 투쟁과정에서 다양한 새로운 정보기술을 활용함으로써 자신들의 견해가 더 확실하게 미디어에 반영되도록 한다.

7. 감시와 국방

1945년 이후의 세계를 덮고 있던 냉전의 종식을 염두에 두면서 국방제도를 운영할 필요성이 사라졌다고 믿는 사람들이 있을 수 있다. 이에 대하여, 냉전이 감시를 위한 강력한 존재이유를 제공한 것은 사실이지만, "영구적인 정부기능으로서의 첩보활동에 대한 전제조건은 근대 국가체계에 놓여 있다"(Whitaker, 1992: 121)는 것을 깨닫는 것이 중요하다. 국경을 보호하는 것이 모든 정부의 일차적 의무이기 때문에, 국가이익에 영향을 미치는 모든 것에 관한 정보를 얻고자 하는 욕망은 끝이 없으며, 공산주의라는 괴물의 존재 여부는 이러한 욕구를 자극하는 데 필수적인 것은 아니다. 특히 '불량'국가와 테러주의자(알카에다와 그 협력자에서부터 '자생적' 이슬람 극단주의자에 이르기까지)는 물론이고, 심지어 반자본주의 저항운동도 지속적인 감시를 정당화한다. 그 결과 전 세계에 걸쳐 사건과 활동 — 군사적 및 민간의 — 을 일상적으로 그리고 지속적으로 감찰하고 감시하는 기술이 상호연결된 거대한 체계가 구축되어 왔다(Richelson and Ball, 1986). 예컨대 에셜론(Echelon)이라는 미국 주도의 전자스파이 통신망은 이메일과 팩스의 검열을 통해 나오는 5조 페이지의 텍스트를 저장할 수 있는 용량을 지니고 있다(Bamfoord, 2001).

컴퓨터와 더불어 위성은 감시활동의 요체이다. 당연히 이러한 시스템은 일반인들이 볼 수 없도록 숨겨져 있는데, 적으로부터 보안을 유지하기 위해서는 비밀이 필수적이기 때문이다. 그리하여 익명적이고 비공개적인 국가적 및 세계적 감시와 방위기관 간의 정보전달망이 형성된다(Burrow, 1986). 보안서비스는 노출에 대한 의심과 두려움에 쉽게 휩싸이기 때문에, 침투불가능성을 강화하고 공적 책임과는 거리가 먼 특성을 지니게 된다(Knightley, 1986).

감시장치가 외부의 적에 대해서만 작동하는 것은 아니다. 내부 공격에 대한 국민국가의 취약성을 고려할 때〔오열분자(*fifth columnists*: 적과 내통하며 국내에서 파괴행위를 하는 사람들 - 옮긴이 주)가 발전소를 장악하게 된다면 …〕, '전복자'를 탐색하려는 강력한 요구가 있게 마련이다

(Campbell and Connor, 1986: 274). 유출 자료와 가끔 공개되는 바에 따르면, 감시는 분명히 적으로 간주될 수 있는 사람들에 대해서뿐 아니라 노동조합원, 노동당 의원들(MPs), CND(Campaign for Nuclear Disarmament: 핵무기 철폐운동 - 옮긴이 주) 활동가, 교육운동가, 언론인, 환경운동가, 동물보호주의자 등에 대해서도 이루어진다(Leigh, 1980). MI5는 런던 경시청 공안부와 공조하여 활동함으로써 그 정보 수집망을 전국적으로 확장한다(Davies and Black, 1984: 19). MI5는 또한 요청을 하면 전국 경찰 컴퓨터, 국세청 기록, 영국통신의 파일 그리고 보건성 자료 등을 포함한 많은 데이터뱅크에 접근할 수도 있다.

뉴욕과 워싱턴, 그 얼마 후의 발리와 마드리드, 2005년 7월의 런던 등에서 자행된 민주주의 사회에 대한 테러분자들의 공격은 '내부의 적'을 색출하려는 이러한 노력을 확대하고 정당화했다(Ball and Webster, 2003). 테러분자들의 행위는 영국에서, 개인을 보다 쉽게 식별하고 추적할 수 있게 해주는 생체정보를 통합시켜 감시를 강화하자는 입장의 중요한 논거로 활용되기도 한다.[2]

---

2) 이는 불가피하게 불투명한 영역이지만, 탐사보도 기자들은 가끔 감시의 범위를 보여주는 자료를 공개하기도 한다. 예컨대 2013년 6월 〈가디언〉지는 미국 국가안보국(NSA)의 프리즘(PRISM) 프로그램에 대해 보도하였다. 프리즘은 애플, 구글, 마이크로소프트, 페이스북과 같은 미국 인터넷 서비스 제공업체(세계 최대 규모의)에 직접 접속하였는데, 이를 통해 국가안보국은 콘텐츠뿐만 아니라 모든 이메일, 실시간 채팅, 동영상, 파일 전송, 메타데이터(시각, 빈도 등) 등을 감시할 수 있었다. 국가안보국은 감시를 확장하여, 수년 동안 많은 국가의 지도자들은 물론이고 프랑스 프랑수아 올랑드(Francois Holland) 대통령, 독일 앙겔라 메르켈(Angela Merkel) 총리를 포함한 민주국가 지도자들의 개인적 커뮤니케이션도 감시한 것으로 보인다(*Guardian*, 2013. 10. 24: 1). http://www.guardian.co.uk/technology/2013/jun/07/prismgchq-access-covert-operation.

요컨대, 우리가 목격하는 것은 국경을 보호하려는 국민국가의 의무에서 비롯된 감시체계의 성장을 강요하는 강력한 힘이다. 국경에 의해 분리된 세계에서는 불가피하게 효과적인 방위장치 구축에 대한 내재된 압력이 있을 수밖에 없다. 그리고 국가는 적어도 잠재적 갈등의 상황에 처할 수 있기 때문에, '효과적'인 것이 무엇인가는 변하기 마련이다. 그러나 변하지 않는 것은 체제 내 · 외부의 실제적 및 잠재적인 적에 대한 최상의 정보를 수집하고 그에 대응하고자 하는 요구이다. 이는 데이비드 라이언(David Lyon, 2001)이 감시의 주요 형태 중 하나로 보는 범주적 의심(*categorical suspicion*)의 확산을 촉진하는데, 이를 통해 사회질서에 대한 실제적 또는 잠재적 위협이 세심한 감시를 받게 된다.

8. 인권체제

정보전 발전과 그에 대한 '인식관리'의 중요성은 역설적 효과를 가지고 있다. 한편으로 정보전 발전은 보다 정교한 정치선동(*propaganda*) 기법의 발전으로 이어졌다. 그러나 다른 한편으로 미디어와 커뮤니케이션 수단이 엄청나게 확산되어서 정보를 원하는 방향으로 내보는 것이 쉽지 않기 때문에, 이러한 정치선동이 만족스러운 성과를 이루는 것은 매우 어렵게 되었다. 국내의 반대여론이 보도될 것이고, 아군 언론인이 공격대상이 되는 지역에 주재하는 것이 가능하며(당연히 그들은 그 지역에서 일어나는 사건을 보도하게 된다), 전쟁의 전개를 둘러싼 불안한 추측들이 광범위하게 보도될 것이다.

또한 이러한 가변적인 정보흐름은 극단적인 갈등을 초래할 수도 있으며, 갈등의 격화에도 중요한 역할을 할 수 있다. 측정은 어렵지만 분명한 방식으로, 세계 도처의 '인권'과 그 침해에 대한 민감성과 인식이 점차 증대되는 것으로 보인다(Robertson, 1999). 이는 다양한 요인과 연관된다. 국제사면위원회나 '국경없는의사회' 등과 같은 기구뿐만 아니라 민주주의 확산, 뉴스보도, TV 다큐멘터리, 현대적 이동의 증가와도 연관되어 있다. 물론 이들이 단일한 목적을 가지고 행위하거나 통일된 메시지를 내는 것은 아니다. 그러나 그들은 인간이 고문과 박해로부터의 자유, 종교적 관용, 자기결정, 민주주의 등과 같은 보편적인 권리 — 존 어리(John Urry, 2000)의 '세계시민'에 상응하는 것으로 보이는 — 를 가지고 있다는 사고를 확산시킨다. 의심의 여지 없이 인권에 대한 이러한 헌신이 일관성이 없고 미완성이라는 반대와 부딪히게 될 것이다. 그런 면이 있긴 하지만, 그렇다고 해서 인권에 대한 헌신 자체가 치명적으로 약화되지는 않는다. 이러한 헌신은 굶주리는 어린이, 재난 희생자, 심지어 군사적 침략으로 억압받는 사람들 등에 대해 '어떠한 조치를 취해야 한다'는 호소를 만들어 낸다.

더욱이 세계화의 가속화와 공산주의 붕괴라는 연관된 과정에 따라, 국민국가가 약화되고 보편적 권리가 중요하다는 보다 세계적인 인식이 촉진되고 있다. 데이비드 헬드 등(David Held et al., 1999)은 이런 측면에서 '인권체제'(*human right regimes*)의 확산을 언급한다. 이것은 전쟁에 대한 '세계주의'(*cosmopolitan*) 입장을 촉진했는데, 그 결과 위르겐 하버마스와 울리히 벡(Ulich Beck)의 세르비아의 코소보 침공 반대, 2000년 시에라리온(Sierra Leone)에 대한 영국군 개입 등이 나타났다. 국제형사재판소가 사건이 일어난 지 수년이 지나서까지 전쟁 범죄자들을 체포하고 구속하는 것도 이러한 '인권체제'를 표현하는 것이다. 세계화와 냉전 종식의 또 다른 중요한 결과는 과거 갈등의 원천, 특히 영토와 자원에 대한 이해관계를 둘러싸고 경쟁하던 국민국가 간의 갈등의 원천이 약화되었다는 것이다. 기든스(Giddens, 1994)는 이러한 변화를 포착하기 위해 '적 없는 국가'라는 말을 만들어 내어, 오늘날 전쟁의 문제는 국가의 내부와 여러 국가에 걸쳐 나타나는, 그러면서도 어떤 통일된 국가의 믿음이나 이해관계를 표명하지 않는 다양한 형태의 근본주의와 관련되어 있다고 주장한다. 이러한 근본주의에 대한 예는 많이 존재하며, 모든 예에서는 불확실한 세계에서 확실성을 주장한다는 특징이 발견된다. 예컨대 인종적, 종교적, 민족적 주장들은 흔히 순수한 혈통과 배타적 거주권을 내세우며 다른 사람들의 소유권을 박탈하기도 한다. 1990년대 발칸반도와 1998년 이래 많은 지역에서 알카에다에 의해 자행된 테러공격에서 가장 극적으로 드러났듯이, 근본주의는 심각한 인권침해를 야기할 수 있으며 이러한 침해는 다시 우려의 표현으로 이어지는데, 이러한 우려는 주권국가의 사안에 대한 초국적 공동체의 개입을 촉진할 수 있다.

이것은 국가의 영토보전에 강조점이 주어진 기존의 관행으로부터 상당한 단절을 보여 준다. 한 국가 내부에서 끔찍한 일이 발생하더라도, 지금까지는 자국 국경이나 이해관계가 위협받지 않는 한 다른 주권국가 내부의 희생자에 대한 우려 때문에 그 국가에 개입한다는 생각은 매우 어려운 것이었다. 바츨라프 하벨(Vaclav Havel: 체코의 민주화 운동가, 대통령 - 옮긴이 주)은 변화하는 상황을 잘 보여 주었다(Havel, 1999). 그는 "다른 나라에서 무엇이 일어나든, 인권이 침해되든 우리가 참견할 바는 아니라는 생각은 역사의 뒤안길로 사라져야 한다"는 이유에서 코소보에 대한 나토의 개입을 적극적으로 옹호하였다.

이 사례는 10년이 넘는 기간 동안 나치 치하 독일 유대인의 비참했던 상황과는 대조를 이룬다. 이 사례는 자국(또는 동맹국의) 국경이 위협받지 않는 한 다른 국가의 내부 문제에 개입하지 않는다는 과거의 극단적 소극성의 분명한 예를 보여 주는 것이었다. 개입이 이루어진 경우도 추축(Axis: 독일, 이탈리아, 일본 - 옮긴이 주) 국가들 내부의 종족학살 정책에 저항하기 위해서가 아니라, 독일의 영토침략에 대응하기 위해 전쟁이 수행되었다는 점을 명심할 필요가 있다. 이에 대한 증거로, 전쟁 전이나 심지어 전쟁 중에도 연합국들이 대규모 유대인 피난민들에게 피난처 제공을 꺼려했다는 많은 기록들이 있다〔난민 신청을 한 유대인 중 10%만이 영국 입국이 허용되었고, 그것도 '수정의 밤'(Kristallnacht: 독일 나치 대원들이 유대인 가게를 약탈하고 유대교 사원에 방화한 1938년 11월 9일의 밤 - 옮긴이 주)과 '최종적 해결'(Final Solution: 나치 독일에 의한 유대인 말살 - 옮긴이 주) 덕분이었다(London, 2000; Lacquer, 1980)〕.

이라크와 아프가니스탄에 대한 지저분한 개입과 점령은 최근에 외부적 개입의 논거가 약화되었다는 것을 의미한다. 사람들은 자국 군인들의 생명을 희생하는 개입은 그럴 만한 가치가 없다고 믿게 되었다. 고통 없는 '정보전'의 전개에 익숙해졌기 때문에, 수백 명의 젊은 병사가 전사하면 참전국 내부의 여론이 분열된다. 1919년 솜므(Somme: 제1차 세계대전의 전장이었던 프랑스 북부지역 - 옮긴이 주)에서는 첫날에 2만 명의 동맹군 병사가 전사하였고 대규모의 손실은 그 후에도 계속되었다. 그러나 오늘날에는 각 사상자마다 사진과 이름이 밝혀지고 가족이 애도하며, 관(*coffins*)은 엄숙하게 인도되고 동료들은 그 희생자를 기린다. 이 모든 것은 손실을 증폭해서, 정부가 해외 전투에 개입하는 것을 주저하게 만든다. 다른 한편으로 시리아에서 아사드(Assad) 정권에 대항하여 2010년 3월에 촉발된 봉기는 순식간에 시민저항으로 이어져 시리아 군대의 잔혹한 탄압을 받았다. 외국군은 (대부분) 외부에만 머물렀기 때문에 최소 7만 명의 시리아인들이 죽었고, 수백만 명이 삶의 터전을 잃었으며, 반란이 3년 차에 들어가지만 평화의 조짐은 보이지 않는다. '정보전'은 또한 사상자의 가치를 평가하는 데서도 비대칭적이다.

그럼에도 불구하고 정보전은 전략적이거나 영토적인 관심보다 훨씬 더 많은 것을 다루어야 하는데, 특히 오늘날 조직화된 폭력의 정보적 요소가 결정적으로 중요하고 또 통제하기 힘들기 때문이다. 이러한 요소들의 핵심적 특성은, 자국 영토 내에서 행할 수 있는 국가의 권리를 부정하는 보편주의의 확산이다. 하벨이 말하듯이, "민주주의자를 창출하려는 노력 … 그리고 문명의 진화는 마침내 인간이 국가보다 더 중요하다는 인식을 인류에게 심어 주는 것처럼 보인다"(Havel, 1999).

9. 시민권과 감시

앞에서는 세계화와 정보전의 확산에 따른 역설적 결과도 언급했지만, 국민국가의 전쟁에 대한 관심으로 인한 감시의 증가를 강조하였다. 그러나 국민국가가 감시의 확장을 추진하는 다른 방법이 있는데, 이것은 군사활동과 연결되기는 하지만 냉담한 연관은 더 적은 것이다. 그것은 시민에 대한 국가의 관심으로서, 사람들이 어떻게 시민적 권리와 의무를 갖게 되고 이것이 어떻게 전달되고 행사되는지에 관한 것이다. 이러한 권리와 의무의 발달에 필수적인 것은 국민국가 내부에서의 민주적 지배구조(*governance*) 확산이었다.

이 점을 좀더 잘 이해하기 위해서는 국민국가의 토대 형성으로 되돌아갈 필요가 있다. 흔히 대규모적이고 소모적인 전쟁의 와중에서 형성되어, 주어진 영토를 지배하려는 모든 통치권력의 우선순위는 기든스가 '내적 평화'(*internal pacification*) 라고 부르는 것이었다. 간단히 말해서 외적 경계를 지키기 위해서는 내적으로 질서와 안정이 이루어져야만 한다는 것이다. 의심할 여지 없이 초기에는 '내적 평화'가 군대의 무력에 의한 강요라는 형태로 나타났지만, 장기적 존속을 추구하는 국가에서는 훨씬 더 많은 것이 요구되었다. 최소한 국가는 국민에 대해 — 성명, 연령, 성별, 거주지 — 알아야 했는데, 그 이유는 특히 외세의 공격에 맞서 싸울 수 있는 인원을 징집해야 할 필요성 때문이었다. 나아가 국민국가는 그 국민에 대한 지식이 있어야 세금을 효과적으로 징수할 수 있었다. 그리고 이러한 필요는 일정 유형의 센서스가 모든 국민국가의 필수요건이라는 것을 의미하였고, 이에 따라 감시는 그 초기부터 우선순위가 되었다.

내부 국민을 감시하는 방식의 확장을 추적하는 것은 가능하다. 19세기 말부터 20세기 초까지는 특히 공식적 통계의 엄청난 확장이 있었다. 이것들은 점점 더 정교한 기법을 이용하여 세심하게 수집된 것으로서, 정규적 센서스 자료에서부터 특정 지역에서의 학교성적이나 고용형태에 이르기까지 다양했다(Hacking, 1990). 물론 이렇게 수집된 정보는 사회의 가변적인 특징을 이해하는 아주 적절한 수단이 될 뿐 아니라, 조세와 같은 문제를 해결하고 교육예산을 책정하며 나아가 지역적 경제전략을 수립해야 하는 국민국가에게 기본적으로 요구되는 것이기도 했다. 기든스가 말하듯이, "국민국가에 의해 만들어진 행정력은 그 성찰적 자기규제의 수단이 되는 정보기반 없이는 존재할 수 없었다"(Giddens, 1985: 180).

그러나 이것은 논의의 비약이 될 수도 있다. 국민국가의 발전에 대한 논의에서 반복되는 주제는, 우리가 보았듯이, 그 경계를 군사적으로 방어할 필요성이다. 그리고 이러한 목적을 위하여 초보적인 것일지라도 일정한 유형의 센서스가 필수적이었다. 그 이유는 국가가 침입에 대항하거나 팽창주의 책략을 수행하기 위하여 세금을 징수하고 남성들을 징집할 수 있어야만 했기 때문이다. 그 밖에 다른 것도 요구되었다. 젊은 사람들이 국가를 위해 싸우도록 만들기 위해서는 그들의 주거나 직업을 아는 것보다 훨씬 더 많은 지식이 필요하다. 국민국가는 그들에게 더 직접적인 무엇인가를 제공해 주어야만 한다.

확실히 민족주의적 감정을 자극하면 잠재적 병사의 마음을 변화시킬 수도 있다. 또는 과거의 많은 군사적 신병모집의 필요성을 떠올려 보자(폭력조직, 경제적 박탈감 등의 억제). 이러한 요인들에도 불구하고 기든스는, 마셜(T. H. Marshall, 1973)의 생각을 따라, 징집에는 더 많은 것이 관련되어 있으며, 이것은 국민국가와 그 구성원 간의 일종의 '계약'으로 간주될 수 있다고 주장한다. 그 주장은 국민들이 국가를 위해 싸우는 대신에 시간에 걸쳐 다양한 시민권을 성취했다는 것이다. 시민권의 예로는 시민으로서 외세의 공격으로부터 국가의 보호를 주장할 수 있는 권리, 자국으로 자유롭게 들어올 수 있게 해주고 외국에 있는 자국 대사관의 지원을 받을 수 있게 해주는 여권을 소지할 권리 등이 있다.

국민국가와 그 구성원 간의 계약에 따라 시민의 권리와 의무가 출현했다. 이것들이 감시와 연결되는 주된 고리는 권리와 의무가 전달되고 제공되는 방식과 관련되어 있다. 국민국가는 그 보호 아래에서 시민권이 행사되기 때문에 이러한 추가적 책임을 이행할 수 있는 행정적 수단을 개발해야 한다. 그리고 감시에 대한 특히 강력한 힘은 바로 이러한 근대 사회민주주의 국가의 성장이다. 시민의 권리와 의무에 대한 관리는 국가 성원에 대한 세심한 개체화를 필요로 하기 때문이다. 선거명부는 전체 인구의 연령과 주거지를 기록하는 데이터베이스의 개발을 필요로 한다. 사회복지 서비스는 주거조건이나 병력(*medical history*)에서부터 부양가족에 대한 정보에 이르기까지 사람들의 환경에 대한 자세한 기록을 필요로 한다. 국세청(Inland Revenue)은 국가 내의 모든 사람들의 경제적 상황이 자세히 기록된 엄청난 파일을 만들어 낸다. 학교를 다니는 동안에는 학업성취도, 발달성, 연속성과 변화성 등을 기술하는 기록들이 만들어진다. 빈곤의 악영향을 약화시키려는 프로그램은 불우한 사람들에 대한 많은 정보를 필요로 한다. 힐리아드와 퍼시스미스(Paddy Hillyard and Janie Percy-Smith, 1988)가 말하듯이, "복지혜택과 서비스 공여는 대중감시체계의 핵심이다. 그 이유는 바로 이 영역에서 분류, 정보수집 그리고 기록과정이 지속적으로 확대되기 때문이다"(p. 172). 우리는 이것을 범주적 보호(*categorical care*)라고 부를 수 있다(Lyon, 2007).

10. 감시의 위험

안보상의 필요나 시민들의 권리와 의무 또는 양자 모두에 의해 촉진되는 국민국가의 감시 경향은 '감시사회'에 대한 일련의 의문을 제기한다(Wood, 2006). 가장 중요한 것은, 익명적 관료들의 손에 시민들의 기록이 축적되는 것을 목격하거나 전국을 감시할 수 있는 위성의 성능에 대해 알게 되면서 감시의 발달에 대해 우려를 표명하는 시민 자유주의자들의 관심사이다. 사람들에 대한 경찰의 정보수집 — 배심원들의 심사에서 오용되거나 심지어는 불법 체포를 야기할 수 있는 — 과 같은 문제를 부각시키는 방대한 문헌이 존재한다(Rosen, 2000; Whittaker, 1999 참조).

두 가지 관련된 쟁점이 특히 절실한 관심사이다. 하나는 기관들이 다른 목적으로 수집된 정보에 접근할 수도 있다는 두려움이다. 예컨대 경찰이 고용이나 의료 또는 은행기록에 접근할 수도 있다는 것이다. 다른 하나의 관심사는 보다 일반적인 쟁점으로서 독립된 데이터베이스를 통합하는 것이다. 국가 감시정보의 대부분이 컴퓨터화됨으로써 과거에는 분리되었던 정보가 통합될 수 있는 가능성이 생겨났다. 이러한 통합에 대해 제약이 부과되고 있지만, 그 잠재적 가능성은 특정한 개인에 대한 '전체적 초상화'를 구성할 수 있는 '전자 주민카드'에서 분명히 드러난다. 국가기관이 의료, 교육, 납세, 고용, 은행, 범죄 등의 기록에 접근할 수 있다면, 상당히 복잡하고 상세한 개인정보가 구성될 수 있다는 것은 분명하다. 그러한 전개는 효율성과 더 많은 통제를 추구하는 정부 공무원들에게는 분명 매력적인 것이지만, 이미 수행되고 있는 감시를 엄청나게 확장시키게 된다(Ball and Webster, 2003).

좀더 평범하게 보면, 기밀자료가 손실될 위험이 존재한다. 이러한 손실은 2007년 11월 영국에서 실제로 발생하였는데, 당시 수상 고든 브라운은 2,500만 명의 개인정보가 담긴 2장의 CD 분실에 대해 의회에서 사과하였다. 30%가 넘는 국민의 의료정보가 단 2장의 디스크에 저장될 수 있기 때문에 — 분실된 디스크는 찾지 못했다 — 그 위험은 매우 중요할 수밖에 없다.

여기서 원형감옥(*panopticon*: Lyon, 1994)이라는 은유를 가지고 근대성을 이해하는 것에 관심을 갖게 된다. 이 개념은 감옥, 병원, 수용소의 설계에 대한 제러미 벤담(Jeremy Bentham)의 독창적 생각에서 푸코(Foucault, 1979)가 따온 것이다. 원형감옥은 벤담이 설계한 건축구조에 관한 것으로, 중앙에 위치한 (그리고 캄캄하여 보이지 않는) 관리자가, 그를 중심으로 원을 그리면서 만들어져 있는 분리된 방(흔히 밝게 처리됨)에 거주하는 죄수나 환자를 관찰할 수 있게 설계되어 있다. 푸코는 이러한 설계를 현대생활에 대한 은유로 사용하면서 감시를 통해 물리적인 벽 없이도 원형감옥의 건설이 가능하다고 주장한다. 오늘날 현대적 전자기술이 발달함에 따라 사람들이 감시되고 있으나 그들은 감시하는 사람이 누구인지도 모르는 경우가 많다.

역설적이게도 이 분야에 대한 신뢰성 있는 정보가 거의 없기 때문에 과장되기 쉽다. 그러나 감시에 대해 우려하는 사람들의 주장과는 달리 우리는 그 반대의 예도 찾아볼 수 있다. 예컨대 센서스 등과 같이 중앙정부가 개인에 대하여 수집한 정보의 많은 부분은 사람들에게 피드백되며, 그에 따라 사람들은 자신의 위치, 전망, 생활양식 등을 성찰적으로 점검할 수 있다. 그리하여, 가령 소득수준, 범죄율 또는 이혼 추세 등에 관한 정보는 국가 공무원들뿐만 아니라 삶에서 의미를 찾거나 새로운 방향을 모색하려는 개인들에게도 유용한 것이 될 수 있다.

지그문트 바우만은 오늘날의 감시는 모든 것을 관찰하는 원형감옥 은유가 떠올리는 것보다 더 확산되고, 더 빨리 변화하고, 더 탄력적이기 때문에, 우리는 '탈(脫) 원형감옥'의 시대에 산다고 주장한다. 즉 오늘날의 감시는 큰 줄기(원형감옥)가 있는 나무라기보다는 "서서히 퍼지는 잡초와 같다"는 것이다(Bauman and Lyon, 2013: 3). 학적부에서부터 보험판매까지, 군사 첩보위성에서부터 온라인 사이트의 쿠키까지 다양한 범위의 감시 관행을 고려할 때 '나무'보다는 '잡초'로 보기 쉽겠지만 원형감옥 개념을 섣불리 파기해서는 안 된다. 왜냐하면 이 개념은 모든 것을 감찰하려는 국가의 거만한 야심과, 권력과 정보축적이 밀접하게 관련되는 방식에 대해서 지속적으로 일깨워 주기 때문이다.

예컨대 군사적 감시에 대해 고찰하면서 마누엘 드 란다(Manuel De Landa, 1991)는 통신도청이나 외국 지형에 대한 위성정찰과 같이 감시가 자동적으로 이루어지는 장비에 장착된 '기계 시각'(*machine vision*)에 대해 언급한다. 프로그램은 일정한 범위 내의 모든 통신을 저인망식으로 잡아내도록 작성되고, 위성은 그 '영향권' 안에 있는 모든 것을 감시한다. 드 란다는 도청된 통신을 분석하는 시스템뿐만 아니라, 그 아래에 있는 거의 모든 것을 잡아내는 위성사진을 컴퓨터가 해독하도록 해주는 정교한 소프트웨어에 대해서도 언급한다. 이러한 모든 추세를 검토한 후 그는 이것을 '새로운 비(非) 광학적 첩보수집 장치'라고 할 수 있는 '범시기'(*Panspectron*)의 일종으로 본다(p. 205).

이러한 전망은 섬뜩한 것이기는 하지만 그렇다고 황당한 공상과학 소설에서 나오는 상상만은 분명 아니다. 그것은 국민국가 및 우리가 살아가는 조직화된 삶의 중심에 놓여 있는 감시에 대한 요구가 논리적으로 확장된 것이다(Gandy, 1993). 이러한 감시는 모든 근대사회의 필수적인 측면이며 "그것에 대처하기 위해 개발된 분명하고 단순한 정치적 프로그램은 존재하지 않는다"(Giddens, 1985: 310). 우리는 기든스와 마찬가지로, "전체주의적 지배의 측면들이 일종의 위협"이 되는 이유는 바로 감시가 "근대사회에서 최대화"되기 때문이라는 점을 인정해야 한다(p. 310).

11. 기업적 감시

이 장의 대부분은 국민국가의 필요에 따른 감시의 확산에 대해 논의했다. 그러나 국가 감시에 대한 분명한 이해를 도와주는 기든스의 저작을 통해, 우리는 자본주의 기업이 이러한 추세에 기여하는 바를 잊어서는 안 된다. 기든스 자신도 자본주의적 이윤추구가 담당하는 역할에 주목하면서, "자본주의 기업에서 감시는 관리의 핵심"이라고 신랄하게 비판하였다(Giddens, 1987: 175). 20세기에 창안된 관리는 본질적으로 정보노동의 한 종류이며, 그 핵심적 목적은 기업의 행동영역을 철저하게 감시하여 자본의 최대 투자수익을 보장하도록 전략을 더 잘 수립하고 실행하는 것(Robins and Webster, 1989: 34~52)이라는 견해는 충분히 근거가 있다. 과학적 관리이론의 핵심 인물인 테일러(F. W. Taylor, 1947)가 주장했듯이 경영자의 존재이유는 자본의 이해를 정밀관찰하고 분석하고 계획하는 것과 마찬가지로 정보 전문가로서 — 이상적으로는 독점주의자로서 — 그 역할을 수행하는 것이다.

관리에 대한 주요한 출발점이자 테일러의 독특한 관심사는 생산과정이었는데, 이것은 오랫동안 문제가 되었지만 특히 19세기 말과 20세기 초 대규모 공장과 노동력이 출현함에 따라 관리가 점점 더 어려워졌다. 이에 대한 자본주의 기업의 대응에 관해서는 많은 연구가 있는데, '과학적 관리'의 성장에 초점을 두는(Braverman, 1974; Noble, 1977) 이러한 연구는 경영자들은 조직의 '두뇌노동'(*brainwork*) (Taylor, 1947)을 수행하는 사람들로, 자신들의 관리대상에 대해 더 효과적인 통제를 할 수 있다는 점을 강조한다.

근대적 관리가 생산을 다른 많은 활동의 전제로서 감시한다는 것은 분명하다. 그러나 오늘날 관리의 대상은 노동과정보다 훨씬 더 포괄적이다(Fox, 1989). 이것을 이해하는 데 중심적인 것은 기업자본주의(*corporate capitalism*)가 20세기에 3가지 주요한 방식으로 확장되었다는 인식이다. 첫째, 기업이 공간적으로 확장되어 전형적인 선도기업은 적어도 전국적으로, 그리고 대개는 초국가적으로 확산되었다. 둘째, 기업은 과거보다 소수의 대기업으로 통합되어, 일반적으로 일부 기업이 주요 시장을 지배한다. 셋째, 기업은 사회의 영역 속으로 더 깊이 파고드는데, 이는 거의 모든 지역에서 쉽게 눈에 띌 수 있는 판매망을 개발하고, 예전에는 자신 또는 이웃사람들이 스스로 생산했던 생필품을 구매 가능한 재화와 서비스로 대체하는 것을 통해 진행된다.

이러한 추세의 주요 결과 중 하나는 '사회의 기업화'(Trachtenberg, 1982)라는 것에 상응하는데, 이러한 추세들이 효과적 목표달성을 위해 양질의 정보수집에 의존하는 경영자들에게 도전을 제기한다는 것이다. 간단히 말해서 오늘날 기업활동이 효과적이기 위해서는 단순히 작업현장뿐만 아니라 훨씬 더 많은 것을 감시해야 한다. 이러한 감시에는 화폐유통량에서부터 주재국의 정치적 상황에 대한 분석에 이르기까지 많은 차원이 존재하지만, 여기서는 소비자에 대한 감시의 발달을 중심으로 논의하고자 한다.

기업 내부 및 외부에서의 시장조사 확산은 소비자에 대해 알아야 하는 경영자의 필요를 보여 주는 한 예이다. 소비자에게 접근하는 방식은 다양하여 표본조사, 면접, 위탁평가단 조사, 설계, 개발 및 판매 이전 단계에서의 조심스러운 예비조사 등을 포함한다. 시장조사자들이 잠재적 및 실제적 구매자들의 생활양식에 대하여 더 많은 것을 알아내려고 노력함에 따라 그 방법도 점차 정교해지고 있다(Martin, 1992).

예컨대 월마트(Wal-Mart)는 "판매상품과 소비자의 구매습관에 대해 다른 어떤 기관보다도 더 많은 정보를 축적"하는데, 매주 약 1억 명의 고객정보를 확인함으로써 "미국의 광범한 영역에 관한 정보에 접근"하는 것이 가능해진다(Hays, 2004). 이러한 정보는 사회보장번호나 운전면허번호에서부터 구매습관(개인적이고 사적인 생활에 대해 매우 많은 것을 드러낼 수 있는)에 대한 집합적 정보까지 넓은 범위를 아우른다. 이는 월마트가 상거래업체로서 엄청나게 성공하는 데 기여할 뿐 아니라 누가, 언제, 어디서, 무엇을, 얼마나 자주 구매하는가에 대한 방대한 데이터베이스를 만들어 낸다.

빠른 속도로 발전하면서 전통적 매장을 위협하는 온라인 쇼핑은 이러한 감시를 한층 더 강화하는데, 이는 구매자들이 주문과(그리고 조회와) 관련된 자세한 정보를 판매자의 웹사이트에 기입해야 하기 때문이다. 판매자는 위치, 배달 주소, 구매 날짜와 시간, 조회 물품과 시간, 구매 금액 등에 대한 정보를 수집한다. 이러한 정보를 지속적으로 수집하고 집적하여 판매자는 소비자의 구매습관과 경향을 판단하는 중요한 자료로 활용한다. 시장 선두주자인 아마존과 이베이(eBay)는 고객의 구매행위에 대한 정보를 활용하여 소비자들이 미래에 관심을 가질 만한 상품을 제안하기도 한다. 온라인 쇼핑이 급속히 성장함에 따라 소비자에 대한 체계적인 감시도 성장할 것이다.

이러한 감시와 매우 밀접하게 관련된 것이 신용조사기관이다. 이들은 구매자의 재정상태를 조사할 뿐만 아니라 고객기업에 넘겨 줄 목적으로 잠재적 구매자들의 주소록을 만들어 내기도 한다. 대부분의 독자들은 어떤 회사가 다른 기관으로부터 구입한 주소를 이용해서 보낸, 원하지 않는 우편물을 받아 본 경험이 있을 것이다. 그 논리는 간단하다. 즉 만일 골프클럽이 회원명단을 가진 경우, 이러한 정보는 골프용품을 전문적으로 다루거나 더 넓게는 스포츠의류를 취급하는 기업에 매우 유용하다는 것이다. 데이터베이스의 구매는 과거에 기록된 사람들에게 접근하는 값싼 방법이다.

활용도 높은 디지털 기술이 확산됨에 따라 나타나는 이러한 감시 증가를 인식하는 것이 중요하다. 데이비드 번햄(David Burnham, 1983)은 수년 전에 '거래정보'(*transactional information*)라는 현상에 대해 주의를 환기한 바 있는데, 이는 현대적 감시와 특별한 관련성이 있다. 이것은 전화, 수표 교환, 신용카드 이용, 식료품 구매, 자동차 대여, 케이블 TV 시청과 같은 것에서 수집되는, "거의 모든 사람의 일상생활을 자동적으로 기록하는 새로운 범주의 정보이다"(p. 51). 거래정보는 일상 활동과정에서 통상적으로 기록되는 정보이다. 이러한 정보는 거의 순간적으로 구성된다(그리고 흔히 스위치의 작동이나 전화기의 다이얼을 돌리는 것에 의해 자동적으로). 그러나 이러한 생활 속의 일상정보를 모아서 기업은 소비자들의 생활양식에 관한 매우 자세한 그림을 얻게 된다. 예컨대 누가 언제 얼마나 오랫동안 전화를 사용하는지, 어디서 무엇을 구매하는지 또는 특정 물품을 얼마나 자주 구매하고 얼마나 소비하는지, 즉 소비의 내용, 일시, 장소에 대해 알게 된다.

감시와 관련된 또 다른 현상은 소셜 미디어에 의한 감시의 광범위한 활용이다. 소셜 미디어의 일반적인 사업모형은 자신들이 축적한 정보 속에 담겨 있는 사용자(무료 서비스를 이용하는) 속성을 광고주나 판매자에게 파는 것이다. 패리서(Eli Pariser, 2011)가 언급하였듯이 "서비스가 무료라면 사용자가 상품"이 되는데, 페이스북, 레딧, 구글 등이 그 예이다.

물론 이 모든 것에는 우려할 만한 측면이 있지만, 여기서 나는 이러한 감시가 현대기업에 대해 갖는 실제적 유용성을 강조하고자 한다. 사람들이 컴퓨터화된 계산대를 통해 물건을 구입할 때마다 수집되는 거래정보를 통해 기업은 어떤 것이, 얼마나 빨리, 어느 지역에서 판매되는가를 정확히 알게 되는데, 이는 그 조직의 경영자에게는 필수적인 정보이다. 더욱이 구매자가 백화점 카드, 적립 카드, 온라인 쇼핑 등을 이용하는 경우에는 정보가 훨씬 더 풍부해진다. 정보가 그 소비자의 소비성향, 의류 및 식품에 대한 기호, 선호하는 구매 위치 등에 대한 개별화된 초상화를 만들어 주기 때문이다. 따라서 이것은 기업의 마케팅 전략을 매우 향상시켜 줄 수 있는 감시형태이다. 예컨대 광고물은 특정 유형의 소비자에게만 노출됨으로써 더욱 효과적이 될 수 있으며, 이들을 유인하는 혜택이나 특전이 제공될 수도 있다. 데이비드 라이언(David Lyon, 2001)은 이러한 감시를 범주적 유혹(*categorical seduction*)이라 부르는데, 국가의 감시에 비해 연성이긴 하지만 여전히 거슬리는 형태의 감시이다.

마지막 형태의 감시는 극히 일부에게만 적용되는 것처럼 보이기 때문에 쉽게 간과되지만, 진지하게 분석해 볼 만한 가치가 있다. 범주적 노출(*categorical exposure*)은 미디어의 엄청난 발전과 종종 유쾌하지 못한 미디어 속성에서 드러나는 것이다. 이는 다양한 유명인사에 대한 언론보도에서 가장 흔히 관찰된다. 여기서 유명인사라는 말은 유동적 용어로서, 잘 알려지지 않은 정치인에서부터 공무원, 축구선수, 가수 등에 이르기까지, 상황에 따라 다르지만 대부분의 공인에 대해 사용할 수 있다는 점에 유의할 필요가 있다. 경우에 따라서 이러한 노출은 참혹한 범죄나 스캔들에 연루되거나 심지어 사고나 폭력의 희생자가 된 사람들의 부모에게까지 확장되기도 하지만, 과거에는 세심한 주시대상에서 배제되었던 집단을 대상으로 한다는 점에서 이는 '감시의 민주화'(Ball et al., 2012: 3)를 표현하는 것으로 간주될 수도 있다.

노출은 주로 타블로이드판 신문에 의해 수행된다(그렇지만 타블로이드형 미디어의 확산은 이러한 노출이 타블로이드 지면을 벗어나서도 진행된다는 것을 의미한다). 최근 몇 년 동안의 다수 사례가 보여 주었듯이 이러한 노출은 끈질기게 사생활 속으로 파고든다(Mathieson, 1997). 노출의 표적이 된 사람들의 경우 틀림없이 그들의 친구나 가족이 세밀하게 조사되고, 혐의의 징후나 이야깃거리를 찾아내기 위해 그들의 전기(*biography*)가 꼼꼼히 검토되며, 그들의 일상활동도 면밀한 감시를 받는다. 1990년대 중반과 말엽 사이에 빌 클린턴에 대한 미국 미디어의 끈질긴 보도 — 현상적으로는 대통령으로서의 책무보다는 그의 성생활에 관심이 더 많은 것으로 보이는 — 는 이러한 노출에 대한 매우 생생한 사례다. 더 많은 예들이 존재하는데, 2005년 축구선수 조지 베스트(George Best)의 투병생활에 대한 섬뜩할 정도로 생생한 보도, 다수

프리미어리그 선수들의 경범죄 추적, 토니 블레어의 아내인 셰리 부스(Cherie Booth)의 의상, 외모, 친구관계, 직업활동 등에 대한 부적절성을 고발하기 위한 집요한 추적 등을 들 수 있다. 범주적 노출은 사적 생활과 공적 생활 간의 적절한 경계가 거의 없는 것처럼 보이는 정치인과 연예인들 속으로 깊숙이 침투하지만, 사실 그 대상은 이들을 훨씬 넘어선다[우리는 〈빅브라더〉(*Big Brother*)라는 TV 시리즈의 놀라운 인기를 통해 이러한 노출의 확산 정도에 대해 감을 잡을 수 있다. 이 프로그램에서는 제작자가 세심하게 선정하고 교묘하게 조정한 출연자들이 정기적으로 내비치는 뜻밖의 사실이나 은밀한 관계를 시청자들이 훔쳐보게 된다].

범주적 노출이 혐오스러울 수도 있지만 때로는 공적 관심의 대상을 노출시킨다는 점을 부정할 수 없다. 영국 정치계에서 의원들의 지출경비 청구를 둘러싼 추문이 그 예이다. 정치인들은 자신의 의정활동 과정에서 지출된 경비를 청구할 자격이 있으며, 그 결과는 모두 기록된다. 그러나 2009년에 〈데일리 텔레그래프〉지가 유출된 디스크를 입수하여 의심스럽고 이중적인 경비 청구를 포함한 자세한 내용을 공개하기 전까지, 의회는 지출경비 청구에 대한 공개를 거부하여 왔다. 공개 이후 여론은 분노하였다. 일부 의원이 강제 해임되었고, 투옥된 의원도 있었다.

이러한 노출은 존 키언(John Keane, 2009)이 칭한 '감찰 민주주의'를 구성하는 것으로 간주할 수도 있는데, 그것은 강력하고도 뻔뻔한 미디어가 책임성의 이름하에 정치인들을 근접해서 지속적으로 자세하게 주시하는 지저분하고 때로는 침해적인 시스템이다(Thompson, 2011 참조). 현재는 의원들이 청구한 모든 지출내용이 정리되어 인터넷을 통해 공개된다.[3)]

12. 결론

이 장에서 나는 특히 기든스의 저작에 기초하여, 성찰적 근대화와 그 전제요건이면서 최근 정보에 대한 중요성 증가와 정보의 특정한 형태를 설명하는 것으로 간주되는 감시의 주요 차원을 개관하고자 하였다.

감시의 필요성이 발견되는 곳은 시민권 및 의무의 성장과 더불어 특히 국민국가와 그 밀접한 관심사인 전쟁과 안보이다. 산업전은 최신 정보통신기술과 방위 간의 연결을 촉진하면서, 전쟁의 필요, 산업주의, 국민국가 간의 밀접한 관련 속에서 전개되었다. 산업전에서 정보전으로의 변형과정에서 최신 정보통신기술을 활용하는 군사영역이 지속적으로 강조되면서, 감시수단이 개선되고 정보통제가 정교화되어 왔다. 그러나 세계화가 진행됨에 따라 '인식관리'는 오늘날 지탱하기가 매우 힘들어졌고, 다른 국가를 적으로 식별하는 것도 더 어려워졌다. 이것의 중요한 차원 중 하나는 '인권체제'의 출현인데, 이는 유엔이나 나토와 같은 세계적(또는 적어도 초국적) 기구에 의한 군사활동을 촉진할 수 있다.

충분히 검토하지는 않았지만, 소비자에 대한 기업적 감시의 증가도 중요하다. 기업적 감시가 더 많은 책임성을 기업에 대해 요구 — 이는 다시 기업 자체에 대한 의문시와 보다 면밀한 감시로 이어지는 — 한다는 점에서 이것도 역설적 특징을 가지고 있지만, 여기에 대해서는 더

---

3) http://mpsallowances.parliament.uk/mpslordsandoffices/hocallowances/allowances-by-mp/.

많은 검토가 요구된다.

감시의 확장에 대한 이 장의 관심은, '빅브라더'의 출현에 대한 경고를 담고 있기는 하지만(Lyon, 2006), 오웰의 시나리오를 보여 주려는 것은 아니다. 국가의 감시에서는 이러한 측면을 확인할 수도 있겠지만 온라인 쇼핑을 통해 훨씬 더 침해적인 감시가 이루어질 수 있다는 점도 고려할 필요가 있다. 그러나 성찰적 근대화의 한 요소가 되는 감시는 관찰 — 생활방식의 더 많은 조직화를 수반하면서도, 역설적으로 차이 나는 생활방식의 창출에 요구되는 통제, 책임성, 선택을 제고시킬 수도 있는 — 의 필요성에 따른 당연한 결과로 간주될 수 있다. 분명한 것은 감시가 우리 생활의 일부라는 것이다.

제12장

정보와 탈근대성

이 장의 주제는 매력적이리만큼 과감하면서도 동시에 당혹스러울 정도로 모호하다. 과감한 이유는 '탈'(脫)이라는 접두어가 과거와의 결정적 단절과 새로운 시대의 도래라는 사고와 연결되기 때문이다. 이러한 사고는 매력적인 동시에 흥미로운 것인데, 이는 특히 탈근대주의와 탈근대성의 선언이 새로운 '정보사회'로 진입하였다고 주장하는 다른 사람들의 견해와 일치하기 때문이다. 그러면서도 이 장의 주제는 혼란스러울 정도로 모호하기도 하다. 이는 탈근대성이나 탈근대주의를 명료하게 정의하기가 매우 어렵기 때문이다. 이 용어들은 정의라기보다는 일련의 묘사('차이', '담화', '아이러니' 등에 대한 반복적 선언을 통한)와 시대정신(*zeitgeist*)의 금언적인 반향이라 할 수 있다. 나아가 탈근대주의나 탈근대성은 도처(건축, 전공분야, 자아에 대한 태도 등)에서 나타나는 것처럼 보이며, 이들 단어가 매우 부정확하게 사용되기 때문에 분명하게 파악하는 것은 불가능하다.

'정보사회'와 관련된 주제를 다루는 이 책에서 탈근대(脫近代)라는 과감하면서도 혼란스러운 개념을 탐색할 필요가 있다. 그것은 탈근대의 개념이 두 가지 주목할 방식으로 '탈'(脫) 세계에서 정보의 역할을 강조하기 때문이다. 우선 탈근대 사상가들은 새로운 시기의 성격을 규정하면서 정보(및 통신)를 강조한다. 둘째, 장 보드리야르나 롤랑 바르트(Roland Barthes) 같은 지도적인 '탈'이론가들은 흥미롭게도 다른 '정보사회' 이론가들과는 상이한 방식으로 정보에 초점을 둔다. 그들이 정보를 중요시하는 것은 경제적 관점도 아니고, 직업적 변화의 측면도 아니며, 시공간에 걸친 정보의 흐름에 대한 관심 때문도 아니다. 그보다 그들은 상징과 기호의 확산이라는 측면에서 정보의 중요성을 강조한다.

이러한 관심은, 비디오와 케이블, 광고와 패션, 이메일과 문자 메시지, 체형, 문신, 낙서 등 모든 형태의 미디어의 폭발적 성장과 모든 영역으로의 침투에 대한 것이다. 그리하여 그러한 관심은 현대생활의 감지 가능한 특징과 특정 속성에 주목하는데, 오늘날 우리는 기호와 상징의 바다로 둘러싸여 있고 심지어 그 속에 빠져서 생활한다는 것이다. 이러한 문제에 대한 '탈'이론가들의 관심은 '정보사회' 이론가들과 상당히 일치하며, 따라서 그에 대한 추가적인 검토가 요구된다.

이에 따라 내가 이 장에서 논의하고자 하는 것은 정보와 탈근대성 간의 관계이다. 이런 목적을 위해 나는 장 보드리야르, 장 프랑수아 리오타르, 마크 포스터 등과 같이, 탈근대주의의 정보적 측면에 특별한 관심을 둔 몇몇 핵심인물에 초점을 맞추고자 한다. 그러나 나는 이에 대한 예비적 작업으로 다소 직설적 용어를 사용하여 탈근대주의를 정의하고자 시도할 것이다. 이 작업은 쉬운 것이 아니다. 그 이유는 앞으로 보겠지만 본질의 실체성을 부정하는 어떤 것의 본질을 밝혀내기란 어렵기 때문이다! 마지막으로 탈근대주의를 사회경제적 변동의 결과로 제시하는 논의에 대해 언급하고자 한다. 여기서 데이비드 하비, 그리고 (다소 애매하기는 하지만) 지그문트 바우만과 프레드릭 제임슨 등과 같은 사상가들은 탈근대주의를 변동에 수반되는 일종의 조건으로 보는데, 이때의 변동은 기존의 사회분석으로도 자유롭게 검토할 수 있는 것이다.

여기서 탈근대적 조건(탈근대성)에 대해 논의하는 이러한 학자들은 보드리야르나 리오타르 같은 탈근대 사상가들과 다르다는 것을 분명히 할 필요가 있다. 탈근대 사상가들은 기존 사회과학의 관례에 따라 현실을 설명하려고 시도하는 일체의 접근을 거부한다. 다시 말해서, 탈근대성의 실체를 인정할 수 있다고 주장하는 데이비드 하비(Harvey, 1989b)의 입장과 탈근대 사상가들의 입장은 구별될 수 있다는 것이다. 후자의 주장은 우리가 분명 과거와 상이한 — 즉 탈근대적인 — 세계에 살고 있으며, 바로 그러한 상이함으로 인해 정통 색조의 사회적 설명의 타당성이 문제시된다는 것이다. 다소 철학적인 이러한 논지가 아직은 별로 중요하지 않게 보일 수도 있으나, 우리가 탈근대 학자들을 분석하는 부분에 이르면, 현대사회에 대한 이론화 과정에서 정통 — 근대적이라고도 할 수 있는 — 사회과학의 타당성에 대한 인정 여부가 그들의 관점에 대한 지지 의향에 상당한 영향을 미친다는 것이 분명해질 것이다(Best and Kellner, 1997).

1. 탈근대주의

탈근대주의는 지적 운동인 동시에, 우리 개개인이 텔레비전을 시청하거나, 외출하기 위해 옷을 갈아입거나, 아니면 음악을 들을 때처럼, 우리의 일상생활에서 접하는 것이기도 하다. 이런 상이한 차원들을 하나로 묶어 주는 것은 근대주의적 관점에 대한 거부이다. 탈근대주의가 스스로를 수 세기 동안 대체로 최상으로 여겨졌던 행위와 사고방식과의 단절이라고 선언하는 것은 물론 대단한 주장이다.

이 주장의 타당성은 물론 탈근대 및 근대라는 용어의 의미에 따라 달라질 수 있다. 불행하게도 이와 관련된 많은 사상가들은 이러한 용어들이 무엇을 의미하는지를 분명하게 제시하지 않거나, 단지 그들이 중요하다고 생각하는 특정 측면에만 관심을 기울인다. 앞에서 말한 대로, 사회과학 내에서 근대성(*modernity*)은 일반적으로 유럽에서 봉건제와 농업사회를 종식시키고 세계의 거의 모든 곳에 영향을 미쳤던 일련의 변동들—과학, 산업 그리고 우리가 흔히 계몽주의의 등장으로 거론하는 사고방식에서의—과 일치하는 것으로 이해된다. 탈근대성(*postmodernity*)은 이러한 것들과의 단절을 선언한다.

일부 논자들은 탈근대주의가 위와 같이 이해되기보다는 문화의 문제로 간주되어야 한다고 주장한다. 그 이유는 탈근대주의의 관심이 주로 예술, 미학, 음악, 건축, 영화 등에 관한 것이기 때문이다(Lash, 1990). 이들의 경우에 근대주의/탈근대주의 구분은 근대성과 탈근대성의 구별보다는 덜 포괄적(*overarching*)이다. 더구나 우리가 이러한 문화적 영역에 국한하여 생각한다면 근대주의와의 단절을 선언할 의도가 약해질 것이다. 그 이유는 물론 모더니즘(*Modernism*) — 대문자 M을 사용하여 — 이 19세기 후반과 20세기 초반의 운동 — 인상주의(*Impressionism*), 다다이즘(*Dadaism*), 초현실주의(*Surrealism*), 무조주의(*Atonalism*) 등 — 을 지칭하는 것으로서 고전적 문화에 대항한 것이었기 때문이다. 모더니즘은 회화, 문학 그리고 음악에서의 일련의 운동을 지칭하는데, 이것은 단호히 재현적 문화의 생산에 전념했던 고전주의적 운동과는 구별된다. 예컨대 소설인데도 '실제 생활과 같이' 선명하고 환기적 이야기를 만드는 데 전념하였던 19세기 사실주의 소설가들(디킨스, 엘리엇, 발자크)이나, 대상의 생생함을 정확하게 묘사하려는 목적으로 제작되었던 수많은 회화 — 풍경화와 초상화 — 를 생각해보자. 모더니즘 작가 조이스나 화가 피카소 같은 사람들은 이러한 선조들과 결정적으로 단절된 경향을 나타내었다.

여기에서 탈근대주의와 관련하여 적어도 두 가지 어려움에 봉착하게 된다. 첫 번째 어려움은 연대기의 문제와 관련된다. 근대성은 17세기 중반 유럽에서 시작된 반면에, 모더니즘은 그보다 훨씬 더 최근의 것이며, 모더니즘이 반대했던 것, 즉 고전주의 문화 그 자체도 근대성의 시기에 나타난 산물이다. 근대성이 시간적으로 모더니즘에 앞서고 공장생산과 사고방식에 이르는 매우 광범위한 변동을 포괄하는 개념이라고 할 때, 근대성과 모더니즘의 관계에 대한 질문은 논쟁적인 것이고 심각한 개념적 혼란의 소지가 될 수 있다.

두 번째 문제는, 앞으로 보게 되듯이, 탈근대주의가 모더니즘적인 문화적 원칙들과 결정적 단절을 선언하지 않는다는 것인데, 이는 탈근대주의의 핵심에도 재현적 문화에 대한 유사한 거부가 존재하기 때문이다. 만일 탈근대주의를 문화적 개념으로 국한시켜 생각한다면, '탈'

(*post*) 이라는 지시어가 의미하는 바가 상대적으로 적어서, 비교적 좁은 생활영역에 국한되고 본질적으로는 모더니즘의 가정을 전제로 성립된다는 주장이 가능하다. 그러한 개념은 근대성을 단호히 거절하는 탈근대성의 선언보다는 훨씬 덜 거대하고 덜 야심찬 것이다.

근대성/탈근대성 및 근대주의/탈근대주의를 구분하는 것은 그것을 통해 논쟁에 참가한 특정 입장을 더 잘 이해할 수 있다는 점에서 유용한 것처럼 보일 수도 있다. 그러나 불행하게도 그 실제적 유용성은 거의 없는데, 그 이유는 근대성/탈근대성 논쟁에 참가하는 대부분의 주요 논자들이 문화적 현상에 초점을 맞추는 것은 사실이지만 그것에 국한시키지는 않기 때문이다. 정반대로 그들은 문화적인 것을 과거 어느 때보다도 훨씬 큰 의미를 지니는 것으로 간주하기 때문에 탈근대주의가 근대성 자체와의 단절이라고 쉽게 주장하는 것이다. 그리하여 탈근대 사상가들은 패션이나 건축에 대한 논의로부터, 상징적 형태 뒤에 숨겨진 어떤 '실체'를 재현한다고 주장하는 모든 근대성의 표현물에 대한 비판으로 쉽게 나아간다. 예컨대 탈근대 사상가들은 사람들의 행위방식에 대한 정확한 정보를 축적해 긴다는 사회과학의 주장을 거부하는 것과 마찬가지로, '있는 그대로 전달한다'거나 '실제로 일어나는 바를' 재현한다고 주장하는 텔레비전 뉴스를 거부한다. 실체를 상징적 형태로 재현한다는 주장을 반박하는 문화적 영역에서부터 변동의 주요 차원들을 구별하는 사상가들의 가정에 이르기까지, 탈근대주의는 3세기 이상에 걸친 사상으로부터 현재의 근본적 단절을 주장한다.

이러한 이유 때문에 탈근대주의를 문화적 영역에 국한시키는 것에 대해 지나치게 걱정할 필요는 없다. 왜냐하면 탈근대 사상가 스스로도 그러한 우려를 표명하지 않기 때문이다. 그와는 반대로 탈근대주의는 지적 운동으로서, 그리고 우리가 일상생활에서 접하게 되는 하나의 현상으로서, 근본적으로 새로운 것이자 근대성 자체와의 단절로 선언되는 것이다. 이에 대하여 좀더 살펴보자.

2. 탈근대주의의 지성적 특성

탈근대주의를 지적 현상으로 고려하는 경우, 탈근대 학자들의 주된 특성은 사회발전 또는 인간행위의 근저에 놓여 있는 합리성을 밝히고자 하는 사상적 전통, 즉 우리가 '계몽주의'라 부르는 것에 반대한다는 점이다. 프리드리히 니체(Friedrich Nietzsche, 1844~1900)로부터 많은 영향을 받은 탈근대주의는 세계발전을 '근대화'라는 기본적 과정의 관점에서 이해할 수 있다는 설명에 대해 매우 회의적이며, 마찬가지로 인간의 '동기'에 대한 근본적 원인을 밝혀낼 수 있다고 주장하는 개인행위의 설명방식에 대해서도 적대적이다.

탈근대주의는 이와 유사한 — 변동과 행위를 지배하는 합리성을 찾아내려는 — 방식으로 세계를 설명하려는 모든 시도에 철저하게 반대한다. 행위와 변동의 합리성(변동의 시대를 살아가거나 특정 방식으로 행동하는 사람들은 잘 인식하지 못하는)을 밝힐 수 있다는 계몽주의 사상가들의 가정은 탈근대주의자들이 반대하는 핵심 대상이다.

이러한 반대는 일반적으로 탈근대주의자들이 '총체적' 설명, 또는 리오타르(Jean-François Lyotard)의 용어를 빌리자면 '대서사'(*grand narrative*)라고 하는 것에 대한 적대감의 목소리로 나타난다. 이러한 관점에서는 마르크스주의자든 휘그주의자든 또는 급진주의자든 보수주의

자든 상관없이, 근대 세계의 형성을 설명하면서 '문명의 성장', '자본주의의 동학' 그리고 '진화의 힘'과 같이 발전의 주요 원인을 파악할 수 있다고 주장하는 모든 입장이 거부된다. 그러한 또는 그와 유사한 분석들이 인간발달의 주요 추세와 주제, 즉 주된 합리성을 밝히려고 한다는 것은 분명한 사실이다. 탈근대 사상가들은 몇 가지 관련된 근거에서 이러한 분석을 거부한다.

반복적으로 강조되는 첫 번째 반대 원칙은, 이러한 설명들이 역사적 과정에 대한 정확한 연구라기보다는 이론가들에 의한 구성이라는 것이다. 여기서 세계가 신뢰성 있고 객관적으로 이해될 수 있다는 계몽주의의 가정을 받아들이는 학자들이 도전을 받는다. 그들은 그들이 밝혀낸 합리성은 실제적 역사의 진행에 관한 기술이라기보다는 자신들이 인식한 바를 표현한 것일 뿐이라는 비난에 직면한다. 이러한 비판은 매우 익숙한 것이며 탈근대 사상에는 공리적인 것이다. 간단히 말해서 이러한 비난의 핵심은, 학자들은 자신이 보는 것을 해석할 수밖에 없으며, 그러한 해석과정에서 그들은 불가피하게 지식의 구성에 관여하게 되기 때문에 지식의 타당성에 대한 모든 외부적 주장은 근거를 잃게 된다는 것이다.

반대의 다른 근거들은 이러한 것들이 사소한 철학적 반대가 아니라는 것을 보여 준다. 왜냐하면 발전에 대한 '진리'를 보여 준다고 주장하는 대서사들은, 그들 연구의 논리적 결과가 사회변동이 따라야 할(일반적으로 그 연구를 진행한 사람의 지도하에) 특정 방향에 대한 추천이라는 점에서, 그 자체의 편향성을 보이기 때문이다. 권력과 지식 간의 이러한 연관은 탈근대주의의 핵심 주제이다. 즉 지식은 결코 중립적(또는 탈근대주의자들이 선호하는 용어로는 '결백한') 이지 않으며, 권력을 위해 수집되고 활용된다는 것이다. 마지막으로 사회변동에 대한 총체적 설명은 현재와 미래를 계획하고 조직화하는 것에 대한 전조(*prelude*)라는 비난뿐만 아니라, 이러한 설명들이 역사과정에 의해 그 신뢰성이 부정되었다는 비난도 받는다.

예컨대 발전에 대한 가장 강력한 힘이 최소 투자를 통한 최대 이윤의 추구라고 주장하는 사회변동 연구들은, 변동을 관장하는 지배적 합리성을 밝히려고 시도한다. 특정한 역사적 시점에서 그리고 일부 사회에서 이러한 합리성이 추구되지 않았다는 것은 문제가 되지 않는데, 그 이유는 그러한 '비합리성'은 대개 결정적인 역사적 방향성으로부터의 일탈로 간주되기 때문이다. 역사에 대한 이러한 접근 — '근대화' 이론에서 잘 드러나는 — 을 고찰하면, 과거 역사의 과정을 조망하려는 그러한 주장이 미래와 현재에 대해 정책적 함의를 지닌다는 것을 알 수 있다. 그것은 곧 '더 적은 것으로 더 많이'라는 합리성이 계속 우세하게 될 것이라는 의미를 담고 있으며, 항상 그렇지는 않지만 자주, 일이 제대로 진행되도록 도모하거나 조종하는 것이 정책 입안가의 당연한 책임이라는 의미를 함축한다. 이것은 실제로 많은 발전이론가들이 중요하게 고려하는 사항이 되었는데, 이들은 서구 경제성장을 지탱하는 성공적 합리성을 밝혀내고 그것을 바탕으로 제 3세계 정책에 영향력을 미치려고 시도한 사람들이다.

변동의 추동력을 밝혀낼 수 있다고 주장하는 이러한 분석가들이 편향적이라는 비난은, 이들의 연구와 그것에 바탕을 둔 정책들이 다양한 논의들에 의해 반박되는 빈도가 점점 더 증가한다는 것을 통해 지지된다. 이러한 반론의 예로는 '저발전' 세계를 불리하게 만든다는 주장이라든지(사막화, 산성비, 과잉도시화, 환금작물에 의존하는 경제 등을 생각해 볼 수 있다), '더 적은 것으로 더 많이'라는 합리성이 그 반생태학적 편견 때문에 '지구'상의 인간과 동물의 생존을 위협한다는 주장, '저개발'로 인해 빈국은 부국과 동일한 경로를 따르는 것이 불가능하다는 주장, 또는 현대과학을 응용하여 농산물의 풍요를 약속하였던 '녹색혁명'은 사회적 혼란, 이농 노동자들의 실업 그리고 원거리 시장에 대한 의존 등과 같은 문제를 초래했다는 주장 등을 들 수 있다(Webster, 1990 참조).

'대서사'의 실패를 보여 주는 다른 예는 마르크스주의다. 마르크스주의는 '계급투쟁' 과정에서 역사적 변동의 주요 원인을 밝힌다고 주장했는데, 자본주의에서 계급투쟁은 노동자와 자본가 간의 결전으로 이어지고 종국에는 노동자가 권력을 잡게 된다는 것이다. 마르크스주의자들은, 자신들의 역사적 연구에 근거하여, (실체를 밝혀 주는 마르크스주의 정당의 노선을 인민들이 따른다면) 자본주의 체제의 단점을 극복할 수 있는 새로운 형태의 사회(공산주의)가 형성된다고 주장하였다. 그러나 소련 공산주의 해체의 여파 속에서 노동수용소의 참상까지 드러나면서 사회변동의 진정한 역사를 밝히려는 마르크스주의의 주장은 신뢰를 잃었다. 오늘날 마르크스주의는 점점 더 특정 성향을 가진 사람들의 개념적 구성물, 즉 특정 방식의 세계관을 제시할 수 있도록 해주는 일종의 '언어'로 간주된다.

또한 의학을 공부한 지그문트 프로이트(Sigmund Freud)는 아동기에 발달 문제가 있는 경우 성년기에 다양한 신경증으로 발현되는 억압된 욕구(주로 성적인)를 확인할 수 있는 무의식을 분석해야 한다고 주장하였다. 이 대서사의 주장은 정신분석학이 숨겨진 진리를 찾아낸다는 것이다. 정신분석학은 과학적 지식체계를 발전시킴으로써 이렇게 하는데, 이 지식은 검증받은 의사들(정신분석학자들)이 학습하는 것이고 그들이 문제가 있는 환자들에게 권력을 행사할 때 사용하는 것이다. 문제는, 많은 정신분석학자들이 '말하기 치료'를 통해 돈을 벌기는 하지만 프로이트주의는 오류라는 것이 밝혀지고 있다는 것이다(Crews, 1995).

리오타르와 같은 탈근대주의자들에 따르면, 최근의 역사는 대서사뿐 아니라 모든 계몽주의적 열망에 치명적인 흠을 남겼다. 파시즘, 공산주의, 유대인 대학살, 체르노빌, 에이즈(AIDS), 환경파괴 등과 같은 모든 것(더 많은 예가 있다)은 계몽주의의 전도된 결과임과 동시에, '민족주의', '계급투쟁', '종족정화', '우성학' 또는 '과학기술의 진보' 등의 개념으로 변동의 합리성을 밝히는 것이 가능하다고 주장했던 과거 시대 '서사'의 결과이다. 그러한 결과를 보면서 탈근대주의는 '총체성에 대한 전쟁'(Lyotard, 1979: 81), 즉 역사의 '진정한' 동인을 밝힌다고 가정하는 설명방식의 포기를 촉구한다. 역사적 변동의 '진리'를 분별하려는 모든 주장은 "사변적 서사이든 해방의 서사이든 상관없이 … 그 신뢰성을 상실했다"(p. 37)는 것이다.

이리하여 탈근대 사상은 어느 진영에서 나왔는지에 상관없이, '진리'를 밝혀낼 수 있다는 주장에 대해 특히 회의적이다. 이전 대서사의 명백한 실패와, 논자들이 아무리 그 객관성을 주장한다고 할지라도 각 서사는 구성물이었다는 점을 고려하여, 탈근대주의는 총체화 이론에 대한 단순한 회의에서 더 나아간다. 탈근대주의는 상대주의 원칙을 지지하고, 세계에 대한 설명방식의 다양성을 강조하며, '진리'는 존재하지 않고 단지 '진리'에 대한 견해만 존재할 뿐이라는 주장을 내세우면서 그 모든 서사를 거부한다. 미셸 푸코(Michel Foucault)가 말했듯이,

탈근대주의자들은 "각 사회는 그 자체의 진리체계와 진리에 대한 그 자체의 '일반 정치', 즉 그 사회가 받아들이고 진실로 통하게 만드는 담론의 유형을 가지고 있다"(Foucault, 1980: 131~132)는 것을 인정한다. 그러한 상황에서 탈근대 사상가들은 '진리'를 탐색하는 계몽주의의 구속복(拘束服)을 벗어 버리고 대신에 분석, 설명 그리고 해석의 차이(*differences*)가 가진 해방적 의미를 강조한다.

3. 탈근대주의의 사회적 특성

사회적 영역에서도 탈근대주의의 지적 비판이 수용되어 재진술되고 확장된다. 여기에서 우리는 탈근대 사상가들뿐만 아니라 탈근대적 삶을 특징짓는 상황과도 접하게 된다. 탈근대적 조건을 평가하기 위해서 계몽사상에 대한 탈근대주의의 비판을 지지할 필요는 없다. 그러나 앞으로 명백해지겠지만, 우리가 실제로 탈근대적 세계로 진입하면 탈근대주의의 지적 주장들이 사회적 영역에서도 반향을 얻게 될 것이다. 더욱이 이 책의 모든 독자들은 이러한 탈근대 문화 속에서 살고 있기 때문에, 자신들의 경험과 인식을 바탕으로 하여 아래의 설명을 검증하고자 할 것이다. 내가 볼 때, 탈근대 사상의 전반적 기획을 지지하기 위해서는 훨씬 더 많은 설득이 요구되지만, 우리의 일상생활에서 나타나는 탈근대적 특징을 인식하고 인정하는 것은 그리 어렵지 않다.

지적 공격에서와 마찬가지로 사회적 영역에서의 탈근대주의의 출발점도 (대체로) 근대주의적 원리와 관행이라고 불리는 것에 대한 적대감이다. 여기서 근대주의는 계획, 조직 그리고 기능성과 같은 것을 담은 잡동사니 개념이다. 반복해서 등장하는 주제는 자신들이 선호하는 '합리성'을 다른 사람들에게 강요하기 위해서 전문지식, 고등지식, '진리'에 대한 권위를 주장하는 집단 — 계획가, 관료, 정치인 — 이 조작한 흔적이 보이는 모든 것에 대한 반대이다. 예컨대 '진실로' 유행과 멋진 것을 밝혀내고, 옷을 입는 방식과 스스로를 표현하는 방식에 대한 기준을 제시할 수 있는 것으로 간주되는 디자이너의 특권적 지위는 탈근대 문화에 의해 도전받는다. 이와 마찬가지로 기능성도 거부되는데, 그 이유는 집을 짓는 '가장 효율적인' 방법은, 기술적으로 숙달된 건축가나 도시계획가의 '합리성'을 반영하는 것이 아니라, 주제넘은 전문가들이 자신들의 가치를 다른 사람들에게 강요하려는 시도를 반영하는 것이기 때문이다.

여기서 분명해지는 것은 탈근대주의는 위로부터의 판단을 대수롭지 않게 여긴다는 점이다. 이러한 면에서 탈근대주의는, 대다수가 따라야 하는 기준을 정하는 사람들을 서슴없이 거부하는 것에서 나타나듯이, 이른바 민주주의적 방종의 색조를 강하게 띤다. 여기서 특히 주목할 만한 것은, 미학에서의 '좋은 취향'에 대한 기존의 판단을 향한 탈근대주의의 반감이다. 예컨대 영향력 있는 문학비평가 리비스(F. R. Leavis, 1895~1978)는 《위대한 전통》(*The Great Tradition*, 1948)이라는 흥미로운 제목의 저서에서 제인 오스틴(Jane Austen), 조지 엘리엇(George Eliot), 헨리 제임스(Henry James), 조셉 콘래드(Joseph Conrad) 등을 영국의 우수한 소설가로 자신 있게 선정했다. 리비스가 볼 때 이들의 책은 정전적 지위에 놓일 가치가 있는 것이었다. 그러나 이에 대항하여 탈근대주의자들은 "댄 브라운(Dan Brown: 《다빈치 코드》를 쓴 미국 작가 - 옮긴이 주)이 당신의 선호인데, 더 좋은 것에 대하여 당신에게 이야기하는 이들 문학 교수들은 도대체 누구인가?"라고 반문한다.

과거에 기준을 정했던 사람들은 대부분 비난을 받게 된다. 예컨대 리비스는 자신의 '진실한 판단'이 영국 소설을 매우 철저히 독해한 후에 나온 것이라고 주장하지만, 탈근대주의자들은 문학비평가는 비평을 통해 먹고살고, 글쓰기를 통해 지위상승을 하며 위세를 얻을 수 있다(따라서 그들이 진리에 대한 편견 없는 추구자인 경우는 드물다)는 것을 즉각적으로 보여 줄 수 있다. 더욱이 비평가들의 평가가 특정한 가정(*assumptions*)과 교육적 배경 그리고 계급적 선호에 의해 크게 영향을 받는다는 것을 보여 주기는 쉬운 일이다〔리비스의 경우 지방적 편협주의, 케임브리지대학에 대한 헌신, 위대한 문학이 우리를 인도하는 방향이라고 생각하는 신비적인 '유기적 공동체'의 이상화 등을 일반적으로 발견할 수 있다(Mulhern, 1979; Hilliard, 2012)〕. 간단히 말해서 비평가들의 편향성이 드러남으로써, 자신들의 판단을 대다수 사람에게 강요할 수 있다는 주장의 근거가 무너지게 된다.

'진정한' 사상가들의 가식을 벗김으로써 탈근대 문화는 미학적 상대주의 — 생활의 모든 영역에서 차이는 고취되어야 한다는 — 를 잘 보여준다. 이러한 원칙은 모든 곳에 적용된다(Twitchell, 1992). 공연예술〔'왜 셰익스피어가 앤드류 로이드 웨버(Andrew Lloyd Webber)보다 특권을 가져야 하는가?'〕뿐만 아니라 음악〔'모차르트가 밴 모리슨(Van Morrison)보다 낫다고 누가 말할 수 있는가?'〕, 의상〔'예거(Jaeger) 상표는 넥스트(Next) 상표보다 좋아 보이지 않는다. 그저 더 비쌀 뿐이다'〕에도 적용된다. 이것은 일종의 해방적 속성을 담고 있는데, 그 이유는 탈근대 문화의 중심에는 삶을 살아가는 '올바른' 기준을 정하는 모든 '폭군'에 대한 거부가 놓여 있기 때문이다. 이러한 것들에 대항하여 탈근대 문화는 다양함, 야단스러움 그리고 무한한 차이를 기반으로 번창한다. 예컨대 주택의 경우 '사람들을 위한 최선의 것'이나 '사람들이 원하는 것'을 안다고 주장하는 사람들에 의해 설계된 튜더식(*Tudor style*) 부동산과 고밀도 고층건물 지역은 거부되며, 그 대신에 주택의 개성화와 건축가의 계획에 대한 전도(*subversion*)—여기저기에 조금씩 덧붙이거나 떼어내고 다른 사람이 무어라 하든 간에 자신이 좋아하는 것들을 엮음으로써—를 용인하는 견해의 풍토가 조성된다.

물론 이러한 충동의 배후에는 근대주의적 '진리' 탐구에 대한 거부가 놓여 있다. 탈근대주의가 그것을 거부하는 이유는 한편으로는 '진리'를 정의하는 사람들의 동기가 솔직하지 못할 수 있으며 그들 '전문가들' 사이에서도 많은 의견의 불일치가 있기 때문에 유일하고 논쟁의 여지가 없는 '진리'를 발견할 수 있다고 믿는 사람은 아무도 없기 때문이고, 다른 한편으로 '진리'에 대한 정의가 쉽게 횡포로 전락할 수 있다는 것을 우리 모두가 분명히 알기 때문이다. 확실히 말해서, 당이 '상황의 객관적 현실'을 가장 잘 알기 때문에 인민들의 삶에 대하여 명령을 하는 공산주의 체제하에서와 같은 것은 아니지만, 우리 각자는 자신이 다른 사람들의 판단에 의해 강요당하는 경험을 한다. 가령 '교양의 수준'을 정의하는 사람들이 교과과정에 포함할 가치가 있는 것으로 판단을 내렸기 때문에 우리는 학교에서 디킨스(Dickens)와 하디(Hardy)의 작품을 읽어야 하며, 반면에 공상과학물, 연애소설 그리고 서부극 등은 제외된다. 영국에서 사는 모든 사람들은 BBC 텔레비전에서 문화적 관리자들이 제작할 만한 가치가 있다고 결정한 것〔많은 뉴스와 시사 문제, 고전 연속물, '좋은' 드라마, 제한된 영역의 스포츠, 〈블루 피터〉(*Blue Peter*)와 같은 적절한 유아용 프로그램 등〕을 보게 된다. 또한 독자 여러분들 중 상당수는, 특히 공공주택에서 성장한 사람들은, 건축가와 도시계획가가 자신들의 가정에 부과한 제약들을 경험한 적이 있을 것이다.

이러한 것에 대항해 탈근대 정신은 '진리'란 존재하지 않으며, 단지 '진리'에 대한 견해들만이 있다는 사실을 강조한다. 그렇기 때문에 '진리'에 대한 탐구는 무의미하다. 그 대신 차이, 다원주의, '무엇이든 괜찮다'는 사고를 옹호한다. 그 결과 장르와 스타일(한때 가치 있는 예술을 규정하고 선호를 밝히는 데 도움이 되는 기능을 했던)에 대한 근대주의적 열정이 거부되고 그 가식은 비웃음거리가 된다. 여기에 더하여 우화(寓話), 기성 스타일에 대한 조소적 반응 그리고 모방—아이러니를 기꺼이 받아들이고 브리콜라주(*bricolage*: 도구를 닥치는 대로 써서 만들기 - 옮긴이 주) 방식으로 혼합하는—에서도 탈근대주의 경향이 나타난다.

그 결과 탈근대적 건축은 유명한 《라스베이거스의 교훈》〔*Learning from Las Vegas*: 로버트 벤투리(Robert Venturi)가 저술한 대중주의 건축비평서 - 옮긴이 주〕처럼 기성양식과 기꺼이 부딪치는데(Venturi, 1972; Jencks, 1984), 스페인 양식의 목조부와 고딕 양식의 전면을 결합하거나 목장 양식의 설계와 베네치아 모양을 결합한다. 또한 탈근대적 의상은 절충주의적 배열을 한 레깅스, 닥터마틴(Doc Marten: 제화 상표의 일종 - 옮긴이 주) 부츠, 인디언 목걸이와 조끼, 그리고 민속적 블라우스 등을 기꺼이 함께 엮기도 한다.

아마도 가장 주목할 만한 것은 탈근대 문화가 '진정성'(*authenticity*)에 대한 탐구를 거부한다는 점이다. 이것을 더 잘 평가하기 위해 탈근대 문화를 옹호하는 사람들의 지속적 표적이 되는 일련의 용어들을 열거해보겠다. '참된 것'(*the genuine*), '의미'(*meaning*) 그리고 '실제적인 것'(*the real*) 등이 그것이다. 이들 각 용어는 '진실'(*the true*)을 밝히려는 근대주의적 요구를 보여 주는 것이다. 예컨대 이러한 것들은 우연히 듣게 된 음악의 '실제 의미'를 찾으려는 사람들, '실제 영국'(또는 '실제의 나')의 '뿌리'를 회복해 주는 '진정한' 삶의 방식을 추구하는 사람들, '좋은 삶'에 대한 '진실한 철학'을 찾고자 하는 사람들에게 동기를 부여한다. 이 모든 것에 대항하여 탈근대주의는, 얼핏 보면 이상하게 보이지만 사실은 근대적인 모든 것을 거부하는 본래의 관점과 매우 일관성 있게, 진정하지 못한 것, 피상적인 것, 순간적인 것, 사소한 것 그리고 매우 가공적인 것을 즐겁게 받아들인다.

두 가지 주된 이유 때문에 탈근대주의는 진정한 것에 대한 추구와는 거리가 멀다. 첫 번째 이유는 앞에서 이미 어느 정도 자세하게 설명한 것인데, 하나의 '진실된' 의미를 주장하는 것은 분명한 환상이기 때문이다. 따라서 '진정한' 것과 '실제적인' 것을 찾고자 하는 사람들은 실패하기 마련인데, 그것은 '실제적인' 것에 대한 견해만이 존재하기 때문이다. 예컨대 진정한 디킨스의 작품이 복구되기를 바랄 수는 없는데, 그 이유는 우리는 21세기의 사람으로서 그의 작품을 읽기 때문이다. 이를테면 우리는 무의식과 아동의 성성(*sexuality*)과 같은 관념에 관심을 기울이게 되며, 그렇기 때문에 작가와 그 작가가 원래 대상으로 삼았던 독자와는 분리되어 리틀 넬(Little Nell: 찰스 디킨스의 소설《골동품 상점》의 여주인공 - 옮긴이 주)이라는 주인공을 해석한다. 마찬가지로 비틀즈 음악에 대한 '진정한' 해석이란 존재하지 않는데, 그 이유는 나이와 경험에 따라 그 의미가 달라질 수밖에 없기 때문이다.

진정한 것에 대한 이러한 첫 번째 반대가 해석의 상대성에 대한 주장이라면, 두 번째 반대는 훨씬 더 근본적이고 내가 보기에는 탈근대적 조건의 더 중요한 특징이기도 하다. 그것은, 진정한 조건이란 그것을 찾고자 하는 사람의 상상을 떠나서는 존재하지 않기 때문에, 우리가 아무리 찾아도 발견할 수 없다는 것이다. 사람들은 어디에선가—저 모퉁이를 돌아서, 수평선 저 너머에, 어느 시대에—실제적인 것, 진정한 것을 발견할 수 있다고 말한다. 그리고 그것을 발견하면 (자기 자신의, 자기 시대의, 자기 나라의) 참된 것을 발견했다고 만족해 할 것이다. 이를 통해 '스타일', '쇼' 그리고 '황금만능주의' 에토스가 만연한 현대 세계를 지배하는 것으로 보이는 피상적이며 인위적인 것에 대항할 수 있다고 말한다. 하지만 진정한 것을 향한 이러한 노력이 쓸모없다는 것이 탈근대주의의 주장이다.

시간을 거슬러 가족의 계보를 추적하여 자신의 뿌리를 찾으려는 대중적 현상을 예로 들어 보자. 오늘날 상당수의 사람들이 자신의 혈통을 추적하기 위해 정확한 가계도를 그리는 데 많은 노력을 기울인다. 진정성을 구축하려는 이러한 노력을 가장 흔하게 보여 주는 예는, 수 세대 전에 자신의 선조가 살았던 지역으로 이주자들이 되돌아오는 것이다. 청교도들이 떠났던 마을, 굶주림에 허덕이던 아일랜드 사람들이 떠났던 촌락, 폴란드 사람들이 내몰렸던 거주지에 도착하여 이들이 발견하는 것은 무엇일까? 진정성은 분명 아닐 것이다. 그보다는 '과거와 똑같은' 헛간 모양의 교회, '원조' 감자 저녁식사(원한다면 시원한 흑맥주와 양질의 포도주를 곁들여서), 중앙난방설비를 갖춘 신축 예배당, 그리고 컴퓨터에 기록된 가족사일 것이다.

여러분들도 '실제적' 영국을 찾으려고 하는가? 지금은 자동차도로 건설, 주택부지 그리고 한자리에 일 년 남짓 머무를 뿐인 사람들에 의해 위협받지만, 이전에는 잘 일구어진 들판, 전원적인 소, 변하지 않은 풍경, 하얀 집, 둘러친 울타리 그리고 '참된' 이웃이 있는 '푸르고 즐거운 땅'이었던 곳을 찾으려고 하는가? '실제적 자아'를 발견할 수 있는 곳, 자신의 '뿌리'를 찾아낼 수 있는 곳, 선조와 통할 수 있는 진정한 영국적 생활방식을 찾고자 하는가?

그러나 영국 — 유럽에서 가장 도시화된 — 농촌의 삶을 냉정히 살펴보면 우리는 무엇을 발견하게 되는가? 바로 농업경영, 고도기술 농업, 부화용 닭장, 그리고 통근자들에 의해 '버려진 마을들'이다. 이들 통근자들은 (현지 사람이 가진 돈으로는 결코 사들일 수 없는) 아름답게 관리된 저택을 나서면서 필요할 때 즉시 작동될 수 있도록 중앙난방장치를 조정해 놓고, 냉장고는 슈퍼마켓에서 사온 물건들로 가득 채워 놓은 채 4륜구동 승용차(시골의 거친 도로에서도 신뢰성을 기대할 수 있는 산업의 상징)를 이용하여 시가지에 있는 사무실로 왕래한다. 이들 이주자들이 바로 '전통적' 촌락 재구조화의 선봉에 있다. 이들은 (트랙터 그리고 원예과학 등에 의해 일자리를 잃은 농업노동자들에게 일시적 일자리를 제공할 수도 있었던) 산업개발을 거부하고, (종종 모든 현대적 설비를 갖춘 제 2의 주택으로 활용할 목적으로) 과거의 대장간을 재건축할 수 있는 자금을 공급하고, 역사학회를 유지하기 위해 많은 활동을 하며(이를 통해 우리가 지금 소중히 간직하는 마을의 옛 모습이 어떠했는지를 보여 주는 멋진 세피아색 사진들을 마을회관에 전시한다), 그리고 당연히, 모리스 춤(Morris Dancing: 영국에서 행해지는 가장무도의 일종 - 옮긴이 주) 및 직조를 포함한 마을의 장인기술 등과 같은 '전통'을 부활시키는 역할을 해왔다(Newby, 1985, 1987).

여기서의 논점은 농촌의 현대적 삶을 비웃고자 하는 것이 아니라 '진정한' 영국을 찾고자 하는 것은 잘못된 생각이라는 것이다. 우리는 단지 다른 시대의 삶들을 반영하는 것으로 보이는 생활방식을 구성할 수 있을 뿐이다(우리는 대부분의 농촌사람들이 겪어야 했던 절대기아, 가난 그리고 어려움을 경험하지 않는다). 참된 것으로 주장되는 생활방식의 이러한 구성은 필연적으로 그 자체가 참되지 못한 것이다. 그것은 단지 있는 그대로 인식되어야 한다. 진정성에 대한 탐구가 어디서 좌절을 겪게 되는지 살펴보자. 많은 사람들은 급변하는 세계에서 위치감각과 확실성을 얻고자 전통을 찾는다. 전통은 마음 편하게 하는 무언가를 가지고 있으며 불확실한 시대에 근원을 제공하는데, 그것은 불안정한 시기에 닻의 역할을 할 수 있는 참된 것의 기저적 속성이다. 그러나 이러한 영국의 전통 — 성탄절 트리, 칠면조 요리와 각종 장식, 옥스퍼드와 케임브리지의 보트 대항전, 웸블리(Wembley) 축구 결승전, '원조' 맥주와 '원조' 술집, 무엇보다도 왕정 — 은 주로 후기 빅토리아 시대의 '창안'(*inventions*)이다(Hobsbawm and Ranger, 1983). 알버트 공(Prince Albert: 빅토리아 여왕의 남편 - 옮긴이 주)이 '전형적인' 영국의 성탄절을 만들었고, 웸블리에서 축구 결승전이 개최된 것은 겨우 1920년대 이후이다. 술집은 이상화된 시대에 대한 향수를 자극할 수 있도록 설계되었고, 맥주는 가장 현대적인 공법으로 생산된다. 왕실 또한 평탄하지 않은 역사를 겪으면서 근본적 변화와 재구성을 경험하였는데, 현재의 왕실은 제 1차 세계대전 동안 왕실과 독일의 관계에 주어지는 관심을 돌리기 위해 그 명칭을 작센 코부르크 고타(Saxe-Coburg-Gotha)에서 윈저 왕가(House of Winsor)로 변경하였다.

진정한 것은 존재하지 않는다. 다만 진정한 것에 대한 (진정하지 못한) 구성만이 존재할 뿐이다. 예컨대 관광객의 경험을 살펴보자(Urry, 2001). 관광안내문은 '천연 그대로의' 해변, '필수 관광' 장소, '독특한'

문화, '진정한' 지방문화, 그리고 '원조(*real*)의 맛' 등을 광고한다. 그러나 관광의 경험은 분명히 진정하지 못한 것이며, 처음부터 끝까지 신중하게 만들어진 고안물(*artifice*)이다. 그리스의 경우를 생각해 보자. 해변의 타베르나(*taverna*: 그리스의 작은 음식점 - 옮긴이 주)의 냉장고에는 대륙에서 온 맥주가 가득 차 있으며, 고풍스럽고 그리움을 자아내는 음악을 만드는 가장 대중적인 작곡가인 미키스 테오도라키스(Mikis Theodorakis)는 1925년생이고 그의 유명한 음악인 〈희랍인 조르바〉는 1960년대에 작곡하였다. 전통춤은 '관광객들을 동참시키도록' 교육받은 웨이터들과 함께하는 것이고, 원조 그리스 요리는 냉장고에 저장했다가 손님들의 식성에 맞도록 '지방미'의 일부〔무사카(*moussaka*: 그리스 요리의 일종 - 옮긴이 주)와 튀김〕를 적절하게 가미한 것이며, 도시적 방식에 오염되지 않은 친절한 지방인들은 호텔 전문학교에서 훈련받은 사람들이고, 특별 관광명소는 관광을 위해 개발되고 꾸며진 것이다.

관광지구(*tourist bubble*)는 오직 유쾌한 것들만 체험하기 위한, 그리고 예컨대, 토착민들이 참아 내는 냄새와 비위생적 여건을 관광객들은 확실하게 피하도록 하기 위한 것이다(에어컨은 필수이다). 더욱이 진정한 장소가 있었다고 하더라도 관광객의 출현으로 방해받게 되며, 따라서 본래 존재하였던 것도 변화하기 마련이기 때문에 모두 '연출된 진정성'이다(MacCannell, 1976). 나아가서 관광은 대규모 사업이며 그에 걸맞게 행해진다. 비행기는 채워져야 하고, 호텔은 예약되어야 하며(그리고 부유한 사회에서 온 투숙객들의 기대에 맞춰야 하기 때문에 샤워시설, 깨끗한 침대시트를 갖추어야 한다), 사람들이 즐거운 시간을 보낼 수 있도록 해야 한다. 이 모든 것을 위해서는 조정과 고안 그리고 비(非)

진정성이 요구된다.

비진정성은 관광용 볼거리를 보존하는 데 특별한 관심이 있는 이탈리아나 프랑스 같은 국가에만 있는 것이 아니다. 비진정성은 영국에 확산된 특징이기도 하다. 실제로 거대한 관광산업을 유지하기 위해서뿐만 아니라 '실제적 역사'를 표현하기 위해서 영국은 일련의 음악당, 건축물 그리고 유흥시설을 만들어 낸다는 주장도 가능하다(Hewison, 987). '유산산업'(*heritage industry*)은 과거에 대한 이러한 개발과 창조에 핵심적으로 관련되며, '과거에 실제로 어떠했는지'를 보여 준다는 명목하에 과거를 개조하고 재치장하는 데 열중한다. 더럼(Durham)주의 비미쉬(Beamish) 산업박물관, 요크(York)의 조르빅 센터(Jorvik Centre), 아이언브리지(Iron bridge), 그리고 옥스퍼드 스토리(Oxford Story) 등의 예를 들어 보자. 이러한 건축물을 세우는 것은 불가피하게 진정성에 대한 주장을 해친다는 사실에 비추어 볼 때, '과거 모습 그대로의'(그때의 향기를 바로 느낄 수 있도록) 삶을 보여 줄 목적으로 마련된 이러한 관광명소들은 아이러니라고 탈근대주의사들은 주장한다.

이러한 것들이 대저택과 같은 더 오래된 문화유산들보다 어떤 측면에서는 비진정성이 더 강하지 않다는 점도 강조할 필요가 있다. 런던타워, 국립전쟁박물관, 스톤헨지 등도 마찬가지로 진정한 것은 아니다. 그 이유는 우리는 진정한 과거를 결코 되찾을 수 없기 때문이다. 이러한 것들이 현대적인 것에 많이 의지함으로써 진정성을 전도시킬 뿐만 아니라(현대적 보존방법, 자동차 수송, 전기, 전문 가이드 등), 역사를 재현하려는 모든 시도는 과거에 대한 해석(따라서 구성)이기 때문에 진정한 것이 아니다.

가령 오늘날 역사학 분야를 특징짓는 논쟁에 대해 생각해 보자. 역사(*history*)는 모두 남성의 설명인가, 아니면 여성의 경험을 포함해야 하는 것인가(*herstory*)? 전쟁과 정복에 대한 제국주의적 역사가 되어야 하는가? 단기간을 다루어야 하는가, 아니면 장기지속을 포괄해야 하는가? 관점이 앵글로 족이나 유럽 중심적이 아닌가? 역사의 강조점이 사회적이어야 하는가, 아니면 정치적이어야 하는가? 왕족의 역사가 되어야 하는가, 아니면 평민들의 역사가 되어야 하는가? 단적으로 말하면 역사의 다양성 그 자체가 '진정한' 역사와 결부시키려는 근대주의 학자들의 야심을 거부하는데, 이는 상당히 많은 유산산업의 기업적 열망과는 반대되는 것이다.

그리하여 탈근대 시대는 '실제적인' 것에 대한 주장을 모두 거부한다. 모든 것은 조작물이기 때문에 '진실'되거나 '진정할' 수 있는 것은 아무것도 없다. '실제적 영국', '실제적 역사', '실제적 전통'은 존재하지 않는다. 진정성은 단지 (진정하지 않은) 구성, 즉 고안에 지나지 않는다. 이렇게 볼 때 '이것이 무엇을 의미하는가?'라는 근대주의자들의 반복적이고 절박한 물음은 논점이 없다고 할 수 있다. 그러한 물음의 배후에는 진정한 의미가 인식될 수 있다는 암묵적 전제가 깔려 있다. 이를테면, 성경이 실제로 무엇을 의미하는지, 특정 방식으로 건물을 설계한 건축가가 의미하는 바가 무엇인지, 나폴레옹 전쟁 당시의 삶이 어떠했는지, 특정 복장을 한 소녀가 제시하고자 하는 의미는 무엇인지 등을 발견할 수 있다는 것이다.

그러나 진실한 의미란 존재하지 않으며, 단지 다양한 해석들〔롤랑 바르트가 다의적(*polysemous*) 견해라고 부르는〕만이 존재한다는 것을 알게 되면, 논리적으로 우리는 의미 그 자체에 대한 탐구를 포기할 수 있다. 탈근대주의는 그러한 탐구를 무의미한 것이라고 보지만 결코 그것에 대하여 절망하지 않으며, 그러한 탐구를 포기하는 대신에 존재의 경험(*experience of being*)을 만끽해야 한다고 주장한다. 예컨대 여러분들은 특정 헤어스타일을 어떻게 이해해야 하는지 모르고, 다른 친구들이 각기 다른 방식으로 그것을 바라보는 것에 대해 혼란스러워 할 수도 있다. 그러나 그런 것들은 대수롭지 않은 것이다. 특별한 의미를 부여하려 하지 말고, 그냥 보는 것을 즐기면 된다. 프랑스어에는 이를 지칭하는 말로 향유(*jouissance*)라는 것이 있고, 숭고미(*the sublime*)를 구별하는 칸트의 《판단력 비판》(*Critique of Reason*, 1972)에 나오는 일반적 파생어도 있다. 그러나 탈근대주의자들의 핵심적 생각은, 무한한 의미가 존재한다는 것을 모든 사람이 알게 되면 어떤 의미를 향한 열정을 포기할 수 있다는 것이다. 흔히 낙서에서 묘사하는 바대로, 〈감옥소의 록〉(*Jailhouse Rock*: 엘비스 프레슬리가 1957년에 발표한 노래 - 옮긴이 주)에서 엘비스 프레슬리(Elvis Presley)가 말하고자 하는 바를 이해하려는 노력을 포기하고, 그것은 '단지 로큰롤(*rock and roll*)'이기 때문에 일어서서 춤추고 즐거운 경험을 누리면 된다.

더 나아가, 우리 지식인들은 이러한 의미에 대한 포기를 걱정할 필요가 없다. 일반인들도 우리와 마찬가지로 '진실한 의미'를 발견한다는 것은 이룰 수 없는 꿈이라는 것을 알고 있다. 그들도 상황에 따라 다르게 나타나는 다양한 의미를 알고 있고, 진정한 요소를 발견한다는 것이 견지될 수 없다는 것을 알고 있다. 마찬가지로 사람들은 최신 영화에서 실제적 의미를 찾으려고 하지는 않으며, 있는 그대로 — 흥미, 싫증, 기분전환, 가사로부터의 일시적인 도피, 상대에게 사랑을 청할 수 있는 기회, 야간외출, 이야깃거리 등 — 를 즐기는 데 만족한다.

근대주의자들만이 '그 모든 것이 의미하는 바'에 대하여 걱정할 뿐이지 탈근대적 시민들은 그러한 열정을 포기하고 다양하게 펼쳐지는 즐거움을 경험하는 것에 만족한다. 이와 마찬가지로 탈근대적 관광객은 진정한 경험을 얻지 못한다는 것을 잘 알고 있다. 그들은 토산품 가게에서 파는 '진짜' 장신구, 관광거래의 극성스런 상업화, 성적 만남을 위해 해변에서 펼치는 카마키스(*kamakis*: 플레이보이 - 옮긴이 주) 들의 행진, 한적한 위치에 있으면서도 최신의 비디오와 팝음악을 즐기고 디스코에서 술을 마실 수 있도록 갖춰진 지역의 인공성(人工性)에 냉소적이다. 관광객들은 그 모든 것이 일종의 게임이라는 것을 잘 알고 있다. 이것을 알면서도 그들이 휴일을 즐기고 무대 공연장을 찾는 이유는 그들이 여가시간 동안 갖고자 하는 것은 '좋은 시간', '즐거움'이고, '실제로 의미하는 바가 무엇'이고 '음식, 사람 그리고 분위기가 진정한 것인지'에 대해서는 어떤 걱정도 하지 않기 때문이다(Featherstone, 1991: 102).

탈근대주의가 해석, 생활방식, 가치 등의 차이를 강조한다는 앞서의 내 주장은 진정한 것에 대한 믿음의 포기와 밀접하게 관련된다. 예컨대 탈근대적 전망은 통일되고 풍부한 '공동문화' 또는 문학의 '위대한 전통'을 어린이들에게 가르칠 필요가 있다고 주장하는 엘리트주의를 거부할 것을 촉구한다. 이와 유사한 모든 것은 이데올로기 또는 특정 집단이 다른 사람들에게 권력을 행사하는 사례라는 이유로 거부된다. 그러나 여기에서 더 나아가 탈근대 문화는 '우리의 존재'에 대해 말해주고, 그리하여 우리가 시민으로서 함께 뭉칠 수 있게 해주는 문화와 역사 등을 평가하도록 교육하지 못하는 현상을 문화의 파편화(단절된 조각으로의 붕괴)라고 두려워하는 사람들은 무시되어야 한다고 주장한다. 한편으로 볼 때 이렇게 주장하는 이유는, '공동문화' — 사고하고 말하는 최선의 것이라는 아놀드식의(*Arnoldian*) 의미에서든, '사회에 유익한 가치를 가진 모든 것'이라는 의미에서든 — 에 대한 확인은 대개 사회의 많은 집단에 대해 배제적이고 강압적으로 행사되는 권력의 표현이기 때문이다(영문학에서의 '위대한 전통'은 영국의 소수민족이나 노동자층 또는 젊은 세대에게 큰 호소력이 없을 수 있다). 다른 한편으로 탈근대주의자들은 공동문화는 또한 사람들이 파편화된 상태에서는 살아가기 어려우며 일관성이 없거나 온전하지 못한 것에 대해 소외나 불안, 우울증을 겪게 된다는 가정을 가지고 있다고 주장한다.

그러나 탈근대적 전망은 차이의 바탕에서 자라며, 따라서 파편화된 문화 속에서도 번창한다. 예컨대 레게(*reggae*) 음악을 듣는 사람이 셰익스피어의 작품을 읽는 것은 아무런 문제가 되지 않는다. 오랫동안 무엇을 어떻게 읽고 보고 들어야 하는지는 문화적 관리자들이 사람들에게 정해 주는 것이었다(그리고 정해진 작품과 판단에서 벗어나는 경우 사람들은 죄책감을 느껴야 했다). 이러한 도덕적 감호(*stewardship*)의 배후에는 파편화가 해롭다는 근대주의적 불안감이 놓여 있다. 이에 대항하여 탈근대 문화는, '진실한 의미'에 대한 추구를 포기했기 때문에('영국적'이라는 것은 특정 역사, 특정 소설, 특정 시 등에 익숙하고 그것을 높이 평가한다는 것을 의미한다), 사람들은 상충하는 메시지나 가치에 대해 크게 당황하지 않고 파편화된 문화를 즐길 수 있고 또 즐긴다고 주장한다. 그 결과는 의미 없는 즐거움의 원천이 다양해진 것을 환영하는 것이다. 네온 불빛, 프랑스 요리, 맥도널드, 동양음식, 비제, 마돈나, 베르디와 악틱 몽키즈(Arctic Monkeys: 영국의 록밴드 - 옮긴이 주) 등과 같은 다양한 즐거움의 원천이 환영을 받는다.

더욱이 파편화된 문화에 대한 근대주의적 불안감의 배후에는 자아

그 자체가 위협받는다는 두려움이 숨겨져 있다는 것을 쉽게 이해할 수 있다. 이러한 두려움은 우리에게는 일관되고 단일화된, 그리고 매우 다양한 문화적 기호들에 대한 노출로부터 보호되는 '진실된 자아', 진정한 '나'가 있다는 것을 전제한다. 가령 플라톤을 읽고 난 후 경견장(*dog racing*)에 구경 가는 지식인은 자신의 자아감을 어떻게 유지할 수 있는가? 자신의 전공분야에 심취하는 사상가가 어떻게 토튼햄 핫스퍼(Tottenham Hotspur) 축구팀을 응원할 수 있는가? 기독교 신자가 종교를 믿으면서도 포르노그래피를 즐기는 것이 어떻게 가능한가? 유명인사가 크리켓 시합에서 어떻게 속임수를 쓸 수 있는가? 한 연기자가 클린트 이스트우드, 리오넬 메시(Lionel Messi) 그리고 우디 앨런 같은 다양한 역할모형을 수행하는 경우 어떻게 자아의 충실성이 유지될 수 있는가?

그러한 모순을 해결하려고 노력하는 대신 탈근대 문화는 본질적이고 진실된 자아의 존재를 부정한다. 탈근대적 정서에서 주장되는 바는, '실제적인 나'에 대한 추구는 기저적 의미, 즉 진정한 존재를 전제로 하지만 그러한 것은 존재하지 않기 때문에 그에 대한 추구는 가치없다는 것이다. 그 대신에 옹호되는 것은 보다 넓은 사회와 개인의 존재 안에서 차이와 더불어 사는 것이고, '충실성'과 '도덕성' 같은 규제적 개념을 버리고 즐거움을 선택함으로써 의미에 대한 불안감을 떨쳐 버리고 사는 것이다. 자아(自我)의 파편화를 우려하는 사람들은 지식인뿐이라는 것이 탈근대주의의 반복된 주장이다. 나머지 대부분의 사람들은 좋은 시간을 즐길 만큼 행복하며, 일부 지식인들이 우리의 '진정한 자아'가 혼란 속에 빠질 수 있다고 믿는다고 해서 동요되지 않는다.

인공적인 것과 표피적 현상을 즐기는 문화에 걸맞게, 탈근대주의는 도시생활과 매우 밀접하게 관련되어 있다. 탈근대 문화는 피상성을 축복하고, 유행의 변화무쌍함, 유희, 불확실성 등을 추구하며, 그 대신 '진리'를 추구하는 심층적 분석을 거부한다. 이러한 측면에서 탈근대주의와 가장 잘 어울리는 곳은 도시로서, 이는 인공성, 스타일의 혼합, 변화와 절충주의에 대한 개방성, 다양성과 차이, 고정성의 결여, 감각적인 것에 대한 지속적 모사, 확실성을 붕괴시키는 다양한 경험과 전망을 가져오고 새로운 기호와 즐거움의 원천을 가져오는 낯선 사람과 문화의 혼합이라는 특징을 보이는 일차적 장소이다. 이와 관련된 것이 탈근대성의 속도에 대한 인정인데, 즉 끊임없고 점차 빠르게 변하는 문화의 놀라운 속도와 혼란스러움으로서, 지속적으로 의식 속으로 침투해 불안정하게 만드는 것이다. 폴 비릴리오(Paul Virilio)는 이러한 불안정하고 그침이 없으며 저항하기 어려운 상황을 설명하기 위해 질주학(*dromology*)이라는 말을 만들어 냈다(Virilio, 1998).

마지막으로, 탈근대주의가 '실제적 의미'를 찾으려는 사람들을 향해 보이는 적대감과 일치하는 것으로서, 탈근대 문화는 창조성과 평범한 사람들의 유희를 강조한다. 근대주의 사상가들 중에는 행위에 대한 결정론적 해석을 제시하는 경향이 빈번히 나타난다. 즉 근대주의적 분석의 특징은, 마치 연구대상이 되는 사람들의 실제적 행위동기(기본적 추동력)를 분별할 수 있는 능력을 그들만이 가지고 있는 것처럼, 행위 당사자들의 해석보다는 자신들의 해석을 특권화하는 설명을 제시한다는 것이다. 이러한 예로는 연구대상이 되는 사람들이 어떻게 느끼든지 간에 행위의 배후에 있는 성성(*sexuality*)을 고려하는 프로이트적 설명이나, 주체가 어떻게 말하든 간에 의식이 경제적 관계에 의해 형성된다고 주장하는 세계에 대한 마르크스주의적 설명, 연구대상이 되는 여성들이 무어라고 주장하든 간에 여성들이 '실제적으로 필요로 하는' 것을 분석가들만이 알 수 있다고 종종 주장하는 여성의 경험에 대한 여권주의적(*feminist*) 설명 등이 있다.

앞에서 보았듯이 탈근대주의자들이 반복해서 주장하는 것은, '진리'를 인식하는 데 지식인들이 거리의 일반인들보다 더 많은 특권을 가지고 있지는 않다는 것이다. 이와 유사하게, 사람들이 기만당하고 있다거나 정치인들의 조작이나 저급한 오락물 또는 상업주의의 유혹에 의해 '진리'로부터 오도당하고 있다는, 지식인들 사이에 광범하게 퍼진 불안감은 용납될 수 없는 거만함이며(지식인 자신들의 설명이 모호하고 지식인들 사이에서도 '진리'에 대한 합의를 이루지 못하면서, 어떤 권리로 지식인들이 '진리'를 분별한다고 주장할 수 있는가?), 일반인들도 어느 지식인 못지않게 효과적으로 식별하고 창조할 수 있는 능력이 있다는 것을 감안할 때 이것은 말이 되지 않는 것이다. 진리에 대한 견해만이 존재하는 세계에서 사람들은 의미의 무정부주의적 배열과, 의미에 선행하여 그들이 접하는 사물과 경험의 색다른 용도를 창조할 수 있는 비상한 능력을 가지고 있다(de Certeau, 1984).

여기까지 읽은 독자들은 탈근대주의가 싫어하는 것(*bête noire*)은 어떤 현상의 본질적 특징을 밝혀낼 수 있다는 주장임을 별다른 놀라움 없이 알게 될 것이다. 탈근대주의자들은 '본질주의'(*essentialism*)라고 하면 거만한 근대주의자들에 대해 흔히 따라붙는 억측이라는 비난을 연상한다. 그 억측에는 분석가들이 '진리'를 공정하게 인식할 수 있다든지, 현상의 표면에 숨어 있는 특징이 특권을 가진 관찰자의 면밀한 검토를 통해 드러날 수 있다든지, 보다 능력 있는 분석가들에 의해 확립될 수 있는 핵심적 의미가 존재한다든지, 열심히 그리고 충분한 시간을 가지고 관찰하는 사람들이 발견할 수 있는 진정한 요인이 있다든지 하는 것들이 포함된다. 지성적이고 사회적인 현상으로서의 탈근대주의의 주요 요소들을 다음과 같이 요약할 수 있다.

- 근대주의적 사상, 가치 그리고 관행의 거부
- '진리'에 대한 견해만이 존재한다는 이유에서 '진리'를 밝혀낼 수 있다는 주장의 거부
- 모든 것이 진정하지 못하다는 이유에서 진정성 추구의 거부
- (의미 자체에 대한 추구를 좌절시키는) 무한한 의미가 존재하기 때문에 의미를 확인하려는 추구의 거부
- 해석, 가치, 양식의 다양성에 대한 환영
- 즐거움, 분석에 앞서는 감각적 경험, 향유(*jouissance*)와 숭고미(*sublime*)에 대한 강조
- 피상적인 것, 외관, 다양성, 우화, 아이러니 그리고 모방 등에 대한 환희
- 행위에 대한 결정론적 해석을 부정하는 일반인들의 창조성과 상상력에 대한 인정

4. 탈근대주의와 정보

그런데 이것이 정보와 어떤 관계가 있는가? 이에 대한 가장 흔한 반응은, 우리가 언어(*language*)를 통해서만 세계를 알 수 있다는 탈근대적 주장으로부터 나온다. 계몽주의 사상가들은 언어란 단어(*words*)와는

구별되어 객관적 실체를 기술하는 수단이라는 생각을 가지고 있었던 반면, 탈근대주의자들은 이것을 '투명성의 신화'(*myth of transparency*)〔Vattimo, 1992(1989) : 18〕라고 주장한다. 그 이유는 계몽주의 언어관이 상징과 이미지(즉 정보)가 우리에게 유일한 '실체'라는 사실을 보지 못하기 때문이다. 다시 말하면, 우리는 언어를 통하여 실체를 보는 것이 아니다. 언어가 바로 우리가 보는 실체이다. 미셸 푸코(Michel Foucault)가 지적하듯이 "실체는 존재하지 않으며 … 언어가 존재하는 모든 것이고, 우리가 말하는 대상이며, 우리는 언어 속에서 말한다"(Macey, 1994: 150에서 재인용).

"언어는 결코 결백하지 않다"〔Barthes, 1967(1953) : 16〕는 이러한 출발점으로 인해 야기되는 결과의 일부를 보여 주는 한 예는 문학비평에서 발견된다. 비평가들은 예전에는 《돔비와 아들》(*Dombey and Son*: 디킨스의 소설 - 옮긴이 주)을 읽음으로써 빅토리아 시대의 자본주의를 더 잘 이해할 수 있는 방식을 찾아내거나, 어니스트 헤밍웨이(Ernest Hemingway)의 단편소설에서 보이는 남성스러움의 에토스를 검토하거나, 로렌스(D. H. Lawrence)의 후기 저작에 영향을 미친 그의 성장과정을 평가하는 것이 자신들의 업무라고 생각했다.

비평가들의 가정은 이러한 작가들의 언어를 통해서 말속에 있는 실체(역사적 시기, 이데올로기, 가정환경)를 볼 수 있다는 것이었고, 이러한 비평가들의 열망은 자신들 스스로 이러한 실체를 가능한 한 눈에 거슬리지 않게 — 투명하고 객관적으로 — 밝히는 것이었다. 그러한 지식인들에게는 작품의 명료성(*clarity*)이 중요했는데, 그 이유는 주된 업무가 언어를 통해서 배후의 실체를 보는 것이기 때문이었다.

롤랑 바르트(Barthes, 1963, 1964)가 저명한 비평가인 레이몽 피카르(Raymond Picard)와의 격렬한 논쟁을 통해 이러한 가정을 공격함으로써 1960년대 초기 프랑스 문학비평계에 상당한 지적 논란이 일어났다. 바르트는 프랑스 고전문학의 우상인 라신(Jean-Baptiste Racine, 1939~1999)의 작품에 대한 독해를 제시했다. 그는 첫째, 라신이 사용한 말의 의미가 본질적으로 분명하다는 주장에 반대했고, 둘째, 모든 비판적 접근은 메타언어(프로이트주의, 마르크스주의, 구조주의 등)로부터 도출되고 발전했다고 주장했다. 이러한 주장은 작품이 생성된 역사적 맥락을 보다 잘 이해시키는 등의 방법(Barthes, 1966)으로 텍스트를 분명하게 만들려는 비평가들의 모든 야심을 좌절시키는 것이었다. 여기서 바르트가 반대하는 바의 핵심은, 당연히 언어는 투명하지 않으며, 모든 저술은 언어를 통해 외부에 존재하는 현상을 보는 것이 아니며, 작가와 비평가들의 언어 만들기의 문제라는 것이다.

바르트와 같은 사람들이 언어가 우리가 아는 실체의 전부라는 그들의 원칙을 역사학에서 사회과학에 이르는 다양한 학문분과로 확장시켜 적용한다는 것을 알면, 이러한 문학적 논쟁이 탈근대주의에 대한 우리의 관심과 관련 있다는 것이 분명해지기 시작한다. 그들은 다양한 영역에서 특정 주제를 특징짓는 '어구체제'(*phrase regime*) (Lyotard, 1988)를 분석하려고 노력한다. 그리하여 그들은 다른 지식인들의 진리 주장을 탐구하고 주제를 언어〔또는 보다 애용되는 말로는 담론(*discourse*)〕의 문제로 검토하는 대안적 — 탈근대적 — 접근방법을 제시한다.

또한 바르트(Barthes, 1979)가 항상 자신의 연구대상을 언어 유형으로 논의하면서, 정치가, 레슬링 선수, 영화, 패션, 요리, 라디오, 사진, 잡지 기사 등 현대 세계에 존재하는 엄청나게 다양한 현상에 대해 그의 접근방법을 적용했다는 사실도 중요하다. 그레타 가르보(Greta

Garbo)의 얼굴에 대한 것이든, 에펠탑이나 아인슈타인의 뇌에 대한 것이든 바르트의 글은 언제나 대상과 관련된 기호와 의미화를 중심으로 삼는다. 바르트가 걸어간 이러한 길을 따라가면 우리는 다음과 같은 것을 볼 수 있다. 즉 실체가 언어/담론의 문제라면 우리가 경험하고, 접하고, 알고 있는 모든 것은 정보적이라는 것이다. 모든 것은 언어 속에서 구성되고 반드시 언어 속에서 이해되어야 하기 때문에 투명하거나 깨끗한 것은 아무것도 없다.

요컨대, 정보를 고려하는 맥락에서 탈근대주의를 검토하는 이유는, 우리가 정보의 대상이 되는 세계 속에서 살고 있는 것이 아니라는 인식이다. 그 반대로 우리는 그 자체가 정보적인 세계 속에 살고 있다.

5. 장 보드리야르

장 보드리야르(Jean Baudrillard, 1929~2007)는 가장 잘 알려진 탈근대적 논평가로서, 그를 위한 학술지인 〈국제 보드리야르 연구지〉(*International Journal of Baudrillard Studies*)가 2004년에 창간되었다. 보드리야르는 롤랑 바르트와 같은 사상가들의 저작에서 나타나는 원리들을 정교화하고, 정보영역에서의 발전과 관련시켜 분명하게 논의한다. 우리는 그의 주제와 통찰력의 일부를 조명해 봄으로써 탈근대주의와 정보 간의 연관에 대해 더 잘 이해할 수 있다.

현대문화는 기호(*signs*)의 문화라는 것이 보드리야르의 견해이다. 오늘날에는 모든 것이 의미화(*signification*)의 문제인데, 그것은 미디어의 폭발적 성장과 분명하게 연관될 뿐만 아니라 일상생활 영위에서

장 보드리야르 Jean Baudrillard, 1929~2007

탈근대주의 관점에서 현대 사회와 문화를 분석한 프랑스의 사회학자이자 철학자이다. 《소비의 사회》, 《기호의 정치경제학 비판》, 《시뮬라시옹》 등의 저서가 있으며, 대중문화, 미디어, 소비사회에 대한 탁월한 분석으로 대표적인 현대 사회이론가의 한 사람으로 평가받는다.

의 변화, 도시화, 이동의 증가와도 관련된다. 자신의 주위를 둘러보면 이 점을 이해할 수 있을 것이다. 모든 곳에서 우리는 기호와 의미화 양식으로 둘러싸여 있다. 라디오를 들으며 잠자리에서 일어나고, 텔레비전을 시청하고 신문을 읽으며, 다양한 장치에서 흘러나오는 음악에 둘러싸여 많은 시간을 보내고, 상징적 방식으로 면도하고 치장하며, 기호를 담은 옷을 입고, 상징적 인공물로 집을 꾸미고, 특정 신호를 보내기(또는 방지하기) 위해 몸에 향수를 뿌리고, 상징을 나타내는(그리고 기호의 지속적 흐름을 가능케 해주는 체계를 가진) 차를 타고 직장으로 나가며, 의미화가 가득한(중국식, 이탈리아식, 채식주의, 기름진) 식사를 하며, 기호를 세상에 보여 주는 건물(은행, 상점, 학교 등)을 지나가고 드나든다.

분명 모든 사회는 기호의 활용을 필요로 하지만, 아마도 오늘날 우리가 이전보다 훨씬 더 깊은 의미화의 바다 속에서 헤엄치고 있다는 점을 의심하는 사람은 아무도 없을 것이다. 전(前) 산업사회에서는 복잡한 지위의 위계, 정교한 종교의식과 화려한 축제가 존재했지만, 생계의 어려움과 장소 및 도로의 고정성 때문에 기호의 사용은 제한적이었다(Baudrillard, 1983b 참조). 오늘날 우리는 더 이상 동일한 장소에서 동일한 방식으로 동일한 사람들과 어울리지 않는다. 우리는 기호를 통해 우리 자신의 일부만을 전달하면서 낯선 사람들 — 버스에 탄 승객으로서, 치과를 찾은 환자로서 또는 술집의 고객으로서 — 과 상호작용한다. 동시에 우리는 신문, 서적, 라디오, 아이팟, 휴대전화, 텔레비전, 인터넷 등과 같은 모든 출처로부터 메시지를 전달받는다.

바로 이것이 보드리야르의 출발점이다. 즉 오늘날의 삶은 기호의 끊임없는 순환 속에서 진행된다는 것이다. 여기서 기호는 세계에서 일어나는 바에 대한 것(뉴스에 대한 기호), 개인이 투사하기를 원하는 정체성의 유형에 대한 것(자아에 대한 기호), 자신의 위치에 대한 것(지위와 위신의 기호), 건축물의 목적에 대한 것(건축물의 기호), 미학적 선호에 대한 것(벽, 탁자, 식기대에 대한 기호) 등을 포함하는 것이다. 보드리야르에 동조적인 논평가 존 피스크(John Fiske, 1991)가 지적하듯이 우리 사회에 기호가 만연되어 있다는 것은 "우리 시대와 그 이전 시대 간의 … 범주적 차이"를 보여 주는 것이다. "1시간 동안 텔레비전을 시청한 사람은 비(非) 산업사회의 성원들이 평생을 통해 경험하는 것보다 더 많은 이미지를 경험하게 될 수도 있다"(p. 58).

그러나 이러한 '볼거리의 사회'(Debord, 1977)는 결국 기호의 포화가 체계적 변동을 예고한다는 주장이나 탈근대적 명칭을 거부할 수도 있는 다른 사상가들의 관심에서 벗어나지 못하였다. 보드리야르 및 그와 유사한 사상가들은 단지 훨씬 더 많은 커뮤니케이션이 진행되고 있다고 주장하는 것에서 훨씬 더 나아간다. 즉 그들의 주장은 탈근대 문화는 그 이전과의 결정적 단절을 보여 주는 다른 특성을 가시고 있다는 것이다.

우리는 근대주의자들이 '기호의 만개'(*emporium of signs*)를 어떻게 이해하는가를 생각해 봄으로써 이것을 더 잘 이해할 수 있다. 우리가 제 8장과 제 9장에서 살펴보았던 허버트 쉴러와 위르겐 하버마스 같은 사상가들은 의미화의 폭발적 증가를 충분히 인정하지만, 그것이 잘 이용되기만 하면 삶의 조건을 개선하는 데 기여할 수 있다고 주장한다. 그러한 접근은 기호 속의 비적합성(*inadequacies*)을 인식하는데, 그것이 수정되기만 한다면 보다 공동체적인 사회 또는 보다 민주적인 사회관계를 도모하는 데 기여할 수 있다는 것이다. 이러한 근대주의적 해석에서 분명한 것은 비평가들이 기호 속에 존재하는 왜곡을 밝혀낼 수 있다는 것인데, 왜곡을 포함하기 때문에 기호는 어떤 면에서 진정하지 못한 것이며, 보다 진실되고 개방적인 조건으로의 진보 가능성을 방해하는 것이다. 예컨대 근대주의자들은 텔레비전에 연속극(*soap opera*)이 많이 나오는 것을 개탄하는 경우가 흔한데, 그 이유는 그런 드라마가 도피적이고 사소하며 일상적 생활양식에 대한 매우 비현실적인 묘사이기 때문이다. 이러한 설명에 깔린 암묵적인 가정은 텔레비전 방송에 적합한 보다 진정한 형태의 드라마가 있다는 것이다. 이와 유사하게, 근대주의 학자들은 뉴스 미디어가 실제 사건과 쟁점 등을 잘못 비춰 주는 방식을 찾아내는 데 열중하는데, 그러한 비판에 암시된 생각은 진정한 뉴스보도가 가능하다는 것이다. 또한 패션에 대한 근대주의적 시각은 젊은 사람들이 부적절한 역할모형과 상업주의에 오도되어 자신들의 스타일을 선택한다는 우려를 보이는데, 여기서도 마찬가지로 더 진정한 패션이 발견될 수 있다는 암묵적 믿음이 존재한다.

그러나 보드리야르는 '왜곡되지 않은 의사소통'에 대한 갈망이나 '진정한' 것에 대한 열망을 가지지 않는다. 그의 견해에 따르면 모든 것이 의미화의 문제이므로 그것은 불가피하게 고안과 비(非)진정성의 문제이기 마련인데, 결국 기호란 본래 그런 것이기 때문이다. 근대주의 비평가들은 기호의 배후에 어떤 실체 — 신뢰성 없는 기호에 의해 가려져 있을지 몰라도 그럼에도 불구하고 실제적인 — 가 있다고 주장한다. 그러나 보드리야르는 단지 기호만이 존재한다고 주장한다. 따라서 우리는 비진정성을 탈각할 수 없으며 그렇게 할 수 있다는 주장은 전혀 타당하지 못하다는 것이다.

예컨대, 텔레비전 뉴스를 시청하는 사람들은 거기에 나오는 기호가 그 배후에 있는 실체, 즉 '세계에서 벌어지고 있는 것'을 나타낸다는 가정을 가지고 시청할 수도 있다. 그러나 조금만 더 생각해 보면 우리가 보는 뉴스는 여러 사건들에 대한 하나의 견해, 즉 언론인들의 접촉대상과 가용성, 도덕적 가치, 정치적 성향 그리고 사건에 대한 접근성 등에 의해 만들어진다는 것을 알 수 있다. 그런데 텔레비전 뉴스가 '실체'가 아니라 그 구성에 불과하다는 것을 쉽게 보여 줄 수 있다면 — 학계의 연구자들이 흔히 수행하는 작업이자 추후에 뉴스기록을 꼼꼼히 검토하는 모든 사람들에게 명백한 것 — 사람들이 기호의 배후에 '진실된' 상황이 있다고 주장하는 것이 어떻게 가능한가? 보드리야르에게 '실체'는 텔레비전 화면에 나타나는 기호와 함께 시작하고 끝나는 것이다. 그리고 이러한 기호에 대해 어떠한 비평도 뉴스에 대한 보다 진실된 견해를 제공하는 것은 아니며, 단지 그 기호의 배후에 있는 실체를 설명하는 것으로 가정되는 또 다른 기호를 제공할 뿐이다.

보드리야르는 이러한 통찰을 훨씬 더 끌고 나가, 오늘날에는 모든 사람이 이 점을 알고 있으며 탈근대 문화에서는 기호의 비진정성이 공공연한 비밀이라고 주장한다. 다시 말하면 한때는 기호가 (그 뒤에 있는 어떤 실체를 가리킨다는 점에서) 재현적인(*representational*) 것이라고 믿었을지라도, 오늘날에는 모든 사람이 기호는 모사(*simulation*, 시뮬라시옹)에 불과하다는 것을 알고 있다는 것이다(Baudrillard, 1993a).

예컨대 광고가 특정 대상의 내용을 진실하게 재현할 수 있다고 생각할 수도 있다. 광고가 명백히 그렇지 않다는 것은 흔히 근대주의 비평가들을 자극하는 원인이 되는데, 이들은 가령 특정 샴푸가 성적 유혹을 유발한다거나, 특정 술이 사회성을 증가시킨다고 주장하는 광고의 왜곡을 자신들이 밝혀낼 수 있다고 주장한다. 광고자의 속임수(잘못된 연관, 심층심리 등)를 밝히려는 근대주의자들은 두 가지 가정을 한다. 즉 자신들은 대부분의 소비자들이 모르는 광고자들의 기만을 인식할 수 있는 특권을 가지고 있으며, 상품을 실제적으로 재현하는 진실된 형태의 광고가 만들어질 수 있다는 것이다.

보드리야르의 반박은 일반인들도 밴스 패커드(Vance Packard)나 케네스 갤브레이스(Kenneth Galbraith) 같은 근대주의 지식인들과 마찬가지로 알고는 있지만, 그들은 다만 떠들어 대지 않을 뿐이라는 것이다. 일반인들은 당연히 광고는 광고에 지나지 않는다는 것을 깨닫고 있다. 광고는 '실제적인 것'이 아니라 단지 가장(*make-believe*)과 모사(模寫)에 불과한 것이다. 지식인들뿐만 아니라 누구나, 코카콜라가 세상 사람들에게 노래하는 것을 가르쳐 주지 않는다는 것, 리바이스(Levi's) 청바지가 중년남자를 20대 청년으로 바꾸어 주지 않는다는 것, 또는 리글리(Wrigley) 껌이 짜릿한 성적 만남을 가져다주지 않는다는 것을 알고 있다. 따라서 우리는 광고에 대해 크게 걱정하지 않아도 되는데, 그 이유는 '침묵하는 다수'(Baudrillard, 1983a)가 그에 대해 크게 개의치 않기 때문이다.

그리하여 보드리야르는 사람들이 광고를 즐긴다고 실제로 주장하는데, 그것은 광고주들이 전하고자 하는 어떤 메시지 때문도 아니고, 광고를 보고 어떤 것을 사려고 나설 만큼 설득을 당했기 때문도 아니며, 단지 광고가 즐거움을 가져다 줄 수 있기 때문이다. 광고는 단지 '볼거리(*spectacle*)와 매혹'(Baudrillard, 1983a: 35)의 작용을 할 뿐이다. 포드, 기네스(Guinness), HSBC은행 등의 광고가 무엇을 의미하는지 아무도 알 수 없으며, 누구도 그에 대해서 관심을 가지지 않는다. 사람들은 단지 기호를 보는 경험을 즐길 뿐이다.[1)]

이와 유사하게, 하버마스가 현대 민주주의에서 정치적 포장(*packaging*)에 대해 우려를 표명할 때 나타나는 근대주의적 불안을 생각해 보자. 하버마스와 같은 비평가들에게 정치적 정보의 조작은 개탄스러운 것이며, 언론 인터뷰를 위한 정치인들과 그 홍보 담당자들의 세심한 준비는 비난받을 일이다. 이러한 비평가들이 명시적 또는 암묵적으로 호소하는 것은, 정치인들은 오도적이고 허위적인 미디어 '이미지'의 배후에 숨기보다는 정직하고 공개적이며, 진실되고 솔직해야 한다는 것이다.

이러한 근대주의자들의 불평에 대한 보드리야르의 반응은 두 가지 형태로 나타날 수 있다. 그 하나는, 정치와 정치인들을 정확한 방식으로 표현해 주는 기호에 대한 추구는 일종의 환상이라고 주장할 수 있다는 것이다. 미디어는 불가피하게 특정 쟁점들, 특정 인물 그리고 제한된 범위의 정당만을 보여 줄 수 있다. 다른 이유들이 없다고 하더라도 시간상의 제약은 정치적 보도가 특정 쟁점과 정치적 입장에 제한된다는 것을 의미한다. 또한 자신들의 정치적 입상에 가장 호의적인 논의들을 인론에 내보이려는 정치인들의 성향을 고려해 볼 때, 미디어를 통해 정치를 정확하게 표현한다는 것은 매우 어렵다는 것을 쉽게 이해할 수 있다. 보드리야르의 견해에 따르면, 미디어가 공중을 위해 정치에 대한 하나의 보도를 만들어야 한다는 사실 그 자체도 또 다른 모사(시뮬라시옹)에 불과할 수 있다. 전자미디어의 시대에 우리는 단지 모

---

1) 이것은 광고 제작자들도 공유하는 인식인데, 이들은 광고를 통해 사람들이 구매하도록 설득된다는 견해를 조롱하기 위해, 종종 역설적이고 경멸적이며 우스꽝스러운 광고를 만들기도 한다.

사된 정치를 접할 수밖에 없다.

보드리야르가 보일 수 있는 두 번째 유형의 반응은 모든 사람이 위와 같은 내용을 알고 있기 때문에, 그래서 기호는 무시되기 때문에, 아무도 큰 관심을 가지지 않는다고 주장할 수 있다는 것이다. 정치적 메시지가 인공적이라는 것은 모두가 알고 있으며, 따라서 우리는 '그들은 텔레비전에 으레 나오는 정치인들에 불과하다'라고 생각하고 단지 그 볼거리를 즐길 뿐이며 메시지는 무시한다.

논리적으로 볼 때 일반인들의 이러한 지식상태는 의미의 죽음이라 묘사되는 것을 예고한다. 사람들이 기호가 모사에 불과하다는 것과 인식할 수 있는 모든 것이 또 다른 모사에 불과하다는 것을 깨닫고 있다면, 무엇이든 통하게 된다 — 또는 아무것도 통하지 않게 된다. 그리하여 우리는 "그 속에는 아무것도 볼 것이 없는 이미지를 대량으로 만들어 낸다. 오늘날 대부분의 이미지는 — 비디오 영상, 회화, 조형예술 작품, 시청각 또는 혼성 이미지든 — 아무것도 볼 것이 없는, 문자 그대로 이미지이다"〔Baudrillard, 1990(1979) : 17〕라는 보드리야르의 결론에 도달한다. 만일 '대중'이 기호가 모사에 불과하다는 것을 인식하면, 우리는 의미가 없는 기호의 만연 속에 남게 된다. 우리는 내용 없는 기호, 즉 '볼거리'이자(Baudrillard, 1983a: 42) 보여지고 경험되기 위한, 그리고 아마도 즐겨지기 위한 기호, 뜻이 없는 기호를 가지게 된다. 이것이 바로 탈근대 세계인 것이다.

보드리야르의 탈근대적 문화 개념에 대한 예를 들기 위해 사용한 사례들은 대부분 미디어에서 나온 것인데, 미디어는 의미화의 분명한 영역이고 정보폭발을 생각할 때 가장 먼저 떠오르는 영역이기도 하다. 그러나 보드리야르가 볼거리와 모사의 사회가 모든 곳에 확산되어 엄청나게 확장된 미디어보다 훨씬 더 깊은 데까지 영향을 미친다고 주장한다는 것을 인식하는 것이 중요하다. 이것을 더 잘 평가하기 위해서 오늘날 모든 것이 기호라는 것을 상기해 보자. 의상, 체형, 실내장식, 건축, 전시물, 자동차, 취미 등 모든 것이 매우 정보적이다. 다시 말하지만, 근대주의 작가들은 기저의 또는 잠재적인 진정성의 관점에서 이러한 것들을 검토하는 경향이 있다. 예컨대 주어진 신장과 체형을 가진 사람들에게 적절한 체중이 있다거나, 고객이 찾고자 하는 물건을 최대한 편리하게 방해받지 않고 찾을 수 있는 방식으로 상점의 물건들이 전시될 수 있다는 것이다. 그러나 보드리야르는 이러한 접근방법을 거부하는데, 이는 모든 기호들이 재현이라기보다는 모사이므로 진정한 것에 대한 근대주의자들의 탐구는 잘못된 것이라는 친숙한 근거 때문이다.

그가 의도하는 바는, 가령 오늘날에는 체형이라는 것이 대체로 선택의 문제이며 사람들은 자신의 신체기호를 상당한 정도로 설계할 수 있다는 것이다. 오늘날 체형의 가변성(다이어트, 운동, 의복 또는 심지어 수술을 통한)을 고려한다면 인간의 신체가 갖는 전성(*malleability*)의 개념을 잘 이해할 수 있다. 이에 대해 근대주의적 반응은 두 가지 방식 중 하나로 나타날 수 있다. 즉 체형에 대한 집착이 사람들을 '진실한' 형태로부터 멀어지게 하는 것으로(그리고 그에 대한 많은 불안 — 특히 젊은 여성들에게 — 을 가져오는 것으로) 비난받거나, 아니면 사람들이 자신의 '진정한' 건강을 유지하기에는 부적합한 체형을 가진 것으로 (그리고 더 적게 먹어야 하는 것으로) 간주될 것이다. 어떤 방식으로든 근대주의자들의 주장은 적절하지 못한 역할모형, 또는 다이어트와 건강 간의 관계에 대한 전문가들의 의견을 무시하는 과도한 탐닉자들에 의해 야기되는, 왜곡의 배후에 존재하는 진정한 체형에 대한 것이다.

그러나 보드리야르의 당연한 반응은 진정한 체형이란 존재하지 않는다는 것이다. 특히 20세기 후반에는 모든 사람이 영원한 다이어트를 하는 중에 있고(식품의 풍요 속에서 선택적으로 가려먹기 때문에), 전문가들 스스로도 건강과 체형 간의 연관에 대해 의견의 일치를 보지 못하고 있으며, 선택의 시대에서는 선택할 수 있는 다양한 종류의 체형이 있기 때문이다. 이러한 상황 속에서는 단지 다양한 영역의 비진정한 체형만이 있을 뿐이며, '진실한'/이상적 체형도 아니고 그로부터 파생된 것도 아닌 것을 표현하는 모사만이 있을 뿐이다. 그것은 그저 의미 없는 기호일 뿐이다. 이러한 명제의 검증은 오늘날 체형이 의미하는 바에 대한 물음을 제기한다. 그리고 보드리야르가 볼 때, 사람들이 그 어떤 것이든 간에 체형이라는 기호는 모두 진정하지 않다는 것을 알기 때문에 그 의미는 붕괴되었다. 예컨대 현재에는 날씬한 체형이 무엇을 의미하는가? 아름다움? 식욕부진? 자아도취? 건강? 집착? 체형은 의미할 수 있는 힘을 상실했다. 그렇다면 체형은 해석되기보다는 경험되어야 할 기호인 것이다.

여기서 보드리야르는 기호에 대한 사회구성주의적 시각을 강하게 보여 준다. 즉 현상이 사회적으로 만들어지는 것이라면, 그 현상은 배후에 '실체'를 가지지 않은 모사라는 것이다. 이것이 보드리야르의 유명한 주장, 즉 디즈니랜드가 그 외부에 존재하는 실제적 미국을 상징적으로 표현하지 않는다는 것을 설명해 준다(전형적인 근대주의자들의 주장은 디즈니랜드는 미국적 가치에 대한 신화적 재현으로서, 방문객들이 즐거운 시간을 보내는 동안 우연히 이데올로기에 노출된다는 것이다). 보드리야르는 이와 반대로 디즈니랜드는 현대 미국 자체가 모사라는 것을 인정하는 하나의 수단이라고 주장한다. 조그만 마을의 대로에서 도회의 대기업 사무실까지 미국에 대한 모든 것은 가공이자 구성이며 창조이다. 보드리야르는 이 모든 것은 극사실적(*hyper-real*)이며, 거기에서 기호(때로는 물질적 형태로)는 그 자체만을 지칭할 뿐이라고 주장한다. 그가 흥미롭게 언급하듯이,

> 디즈니랜드는 그 외부세계가 실제적인 것이라고 믿게 하기 위하여 상상적으로 제시된다고 알려져 있지만, 사실은 로스앤젤레스와 그곳을 둘러싼 미국은 더 이상 실제적인 것이 아니며, 모두 극사실과 모사이다 (Baudrillard, 1983a: 25).

탈근대 시대에는 실제적인 것과 비실제적인 것, 진정한 것과 진정하지 못한 것, 진실된 것과 거짓된 것 간의 구분이 무너진다. 즉 모든 것이 가공이라고 할 때 그러한 확실성은 사라져야 하는 것이다. 따라서 '역사적' 마을, '해변 휴양지' 그리고 '즐거움'의 도시는, 기저에 있는 실체와 아무런 관련을 가지고 있지 않다는 점에서 극사실적인 것이다. 그것들은 그 자체의 모사 외에는 아무런 진정성이 없는 조작이다. 따라서 근대주의자들과 같이, 런던타워나 블랙풀타워(Blackpool Tower)에서 찾을 것으로 기대되는 '실체'를 찾아 나서는 일은 어리석은 짓이다. 그 이유는 이러한 기호의 배후에 진정성이 존재하지 않기 때문이다. 진정하지 않은 이 기념비들이 존재하는 것의 전부이다. 그것들은 극사실적인 것이고 "원형이나 실체가 없이 실제를 모형으로 하여 만들어진 것이다"(Baudrillard, 1988b: 166).

이러한 맥락에서 보드리야르는 발터 벤야민(Walter Benjamin, 1970)

이 1930년대에 예술작품의 '기계적 복제'의 결과에 대해 언급하면서 처음 제기한 주장을 토대로 이와 연관된 주장을 한다. 벤야민은 예술이 그 고유성으로 인해 가지게 되었던 '아우라'(*aura*)는〔미켈란젤로의 다비드 상은 단지 하나만 있고, 미켈란젤로의 프레스코화가 그려져 있는 시스티나 성당(Sistine Chapel)의 천장은 바티칸 건물에서 떼어낼 수 없다〕영화, 인쇄, 사진, 라디오 등의 도래와 더불어 고유한 맥락을 떠나서도 복제 가능하게 되었기 때문에 붕괴되었다고 주장한다. 보드리야르는 여기서 더 나아가, 원본이 없는 복제품이라는 기호를 지칭하기 위해 '환영'(*simulacrum*)이라는 용어를 만들어 냈다. 우리가 라이브 공연 음악을 다운로드하는 경우, 우리는 그것이 실제 공연과는 연관이 거의 없는 스튜디오에서 세밀하게 '혼합되고'(*mixed*) '다듬어졌다'(*mastered*)는 것을 알고 있다. 마찬가지로 영화 원본이나 비디오 원본이라는 개념도 별로 의미가 없다. '환영'의 시대에, 실제나 원본의 측면에서 생각하는 것은 더 이상 의미가 없다.

따라서 "실제적인 것이 철폐되면"(Baudrillard, 1983a: 99), 기호의 의미는 상실된다〔보드리야르의 용어를 쓰자면 '내파'된다(*implode*)〕. 그럼에도 불구하고 우리는 이에 대해 우려할 필요가 없다. 우리는 '관객은 메시지의 파괴자'라는 탈근대적 언명을 항상 기억해야만 하기 때문이다. 얼마 전 근대주의자들 사이에 '소파귀신' TV 시청자와 유적지를 방문하여 사진만 찍고 나서 '볼일을 다 보았기'에 '실제적인 것'을 평가하지 않고 떠나 버리는 관광객에 대한 논쟁이 벌어졌다. 그런데 이는 일반인들의 창조적 활동을 크게 과소평가하는 것이다. 텔레비전 시청자들도 사실은 계속 활동적이어서 열심히 채널을 바꾸고, 친구들과 애기하거나 전화통화를 하고, 공손하지 못하거나 적절하지 못한 언급에 대해 고함을 치곤 한다. 관광객들도 박물관을 돌아보면서 온갖 종류의 행위를 한다. 공상에 잠기거나 안내자가 친척을 연상케 하는 것에 대해 궁금해 하기도 하고, 저녁에 무얼 먹을지 생각하거나 다른 방문자들과 대화를 나누기도 하고, 디플로도쿠스(*diplodocus*: 쥐라기의 초식성 공룡 - 옮긴이 주)가 치통을 앓았는지 등에 대한 생각에 잠기기도 한다. 이른바 의도된 기호들에 대한 이러한 저항을 고려할 때, 탈근대적 관객은 근대주의자들이 우려하는 '문화적 멍청이'가 결코 아니며, 그들이 보거나 듣는 것은 아무것도 없고, 단지 현대를 특징짓는 볼거리들을 경험할 뿐이라는 결론을 내릴 수 있다.

6. 지안니 바티모

이탈리아 철학자 지안니 바티모(Gianni Vattimo, 1936~)는 탈근대주의를 선도하는 데 미디어의 성장이 매우 중요하게 작용했다고 주장한다. 간단히 말해서 도처에서 정보가 폭발적으로 증가함으로써(이는 텔레비전, 유선방송, 비디오, 그리고 기타 형태의 미디어의 특징이 되었다) '진실'과 '실체'에 대한 근대주의자들의 확신이 무너졌다는 것이다. 바티모는 지성의 영역에서는 대안적 역사해석 등과 같은 것에 따라 계몽주의 색조가 성공적으로 도전을 받았고, 그와 마찬가지로 미디어의 확산은 단일한 세계관에 대한 일반적 헌신을 손상시켰다고 주장한다〔Vattimo, 1992(1989)〕.

좌파나 우파를 막론하고 근대주의 사상가들은 일반적으로, 동질적인 오락물과 정치적 선전으로 가득 찬 미디어에 의해 사람들이 가축 무리처럼 세뇌되는 '대중사회'의 등장을 한탄하였다. 프랑크푸르트학파 마르크스주의자들의 저작에 친숙한 독자들은 이러한 비관주의적 견해를 잘 알아차리겠지만, 엘리엇(T. S. Eliot)이나 프랭크 리비스(Frank Leavis), 퀴니 리비스(Queenie Leavis) 등과 같은 보수적 비평가들도 영화, 라디오 및 대중화된 신문이 가져오는 영향에 대해 매우 유사한 평가를 내렸다(Swingewood, 1977).

이에 반해 바티모는 미디어의 확산이 다양한 집단, 지역 그리고 국가들에 목소리를 낼 수 있는 기회를 제공했고, 따라서 청중들은 쟁점과 사건에 대한 많은 '실체'와 '시각'을 접할 수밖에 없다고 주장한다. 오늘날에는 "모든 유형의 소수자들이 마이크를 잡는다"〔Vattimo, 1992(1989) : 5〕. 그리하여 '진실된' 것이라는 관념을 붕괴시키는 세계관을 확산시킨다. 이로부터 자유가 생겨나는데, 이는 실체 및 그와 관련된 설득력('진실하기 때문에 이것을 반드시 행해야 한다')에 대한 믿음이 상실되었기 때문이라고 바티모는 말한다. 사건에 대한 해석이 다양하고 어떤 사건이 생각해 볼 가치가 있는지에 대한 정의가 다양하다는 것을 미디어가 날마다 보여 주는 상황에서, 실체라는 것을 어떻게 믿을 수 있겠는가?

방송에서 다중적(성적, 종교적, 문화적, 인종적, 정치적, 미학적 등) 실체가 많이 등장함에 따라 차이(*differences*)가 모든 사람들의 관심의 전면에 나타난다. 기호의 다양성에 휩싸여서 사람들은 어떤 것에 대해서도 확신을 가지지 못하고 혼란스러워하고 동요한다. 그러나 실제로는 그 결과가 해방적이고 확실히 탈근대적인 것이어서, 사람들의 경험은 '동요, 혼미 그리고 유희의 특색'을 띠게 된다〔Vattimo, 1992(1989) : 59〕. 여기서 바티모는 보드리야르와 매우 유사한 입장에 선다. 기호의 다중성은 역설적으로 그 기호가 가진 의미화의 능력을 빼앗아 버리고 사람들은 볼거리, 비 의미 그리고 진리로부터의 자유를 얻는다. 바티모가 인터넷 활용이 일반화되기 이전에, 그리고 당연히 대화방, 블로그, 온라인 뉴스, 엄청나게 다양한 온라인 광고물이 등장하기 전에 이 글을 썼다는 점을 상기해 보면 그의 주장을 더 신뢰하게 된다.

나아가서 바티모의 주장은 우리가 제 9장에서 검토하였던 민주주의의 출현적 속성과 조화롭게 연결될 수 있다. 즉 민주주의는 차이(종교, 미적 기준, 생활양식, 관심 등)에 대한 관용의 분위기를 발전시킬 수 있다는 것인데, 그러한 분위기에서는 다양성이 특징적 속성이고, 시민들이 그것에 대해 관용을 보이게 된다. 소수자들이 목소리를 내는 곳에서는 다수자가 여러 개의 소수자 — 전체 사회의 부분으로 남아 있으면서도 공개적 의사 표현의 기회를 가지고 유사한 집단과 연결되는 — 로 구성될 수 있다.

7. 마크 포스터

마크 포스터(Mark Poster, 1942~2012)는 미국 캘리포니아대학(Irvine)에 재직하였으며 보드리야르의 오랜 제자이자 번역가이다. 그는 탈근대 시대는 그가 '정보양식'(*mode of information*)이라 부르는 것 때문에 이전 사회와 구별된다는 명제를 내세운다(Poster, 1990). 정보의 발달로 인해 가능해진 근본적 변화에 대한 이러한 주장은 두 가지 점에서 특히 흥미로운 것이라고 할 수 있는데, 그 하나는 보드리야르에게서 발견되는 주제를 정교화했다는 점이고, 다른 하나는 탈근대 시대의 참신성에 대한 강조이다.

포스터의 주장은 정보기술과 전자매개 정보의 확산이 '사회적 관계의 연결망'을 변화시킴으로써 우리들의 생활방식과 우리가 자신에 대해 생각하는 방식에 중대한 영향을 미쳤다는 것이다(Poster, 1990: 8). 이러한 원리를 정교화하여, 그는 다음과 같은 3가지 상이한 유형의 '상징적 교환'(p. 6)에 기초한 변동의 모형을 제시한다.

① 구술(*oralism*)의 시기로서, 상호작용이 대면적이었다. 생활방식은 고정되어 불변하는 것이었으며, 자아는 집단 속에 숨겨져 있었다. 기호는 이러한 고착화된 생활방식에 상응하는(*corresponded*) 것이었으며, 상징적 교환은 공동체에 이미 알려져 있고 수용된 것들을 강조하는 것과 관련된 것이었다.

② 문자교환(*written exchange*)의 시기로서, 이때 기호는 재현적(*representational*) 역할을 가지고 있었고, 자아는 합리적인 것으로 간주되었으며, 개인적 책임이 강조되었다.

③ 전자매개(*electronic mediation*)의 시기로서, 기호는 정보적 모사의 문제인데, 여기서는 기호의 비재현적 특질이 중요하다. 자아는 "끊임없는 불안정 속에서 탈중심화되고 분산되고 다중적인"(Poster, 1990: 6) 것이 되며, "다중적 자아형성의 지속적 과정이라는 소용돌이에 휩쓸린다"(Poster, 1994: 174). 그 이유는 주어진 대상을 나타내는 기호가 아니라 '기표(*signifiers*)의 흐름'이 이 시기의 주된 특징이기 때문이다.

포스터가 주장하는 바는, 과거에는 사람들이 그들에게 기대되는 바를 말하며 생각했고, 더 뒤에는 자율성에 대한 강한 감각을 발달시키고 그들 외부 세계에서 일어나는 일을 기술하기 위해 기록을 이용했지만, 현재의 탈근대 시대는 모사의 확산으로 인해 과거의 확실성이 붕괴되었다는 것이다. 기호의 배후에 있는 '실체'에 대한 믿음을 더 이상 가질 수 없기 때문에, 자아는 파편화되고 중심을 잃었으며 객관적 실제를 분별할 수 없게 되었다. 그러나 이것이 초래한 혼란에도 불구하고, 포스터는 보드리야르나 바티모와 마찬가지로, '재현의 위기'(Poster, 1990: 14)가 의미 없는 기호의 풍부함을 가져오고, 마침내는 '진리'의 폭정으로부터 사람들을 자유롭게 할 수 있는 것이기 때문에 이것을 해방적인 것으로 간주한다.

진리체제(*truth regimes*)에 대한 탈근대주의의 저항을 지지하는 포스터의 입장은(Poster, 2001) 신기술, 특히 인터넷에 대한 그의 열성과 잘 들어맞는다. 그의 견해에 따르면, 인터넷에서 방해받지 않고 마음대로 움직이는 '네티즌'(*netizen*)은 근대 시기 국민국가에 의해 그 권리(및 의무)가 강요되고 여타 세계에 서구적 가치를 강제하는 데 사용되었던 '시민'(*citizen*)을 대체하고 발전시킨다. 포스터가 볼 때 시민의 권리와 의무를 발전시켰던 계몽주의 시대는 식민주의와 제국주의를 지지한 서구적 담론이 지배한 시대이다(Poster, 2006). 이제 세계화가 국민국가를 전도시키고 인터넷이 더 많은 해방을 약속하기 때문에, 이러한 자유의 핵심적 요소는 시민의 권리에 대한 주장을 거부하는 것이다.

8. 장 프랑수아 리오타르

장 프랑수아 리오타르(Jean-François Lyotard, 1924~1998)는 '탈근대주의'라는 명칭을 처음 사용한 사람이라고 할 수 있다. 그의 짤막한 저서인 《탈근대적 조건》(*The Postmodern Condition*, 1979)은 '지식에 관한 보고서'라는 부제를 달고 있는데, 이는 그 출발이 과학에 대한 컴퓨터 기술의 영향을 평가하도록 의뢰받은 연구라는 것을 보여 준다. 기술의 사회적 영향에 대한 많은 논의의 선구자로서의 이러한 역할은 '정보사회'에 대한 논의에서 특히 적절한 것이다. 이는 이 보고서가 다니엘 벨과 유사한 결론을 도출하고 있으면서도, 상이한 출발점에서 문제를 접근하고 또 직업이나 경제적 가치의 변화가 아니라 새로운 '탈근대적 조건'의 출현을 중심적인 축으로 간주하기 때문이다.

리오타르의 저작은 탈근대적 발전에 의해 진리 주장이 어떻게 전도되었는가를 논증하는 것과 특히 관련되어 있다. 또한 리오타르는 정보적 추세에 관심을 두면서 자신의 작업을 추진하는데, 그는 탈근대 문화를 특징짓는 것은 진리 주장에 대한 회의주의를 초래하는 정보적 추세의 변화라고 주장한다. 더욱이 리오타르는 앞에서 살펴본 3명의 사상가들과는 현저한 대조를 보이는데, 그것은 그가 상이한 출발점에서 접근하면서도 매우 유사한 결론에 도달하기 때문이다. 다시 말하면, 보드리야르, 바티모 그리고 포스터가 기호(특히 미디어에서의)의 급속한 성장을 강조하는 반면, 리오타르는 보다 더 일반적이고 동시에 보다 더 심층적인 수준에서 정보와 지식의 역할과 기능의 변화에 대해 관심을 갖고 분석을 진행한다.

장 프랑수아 리오타르 Jean-François Lyotar, 1924~1998

탈근대성의 영향을 분석한 프랑스의 철학자이자 사회학자로 《포스트모던적 조건》, 《쟁론》, 《담론, 형상》 등의 저서가 있다. 대서사의 종말, 수행성 원리, 숭고미 등에 대한 그의 연구는 철학, 사회학, 문학, 문화연구 등의 분야에 중요한 영향을 미치고 있다.

이 프랑스 철학자는 지식과 정보가 두 가지 연관된 방식으로 크게 변화하고 있다고 주장한다. 첫째, 지식과 정보는 점점 더 효율과 효용의 기준으로 정당화될 수 있는, 리오타르의 용어를 빌리자면, 수행성 원칙(*principle of performativity*)이 우세한 곳에서만 생산된다는 것이다. 이것은 정보가 유용성의 기준에서 정당화되는 경우에만 수집, 분석되고 만들어진다는 것을 의미한다. 둘째, 리오타르는 지식과 정보가 일종의 상품으로 취급되는 경향이 점점 더 커지고 있다고 주장한다. 리오타르는 허버트 쉴러의 저작 속에서 명백하게 드러났던 주제를 지지하면서, 정보가 점점 더 거래할 수 있는 현상으로서 수행성의 판단에 결정적 영향을 미치는 시장 기제를 따르게 된다고 주장한다.

이러한 두 가지 힘의 결과는 엄청날 뿐만 아니라 탈근대 문화의 출현을 예고하기에 충분한 것이다. 그중에서 몇 가지를 살펴보면 첫째, 수행성의 원칙이 적용된다는 것은 곧 효율과 효용의 관점에서 정당화될 수 없는 정보와 지식이 폄하되거나 파기된다는 것을 의미한다. 예컨대 미학이나 철학은 수행(*performance*)이라는 면에서 쉽게 정당화될 수 없는 반면, 금융이나 관리는 쉽게 정당화될 수 있다. 여지없이 전자는 퇴락의 길을 걷고 후자는 상승한다. 한편 학문분야 내부에서는 유용성의 측면에서 정당화될 수 있는 영역의 연구가 다른 분야보다 호의적으로 받아들여진다. 예컨대 기술이전에 관한 사회과학적 연구는 시장에 대한 실용적 의미를 가지고 있어서 연구지원기관의 지원을 받을 만하다. 경제사회연구협의회 같은 연구지원기관의 '임무'는 지원하는 연구가 산업경쟁력 제고에 기여할 것을 요구하는 것이다. 반대로 관심분야가 (수행성을 기준으로 판단하여) 이색적이거나 비실용적인 사회과학자들은 배제시킨다. 정부각료 노먼 테빗(Norman Tebbit)이 1980년대 초반

예술, 인문학 그리고 사회과학에 대한 연구지원금의 보다 실용적인 분야로의 전용을 정당화하는 것에 대한 논평을 요구받았을 때 밝혔듯이, 기금은 "고대 이집트의 문서나 볼타 강 상류(Upper Volta) 계곡의 혼전 관습에 대해 연구하는 사람들에게 주어지는 대신에" 산업이 유용하다고 간주하는 주제에 지원된다. 이것이 오늘날 영국에서 사회과학 연구를 지원하는 정통 관행이다.

둘째로, (근대주의의 붕괴를 보여 주는 신호로) 지식의 발전이 전통적으로 세속적인 것을 멀리하는 엘리트가 '진리'를 찾고자 하는 소명을 가지고 모여들었던 대학으로부터 점점 벗어나고 있다. 전통적 대학의 지배에 대하여 도전하는 것은 종합연구소(*think tank*), 기업의 연구개발부, 그리고 효율과 효용을 위해 정보와 지식을 사용하고 만들어 내는 압력집단 등이다. 예컨대 논자들은 이제 미국의 대학교나 전문대학만큼 방대하고 중요한 '기업교실'(*corporate classroom*)에 대해 언급한다. 이 분야의 주요 주자를 열거하는 것은 쉽다. 벨(Bell) 연구소, IBM 연구개발부, 파이저(Pfizer)사의 수백 명의 박사 채용 등은 많은 사람들에게 '대학과 거의 동일'한 것으로 비친다. 다만 연구를 관장하는 우선순위만 다를 뿐이다.

더욱이 대학과 이러한 대안적 지식/정보 연구센터 간에 연구인력 이동이 점점 더 쉽게 이뤄질 수 있다는 것은 고등교육이 내부로부터 변화하여 수행성의 척도에 합치되고 있음을 의미한다. 선진국에서의 고등교육의 발전을 검토해 보면 이러한 추세가 분명히 드러나는데, 실용적인 학문분과는 발전하는 반면에 유용성을 강조하는 '성과지표'(*performance indicators*)를 따라잡지 못하는 학문분과는 퇴조한다. 지난 세대 동안 영국의 고등교육에서 가장 인기가 있었던 과목은 무엇보다도 법률,

컴퓨터, 경영이었다. 영국의 모든 대학은 — 일부 제한된 학문분과에서지만 — 기금교수제가 있다는 것을 자랑한다. 대학에서 기업을 위해 특별과정을 제공하고 사적으로 만들어진 강좌를 인증해 주는 것이 점점 더 일반화되고 있다. 보다 효율적이고 효과적인 노동자가 될 수 있도록 학생들에게 '역량'과 '이전 가능한 기술'을 교육함으로써 교육이 고용의 '현실'에 '보다 유관한' 것이 되어야 한다는 압력이 지속적으로 존재한다. 대학이 학생의 취업가능성을 우선시해야만 한다는 것은 명확하다.

리오타르는 이러한 주장을 교육 전체로 확대하여, 이제는 '나의 잠재적 소득수준을 어떻게 높일 것인가?'나 '어떻게 이것이 경제적 경쟁에 기여할 수 있을 것인가?'와 같은 기준이 교육에 대한 동기를 부여하고 있다고 주장한다. 이러한 변화는 학교나 대학에 영향을 미칠 뿐 아니라 교육 개념 자체를 변화시킨다. 리오타르의 관점에서 볼 때 수행성 기준의 의미는, 인생에서 일정 정도의 지식을 습득하는 독특한 시기로 인식되었던 교육이 직업과 노동의 요구에 따라 평생 동안 계속되는 지속교육으로 변화하고 있다는 것이다. 리오타르의 말로 표현하면(Lyotard, 1993), "지식은 더 이상 한꺼번에 일괄적으로 전달되지 않을 것이며 … 이미 직장을 가지고 있거나 가질 것으로 예상되는 성인들에게 숙련을 향상시키고 승진 기회를 확대하려는 목적으로 '선택적으로' 제공될 것이다"(p. 49). 이것은 '평생학습'과 '유연성'이라는 현재 교육정책의 정통적 내용을 보여 주는 것이다.

셋째는 교육에 대한 이러한 재(再)정의의 결과인데, 진리에 대한 기성관념이 붕괴되고 수행성과가 상품화됨에 따라 진리는 유용성의 관점에서 정의된다. 진리는 더 이상 논쟁의 여지 없는 사실이 아니며, 대학에서 추구하는 바도 아니다. 그보다 진리는 제도에 부과되는 실용적 요구에 따라 정의된다. 이러한 발전은 탈근대주의의 규정적 요소인데, 그 이유는 유일한 진리가 '복수의 진리'로 대치된다는 것은 곧 진리 그 자체에 대한 정당한 결정권자가 더 이상 존재하지 않는다는 것을 의미하기 때문이다. 그 결과, 리오타르를 인용하자면(Lytard, 1988), 진리는 단순히 '어구체제'(*phrase regime*)의 문제, 즉 사용하는 말에 의해 정의되는 어떤 것이 되었다. 이런 측면에서 (정당한 지식의 정의자로 간주되었던) 전통적 대학, 그리고 그와 연관된 지식인의 붕괴는 중요한 쟁점이다(Bauman, 1987).

많은 지식인들이 수행성과에 따라 정의되는 전문지식의 우세를 거부하고, 정보와 지식의 발전과정에서 실용성을 추구하는 사람들을 '단순 기술자'로 비난한다는 것은 두말할 필요가 없다. "작업과 관련된 투입/산출비"(Lyotard, 1993: 4)라는 경계 내에서만 기능할 수 있는 이러한 기술자들과는 달리, 지식인들은 훨씬 더 많은 사람을 위한 연구, 저술, 교육을 추구한다. 그러나 지식인들의 정당화는 교육계 내외에서 점점 더 공허한 것으로 들린다. 이것은 부분적으로 재원부족의 결과인데, 재원의 분배가 어렵게 되면서 불가피하게 품위 없는 언쟁이 벌어지기도 한다. 그러나 보다 근본적으로 그것은 적어도 제 2차 세계대전 이후 계속된 지식인들의 존재이유의 붕괴 결과이다. 여기서의 논지는, 파괴되는 것은 다름 아닌 진리에 대해 접근할 수 있는 특권이나 총체적 안목을 가졌다는 지식인들의 주장이라는 것이다.

리오타르는 현저한 경제적 부적합성과 더불어 정치범 수용소의 폭로라는 상황 속에서 진행된 마르크스주의의 붕괴가 이러한 점에서 특히 중요하다고 본다. 보편적 진리에 대한 마르크스주의의 주장은 더 이상 신빙성을 갖지 못하며, 그와 마찬가지로 고전적, 역사적 또는 위대한 문학적 가치 등 어떤 것으로 표현되든 상관없이 다른 지식인들의 우월성도 더 이상 지지되지 않는다. 오늘날에는 어느 특정한 학문분과, 소명 또는 열망이 다른 것에 비해 우월하다고 주장한다면, 그것은 대체로 파당적 명제, 즉 다른 것에 비해 정당성을 갖지 못한 '어구체제'로 간주된다. 영국의 대학에서 관광, 행정 그리고 경영분야의 학위가 양산됨에 따라, 자기 대학의 학문분과 — 철학, 영문학, 고고사학 등 — 가 학생들에게 보다 많은 진리탐구 기회, 보다 많은 '인간조건'에 대한 이해, 더 많은 박식함을 제공하기 때문에 더 많은 가치를 가지고 있다고 주장하는 대학은 적어도 비웃음을 사거나 보다 일반적으로는 세상물정 모르고 쓸모없는 속물근성이라는 비난을 받게 된다.

지식인들이 과거에 '기술자'를 천대했던 단단한 토대는 무너졌으며, 이 점은 널리 인식되고 있다. 한때 보편주의자들의 인기 있는 주장이었던 교육에 대한 계몽주의적 정당화, 즉 교육을 받음으로써 더 나은 시민이 된다는 것을 지지하는 사람은 더 이상 존재하지 않는다고 리오타르는 주장한다. 역사가 그 정당성을 파괴했다는 것이다. 리오타르는 오늘날에는 "교육이 … 보다 계몽된 시민을 양성할 것이라고 기대하는 사람은 아무도 없으며 … 성과가 보다 좋은 전문가만이 … 그리고 지식의 습득이 더 많은 소득을 약속해 주는 전문가적 자격"이라고 말한다(Lyotard, 1993: 6).

마지막으로 수행성의 기준이 정보와 지식에 적용됨으로써 교육받은 사람에 대한 관념이 변화된다. 오랫동안 교육을 받는다는 것은 일정 정도의 지식을 습득하는 것을 의미했다. 그러나 컴퓨터화가 진행됨에 따라 교육은 개인이 내용을 머리에 기억하는 것보다는 적절한 데이터뱅크에 접근하는 방법을 아는 문제가 되었다. 탈근대 시대에 수행성은 "컴퓨터를 사용하는 방법"이 개인적 지식보다도 더 중요하다는 것을 선언한다. 따라서 "데이터뱅크가 미래의 백과사전"(Lyotard, 1993: 51)이 됨에 따라 '키보드 기술'이나 '정보검색' 등과 같은 능력이 진리에 대한 전통적 관념을 대체하게 될 것이다(그리고 학생부는 이러한 능력 및 여타 능력이 보다 정통적인 학문적 성취와 적어도 동일한 인정을 받는다는 점을 확인해 줄 것이다).

더욱이 데이터뱅크와 그것을 사용할 수 있는 능력은 전통적 엘리트들의 진리 주장에 대한 손상을 초래한다. 사실 이는 '교수시대의 종말'을 선언하는데, 이는 "기성 지식을 전수하는 데 있어 교수가 기억장치보다 뛰어난 것이 아니며"(Lyotard, 1993: 53), 지식을 응용하고 다목적으로 사용하는 방법에서도 노동현장에서 점점 더 많이 요구되는 팀(학생들은 이를 위해 '집단 단위 노동', '지도력' 그리고 '문제해결' 등과 같은 '기술'을 훈련받고 학점을 딴다) 보다 뒤지기 때문이다.

이러한 모든 것이 의미하는 것은 물론 지식과 정보의 상대주의이다. 리오타르가 보기에 수행성, 상품화 그리고 '대서사'의 명백한 실패 등은 진리에 대한 특권적 접근이라는 관념의 거부를 초래했다. 어떤 지식인들은 이러한 상황에 대해 절망하겠지만, 리오타르는 헌신적인 탈근대주의자 보드리야르나 바티모와 마찬가지로 이러한 상황이 해방적이 될 수 있다고 생각한다. 왜냐하면,

> 보편적 관념의 쇠퇴는 총체적 집착으로부터 사고와 삶을 자유롭게 해줄 수 있기 때문이다. 책임의 다중성과 독립성(대체 불가능성)은 그러한 책임을 지는 사람들이 … 유연하고 관용적이며 매력적이 되도록 강요할 것

이다(Lyratd, 1993: 7).

이런 점에서 다시 한 번 우리는 탈근대 문화 속에 깊숙이 들어와 있는 것이다.

9. 비판적 논평

위에서 논의된 각 사람은, 오늘날에는 탈근대적 조건이라 합당하게 부를 수 있는 어떤 것이 존재한다고 생각할 뿐만 아니라 확고한 탈근대주의 사상가이다. 우리는 탈근대적 조건의 존재라는 진단을 상당한 정도로 받아들일 수는 있지만(이것이 새로운 유형의 사회를 표시한다는 것에는 동의하지 않고), 탈근대주의를 지지하는 것은 다른 문제이다. 이는 탈근대적 조건의 설명에 대한 나의 반응에도 많은 영향을 준다. 탈근대주의 사상가들은 정보적 발전의 성격과 결과에 대해 흥미롭고도 통찰력 있는 이야깃거리들을 많이 가지고 있는데, 오늘날 의미화의 중요성이나 특성(보드리야르), 커뮤니케이션 양식의 변화에 대한 고려(포스터), 현대적 미디어에 따라 가용하게 된 세계관의 다양성과 범위(바티모), 정보적 영역에서의 수행성 기준과 상품화의 중요성(리오타르) 등이 그것이다.

그러나 지식을 상대화하고, 진리가 아니라 진리에 대한 (무한한) 견해만이 존재한다고 주장하는 탈근대주의 사상의 완고함은 포기되어야 한다. 특히 이것은 내재적으로 모순인데, 즉 '모든 사람은 믿을 수 없다'라는 고대 크레타 사람의 역설을 보여 주기 때문이다. 모든 주장은 믿을 수 없다고 주장하는 탈근대주의의 주장을 어떻게 믿을 수가 있겠는가? 어니스트 겔너(Earnest Gellner, 1992)의 용어를 빌리자면 이것은 '군소리 주장'(*metatwaddle*, p. 41), 즉 분석가의 '담론'을 초월하여 지식이 존재한다는 것을 인식하지 못하는 주장이다.

다시 말해, 탈근대주의 사상가들에 반대하여 사람의 사고를 초월하는 실제적 경험세계가 존재한다는 실체 원칙을 주장할 수 있다(Norris, 1990). 이것은 외부 어딘가에 별처럼 빛을 내는 유일한 진리가 존재한다고 말하는 것은 아니다. 진리는 스스로 드러나는 것이 아니기 때문에 언어 속에서 설정되어야 하는 것은 당연하다. 그러나 이것이 진리가 단지 언어게임에 불과하다는 것을 의미하는 것은 아니다.

카(E. H. Carr)는 50년 전에 아직도 유효한 용어로 이러한 사고방식에 반대하였다.

> 보는 각도에 따라 산이 다른 모양으로 보인다고 해서, 산의 외형이 객관적으로 존재하지 않는다거나 무한한 외형이 존재한다고 간주해서는 안 된다. 마찬가지로 역사의 사실을 규명하는 데 해석이 필요한 역할을 수행한다고 해서, 그리고 기존의 해석이 전적으로 객관적이지 않다고 해서, 한 해석이 다른 해석과 마찬가지라거나 역사의 사실은 객관적으로 해석할 수 없는 것이라고 간주해서는 안 된다〔Carr, 1971(1961) : 26~27〕.

우리가 진리를 절대적이고 최종적인 의미에서는 결코 파악할 수 없다고 하더라도, 연구주제에 대한 더 좋은 유형의 논의, 더 믿을 만한 증거, 더 엄격한 연구의 적용, 그리고 더 신뢰성 있는 방법론적 접근 등을 통해 실체에 대한 보다 적합한 견해를 발전시킬 수 있다. 그렇지 못하다면 종교적 광신도의 계시된 '진리'와 냉철한 학자들의 진리가 동일시되어야만 하며(Gellner, 1992), 이는 곧 엄청난 결과를 초래할 수 있는 상대주의로의 퇴락일 것이다(Gibbs, 2000).

종종 보드리야르의 논평이 매우 어리석은 것으로 평가되는 이유도 바로 이러한 철저한 상대주의적 주장 때문이다. 그가 뉴스의 구성적 성격에 주의를 환기시키고, 보스니아, 코소보, 카시미르 등에서의 사건에 대해 대부분의 사람들이 접하는 실체가 기호의 이러한 구성이라는 점을 상기시켜 준 점은 옳은 것이다. 그러나 보드리야르는 계속해서 뉴스가 모사(模寫) 이외에는 아무것도 아닌 것이라고 주장함으로써 부당하다고 할 만큼 서투른 과장을 하게 된다. 그가 서투른 이유는, 뉴스라고 할 수 있는 모든 것은, 비록 세상에서 일어나는 것에 대한 불완전한 재현이라 할지라도, 재현적 성격을 지니는 것은 사실이기 때문이다. 이에 대한 증거는 동일한 쟁점이나 사건에 대한 서로 다른 뉴스를 비교하거나 뉴스 취재기자가 대상으로 삼는 경험적 실체가 실제로 존재한다는 것을 인식함으로써 확인된다. 뉴스가 재현적이고 또 재현적일 수 있기 때문에, 사람들은 회의가 아닌 신뢰를 가지고 보다 정확하고 보다 진실된 뉴스를 판단할 수 있다는 원칙을 고수하는 것이 확실히 필요하다. 이러한 비교작업을 수행하면서 우리는 또한 사건에 대한 더 적절한 재현과 덜 적절한 재현 — 더 진실한 재현과 덜 진실한 재현 — 을 구분한다는 것도 깨닫게 된다. 이는 견해로서의 '진리'나 무한한 '진리들'만이 있다고 주장하는 탈근대주의적 주장이 거짓이라는 것을 말해 주는 것이다.

그러나 뉴스보도가 재현적 성격을 가지고 있다는 원칙을 고수하는 것보다 더 절실한 것은, 뉴스가 경험적 실체에 대해 보도한다는 사실을 상기할 필요가 있다는 것이다. 뉴스가 이런 작업을 아주 잘 수행하지 못할 수도 있지만, 실제적 세계가 존재한다는 것을 기억하지 않으면 어리석고 무책임한 보드리야르의 입장(Baudrillard, 1991)에 봉착하게 되는데, 그는 걸프 전(1991)의 총성이 울리기 전에는 모든 상황은 미디어가 만들어 낸 모사이기 때문에, 그리고 전쟁 발발 후에는 단순한 가상 전쟁게임이기 때문에 전쟁은 결코 일어나지 않았다고 주장했다(Baudrillard, 1992: 93~94).

뉴스가 경험적 실체에 대해 보도한다는 사실이 걸프 전이 세계 대부분의 사람들에게는 단순히 정보적 사건으로 경험되었다거나, 이 전쟁이 1999년의 코소보 침공이나 2001년의 아프가니스탄 전쟁, 그리고 2003년의 제2차 걸프 전 이전에는 가장 생생하게 보도된 전쟁이었다거나, 또는 대부분의 미디어 보도가 심하게 편파적이고 선동적이었다(Mowlana et al., 1992)는 것을 부인하는 것은 결코 아니다. 정반대로 우리가 걸프 전에 대한 재현적 뉴스가 만들어질 가능성과 보다 신뢰성 있는 보도와 그렇지 못한 것을 밝히기 위해 보도유형을 구별할 수 있는 가능성을 지적하는 것은 바로 대부분의 사람들이 걸프 전에 대한 뉴스가 문제 있다고 생각했기 때문이다. 예를 들면 2003년 이라크 침공 기간 동안 미국 동맹군과 침공 자체에 대해 미국 미디어가 유럽 미디어보다 훨씬 더 호의적이었다는 점은 널리 인식되고 있다. 이런 점에서 미국 미디어의 보도는 사담 후세인이 대량살상무기(WMDs)를 보유하고 있기 때문에 침공하게 되었다는 부시 행정부의 정당화에 대해 적절한 문제제기를 하지 못했으며, 이라크에서 침공군이 자행한 파괴행위에 대해서도 제대로 관심을 갖지 않았다. 이것은 견해의 문제가 아니라 체계적 분석과 증거 수집, 그리고 다양한 국가의 언론보도 비교를 통해 나온 합당한 결론이다(Tumber and Palmer, 2004; Tumber and Webster, 2006). 나아가 미국 내의 선도적인 언론사들 — 특히 〈뉴욕타임스〉와 〈워싱턴포스트〉(*Washington Post*) — 도 이와 유사한 결론을 얻었으며, 몇 달 후 2003년 초반 자신들의 부적절함에 대한 책임을 스스로 인정했다. 보드리야르식의 주장에 따르자면 이러한 다양한 입장은 그저 차이 나는 입장에 지나지 않으며, 주전론적인 폭스 뉴스가 〈인디펜던트〉(*The Independent*) 지의 보도보다 좋거나 나쁘다고 말할 수는 없을 것이다. 이는 허울만 그럴듯한 주장이다.

이는 또한 매우 무책임한 주장이기도 하다. 휴고 영(Hugo Young, 1991)은 제 1차 걸프 전 동안 독자들에게 "도처에서 볼 수 있는 텔레비전" 보도로부터 나오는 "진리의 환상"을 조심하라고 경고함으로써, 보드리야르가 한 것과 같은 주장을 크게 흔들어 놓았다. 독자들에게 "미디어를 통해 듣는 것을 믿을 만한 진실이라고 가정해서는 안 된다"라는 것을 주지시키면서 그는 핵심 쟁점, 즉 "우리가 반쪽 진리를 다루도록 위임받았다는 것"은 "우리 언론인은 계속해서 진실을 추구해야 한다는 것"을 요구한다는 점을 밝혔다. 다시 말해서 우리는 보도에 대해서 회의적이어야 하지만, 바로 그 때문에 신뢰성 있는 정보에 대한 접근 기회를 최대화하기 위한 노력을 훨씬 더 많이 해야 한다는 것이다. 만일 우리가 전쟁에 관한 모든 보도가 동일한 정도로 조작되거나 동일한 정도로 신뢰성이 없다고 믿는다면, 전쟁은 결국 언어의 게임에 지나지 않기 때문에, 우리는 그러한 전쟁에 대해 아무것도 할 수 없게 될 것이 분명하다.

진정한 것을 추구하는 것이 비현실적이라는 보드리야르의 주장은 항공기를 타고 비행하거나 자동차를 운전하는 것과 같은 경험(심지어 은밀한 관계까지도)을 정교하게 재현하는 '가상현실' 기술의 시대나, 유산산업(*heritage industry*)이 역사적 관광지들을 열심히 재구성하는 영국과 같은 사회에서는 쉽게 호응을 받을 수 있다. 그러나 다시 말하지만, 보드리야르의 문제점은 진정성의 정도를 차별화하기를 거부하는 무모한 상대주의이다. 진정성의 정도를 구별하고자 하는 것은 어떤 핵심적이고 항구적으로 진실된 부분이 있다는 것이 아니라, 우리는 비평을 통해 보다 진정한 것과 그렇지 못한 것을 식별하기 위해 현상을 차별화할 수 있다는 것이다(Webster, 2000).

마지막으로, 우리 앞에는 경험의 대상이지만 해석의 대상은 아닌 '볼거리'만이 존재한다는 보드리야르의 주장은 그가 경험적 증거를 경멸하고 있음을 보여 준다. 현대사회에서 급변하는 기호의 혼란스러움에 노출되어 있다는 것은 부인할 수 없지만, 이것이 의미의 소실을 초래한다는 것에 대한 진지한 증거는 없다(Kellner, 2000 참조). 확실히 기호에 대한 분명한 해석을 내리는 것이 엄청나게 어려운 것은 사실이지만, 이러한 복합성을 근거로 해서, 해석이 가변적이므로 해석 그 자체가 소실된다는 주장을 할 수는 없다. 사람들은 보드리야르가 생각하는 것처럼 기호에 지쳤거나 바라보기만 하는 '침묵하는 다수'가 아니다.

마크 포스터는 상당한 정도로 보드리야르와 비슷한 주장을 한다. 따라서 위에서 논의된 동일한 반론이 그에게도 적용될 수 있다. 나아가서 그의 역사적 분석의 특징에 대해 비평하는 것도 가능하다. 포스터의 3단계로 구성된 역사 — 구술, 문자기록, 전자교환 — 는 매우 기술결정론적이며, 역사적으로 거만하다는 친숙한 반론에 부딪히게 된다(Calhoun, 1993).

지안니 바티모는 미디어의 확장이 가져올 수 있는 다관점주의(*multi-*

perspectivism)에 대한 주의를 환기시킨다는 점에서 분명 정당하다. 텔레비전은 우리 자신의 사회 내부뿐 아니라 다른 문화로부터, 도전적이거나 일탈적일 수 있는 경험을 접할 수 있게 해준다(Meyrowitz, 1985). 그러나 수많은 경험적 증거를 대충 훑어보기만 해도 우리는 이러한 시각이 지닌 두드러진 한계를 깨닫게 되는데, 그 이유는 경험적 증거가 일부의 — 특히 미국적 그리고 그보다는 약하지만 유럽적 — 관점이 다른 관점보다 훨씬 더 많이 표출된다는 것을 분명히 보여 주기 때문이다(Tunstall, 1977). 할리우드가 세계의 영화를 지배한다거나 미국 텔레비전이 대다수 국가의 프로그램의 상당 부분을 차지한다거나, 또는 록음악이 주로 런던, 로스앤젤레스 그리고 뉴욕에서 유래한다고 말한다고 해서 다른 관점들이 무시된다고 주장하는 것이 아니다. 그와는 정반대로, 다른 문화들이 인지되고 발언의 기회도 주어진다는 것에 쉽게 동의할 수 있다. 소수민족의 눈을 통해 삶의 모습을 보여 주는 도시영화나 랩 음악을 예로 생각해 볼 수 있다.

그러나 미디어가 엄청나게 확장되는 과정에서 다양한 세계관을 포괄하도록 개방되었다는 것을 수용한다고 해서, 미디어가 '다중적 실체'를 제시한다는 것에 동의하는 것은 결코 아니다. 그와는 반대로, 허버트 쉴러 같은 학자들이 줄곧 보여 주듯이, 어떤 관점이 포함될 것인가는 이데올로기적이고 경제적인 제약을 받기 쉽다는 것이 분명하다. 다시 말해서 일부 문화는 그 목소리를 내지만, 그것은 굴절된 목소리라는 것이다. 왜냐하면 대체로 미디어를 소유한 기업에게 적절하고 수용가능한 방식으로 포장되며, 무엇보다도 시장성이 있도록 만들어지기 때문이다. 이에 따라 중국이나 우크라이나 등의 관점이 방송 기회를 얻을 가능성은 제한된다.

바티모에 대한 근본적인 반론은, 다른 탈근대주의 논자들에게 모두 적용되는 것인데, 그의 설명이 미디어에서 나오는 실체를 평가하려는 경험적 분석을 결여하고 있다는 것이다. 미디어의 확산에 따라 일부 '대안적 실체들'이 포함되었다는 그의 지적은 분명히 적절하다. 그러나 이러한 관점들의 차별적 노출과 관점의 변이(그리고 미디어 접근 기회에 가해지는 분명한 한계)를 보여 주기 위해서는 분석이 위와 같은 주장에서 더 나아갈 필요가 있다. 이것은 물론 권력에 대한 심층적 분석을 요구하지만, 탈근대주의 사상가들은 단호하게 무시하고 있다(심지어 자신들은 권력이 도처에 존재한다고 의례적으로 주장하면서도).

비록 정보/지식의 상품화와 수행성 기준의 영향에 대한 리오타르의 설명은 중요한 의미가 있지만, 위와 동일한 결여가 그의 저작 속에서도 나타난다. 엄청나게 다양한 분야에 걸쳐 수행성과 상품화의 영향을 확인하기는 쉽다. '실용서'(*how to*)와 '베스트셀러'가 지배하는 출판계, 광고수입과 직결되기 때문에 '시청률'이 결정적인 성공의 척도가 되는 텔레비전, '시장성 있는 해결책'을 추구하는 투자자, 저작권 유보조항에 서명해야 하는 과학자들, '지적재산권'이 특허조항에서 보호되는 연구개발활동 등이 대표적 예이다. 무엇보다도 리오타르는 수행성 기준의 침투와 증가된 상품화를 보여 주기 위해 교육영역 — 교육은 분명히 본질적인, 그러면서도 종종 과소평가되는 '정보사회'의 요소이다 — 에 다시 초점을 맞춘다(Robins and Webster, 1989, 2002).

그러나 리오타르의 주된 문제는, 그가 이러한 모든 것들로부터 모든 지식의 신뢰성이 상실되고 진리의 '폭정'으로부터 해방되었음을 축복하는 것이 적절한 대응이라는 결론을 도출한다는 것이다. 이러한 즐거운 포기는 수행성과 상품화의 확산을 유도하고 이끌어 가는 권력과 이해관계를 주목하지 않는 것으로 보인다. 리오타르가 찬양하는 관점주의(*perspectivism*: 모든 인식은 특정한 관점의 결과라고 보는 철학적 입장 - 옮긴이 주)는 '복고적인 신부족적'[2] 정체성 정치마저 정당화하는 니체식 '무엇이든 괜찮다' 철학을 수용하게 되는데(Antonio, 2000), 왜냐하면 어떤 긍정적 대안도 제시하지 않기 때문이다. 탈근대 사상가들과 반대로 권력과 이해관계의 과정과 매개체를 경험적으로 밝혀내고자 한다면, 그것은 적어도 사태를 정리하는 새로운 방식에 대한 가능성을 암시하는 실체를 기술하는 것이 될 것이다. 즉 '이것이 실상이고 그 원인이다 — 우리는 변화시킬 수 있다'는 것이다. 간단히 말해서 그것은 새롭고 더 나은 생활방식을 추구한다는 계몽주의적 이상을 주장하는 것이다.

10. 탈근대적 조건

탈근대주의 사상은 현대생활에 관한 다양한 영역의 사고, 특히 정보문제 분석가들에게 분명한 영향을 미치고 있다. 탈근대주의 사상은 리오타르, 보드리야르 — 가장 저명하게는 푸코 — 등의 이름이 자주 언급되는 사회학, 문화연구, 커뮤니케이션 분야에 상당히 많이 확산되었다. 나는 탈근대적 사상에 동조하지 않지만, 이러한 기여와 영향은

2) 신부족주의(*neo-tribalism*)는 인간은 대중사회가 아닌 부족사회에서 살기에 적합하도록 진화되어 왔으며, 따라서 현대사회에서도 사회적 연결망을 통해 부족을 구성하려는 경향을 지닌다고 보는 관점 - 옮긴이 주

분명히 인정한다. 그런데 탈근대주의 사상은 흔히 교활하고 무책임하며, 모든 것을 장난스럽게 문제 삼으면서도 질문의 타당성이나 증거의 품질은 제대로 평가하지 못하는 것으로 보인다. 이에 따라 탈근대주의는 강한 보수주의를 드러내는데, 마치 중세기 궁정의 광대와 유사하게, 그들의 모든 담화는 아무런 효력을 지니지 못한다(모든 것을 그 자체로 남겨 놓는 것 외에는). 이런 측면에서 몇 년 전에, 푸코와 그 추종자들의 급진적이고 세련된 매력에도 불구하고 탈근대주의를 '신보수주의'로 보았던(Habermas, 1981) 하버마스는 옳았다. 또한 차이가 전부이며 모든 해석은 해석의 해석에 지나지 않는다는 탈근대주의의 상대주의는 비일관적이고 자기부정적이며 근본적으로 무책임하다. 소규모 상호작용의 복합성에 대해 숙고하다 보면 흥미롭고 새로운 것을 발견할 수도 있지만, 전쟁, 호전적 종파, 2004년 9월 베슬란(Beslan: 러시아 남부에 위치한 소도시 - 옮긴이 주)에서 잔인한 테러분자들이 200명에 달하는 학생들을 대량학살한 사건 등과 같은 문제에 상대주의가 적용되는 경우에 탈근대주의의 지적 및 정치적 파탄이 그대로 드러난다.

내가 탈근대주의 사상에 동조하지 않는다고 해서, 탈근대적 조건(*postmodern condition*)이라고 합당하게 불릴 수 있는 무언가가 존재한다는 것을 부정하는 것은 결코 아니다. 탈근대주의 사상에 동조하지 않는 사람도 우리가 탈근대적 사회에 살고 있다는 주장을 충분히 할 수 있다. 탈근대적 생활양식이라고 할 수 있는 것들은 쾌락적이고 자기중심적인(그리고 탈중심적일 수도 있는) 행위, 명확한 '진리' 주장에 대한 회의, '전문가'를 향한 조소, 새로움의 만끽, 쾌락적 경험, 그리고 아이러니, 모방 및 피상성에 대한 선호 경향 등에서 드러난다. 이와 같은 모든 것들은 탈근대성을 암시하거나 심지어 특징짓기도 하는 것으로 간주될 수 있다.

지그문트 바우만(Zygmunt Bauman, 1925~)은 탈근대적 조건에 대한 저명한 분석가로, 1980년대 후반부터 탈근대 사회에 대한 주목할 만한 연구시리즈를 출간하고 있다. 비록 그는 경험적 증거를 거의 제시하지 않지만, 현대사회에 대한 그의 통찰력은 뛰어난 것이다. 바우만은 근대성을 질서에 대한 추구로 특징되는 시대, 시민을 돌보는 국민국가의 보호하에 안정과 통제를 추구하는 사회, 계획에 대한 신뢰가 있고 이성이 최선의 문제해결 방식에 보다 많은 확실성을 가져다 줄 것으로 기대하는 시기로 묘사한다. 반대로 탈근대성은 불안정성과 불안감, 국가의 퇴조와 세계시장의 승리(이는 선택의 자유를 촉진하지만 사람들이 미래에 대해 걱정하게 만든다), 이성 자체뿐만 아니라 이성에 대한 특권적 접근을 주장하는 전문가에 대한 회의, 소비주의의 '유혹'(*seduction*)에 의한 국가통제의 대체, 사람들이 애매성과 불확실성을 안고 살아가야 할 필요성 등을 초래한다(Bauman, 1997). 이러한 '유동적 삶'(Bauman, 2005)은 지속적 재창조와 가능성의 삶으로서 무한한 잠재력을 보유하지만, 친밀한 것(Bauman, 2003)에서부터 세계적인 것에 이르는 모든 수준에서 이러한 잠재력이 실현되었는지 또는 중대하게 불만족스러운 상태에 있는지를 판단할 수 있는 기준이 없다. 인류가 환경의 변화를 창조하고 있다는 것이 널리 인정됨에도 불구하고 보다 나은 미래에 대한 믿음이 없는 것이다(Bauman, 2006).

바우만은 탈근대성을 자본주의와 관련된 것으로 본다(그것으로 환원되는 것은 아니지만). 사실 자본주의의 붕괴와 세계화의 가속화에 따라 분출되는 요란한 신자유주의는 탈근대성을 특징짓는 소비자 지향적이고 유연한 생활양식의 핵심적 요소이다. 자본주의가 탈근대성에 어떻게 관련되어 있는가에 대한 바우만의 입장이 분명하지는 않지만, 시장의 지속적인 중요성에 대한 인식은 탈근대주의를 모든 이전 시대와의 단절로 간주하는 보드리야르와 같은 탈근대주의 사상가들과 바우만을 구별한다.

바우만보다 더 분명하게, 오늘날 우리가 살아가는 탈근대적 조건은 자본주의 관계의 장기적 발전의 산물이라고 주장하는 사람들도 있다. 다시 말하면, 우리가 탈근대주의라고 부르게 된 변화를 설명해 줄 수 있는 기저적 특성이 존재하며, 학자들이 열심히 찾아보면 이를 확인할 수 있다는 것이다. 이러한 사상가 중 일부는 탈근대적 조건에 대한 명확한 역사적 원인을 제시하는 것을 주저한다. 가령 프레드릭 제임슨(Fredric Jameson, 1991)은 유명한 글에서 탈근대주의를 '후기자본주의의 문화적 논리'라고 지칭한다. 제임슨에 따르면 리얼리즘 문화는 시장 자본주의와 연관된 것이고, 근대주의 문화는 (초현실주의에서와 마찬가지로) 독점 자본주의와 맥을 같이하는 것이며, 오늘날의 탈근대주의는 소비자 자본주의(*consumer capitalism*)와 가장 친화성이 있는 문화이다. 스콧 래시와 존 어리(Scott Lash and John Urry, 1987)도 비슷한 유형의 분석을 제시한다. 그들은 학력이 높고 출세 지향적이며, 개인주의적이고 이동성이 높으면서도, '공동체'나 '전통'과 같은 것에 대한 연대에 대해서는 공감대가 거의 없는 '서비스계급'의 출현이 탈근대적 생활양식과 '선택적 친화성'을 갖는다고 주장한다.

마르크스주의자인 데이비드 하비(David Harvey, 1989b)는 이러한 것들보다 강한 인과적 연관을 밝혀내는 것을 주저하지 않는다. 그의 견해로 볼 때 탈근대주의의 특징은 자본주의적 축적의 변화에 따라 나타나는 것이다. 간단히 정리하면, 현대 자본주의와 연관된 것으로 간주되는 유연성(*flexibility*)—노동자들의 적응성, 기업의 혁신능력, 변동 자체의 가속화—이 탈근대 문화를 만들어 냈다는 것이다. 하비에 따르면, 전후 포드주의 시대는 표준화된 방식으로 제조된 표준화된 상품을 제공한 반면, 오늘날에 지배적인 탈포드주의는 선택, 다양성 그리고 차이를 제공한다. 이것은 위기에 처하고 새로운 환경(정보통신기술, 세계적 경쟁, 세계화)에 직면하여, '유연 생산' 및 그와 필수적 관계를 가진 '유연적 소비'를 통해 해결책을 찾으려고 고심하는 경제체제에서 나오는 것이다. 탈근대 문화는 이러한 추세의 산물이다. 하비(Harvey, 1989b)는 다음과 같이 말한다.

> 상대적으로 안정된 포드주의적 근대주의 미학은 차이, 순간성, 볼거리, 유행, 그리고 문화적 유형의 상품화를 축복하는 탈근대주의 미학의 요란스럽고, 불안정하며, 순간적인 특성에 굴복했다(Harvey, 1989b: 156).

다시 말하면, 탈근대주의는 우리가 제5장에서 살펴본 포드주의에서 탈포드주의로의 이행과 일치하는 것이다.

흥미롭게도 데이비드 하비와는 상당히 다른 출발점에서 시작한 다니엘 벨도 하비와 비슷하게 탈근대적 조건을 (적어도 부분적으로는) '자본주의 경제체제 자체의 작동' 결과로 해석한다(Bell, 1979b: 37). 벨은 자본주의가 사람들에게 자동차, 유행, 텔레비전 등과 같은 것을 제공함으로써 대중소비를 창출하고 지탱하는 것을 성공적으로 수행하는 과정에서 유희, 쾌락, 즉각적 보상 그리고 의미에 대한 경험의 우위 등을 특징으로 하는 문화—1970년대 중반에 그는 이것을 탈근대주의라 부르지는 않았지만 그 내용은 동일한 것이다—가 생겨났다고 주장한다(Bell, 1990 참조). 역설적으로 이러한 문화는 애초에 자본주의의 눈부신 발전에 기여했던 건전함과 효율 지향적 가치체계와는 어울리지 않는 것이다.

나는 탈근대적 조건에 대한 이러한 설명의 많은 부분이 설득력 있다고 생각한다. 이러한 설명은 엄격한 역사적 분석을 제시하며, 자신들의 주장을 뒷받침하는 구체적 증거로서 많은 경험적 정보를 내놓는다. 그러나 골수 탈근대주의 사상가는 이 모든 것을 과장된 '대서사'로 치부해 버릴 것이 분명한데, 하비는 탈근대적 조건을 자본주의 영향력의 내적 논리에 따른 결과로 해석하는 것으로, 그리고 벨은 탈근대성을 과거의 것에 비해 결정적으로 열등한 문화로 여기는 충실한 근대주의적 입장에서 출발하는 것으로 간주할 것이다.

탈근대주의자들이 이러한 설명을 수용할 수 없는 이유는 발견할 진리가 없는데도 진리를 찾으려고 하기 때문이다. 예컨대 하비는 탈근대 문화의 이면에 깔려 있는, 그러나 결정적인, 경제적 실체를 보아야 한다고 주장하면서, 마르크스주의 원리에 대한 헌신에서 유래하는 것으로 보이는 자신의 견해를 제시한다. 이러한 견해에 따르면, 그가 연구하는 대상 — 탈근대적 주체 — 은 '문화적 마약'(*cultural dopes*)에 불과하다. 그 이유는 박식한 교수의 명석함으로도 자본주의의 숨은 힘을 보지 못하기 때문이다(Harvey, 2003). 탈근대주의자들이 볼 때 하비의 견해는 단지 하나의 견해, 즉 무한한 해석가능성 중 하나에 불과하며, 오히려 그러한 해석을 방해하는 것이다(Morris, 1992).

이러한 모든 연구에 대해서는 비판의 여지가 있다. 그러나 비판의 가치를 인정하는 것과 모든 것은 단지 하나의 해석에 불과하다는 탈근대적 도그마를 지지하는 것 사이에는 뛰어넘을 수 없는 간극(間隙)이 있다. 왜냐하면 둘 사이에는 실제적 분석의 문제가 존재하기 때문이다. 각각의 설명이 모두 불완전하다는 것에는 쉽게 동의할 수 있지만, 그 이유 때문에 그것이 폐기될 수 — 또는 다른 '독해'와 다를 바가 없는 것으로 간주될 수 — 는 없다. 그것은 우리가 어떤 설명이 더 불완전하고 어떤 설명이 그렇지 않은가를 증명해야만 하기 때문이다. 다시 말해, 진리에 대한 모든 주장을 부정하는 행위 그 자체를 통해 자기 스스로의 주장을 전도시키는, 상대주의에 대한 탈근대적 찬양은 지지될 수 없다는 것을 다시 깨닫게 된다.

11. 결론

우리가 사는 세계에 대한 설명으로서 탈근대성이라는 개념은 가치가 있다. 변동의 동인, 유동성, 회의주의와 아이러니의 추구, 관계의 불안정성 등에 대한 강조는 우리 시대의 특징적 측면을 잘 포착한다. 탈근대성에 관한 한 가장 앞서가는 사회학자인 지그문트 바우만은 현대적 존재방식의 핵심 요소를 조명하는데, 특히 머리색에서부터 국제사면위원회에 대한 지지 여부까지 거의 모든 것에 대해 이루어지는 표면적 선택의 배후에 놓인 항구적 불확실성에 주목한다. 일종의 조건으로서의 탈근대성은 오늘날 우리의 삶에서 과거 선조들에게 강요되었던 제약들이 얼마나 많이 제거되었는가를 더 잘 평가할 수 있게 해준다. 그것은 또한 선택을 위한 분명한 근거가 무너진 상황에서, 우리가 어떻게 살아야 하는가를 선택해야만 하는 당황스러운 책임을 강조한다. 또한 '유혹'에 대한 바우만의 관심은 마케팅, 광고, 유명인사 — 과거

통제체제의 영향력이 점점 줄어드는 시대에 필수적인 모든 영역의 미디어와 관련된 이미지 — 의 특별한 중요성에 대해 주목하도록 한다. 나아가서 기호와 의미화, 모사와 비진정성, 정보와 지식에 적용된 수행성 기준의 변형적 힘에 대한 강조, 그리고 전자적으로 매개되는 정보의 중요성에 대한 인식 등은 모두 '정보혁명'을 공부하는 사람들에게 유용한 것이다.

그러나 "우리가 진정으로 새로운 역사적 단계로 진입하고 있는지"(Crook et al., 1992: 1)는 의문스럽다. 정반대로 대부분의 탈근대적 조건의 특성들은 가속화되면서도 지속적인 추세 — 허버트 쉴러, 위르겐 하버마스, 앤서니 기든스 그리고 데이비드 하비 같은 근대주의 사상가들에 의해서 확인되고 설명되는 — 라는 관점에서 설명할 수 있다. 탈산업사회론과 비슷하게 탈근대주의는 정보의 새로운 우세를 내세우면서 근본적으로 다른 유형의 사회가 도래한다고 주장한다. 그러나 탈산업사회론과 마찬가지로, 이러한 주장은 면밀한 검토를 통해 지지될 수 없는 것으로 밝혀졌다.

제13장

'정보사회'를 넘어서

이 책의 주된 목적은 오늘날의 세계에서 정보의 중요성을 검토하는 것이었다. 이 책이 제기한 문제는 왜, 어떻게 하여, 그리고 어떤 근거에서 정보가 우리 시대를 규정하는 — 논쟁적이지만 가장 핵심적인 — 특징으로 인식되었는가 하는 것이었다. 나의 출발점은 오늘날 정보가 현대 활동에서 핵심적인 중요성을 지닌다는 사상가들 사이의 합의에 대해 언급하는 것이었다. 그 주장은 과거 어느 때보다 훨씬 더 많은 정보가 존재한다는 것뿐만 아니라(이에 대해서는 논쟁의 여지가 없다), 우리가 행하는 거의 모든 활동에서 정보가 중심적이고 전략적인 역할을 수행한다는 것이다.

그러나 이러한 주장을 넘어서면 정보에 대한 합의는 붕괴하고 만다. 오늘날 더 많은 정보가 존재하고 그 적실성이 증가하였다는 점에 대해서는 모든 사람이 동의하지만, 그 다음에 대해서는 모든 것이 논쟁이고 불일치이다. 이 점을 인정하면서 나는 정보적 영역에서 발생하고 있는 내용과 현재와 같은 방식으로 발전하게 된 이유를 설명하고 이해하는 주요한 시도들을 확인하고자 하였다. 이와 함께 다양한 접근들의 토대를 분명히 밝히고, 동시에 경험적인 근거, 각 접근들 간의 비교, 그리고 내가 끌어들일 수 있는 다른 비판적인 통찰을 바탕으로 이러한 접근들을 검증하려고 시도하였다.

'정보사회'라는 개념이 사회과학 내·외부에서 많이 사용되기는 하지만, 나는 그 개념의 타당성을 매우 의문시했다. 그렇다고 이 개념이 쓸모없다는 것은 아니다. 개념은 사고과정에 사용되는 도구이며, 개념을 통해 우리는 더 분명하게 사고할 수 있다. 그러한 사고의 일부는 우리가 이해를 넓히기 위해 사용하는 개념을 비판하는 것과 관련되어 있다. 그리고 그러한 비판의 일부는 더 적절한 개념을 위해 우리가 애초에 사용한 개념을 폐기하는 것이다. 데이비드 라이언(David Lyon)이 필립 에이브람스(Philip Abrams, 1982)를 따라 '문제틀'(*problematic*)이라고 부르는 것, 즉 "탐구의 필요성이 있는 현상영역에 대한 기초적 조직화"〔Abrams(Lyon), 1988: 8〕로 기능하는 한 '정보사회'라는 개념은 유용하다. 이 개념을 사용하여 학자들은 직업적 변화, 뉴미디어, 디지털화, 고등교육의 발전 등과 같은 광범위하고 다양한 현상에 초점을 맞추거나 이들을 통합하는 작업을 했다. 기업사가인 제임스 코타다(James Cortada, 2007)는 이러한 방식의 '명칭 부여'가 분석가들을 위한 '초점을 제공한다'고 적절하게 언급하였다.

그럼에도 불구하고 '정보사회'라는 개념은 심각한 결함을 안고 있으며, 특히 새로운 유형의 사회의 출현을 설명한다고 주장하는 점에서는 더욱 그러하다. '정보사회' 시나리오는 지속적인 추세를 포착하지 못하고 현대 세계의 핵심적 특징을 무시하기 때문에 그 실제적 유용성은 거의 없지만, 나는 정보에 대한 검토가 현대 세계의 특성을 이해하는 데에 필수적이라고 확신한다. 나 스스로도 이 개념을 종종 사용하였지만 사실 나는 우리가 이 용어를 완전히 버리고 대신 '관계의 정보화'에 관심을 가지는 것이 더 좋다고 생각한다. 관계의 정보화를 주목함으로써 우리는 실제적 관계 속에서 정보가 개발되고 채택되는 환경을 면밀하게 검토할 수가 있게 된다. 이는 정보를 우리가 살아가는 방식을 형성하는 독특하고도 특별한 변수로 간주하는 '정보사회' 시나리오와는 다른 것이다.

이 책의 여러 판이 나오는 동안 나는 민주화 과정, 그리고 그에 따라 민주주의를 촉진(또는 저해)하는 과정에서의 정보의 역할에 대해 많은 관심을 가지게 되었다. 나는 역사의 부침에도 불구하고 민주주의가 오늘날 가장 현저한 형태의 지배구조(*governance*)이자, 사람들이 보편적으로 수용할 수 있는 유일한 가치로 볼 수 있다는 아마티아 센(Amartya Sen, 1999)과 생각을 같이한다. 이 책의 한 장에서는 이러한 점과 더불어 과거에 비해 민주주의의 실행과정에서 활력이 저하되고 있다는 우려를 주목하면서, 예컨대 운동가들을 위한 진입비용을 낮추거나 항의를 위한 동원을 보다 용이하게 하는 등, 정보 그리고 특히 정보통신기술이 민주주의 과정을 재활성화할 수 있다는 주장에 대해 살펴보았다. 오늘날 진행되는 모든 시위에 대한 논평자들이 사건을 공론화하고 쟁점을 부각시키는 과정에서 유튜브, 이메일, 휴대전화가 차지하는 특별한 중요성에 대해 언급하지 않는 경우가 거의 없을 정도이다.

강한 민주주의가 존재하기 위해서는 정보에 밝고 참여적인 공중이 필수적으로 요구되지만, 나는 정보의 증가(특히 기술뿐만 아니라 소셜미디어나 인터넷은 물론이고)가 민주주의로 가는 왕도(王道)라고 생각하지는 않는다. 제 3장에서 언급하였듯이 무엇보다 중요한 요인은 민주주의라는 이념이며, 이것은 정보의 가용성이나 교환으로 환원될 수 없는 것이다. 고대 그리스까지 거슬러 가지만 보다 중요하게는 18세기 말과 19세기 초의 프랑스 혁명과 미국 혁명에서 그랬듯이, 민주주의 이념은 결정적인 추동자인 것이다.

나는 기술의 활용성에서부터 분석을 시작하는 미래주의자뿐만 아니라 학자를 포함하는 이러한 논평자들이 잘못되었다는 것을 보여 주고자 하였다. 정보와 정보기술이 민주주의와 민주적 과정을 — 일반적으로 정적인 방식으로 — 형성하는 독립변수라고 간주하는 입장은 신뢰성이 떨어진다. 이러한 기술중심주의의 문제는 기술로부터 사회적 의미와 맥락을 탈각시키기 때문에, 변동을 과도하게 단순화하고 기술 자체의 성격을 잘못 파악한다는 것이다.

지난 몇십 년 동안 민주주의가 발전했고, 그러한 민주주의 작동을 위한 정보적 환경이 중요하다는 점에는 상당한 합의가 존재한다. 그러나 정보폭발과 급속한 기술혁신을 보면서 그것에 따라 민주주의가 활성화된다고 결론내리는 것은 어리석은 일이다. 기본적인 반론은 정보가 많아진다고 해서 그 자체가 더 정보에 밝은 시민을 만들어 내지는 못한다는 것이다. 마찬가지로 의미의 붕괴를 정보의 풍부로 인식하면서, '중요한 건 없어'라는 전망과 허무주의적인 '무엇이든 괜찮아' 식의 전망을 수용하는 탈근대주의 사상가들의 피상적인 근본주의에 설득당해서도 안 된다. 민주화는 매우 중요하며, 용감한 선조들이 그랬고 그 후세들이 지속적으로 그러듯이, 투쟁할 가치가 있는 것이다.

앞에서 언급하였듯이 민주주의는 국민국가에서 활성화하지만, 특히 세계화된 자본주의가 승리함에 따라 국경을 우회하도록 정보흐름을 조정할 수 있게 되면서 국민국가의 주권이 약화되고 있다. 디킨(Dicken)이 '순환활동'이라 부르는 것에 대한 세계적 기업과 자본의 지배는(불안정화하는 곳에서조차), 이러한 세력의 영향력을 크게 강화하고 정부의 전통적 행위에 대해 지속적인 압력을 가하고 있다. 그럼에도 불구하고 국민국가는 민주주의를 위한 도가니이며, 초국적 제도가 아무리 발전한다고 하더라도 가까운 미래에 국가의 그러한 역할에는 변화가 없을 것이다. 이렇다면 국가 내에서 가용하고 또 활용되는 정보적 자원에 관심을 가져야 한다.

나는 시장의 영향에 대항하고자 하는 사람들이 제시하는 일차적인 제도적 방어에 대해 회의적이었다. 공공영역의 개념, 특히 공적 서비스 제도를 통한 현대적 공공영역의 표현은 점점 지지하기가 어려워 보인다. 그러나 나는 이 책에서 제한된 개념의 정치적 공공영역 개념을 방어하였고, 따라서 정치 내에서 대체적인 힘의 균형을 달성하기 위한 정보적(그리고 여타) 프로그램에 대한 지원을 정당화할 수 있다고 생각한다. 나는 또한 공영방송이나 공공도서관과 같은 거의 모든 공적 서비스 제도가 시장체계보다 더 양질의 정보와 더 좋은 접근성을 제공한다는 점에도 동의한다(Iosifidis, 2011). 이런 점에서는 — 공공영역을 구성한다는 점에서는 아닐 수 있지만 — 그러한 제도를 방어할 필요성이 있다.

나는 또한 감시의 증가에 대해서도 상당히 많이 언급하였다. 특히 앤서니 기든스의 이론을 활용하여 감시의 이중적 성격을 보여 주고자 하였다. 이런 측면은 우리가 개인화된 서비스를 만끽하면서도 복합사회의 조직적 혜택을 누리기를 바란다면 거부하기 불가능한 추세로 보인다. 물론 우리는 컴퓨터 이용, 이동통신망, 신용카드 지출 등에 대해 자세하게 개별화된 분석을 할 수 있는 동시에, 과거 어느 때보다도 규모가 커진 감시체계의 확산에 대해 불안해한다.

2013년 초여름에 폭로된 미국의 프리즘(PRISM) 프로그램—전화 연결과 같은 메타데이터(실제 데이터에 연관된 정보를 제공하는 2차 데이터 - 옮긴이 주)에서부터 온라인 커뮤니케이션까지 모든 디지털 정보를 수집하는 것으로 보이는—은 감시의 이러한 측면을 잘 보여 주는데, 이는 기술에 의한 것이 아니라 적으로 인식되는 대상으로부터 시민을 보호하려는 국가의 요구에 의한 것이다(알카에다와 같은 테러주의자들의 경우는 확실하겠지만, '범주적 의심'에 포함되는 경계는 모호할 수밖에 없어서, 예컨대 긴축반대 시위자들도 포함될 수 있다. 뿐만 아니라 감시되어야 할 대상의 식별은 역사적, 정치적 상황에 따라 달라진다. 가령 서명운동이나 집회에 참여하는 것도 의심의 근거가 되었던 매카시 시대에 프리즘이 어떻게 사용될 수 있었을지 상상해 보라).

동시에 감시는 민주주의 자체의 필수적인 부분으로 보인다. 한편으로는 투표권이 있는 모든 사람들이 그러한 권리를 행사하도록 보장하기 위해 감시가 필요하다. 다른 한편으로는 존 키언(Keane, 2009)이 '감찰 민주주의'(*monitory democracy*)라고 부르는 환경 속에서는 '범주적 노출'을 통해, 정치적 책임성 및 투명성과 관련하여 중심적 역할을 수행하는 정치인, 로비스트 등과 같은 사람들에 대한 면밀한 감시를 할 수 있게 된다. 제 11장에서 정보전의 상황에서 정부와 군부는 일반에 공개되는 정보를 통제하는 데 상당한 어려움을 겪게 된다는 것을 살펴보았다. 우리는 또한 정보적으로 혼란상태로 간주될 수 있는 조건 속에서, 기자들이나 반대파들이 흔히 이러한 노력을 좌절시키는 방식에 대해서도 자세하게 살펴보았다. 정부 통계와 같은 논란이 적은 정보뿐만 아니라 이러한 감시도 앤서니 기든스가 탐구했던 '고양된 성찰성'에 대한 기여 요인이 되며, 따라서 민주주의의 건강에도 기여하게 된다. 범주적 노출과 같은 감시는, 정보에 밝은 시민을 형성하고 정부가 유권자들에게 충분히 책임 있는 행위를 하도록 만들기 위해서 필수적으로 요구되는 면밀한 정찰과정을 표현하는 것이다.

사회는 감시를 제한하고 그에 상응하는 정보의 충실성(*integrity*)을 보장하기 위해 지침과 법제를 만들기를 바라겠지만, 감시 자체가 사라질 수는 없다. 이러한 이유 때문에 2013년 6월에 에드워드 스노든(Edward Snowden)이 프리즘의 방대한 규모에 대해 폭로했을 때 사람들이 크게 항의하지 않았을 수도 있다. '테러'의 위협에 대한 두려움으로 많은 사람들은 사생활 침해를 용인하는데, 사실 온라인 광고, 위치기반 소셜 미디어, 구매활동 등을 통해 이미 상당한 정도의 일상적 감시가 이루어지고 있어서, 오늘날 우리가 익명의 제도에 의해 면밀하게 감시된다는 것을 모르는 사람은 거의 없다. 그렇기 때문에 많은 사람들은 테러의 위협이 존재하는 상황에서 정부기관이 엿보는 것은 상대적으로 약소한 확장에 지나지 않는다고 생각하게 되는 것이다.

이 책의 가치는 다양한 '정보사회 이론들'에 대한 바로 이러한 설명과 평가의 충실함에 있다고 해야 할 것이다. '정보시대'에 관한 매우 많은 논평은 소박하고 당연한 입장에서 출발한다. 즉 "'정보기술혁명'이 진행되었고, 이것은 중대한 사회적 결과를 초래할 것이고 또 초래하는 중에 있다. 우리가 예상할 수 있고 이미 경험적으로 나타나는 충격은 다음과 같다"라는 식이다. 이것은 너무나 자명하게 확고한 방향감각을 가지고 출발하고, 또 매우 산뜻한 선형적 논리 — 기술혁신이 사회변동을 야기한다는 — 를 따르고 있어서, 기술이나 정보적 추세의 향방에 대한 연구를 착수하는 사람들에게 그것이 단순히 잘못된 출발점이라고 선언하는 것이 유감스러운 일이 될 정도이다. 적어도 사회이론의 기여를 인정함으로써, 우리는 이러한 쟁점에 대한 고려 속에서 상당히 지배적인 경향이 된 기술결정론으로부터 벗어날 수 있다(그러나 우리가 보았듯이, 기술결정론은 일부 사회과학자들에게 미묘하게 — 그리고 어떤 때는 분명하게 — 잔존하면서 쉽게 사라지지 않고 있는데, 이는 특히 기술은 사회로부터 쉽게 분리될 수 있고 어느 정도 중요한 영향을 미치는 독립변수로 접근되어야 한다는 가정에서 출발하려는 그들의 의도에서 잘 드러난다).

그러나 이에서 더 나아가 나는 현대생활에서 정보의 중요성에 대한 평가는 허버트 쉴러, 앤서니 기든스, 프리드리히 하이에크, 마누엘 카스텔, 지그문트 바우만 등과의 접촉을 통해 크게 심화된다고 생각한다. 예컨대, '탈산업'사회가 영위되는 방식에 가장 중요한 영향을 미치는 것은 정보직업의 팽창으로 이어지는 서비스 고용의 증가라는 다니엘 벨의 주장에 자극을 받지 않을 사람이 누가 있겠는가? 오늘날의 '정보사회'의 기원은 국민국가로 이루어진 세계에서 절박한 상황의 필요에 따라 주로 행해지는 감시활동이라는 앤서니 기든스의 주장을 흥미롭게 보지 않을 사람이 누가 있겠는가? 전후 시대의 정보폭발이 대부분 기업자본주의의 냉혹한 행진의 결과라는 허버트 쉴러의 주장을 진지하게 고려하지 않을 사람이 누가 있겠는가? 민주주의의 올바른 운영에 필수적이고, 정보의 질이 건강한 참여적 토론에 산소 같은 역할을 하는 '공공영역'이 쇠퇴하고 있다는 위르겐 하버마스의 우려에 동요되고 자극받지 않을 사람이 누가 있겠는가? 사회경제적 조직화 유형이 이른바 포드주의에서 탈포드주의로 이행하였다고 주장하는 이론가들이 정보를 이해하는 데 도움을 준다는 점을 누가 부인하겠는가? 모사

(*simulation*) 인 기호에 관한 격언적인 — 거칠기는 하지만 — 주장을 하는 장 보드리야르나, '탈근대적 시대'에서 정보의 발생과 활용을 뒷받침하는 '수행성의 원리'를 밝혀낸 장 프랑수아 리오타르에 의해 자극받지 않을 사람이 누가 있겠는가? 그리고 이러한 사상가들과 그들의 대단한 업적을 접하고서, '정보시대'에 관한 대부분의 언급 — 이를 새로운 사회의 출현을 가능하게 하는 것은 소셜 미디어, 통신기술, 또는 인터넷이라는 주장에 한정하는 경우 — 이 절망적으로 서투르다고 결론 내릴 사람이 누가 있겠는가?

물론 내가 여기서, 이 책에서 시도한 것은 단지 정보적 추세에 대한 다양한 해석을 독자들에게 소개하는 것이었다는 주장을 하면서 논의를 멈춘다면, 나는 솔직하지 못한 사람이 될 것이다. 이 책을 여기까지 읽어 온 사람들은 내가 일부 이론가들을 다른 이론가들보다 더 설득력 있는 것으로 본다는 것을 충분히 깨달았을 것이다. 나는 그러한 점과 그들의 입장을 더 선호하는 이유를 밝히려고 노력하였다. 정보 문제를 다루는 주요 이론에 대한 면밀한 비판이라 할 수 있는 이러한 접근은, 내 자신의 견해를 주장하기 위해 다른 사람들의 저작을 활용하는 것이었다. 이러한 방식은 제시되는 경험적 증거의 중요성뿐만 아니라 사상가들의 개념적 원리를 검토하는 것이었다. 세심한 독자들은 이 책을 여기까지 읽으면서 내 자신의 입장이 어떠한가에 대해 상당히 많은 것을 알아냈을 것이다. 그렇지만 명료함을 위해 내 자신의 결론을 보다 분명하게 밝히고자 한다.

나는 현대에서의 정보영역과 그 중요성을 이해하고자 하는 사람은 무엇보다도 허버트 쉴러와 앤서니 기든스의 견해와 연구에(그들의 주제에 영향을 받은 상당한 연구뿐만 아니라) 주로 관심을 가져야 한다고 믿는다. 이것은 결코 다니엘 벨이나 장 보드리야르, 마크 포스터나 다른 학자들의 기여가 대수롭지 않다는 것을 의미하는 것은 아니다. 그와는 반대로, 나는 이러한 사상가들을 분석하는 과정에서 내가 볼 수 있는 취약점뿐만 아니라 그들의 저작이 가진 긍정적 요소를 찾아내고 평가하려고 시도하였다. 사실 마누엘 카스텔의 《정보시대》 3부작과 《커뮤니케이션 권력》은, 비록 그의 연구의 일부 측면에 대해서 나는 여전히 비판적이지만(Webster and Dimitriou, 2004), 오늘날의 세계에 대한 가장 설득력 있는 분석이라고 생각한다.

내가 일부 이론가들을 다른 이론가들보다 더 선호하는 두 가지 주된 이유가 있다. 첫째 이유는 실제 세계에서 진행되는 내용을 밝혀낼 수 있고 경험적인 검증을 통과할 수 있는 접근방법의 역량과 관련된 것이다. 전반적으로 볼 때 허버트 쉴러(그의 저작 속에서는 이론이 실제적인 관심에 결정적이고 적절한 방식으로 종속되어 있다)의 비판이론, 그리고 앤서니 기든스의 역사사회학이 탈산업사회나 탈근대주의 주창자들의 저작보다 더 설득력 있는 것으로 보인다. 너무나 분명한 것을 언급하는 것인지 모르겠지만, 내가 선호하는 이론을 밝힌다고 해서 이들의 모든 주장을 지지한다거나, 또는 정보적 영역의 주요한 특징에 대해 쉴러와 기든스가 의견의 일치를 보이는 것으로 간주한다는 의미는 아니다. 독자들은 자본주의적 필요성에 대한 쉴러의 초점이 국가가, 특히 군사 및 시민권의 차원에서, 정보의 수집과 활용에 영향을 미치는 방식에 대한 기든스의 강조와 상이하다는 것을 분명히 보았을 것이다.

그러나 이러한 이론가들의 다양한 견해 속에는 결정적인 하나의 일치점이 존재하는데, 그것이 바로 내가 판단하기에 현대생활에서의 정보의 역할을 이해하고 설명하는 데 비교적 도움이 덜 되는 것으로 보이는 다른 이론가들로부터 이들을 구별해 주는 것이다. 이것은 내가 이들을 선호하는 두 번째 이유와 관련되어 있다. 쉴러, 하버마스 그리고 기든스가 공유하는 것은 생활의 정보화(*informatization*)를 인식해야 한다는 확신인데, 이 과정은 수세기 동안 지속되었지만 19세기에 산업자본주의가 발전하고 국민국가가 공고화하면서 가속된 것이다. 이것은 또한 20세기 말 세계화와 초국적 기업의 확산으로 지금까지는 영향을 받지 않았던 영역 — 지리적으로 아주 멀리 떨어져 있거나 개인의 사적인 생활과 매우 밀접한 — 이 세계시장으로 통합됨에 따라 급속하게 진행되었다.

다시 말하면 이들 학자들은 정보적 발달은 역사적 선행요인과 연속성의 관점에서 설명되어야 한다고 믿는다. 이에 따라 각 학자는 자신들의 설명 속에서, 기존의 사회적 형태가 지속될 수 있도록 하는(불확실하고 우연적인 상황 속에서 정보가 이러한 기능을 가장 잘 수행할 수 있듯이) 정보적 양식과 과정을 형성했고, 또한 이를 기반으로 구축된 현상을 무엇보다 중요시한다. 예컨대 허버트 쉴러의 저작 속에서는 정보적 영역의 기원과 현재의 운용에 지배적인 것은 바로 자본주의적 특성이라는 주장이 자주 발견된다. 즉 가장 두드러진 영향력을 행사하는 것은 기업체, 시장원리 그리고 권력 불평등의 우세라는 것이다. 마찬가지로 '공공영역'이 쇠퇴하고 있다고 주장하는 사람들은 오정보(*misinformation*), 역정보(*disinformation*), 오락성 정보(*infotainment*) — 모든 형태의 정보관리 — 의 확산을 상품화 및 시장원리의 역사적 팽창과 모든 방면으로의 침투라는 관점에서 설명한다. 이러한 이론가들에게는 '정보폭발'이 자본확장 역사의 부침에서 절대적인 부분으로 이해될 수 있는 것이다.

또한 정보에 대한 기든스의 접근은 정보의 발달을 국민국가 그리고 그에 관련된 근대성 — 전쟁의 산업화, 그리고 시민권 및 의무의 확산 등과 같은 — 을 형성하는 역사적 유형의 발전이라는 맥락 속에 자리매김한다. 조절학파 이론가들도 이와 유사한 측면을 강조하는데, 이들은 세계화의 확산에 관련된 위협과 기회에 따라 야기된 불경기와 구조조정에 뒤따르는 선진 자본주의의 필요와 결과라는 관점에서 정보적 추세를 설명한다.

역사적 연속성을 강조하는 사람들이 아무것도 변한 것이 없다고 주장하는 것은 아니다. 그와는 정반대로 정보화로 바라본다는 사실은 이들이 지금까지 변동이 진행되어 왔다는 것 그리고 그러한 변동과정에서 정보가 이전보다 더 중심적인 위치로 부상하였다는 점을 인정하는 데 관심이 있다는 것을 보여 준다. 그럼에도 불구하고 그들이 거부하는 것은 '정보혁명'이 이전의 모든 것을 뒤집어 놓았다거나 지금까지 우리가 경험한 것과는 근본적으로 다른 유형의 사회질서를 보여 준다는 주장이다. 그에 반하여 이들 이론가들은 정보화가 일차적으로 기존의 연속적인 관계, 즉 지속적으로 반복되는 관계의 표현이자 결과라고 설명한다. 이들은 자신들이 생활의 정보화를 초래하는 요인으로 간주하는 영향력이 21세기에 들어선 지금도 여전히 지배적이라고 확신한다.

내가 기존세력의 연속성으로부터 유래하는 생활의 정보화라는 견해를 선호하는 이유는 그것을 다니엘 벨, 지안니 바티모 그리고 마크 포스터 등과 같은 사람들의 주장과 대비시켜 보면 더욱 분명해진다. 현저하게 다양한 견해와 접근을 취하는 이들에게서 공통적으로 나타나는 것은 연속성에 대한 변동의 우세를 지지한다는 점이다. 이러한 접근들에서는 변동이 매우 중요한 의미를 가지는 것으로 간주되어, 과거의 모든 것과의 체계적 단절을 보여 주는 새로운 유형의 사회의 출현이 자주 언급된다. 이러한 이론가들은 일반적인 '정보사회'뿐만 아니라 탈산업사회, 탈근대주의, 정보시대, 그리고 유연전문화 등과 같은 다양한 용어를 사용한다.

물론 이들 이론가 중 역사적 상상력이 결여된 사람은 아무도 없다. 그러나 그들이 제시하는 분석은 항상 '정보사회'의 새로움, 즉 '정보사회'가 이전의 모든 사회로부터 분리된다는 점을 강조한다. 나는 이 책을 통해 이러한 주장이 지지될 수 없는 것이라는 점을 보여 주려고 노력했고, 그 과정에서 내 자신이 계속해서 연속성의 우위를 주장하는 사람들에게로 되돌아가고 있음을 발견했다.

연속성과 변동 간의 이러한 논쟁은 오류이고, 심지어 도움이 되지 않는다는 반론이 제기될 수 있다. 그것이 양자택일, 즉 전적인 연속성 또는 전적인 변동을 의미하는 것이라면 오류가 될 것이다. 실용주의자들은 당연히 현 시대는 양자의 혼합이라고 주장할 것이다. 우리는 실제 세계가 어떻게 돌아가는지를 진지하게 이해하고자 하는 사람들이 느끼는 불만, 즉 '연속성 대 변동'이라는 논쟁에 빠지는 것은 논점을 흐리게 한다는 불만을 이해할 수 있다. 나는 이러한 입장에 어느 정도 공감하면서, 사회과학자들 사이의 오래된 논란에 대해, 주장보다는 실질적 분석을 우선시하고자 했다.

그럼에도 불구하고 실용주의자조차도 연속성과 변동 중 과연 어느 것이 주된 힘인가에 대한 질문을 받을 수 있다. 이런 질문은 쉽게 피할 수 없으며, 또 피해서도 안 된다. 나는 사상가들에 대한 비교평가와 경험적 증거의 설득력에 대한 판단을 통해서만 이러한 질문에 답할 수 있다고 생각한다. 이러한 작업이 내가 이 책에서 시도한 것이며, 이를 통해 나는 변동보다는 연속성을 선호하게 되었다.

그러나 정보시대의 새로움을 강조하는 사람들을 경계해야 할 적어도 두 가지 추가적인 이유가 있다. 하나는 현재주의(*presentism*)의 함정으로서, 즉 자신의 시대는 이전 시대와 근본적으로 다르다는 착각이다. 물론 이는 어느 정도 자명한 진실이다. 즉 모든 역사적 환경은 고유하며, 현재는 과거와 다르다. 그럼에도 불구하고 새로움에 대한 지나친 강조로 쉽게 이어질 수 있는 현재에 대한 열성주의를 자제하는 데는 장기적 관점이 도움이 된다. 앨런 베넷(Alan Bennett)은 〈히스토리 보이즈〉(*The History Boys*, 2004)라는 희곡에서 "가까운 과거처럼 먼 시기는 없다"라고 주장했는데, 그는 아마 현재 우리의 상황에 대해서도 동일하게 주장할 것이다. 현재가 절실하고 손에 잡힐 듯이 뚜렷하며 강력하지만, 우리가 현재에 지나치게 몰두하면 현실을 장기적 안목에서 바라보지 못하게 된다. 우리는 이것을 개인적인 삶 속에서는 인지하지만(한때 열정적이었지만 새로운 정보와 지식을 접한 후 생각을 바꾼 경우를 생각해 보라), 현대의 보다 넓은 영역에 대해서도 인지할 필요가 있다. 그리고 '정보사회'에 대한 주장을 접하는 경우에도 이것을 기억해야 한다.

물론 아이패드, 월드와이드웹과 같은 기술은 현대 세계의 특징이며, 이러한 기술이 우리가 살아가는 방식에 영향을 미치는 것도 분명하다. 그러나 새로운 것을 인정하는 것과, 새로운 기술이 사회관계의 근본적인 변형을 표현하는 것이라고 주장하는 것은 엄청나게 다른 것이다. 우리가 경계해야 할 두 번째 이유는 '정보사회'가 새로운 시대라고 주장하는 설명은 현재 상태를 쉽게 수용하고 인정하도록 다른 사람들에게 압력을 가할 수 있다는 것이다. 우리가 새로운 사회에 진입했다는 주장은 우리는 변동에 대해 아무것도 할 수 없으며, 따라서 현실을 받아들이고 적응할 수밖에 없다는 견해와 쉽게 어울린다. 이에 반해 역사적 선행조건을 추적하고 연속성을 강조하는 설명은 현재가 과거로부터 출현하게 된 방식, 그리고 사람들이 만든 것이기에 또한 다시 만들 수 있다는 사실에 주목한다(Burke, 2000 참조).

나는 정보적 추세는 자본주의 발전의 역사와 압력이라는 맥락 속에서 가장 잘 평가될 수 있다고 생각한다. 이런 점에서 역사는 중요하며, 따라서 오늘날의 자본주의가 과거와 동일하다고 주장해서는 안 된다. 우리가 오늘날 접하는 정보자본주의는, 19세기 중후반의 자유방임 시대와 구별될 수 있는 것과 마찬가지로, 20세기 초반에 형성된 기업자본주의와도 중요한 차이를 보인다. 현대 자본주의에 대한 제대로 된 설명은 그 고유한 특징을 밝혀내야 하는데, 그 가운데는 초국적 기업의 출현, 세계적 차원의 경쟁 심화(그리고 그에 따른 자본주의 요소의 변동 가속화), 국가주권의 상대적 쇠퇴, 그리고 무엇보다도 세계화 등이 포함된다. 매우 복합적인 현상이지만, 세계화는 대부분 서구적 양식과 동조되는 방식으로 세계를 형성하고 있다.

이 모든 것은 〈뉴욕타임스〉의 칼럼니스트인 톰 프리드먼(Tom Friedman)이 저서 《렉서스와 올리브나무》(*The Lexus and the Olive Tree*)에서 효과적으로 그리고 시원하리만큼 주저 없는 말로 잘 포착하였다. 프리드먼은 다음과 같이 직설적으로 말한다. 즉 "도시에는 단지 하나의 게임만" 존재하며, 그것은 미국 — 가장 군살이 없고 규모도 크고 경험이 많은 주자 — 이 절대적으로 유리한 위치에 있는 게임이라는 것이다. 현 시기는 "미국의 힘, 미국 문화, 미국 달러, 그리고 미국 해군에 의해 지배"되며(p. xiv) — 세계화가 자본주의 선도국가인 미국의 승리를 표현하는 것이기 때문에 — 어느 정도의 동질화는 불가피한 시기다. 그러한 동질성은 세계의 나머지 국가들이 미국화(*Americanization*)에 적응해야 한다는 것을 의미한다. 프리드먼이 말하듯이, 세계화는 "빅맥(Big Mac)에서부터 아이맥(iMacs: 애플 사의 컴퓨터 브랜드 - 옮긴이 주), 미키마우스로"(p. 9) 진행되는 것을 의미한다.

이렇게 말한다고 해서, 프리드먼이나 내가 서구적 방식에 대한 세계의 동조가 안정성을 가져왔다거나 혹은 그것이 미국의 국가적 우월성을 직접적으로 공고화했다고 주장하는 것은 아니라는 점을 강조할 필요가 있다(Friedman, 2005). 그와는 반대로, 세계화의 또 다른 주요한 특성은 변동 자체의 가속화뿐만 아니라, 과거에는 분리되었던 영역들이 서로 관계를 가지게 되고 그에 따라 불확실성이 증대되면서 나타나는 경쟁의 심화이다(Soros, 1998; Greider, 1997). 프리드먼도 이에 동의한다(Friedman, 1999). 실제로 그의 책에서 중심이 되는 논제는 새로운 제품과 과정을 일상적으로 개발하는 동적이고 변화무쌍하며 불안정한 세계에서의 삶과(렉서스 자동차) 안정성, 뿌리, 공동체에 대한 인간의 욕구(올리브나무) 간의 긴장에 관한 것이다. 프리드먼이 볼 때 미래의 방향은 렉서스 자동차이다.

내가 강조하고자 하는 것은 세계화는 무엇보다도 이른바 '사업문명'(*business civilization*)의 승리를 표현한다는 것이다. 이를 통해 나는 아무리 많은 다양성을 경험한다 하더라도 세계는 공통된 원리를 통해 통합된다는 것을 강조하고자 한다. 이러한 원리에는 다음과 같은 것들이 포함된다.

- 지불능력이 재화와 서비스 공급을 결정하는 주요한 기준이 될 것

이다.

- 공적 공급보다는 사적 공급이 일반적 공급의 토대가 될 것이다.
- 어떤 것이 가용하게 되는가를 결정하는 데 있어 시장기준 — 어떤 것이 이윤을 내는가 아니면 손실을 초래하는가 — 이 일차적 요인이 된다.
- 경쟁 — 규제와 반대되는 — 이 경제적 문제를 조직화하는 가장 적절한 기제로 간주된다.
- 활동의 상품화 — 즉 관계가 가격평가에 따르는 것으로 간주된다 — 가 규범이 된다.
- 재산의 사적 소유가 국유보다 선호된다.
- 임금노동이 노동활동을 조직화하는 주된 기제가 된다.

분명히 이런 것들은 실제적으로 일어나는 것에 대한 이념화(*idealization*)지만, 논쟁의 여지가 없는 것은, 이러한 원리들이 최근 10년 동안 전 세계로 가속적으로 확산되었다는 것이다. 왜 그런지에 대해서는 복합적인 이유들이 존재하고, 지금까지 이러한 원리의 확산에 대한 산발적 저항이 일어났지만, 내가 볼 때 우리는 최근 몇 년 동안 '사업문명'의 대대적인 침투를 경험했다. 이것은 확장적이면서 동시에 집중적이라는 점을 강조할 필요가 있다. 집중적인 이유는, 서구에서조차 지금까지는 상대적으로 영향을 받지 않았던 친밀한 삶의 영역에까지 시장관행이 엄청나게 침투하고 있기 때문이다. 예컨대 우리는 아동보육(다양한 장난감과 아동용 TV 프로그램의 만연), 일상적 식료품의 공급(오늘날 거의 모든 사람들은 슈퍼마켓에서 식료품을 구매하지만, 과거에는 많은 가구가 야채를 재배하거나 가축을 기를 수 있는 정원이나 농지를 통해 적어도 상당 부분을 자급자족했다), 의복 제작이나 뜨개질 같은 자급적 활동의 쇠퇴 등을 생각해 볼 수 있다(Seabrook, 1982b). 외연적으로는 물론 세계화의 확산을 생각해 볼 수 있는데, 세계화의 영향으로 이전에는 자족적이었던 많은 지역이 식민지화되었다.

이에 대한 분명한(과소평가되어 있지만) 예는 지구 대부분의 지역에서 농민이 사라졌다는 것이다. 농민은 인류 역사 내내 세계 인구의 압도적 다수를 차지했고, 한 추정에 따르면 1900년에는 세계 인구 10명 중 9명이 농민이었지만(Ponting, 1999: 13), 이제 이들은 파멸의 순간에 처했다(Worsley, 1984). 1900년 당시 거대 농민사회들 — 중국과 러시아 — 은 더 이상 그런 명칭으로 불리지 않으며, 유럽에서도 농민은 사실상 사라지고 있다. 그리고 그 이유는 분명하다. 농민은 본질적으로 시장문명과 어울리지 않기 때문이다. 농민들은 대부분 자족적이고, 기술혁신에 대해 회의적이고, 임금노동에 저항하며, 시장조직과는 동떨어져 있다. 그리하여 케빈 로빈스(Kevin Robins)와 내가 사업관행에 따른 세계의 '인클로저'(*enclosure*) — 이전에는 외부에 있던 활동이 일상적 사업영역으로 통합되는 것을 의미 — 라 부르는 것에 의해 그들의 생활양식은 쇠퇴하고 있다(Robin and Webster, 1999).

정보적 쟁점이 '사업문명' 속에 통합되어 있다는 것에 대해서는 의문의 여지가 거의 없다. 이런 측면에서 일상생활과 그 주변에 확산되어 있는 '브랜드'나, 과학적 연구에서부터 스포츠 구단의 마케팅에 이르는 다양한 영역에서의 '지적재산권'의 증대된 중요성에 대해 생각해 보자. 정보적 영역에서 상품화가 증가했는데, 녹음된 음악의 각 소절과 영화의 각 장면, 즉 '창작 재산'의 모든 부분의 사용에 대해 비용을 부과하려는 움직임으로 인해, 로렌스 레식(Lawrence Lessig, 2004)이 현대의

'재(再) 혼성 문화'(*remix culture*)라고 부르는 것이 위협받고 있다. 그가 말하는 재혼성 문화는 영상, 음악, 말을 디지털 매체 속에 혼합시키는 것으로, 과거에는 '공정이용' 원칙 — 시청각 산물에 대해서는 그러한 원칙을 적용하기 힘들게 되었다 — 에 따라 보호되었던 문자 중심의 표현형태를 대체하고 있다. 물론 이러한 경향과 반대되는 정부의 공공정보, 공적 서비스 웹사이트, 저작권 없는 문학작품의 디지털 전집 확산 등과 같은 탈상품화 경향도 존재한다. 그러나 이러한 역(逆) 경향을 창작 및 지식 재산에서 소유주의 투자대비 수익률을 극대화하려는 기업과 입법부의 거대한 움직임에 대한 효과적인 상쇄경향으로 해석하기는 힘들다.

이러한 글을 읽으면서 자본주의 확장 이전 시기에 대한 향수를 느끼는 사람들이 있을 수 있기 때문에, 몇 가지를 강조하고자 한다. 우선, 시장기제의 침투에 따라 소비자들이 곤경에 빠졌다는 것을 의미하는 것은 결코 아니라는 점이다. 반대로 돈이 있는 사람들에게는 식료품과 의류를 가게에서 구매할 수 있다는 것이 집에서 빵을 굽는 것과 같은 지루한 일상, 또는 잘 맞지 않고 유행에 뒤떨어진 옷을 감내해야 하는 상황보다 더 나은 것이다. 유사하게 정보의 시장화는, 비용으로 지불할 자원이 있는 경우에는, 오늘날 정보의 품질과 그에 대한 접근의 편리함이 그 어느 때보다도 우수하다는 것을 의미한다. 더욱이 자본주의 내에서의 빈곤한 생활도 대부분의 농민들의 삶과 비교해 보면 부러울 만한 생활수준이다. 둘째, 농민층은 다양한 방법으로 붕괴되었다. 억압과 추방이 분명히 있었지만 — 구소련에서 스탈린의 '쿨라크(*kulaks*, 부농으로 알려진) 청산' 명령이 여실히 보여 주듯이 — 아마도 더 중요한 것은 시장사회의 유인으로 보이는데, 시장은 농민의 생활방식으로는 따라잡을 수 없는 변화와 기회를 제공했다. 마지막으로, 자본주의의 성공을 언급하기 위해서는 자본주의의 주요 경쟁자였던 공산주의의 실패를 인정해야만 한다. 정치적으로 신뢰를 잃은 공산주의는 경제적 문제에서도 실패하여 서구의 역동적 변화를 따라잡지 못했다. 공산주의의 붕괴는 자본주의 패권이 등장하는 수문을 열게 되었고, 그 수위가 매우 높아서, 2008년에 재발한 친숙한 자본주의 위기(금융 실패, 대규모 실업, 많은 국가에서의 생활수준 저하)도 무절제한 대부와 변칙적인 방식 때문에 금융의 붕괴를 초래한 금융가들에 대한 반감 이상의 어떤 것을 초래하지는 않았다. '점령'운동(*Occupy movement*)과 '긴축'정책에 대한 광범위한 시위도 시장사회에 대한 대안을 제시하지는 않았다. 소외당하거나 박탈당한 사람들이 주도한 간헐적인 폭동이 당혹스러운 현상이기는 하지만 이를 결코 자본주의 체계에 대한 정치적 도전으로 볼 수는 없다. 이들은 모두 사업문명의 승리에 대한 실망을 함의할 수 있는 모든 설명에 전제되어야 할 중요한 단서조건들이다. 그럼에도 불구하고 우리는 자본주의가 승리했으며, 그 성공은 전 세계가 자본주의의 궤도 속에, 즉 자본주의적 조직화 방식 속에 휩싸여 있음을 의미한다는 사실을 인정해야만 한다. 우리가 이러한 승리를 수용하느냐의 여부는 중요하지 않다. 여기서의 핵심 쟁점은 그것을 인정하는 것이다.

나는 또한 이러한 성공—이른바 '신자유주의적 합의'의 성공인데, 이는, 비록 세계적 불황이 6년차(2014년 기준 - 옮긴이 주)에 들어서면서 일부 정치인들이 공적 부분 감축과 민영화 대신에 국가 주도 투자를 촉구하고 있지만, 오늘날 세계 모든 정부의 근본적 원칙이라는 것을 강조하기 위한 표현이다—은 과거 자본주의 시대로의 회귀가 아님을 보여 준다는 점을 강조하고자 한다.

특히 세계화는 19세기 자유방임 시대로의 회귀가 없다는 것을 확실하게 만들고 있다. 이는 하이에크의 주장을 거부할 수 있는 충분한 이유이다. 자유시장의 훌륭함에 대한 그의 추상적인 가설은, 비록 하이에크와 유사한 주장을 하는 자본주의 옹호자들이나 활동가들이 의지하는 것이기는 하지만, 신자유주의가 지배하는 실제 세계와의 연관성이 거의 없다. 하이에크의 이론은 도발적이며 생산자와 소비자 간을 매개하는 신호로서의 시장에 대한 그의 통찰력은 매우 가치가 있다. 그러나 오늘날 우리가 살아가는 시장체계는 하이에크의 모형과는 상당한 거리가 있다. 이러한 이유 때문에 사회민주주의자인 나는 기업의 권력을 제한하기 위해 규칙, 규제, 정책이 개입되어야 한다고 주장하는 것이다. 사업문명의 많은 부분은 친숙한 것이며, 19세기 자유무역업자들이 인식할 수도 있는 것이지만, 현재는 분명히 새로운 상황이다. 이 새로운 상황 중에서도 두드러지는 것은 세계적으로 확장된 기업의 출현인데, 이들은 자신들끼리도 격렬하고 치열한 경쟁을 하는 관계이지만, 소규모 기업은 활동의 주변에조차 들어오지 못하게 배제시킨다. 오늘날의 자본주의는 엄청난 연구개발 예산(매년 10억 달러가 넘는)과 국제적 영향력, 세계적 시장을 가진 거대기업 — 비교적 신생기업인 구글, 애플, 페이스북뿐만 아니라 제너럴모터스, 셸, 마쓰시타, 지멘스 등 — 에 의해 지배된다. 또한 오늘날의 지구적 자본주의는 전례 없는 규모와 속도를 가진 세계 금융시장 — 매일 1조 달러 이상이 거래되는 시장 — 과 실시간으로 연결되어 있다. 이러한 연결의 결과는 국민경제의 대대적 변동에서 분명히 드러난다.

세계적 확장범위와 즉각적인 대응체계를 가진 오늘날의 자본주의는 상당한 정도로 국가 정치의 쇠퇴를 예고한다. 정치는 여전히 대부분

국가 수준에서 이루어지는 것은 분명하지만, 국가의 독자적 행위능력이 점차 제한되고 있다는 것에는 환상이 있을 수 없다. 소유와 투자의 상호연관 관계, 세계적으로 운영되는 기업, 금융의 신속한 이전은 시장 '규칙'이라는 대세를 따르는 것이 현대정치의 필수요소라는 것을 의미한다. 다시 말하지만 오늘날의 자본주의는 그 운영의 많은 측면에서 세계적 확장범위를 가지고 있는데, 상품의 세계적 판매, 국제 분업, 세계적 상표 창출 경향 등이 그 증거이다.

이는 자본주의 관행의 확장을 보여 주는 동시에, 그러한 과정에 대한 정부의 영향력이 줄어들었다는 증거이기도 하다. 유럽연합과 같은 초국가와 마찬가지로 국민국가도 여전히 중요한 것은 사실이지만, 국가가 시민들의 일상생활을 통제할 수 있다고 해서 국가가, 자신의 유권자에 대해서는 말할 것도 없고, 원하는 대로 결정할 수 있다고 가정해서는 안 된다. 집중되어 있으면서도 세계적으로 분산되어 있는 기업에 관한 한 국가는 즉각적인 연결과 직접 커뮤니케이션이 가능한 네트워크 세계에서 작동하는 자본의 요구를 수용해야만 한다. 정부는 '시장의 신뢰를 유지'하기 위해 필요한 조치를 취해야 한다. 국가의 성공에 대한 평가가 기업이 사무실이나 생산시설을 자국 내에 위치시키는 정도에 따라 달라지고, 정치인들도 기업의 요구를 들어 줌으로써 생겨나는 일자리 수에 따라 자신들의 성공을 판단하기 때문이다.

이러한 상황은 2012년 후반기 영국에서 생생하게 드러났는데, 구글과 아마존을 포함한 수많은 세계적 기업들이 최소 수준의 법인세를 내는 것으로 밝혀진 것이다. 그들의 조세회피는 합법적인 것이었고, 그들은 이러한 과정이 최대한의 효과를 발하도록 유명한 회계사와 변호사를 고용하였다. 절세에 대해 자문하는 프라이스워터하우스(Price-

WaterHouse), KPMG, 딜로이트(Deloitte) 등과 같은 회사의 조언에 따라 이전가격 조정(*transfer pricing*)이나 역외 등록 수법이 동원되어, 법인세는 소속 국가에 대한 의무가 아니라 자발적 기부의 문제로 간주된다. 이는 세계적 추세이다. 미국의 경우 1952년에는 법인세가 전체 세금의 1/3을 차지하였으나 오늘날에는 9%로 축소되었다.

여기서 현 시대의 새로운 특징을 강조하려고 애쓰고 있지만, 내가 볼 때 가장 중요한 것은 이런 것들이 오랫동안 이어진 원리의 공고화와 확장이라는 것을 우리가 제대로 이해하는 것이다. 다시 말해서 오늘날의 세계경제는 자본주의적 행동방식의 확장과 성장을 표현한다. 이는 시장기제, 공적 공급보다 사적 공급, 조직체의 존재이유로서의 수익성, 임금노동, 재화와 서비스 공급의 결정요인으로서의 지불능력 원칙 등의 적용이 증가한 것에서 쉽게 확인할 수 있다. 간단히 말해서 우리가 사는 '세계 네트워크 사회'는 오랫동안 유지된 자본주의 원리들의 연속 — 또는 변형 — 을 표현한다. 몇 해 전에 크리샨 쿠마르(Krishan Kumar, 1995)가 결론을 내렸듯이,

> 정보폭발은 산업사회가 조직되는 방식이나 그 추구 방향을 근본적으로 변화시키지 않았다. 이윤, 권력, 통제의 필요성은 자본주의적 산업주의의 역사에서 늘 그랬던 것처럼 지금도 지배적이다. 차이는 원리 자체의 변화가 아니라 … 그 활용의 범위와 강도의 증가에 있다(p. 154).

흔히 이론적 정교함의 부족 때문에 비난받는 허버트 쉴러의 저작은, 내가 볼 때, 자본주의의 승리가 정보적 영역에 대해 가지는 중요성을 우리에게 가장 효과적으로 보여 준다. 그것은 또한 일반적인 질문(정

보혁명이 우리에게 무슨 영향을 주는가?)의 역(逆)도 도움이 된다는 것을 상기시켜 준다. "우리가 정보에 대해 무엇을 하고 있는가?"라는 질문은 광고, 정보통신기술, 기업전략, 정치적 영향력, 효과적 마케팅에 대한 세계화된 자본주의의 요구를 강조하는 것이다.

정보적 쟁점의 이해에 대해 나의 기여가 있다면 그것은 아마도 쉴러의 지적 유산과 연결될 것이다. 허버트 쉴러는 날카로운 눈으로 자본주의 발전에서 나타나는 변형을 밝혀냈다. 그는 정보자본주의가 새로운 가능성과 도전을 가져온다는 것을 쉽게 알아차렸지만, 자본주의 기업의 친숙한 계율(이윤, 성장, 시장, 사유재산)은 언제나 변함이 없다고 주장했다. 쉴러는 흔히 '신자유주의'라고 불리는 것이 그와 동반된 세계화, 기업 확장, 경쟁 심화, 정보통신기술의 역할 증대와 더불어 중대한 변화를 보여 주는 것이라고 예리하게 인식했지만, 시장사회의 기본 원칙은 지속되었다는 점을 독자들에게 확인시키려고 노력했다. 다음과 같은 점을 인식하는 것이 매우 중요하다. 즉 때로는 혼란한 속도로, 그리고 중대한 결과를 초래하면서, 변화가 일어난 것은 분명하지만, 섣불리 새로운 유형의 사회가 도래하였다고 주장해서는 안 된다는 것이다. 사실 오래 지속된 관계와 관행을 간과하게 만든다면, '새로운' 시대라는 말은 분명히 오도적인 것이다. 현재를 살아가는 우리로서는 새로운 것들 — 예컨대 차량 소유의 증가, 가족 규모의 변화, 해외여행 증가, 인구 추세 변화 등 — 로 쉽게 놀라는 경향이 있지만, 분석가들은 새로운 것들도 기존 영향력의 지속과 함께 고려해야 한다. 쉴러는 자본주의가 정태적인 질서인 적은 결코 없었다는 점을 특히 효과적으로 강조하였다. 반대로 자본주의는 동적이어서 핵심적 특성의 유지, 공고화, 확장을 추구하는 동시에 끊임없이 변동하고 발전했다.

내가 가지고 있는 쉴러주의적 입장의 예를 들어 보겠다. '정보사회' 주창자들은 체계적 변동을 주장하기 위해 흔히 미디어의 변화를 강조하면서, 이동통신과 상호작용적 뉴미디어의 증가와 같은 쟁점에 주목한다. 그들은 참여를 용이하게 하는 소셜 미디어의 채택에 따라 사람들의 정보적 환경이 변화했다고 주장한다〔선호되는 주제는 정보의 '생비자'(*prosumer*), 즉 생산자인 동시에 소비자인 사람들이 등장하였다는 것이다〕. 성급한 결론을 내리기 전에 더 많은 증거가 필요하긴 하지만, 이러한 변화가 일어나고 있다는 것에는 의문의 여지가 거의 없다. 그러나 미디어에 대한 제대로 된 이해는 미디어를 기술혁신과 추정되는 사회적 결과로만 한정해서는 안 된다. 자본주의의 핵심적 영향이 고려되어야 하며, 여기서 결코 무시될 수 없는 것은 시장관행 및 그와 연관된 사적 이해의 결정적 역할이다. 분명한 사실은 세계적 차원의 미디어 발전 — 논쟁의 여지 없이 우리가 살아가는 정보적 환경에 중심적인 — 은 상업적 이해관심에 따라 지배되며, 그에 따라 상업적 우선순위와 이해관계가 중요시된다는 것이다. 적어도 직접적인 방식으로 그렇지 않은 미디어, 그리고 그에 따라 콘텐츠는 존재하지 않는다. 반대로 미디어는 애초부터 상업적 요구를 표현하는 콘텐츠와 함께 발전한다. 대체로 이는 오락성 정보(스포츠, 영화, 연속극, 드라마 다큐)를 의미한다. 이는 반대하기 위해 이런 식으로 글을 쓰는 사람의 문제가 아니다. 상업적으로 가장 이윤이 남기 때문에, 적어도 교육적 또는 역사적 콘텐츠보다 더 이윤이 남는 것이기 때문에, 오락성 정보가 주된 콘텐츠가 된다는 점을 인식해야 한다고 주장하는 것이다.

나아가서 이러한 추세의 선두에 있는 기업은 또한 상업적 경쟁력과 투자 대비 수익에 초점을 두기 때문에, 시장체계를 지지하는 경향이 압도적으로 강하다. 이에 따라 이러한 기업은 상업적 노선에 따라 조직화되고, 가입비나 광고를 통해 매출을 올리며, 그에 따라 콘텐츠는 소비자나 광고주의 입맛에 맞도록 만들어진다. 이는 어느 정도는 정보적 다양성과 깊이를 확장하는 결과를 가져오는 것도 분명하지만, 드물게 보이는 보석만 가지고 다수의 익숙한 유형을 과소평가해서는 안 될 것이다. 더구나 이러한 기업적 미디어가 만들어 내는 일상적인 콘텐츠는 대부분 시장을 격찬하는 반면에 기업에 대한 정부 개입을 비판하고 국가개입에 대해 경고하며(시장체계가 붕괴되기 직전 무렵인 2008년에 은행을 긴급 구제한 경우는 제외하고), 특히 미디어 기업의 소유주들은 이러한 이념적 주장을 항변하는 데서 목소리를 높인다. 맥타거트 강연(McTaggart lecture: 에든버러 국제 TV방송제 기조연설 - 옮긴이 주)에서 제임스 머독(James Murdoch, 2009)이 유럽에서 오래전에 형성되었고 특히 영국에서 단단한 기반을 가진 공영방송에 대해 표명한 반감은 이러한 신조에 대한 증거라 할 수 있다.

저명한 기업 언론가인 로버트 페스턴(Robert Peston, 2009)이 이에 대한 통찰력을 제공하는데, 이는 머독의 주장에 대한 일종의 반박이다. 그는 2008년 말의 금융위기를 되돌아보면서, 동료 언론인 중에서 1980년대 말 대처 정부에서 틀을 갖춘 런던 시정부 탈규제(규제를 완화하고 완전 전자거래로의 결정적 변화를 지원한) 정책에 대해 불안감을 표명한 사람이 거의 없었다고 우려한다. 페스턴은 미디어가 "세계가 지속적인 저 인플레이션 시대에 진입했다는 (2008년 이전의) 합의에 도전하려는 노력을 거의 하지 않은" 반면에 "일부 미디어는… 거품을 키웠다"고 보았다. 미디어는 편파적이었고 탈규제 조치에 대해 과도하게 동정적이었다. 그렇기 때문에 미디어는 그 본분인 독립적이고 탐사적인 문제제기를 제대로 수행하지 못한 것이다.

허버트 쉴러도 분명 이러한 판단을 지지했을 것이고 그렇게 하는 것이 옳았을 것으로 보인다. 런던 시정부 탈규제는 특히 그들의 위치와 관행 때문에 금융 및 기업 언론가들의 지지를 얻었다. 이에 따라 미디어 자체도 신자유주의의 변형과정에 편입되었다. 수많은 언론인들이 기술혁신, 자유화, 국가규제의 철회 등과 같은 변동에 대한 적극적인 옹호자였던 것이다. 이에 대해 페스턴(Peston, 2009)은 사업적 이해관계와 압력으로부터 자유로운 공적 서비스 언론이 "자본주의의 미래에 관한 중요한 의사결정 과정에 민주적으로 참여하도록 시민들에게 정보를 제공하고 교육해야 한다"고 주장한다. 기업에 고용된 언론인들은 홍보 담당자들과 한통속이 되어 대부분 런던 시정부 탈규제를 열성적으로 지지하였고, 비판을 무시하고 금융관행을 철저하게 검토하지 않음으로써 민주주의가 실패하도록 만들었다. 그들은 고용주와 연줄관계의 영향을 받았고, 이런 이유 때문에 페스턴(Peston, 2009)은 "우리는 당연히 (머독이 제안한 것과 같은) 뉴스 속의 상업적 디지털 시장이 건강한 민주주의를 지원하도록 정보를 분배할 것"이라고 가정해서는 안 된다고 지적한다.

나아가서, 시장화를 촉진하고 혁신과 위험부담을 장려하고 새로운 도전과 기회(인수합병, 새로운 사업모형, 세계시장)를 창출한 여론의 풍토에 따라 금융과 은행이 영향을 받았듯이 미디어도 많은 영향을 받았다. 예컨대 지난 20여 년간 디지털화, 세계화, 온라인 콘텐츠가 동시에 다양한 이해당사자들을 위협하거나 유인함으로써, 신문과 TV는 엄청난 압력을 받고 있다. 이러한 변화의 중심에는 상업적 성공과 실패의 동학과 압력이 자리 잡고 있다. 신문의 우려는 커지고 있는데, 이는

지면 구독자 수가 감소하고 비용이 증가하며 광고 수입이 인터넷으로 옮겨가고, 이전보다 훨씬 더 많은 영역과 경쟁하게 되었기 때문이다. 이러한 변화의 원인으로 단지 '정보사회'를 가져 온 기술혁명만 들 수는 없다. 왜냐하면 그러한 변화는 시장 원칙과 관행이 지배하는 신자유주의적 자본주의 정치경제와 분리될 수 없기 때문이다. 연예인 관련 보도, 광고성 기사, 대중적인 신문의 증가도 이러한 변화와 동시에 진행된 것이다.

자본주의의 주된 원리의 지속성은 인식하고 있어야 하겠지만, 여기서 모든 것을 자본주의의 표현으로 '읽어 내려는' 의도는 없다. 신자유주의적 자본주의가 국가 경계를 초월함으로써 기업이 세계적으로 경쟁하는 것이 용이하게 된 반면에, 국민국가가 그들을 감독하는 것은 더 힘들게 되었다. 그럼에도 불구하고 아직도 많은 나라에서 국가는 매우 중요하다. 정보의 측면에서 — 미디어에 대한 초점을 유지하여 — 보자면, (오늘날 디지털화된) 국가 방송체계는 아직도 매우 중요한 역할을 수행한다. 영국에서는 BBC가 매우 중요하다. BBC는 비상업적 기금으로 설립되었기 때문에 공격적인 기업적 미디어의 이해관계에 대해 적대적이다. 모든 TV 소유자들은 의무적으로 수신료(가입비를 받는 어떤 업체보다도 훨씬 더 저렴한)를 내고 폭넓은 채널과 다양한 콘텐츠에 접근할 수 있다. 현재 인터넷으로도 접근할 수 있는 뉴스는 위치에 상관없이 누구나 무료로 볼 수 있다. 그렇기 때문에 상업적 회사한테는 이는 일종의 방해물이다. 왜냐하면 이러한 무료정보로 인해 자신들이 생산한 뉴스에 요금을 부과하려는 노력이 무력해지기 때문이다. 더욱이 BBC 언론인들은, 로버트 페스턴과 마찬가지로, '공적 서비스'라는 신조를 가지고 종사하는데, 이는 그들이 신문 또는 미디어 거물의 독단에 방해를 받지 않고 시장성의 요구에 따른 압박도 받지 않는다는 것을 의미한다. 그들은 사건과 쟁점에 관해 시민들에게 정보를 제공하고 교육하려는 야심을 가지고 있어서 공정성을 유지하려고 노력한다.

물론 이러한 이상이 충족되지 않는 경우도 있고, 영국에서 ITN, 채널 4, 심지어는 스카이(Sky)를 포함하여 다른 방송들의 뉴스도 공정성을 추구하기도 한다. 그러나 BBC(특히 뉴스에 관한 한)가 신자유주의 추세와는 약간 떨어져 있다는 것은 의심할 여지가 없다. 이러한 이유 때문에 영국에서 가장 중요한 문화제도라 할 수 있는 BBC에 대해, '공산주의 동조자'나 '좌파'라던가, 기업 '현실 세계'의 영향을 받지 않아서 '과잉보호'되었다는 식의 악의적인 공격이 이루어지기도 하고, 상업적 미디어가 국가지원을 받는 기관과 경쟁하기보다는 '동등한 경쟁의 장에서 활동'할 수 있도록 BBC의 활동영역을 축소하자는 목소리가 나오기도 한다.

다시 한 번 언급하자면, 최근의 변동을 이해하고자 한다면 자본주의가 필수적인 용어가 되어야 한다는 것이 핵심이지만, 그 용어를 사용할 때는 과도한 단순화의 위험을 인지해야 한다. 21세기 자본주의는 한 세대 이전의 자본주의와 동일하지 않기 때문에 그 변화를 인식할 필요가 있다. 그럼에도 불구하고 이러한 동적인 경제체계를 지배하면서 정보적 영역에 대해서도 중요한 영향을 미치는 연속성을 인정하는 것도 마찬가지로 중요하다. 동일한 논리로, 자본주의에 대한 역사적 설명은 BBC와 같은 공적 서비스 제도의 중요성을 이해할 수 있게 해주는데, 그러한 제도는 폭넓은 시민들에게 정보를 제공하는 데 매우 중요하기 때문이다. 이러한 제도 — 고등교육이나 공공도서관 등도 분명 포함될 수 있을 것이다 — 는 신자유주의가 야기한 변동에 의해 영향을 받고 있으며, 그 일부 사례는 제 9장에서 살펴보았다. 예컨대 공공도서관은 적어도 20년 이상 지속적으로, 국고가 더 이상 지원할 여력이 없고 시장이 훨씬 더 좋은 서비스를 제공할 수 있다는 이유로 공격을 받아 왔다. 대학도 관리방식, 수입 원천, 연구, 개설과목 등에서 기업적 관행을 중시하는 쪽으로 확실히 변했다. 공적 서비스 제도는 수세적 입장에 있지만 아직 시장체계로 편입되지는 않았는데, 그 자율성으로 인해 비정통 정보에 대한 중요한 공간을 제공하고 또 제공되는 정보의 다양성과 깊이를 확장해 준다. 공적 서비스 제도가 공공영역에 대한 기여자로 개념화되는 시대도 있었다. 그러나 제 7장에서 분명히 밝혔듯이, 정치적 공공영역으로 한정한다면 그 중요성은 여전히 존재하지만, 세계화된 관계, 분절된 청중, 노출된 국민국가의 시대라고 할 수 있는 오늘날에는 이러한 관계는 거의 불가능하다. 그럼에도 불구하고 이것이 사람들이 공적 서비스 제도를 불신한다는 것을 의미하는 것은 아니다. 이는 특히 이들 정보적 제도가 전적으로 상업적 체계가 허용하는 것보다 더 많은 정보 접속 기회를 제공함으로써 정보에 밝은 시민의 형성에 기여하기 때문이다. 나는 이것을 공공영역보다는 더 완화된 개념인 공적 영역(*public domain*)에 정보가 들어가는 것으로 생각할 수 있다고 본다.

나는 자본주의의 역사적 발전에 주목함으로써 정보화를 가장 잘 이해할 수 있다고 확신하지만, 이것이 이야기의 전부라고 생각하지는 않는다. 이 책의 여러 곳에서 나는 이론적 지식과 그것이 현대생활에서 수행하는 역할에 대해 주목했다. '정보사회' 이론가들은 거의 논의하지 않지만, 이론적 지식은 정보통신기술, 거래 가능 정보, 직업 변화, 정보의 흐름 등과는 관련이 거의 없다(물론 확실히 이 각각은 이론적 지식에 영향을 주지만). 그렇지만 이론적 지식을 현 시기의 특징적인 측면으로 보는 것이 가능하다. 다니엘 벨이 이 용어를 처음 사용했지만 그것에 거의 관심을 주지 않았고 고등교육이나 연구개발 고용의 성장과 같은 양적 척도를 더 선호했다. 추상적이고 일반화할 수 있으며 부호화할 수 있는 이론적 지식은 과학이나 기술적인 주제에서는 쉽게 인정되는 것이다. 그런데 니코 스테어(Nico Stehr, 1994)의 주장에 따르면 이론적 지식은 훨씬 더 넓은 통용범위를 가지고 있으며, 실제로 오늘날 우리가 살아가는 방식을 구성한다. 앤서니 기든스의 성찰적 근대화라는 주제는 사회적 문제뿐만 아니라 개인적 문제와 연관된 이러한 추상적이고 일반화된 지식을 강조한다. 왜냐하면 이론적 지식이 의사결정, 위험관리, 그것이 초래하는 우리의 운명에 대한 통제에 중심적인 역할을 수행하기 때문이다.

이렇게 본다면 이론적 지식은 현대 사회관계의 핵심에 있다. 이것이 우리가 '정보사회' 속에 살고 있다는 주장(나는 정보통신기술의 활용 정도를 계산하는 것보다 더 효과적인 방법으로 이러한 주장이 제기될 수 있다고 보지만)을 지지하는 것이 아니라는 점을 기억할 필요가 있다. 왜냐하면 기든스는 이론적 지식의 기원이 근대성 자체에 있다 — 현대의 '고도 근대성'(*high modernity*)이 초래하는 것은 뿌리 깊은 과정의 강화다 — 는 것을 강조하기 때문이다. 이론적 지식의 정의는 확실하지 않지만, 그 우세는 우리와 우리의 선조를 구별해 주는 중요한 요소가 될 수 있는데, 가장 중요하게는, 이론적 지식이 우리가 스스로의 미래를 결정할 수 있게 하는 잠재력을 제공한다는 것이다. 내가 볼 때 이것의 결론은, 우리가 정보를 제대로 평가하기 위해서는 그것을 자본주의의 지속적 발전이라는 맥락 속에 위치시켜야 하지만, 성찰적 근대화가

(그리고 그에 수반되는 이론적 지식이) 전례 없는 방식으로 우리의 미래를 관리할 수 있는 기회를 분명히 제공한다는 점도 인정할 필요가 있다는 것이다.

이는 '정보사회'의 출현을 주장하고 새로운 시대의 도래에 대한 매우 결정론적인 설명에 의지하는 대부분의 사람들의 입장과 대비될 수 있다. 이들의 설명은 앨빈 토플러(Alvin Toffler, 1990), 니콜라스 네그로폰테(Nicholas Negroponte, 1995), 마이클 더투조(Michael Dertouzos, 1997) 같은 기술과대론자들(*technobooster*)이 열성적으로 수용하는 거친 기술결정론보다 훨씬 더 정교한 것이다. 그럼에도 불구하고 '제 2의 산업분화'(피오레와 세이블), 새로운 '정보양식'(포스터) 또는 '정보적 발전양식'(카스텔)을 인식하는 사람들에게는 기술결정론의 저류(*undercurrent*)가 남아 있다. 나아가 크리샨 쿠마르(Kumar, 1978)는 탈산업사회에 대한 다니엘 벨의 개념의 배후에도 변동에 대한 이와 유사한, 훨씬 더 정교한 것이기는 하지만, 결정론적 설명이 놓여 있다는 것을 분명히 보여 주었다. 벨의 경우에는, 진보된 기술의 활용에서 주로 표현되고 동시에 보다 세련된 조직적 기법의 발전에서도 경험적으로 확인되는 '합리화'라는 보이지 않는 손을 통해서 이것이 드러난다.

이 책에서 나는, 언뜻 보기에는 아무리 동떨어져 있는 것으로 보일지라도, 어떤 공통된 원칙을 가지고 있는 이론가들의 공유된 시각을 강조하고자 노력했다. 우리가 '정보사회'의 출현을 목격하고 있다고 주장하는 사람들이 흔히 공유하는 원칙은 기술적〔또는 벨의 경우는 기예적(*technical*)〕 결정론이다.

이러한 접근에 대한 두 가지 비판을 되풀이하자면, 그것이 기술/기예를 변동의 유일한 원동력으로 간주할 뿐만 아니라(이것은 지나치게 단순하다) — 내가 볼 때는 더 중요한 것으로 — 동시에 이러한 기술/기예가 가치와 신념의 영역과 동떨어져 있다고 가정한다는 것이다. 나는 이 책에서 이것이 잘못된 인식이라는 점을 어렵지 않게 보여 주었다고 생각한다. 그렇지만 우리가 보았듯이, 이러한 접근은 앞으로도 정보적 발달에 대한 분석에 지속적인 영향을 미칠 것이다.

기술에 대한 열성적 지지자들(그리고 때로는 기술 비관론자들)이 우리의 삶의 방식을 크게 바꾸는 기술혁신을 발견하는 곳마다 기술결정론이라는 서투른 판단이 내려지는 것으로 보인다. 사회과학자로서 기술과 변동 모두 이보다는 더 복합적이라는 것을 충고하는 것은 짜증나는 일이다. 작고한 스티브 잡스(Steve Jobs)의 말을 되새길 필요가 있는데, 그는 "여러분은 기술에서부터 시작해서 그것을 어디에 판매할 것인가를 찾아내려고 해서는 안 된다"〔Schofield(2011)에서 인용〕고 주장하였다. 잡스는 "엔지니어와 같이 앉아서 얼마나 멋진 기술이 만들어질 수 있는가를 이해"하려고 해서는 안 된다는 것을 인정한 것이다. 그보다는 고객이 무엇을 원하는지를 연구하고 그것을 고려해서 디자인하는 것이 훨씬 더 중요하다. 혁신에 대한 애플의 기록과 잡스의 말을 믿는다면, 기술 그 자체가 변동의 동력이 아니라는 것을 쉽게 인정할 수 있다. 왜냐하면 잡스가 한 것과 같은 성공적 기술개발은 사회적 차원을 설계에 반영하는 것이었고, 소프트웨어 우위의 시대에도 이러한 현상은 지속되기 때문이다〔여기서 앱(*app*)을 선구적으로 도입한 애플을 생각해 볼 필요가 있는데, 앱은 이용자들이 주도하면서 모바일 정보 서비스의 재형성에 기여하였다〕.

무엇보다도 기술결정론은 사회변동을 오해하는 접근으로 보인다. 기술결정론은 기술/기예를 (가치와 신념이 발견되는) 사회세계로부터 분리시키고, 이러한 자율적 힘이 변동을 초래하는 특권화된 기제라고 주장함으로써, 사회변동의 핵심적 요소들을 탈사회화한다. 그 결과 극적이지만 비사회적인 '정보기술혁명' 또는 기술적 효율성의 근본적 변화를 예견하는 사람들은, 이러한 충격(*impact*)에 따라 전적으로 새로운 유형의 사회가 초래된다는 주장을 쉽게 수용한다.

제 2장에서 논의했듯이, 최근 몇 년간 '정보사회'가 도래했다고(또는 도래하는 과정에 있다고) 주장하는 사람들은 이러한 기예적 결정론과 어울리는 척도를 사용한다. 다시 말해서, 이들은 놀랍게도 자신들이 새로운 질서를 특징짓는 것으로 가정하는 현상을 계산(*count*) 함으로써 '정보사회'를 확인하려 한다. 이러한 현상에는 정보기술, 정보의 경제적 가치, 정보직업의 증가, 정보통신망의 확산 또는 단순히 기호와 상징화의 폭발적 성장과 같은 분명한(그리하여 계산될 필요가 없는) 것들이 포함될 수 있다. '정보사회'의 개념을 지지하는 사람들은 이러한 종류의 지표를 양화시키고 나서, 주변에 더 많은 정보와 정보기술이 존재한다는 것 이외의 어떠한 정당화도 없이, 이 양화시킬 수 있는 요소들이 질적 변환, 즉 '정보사회'의 출현을 보여 준다고 주장한다.

이와 마찬가지로 정보 그 자체에 대한 이들의 개념을 검토해 봐도 이와 관련된 원리와 접하게 된다. 즉 정보는 그 내용과 분리될 수 있는 양적 현상으로 가정된다. 그것은 수많은 '비트'(*bits*), 매우 높은 '가격', 수많은 '기호' 등과 같이, 의미 있는 것을 제외한 모든 것을 지칭하는 것처럼 보인다〔시어도어 로작(Theodore Roszak, 1986)이 설득력 있게 상기시켜 주듯이 대부분의 사람들에게 본질적인 것은 정보의 내용 — 그것이 의미하는 것 — 임에도 불구하고〕. 정보에 대해 보다 쉽게 양화(量化)될 수 있는 비의미론적 정의가 수용되고 있기 때문에, 우리는 양화시킬 수 있는 정보의 성장이 사회와 사회질서의 질적 변동('정보사회')을 보여 준다는 주장을 다시 접하게 된다.

정보화를 역사적 연속성의 관점에서 설명하는 사람들이 오늘날의 정보를 이해하는 더 좋은 방안을 제공하는 것으로 보인다. 그 이유는 특히 이들이 '정보사회'와 정보 그 자체에 대한 추상적인 척도를 거부하기 때문이다. 물론 이들은 정보기술, 정보의 순환, 정보통신망 등이 양적으로 엄청나게 성장했다는 것을 인정하지만, 그러한 비사회적이고 뿌리가 없는 개념을 떠나서 실제적 세계로 되돌아온다. 이들이 실제적으로 의미 있고 분별할 수 있는 기원과 맥락을 가진 정보의 폭발을 찾아내는 곳도 바로 그러한 역사의 흐름 속에서다. 즉 특정한 종류의 정보가, 특정한 종류의 이해를 가진 특정한 종류의 집단을 위해서, 특정한 목적으로 개발된다는 것이다.

참고문헌

The 9/11 Commission Report (National Commission on Terrorist Attacks upon the United States) (2004), Available at http://govinfo.library.unt.edu/911/report/index.htm.

Abrams, Philip (1982), *Historical Sociology*. Shepton Mallet: Open Books.

Ackerman, Bruce and Fishkin, James S. (2004), *Deliberation Day*. New Haven, CT: Yale University Press.

Adam Smith Institute (1986), *Ex Libris*. London: Adam Smith Institute.

______ (1993), *What Price Public Service? The Future of the BBC*. London: Adam Smith Institute.

Adams, John (1765), *A Dissertation on the Canon and Feudal Law*. Available at http://www.ashbrook.org/library/18/adams/canonlaw.html.

Adams, William Lee (2011), 'Were Twitter or Blackberry Used to Fan Flames of London's Riots?', *Time*, 8 August. Available at http://www.time.com/time/world/article/0,8599,2087337.00.html.

Addison, Paul [1982 (1975)], *The Road to 1945: British Politics and the Second World War*. London: Quartet.

Adonis, Andrew and Pollard, Stephen (1997), *A Class Act: The Myth of Britain's Classless Society*. London: Hamish Hamilton.

Agar, Jon (2004), *Constant Touch: A Global History of the Mobile Phone*. Cambridge: Icon.

Aglietta, Michel (1979), *A Theory of Capitalist Regulation*. London: New Left Books.

______ (1998), 'Capitalism at the Turn of the Century: Regulation Theory and the Challenge of Social Change', *New Left Review* 232 (November-December): 41~90.

Alberta, David S. (1996), *The Unintended Consequences of Information Age Technologies*. Washington. DC: National Defense University Press.

Albrecht, Steffen (2006), 'Whose Voice is Heard in Online Deliberation?', *Information, Communication and Society* 9(1) (February): 62~82.

Albrow, Martin (1996), *The Global Age: State and Society beyond Modernity*. Cambridge: Polity.

Alfred, John R. (1972), 'The Purpose of the Public Library: The Historical View'. Reprinted in Totterdell, Barry (ed.) (1978), *Public Library Purpose: A Reader*. London: Clive Bingley.

Amann, Joseph M. and Breuer, Tom (2007), *Fair and Balanced, My Ass! An Unbridled Look at the Bizarre Reality of Fox News*. New York: Avalon.

Anderson, Benedict (1983), *Imagined Communities. Reflections on the Origin and Spread of Nationalism*, 2nd edition. London: Verso, 1991. 윤형숙 옮김 (2002), 《상상의 공동체》. 나남.

Anderson, Chris (2006), *The Long Tail: Why the Future of Business Is Selling Less Of More*. New York: Hyperion. 이노무브그룹 옮김 (2006), 《롱테일 경제학》. 랜덤하우스코리아.

Anderson, Perry (1990), 'A Culture in Contraflow - Parts I and II', *New Left Review* 180 (March-April): 41~78; 182 (July-August): 85~137.

Ang, Ien (1985), *Watching Dallas: Soap Opera and the Melodramatic Imagination*. London: Methuen.

______ (1991), *Desperately Seeking the Audience*. London: Routledge. 김용호 옮김 (1998), 《방송수용자의 이해》. 한나래.

Angell, Ian (1995), 'Winners and Losers in the Information Age', *LSE Magazine* 7(1) (summer): 10~12.

______ (2000), *The New Barbarian Manifesto*. London: Kogan Page. 장은수 옮김 (2001), 《지식 노동자 선언》. 롱셀러.

Annan, Noel [Lord] (1977), *Report of the Committee on the Future of Broadcasting*, Cmnd 6753. London: Home Office.

Antonio, Robert J. (2000), 'After Postmodernism: Reactionary Tribalism', *American Journal of Sociology* 106(2): 40~87.

Armitage, John (ed.) (2000), *Paul Virilio: From Modernism to Hypermodernism and Beyond*. Thousand Oaks, CA: Sage.

Arquilla, John and Ronfeldt, David F. (1997), *In Athena's Camp: Preparing for Conflict in the Information Age*. Santa Monica, CA: RAND.

Arrow, Kenneth J. (1979), 'The Economics of Information', in Dertouzos, Michael L. and Moses, Joel (eds.), *The Computer Age: A Twenty-Year View*. Cambridge, MA: MIT Press, pp. 306~317.

Arsenault, Amelia and Castells, Manuel (2006), 'Conquering the Minds, Conquering Iraq: The Social Production of Misinformation in the U.S.: A Case Study', *Information, Communication and Society* 9(3): 284~308.

Atkinson, John (1984), *Flexibility, Uncertainty and Manpower Management*. Brighton: Institute of Manpower Studies, University of Sussex.

Atkinson, John and Meager, N. (1986), *New Forms of Work Organisation*. Brighton: Institute of Manpower Studies, University of Sussex.

Bagdikian, Ben (1987), *The Media Monopoly*, 2nd edition. Boston, MA: Beacon.

______ (2004), *The New Media Monopoly*. Boston, MA: Beacon. 송정은 · 정연구 옮김 (2009), 《미디어 모노폴리》. 프로메테우스출판사.

Bailey, Stephen J. (1989), 'Charging for Public Library Services', *Policy and Politics* 17(1): 59~74.

Ball, Kirstie and Webster, Frank (eds.) (2003), *The Intensification of Surveillance: Crime, Terrorism and Warfare in the Information Age*. London: Pluto.

Ball, Kirstie, Haggerty, Kevin and Lyon, David (eds.) (2012), *Routledge Handbook of Surveillance Studies*. New York: Routledge.

Bamford, James (1983), *The Puzzle Palace: America's National Security Agency and Its Special Relationship with Britain's GCHQ*. London: Sidgwick and Jackson.

______ (2001), *Body of Secrets*. New York: Doubleday. 곽미경 옮김 (2002), 《미 국가안보국 NSA 1》. 서울문화사.

Barbaro, Michael and Zeller, Tom (2006), 'A Face Is Exposed for AOL Searcher No. 4417749', *New York Times*, 9 August. Available at http://www.nytimes.com/2006/08/09/technology/09aol.html?pagewanted=1&_r=0.

Barber, Benjamin (1984), *Strong Democracy*. Berkeley, CA: University of California Press.

______(2007), *Consumed: How Markets Corrupt Children, Infantilize Adults, and Swallow Citizens Whole.* New York: Norton.
Barnaby, Frank(1986), *The Automated Battlefield.* London: Sidgwick and Jackson.
Barnet, Richard J. and Müller, Ronald E. (1975), *Global Reach: The Power of the Multinational Corporations.* London: Cape.
______(1994), *Global Dreams: Imperial Corporations and the New World Order.* New York: Simon and Schuster.
Barnett, Stephen and Curry, A. (1994), *The Battle for the BBC: A British Broadcasting Conspiracy?.* London: Aurum.
Barnouw, Eric(1978), *The Sponsor: Notes on a Modem Potentate.* New York: Oxford University Press.
Barron, Iann and Curnow, Ray(1979), *The Future with Microelectronics: Forecasting the Effects of Information Technology.* London: Pinter.
Barthes, Roland(1963), *Sur Racine.* Paris: Seuil. 남수인 옮김(1998), 《라신에 관하여》. 동문선.
______(1964), *Essais critiques.* Paris: Seuil.
______(1966), *Critique et vénté.* Paris: Seuil.
______[1967(1953)], *Writing Degree Zero.* Translated by Annette Lavers and Colin Smith. London: Cape. 김웅권 옮김(2007), 《글쓰기의 영도》. 동문선.
______(1979), *The Eiffel Tower and Other Mythologies.* Translated by Richard Howard. New York: Hill and Wang.
Baudrillard, Jean(1975), *The Mirror of Production.* Translated with an introduction by Mark Poster. St Louis, MO: Telos.
______(1976), *Symbolic Exchange and Death.* Translated by Iain Hamilton Grant. Introduction by Mike Gane. Thousand Oaks, CA: Sage, 1993.
______(1983a), *In the Shadow of the Silent Majorities, or, The End of the Social and Other Essays.* Translated by Paul Foss, John Johnson and Paul Patton. New York: Semiotext(e).
______(1983b), *Simulations.* Translated by Paul Foss, Paul Patton and Philip Beitchman. New York: Semiotext(e). 하태완 옮김(2001), 《시뮬라시옹》. 문예출판사.
______[1988(1986)], *America.* Translated by Chris Turner. London: Verso.

주은우 옮김(2009), 《아메리카》. 산책자.
______(1988), *Selected Writings*. Edited with an introduction by Mark Poster. Stanford, CA: Stanford University Press.
______[1990(1979)], *Seduction*. Translated by Brian Singer. Basingstoke: Macmillan. 배영달 옮김(2002), 《유혹에 대하여》. 백의.
______(1991), *La Guerre du Golfe n'a pas eu lieu*. Paris: Galilée.
______(1992), *L'Illusion de lafin, ou, la grève des évènements*. Paris: Galilée.
Bauerlein, Mark(2009), *The Dumbest Generation: How the Digital Age Stupefies Young Americans and Jeopardizes Our Future*. New York: Tarcher.
Bauman, Zygmunt(1987), *Legislators and Interpreters: On Modernity, Post-Modernity and Intellectuals*. Cambridge: Polity.
______(1989), *Modernity and the Holocaust*. Cambridge: Polity. 정일준 옮김(2013), 《현대성과 홀로코스트》. 새물결.
______(1992), *Intimations of Postmodernity*. London: Routledge.
______(1997), *Postmodernity and Its Discontents*. Cambridge: Polity.
______(1998), *Globalization: The Human Consequences*. Cambridge: Polity.
______(2003), *Liquid Love: On the Frailty of Human Bonds*. Cambridge: Polity. 조형준·권태우 옮김(2013), 《리퀴드 러브》. 새물결.
______(2005), *Liquid Life*. Cambridge: Polity.
______(2006), *Melting Modernity*. Ralph Miliband Programme Lectures, London School of Economics. Available at http://www.lse.ac.uk/collections/miliband/BaumanLectures.htm.
______(2007), *Consuming Life*. Cambridge: Polity.
Bauman, Zygmunt and Lyon, David(2013), *Liquid Surveillance*. Cambridge: Polity.
Baym, Nancy K.(2010), *Personal Connections in the Digital Age*. Cambridge: Polity.
Beaudry, Paul, Green, David A. and Sand, Ben(2013), 'The Great Reversal in the Demand for Skill and Competitive Tasks', University of British Columbia. Available at http://faculty.arts.ubc.ca/pbeaudry/paul/documents/great-reversal_v2a.pdf.
Beck, Ulrich(1992), *Risk Society*. Thousand Oaks, CA: Sage. 홍성태 옮김(2006), 《위험사회 - 새로운 근대(성)을 향하여》. 새물결.
Becker, Jörg, Hedebro, Göran and Paldán, Leena(eds.)(1988), *Communi-*

cation and Domination: Essays to Honor Herbert I. Schiller. Norwood, NJ: Ablex.

Bell, Daniel (1962), *The End of Ideology: On the Exhaustion of Political Ideas in the Fifties*, revised edition. New York: Free Press. 이상두 옮김 (2015), 《이데올로기의 종언》. 범우.

______(1973), *The Coming of Post-Industrial Society: A Venture in Social Forecasting*. Harmondsworth: Penguin, Peregrine, 1976.

______(1976), *The Cultural Contradictions of Capitalism*. London: Heinemann.

______(1979), 'The Social Framework of the Information Society', in Dertouzos, Michael L. and Moses, Joel (eds.), *The Computer Age: A Twenty-Year View*. Cambridge, MA: MIT Press, pp. 163~211. 이동만 옮김 (2002), 《정보화사회의 사회적 구조》. 한울.

______(1980), *Sociological Journeys, 1960~1980*. London: Heinemann.

______(1987), 'The World in 2013', *New Society*, 18 December: 31~37.

______(1989), 'The Third Technological Revolution and Its Possible Socio-Economic Consequences', *Dissent* 36 (2): 164~176.

______(1990), 'Resolving the Contradictions of Modernity and Modernism', *Society* 27 (3) (March-April): 43~50; 27 (4) (May-June): 66~75.

______(1991), 'First Love and Early Sorrows', *Partisan Review* 48 (4): 532~551.

______(1999), *The Coming of Post-Industrial Society: A Venture in Social Forecasting*. New York: Basic Books. 박형신 · 김원동 옮김 (2006), 《탈산업사회의 도래》. 아카넷.

Bellah, Robert N., Madsen, Richard, Sullivan, William M., Swidler, Ann and Tipton, Steven M. (1985), *Habits of the Heart: Individualism and Commitment in American Life*. Berkeley, CA: University of California Press. 김명숙 옮김 (2001), 《미국인의 사고와 관습》. 나남.

______(1992), *The Good Society*. New York: Knopf.

Beniger, James R. (1986), *The Control Revolution: Technological and Economic Origins of the Information Society*. Cambridge, MA: Harvard University Press. 윤원화 옮김 (2009), 《컨트롤 레벌루션 - 현대 자본주의의 또 다른 기원》. 현실문화.

Benjamin, Bernard (1988), *Accessibility and Other Problems Relating to Statistics Used by Social Scientists*. Swindon: Economic and Social Research

Council.

Benjamin, Walter[1973(1970)], *Illuminations*. Translated by Harry Zohn. London: Fontana.

Benkler, Yochai(2006), *The Wealth of Networks: How Social Revolution Transforms Markets and Freedom*. New Haven, CT: Yale University Press.

Bennett, Lance and Segerberg, Alexandra(2011), 'Digital Media and the Personalization of Collective Action', *Information, Communication and Society* 14(6): 770~799.

Bennett, Lance, Breunig, C. and Given, T.(2008), 'Communication and Political Mobilization: Digital Media Use and Protest Organizations among Anti Iraq War Demonstrators in the US', *Political Communication* 25(3): 269~289.

Bennett, W. L., Lawrence, R. G. and Livingston, S.(2007), *When the Press Fails: Political Powers and the News from Iraq to Katrina*. Chicago: University of Chicago Press.

Benton, Thomas H.(2008), 'On Stupidity. Parts 1 & 2', *Chronicle of Higher Education* 1(August & September).

Berger, Peter(1982), *The Capitalist Revolution*. New York: Cambridge University Press. 이원희 옮김(1994), 《자본주의 혁명 - 번영과 평등, 그리고 자유에 관한 50개 명제》. 지문사.

Berkowitz, Bruce(2003), *The New Face of War*. New York: Free Press.

Berlin, Isaiah(1969), 'Two Concepts of Liberty', in *Four Essays on Liberty*. Oxford: Oxford University Press.

Berman, Marshall(1982), *All That Is Solid Melts into Air: The Experience of Modernity*. London: Verso, 1983. 윤호병 옮김(2004), 《현대성의 경험》. 현대미학사.

Bernal, John Desmond(1954), *Science in History*. London: Watts.

Bernays, Edward L.(1923), *Crystallizing Public Opinion*. New York: Boni and Liveright.

______(1955), *The Engineering of Consent*. Norman, OK: University of Oklahoma Press.

______[1980(1952)], *Public Relations*. Norman, OK: University of Oklahoma Press.

Bernstein, Carl(1992), 'Idiot Culture of the Intellectual Masses', *Guardian*,

3 June.

Bessel, Richard (2002), 'Society', in Jackson, Julian (ed.), *Europe 1900~1945*. Oxford: Oxford University Press.

Best, Steven and Kellner, Doug (1997), *The Postmodern Turn*. New York: Guilford.

Bhagwati, Jagdish (2004), *In Defence of Globalisation*. Oxford: Oxford University Press.

Bigo, Didier (2012), 'Security, Surveillance and Democracy', in Ball, Kirstie, Haggerty, Kevin and Lyon, David (eds.), *Routledge Handbook of Surveillance Studies*. New York: Routledge, pp. 277~284.

Bimber, Bruce (2003), *Information and American Democracy: Technology in the Evolution of American Power*. New York: Cambridge University Press. 이원태 옮김 (2007), 《인터넷 시대 정치권력의 변동 - 미국 민주주의의 역사적 진화》. 삼인.

Birkerts, Sven (1994), *The Gutenberg Elegies: The Fate of Reading in an Electronic Age*. Boston, MA: Faber and Faber.

Blackwell, Trevor and Seabrook, Jeremy (1985), *A World Still to Win: The Reconstruction of the Post-War Working Class*. Boston, MA: Faber and Faber.

______(1988), *The Politics of Hope: Britain at the End of the Twentieth Century*. Boston, MA: Faber and Faber.

Blair, Tony (2005), 'We Are the Change-Makers'. Speech to the Labour Party Conference, Brighton, 27 September. Downing Street: Office of the Prime Minister.

______(2007), *Our Nation's Future - Defence*, 12 January. Available at http://www/number10.gov.uk/output/Page0735.asp.

______(2010), *A Journey*. London: Hutchinson. 유지연 옮김 (2014), 《토니 블레어의 여정 - 제3의 길부터 테러와의 전쟁까지 블레어노믹스 10년의 기록》. 알에이치코리아.

Block, Fred (1990), *Postindustrial Possibilities: A Critique of Economic Discourse*. Berkeley, CA: University of California Press.

Block, Fred and Hirschhorn, Larry (1979), 'New Productive Forces and the Contradictions of Contemporary Capitalism: A Post-Industrial Perspective', *Theory and Society* 8(5): 363~395.

Bloom, Alexander(1986), *Prodigal Sons: The New York Intellectuals and Their World.* New York: Oxford University Press.

Blumler, Jay G. and Coleman, Stephen(2001), *Realising Democracy Online: A Civic Commons in Cyberspace.* London: Institute for Public Policy Research.

Boden, Deidre and Mollotch, Harvey(1994), 'The Compulsion to Proximity', in Friedland, Roger and Boden, Deidre(eds.), *Nowhere Space, Time and Modernity.* Berkeley, CA: University of California Press, pp. 257~286.

Boggs, Carl(2000), *The End of Politics: Corporate Power and the Decline of the Public Sphere.* New York: Guilford.

Bollinger, Lee C. (2010), 'Journalism Needs Government Help', *Wall Street Journal,* 14 July. Available at http://online.wsj.com/news/articles/SB10001424052748704629804575324782605510168.

Bolton, Roger(1990), *Death on the Rock and Other Stories.* London: W. H. Allen/Optomen.

Bonefeld, Werner and Holloway, John(eds.) (1991), *Post-Fordism and Social Form: A Marxist Debate on the Post-Fordist State.* Basingstoke: Macmillan.

Boorstin, Daniel J. (1962), *The Image, or What Happened to the American Dream.* Harmondsworth: Penguin.

Borja, Jordi and Castells, Manuel(1997), *Local and Global: Management of Cities in the Information Age.* London: Earthscan.

Born, Georgina(2004), *Uncertain Vision: Birt, Dyke and the Reinvention of the BBC.* London: Secker and Warburg.

Baseley, Sarah(2008), 'Army of Therapists to Push Aside Pills for Depression', *Guardian,* 27 February.

Boulding, Kenneth E. (1966), 'The Economics of Knowledge and the Knowledge of Economics', *American Economic Review* 56(2): 1~13. Reprinted in Lamberton, Donald M. (ed.) (1971), *Economics of Information and Knowledge: Selected Readings.* Harmondsworth: Penguin.

Bounie, David and Laurent, Gille(2012), 'International Production and Dissemination of Information: Results, Methodological Issues, and Statistical Packages', *International Journal of Communication,* 6: 101~121.

Bourdieu, Pierre (1998), *On Television and Journalism.* Translated by P. Parkhurst Ferguson. London: Pluto.

Bowers, N. and Martin, J. P. (2000), 'Going Mobile? Jobs in the New Economy', *OECD Observer.* Available at http://www.oecdobserver.org/news/fullstory.php/aid/391.

Boyer, Robert (1990), *The Regulation School: A Critical Introduction.* Translated by Craig Charney. New York: Columbia University Press.

Boyer, Robert and Saillard, Yves (eds.) (2002), *Regulation Theory: The State of the Art.* London: Routledge.

Boyle, James (2002), 'Fencing off Ideas: Enclosure and the Disappearance of the Public Domain', *Daedalus* (spring): 13~25.

Boynton, Robert S. (2004), 'The Tyranny o f Copyright', *New York Times*, 25 January.

Bracken, Paul (1983), *The Command and Control of Nuclear Forces.* New Haven, CT: Yale University Press.

Bradshaw, Della and Taylor, Paul (1993), 'Putting a Price on Research', *Financial Times*, 23 March.

Braun, Ernest and MacDonald, Stuart (1978), *Revolution in Miniature: The History and Impact of Semiconductor Electronics.* Cambridge: Cambridge University Press.

Braverman, Harry (1974), *Labor and Monopoly Capital: The Degradation of Work in the Twentieth Century.* New York: Monthly Review Press.

Briggs, Asa (1985), *The BBC: The First Fifty Years.* Oxford: Oxford University Press.

British Telecom (1990), *Competitive Markets in Telecommunications: Serving Customers.* British Telecom.

______ (1993), *Report to our Shareholders.* British Telecom.

______ (2012), *Annual Report.* British Telecom.

Brock, Gerald W. (1981), *The Telecommunications Industry: The Dynamics of Market Structure.* Cambridge, MA: Harvard University Press.

Brown, Jessica (2003), 'Crossing the Digital Divide', in Ermann, M. David, and Shauf, Michele S. (eds.), *Computers, Ethics and Society.* New York: Oxford University Press, pp. 162~171.

Brown, Phillip and Lauder, Hugh (eds.) (1992), *Education for Economic Sur-*

vival: *From Fordism to Post-Fordism?*. London: Routledge.
______(2001), *Capitalism and Social Progress*: *The Future of Society in a Global Economy*. Basingstoke: Palgrave.
Brown, Phillip and Sease, Richard(1994), *Higher Education and Corporate Realities*: *Class, Culture and the Decline of Graduate Careers*. London: UCL Press.
Browning, H. L. and Singelmann, J. (1978), 'The Transformation of the U.S. Labor Force: The Interaction of Industry and Occupation', *Politics and Society* 8(3-4): 481~509.
Budd, Leslie and Whimster, Sam(eds.) (1992), *Global Finance and Urban Living*: *A Study of Metropolitan Change*. London: Routledge.
Bulmer, Martin(1980), 'Why Don't Sociologists Make More Use of Official Statistics?', *Sociology* 14(4): 505~523.
Burke, Peter(2000), *A Social History of Knowledge*: *From Gutenberg to Diderot*. Cambridge: Polity. 박광식 옮김(2000), 《지식 - 그 탄생과 유통에 대한 모든 지식》. 현실문화연구.
Burnham, David(1983), *The Rise of the Computer State*. London: Weidenfeld and Nicolson.
Bums, Tom(1977), *The BBC*: *Public Institution and Private World*. Basingstoke: Macmillan.
Burrows, William E. (1986), *Deep Black*: *Space Espionage and National Security*. New York: Random House.
Buschman, John(2003), *Dismantling the Public Sphere*: *Situating and Sustaining Librarianship in the Age of the New Public Philosophy*. Westport, CT: Greenwood.
______(2012), *Libraries, Classrooms, and the Interests of Democracy*: *Marking the Limits of Neo-Liberalism*. Lanham, MD: Scarecrow Press.
Butcher, David(1983), *Official Publications in Britain*. London: Clive Bingley.
Calhoun, Craig(ed.) (1992), *Habermas and the Public Sphere*. Cambridge, MA: MIT Press.
______(1993), 'Postmodernism as Pseudo-History', *Theory, Culture and Society* 10(1) (February): 75~96.
______(2004), 'Information Technology and the International Public Sphere', in Schuler, Douglas and Day, Peter(eds.), *Shaping the Network*

Society. Cambridge, MA: MIT Press, pp. 229~251.

Campbell, Duncan and Connor, Steve (1986), *On the Record: Surveillance, Computers and Privacy - The Inside Story*. London: Michael Joseph.

Campbell, Scott W. and Park, Yong Jin (2008), 'Social Implications of Mobile Telephony: The Rise of Personal Communication Society', *Sociology Compass* 2(2): 371~387.

Campen, Alan D. (ed.) (1992), *The First Information War: The Story of Communications, Computers, and Intelligence Systems in the Persian Gulf War*. Fairfax, VA: AFCEA International Press.

Cantor, Bill (1989), *Experts in Action: Inside Public Relations*. Edited by Chester Burger. New York: Longman.

Carr, E. H. [1971(1961)], *What Is History?*. London: Pelican. 김택현 옮김 (2015), 《역사란 무엇인가?》. 까치.

Carr, Nicholas (2010), *The Shallows: How the Internet Is Changing the Way We Think, Read and Remember*. New York: Norton. 최지향 옮김 (2015), 《생각하지 않는 사람들 - 인터넷이 우리의 뇌 구조를 바꾸고 있다》. 청림출판.

Castells, Manuel [1977(1972)], *The Urban Question: A Marxist Approach*. Translated by Alan Sheridan. Cambridge, MA: MIT Press.

______ (1983), *The City and the Grassroots: A Cross-Cultural Theory of Urban Social Movements*. Berkeley, CA: University of California Press.

______ (1989), *The Informational City: Information Technology, Economic Restructuring and the Urban-Regional Process*. Oxford: Blackwell. 최병두 옮김 (2001), 《정보도시》. 한울.

______ (1994), 'European Cities, the Informational Society, and the Global Economy', *New Left Review* 204 (March-April): 18~32.

______ (1996), *The Rise of the Network Society*, vol. 1 of *The Information Age: Economy, Society and Culture*. Oxford: Blackwell. 김묵한·박행웅·오은주 옮김 (2008), 《네트워크 사회의 도래》. 한울.

______ (1996~1998), *The Information Age: Economy, Society and Culture*, 3 volumes. Oxford: Blackwell.

______ (1997a), *The Power of Identity*, vol. 2 of *The Information Age: Economy, Society and Culture*. Oxford: Blackwell. 정병순 옮김 (2008), 《정체성 권력》. 한울.

______(1997b), 'An Introduction to the Information Age', *City* 7(May): 6~16. Reprinted in Mackay, Hugh and O'Sullivan, Tim(eds.) (1999), *The Media Reader: Continuity and Transformation.* Thousand Oaks, CA: Sage, pp. 398~410.

______(1998), *End of Millennium,* vol. 3 of *The Information Age: Economy, Society and Culture.* Oxford: Blackwell. 이종삼·박행웅 옮김(2003), 《밀레니엄의 종언》. 한울.

______(2000a), 'Materials for an Exploratory Theory of the Network Society', *British Journal of Sociology* 51(1): 5~24.

______(2000b), *The Institutions of the New Economy.* Lecture at 'Delivering the Virtual Promise' Conference, Queen Elizabeth Hall, London, 19 June. Available at http://www.brunel.ac.uk/research/virtsoc/text/events/castells.htm.

______(2000c), 'Toward a Sociology of the Network Society', *Contemporary Sociology* 29(5) (September): 693~699.

______(2000d), *The Rise of the Network Society,* 2nd edition. Oxford: Blackwell.

______(2000e), *End of Millennium,* 2nd edition. Oxford: Blackwell.

______(2001), *The Internet Galaxy: Reflections on the Internet, Business and Society.* Oxford: Oxford University Press. 박행웅 옮김(2004), 《인터넷 갤럭시》. 한울.

______(2004a), 'Universities and Cities in a World of Global Networks', 18th Sir Robert Birley Lecture, City University London. Available at http://www.city.ac.uk/social/birley2004.htm.

______(ed.) (2004b), *The Network Society: A Cross-Cultural Perspective.* Northampton, MA: Edward Elgar. 박행웅 옮김(2009), 《네트워크 사회 - 비교문화 관점》. 한울.

______(2005), 'The Message Is the Medium: An Interview with Manuel Castells'[conducted by Terhi Rantanen], *Global Media and Communication* 1(2): 135~147.

______(2007), 'Communication, Power and Counter-Power in the Network Society', *International Journal of Communication* 1: 238~266.

______(2008), 'The New Public Sphere: Global Civil Society, Communication Networks and Global Governance', *Annals of the American*

Academy of Political and Social Science 616(March): 78~93.

______(2009), *Communication Power*. Oxford: Oxford University Press. 박행웅 옮김(2014), 《커뮤니케이션 권력》. 한울.

______(2012), *Networks of Outrage and Hope: Social Movements in the Internet Age*. Cambridge: Polity. 김양욱 옮김(2015), 《분노와 희망의 네트워크 - 인터넷 시대의 사회운동》. 한울.

Castells, Manuel and Hall, Peter(1994), *Technopoles of the World: The Making of Twenty First-Century Industrial Complexes*. London: Routledge. 강현수·김륜희 옮김(2006), 《세계의 테크노폴 - 21세기 산업단지 만들기》. 한울.

Castells, Manuel and Himanen, Pekka(2002), *The Information Society and the Welfare State: The Finnish Model*. Oxford: Oxford University Press.

Castells, Manuel, Caraça, Joâo and Cardoso, Gustavo(eds.) (2012), *Aftermath: The Cultures of the Economic Crisis*. Oxford: Oxford University Press.

Castells, Manuel, Carnoy, Martin, Cohen, Stephen S. and Fernando, Henrique Cardoso(1993), *The New Global Economy in the Information Age*. University Park, PA: University of Pennsylvania Press.

Castells, Manuel, Fernández-Ardèvol, Mireia, Qiu, Linchuan, Jack and Sey, Araba(2007), *Mobile Communications and Society*. Cambridge, MA: MIT Press.

Castles, Stephen and Miller, Mark(2009), *The Age of Migration: International Population Movements in the Modern World*. Basingstoke: Palgrave Macmillan.

Census of Employment Results, 1991(1993), *Employment Gazette* 101(4) (April): 117~126.

Center for the Digital Future(2012), *World Internet Project*. Los Angeles: University of Southern California. Available at http://www.world-internetproject.net.

Central Statistical Office(1983), *Annual Abstract of Statistics*, no.119. London: HMSO.

Chandler, Jr, Alfred D. (1977), *The Visible Hand: The Managerial Revolution in American Business*. Cambridge, MA: Harvard University Press.

Chen, Brian(2011), *Always On: How the iPhone Unlocked the Anything-*

Anytime-Anywhere Culture - and Locked Us in. Cambridge, MA: Da Capo Press. 김태훈 옮김(2012), 《올웨이즈 온 - 상시접속 사회의 미래》. 예인.

Clark, Andrew(2010), 'All-American Matchmaker Tries out Chat-up Lines on the Brits', *Guardian*, 24 August. Available at http://www.guardian.co.uk/business/2010/aug/24/eharmony-dating-british-ambition.

Clark, Colin(1940), *The Condition of Economic Progress*. Basingstoke: Macmillan.

Clark, Tom and Dilnot, Andrew(2002), *Long Term Trends in British Taxation and Spending*. Briefing Note 25. Institute for Fiscal Studies. Available at http://www.ifs.org.uk/bns/bn25.pdf.

Cockerell, Michael(1988), *Live from Number 10: The Inside Story of Prime Ministers and Television*. Boston, MA: Faber and Faber.

Cockerell, Michael, Hennessy, Peter and Walker, David(1984), *Sources Close to the Prime Minister: Inside the Hidden World of the News Manipulators*. Basingstoke: Macmillan.

Cockett, Richard(1994), *Thinking the Unthinkable: Think Tanks and the Economic Counter-Revolution, 1931~1983*. New York: HarperCollins.

Cole, Bruce(2002), 'Remarks to the American Academy for Liberal Education's National Meeting'. Available at http://www.aale.org/aale/cole.htm.

______(2003), 'How to Combat "American Amnesia"', *Wall Street Journal*, 24 November.

Connor, Steven(1989), *Postmodernist Culture: An Introduction to Theories of the Contemporary*. Oxford: Blackwell.

Connors, Michael(1993), *The Race to the Intelligent State*. Oxford: Blackwell.

Cooke, Philip(1990), *Back to the Future: Modernity, Postmodernity and Locality*. London: Unwin Hyman.

Corner, John and Harvey, Sylvia(eds.)(1991), *Enterprise and Heritage: Crosscurrents of National Culture*. London: Routledge.

Cortada, James W.(2007), 'Do We Live in the Information Age?', *Historical Methods* 40(3): 107~116.

Coyne, Diane(1997), *The Weightless Economy*. Oxford: Capstone.

Crews, Frederick(1995), *The Memory Wars: Freud's Legacy in Dispute*. New

York: New York Review of Books.

Crook, S., Pakulski, J. and Waters, M. (1992), *Postmodernization: Change in Advanced Society*. Thousand Oaks, CA: Sage.

Crossley, Nick and Roberts, John M. (eds.) (2004), *After Habermas: New Perspectives on the Public Sphere*. Oxford: Blackwell.

Crouch, Colin (1999), *Social Change in Western Europe*. Oxford: Oxford University Press.

______(2011), *The Strange Non-Death of Neoliberalism*. Cambridge: Polity.

Cukier, Nick (2010), 'Data, Data Everywhere', *Economist*, 25 February.

Curran, James (1990), 'The New Revisionism in Mass Communication Research', *European Journal of Communication* 5(2-3) (June): 135~164.

______(1991), 'Mass Media and Democracy: A Reappraisal', in Curran, James and Gurevitch, Michael (eds.), *Mass Media and Society*. London: Edward Arnold, pp. 82~117.

______(1998), 'Crisis of Public Communication: A Reappraisal', in Liebes, Tamar and Curran, James (eds.), *Media, Ritual and Identity*. London: Routledge, pp. 175~202.

______(2002), *Media and Power*. London: Routledge. 김예란·정준희 옮김 (2005), 《미디어 파워》. 커뮤니케이션북스.

Curran, James and Gurevitch, Michael (eds.) (1991), *Mass Media and Society*. London: Edward Arnold.

Curran, James and Seaton, Jean (1988), *Power without Responsibility: The Press and Broadcasting in Britain*, 3rd edition. London: Routledge.

______(2003), *Power without Responsibility: The Press and Broadcasting in Britain*, 6th edition. London: Routledge.

Curran, James, Gurevitch, Michael and Woollacott, Janet (eds.) (1977), *Mass Communication and Society*. London: Edward Arnold.

Curry, James (1993), 'The Flexibility Fetish', *Capital and Class* 50 (summer): 99~126.

Curtis, Liz (1984), *Ireland: The Propaganda War*. London: Pluto.

Dahlberg, Lincoln (2007), 'Rethinking the Fragmentation of the Cyberpublic: From Consensus to Contestation', *New Media and Society* 9(5): 827~847.

Dahlgren, Peter (2009), *Media and Political Engagement: Citizens, Communi-

cation and Democracy. New York: Cambridge University Press.

Dahrendorf, Ralf(1995), *LSE: A History of the London School of Economics and Political Science, 1895~1995*. Oxford: Oxford University Press.

Dalrymple, Theodore(2005), *Our Culture, Whats Left of It*. Chicago: Ivan R. Dee.

Dandeker, Christopher(1990), *Surveillance, Power and Modernity: Bureaucracy and Discipline from 1700 to the Present Day*. Cambridge: Polity.

Davies, Nick(2008), *Flat Earth News: An Award-Winning Reporter Exposes Falsehood, Distortion and Propaganda in the Global Media*. London: Chatto and Windus.

Davis, Aeron(2002), *Public Relations Democracy: Public Relations, Politics and the Mass Media in Britain*. Manchester: University of Manchester Press.

______(2010), *Political Communication and Social Theory*. London: Routledge.

Dawes, Len(1978), 'Libraries, Culture and Blacks', in Gerard, David(ed.), *Libraries in Society*. London: Clive Bingley, pp. 131~137.

De Certeau, Michel(1984), *The Practice of Everyday Life*. Translated by Steven E Rendall. Berkeley, CA: University of California Press.

De Chernatony, Leslie and McDonald, Malcolm(2003), *Creating Powerful Brands*. Oxford: Butterworth-Heinemann.

De Landa, Manuel(1991), *War in the Age of Intelligent Machines*. New York: Zone Books.

Debord, Guy(1977), *The Society of the Spectacle*. Detroit, MI: Red and Black. 유재홍 옮김(2014), 《스펙터클 사회》. 울력.

Department of Defense(2003), *Information Operations Roadmap*. Washington, DC: Pentagon.

Dertouzos, Michael L.(1997), *What Will Be: How the New World of Information Will Change Our Lives*. London: Piaktus. 이재규 옮김(1997), 《21세기 오디세이》. 한국경제신문사.

Dertouzos, Michael L. and Moses, Joel(eds.)(1979), *The Computer Age: A Twenty-Year View*. Cambridge, MA: MIT Press.

Diamond, Larry(2003), 'Universal Democracy?', *Policy Review* 119: 1~28.

Dicken, Peter(1992), *Global Shift: The Internationalization of Economic Activity*, 2nd edition. London: Paul Chapman.

______(2003), *Global Shift: Reshaping the Global Economic Map in the 21st Century*. Thousand Oaks, CA: Sage.

______(2011), *Global Shift: Mapping the Changing Contours of the World Economy*. New York: Guilford Press.

Dickson, David(1974), *Alternative Technology and the Politics of Technical Change*. London: Fontana.

______(1984), *The New Politics of Science*. New York: Pantheon.

Dosi, Giovanni, Freeman, Christopher, Nelson, Richard, Silverberg, Gerald and Soete, Luc(eds.) (1988), *Technical Change and Economic Theory*. London: Pinter.

Douglas, Jack D.(1989), *The Myth of the Welfare State*. New Brunswick, NJ: Transaction.

Drucker, Peter E.(1969), *The Age of Discontinuity*. London: Heinemann.

______(1993), *Post-Capitalist Society*. New York: HarperCollins. 이재규 옮김 (2002), 《자본주의 이후의 사회》. 한국경제신문사.

Dryzek, J. S.(2000), *Deliberative Democracy and Beyond*. Oxford: Oxford University Press.

Duff, Alistair S.(2000), *Information Society Studies*. London: Routledge.

Duff, Alistair S., Craig, D. and McNeill, D. A.(1996), 'A Note on the Origins of the Information Society', *Journal of Information Science* 22 (2): 117~122.

Dunleavy, Patrick, Mollett, Amy, Evans, Mary, Newburn, Tim, Voth, Hans-Joachim, Ponticelli, Jacopo, Gilson, Christopher and Barker, Rodney(2012), *The 2011 London Riots*. LSE Public Policy Group. London: LSE. Available at http://eprints.lse.ac.uk/48734/.

Dunn, John(2005a), 'Getting Democracy into Focus', *Open Democracy*, 20 October. Available at http://www.opendemocracy.net/democracy-opening/focus_2944.jsp.

______(2005b), *Setting the People Free: The Story of Democracy*. London: Atlantic Books. 강철웅·문지영 옮김(2015), 《민주주의의 수수께끼》. 후마니타스.

Dutton, William H.(ed.) (1996), *Visions and Realities: Information and Communication Technologies*. Oxford: Oxford University Press.

______(ed.) (1999), *Society on the Line: Information Politics in the Digital*

Age. Oxford: Oxford University Press.
Dyson, K. and Humphries, P. (eds.) (1990), *The Political Economy of Communications*. London: Routledge.
Eatwell, John, Milgate, Murray and Newman, Peter (eds.) (1987), *The New Palgrave: A Dictionary of Economics*, vol. 2. Basingstoke: Macmillan.
Economist (2011), 'Silvio Berlusconi's Record: The Man Who Screwed an Entire Country', 9 June.
Economist Intelligence Unit (2011), *Democracy Index*. London: Economist Intelligence Unit.
Edgerton, David (2006), *The Shock of the Old: Technology and Global History since 1900*. London: Profile Books. 정동욱·박민아 옮김 (2015), 《낡고 오래된 것들의 세계사》. 휴머니스트.
Edwards, Michael (2004), *Civil Society*. Cambridge: Polity.
Elegant, Robert (1981), 'How to Lose a War', *Encounter* 57 (2): 73~90.
Eley, Geoff (2002), *Forging Democracy*. Oxford: Oxford University Press.
Elliott, Anthony and Urry, John (2010), *Mobile Lives*. London: Routledge.
Enzensberger, Hans Magnus (1976), *Raids and Reconstructions: Essays in Politics, Crime and Culture*. London: Pluto.
Eurostat (2012), *Internet Use in Households and by Individuals in 2012. Statistics in Focus 50/2012*. Luxembourg: Eurostat.
Evans, Christopher (1979), *The Mighty Micro: The Impact of the Computer Revolution*. London: Gollancz.
Evans, Harold (1984), *Good Times, Bad Times*. London: Coronet.
______(2011), 'On Rupert Murdoch', *Guardian*, 19 September.
Ewen, Stuart (1976), *Captains of Consciousness: Advertising and the Social Roots of the Consumer Culture*. New York: McGraw-Hill. 최현철 옮김 (1998), 《광고와 대중소비문화》. 나남.
______(1988), *All Consuming Images: The Politics of Style in Contemporary Culture*. New York: Basic Books. 백지숙 옮김 (1996), 《이미지는 모든 것을 삼킨다》. 시각과언어.
______(1996), *PR! A Social History of Spin*. New York: Basic Books.
Ewen, Stuart and Ewen, Elizabeth (1982), *Channels of Desire: Mass Images and the Shaping of American Consciousness*. New York: McGraw-Hill.
Ezard, John (2003), 'Nation of TV Slackers Dimly Aware Ignorance Is Not

Bliss', *Guardian*, 3 November.

Feather, John(1998), *The Information Society: A Study of Continuity and Change*, 2nd edition. London: Library Association.

Featherstone, Mike(1991), *Consumer Culture and Postmodernism*. Thousand Oaks, CA: Sage. 정숙경 옮김(1999), 《포스트모더니즘과 소비문화》. 현대미학사.

______(1992), 'Postmodernism and the Aestheticization of Everyday Life', in Lash, Scott and Friedman, Jonathan(eds.), *Modernity and Identity*. Oxford: Blackwell, pp. 265~290.

Feigenbaum, Edward A. and McCorduck, Pamela(1983), *The Fifth Generation: Artificial Intelligence and Japan's Computer Challenge to the World*. London: Pan, 1984.

Ferguson, Marjorie(ed.) (1990). *Public Communication: The New Imperatives, Future Directions for Media Research*. Thousand Oaks, CA: Sage.

Ferkiss, Victor(1979), 'Daniel Bell's Concept of Post-Industrial Society: Theory, Myth, and Ideology', *Political Science Review* 9(fall): 61~102.

Fisher, Eran(2010), *Media and New Capitalism in the Digital Age*. New York: Palgrave Macmillan.

Fiske, John(1987), *Television Culture*. London: Methuen.

______(1991), 'Postmodernism and Television', in Curran, James and Gurevitch, Michael(eds.), *Mass Media and Society*. London: Edward Arnold, pp. 55~67.

Florida, Richard(2002), *The Rise of the Creative Class*. Cambridge, MA: Basic Books. 이길태 옮김(2002), 《창조적 변화를 주도하는 사람들》. 전자신문사.

Ford, Daniel(1985), *The Button: The Nuclear Trigger - Does It Work?*. London: Allen and Unwin.

Forester, Tom(ed.) (1989), *Computers in the Human Context: Information Technology, Productivity and People*. Oxford: Blackwell.

Foster, John Bellamy and McChesney, Robert W. (2011). 'The Internet's Unholy Marriage to Capitalism', *Monthly Review* 63(10) (March): 1~30.

Foucault, Michel[1979(1975)], *Discipline and Punish: The Birth of the Prison*.

Harmondsworth: Penguin, Peregrine. 오생근 옮김(2003), 《감시와 처벌》. 나남출판.
______(1980), *Power/Knowledge: Selected Interviews and Other Writings, 1972~1977*. Brighton: Harvester.
Fox, Stephen〔1985(1984)〕, *The Mirror Makers: A History of American Advertising and Its Creators*. New York: Vintage. 리대용·차유철 옮김(2005), 《광고 크리에이티브사》. 한경사.
______(1989), 'The Panopticon: From Bentham's Obsession to the Revolution in Management Learning', *Human Relations* 42(8): 717~739.
Franklin, Bob(1994), *Packaging Politics: Political Communications in Britain's Media Democracy*. London: Edward Arnold.
Fraser, Nancy(2008), *Scales of Justice: Reimagining Political Space in a Globalized World*. Cambridge: Polity.
Freeman, Christopher(1974), *The Economics of Innovation*. Harmondsworth: Penguin.
______(1987), *Technology Policy and Economic Performance*. London: Pinter.
Freeman, Christopher and Perez, Carlota(1988), 'Structural Crises of Adjustment, Business Cycles and Investment Behaviour', in Dosi, Giovanni, Freeman, Christopher, Nelson, Richard, Silverberg, Gerald and Soete, Luc(eds.), *Technical Change and Economic Theory*. London: Pinter, pp. 38~66.
Freeman, Christopher, Clark, J. and Soete, Luc(1982), *Unemployment and Technical Innovation: A Study of Long Waves and Economic Development*. London: Pinter.
Friedman, Thomas(1999), *The Lexus and the Olive Tree*. New York: Harper Collins. 장경덕 옮김(2009), 《렉서스와 올리브나무》. 21세기북스.
______(2005), *The World Is Flat: A Brief History of the 21st Century*. New York: Farrar, Strauss and Giroux. 이건식 옮김(2013), 《세계는 평평하다》. 21세기북스.
Fröbel, Folker, Heinrichs, Jürgen and Kreye, Otto(1980), *The New International Division of Labour: Structural Unemployment in Industrialised Countries and Industrialisation in Developing Countries*. Translated by Pete Burgess. Cambridge: Cambridge University Press.
Fuchs, Christian(2008), *Internet and Society: Social Theory in the Information*

Age. London: Routledge.

______(2011), *Foundations of Critical Media and Information Studies*. London: Routledge.

Fuchs, Christian, Boersma, Kees, Albrechtslund, Anders and Sandoval, Marisol (eds.) (2011), *Internet and Surveillance: The Challenges of Web 2.0 and Social Media*. London: Routledge.

Fuchs, Victor R. (1968), *The Service Economy*. New York: Columbia University Press.

Fukuyama, Francis (1992), *The End of History and the Last Man*. London: Hamish Hamilton. 이상훈 옮김(1997), 《역사의 종말》. 한마음.

______(1997), *The End of Order*. London: Social Market Foundation.

______(1999), *The Great Disruption: Human Nature and the Reconstitution of Social Order*. New York: Free Press. 한국경제 국제부 옮김(2001), 《대붕괴 신질서》. 한국경제신문.

______(2012), 'The Future of History: Can Liberal Democracies Survive the Decline of the Middle Class?', *Foreign Affairs* 91 (January-February): 53f. Available at http://www.foreignaffairs.com/articles/136782/francis-fukuyama/the-future-of-history.

Fussell, Paul (1975), *The Great War and Modern Memory*. Oxford: Oxford University Press.

Galbraith, J. K. (1967), *The New Industrial State*. Harmondsworth: Penguin.

______[1968(1958)], *The Affluent Society*. Harmondsworth: Penguin. 노택선·신상민 옮김(2006), 《풍요한 사회》. 한국경제신문.

______(1972), *The New Industrial State*, 2nd edition. Harmondsworth: Penguin.

Gamble, Andrew (1988), *The Free Economy and the Strong State: The Politics of Thatcherism*. Basingstoke: Macmillan.

Gandy, Jr, Oscar H. (1993), *The Panoptic Sort: A Political Economy of Personal Information*. Boulder, CO: Westview.

Garnham, Nicholas (1990), *Capitalism and Communication: Global Culture and the Economics of Information*. Thousand Oaks, CA: Sage.

______(2000), *Emancipation, the Media, and Modernity: Arguments about the Media and Social Theory*. Oxford: Oxford University Press.

Garrahan, Philip and Stewart, Paul (1992), *The Nissan Enigma: Flexibility at*

Work in the Local Economy. London: Mansell.
Gates, Bill (1995), *The Road Ahead*. Harmondsworth: Penguin.
Gauntlett, David (2011), *Making Is Connecting*. Cambridge: Polity.
Gellner, Ernest (1983), *Nations and Nationalism*. Oxford: Blackwell. 최한우 옮김(2009), 《민족과 민족주의》. 한반도국제대학원대학교.
______(1992), *Postmodernism, Reason and Religion*. London: Routledge.
Gerard, David (ed.) (1978), *Libraries in Society*. London: Clive Bingley.
Gerbner, George (1998), 'Cultivation Analysis: An Overview', *Mass Communication and Society* 1(3-4): 175~194.
Gershuny, Jonathan I. (1977), 'Post-Industrial Society: The Myth of the Service Economy', *Futures* 9(2): 103~114.
______(1978), *After Industrial Society? The Emerging Seif-Service Economy*. Basingstoke: Macmillan.
______(1983), *Social Innovation and the Division of Labour*. Oxford: Oxford University Press.
Gershuny, Jonathan I. and Miles, Ian (1983), *The New Service Economy: The Transformation of Employment in Industrial Societies*. London: Pinter.
Gibbs, David N. (2000), 'Is There Room for the Real in the Postmodernist Universe?', in Waters, Neil L. (ed.), *Beyond the Area Studies Wars*. Hanover, NH: Middlebury College Press, pp. 11~28.
Giddens, Anthony (1971), *Capitalism and Modern Social Theory: An Analysis of the Writings of Marx, Durkheim and Max Weber*. Cambridge: Cambridge University Press. 박노영·임영일 옮김(2008), 《자본주의와 현대사회이론》. 한길사.
______(1981), *The Class Structure of the Advanced Societies*, 2nd edition. London: Hutchinson.
______(1984), *The Constitution of Society: Outline of the Theory of Structuration*. Cambridge: Polity. 황명주·정희태·권진현 옮김(2012), 《사회구성론》. 간디서원.
______(1985), *The Nation State and Violence*, vol. 2 of *A Contemporary Critique of Historical Materialism*. Cambridge: Polity. 진덕규 옮김(1993), 《민족국가와 폭력》. 삼지원.
______(1987). *Social Theory and Modern Sociology*. Cambridge: Polity.
______(1990), *The Consequences of Modernity*. Cambridge: Polity.

______(1991), *Modernity and Self Identity: Self and Society in the Late Modern Age*. Cambridge: Polity. 권기돈 옮김(2010), 《현대성과 자아정체성 - 후기현대의 자아와 사회》. 새물결.

______(1992), *The Transformation of Intimacy: Sexuality, Love and Eroticism in Modern Societies*. Cambridge: Polity. 배은경·황정미 옮김(2001), 《현대사회의 성·사랑·에로티시즘》. 새물결.

______(1994), *Beyond Left and Right: The Future of Radical Politics*. Cambridge: Polity. 김현옥 옮김(2008), 《좌파와 우파를 넘어서》. 한울아카데미.

______(1998), *The Third Way: The Renewal of Social Democracy*. Cambridge: Polity. 한상진·박찬욱 옮김(2014), 《제3의 길》. 책과함께.

Giddens, Anthony and Pearson, Christopher(1998), *Conversations with Anthony Giddens*. Cambridge: Polity.

Gilbert, Martin(1989), *The Second World War*. London: Weidenfeld and Nicolson.

Giles, Jim(2005), 'Special Report: Internet Encyclopaedias Go Head to Head', *Nature* 438: 900~901.

Gillan, Kevin, Pickerill, Jennifer and Webster, Frank(2008), *Anti-War Activism: New Media and Protest in the Information Age*. Basingstoke: Palgrave.

Gladwell, Malcolm(2010), 'Small Change: Why the Revolution Will Not Be Tweeted', *New Yorker*, 4 October.

Glasgow University Media Group(1985), *War and Peace News*. Milton Keynes: Open University Press.

Glazer, Nathan(1988), *The Limits of Social Policy*. Cambridge, MA: Harvard University Press.

Gleick, James(2012), *The Information: A History, a Theory, a Flood*. London: Fourth Estate.

______(2013), 'Wikipedia's Women Problem', *New York Review of Books* Blog, 29 April. Available at http://www.nybooks.com/blogs/nyrblog/2013/apr/29/wikipedia-women-problem/.

Goffman, Erving(1967), *Interaction Ritual: Essays on Face-to-Face Behavior*. New York: Pantheon. 진수미 옮김(2013), 《상호작용 의례 - 대면행동에 관한 에세이》. 아카넷.

Golding, Peter(1990), 'Political Communication and Citizenship: The Media

and Democracy in an Inegalitarian Social Order', in Ferguson, Marjorie (ed.), *Public Communication: The New Imperatives, Future Directions for Media Research*. Thousand Oaks, CA: Sage, pp. 84~100.
______(1992), 'Communicating Capitalism: Resisting and Restructuring State Ideology – the Case of "Thatcherism"', *Media, Culture and Society* 14: 503~521.
______(1998), 'Global Village or Cultural Pillage? The Unequal Inheritance of the Communications Revolution', in McChesney, R. W., Wood, E. Meiksins and Foster, J. B. (eds.), *Capitalism and the Information Age: The Political Economy of the Global Communications Revolution*. New York: Monthly Review Press, pp. 69~86.
______(2000), 'Forthcoming Features: Information and Communications Technologies and the Sociology of the Future', *Sociology* 34(1): 165~184.
Golding, Peter and Murdock, Graham(1991), 'Culture, Communications, and Political Economy', in Curran, James and Gurevitch, Michael (eds.), *Mass Media and Society*. London: Edward Arnold, pp. 15~32.
Goldthorpe, John H. (1971), 'Theories of Industrial Society: Reflections on the Recrudescence of Historicism and the Future of Futurology', *European Journal of Sociology* 12(2): 263~288.
______(1987), *Social Mobility and Class Structure in Modern Britain*. Oxford: Clarendon Press.
Goode, Luke(2005), *Jürgen Habermas: Democracy and the Public Sphere*. London: Pluto.
Goodhart, David(2013), *The British Dream: Successes and Failures of Post-War Immigration*. London: Atlantic Books.
Gordon, David M., Edwards, Richard and Reich, Michael(1982), *Segmented Work, Divided Workers: The Historical Transformation of Labor in the United States*. Cambridge, MA: Cambridge University Press.
Gordon, Robert J. (2012), *Is US Economic Growth Over? Faltering Innovation Confronts the Six Headwinds*. Working Paper 18315. Cambridge, MA: National Bureau of Economic Research.
Gorz, André(ed.) (1976), *The Division of Labour*. Hassocks: Harvester.
Gouldner, Alvin W. (1976), *The Dialectic of Ideology and Technology: The*

Origins, Grammar and Future of Ideology. Basingstoke: Macmillan.

______(1978), 'The New Class Project', *Theory and Society* 6(2) (September): 153~203; 6(3) (November): 343~389. (This two-part article appeared in 1979 as a book; *The Future of Intellectuals and the Rise of the New Class.* Basingstoke: Macmillan. 박영신 옮김(1994), 《지성인의 미래와 새 계급의 성장》. 이화여자대학교출판부.)

______(1980), *The Two Marxisms: Contradictions and Anomalies in the Development of Theory.* Basingstoke: Macmillan.

Grade, Michael(2004), 'Building Public Value', BBC, 29 June. Available at http://www.bbc.co.uk/pressoffice/speeches/stories/bpv_grade.shtml.

Graham, Stephen and Marvin, Simon(1996), *Telecommunications and the City: Electronic Spaces, Urban Places.* London: Routledge.

Gramsci, Antonio(1971), *Selections from the Prison Notebooks.* Edited and translated by Quintin Hoare and Geoffrey Nowell Smith. London: Lawrence and Wishart. 이상훈 옮김(1999), 《그람시의 옥중수고》(1, 2). 거름.

Granovetter, Mark(1973), 'The Strength of Weak Ties', *American Journal of Sociology* 78(6): 1360~1380.

Gray, John(1995), *Enlightenment's Wake: Politics and Culture at the Close of the Modern Age.* London: Routledge.

______(1997), *Endgames: Questions in Late Modern Political Thought.* Cambridge: Polity.

______(2007), *Black Mass: Apocalyptic Religion and the Death of Utopia.* London: Allen Lane. 추선영 옮김(2011), 《추악한 동맹》. 이후.

Greenhalgh, Liz and Worpole, Ken, with Landry, Charles(1995), *Libraries in a World of Cultural Change.* London: UCL Press.

Greider, William(1997), *One World, Ready or Not: The Manic Logic of Global Capitalism.* Harmondsworth: Penguin.

Grint, Keith(1991), *The Sociology of Work: An Introduction.* Cambridge: Polity.

Gripsrud, Jostein and Moe, Hallvard(eds.)(2010), *The Digital Public Sphere: Challenges for Media Policy.* Gothenburg: Nordicom.

Gurevitch, Michael, Bennett, Tony, Curran, James and Woollacott, Jane (eds.)(1982), *Culture, Society and the Media.* London: Methuen.

Habermas, Jürgen〔1979(1976)〕, *Communication and the Evolution of Society*. Translated by Thomas McCarthy. London: Heinemann.

______(1981), 'Modernity versus Postmodemity', *New German Critique* 22: 3~14.

______〔1989(1962)〕, *The Structural Transformation of the Public Sphere: An Inquiry into a Category of Bourgeois Society*. Translated by Thomas Burger with the assistance of Frederick Lawrence. Cambridge: Polity. 한승완 옮김(2004), 《공론장의 구조변동: 부르주아 사회의 한 범주에 관한 연구》. 나남출판.

______(1997), *Between Facts and Norms: Contributions to a Discourse Theory of Law and Democracy*. Cambridge: Polity. 박영도·한상진 옮김(2007), 《사실성과 타당성》. 나남출판.

Hacking, Ian(1990), *The Taming of Chance*. Cambridge: Cambridge University Press.

Hakim, Catherine(1987), 'Trends in the Flexible Workforce', *Employment Gazette*(November): 549~560.

Hall, Peter and Preston, Paschal(1988), *The Carrier Wave: New Information Technology and the Geography of Innovation, 1846~2003*. London: Unwin Hyman.

Hall, Stuart and Jacques, Martin(eds.)(1989), *New Times: The Changing Face of Politics in the 1990s*. London: Lawrence and Wishart.

Halliday, Josh(2011), 'London Riots: How Blackberry Messenger Played a Key Role', *Guardian*, 8 August. Available at http://www.guardian.co.uk/media/2011/aug/08/london-riots-facebook-twitter-blackberry.

Hallin, Daniel C.(1986), *The 'Uncensored War': The Media and Vietnam*. New York Oxford University Press.

Hallin, Daniel C. and Mancini, Paulo(2004), *Comparing Media Systems: Three Models of Media and Politics*. Cambridge: Cambridge University Press. 김수정·정준희·송현주 옮김(2009), 《미디어 시스템 형성과 진화》. 한국언론재단.

Halsey, A. H., Heath, A. F. and Ridge, J. M.(1980), *Origins and Destinations: Family, Class, and Education in Modern Britain*. Clarendon Press: Oxford University Press.

Hamelink, Cees J.(1982), *Finance and Information: A Study of Converging*

Interests. Norwood, NJ: Ablex.
Handy, Charles(1995), *The Age of Unreason*. London: Arrow.
Hannerz, Ulf(1996), *Transnational Connections: Culture, People, Places*. London: Routledge.
Harris, Robert(1983), *Gotcha! The Media, the Government and the Falklands Crisis*. Boston, MA: Faber and Faber.
______(1990), *Good and Faithful Servant: The Unauthorized Biography of Bernard Ingham*. Boston, MA: Faber and Faber.
Harrison, Bennett(1994), *Lean and Mean: The Changing Landscape of Corporate Power in the Age of Flexibility*. New York Basic Books.
Harrison, J. E. C. (1984), *The Common People: A History from the Norman Conquest to the Present*. London: Flamingo.
Harvey, David(1988), 'Voodoo Cities', *New Statesman and Society*, 30 September.
______(1989a), *The Urban Experience*. Oxford: Blackwell.
______(1989b), *The Condition of Postmodernity: An Enquiry into the Origins of Cultural Change*. Oxford: Blackwell. 구동회 · 박영민 옮김(2013), 《포스트 모더니티의 조건》. 한울.
______(2003), *The New Imperialism*. Oxford: Oxford University Press.
Hassan, Robert(2008), *Information Society*. Cambridge: Polity.
Havel, Václav(1999), 'Kosovo and the End of the Nation-State', *New York Review of Books*, 10 June. Available at http://www.nybooks.com/articles/archives/1999/jun/10/kosovo-and-the-end-of-the-nation-state.
Hayek, Friedrich von(1944), *The Road to Serfdom*. London: Routledge and Kegan Paul. 김이석 옮김(2015), 《노예의 길 - 사회주의 계획경제의 진실》. 나남출판.
______(1945), 'The Use of Knowledge in Society', *American Economic Review* XXXV(4): 519~530. Reprinted in Hayek, F. (1952), *Individualism and Economic Order*. London: Routledge.
______(1976), *Law, Legislation and Liberty*, vol. 2: *The Mirage of Social Justice*. Chicago: University of Chicago Press.
______(1979), *Law, Legislation and Liberty*, vol. 3: *The Political Order of a Free People*. London: Routledge and Kegan Paul.
______(1988), *The Fatal Conceit: The Errors of Socialism*. Edited by W. W.

Bartley III, vol. 1 of *The Collected Works of F. A. Hayek*. London: Routledge, 1989. 신중섭 옮김(2004), 《치명적 자만》. 자유기업원.

______(1991), *Economic Freedom*. Oxford: Blackwell.

Hays, Constance(2004), 'What Wal-Mart Knows about Customers' Habits', *New York Times*, 14 November.

Haywood, Trevor(1989), *The Withering of Public Access*. London: Library Association.

Heath, Anthony, Ermisch, J. and Gallie, D. (eds.) (2005), *Understanding Social Change*. Oxford: Oxford University Press.

Hedges, Chris(2008), 'America the Illiterate', *Truthdig*. Available at http://www. truthdig. com/report/item/20081110_america_the-illiterate/.

Held, David, McGrew, A., Goldblatt, D. and Perraton, J. (1999), *Global Transformations: Politics, Economics and Culture*. Cambridge: Polity.

Henderson, Jeffrey(1989), *The Globalisation of High Technology Production: Society, Space and Semiconductors in the Restructuring of the Modern World*. London: Routledge.

Henderson, Jeffrey and Castells, Manuel(eds.) (1987), *Global Restructuring and Territorial Development*. Thousand Oaks, CA: Sage.

Hepworth, Mark(1989), *Geography of the Information Economy*. London: Belhaven.

Herbert, Bob(2004), 'Voting Without the Facts', *New York Times*, 8 November. The full PIPA report is available at http://www. pipa. org/archives/us_opinion. php.

Herman, Edward S. and Chomsky, Noam(2008), *Manufactured Consent: The Political Economy of Mass Media*, revised edition. London: Bodley Head.

Hewison, Robert(1987), *The Heritage Industry: Britain in a Climate of Decline*. London: Methuen.

Hickethier, Knut and Zielinski, Siegfried(eds.) (1991), *Medien/Kultur*. Berlin: Wissenschaftsverlag Volker Spiess.

Hilbert, Martin(2012), 'How to Measure "How Much Information"? Theoretical, Methodological, and Statistical Challenges for the Social Sciences', *International Journal of Communication* 6: 1042~1055.

Hill, Michael W. (1999), *The Impact of Information on Society*. London:

Bowker-Saur.
Hilliard, Christopher (2012), *English as a Vocation: The 'Scrutiny' Movement.* Oxford: Oxford University Press.
Hillyard, Paddy and Percy-Smith, Janie (1988), *The Coercive State: The Decline of Democracy in Britain.* London: Fontana.
Hilton, Boyd (2006), *A Mad, Bad and Dangerous People? England 1783~1846.* Oxford: Oxford University Press.
Himanen, Pekka (2001), *The Hacker Ethic and the Spirit of the Information Age.* New York: Vintage.
Himmelfarb, Gertrude (1968), 'The Haunted House of Jeremy Bentham', in *Victorian Minds.* London: Weidenfeld and Nicolson, pp. 32~81.
Hindman, Matthew (2009), *The Myth of Digital Democracy.* Princeton, NJ: Princeton University Press.
Hfppel, Eric von (2005), *Democratizing Innovation.* Cambridge, MA: MIT Press.
Hirsch, Joachim (1991), 'Fordism and Post-Fordism: The Present Social Crisis and Its Consequences', in Bonefeld, Werner and Holloway, John (eds.), *Post-Fordism and Social Form: A Marxist Debate on the Post-Fordist State.* Basingstoke: Macmillan, pp. 8~34.
Hirschhorn, Larry (1984), *Beyond Mechanization: Work and Technology in a Postindustrial Age.* Cambridge, MA: MIT Press.
Hirschman, Albert O. (1991), *The Rhetoric of Reaction: Perversity, Futility, Jeopardy.* Cambridge, MA: Harvard University Press.
Hirst, Paul and Zeitlin, Jonathan (eds.) (1989), *Reversing Industrial Decline? Industrial Structure and Policy in Britain and Her Competitors.* Oxford: Berg.
______(1991), 'Flexible Specialisation versus Post-Fordism: Theory, Evidence and Policy Implications', *Economy and Society* 20(1) (February): 1~56.
Hobsbawm, Eric J. (1968), *Industry and Empire: An Economic History of Britain since 1750.* Harmondsworth: Penguin.
______(1994), *Age of Extremes: The Short 20th Century.* London: Michael Joseph. 이용우 옮김(2009), 《극단의 시대 - 20세기의 역사》(상, 하). 까치.

Hobsbawm, Eric J. and Ranger, Terence (eds.) (1983), *The Invention of Tradition.* Cambridge: Cambridge University Press. 박지향·장문석 옮김(2004), 《만들어진 전통》. 휴머니스트.

Haggart, Richard (1988), *A Local Habitation: Life and Times, 1918~1940.* Oxford: Oxford University Press.

______(1995), *The Way We Live Now.* London: Chatto and Windus.

Hohendahl, Peter (1979), 'Critical Theory, Public Sphere and Culture: Jürgen Habermas and His Critics', *New German Critique* 16: 89~118.

Hollingsworth, M. and Norton-Taylor, R. (1988), *Blacklist: The Inside Story of Political Vetting.* London: Hogarth Press.

Holub, Robert C. (1991), *Jürgen Habermas: Critic in the Public Sphere.* London: Routledge.

Horkheimer, Max and Adorno, Theodor W. [1973(1944)], *Dialectic of Enlightenment.* Translated by John Cumming. London: Allen Lane. 김유동 옮김(2001), 《계몽의 변증법》. 문학과지성사.

House of Commons Culture, Media and Sport Committee (2012), *News International and Phone-Hacking: Eleventh Report of Session 2010~2012,* vol. 1, 1 May.

Howard, Philip (2011), *The Digital Origins of Dictatorship and Democracy: Information Technology and Political Islam.* Oxford: Oxford University Press.

Howard, Robert (1985), *Brave New Workplace.* New York: Viking.

Hutton, Will (1994), 'Markets Threaten Life and Soul of the Party', *Guardian,* 4 January.

______(1995), *The State We're In.* London: Cape.

______(2004), 'Living on Borrowed Time', *Observer,* 2 May: 28.

Ignatieff, Michael (2000), *Virtual War: Kosovo and Beyond.* London: Chatto and Windus.

Information Technology Advisory Panel (ITAP) (1983), *Making a Business of Information: A Survey of New Opportunities.* London: HMSO.

Iosifidis, Petros (2011), 'The Public Sphere, Social Networks and Public Service Media', *Information, Communication and Society* 14(5): 1~19.

Ito, Y. (1991), 'Johoka as a Driving Force of Social Change', *Keio Communication Review* 12: 35~58.

______(1994), 'Japan', in Wang, Georgette(ed.), *Treading Different Paths: Informatization in Asian Nations*. Norwood, NJ: Ablex, pp. 68~98.

Jackson, Michael(2001), 'Channel 4: The Fourth Way', *New Statesman*. Media Lecture. Banqueting House, Whitehall, 31 October.

Jacoby, Russell(1999), *The End of Utopia*. New York: Basic Books. 강주헌 옮김(2000), 《유토피아의 종말》. 모색.

______(2005), *Picture Imperfect: Utopian Thought for an Anti-Utopian Age*. New York: Columbia University Press.

Jacoby, Susan(2008), *The Age of American Unreason: Dumbing Down and the Future of Democracy*. London: Old Street Publishing.

James, Louis〔1973(1963)〕, *Fiction for the Working Man, 1830~1850: A Study of the Literature Produced for the Working Classes in Early Victorian Urban England*. Harmondsworth: Penguin.

Jameson, Fredric(1991), *Postmodernism, Or, The Cultural Logic of Late Capitalism*. London: Verso.

Jamieson, Kathleen Hall(1984), *Packaging the Presidency: A History and Criticism of Presidential Campaign Advertising*. New York: Oxford University Press.

Janowitz, Morris(1974), 'Review Symposium: The Coming of Post-Industrial Society', *American Journal of Sociology* 80(1): 230~236.

Janus, Noreene(1984), 'Advertising and the Creation of Global Markets: The Role of the New Communications Technologies', in Mosco, Vincent and Wasko, Janet(eds.), *The Critical Communications Review*, vol. 2: *Changing Patterns of Communications Control*. Norwood, NJ: Ablex, pp. 57~70.

Jencks, Charles(1984), *The Language of Post-Modern Architecture*, 4th edition. London: Academy Editions.

Jenkins, Simon(2007), *Thatcher and Sons*. Harmondsworth: Penguin.

Jessop, Bob(2002), *The Future of the Capitalist State*. Cambridge: Polity. 김영화 옮김(2010), 《자본주의 국가의 미래》. 양서원.

Johnson, Pauline(2001), 'Habermas's Search for the Public Sphere', *European Journal of Social Theory* 4(2): 215~236.

Johnson, Steven(2005), *Everything Bad Is Good for You: How Popular Culture is Making Us Smarter*. London: Allen Lane.

Jones, Daniel Stedman(2012), *Masters of the Universe: Hayek, Friedman, and the Birth of Neo-Liberal Politics*. Princeton, NJ: Princeton University Press.

Jones, Gareth Stedman[1984(1971)], *Outcast London: A Study in the Relationship between Classes in Victorian Society*. Harmondsworth: Penguin, Peregrine.

Jones, Trevor(ed.)(1980), *Microelectronics and Society*. Milton Keynes: Open University Press.

Jonscher, Charles(1999), *Wired Life*. New York: Bantam.

Judt, Tony(2010), *Ill Fares the Land: A Treatise on Our Present Discontents*. London: Allen Lane.

Jumonville, Neil(1991), *Critical Crossings: The New York Intellectuals in Postwar America*. Berkeley, CA: University of California Press.

Juris, Jeff(2008), *Networked Futures*. Durham, NC: Duke University Press.

Kant, I. [1972(1790)], *Critique of Reason*. Translated by J. H. Bernard. New York: Hafner.

Kaspersen, Lars Bo(2000), *Anthony Giddens: An Introduction to a Social Theorist*. Oxford: Blackwell.

Kavanagh, Dennis(1990), *Thatcherism and British Politics: The End of Consensus?*. Oxford: Oxford University Press.

Keane, John(1991), *The Media and Democracy*. Cambridge: Polity. 주동황 옮김(1995), 《언론과 민주주의》. 나남.

______(1998), *Civil Society: Old Images, New Visions*. Cambridge: Polity.

______(2009), *The Life and Death of Democracy*. New York: Simon and Schuster.

Keating, Peter(ed.)(1976), *Into Unknown England, 1866~1913: Selections from the Social Explorers*. London: Fontana.

Keen, Andrew(2008), *The Cult of the Amateur*, revised edition. London: Nicholas Brealey. 박행웅 옮김(2010), 《인터넷 원숭이들의 세상 - 구글, 유튜브, 위키피디아》. 한울.

Kellner, Douglas(1989a), *Jean Baudrillard: From Marxism to Postmodernism and Beyond*. Cambridge: Polity.

______(1989b), *Critical Theory, Marxism and Modernity*. Cambridge: Polity.

______(1990), *Television and the Crisis of Democracy*. Boulder, CO: West-

view.
______(1999), 'New Technologies: Technocities and the Prospects for Democratization', in Downey, John and McGuigan, Jim(eds.), *Technocities*. Thousand Oaks, CA: Sage, pp. 186~204.
______(2005), *Media Spectacle and the Crisis of Democracy: Terrorism, War, and Election Battles*. Boulder, CO: Paradigm.
______(2012), 'The Murdoch Media Empire and the Spectacle of Scandal', *International Journal of Communication* 6: 1169~1200.
Kellner, Hans and Berger, Peter L. (eds.) (1992), *Hidden Technocrats: The New Class and New Capitalism*. New Brunswick, NJ: Transaction.
Kennedy, Maev(2004), 'Visitors Flock to Museums without Charges', *Guardian*, 28 December.
Kennedy, Paul(1988), *The Rise and Fall of the Great Powers: Economic Change and Military Conflict from 1500 to 2000*. London: Unwin Hyman. 이왈수 옮김(1997), 《강대국의 흥망》. 한국경제신문사.
Keynes, John Maynard(1936), *General Theory of Employment, Interest and Money*. Basingstoke: Macmillan. Available at http://ebooks.adelaide.edu.au/k/keynes/john_maynard/k44g/chapter24.html.
Kirsch, Irving(2009), *The Emperor's New Drugs: Exploring the Antidepressant Myth*. London: Bodley Head.
Kleinberg, B. S. (1973), *American Society in the Postindustrial Age: Technocracy, Power, and the End of Ideology*. Columbus, OH: Merrill.
Knightley, Phillip(1986), *The Second Oldest Profession: The Spy as Bureaucrat, Patriot, Fantasist and Whore*. London: André Deutsch.
______(1991), 'Here Is the Patriotically Censored News', *Index on Censorship* 20(4-5) (April-May): 4~5.
Kolko, Joyce(1988), *Restructuring the World Economy*. New York: Pantheon.
Koopman, Ruud and Statham, Paul(eds.) (2010), *The Making of a European Public Sphere: Media Discourse and Political Contention*. Cambridge: Cambridge University Press.
Komberger, Martin(2010), *Brand Society*. New York: Cambridge University Press.
Kranich, Nancy(2004), 'Libraries: The Information Commons of Civil Society', in Schuler, Doug and Day, Peter(eds.), *Shaping the Network*

Society. Cambridge, MA: MIT Press, pp. 279~299.

Kumar, Krishan (1977), 'Holding the Middle Ground: The BBC, the Public and the Professional Broadcaster', in Curran, James, Gurevitch, Michael and Woollacott, Janet (eds.), *Mass Communication and Society*. London: Edward Arnold, pp. 231~248.

______(1978), *Prophecy and Progress: The Sociology of Industrial and Post-Industrial Society*. London: Allen Lane.

______(1986), 'Public Service Broadcasting and the Public Interest', in Maccabe, Colin and Stewart, Olivia (eds.), *The BBC and Public Service Broadcasting*. Manchester: Manchester University Press, pp. 46~61.

______(1987), *Utopia and Anti-Utopia in Modem Times*. Oxford: Blackwell.

______(1992), 'New Theories of Industrial Society', in Brown, Phillip and Lauder, Hugh (eds.), *Education for Economic Survival: From Fordism to Post-Fordism?*. London: Routledge, pp. 45~75.

______(1995), *From Post-Industrial to Post-Modern Society: New Theories of the Contemporary World*. Oxford: Blackwell.

______(2005), *From Post-Industrial to Post-Modem Society: New Theories of the Contemporary World*, 2nd edition. Oxford: Blackwell. 이성백 · 신재성 · 신승원 옮김 (2012), 《현탈산업사회에서 포스트모던사회로 - 현대사회의 새로운 이론들》. 라움.

Kynaston, David (2007), *Austerity Britain, 1945~1951*. London: Bloomsbury.

______(2009), *Family Britain, 1951~1957*. London: Bloomsbury.

Lacquer, Walter (1980), *The Terrible Secret: An Investigation into the Suppression of Information about Hitler's 'Final Solution'*. London: Weidenfeld and Nicolson.

Lakhani, Karim R. and Panetta, Jill A. (2007), 'The Principles of Distributed Innovation', Berkman Center for Internet and Society, Harvard Law School, Research Publication no. 2007-7.

Lamberton, Donald M. (ed.) (1971), *Economics of Information and Knowledge: Selected Readings*. Harmondsworth: Penguin.

Lanchester, John (2010), *Whoops! Why Everyone Owes Everyone and No-One Can Pay*. Harmondsworth: Penguin.

Landes, D. S. (1969), *The Unbound Prometheus: Technological Change and Industrial Development from 1750 to the Present*. Cambridge:

Cambridge University Press.
Landes, Joan B. (1995), 'The Public and the Private Sphere: A Feminist Reconsideration', in Meehan, J. (ed.), *Feminists Read Habermas*. London: Routledge.
Lane, David (2005), *Berlusconi's Shadow*. Harmondsworth: Penguin.
Lang, Tim and Heasman, Michael (2004), *Food Wars: The Battle for Mouths, Minds and Markets*. London: Earthscan.
Lasch, Christopher [1985 (1984)], *The Minimal Self: Psychic Survival in Troubled Times*. London: Pan.
______(1995), *The Revolt of the Elites and the Betrayal of Democracy*. New York Norton.
Lash, Scott (1990), *Sociology of Postmodernism*. London: Routledge.
______(2002), *Critique of Information*. London: Routledge.
Lash, Scott and Friedman, Jonathan (eds.) (1992), *Modernity and Identity*. Oxford: Blackwell. 윤호병·안정석·차원현·임옥희 옮김(1997), 《현대성과 정체성》. 현대미학사.
Lash, Scott and Urry, John (1987), *The End of Organized Capitalism*. Cambridge: Polity.
______(1994), *Economies of Signs and Space*. Thousand Oaks, CA: Sage. 박형준·권기돈 옮김(1998), 《기호와 공간의 경제》. 현대미학사.
Lasswell, Harold D. [1977 (1934)], 'The Vocation of Propagandists', in Lasswell, Harold D., *On Political Sociology*. Chicago: University of Chicago Press.
______(1941), *Democracy through Public Opinion*. Menasha, WI: George Banta (the Eleusis of Chi Omega, vol. 43, no. 1, Part 2).
Lawson, Hilary (narrator and dir.) (1989), 'Cooking the Books', *Dispatches*. Channel 4. Broadcast 26 April (first shown autumn 1988).
Leadbeater, Charles (1999), *Living on Thin Air: The New Economy*. New York Viking.
______(2003), *Overdue: How to Create a Modem Library Service*. Laser Foundation report. London: Demos.
Leavis, Frank Raymond [1977 (1948)], *The Great Tradition*. Harmondsworth: Penguin.
Lebergott, Stanley (1993), *Pursuing Happiness: American Consumers in the*

20th Century. Princeton, NJ: Princeton University Press.

Leigh, David (1980), *The Frontiers of Secrecy: Closed Government in Britain.* London: Junction Books.

Leigh, David and Harding, Luke (2011), *WikiLeaks: Inside Julian Assange's War on Secrecy.* London: Guardian Books.

Leigh, David and Lashmar, Paul (1985), 'The Blacklist in Room 105', *Observer,* 15 August.

Lessig, Lawrence (2000), *Code and Other Laws of Cyberspace.* New York: Basic Books. 김정오 옮김 (2009), 《코드 2.0》. 나남.

______(2002), *The Future of Ideas: the Fate of the Commons in a Connected World.* New York: Vintage. 이원기 옮김 (2012), 《아이디어의 미래 - 디지털 시대, 지적재산권의 운명》. 민음사.

______(2004), *Free Culture: How Big Media Uses Technology and the Law to Lock Down Culture and Control Creativity.* New York: Penguin. 이주명 옮김 (2005), 《자유문화》. 필맥.

Leung, Karen K. (2013), *Crazy Love Called Online Dating.* Las Vegas: AOC Publishing LLC.

Leveson (2012), *An Inquiry into the Culture, Practices and Ethics of the Press: Report,* November, 4 vols. London: Stationery Office.

Levitas, Ruth (1996a), 'Fiddling while Britain Bums? The "Measurement" of Unemployment', in Levitas, Ruth and Guy, Will (eds.), *Interpreting Official Statistics.* London: Routledge, pp. 45~65.

______(1996b), 'The Legacy of Rayner', in Levitas, Ruth and Guy, Will (eds.), *Interpreting Official Statistics.* London: Routledge, pp. 7~25.

Levitas, Ruth and Guy, Will (eds.) (1996), *Interpreting Official Statistics.* London: Routledge.

Lewis, Michael (2011), *Boomerang: The Biggest Bust.* New York: Norton. 김정수 옮김 (2012), 《부메랑 - 새로운 몰락의 시작 금융위기와 부채의 복수》. 비즈니스북스.

Libicki, Martin (1995), *What Is Information Warfare?.* ACJS Paper 3, Washington, DC: National Defense University.

Library and Information Commission (1997), *New Library: The People's Network.* London: Library and Information Commission.

Library Association (1983), *Code of Professional Conduct.* London: Library

Association.
Liebowitz, Nathan(1985), *Daniel Bell and the Agony of Modem Liberalism.* Westport, CT: Greenwood.
Lim, Elvin(2008), *The Anti-Intellectual Presidency: The Decline of Presidential Rhetoric from George Washington to George W. Bush.* New York: Oxford University Press.
Lipietz, Alain(1986), 'New Tendencies in the International Division of Labour: Regimes of Accumulation and Modes of Regulation', in Scott, Allen J. and Storper, Michael(eds.), *Production, Work, Territory: The Geographical Anatomy of Industrial Capitalism.* Boston, MA: Allen and Unwin, pp. 16~40.
______(1987), *Mirages and Miracles: The Crises of Global Fordism.* London: Verso.
______(1993), *Towards a New Economic Order: Postfordism, Ecology and Democracy.* Cambridge: Polity.
Lippmann, Walter(1922), *Public Opinion.* London: Allen and Unwin.
Lipset, Seymour Martin(1981), 'Whatever Happened to the Proletariat? An Historic Mission Unfulfilled', *Encounter* 56(June): 18~34.
London, Louise(2000), *Whitehall and the Jews, 1933~1948: British Immigration Policy and thc Holocaust.* Cambridge: Cambridge University Press.
Lunt, Peter and Stenner, Paul(2005), 'The Jerry Springer Show as an Emotional Public Sphere', *Media, Culture and Society* 27(1): 59~81.
Lyman, Peter and Varian, Hal R. (2003), *How Much Information? 2003.* Available at http://www.sims.berkeley.edu/research/projects/how-much-info-2003/.
Lynd, Robert S. and Hanson, A. C. (1933), 'The People as Consumers', *President's Research Committee on Social Trends: Recent Social Trends in the United States.* New York McGraw-Hill, pp. 857~911.
Lyon, David(1988), *The Information Society: Issues and Illusions.* Cambridge: Polity.
______(1994), *The Electronic Eye.* Cambridge: Polity.
______(2001), *Surveillance Society: Monitoring Everyday Life.* Buckingham: Open University Press. 이광조 옮김(2014), 《감시사회로의 유혹》. 후마티나스.

______(2003), *Surveillance after September 11*. Cambridge: Polity. 이혁규 옮김(2011), 《9월 11일 이후의 감시》. 울력.
______(2006), 'Surveillance and Privacy', in Avgerou, C., Mansell, R., Quah, D. and Silverstone, R. (eds.), *Oxford Handbook of Information and Communications Technologies*. Oxford: Oxford University Press.
______(2007), *Surveillance Studies: An Overview*. Cambridge: Polity.
______(2009), *Identifying Citizens: ID Cards as Surveillance*. Cambridge: Polity.
Lyotard, Jean-François[1984(1979)], *The Postmodern Condition: A Report on Knowledge*. Translated by Geoff Bennington and Brian Massumi. Manchester: Manchester University Press. 이현복 옮김(1992), 《포스트모던적 조건 - 정보 사회에서의 지식의 위상》. 서광사.
______(1988), *The Differend: Phases in Dispute*. Manchester: Manchester University Press. 진태원 옮김(2015), 《쟁론》. 경성대학교출판부.
______(1993), *Political Writings*. Translated by Bill Readings and Kevin Paul Geiman. London: UCL Press.
Maasoumi, Esfandias(1987), 'Information Theory', in Eatwell, John, Milgate, Murray and Newman, Peter(eds.), *The New Palgrave: A Dictionary of Economics*, vol. 2. Basingstoke: Macmillan, pp. 846~851.
McAllister, Matthew P. (1996), *The Commercialization of American Culture: New Advertising, Control and Democracy*. Thousand Oaks, CA: Sage.
Maccabe, Colin and Stewart, Olivia(eds.) (1986), *The BBC and Public Service Broadcasting*. Manchester: Manchester University Press.
MacCannell, Dean(1976), *The Tourist: A New Theory of the Leisure Class*. New York: Schocken.
McChesney, Robert W. (2008), *The Political Economy of Media: Enduring Issues, Emerging Dilemmas*. New York: Monthly Review Press.
______(2013), *Digital Disconnect: How Capitalism Is Turning the Internet against Democracy*. New York: The New Press. 전규찬 옮김(2014), 《디지털 디스커넥트 - 자본주의는 어떻게 인터넷을 민주주의의 적으로 만들고 있는가》. 삼천.
Macey, David[1994(1993)], *The Lives of Michel Foucault*. New York: Vintage.
McGregor, A. and Sproull, A. (1992), 'Employers and the Flexible Workforce', *Employment Gazette*(May): 225~234.

McGuigan, Jim (2000), 'British Identity and "The People's Princess"', *Sociological Review* 48 (1) (February): 1~18.

______(2005), 'The Cultural Public Sphere', *European Journal of Cultural Studies* 8 (4): 427~443.

Machlup, Fritz (1962), *The Production and Distribution of Knowledge in the United States*. Princeton, NJ: Princeton University Press.

______(1980), *Knowledge: Its Creation, Distribution, and Economic Significance*, vol. I: *Knowledge and Knowledge Production*. Princeton, NJ: Princeton University Press.

______(1984), *Knowledge: Its Creation, Distribution, and Economic Significance*, vol. III: *The Economics of Information and Human Capital*. Princeton, NJ: Princeton University Press.

Machlup, Fritz and Mansfield, Una (eds.) (1983), *The Study of Information*. New York: Wiley.

McKendrick, N., Brewer, J. and Plumb, J. H. (1982), *The Birth of a Consumer Society: The Commercialization of Eighteenth-Century England*. London: Hutchinson.

McKenna, Frank (1980), *The Railway Workers, 1840~1970*. Boston, MA: Faber and Faber.

MacKenzie, Donald A. (1990), *Inventing Accuracy: A Historical Sociology of Nuclear Missile Guidance*. Cambridge, MA: MIT Press.

McNair, Brian (2006), *Cultural Chaos: Journalism, News and Power in a Globalised World*. London: Routledge.

McPhail, T. (1987), *Electronic Colonialism*, 2nd edition. Beverly Hills, CA: Sage.

McQuail, Denis (1987), *Mass Communication Theory: An Introduction*, 2nd edition. Thousand Oaks, CA: Sage. 양승찬 · 이강형 옮김 (2008), 《매스커뮤니케이션 이론》 제 5판. 나남.

McRobbie, Angela (1991), 'New Times in Cultural Studies', *New Formations* 13 (spring): 1~18.

Madge, Tim (1989), *Beyond the BBC: Broadcasters and the Public in the 1980s*. Basingstoke: Macmillan.

Madison, James [1953 (1822)], *The Complete Madison: His Basic Writings*. Millwood, NY: Kraus Reprint.

Mallet, Serge (1975), *The New Working Class*. Nottingham: Spokesman.

Mandelbaum, Michael (2007a), 'Democracy without America', *Foreign Affairs* 86 (5) (September-October): 119~130.

______(2007b), *Democracy's Good Name: The Rise and Risks of the World's Most Popular Form of Government*. New York: Public Affairs.

Mangu-Ward, Katherine (2007), 'Wikipedia and Beyond', *Reason Magazine*. Available at http://www.reason.com/news/show/119689.html.

Mann, Michael (2005), *The Dark Side of Democracy: Explaining Ethnic Cleansing*. Cambridge: Cambridge University Press.

______(2011), *Power in the 21st Century: Conversations with John A. Hall*. Cambridge: Polity.

Marchand, Roland (1985), *Advertising the American Dream: Making Way for Modernity, 1920~1940*. Berkeley, CA: University of California Press.

Marquand, David (2008), *Britain since 1918: The Strange Career of British Democracy*. London: Weidenfeld and Nicolson.

Marshall, T. H. (1973), *Class, Citizenship and Social Development*. Westport, CT: Greenwood.

Martin, Bernice (1992), 'Symbolic Knowledge and Market Forces at the Frontiers of Postmodernism: Qualitative Market Researchers (Britain)', in Kellner, Hans and Berger, Peter L. (eds.), *Hidden Technocrats: The New Class and New Capitalism*. New Brunswick, NJ: Transaction, pp. 111~156.

Martin, James (1978), *The Wired Society*. Englewood Cliffs, NJ: Prentice-Hall.

Marwick, Arthur (1982), *British Society since 1945*. Harmondsworth: Penguin.

Marx, Gary T. (1988), *Undercover: Police Surveillance in America*. Berkeley, CA: University of California Press.

Mason, Paul (2012), *Why It's Kicking Off Everywhere: The New Global Revolutions*. London: Verso.

Massing, Michael (2003), 'The Unseen War', *New York Review of Books* 50 (9), 29 May.

______(2004a), 'Now They Tell Us', *New York Review of Books* 51 (3), 26 February.

______(2004b), 'Unfit to Print', *New York Review of Books* 51 (11), 24 June.

Mathiesen, Thomas (1997), 'The Viewer Society: Foucault's Panopticon Revisited', *Theoretical Criminology* 1(2): 215~234.

Mattelart, Armand (1979), *Multinational Corporations and the Control of Culture: The Ideological Apparatuses of Imperialism.* Brighton: Harvester.

______(1991), *Advertising International: The Privatisation of Public Space.* Translated by Michael Chanan. London: Comedia.

Maxwell, Richard (2003), *Herbert Schiller.* Lanham, MD: Rowman and Littlefield.

Mayhew, Henry (1971), *The Unknown Mayhew: Selections from the Morning Chronicle, 1849~1850.* Edited by E. P. Thompson and Eileen Yeo. London: Merlin.

Mazower, Mark (1998), *Dark Continent: Europe's Twentieth Century.* Harmondsworth: Penguin.

Melody, William H. (1987), 'Information: An Emerging Dimension of Institutional Analysis', *Journal of Economic Issues* 21(3) (September): 1313~1339.

______(1991), 'Manufacturing in the Global Information Economy', *CIRCIT Newsletter* 3(1) (February): 2.

Meltzer, Allan H. (2012), *Why Capitalism?.* New York: Oxford University Press.

Menken, H. L. (1926), 'Notes on Journalism', *Chicago Sunday Tribune,* 19 September.

Meyer, S. (1981), *The Five Dollar Day: Labor Management and Social Control in the Ford Motor Company, 1908~1921.* Albany, NY: State University of New York Press.

Meyrowitz, Joshua (1985), *No Sense of Place: The Impact of Electronic Media on Social Behavior.* New York: Oxford University Press.

Michels, Robert [1959(1915)], *Political Parties.* New York: Dover.

Middlemas, Keith (1979), *Politics in Industrial Society: The Experience of the British System since 1911.* London: Andre Deutsch.

Miles, Ian (1991), 'Measuring the Future: Statistics and the Information Age', *Futures* 23(9) (November): 915~934.

Miles, Ian et al. (1990), *Mapping and Measuring the Information Economy.* Boston Spa, Wetherby: British Library.

Miliband, David(2011), 'Speech on the European Left', 8 March. London School of Economics. Available at http://www.newstatesman.com/uk-politics/2011/03/centreparties-social.

Miliband, Ralph(1969), *The State in Capitalist Society*. London: Quartet, 1974.

______(1985), 'The New Revisionism in Britain', *New Left Review* 150(March-April): 5~26.

Miliband, Ralph and Panitch, Leo(eds.)(1992), *Socialist Register 1992*. London: Merlin.

Miliband, Ralph and Saville, John(eds.)(1974), *Socialist Register 1973*. London: Merlin.

Mill, John Stuart[1989(1859)], *On Liberty and Other Writings*. Edited by Stephan Collini. Cambridge: Cambridge University Press. 김형철 옮김(2008), 《자유론》. 서광사.

Ministry of Defence(1983), *The Protection of Military Information: Report of the Study Group on Censorship*, Cmnd 9122. London: HMSO.

______(1985), *The Protection of Military Information: Government Response to the Report of the Study Group on Censorship*, Cmnd 9499. Landon: HMSO.

Molz, Redmond K. and Dain, Phyllis(1999), *Civic Space/Cyberspace: The American Public Library in the Information Age*. Boston, MA: MIT Press.

Monk, Peter(1989), *Technological Change in the Information Economy*. London: Pinter.

Morgan, Kenneth O. (1990), *The People's Peace: British History, 1945~1989*. Oxford: Oxford University Press.

Marozov, Evgeny(2010), *The Net Delusion: How Not to Liberate the World*. London: Allen Lane.

______(2013), *To Save Everything, Click Here: Technology, Solutionism, and the Urge to Fix Problems That Don't Exist*. London: Allen Lane.

Morris, Meaghan(1992), 'The Man in the Mirror: David Harvey's "Condition" of Postmodernity', *Theory, Culture and Society* 9: 253~279.

Morrison, David E. and Tumber, Howard(1988), *Journalists at War: The Dynamics of News Reporting during the Falklands Conflict*. Thousand

Oaks, CA: Sage.

Mosco, Vincent(1982), *Pushbutton Fantasies: Critical Perspectives on Videotex and Information Technology.* Norwood, NJ: Ablex.

______(1989), *The Pay-Per Society: Computers and Communications in the Information Age: Essays in Critical Theory and Public Policy.* Toronto: Garamond.

______(2004), *The Digital Sublime: Myth, Power and Cyberspace.* Cambridge, MA: MIT Press.

Mosco, Vincent and Wasko, Janet(eds.) (1984), *The Critical Communications Review*, vol. 2: *Changing Patterns of Communications Control.* Norwood, NJ: Ablex.

______(eds.) (1988), *The Political Economy of Information.* Madison, WI: University of Wisconsin Press.

Moser, Sir Claus(1980), 'Statistics and Public Policy', *Journal of the Royal Statistical Society* A 143(Part 1): 1~31.

Mount, Ferdinand(2004), *Mind the Gap: The New Class Divide in Britain.* London: Short Books.

Mouzelis, Nicos(1995), *Sociology Theory: What Went Wrong? Diagnosis and Remedies.* London: Routledge.

Mowlana, H., Gerbner, G. and Schiller, H. I. (eds.) (1992), *Triumph of the Image: The Media's War in the Persian Gulf-A Global Perspective.* Boulder, CO: Westview.

Mayo, Dambisa(2009), *Dead Aid: Why Aid Is Not Working and How There Is a Better Way for Africa.* Harmondsworth: Penguin.

Muirhead, Bill(1987), 'The Case for Corporate Identity', *Observer*, 25 October.

Mulgan, Geoff(1991), *Communication and Control: Networks and the New Economies of Communication.* Cambridge: Polity.

______(1998), *Connexity: Responsibility, Freedom, Business and Power in the New Century.* New York: Vintage.

Mulhern, Francis(1979), *The Moment of 'Scrutiny'.* London: New Left Books.

Munro, Neil(1991), *The Quick and the Dead: Electronic Combat and Modern Warfare.* New York: St Martin's Press.

Murdoch, James (2009), 'Put an End to This Dumping of Free News', MacTaggart Lecture, extracted version in the *Guardian*, 29 August. Available at http://www.guardian.ca.uk/media/video/2009/aug/29/james-murdach-edinburgh-festival-mactaggart.

Murdoch, Rupert (2013), 'The Woman Who Gave Us Our Backbone', *Times*, 10 April.

Murdock, Graham (1982), 'Large Corporations and the Control of the Communications Industries', in Gurevitch, Michael, Bennett, Tony, Curran, James and Woollacott, Jane (eds.), *Culture, Society and the Media*. London: Methuen, pp. 118~150.

______(1990), 'Redrawing the Map of the Communications Industries: Concentration and Ownership in the Era of Privatization', in Ferguson, Marjorie (ed.), *Public Communication: The New Imperatives, Future Directions for Media Research*. Thousand Oaks, CA: Sage, pp. 1~15.

Murdock, Graham and Golding, Peter (1974), 'For a Political Economy of Mass Communications', in Miliband, Ralph and Saville, John (eds.), *Socialist Register 1973*. London: Merlin, pp. 205~234.

______(1977), 'Capitalism, Communication and Class Relations', in Curran, James, Gurevitch, Michael and Woollacott, Janet (eds.), *Mass Communication and Society*. London: Edward Arnold, pp. 12~43.

Murray, Charles (1984), *Losing Ground: American Social Policy 1950~1980*. New Yark: Basic Books.

______(1989), 'Underclass', *Sunday Times Magazine*, 26 (November): 26~43.

Murray, Robin (ed.) (1981), *Multinationals beyond the Market: Intra-Firm Trade and the Control of Transfer Pricing*. Brighton: Harvester.

______(1985), 'Benetton Britain: The New Economic Order', *Marxism Today* (November): 28~32.

Naisbitt, John (1984), *Megatrends: Ten New Directions Transforming Our Lives*. London: Futura.

National Statistics (2008), *Family Spending*. Edited by Ed Dunn Office of National Statistics. Basingstoke: Palgrave Macmillan. Available at http://www.statistics.gov.uk/downloads/theme_social/Family_Spending_2006/FamilySpending2007_web.pdf.

Negroponte, N. (1995), *Being Digital*. London: Hodder and Stoughton. 백욱

인 옮김(1999), 《디지털이다》. 커뮤니케이션북스.
New Times(1988), *Marxism Today*(October): 3~33.
Newby, Howard〔1979(1977)〕, *The Deferential Worker: A Study of Farm Workers in East Anglia.* Harmondsworth: Penguin.
______(1985), *Green and Pleasant Land? Social Change in Rural England*, 2nd edition. New Yark: Wildwood House.
______(1987), *Country Life: A Social History of Rural England.* London: Weidenfeld and Nicolson.
Newman, Karin(1986), *The Selling of British Telecom.* London: Holt, Rinehart and Winston.
Nguyen, G. D. (1985), 'Telecommunications: A Challenge to the Old Order', in Margaret Sharpe(ed.), *Europe and the New Technologies.* London: Pinter, 87~133.
Nicholas, David and Rowlands, Ian(eds.) (2008), *Digital Consumers: Reshaping the Information Professions.* London: Facet Publishing.
Nisbet, Robert A. (1967), *The Sociological Tradition.* London: Heinemann.
Noam, Eli(1992), *Telecommunications in Europe.* Oxford: Oxford University Press.
Noble, David F. (1977), *America by Design: Science, Technology and the Rise of Corporate Capitalism.* New York: Knopf.
______(1984), *Forces of Production: A Social History of Industrial Automation.* New York: Knopf.
Nordenstreng, Kaarle(1984), *The Mass Media Declaration of UNESCO.* Norwood, NJ: Ablex.
Nordenstreng, Kaarle and Varis, Tapio(1974), *Television Traffic: A One-Way Street?.* Reports and Papers on Mass Communication, no. 70. Paris: UNESCO.
Norris, Christopher(1990), *What's Wrong with Postmodernism: Critical Theory and the Ends of Philosophy.* Hemet Hempstead: Harvester Wheatsheaf.
______(1992), *Uncritical Theory: Postmodernism, Intellectuals and the Gulf War.* London: Lawrence and Wishart.
Nyhan, Brendan and Reifer, Jason(2010), 'When Corrections Fail: The Persistence of Political Misperceptions', *Political Behavior* 32(2): 303~330.

Nyhan, Brendan and Reifer, Jason (2012), *Misinformation and Fact-Checking*. Washington, DC: New America Foundation.

Obelkevitch, James (1994), 'Consumption', in Obelkevitch, James and Catterall, Peter (eds.), *Understanding Post-War British Society*. London: Routledge.

O'Connor, Sarah (2013), 'Amazon Unpacked', *Financial Times*, 8 February.

OECD (1991), *Universal Service and Rate Restructuring in Telecommunications*. ICCP series, no. 23. Paris: OECD.

Gettinger, Anthony G. (1980), 'Information Resources: Knowledge and Power in the 21st Century', *Science* 209, 4 July: 191~198.

______(1990), *Whence and Whither Intelligence, Command and Control? The Certainty of Uncertainty*. Cambridge, MA: Program on Information Resources Policy, Harvard University.

Office of Arts and Libraries (1988), *Financing our Library Services: Four Subjects for Debate: A Consultative Paper*, Cm 324. London: HMSO.

Office of Technology Assessment (1988), *Informing the Nation: Federal Information Dissemination in an Electronic Age*. Washington, DC: US Congress.

Ohmae, Kenichi (1993), 'The Rise of the Regional State', *Foreign Affairs* 72 (2) (spring): 78~87.

O'Neill, John (1986), 'The Disciplinary Society: From Weber to Foucault', *British Journal of Sociology* 37 (1) (March): 42~60.

Orwell, George [1944 (1968)], *The Collected Essays, Journalism and Letters of George Orwell*, vol. 3: *As I Please 1943~1945*. London: Secker and Warburg.

Overy, Richard (2009), *The Morbid Age: Britain between the Wars*. London: Allen Lane.

Packard, Vance (1957), *The Hidden Persuaders*. London: Longman.

Papacharissi, Zizi (ed.) (2010a), *A Networked Self: Identity, Community and Culture on Social Network Sites*. New York: Routledge.

______(2010b), *A Private Sphere: Democracy in a Digital Age*. Cambridge: Polity.

Pariser, Eli (2011), *The Filter Bubble: What the Internet Is Hiding from You*. New York: Viking.

Paulu, Burton (1981), *Television and Radio in the United Kingdom.* Basingstoke: Macmillan.
Penn, Roger (1990), *Class, Power and Technology: Skilled Workers in Britain and America.* Cambridge: Polity.
Perkin, Harold〔1990 (1989)〕, *The Rise of Professional Society: Britain since 1880.* London: Routledge.
Pew (2012), *Pew Internet and American Life Project.* Available at www.pew-internet.org.
Peston, Robert (2009), Edinburgh TV Festival, Richard Dunn Memorial Lecture, 29 August. Available at http://www.bbc.co.uk/blogs/the-reporters/robertpeston/2009/08/what_future_for_media_andjour.html.
Phillips, Melanie (1988), 'Hello to a Harsh Age of Cold Economies, Farewell New Society', *Guardian*, 26 February.
______(1989), 'Standing Up to be Counted', *Guardian*, 8 December.
______(1996), *All Must Have Prizes.* New York: Little, Brown.
Philo, Greg and Berry, Mike (2004), *Bad News from Israel.* London: Pluto.
Pick, Daniel (1993), *War Machine: The Rationalisation of Slaughter in the Modern Age.* New Haven, CT: Yale University Press.
Pilger, John (1991a), 'Video Nasties', *New Statesman and Society*, 25 January: 6~7.
______(1991b), 'Information is Power', *New Statesman and Society*, 15 November: 10~11.
______(1992), *Distant Voices.* New York: Vintage.
Pilkington, Sir Harry (1962), *Report of the Committee on Broadcasting.* London: HMSO.
Piore, Michael and Sabel, Charles (1984), *The Second Industrial Divide.* New York: Basic Books.
Plant, Raymond (2010), *The Neo-Liberal State.* New York: Oxford University Press.
Pollard, Sidney (1983), *The Development of the British Economy, 1914~1980*, 3rd edition. London: Edward Arnold.
Pollert, Anna (1988), 'Dismantling Flexibility', *Capital and Class* 34 (spring): 42~75.
______(ed.) (1990), *Farewell to Flexibility.* Oxford: Blackwell.

Ponting, Clive(1999), *The Pimlico History of the Twentieth Century*. London: Chatto and Windus.

Pope, Daniel(1983), *The Making of Modern Advertising*. New York: Basic Books.

Popkin, Samuel L. (1994), *The Reasoning Voter: Communication and Persuasion in Presidential Campaigns*. Chicago: University of Chicago Press.

Porat, Marc Uri(1977a), *The Information Economy: Definition and Measurement*. OT Special Publication 77-12(1). Washington, DC: US Department of Commerce, Office of Telecommunications(contains executive summary and major findings of the study).

______(1977b), *The Information Economy: Sources and Methods for Measuring the Primary Information Sector(Detailed Industry Reports)*. OT Special Publication 77-12(2). Washington, DC: US Department of Commerce, Office of Telecommunications.

______(1978), 'Communication Policy in an Information Society'. in Robinson, G. O. (ed.), *Communications for Tomorrow*. New York: Praeger, pp. 3~60.

Porter, Henry(1999), 'For the Media, War Goes On', *Observer*, 4 July.

Poster, Mark(1990), *The Mode of Information: Poststructuralism and Social Context*. Cambridge: Polity.

______(1994), 'The Mode of Information and Postmodernity', in Crowley, David and Mitchell, David(eds.). *Communication Theory Today*. Cambridge: Polity, pp. 173~192.

______(2001), *Citizens, Global Media and Globalization*. University of Athens, 10-12 May(mimeo).

______(2006), *Information Please: Culture and Politics in the Age of Digital Machines*. Durham, NC: Duke University Press.

Postman, Neil(1986), *Amusing Ourselves to Death: Public Discourse in the Age of Show Business*. London: Heinemann. 홍윤선 옮김(2009), 《죽도록 즐기기 - 성찰 없는 미디어 세대를 위한 기념비적 역작》. 굿인포메이션.

Potter, David(1954), *People of Plenty: Economic Abundance and the American Character*. Chicago: University of Chicago Press.

Potter, David, Goldblatt, David, Kiloh, Margaret and Lewis, Paul(1997), *Democratisation*. Cambridge: Polity.

Potter, Dennis(1994), *Seeing the Blossom: Two Interviews and a Lecture.* Boston, MA: Faber and Faber.

Preston, Paschal(2001), *Reshaping Communications: Technology, Information and Social Change.* Thousand Oaks, CA: Sage.

Preston, W., Herman, E. S. and Schiller, H. I. (eds.) (1989), *Hope and Folly: The United States and UNESCO.* Minneapolis, MN: University of Minnesota Press.

Privy Council Office(1981), *Government Statistical Services,* Cmnd 8236. London: HMSO.

Pusey, Michael(1987), *Jürgen Habermas.* Chichester: Ellis Horwood.

Putnam, Robert D. (2000), *Bowling Alone: The Collapse and Revival of American Community.* New York: Simon and Schuster. 정승현 옮김(2009), 《나 홀로 볼링 - 사회적 커뮤니티의 붕괴와 소생》. 페이퍼로드.

Rainie, Lee and Wellman, Barry(2012), *Networked.* Cambridge, MA: MIT Press. 김수정 옮김(2014), 《새로운 사회 운영 시스템》. 에이콘출판.

Ranelagh, John(1992), *Thatcher's People: An Insider's Account of the Politics, the Power, and the Personalities.* London: Fontana.

Rawnsley, Andrew(2000), *Servants of the People: The Inside Story of New Labour.* Harmondsworth: Penguin.

Rayner, Sir Derek(1981), *Sir Derek Rayner's Report to the Prime Minister.* London: Central Statistical Office.

Reich, Robert B. (1991), *The Work of Nations: Preparing Ourselves for 21st Century Capitalism.* New York: Vintage. 남경우 옮김(1994), 《국가의 일》. 까치.

______(2001), *The Future of Success.* London: Heinemann. 오성호 옮김(2001), 《부유한 노예》. 김영사.

Reiner, Robert(1996), 'The Case of the Missing Crimes', in Levitas, Ruth and Guy, Will(eds.), *Interpreting Official Statistics.* London: Routledge, pp. 185~205.

Reith, J. C. W. (Lord) (1949), *Into the Wind.* London: Hodder and Stoughton.

Rheingold, Howard(1993), *The Virtual Community: Homesteading on the Electronic Frontier.* New York: HarperCollins.

Richards, Thomas(1993), *The Imperial Archive: Knowledge and the Fantasy of Empire.* London: Verso.

Richel, Matt(2010), 'Growing Up Digital, Wired for Distraction', *New York Times*, 21 November.

Richelson, Jeffrey T. and Ball, Desmond(1986), *The Ties That Bind: Intelligence Co-Operation between the U.K./U.S.A. Countries*. London: Allen and Unwin.

Rieff, David(1991), *Los Angeles: Capital of the Third World*. London: Phoenix.

______(1995), *Slaughterhouse: Bosnia and the Failure of the West*. New York: Vintage.

Rikowski, Ruth(2005), *Globalisation, Information and Libraries: The Implications of the World Trade Organisation's GATS and TRIPS Agreements*. Oxford: Chandos Publishing.

Ritzer, George(1998), 'McUniversity in the Postmodern Consumer Society', in *The McDonaldization Thesis: Explorations and Extensions*. Thousand Oaks, CA: Sage, pp. 151~162.

Robertson, Geoffrey(1999), *Crimes against Humanity: The Struggle for Global Justice*. Harmondsworth: Penguin.

Robertson, Roland(1992), *Globalization: Social Theory and Global Culture*. Thousand Oaks, CA: Sage.

Robins, Kevin(1991a), 'Prisoners of the City: Whatever Could a Postmodern City Be?', *New Formations* 15(December): 1~22.

______(1991b), 'Tradition and Translation: National Culture in Its Global Context', in Corner, John and Harvey, Sylvia(eds.), *Enterprise and Heritage: Crosscurrents of National Culture*. London: Routledge, pp. 21~44, 236~241.

______(ed.)(1992). *Understanding Information: Business, Technology and Geography*. London: Belhaven.

Robins, Kevin and Webster, Frank(1989), *The Technical Fix: Education, Computers and Industry*. Basingstoke: Macmillan.

______(1999), *Times of the Technoculture: From the Information Society to the Virtual Life*. London: Routledge.

______(eds.)(2002), *The Virtual University? Knowledge, Markets and Management*. Oxford: Oxford University Press.

Robinson, G. O.(ed.)(1978), *Communications for Tomorrow*. New York:

Praeger.

Rochlin, Gene I. (1997), *Trapped in the Net: The Unanticipated Consequences of Computerization.* Princeton, NJ: Princeton University Press.

Rojek, Chris (2001), *Celebrity.* London: Reaktion Books.

Rose, Jonathan (2001), *The Intellectual life of the British Working Classes.* New Haven, CT: Yale University Press.

Rosen, Jeffrey (2000), *The Unwanted Gaze: The Destruction of Privacy in America.* New York: Vintage.

Ross, George (1974), 'The Second Corning of Daniel Bell', in Miliband, Ralph and Saville, John (eds.), *Socialist Register 1973.* London: Merlin, pp. 331~348.

Roszak, Theodore (1986), *The Cult of Information: The Folklore of Computers and the True Art of Thinking.* Cambridge: Lutterworth.

Rothkopf, David (1997), 'In Praise of Cultural Imperialism?', *Foreign Policy* 107: 38~53.

Rule, James B. (1973), *Private lives and Public Surveillance.* London: Allen Lane.

Rumsfeld, Donald (2006), *Speech to Council on Foreign Relations,* 17 February. Available at http://www.defenselink.mil/speeches/speech.aspx?speech-id=27.

Rustin, Mike (1990), 'The Politics of Post-Fordism: The Trouble with "New Times"', *New Left Review* 175 (May-June): 54~77.

Sabel, Charles F. (1982), *Work and Politics: The Division of Labor in Industry.* Cambridge: Cambridge University Press.

Said, Edward W. (1984), *The World, the Text, and the Critic.* New York: Vintage.

Samuel, Raphael (1977), 'Workshop of the World: Steam Power and Hand Technology in mid-Victorian Britain', *History Workshop Journal* 3: 6~72.

Sandbrook, Dominic (2005), *Never Had It So Good: A History of Britain from Suez to the Beatles.* New York: Little, Brown.

______(2006), *White Heat: A History of Britain: The Swinging Sixties.* New York: Little, Brown.

______(2010), *State of Emergency: The Way We Were: Britain, 1970~1974.*

London: Allen Lane.
Saunders, Peter (1990), *A Nation of Home Owners*. London: Unwin Hyman.
Savage, Mike, Bagnall, G. and Longhurst, B. (2005), *Globalisation and Belonging*. Thousand Oaks, CA: Sage.
Sayer, Andrew and Walker, Richard (1992), *The New Social Economy: Reworking the Division of Labor*. Cambridge, MA: Blackwell.
Scannell, Paddy (1989), 'Public Service Broadcasting and Modern Public Life', *Media, Culture and Society* 11: 135~166.
Scannell, Paddy and Cardiff, David (1991), *A Social History of British Broadcasting*, vol. 1: *1922~1939: Serving the Nation*. Oxford: Blackwell.
Schechter, Danny (1997), *The More You Watch, the less You Know*. New York: Seven Stories Press.
Schement, Jorge R. and Lievroux, Leah (eds.) (1987), *Competing Visions, Complex Realities: Aspects of the Information Society*. Norwood, NJ: Ablex.
Schiller, Anita R. and Schiller, Herbert I. (1982), 'Who Can Own What America Knows?', *The Nation*, 17 April: 461~463.
______(1986), 'Commercializing Information', *The Nation*, 4 October: 306~309.
______(1988), 'Libraries, Public Access to Information and Commerce', in Mosco, Vincent and Wasko, Janet (eds.), *The Political Economy of Information*. Madison, WI: University of Wisconsin Press, pp. 146~166.
Schiller, Dan (1982), *Telematics and Government*. Norwood, NJ: Ablex.
______(1999), *Digital Capitalism: Networking the Global Market System*, Cambridge, MA: MIT Press. 추광영 옮김 (2001), 《디지털 자본주의》. 나무와숲.
Schiller, Herbert I. (1969), *Mass Communications and American Empire*. New York: Augustus M. Kelley.
______(1973), *The Mind Managers*. Boston, MA: Beacon.
______(1976), *Communication and Cultural Domination*. New York: International Arts and Sciences Press.
______(1981), *Who Knows: Information in the Age of the Fortune 500*. Norwood, NJ: Ablex.
______(1983a), 'The Communications Revolution: Who Benefits?', *Media*

Development 4: 18~20.
______(1983b), 'The World Crisis and the New Information Technologies', *Columbia Journal of World Business* 18(1) (spring): 86~90.
______(1984a), *Information and the Crisis Economy*. Norwood, NJ: Ablex.
______(1984b), 'New Information Technologies and Old Objectives', *Science and Public Policy* (December): 382~383.
______(1985a), 'Beneficiaries and Victims of the Information Age: The Systematic Diminution of the Public's Supply of Meaningful Information', Papers in *Comparative Studies* 4: 185~192.
______(1985b), 'Breaking the West's Media Monopoly', *The Nation*, 21 September: 248~251.
______(1985c), 'Information: A Shrinking Resource', *The Nation*, 28 December 1985~4 January 1986: 708~710.
______(1987), 'Old Foundations for a New (Information) Age', in Schement, Jorge R. and Lievroux, Leah (eds.), *Competing Visions, Complex Realities: Aspects of the Information Society*. Norwood, NJ: Ablex, pp. 23~31.
______(1988), 'Information: Important Issue for '88', *The Nation*, 4-11 July: 1, 6.
______(1989a), *Culture, Inc.: The Corporate Takeover of Public Expression*. New York: Oxford University Press. 양기석 옮김(1995), 《문화(주) - 공공 의사표현의 사유화》. 나남.
______(1989b), 'Communication in the Age of the Fortune 500: An Interview with Herbert Schiller', *Afterimage* (November).
______(1990a), 'Democratic Illusions: An Interview with Herbert Schiller', *Multinational Monitor* 11(6) (June): 19~22.
______(1990b), 'An Interview with Herbert Schiller', *Comnotes* (Department of Communication, University of California, San Diego) 4(2) (winter): 1~5.
______(1991a), 'Public Information Goes Corporate', *Library Journal*, 1 October: 42~45.
______(1991b), 'My Graduate Education (1946~48), Sponsored by the U.S. Military Gover nment of Germany', in Hickethier, Knut and Zielinski, Siegfried (eds.), *Medienl Kultur*. Berlin: Wissenschaftsverlag Volker

Spiess, pp. 23~29.
______(1992), 'The Context of Our Work', *Société Française des Sciences de l'Information et de la Communication*. Huitième Congrès National, Lille, 21 May, pp. 1~6.
______(1993), 'Public Way or Private Road?', *The Nation*, 12 July: 64~66.
______(1996), *Information Inequality: The Deepening Social Crisis in America*. New York: Routledge. 김동춘 옮김(2001), 《정보 불평등》. 민음사.
______(2000), *Living in the Number One Country: Reflections from a Critic of American Empire*. New York: Seven Stories Press.
Schiller, Herbert I., Alexandre, Laurien, Mahoney, Eileen, Roach, Colleen and Andersen, Robin(1992), *The Ideology of International Communications*. New York: Institute for Media Analysis.
Schlesinger, Philip(1987), *Putting 'Reality' Together: BBC News*, 2nd edition. London: Methuen.
______(1991), *Media, State and Nation: Political Violence and Collective Identities*. Thousand Oaks, CA: Sage.
Schmidt, Eric and Cohen, Jared(2013), *The New Digital Age: Reshaping the Future of People, Nations and Business*. New York: Knopf. 이진원 옮김(2014), 《새로운 디지털 시대 - Google 회장 에릭 슈미트의 압도적인 통찰과 예측》. 알키.
Schofield, Jack(2011), 'Steve Jobs Obituary', *Guardian*, 6 October. Available at http://www.guardian.co.uk/technology/2011/oct/06/steve-jobs-obituary.
Schonfield, Andrew(1969), 'Thinking about the Future', *Encounter* 32(2): 15~26.
Schudson, Michael(1984), *Advertising. the Uneasy Persuasion: Its Dubious Impact on American Society*. New York: Basic Books.
______(1991), 'National News Culture and the Rise of the Informational Citizen', in Wolfe, Alan(ed.), *America at Century's End*. Berkeley, CA: University of California Press, pp. 265~282.
______(1992), 'Was There Ever a Public Sphere?', in Calhoun, Craig(ed.), *Habermas and the Public Sphere*. Cambridge, MA: MIT Press, pp. 143~163.
______(1998), *The Good Citizen: A History of American Civic Life*. Boston,

MA: Harvard University Press.

______(2006), 'The Trouble with Experts - and Why Democracies Need Them', *Theory and Society* 35: 491~506. Reprinted in Schudson, Michael(2008), *Why Democracies Need an Unlovable Press*. Cambridge: Polity.

Schuler, Douglas and Day, Peter(eds.) (2004), *Shaping the Network Society: The New Role of Civil Society in Cyberspace*. Cambridge, MA: MIT Press.

Scott, Allen J. and Storper, Michael(eds.) (1986), *Production, Work, Territory: The Geographical Anatomy of Industrial Capitalism*. Boston, MA: Allen and Unwin.

Scott, John(1982), *The Upper Classes*. Basingstoke: Macmillan.

______(1985), *Corporations, Classes and Capitalism*, 2nd edition. London: Hutchinson.

______(1986), *Capitalist Property and Financial Power*. Brighton: Wheatsheaf.

______(1991), *Who Rules Britain?*. Cambridge: Polity.

______(1996), *Stratification and Power: Structures of Class, Status and Command*. Cambridge: Polity.

______(1997), *Corporate Business and Capitalist Classes*. Oxford: Oxford University Press.

Scott, Peter(1995), *The Meanings of Mass Higher Education*. Buckingham: Open University Press.

Scruton, Roger(1986), *Thinkers of the New Left*. London: Longman.

Seabrook, Jeremy(1982a), *Unemployment*. London: Quartet.

______(1982b), *Working-Class Childhood*. London: Gollancz.

Seaton, Anthony(1994), *Tourism: The State of the Art*. New York: Wiley.

Seaton, Jean(2005), *Carnage and the Media: The Making and Breaking of News and Violence*. London: Allen Lane.

Secretary of State for Defence(1996), *Statement of the Defence Estimates*, Cm 3223. London: Stationery Office.

Segalman, Ralph and Marsland, David(1989), *Cradle to Grave: Comparative Perspectives on the State of Welfare*. Basingstoke: Macmillan.

Seltzer, Kimberley and Bentley, Tom(1999), *The Creative Age: Knowledge and Skills for the New Economy*. London: Demos.

Sen, Amartya (1999), 'Democracy as a Universal Value', *Journal of Democracy* 10(3): 3~17.

Sennett, Richard (1970), *The Uses of Disorder: Personal Identity and City Life*. London: Allen Lane. 유강은 옮김 (2014), 《무질서의 효용 - 개인의 정체성과 도시 생활》. 다시봄.

______(1998), *The Corrosion of Character: The Personal Consequences of Work in the New Capitalism*. New York: Norton. 조용 옮김 (2002), 《신자유주의와 인간성의 파괴》. 문예출판사.

Servan-Schreiber, Jean-Jacques (1968), *The American Challenge*. New York: Atheneum.

Shaiken, Harley (1985), *Work Transformed: Automation and Labor in the Computer Age*. New York: Holt, Rinehart and Winston.

Shannon, Claude and Weaver, Warren [1964 (1949)], *The Mathematical Theory of Communication*. Urbana, IL: University of Illinois Press.

Shapiro, Stephen R. (1969), *The Big Sell: Attitudes of Advertising Writers about Their Craft in the 1920s and 1930s*. PhD thesis, University of Wisconsin.

Sharpe, Richard (n. d., c. 1990), *The Computer World: Lifting the Lid off the Computer Industry*. London: TV Choice/Kingston College of Further Education.

Shaw, Martin (1991), *Post-Military Society: Militarism, Demilitarisation and War at the End of the 20th Century*. Cambridge: Polity.

______(2005), *The Western Way of War*. Cambridge: Polity.

Shaw, Roy (1990), 'An Adjunct to the Advertising Business?', *Political Quarterly* 61(4) (October-November): 375~380.

Shils, Edward (1975), *Center and Periphery: Essays in Macrosociology*. Chicago: University of Chicago Press.

Shirky, Clay (2008), *Here Comes Everybody: How Change Happens When People Come Together*. New York: Penguin. 송연석 옮김 (2008), 《끌리고 쏠리고 들끓다》. 갤리온.

______(2010), *Cognitive Surplus: Creativity and Generosity in a Connected World*. London: Allen Lane.

______(2011), 'The Political Power of Social Media: Technology, the Public Sphere, and Political Change', *Foreign Affairs* 90(1) (January-February): 1~12. Available at http://www.bendevane.com/FRDC2011/wp-content/uploads/2011/08/The-Political-Power-of-Social-Meclia-Clay-Sirky.pdf.

Siegle, Joseph(2007), 'Overcoming Autocratic Legacies', *Development Outreach* (November). Available at http://www.worldbank.org/devoutreach/November07/.

Simon, Herbert(1971), 'Designing Organizations for an Information-Rich World', in Greenberger, Martin(ed.), *Computers, Communication, and the Public Interest.* Baltimore: Johns Hopkins University Press.

Sinclair, John(1987), *Images Incorporated: Advertising as Industry and Ideology.* London: Croom Helm.

Singelmann, J. (1978a), 'The Sector Transformation of the Labor Force in Seven Industrialized Countries, 1920~1970', *American Journal of Sociology* 93(5): 1224~1234.

______(1978b), *From Agriculture to Services: The Transformation of Industrial Employment.* Beverly Hills, CA: Sage.

Sklair, Leslie(1990), *Sociology of the Global System.* Hemel Hempstead: Harvester Wheatsheaf.

______(2001), *The Transnational Capitalist Class.* Oxford: Blackwell.

Slaughter, Sheila and Leslie, Larry(1997), *Academic Capitalism: Politics, Policies and the Entrepreneurial University.* Baltimore: Johns Hopkins University Press.

Slevin, James(2000), *The Internet and Society.* Cambridge: Polity.

Sloan, Alfred P. [1965(1963)], *My Years with General Motors.* London: Pan.

Slouka, Mark(1995), *The War of the Worlds: The Assault on Reality.* London: Abacus.

Smart, Barry(1992), *Modern Conditions, Postmodern Controversies.* London: Routledge.

Smith, Anthony(1973), *The Shadow in the Cave: A Study of the Relationship between the Broadcaster, His Audience and the State.* London: Quartet, 1976.

______(ed.) (1974), *British Broadcasting.* Newton Abbott: David and Charles.

______(ed.) (1979), *Television and Political Life: Studies in Six European Countries.* Basingstoke: Macmillan.

______(1980), *The Geopolitics of Information: How Western Culture Dominates the World.* Boston, MA: Faber and Faber.

______(1986), *The Ethnic Origins of Nations.* Oxford: Blackwell.

Smith, Roger B. (1989), 'A CEO's Perspective of His Public Relations Staff', in Cantor, Bill, *Experts in Action: Inside Public Relations.* Edited by Chester Burger. New York: Longman, pp. 18~32.

Smythe, Dallas W. (1981), *Dependency Road: Communications, Capitalism, Consciousness, and Canada.* Norwood, NJ: Ablex.

Social Trends (1992), 22. London: HMSO.

______(2008), 38. Edited by Abigail Self, Office of National Statistics. Basingstoke: Palgrave Macmillan.

______(2009), 39. Edited by Matthew Hughes, Office of National Statistics. Basingstoke: Palgrave Macmillan.

Soros, George (1998), *The Crisis of Global Capitalism: Open Society Endangered.* New York: Little, Brown. 형선호 옮김(1998), 《세계 자본주의의 위기》. 김영사.

Steger, Manfred B. (2003), *Globalisation: A Very Short Introduction.* Oxford: Oxford University Press.

Stehr, Nico (1994), *Knowledge Societies.* Thousand Oaks, CA: Sage.

______(2001), *The Fragility of Modern Societies: Knowledge and Risk in the Information Age.* Thousand Oaks, CA: Sage.

Steinfels, Peter (1979), *The Neoconservatives.* New York: Simon and Schuster.

Stigler, George J. (1961), 'The Economics of Information', *Journal of Political Economy* 69(3) (June): 213~225.

Stiglitz, Joseph (2004), *Globalisation and Its Discontents.* Harmondsworth: Penguin. 송철복 옮김(2002), 《세계화와 그 불만 - 전 세계은행 총재 스티글리츠의 세계화 비판》. 세종연구원.

Stonier, Tom (1983), *The Wealth of Information: A Profile of the Post-Industrial Economy.* London: Thames Methuen.

______(1990), *Information and the Internal Structure of the Universe: An Exploration into Information Physics.* London: Springer-Verlag.

Strange, Susan (1997), *Casino Capitalism.* Manchester: Manchester University Press.

______(1998), *Mad Money.* Manchester: Manchester University Press.

Strangleman, Tim (2004), *Work Identity at the End of the Line? Privatisation and Cultural Change in the UK Rail Industry*. Basingstoke: Palgrave.

Sunstein, Cass R. (2006), *Infotopia: How Many Minds Produce Knowledge*. New York: Oxford University Press.

_____ (2007), *Republic.com 2.0*. Princeton, NJ: Princeton University Press.

_____ (2009), *Going to Extremes: How Like Minds Unite and Divide*. New York: Oxford University Press. 이정인 옮김 (2011), 《우리는 왜 극단에 끌리는가》. 프리뷰.

Surowiecki, James (2004), *The Wisdom of Crowds: Why the Many Are Smarter Than the Few and How Collective Wisdom Shapes Business, Economies, Societies and Nations*. New York: Little, Brown.

Sutherland, John (1999), 'Who Owns John Sutherland?', *London Review of Books*, 7 January: 3, 6.

Swingewood, Alan (1977), *The Myth of Mass Culture*. Basingstoke: Macmillan.

Talbott, Stephen L. (1995), *The Future Does Not Compute: Transcending the Machines in Our Midst*. Sebastopol, CA: O'Reilly and Associates.

Tarrow, Sidney (2005), *The New Transnational Activism*. Cambridge: Cambridge University Press.

Taylor, A. J. P. (1965), *English History, 1914~1945*. Oxford: Oxford University Press.

Taylor, F. W. (1947), *Scientific Management*. New York: Harper.

Taylor, Keith (ed.) (1976), *Henri Saint-Simon, 1760~1825: Selected Writings on Science, Industry, and Social Organization*. London: Croom Helm.

Taylor, Phillip M. (2002), *War and the Media: Propaganda and Persuasion in the Gulf War*. Manchester: Manchester University Press.

Tedlow, Richard S. (1979), *Keeping the Corporate Image: Public Relations and Business, 1900~1950*. Greenwich, CT: Jai Press.

Terkel, Studs (1977), *Working: People Talk about What They Do All Day and How They Feel about What They Do*. Harmondsworth: Penguin, Peregrine.

Thatcher, Margaret (1995), *The Path to Power*. New York: HarperCollins.

Thompson, Edward P. (1978), *The Poverty of Theory and Other Essays*. London: Merlin. 변상출 옮김 (2013), 《이론의 빈곤》. 책세상.

_____ (1980), *Writing by Candlelight*. London: Merlin.

Thompson, John B. (1993), 'The Theory of the Public Sphere', *Theory, Culture and Society* 10: 173~189.

______(2011), 'Shifting Boundaries of Public and Private Life', *Theory, Culture and Society* 28(4): 49~70.

Thorn-EMI (1980), *Annual Report*. London: Thorn-EMI.

Thrift, Nigel (2005), *Knowing Capitalism*. Thousand Oaks, CA: Sage.

Thurow, Lester (1996), *The Future of Capitalism*. London: Nicholas Brealey.

Tilly, Charles (2007), *Democracy*. New York: Cambridge University Press. 이승협·이주영 옮김(2010), 《위기의 민주주의》. 전략과문화.

Toffler, Alvin (1980), *The Third Wave*. London: Collins. 원창엽 옮김(2006), 《제 3의 물결》. 홍신문화사.

______(1990), *Powershift: Knowledge, Wealth, and Violence at the Edge of the 21st Century*. New York: Bantam. 한국경제신문 옮김(1990), 《권력이동》. 한국경제신문사.

Toffler, Alvin and Toffler, Heidi (1993), *War and Anti-War*. Boston, MA: Little, Brown.

Tomlinson, John (2001), 'Proximity Politics', in Webster, Frank (ed.), *Culture and Politics in the Information Age: A New Politics?*. London: Routledge, pp. 52~62.

______(2002), *Cultural Imperialism: A Critical Introduction*. London: Continuum. 강대인 옮김(1994), 《문화제국주의》. 나남.

______(2007), *The Culture of Speed: The Coming of Immediacy*. Thousand Oaks, CA: Sage.

Touraine, Alain (1971), *The Post-Industrial Society: Tomorrow's Social History; Classes, Conflicts and Culture in the Programmed Society*. New York: Wildwood House. 조형 옮김(1994), 《탈산업사회의 사회이론》. 이화여자대학교출판부.

Tracey, Michael (1978), *The Production of Political Television*. London: Routledge.

______(1983), *A Variety of Lives: A Biography of Sir Hugh Greene*. London: Bodley Head.

______(1998), *The Decline and Fall of Public Service Broadcasting*. New York: Oxford University Press.

Trachtenberg, Alan (1982), *The Incorporation of America: Culture and Society*

in the Gilded Age. New York: Hill and Wang.
Tuchman, Gaye (2009), *Wannabe U: Inside the Corporate University*. Chicago: University of Chicago Press.
Tumber, Howard (1993a), '"Selling Scandal": Business and the Media', *Media, Culture and Society* 15: 345~361.
______ (1993b), 'Taming the Truth', *British Journalism Review* 4 (1): 37~41.
Tumber, Howard and Palmer, Jerry (2004), *Media at War: The Iraq Crisis*. Thousand Oaks, CA: Sage.
Tumber, Howard and Webster, Frank (2006), *Journalists under Fire: Information War and Journalistic Practices*. Thousand Oaks, CA: Sage.
Tunstall, Jeremy (1977), *The Media Are American: Anglo-American Media in the World*. London: Constable.
______ (2006), *The Media Were American*. New York: Oxford University Press.
Turkle, Sherry (2010), *Alone Together: Why We Expect More from Technology and Less from Each Other*. New York: Basic Books. 이은주 옮김 (2012), 《외로워지는 사람들 - 테크놀로지가 인간관계를 조정한다》. 청림출판.
Turner, Adair (2009), 'How to Tame Global Finance', *Prospect* (September): 34~41.
Turner, Bryan S. (2007), 'The Enclave Society: Towards a Sociology of Immobility', *European Journal of Social Theory* 10 (2): 287~303.
Turner, Stansfield (1991), 'Intelligence for a New World Order', *Foreign Affairs* 70 (4) (fall): 150~166.
Turner, Stuart (1987), *Practical Sponsorship*. London: Kogan Page.
Turow, Joseph, Feldman, L. and Meltzer, K. (2005), *Open to Exploitation: Shoppers Online and Offline*, June. Philadelphia: University of Pennsylvania, Annenberg School for Communication.
Twitchell, J. B. (1992), *Carnival Culture: The Trashing of Taste in America*. New York: Columbia University Press.
UK Statistics Authority (2008), 'About the Authority'. Available at http://www.statisticsauthority.gov.uk/about-the-authority/index.html.
Urry, John (2000), *Sociology beyond Societies: Mobilities for the Twenty-first Century*. London: Routledge. 윤여일 옮김 (2012), 《사회를 넘어선 사

회학》. 휴머니스트.
______(2001), *The Tourist Gaze: Leisure and Travel in Contemporary Societies*, 2nd edition. Thousand Oaks, CA: Sage.
______(2002), 'Mobility and Proximity', *Sociology* 36(2): 255~274.
______(2007), *Mobilities*. Cambridge: Polity. 강현수·이희상 옮김(2014), 《모빌리티》. 아카넷.
Urry, John and Larsen, Jonas(2011), *The Tourist Gaze 3.0*. Thousand Oaks, CA: Sage.
Useem, Michael(1984), *The Inner Circle: Large Corporations and the Rise of Business Political Activity in the US. and UK*. New York: Oxford University Press.
______(1985), 'The Rise of the Political Manager', *Sloan Management Review* 27(fall): 15~26.
Usherwood, Bob(1989), *Public Libraries as Public Knowledge*. London: Library Association.
______(2007), *Equity and Excellence in the Public Library: Why Ignorance Is Not Our Inheritance*. Aldershot: Ashgate.
Vanderbilt, T. (1998), *The Sneaker Book: Anatomy of an Industry and an Icon*. New York: The New Press.
Varis, Tapio(1986), *International Flow of Television Programmes. Reports and Papers on Mass Communication*, no. 100. Paris: UNESCO.
Vattimo, Gianni〔1992(1989)〕, *The Transparent Society*. Translated by David Webb. Cambridge: Polity.
Venturi, Robert(1972), *Learning from Las Vegas*. Cambridge, MA: MIT Press.
Vinen, Richard(2009), *Thatcher's Britain: The Politics and Social Upheaval of the 1980s*. New York: Simon and Schuster.
Virilio, Paul(1986), *Speed and Politics: An Essay on Dromology*. Translated by M. Polizotti. New York: Semiotext(e). 이재원 옮김(2004), 《속도와 정치: 공간의 정치학에서 시간의 정치학으로》. 그린비.
______(1998), *The Virilio Reader*. Edited by James Der Derian. Oxford: Blackwell.
______(2005), *The Information Bomb*. London: Verso.
Waas, Murray(2005), 'Key Bush Intelligence Briefing Kept from Hill Panel',

National Journal, 22 November. Available at http://www.national-journal.com/about/njweekly/stories/2005/1122nj1.htm.
Walsh, K. (1992), *The Representation of the Past: Museums and Heritage in the Post-Modern World*. London: Routledge.
Wasserstein, Bernard (2007), *Barbarism and Civilization: A History of Europe in Our Time*. Oxford: Oxford University Press.
Waters, Malcolm (1996), *Daniel Bell*. London: Routledge.
Watson, Tom and Hickman, Martin (2012), *Dial M for Murdoch: News Corporation and the Corruption of Britain*. London: Allen Lane.
Weber, Max [1976 (1930)], *The Protestant Ethic and the Spirit of Capitalism*. Translated by Talcott Parsons. London: Allen and Unwin. 김덕영 옮김 (2010), 《프로테스탄티즘의 윤리와 자본주의 정신》. 길.
Weber, Steven (2004), *The Success of Open Source*. Cambridge, MA: Harvard University Press.
Webster, Andrew (1990), *Introduction to the Sociology of Development*, 2nd edition. Basingstoke: Macmillan.
Webster, Frank (1995), *Theories of the Information Society*, 1st edition. London: Routledge. 조동기 옮김 (1999), 《정보사회이론》(제 1판). 나남출판.
______ (2000), 'Virtual Culture: Knowledge, Identity and Choice', in Bryson, John, Daniels, Peter, Henry, Nick and Pollard, Jane (eds.), *Knowledge, Space, Economy*. London: Routledge, pp. 226~241.
______ (ed.) (2001), *Culture and Politics in the Information Age: A New Politics?*. London: Routledge.
______ (ed.) (2004), *The Information Society Reader*. London: Routledge.
______ (2005), 'Making Sense of the Information Age in Britain: Sociology and Cultural Studies', *Information, Communication and Society* 8(4): 439~458, 477~478.
Webster, Frank and Dimitriou, Basil (eds.) (2004), *Manuel Castells. Sage Masters of Modern Thought* series, 3 vols. Thousand Oaks, CA: Sage.
Webster, Frank and Erickson, Mark (2004), 'Technology and Social Problems', in Ritzer, George (ed.), *Handbook of Social Problems*. Thousand Oaks, CA: Sage, pp. 416~432.
Webster, Frank and Robins, Kevin (1986), *Information Technology: A Luddite Analysis*. Norwood, NJ: Ablex.

Weizenbaum, Joseph〔1984 (1976)〕, *Computer Power and Human Reason: From Judgement to Calculation*. Harmondsworth: Penguin.

Wellman, Barry (2001), 'Physical Space and Cyberspace: The Rise of Personalised Networking', *International Journal of Urban and Regional Research* 25 (2): 227~251.

Wellman, Barry and Haythomwaite, Caroline (eds.) (2002), *The Internet in Everyday Life*. Oxford: Blackwell.

Wernick, Andrew (1991), *Promotional Culture: Advertising, Ideology and Symbolic Expression*. Thousand Oaks, CA: Sage.

West, William J. (1992), *The Strange Rise of Semi-literate England: The Dissolution of the Libraries*. London: Duckworth.

Westergaard, John and Resler, Henrietta (1975), *Class in a Capitalist Society: A Study of Contemporary Britain*. London: Heinemann.

Wheatcroft, Geoffrey (2012), 'What Rupert Hath Wrought', *New York Review of Books*, 21 June.

Whitaker, Reg (1992), 'Security and Intelligence in the Post-Cold War World', in Miliband, Ralph and Panitch, Leo (eds.), *Socialist Register 1992*. London: Merlin, pp. 111~130.

______(1999), *The End of Privacy: How Total Surveillance Is Becoming a Reality*. New York: The New Press. 이명균 · 노명현 옮김 (2007), 《개인의 죽음》. 생각의 나무.

White House (2002), 'President Bush Outlines Iraqi Threat', Remarks by the President on Iraq. *White House*, 7 October. Available at http://www.whitehouse.gov/news/releases/2002/10/20021007-8.html.

Williams, Raymond (1961), *The Long Revolution*. Harmondsworth: Penguin.

______(1974), *Television: Technology and Cultural Form*. London: Fontana.

______(1980), 'Advertising: The Magic System', in Williams, Raymond, *Problems in Materialism and Culture*. London: Verso, pp. 170~195.

Williams, Zoe (2013), 'When Did Being Lowly Paid Become a Criminal Offence?', *Guardian*, 14 February.

Wilson, Kevin (1988), *Technologies of Control: The New Interactive Media for the Home*. Madison, WI: University of Wisconsin Press.

Winterson, Jeanette (2012), 'We Must Protect and Reinvent Our Local Libraries', *Guardian*, 23 November.

Wolf, Martin (2005), *Why Globalisation Works.* New Haven, CT: Yale University Press.

______(2012), 'Seven Ways to Fix the System's Flaws', *Financial Times,* 23 January.

Wolfe, Alan (ed.) (1991), *America at Century's End.* Berkeley, CA: University of California Press.

Wood, David Murakami (ed.) (2006), *A Report on the Surveillance Society: For the Information Commissioner by the Surveillance Studies Network.* Available at ico.org.uk/~/media/documents/library/Dat...URVEILLANCE_SOCIETY_FULL_REPORT_2006.pdf.

Woolgar, Steve (1985), 'Why Not a Sociology of Machines? The Case of Sociology and Artificial Intelligence', *Sociology* 19(4) (November): 557~572.

______(1988), *Science: The Very Idea.* Chichester: Ellis Horwood.

Worsley, Peter (1984), *The Three Worlds of Development: Culture and World Development.* London: Weidenfeld and Nicolson.

Young, Hugo (1989), *One of Us: A Biography of Margaret Thatcher.* Basingstoke: Macmillan.

______(1991), 'Nothing but an Illusion of Truth', *Guardian,* 5 February.

Young, Iris Marion (1990), *Justice and the Politics of Difference.* Princeton, NJ: Princeton University Press.

______(2000), *Inclusion and Democracy.* New York: Oxford University Press.

Zakaria, Fareed (1997), 'The Rise of Illiberal Democracy', *Foreign Affairs* (November-December).

Zolo, Danilo (1997), *Cosmopolis: Prospects for World Government.* Translated by David McKie. Cambridge: Polity.

Zuboff, Shoshana (1988), *In the Age of the Smart Machine: The Future of Work and Power.* Oxford: Heinemann.

찾아보기(용어)

ㄴ

ㄷ~ㄹ

ㅁ

ㅇ

ㅈ

ㅊ~ㅋ

ㅌ

ㅍ~ㅎ, 기타

찾아보기(인명)

A~B

C~D

E~F

G~H

J~L

M~O

P~R

S~T

U~Z

지은이 / 옮긴이 소개

프랭크 웹스터 Frank Webster

Durham University 학사 · 석사.
1978년에 London School of Economics에서 박사학위 취득.
Oxford Brookes University, University of Birmingham 등을 거쳐
2003년부터 2013년까지 City University of London 사회학과 교수로 재직.

저서

The New Photography: Responsibility on Visual Communication (1980), *Information Technology: A Luddite Analysis* (1986), *Culture and Politics in the Information Age: A New Politics?* (2001), *The Intensification of Surveillance: Crime, Terrorism and Warfare in the Information Age* (2003), *The Information Society Reader* (2004), *Journalists under Fire: Information War and Journalistic Practices* (2006), *Anti-War Activism: New Media and Protest in the Information Age* (2008) 등 다수.

조동기 | 趙東紀

서울대학교 사회학과 및 동대학원 석사
미국 아이오와(Iowa) 대학 사회학 박사
서울대학교 사회발전연구소 선임연구원
정보통신정책연구원 연구위원
현재 동국대학교 사회학과 교수

논저

《한국의 직업구조》(1999, 공저), 《사이버공간과 공동체》(2001, 역), 《기로에 선 중산층》(2008, 공저), 《한국의 다문화 상황과 사회통합》(2011, 공저), "사이버공간의 사회적 신호이론과 온라인 집단이주"(2014), "인권체제와 이주자 집단에 대한 편견과 차별"(2015), "확률적 온라인 조사의 질문 유형별 사용자 인터페이스 연구"(2016) 등 다수.